세계질서의 위기와 자유주의적 국제주의

민주주의가 안전한 세상

G. John Ikenberry

A World Safe for Democracy

세계질서의 위기와 자유주의적 국제주의

민주주의가 안전한 세상

G. 존 아이켄베리 지음 | 홍지수 옮김

경희대학교 출판문화원

우리 선조 이야기로 서두를 풀어가겠다. 그들이 행한 바를 돌이켜보고 그들에게 경의를 표하는 게 옳고 적절하기 때문이다. 우리가 살고 있는 이 땅에는 똑같은 사람들이 세대에서 세대로 삶을 이어왔고 그들은 그들이 지닌 용기와 미덕으로 이 땅을 자유로운 나라로 우리에게 물려주었다. 그들은 분명히 우리의 찬사를 받을 자격이 있다.

투키디데스가 기록한 페리클레스의 〈장례식 연설〉

오라, 나의 동지들이여.
새로운 세계를 찾기에 그리 늦지는 않았소이다.
. . . .
많은 것을 빼앗겼지만, 아직 많이 남았소이다.
이제 우리는 예전처럼 경천동지할 힘은 없지만,
지금의 우리는 여전히 우리외다.
비록 세월과 운명에 쇠약해졌으나,
예전 못지않은 영웅의 기백과
투쟁하고, 탐구하고, 알아내고, 굴하지 않겠다는
강한 의지를 지녔소이다.

앨프리드 테니슨, 《율리시스》, 1833년

우리는 혁명적인 세계에 살고 있고 평생 그런 세계에서 살아야 한다.
중단 없이 실험이 실행되는 세계에 산다는 뜻이다.

월터 리프먼, 《뉴 리퍼블릭》, 1917년 4월

세계는 단기적으로 보면 부침을 겪지만, 장기적으로 보면 완만한 상승곡선을 그린다. 수천 년 인류의 역사를 살펴보면 인간의 삶은 과거보다 훨씬 나아졌다.

프랭클린 루스벨트, 1944년 12월 22일 기자회견

목차

들어가는 말

1917년 4월 2일, 우드로 윌슨 미국 대통령은 의회를 상대로 한 연설에서 제국주의적 독일에 대한 전쟁을 선포해달라고 했다. 그리고 이 전쟁은 "민주주의*를 실행하기에 안전한 세계"를 만드는 게 목적이라고 주장했다. 이 유명한 연설은 자유주의적 국제주의(Liberal internationalism)의 본질을 구현한 발언으로 널리 간주된다. 그의 발언은 전 세계에 민주주의를 확산시키자고 호소하는 이상주의적 발언으로 흔히 인식되고 있다. 윌슨은 미국의 형상을 본떠 세계를 재창조하고 세계 구석구석까지 온통 민주주의의 은총이 내려지기를 호소하는 듯했다. 그가 의회에서 한 발언은-그리고 자유주의적 국제주의도-그렇게 우리에게 전해 내려왔다.

그러나 윌슨의 발언은 문구 그대로 안전한 세상을 희구한다고 읽힐 수도 있다. 이상주의적인 호소라기보다 제1차세계대전 후 국제질서를 개혁해 서구 자유민주주의가 생존 가능한 세상을 만들자는 호소이다. 미국, 서유럽, 기존의 민주주의국가들이 자국의 민주적인 제도와 전통을 수호하고자 한다면 그들이 사는 세계의 토대를 재편

---

* "democracy"는 그리스어로 "민중(demos, people)"과 "통치(kratos, rule)"의 합성어로서 이념(~ism, ~주의)이 아니라 정부의 통치 유형을 뜻한다. 따라서 "민주주의"가 아니라 "민주정체(民主政體)"로 해석하는 게 맞다. 그러나 여기서는 이해를 돕기 위해 일반적으로 사용하는 "민주주의"라는 표현을 유지하였다.(옮긴이)

해야 한다는 말이다. 이는 윌슨의 발언에 담긴 의도를 매우 색다르게 해석한 것이다. 그는 저 멀리에서 민주주의를 밀어붙이자는 게 아니다. 민주주의의 생존을 위협하는 위험에 정면으로 맞서자고 호소한다. 이 책에서 나는 이 해석이 윌슨보다 한 세기 앞서서 시작되고 그가 세상을 떠난 후 한 세기 동안 전개된 자유주의적 국제주의의 기나긴 전통을 제대로 포착한다고 주장하려 한다. 이러한 전통의 본질적 요소와 지침이 되는 원동력은 국제질서를 협력적으로 조직화하고 개혁해서 안보, 복지, 자유민주주의의 진보를 촉진하는 일이다. 한마디로 민주주의가 안전한 세계를 만들자는 뜻이다.

윌슨이 세상을 떠나고 한 세기가 지난 지금 세계 자유민주 진영의 사람들은 그들의 삶의 방식이 안전할지, 심지어 살아남기나 할지를 또다시 우려하고 있다. 중국과 러시아 같은 강대국들은 서구의 자유주의 질서에 대해 강력한 비자유주의적 도전을 하고 있다. 이 못지않게 심오한 난관인 반동적인 민족주의**, 포퓰리스트 독재, 개방성

** "nationalism"은 통상적으로 "민족주의"로 해석되어왔다. 국민을 혈통이 같은 집단으로 협소하게 해석하면 "민족"과 "국민"은 혼용이 가능하고 민족주의 운동이 활발했던 근대에는 국민국가와 민족국가가 혼용되었다. 그러나 현대에는 여러 민족이 하나의 국민을 구성하는 나라들이 늘어나고 있고 이 경우 국민은 혈통이 아니라 문화와 역사와 가치관을 공유하는 집단으로 넓게 해석하며 따라서 민족주의보다는 국민(주권)주의로 해석하는 게 더 타당하다. 오늘날 "nation-state"는 통상적으로 "국민국가"로 해석된다. 이 책에서는 편의상 근대와 현대를 구분하지 않고 민족주의로 통일하겠다.(옮긴이)

과 법치에 대한 위협은 자유민주 진영 자체 내에서도 비롯되고 있다. 오늘날 자유주의적 국제주의자들은 또다시 가장 근본적인 의문에 봉착하고 있다. 자유민주주의는 앞으로 어떻게 될까? 자본주의와 자유민주주의는 어떻게 해야 양립하고 개혁되어 탄탄한 기반을 마련할 수 있을까? 자유주의 질서의 중심이자 서로 상충하는 가치들인 자유와 평등, 개방성과 사회적 결속력, 주권과 상호의존성 사이의 균형을 회복하려면 어떻게 해야 할까? 무엇보다도 세계질서가 무너지고 있는 이 시대에 국제관계를 재편하고 민주주의에 안전한 세상을 만드는 방편으로서의 자유주의적 국제주의에 미래가 있을까? 어떤 지정학적, 지적 토대를 바탕으로 자유주의적 국제주의의 기치를 내걸어야 할까?

이러한 의문들과 씨름하는 과정에서 나는 먼 길을 돌아가려 한다. 자유주의적 국제주의가 21세기까지 밟아온, 우여곡절 많았던 길고 불확실한 궤적을 돌이켜보겠다. 이 책에서 나는 자유주의적 국제주의가 부상하고, 확산되고, 위기를 겪고, 변신한 지난 2세기를 돌이켜보려 한다. 자유주의적 국제주의는 세계에 대해 생각하고 행동하는 방식에 대한 개념들의 묶음으로 이해할 수 있으며, 이러한 개념들의 묶음은 계몽주의와 서구 진영의 자유민주적인 경험에서 비롯되었다. 20세기에 이는 정치적인 과제가 되었다. 이 이념의 핵심에는 자유민주주의를 갖춘 국가들이-그리고 보다 넓은 세계가-어떻게 공통의 관계를 조직화하고 서로 협력해야 하는지에 대한 신념이 자리하고 있다. 자유주의적 국제주의자들은 국가들이 공유하는 가치와 이익을 원동력으로 삼는 협력을 추구하지만 이러한 협력은 근대성 자체에서 비롯되는 실존적 위협과 상호취약성에 맞설 방어책이기도 하다. 자유주의적 국제주의 과제를 설명하는 과정에서 내가 강조하려는 점이 바로 이러한 근대화와 상호의존성의 부상과 더불어 등장한 위협과 취약성에 대한 대응이다.

자유주의적 국제주의는 본질적으로 보다 나은 세상을 만들려는 이상향 추구적인 과제가 아니다. 이는 폭정, 잔혹함, 불관용으로 점철된 세상에서 자유민주주의가 "안전하게 생존할" 여건을 만드는 목표를 추진하는 실용적이고, 편의적이고, 개혁지향적인 접근방식이다. 물론 서구 진영의 계몽주의 정서와 진보주의적인 논조가 자유주의 전통의 핵심을 차지하고 있다. 그러나 자유주의적 국제주의자들은 근대성에 대해 각양각색의 시각을 지니고 있고 지난 2세기에 걸쳐 그들이 제시한 개념과 과제들은 놀라울 정도로 실용적이고 심지어 세상 풍파에 닳고 닳은 듯한 정서를 보이는 경향이 있다. 진보는 가능하나 필연적이지는 않다. 근대성은 양면성을 지녔다. 근대 세계는 인간의 복지를 대폭 향상시키는 역량뿐만 아니라 어마어마한 재앙과 문명의 재앙을 야기하는 역량 또한 지속적으로 창출하고 있다. 자유주의적 국제주의자들은 그들의 지적인 경쟁자인 정치적 현실주의자들과 마찬가지로 인간의 본성에 내재된 권력 추구와 사악한 측면들을 경계한다. 이 때문에 그들은 헌법, 법적인 제약, 정부 기관들 사이의 견제와 균형을 정치질서가 갖춰야 하는 필수적인 요소로 간주한다. 그러나 역사 전반에 걸쳐 권력과 질서가 주기적으로 순환된다고 보는 현실주의자들과는 다르다. 자유주의적 국제주의자들은 진보와 재앙 둘 다 발생할 새로운 가능성을 열어주는 과학기술의 발전과 사회변화를 추구하는 계몽주의 전통을 계승하고 있다. 자유주의적 국제주의는 근대성에서 얻은 이득을 실현하고 근대성이 야기하는 위험으로부터 질서를 수호하기 위해서 자유민주주의를 출발점으로 한 국제질서를 어떻게 구축해야 하는지에 대한 개념들의 묶음이다.

이 책에서 나는 어떤 주장에 반박할까? 현실주의는 앞으로 뒤따를 주장들에 대해 가장 일관성 있는 "다른" 시각을 제시한다. 그러나 이 책 내용은 "현실주의"와 "자유주의"의 갑론을박이 아니다. 오히려 나는 이 두 개의 전통을 서로 다른 유형의 지적 정치적 활동으로 간주한다. 두 지적 전통이 이해하려고 하는 핵심적인 문제들이 한 가지 차이점이다. 현실주의는 국가들이 무질서가 야기하는 문제점에 어떻게 대처하는지에 초점을 둔 학파이고, 자유주의적 국제주의도 무질서 상태에 관심을 두기는 하지만 국가들이 근대성이 야기하는 문제들에 어떻게 대처하는지에 초점을 맞춘다. 이 두 지적 전통은 근대 세계가 지닌 서로 다른 측면들을 대상으로 서로 다른 의문과 해법을 제시한다. 자유주의자들은 현실주의자들이 이론에서 제시하는 암울한 세계를 인정한다. 심지어 자기들끼리도 자유민주주의가 이러한 험악한 여건을 어떻게 어느 정도나 모면할 수 있을지에 대해 갑론을박한다. 현실주의는 고대와 근대 세계에 걸쳐, 무질서 상태가 존재하는 곳이라면 어디서든 보편적으로 나타나는, 국제정치 특징을 설명한다고 주장한다. 자유주의적 국제주의는 자유민주주의의 부상과 그러한 정치체들을 보다 안전하고 번영하게 하려면 어떤 유형의 국제적인 공간을 구축해야 할지에 집중한다. 자유주의적 국제주의는 자유민주주의가 존재하는 세계에서만이 이해된다. 따라서 두 가지 측면에서 현실주의와는 다르다. 자유주의적 국제주의는 역사적으로는 우발적인 현상이지만 여러 가지 측면에서 당위를 내세우는 규범적 특징을 보인다. 자유주의적 국제주의는 세계를 있는 그대로 설명할 뿐만 아니라 그 이념이 바람직하다고 여기는 세계를 만들 방법을 모색한다. 나는 이러한 두 가지 노력에 공감한다.

이 책에서 나는 자유주의적 과제가 서구 진영의 인종차별적, 제국주의적, 군국주의적 특징을 내포하고 있다는 수정주의적 비판을 반박하려 한다. 자유주의적 국제주의를 비판하는 이들은 서구 민주주의가 자유주의적 가치와 보편적 권리를 추구한다는 사실을 인정하지만 이러한 이상은 인종차별적, 제국주의적 위계질서를 영속시키는 전통적인 현실정치 정책들을 정당화하려는 눈속임이나 겉치레라고 주장한다. 이 책에서 나는 서구의 제국주의, 인종차별주의, 군사개입주의로 점철된 오욕의 역사 속에 자유주의적 국제주의가 깊이 엮여 있다는 사실을 시인한다. 그러나 또한 자유주의적 국제주의가, 특히 20세기에, 이러한 음험한 충동들에 맞설 힘을 응집시키는 데 어떻게 기여했는지를 제시할 계획이다. 국제사회에서 오로지 자유주의적 원칙을 토대로 행동해온 자유주의국가는 없다. 위선은 자유민주주의와 인권이라는 담론에 내재되어 있다. 그러나 비록 심각한 결함이 있는 질서이긴 하나 자유주의적 국제질서 내에 마련된 공간은 그 토대가 되는 이상에 보다 근접한 질서를 창출할 정치적 투쟁의 기회를 조성했다.

마지막으로 나는 자유주의적 국제주의를 우드로 윌슨과 같은 특정한 사상가나 제2차세계대전 후 미국의 패권시대와 같이 역사적으로 특정한 시기에 국한하는 시각에 맞서는 주장을 펼칠 예정이다. 자유주의적 국제주의는 오랜 세월 동안 진화해온, 세계적으로 검증된 다양한 개념들의 묶음이다. 이 사상의 유전자는 수 세기에 걸쳐 접목되고 쪼개지고 다시 접목된 여러 가지의 "국제주의" 요소들을 내포하고 있다. 나는 자유주의적 국제주의를 윌슨을 중심으로 한 논의에서 이탈시켜 그 이후인 루스벨트시대와 탈냉전시대뿐만 아니라 시간을 거슬러 올라가 19세기에 마련된 기본적인 개념과 돌파구를 돌이켜보려 한다. 자유주의적 국제주의에 대한 이러한 기술(記述)을 통해 특정한 지적 전통의 보편적 일반화에 장애가 되는 달갑지 않은 개념과 반박 사례들을 제외함으로써 그 지적 전통을 규정하는 순혈주의에 소구하는 행태를 지양하려 한다. 자유주의적 국제주의의 전통은 고정불변의 도그마가 아니라 다양한 사상가와 과제들과 지속적인 갑론을박이 그 특징이다.

이 책은 자유주의적 국제주의가 길을 잃고 방황하다가 나아갈 길을 찾은 역사적 시기에 주로 천착하고 있다. 19세기에 등장한 다양한 국제주의들은 근대 자유주의적 국제주의의 토대를 마련했다. 제1차 세계대전과 윌슨이 구상한 평화구축은 자유주의적 국제주의를 정치 과제로 구체화했다. 하지만 베르사유조약으로 바뀌면서 그 한계와 취약성을 드러내며 중요한 전환점을 맞이한다. 1930년대와 제2차 세계대전 동안 자유주의적 국제주의는 산산조각 난 잔해들을 또다시 원상회복하느라 애썼다. 자유주의적 자본주의가 또다시 위기에 직면했던 1970년대를 비롯해 전후 수십 년 동안 그리고 오늘날 자유주의적 국제주의의 앞날에 대한 갑론을박이 또다시 진행되고 있다.

자유주의 전통은 다양성에도 불구하고 그 역사를 통틀어 연속성이라는 명맥을 유지해왔다. 19세기 중엽 영국 의회 의원이자 정치운동가 리처드 코브던(Richard Cobden)이 자유주의적 국제주의를 일목요연하게 보여준다. 대영제국이 자국 생산자들을 보호하기 위해 수입 식품과 곡물에 관세를 부과하고 교역을 제한한 곡물법(Corn Laws)

을 철폐하는 운동을 주도한 코브던은 자유무역, 무기통제와 무장해제, 분쟁의 평화로운 해결을 위해 평생을 바쳤다. 한 프랑스인 동지는 그를 "세계인"이라 일컬었다. 1919년 당대의 선도적인 국제주의자였던 존 홉슨(John Hobson)은 코브던을 당대의 자유주의적 국제주의의 선두주자로 꼽았다. 20세기 중엽 테네시주 하원의원을 지낸 국무장관 코델 헐(Cordell Hull)은 1945년 전후 국제질서에 대한 담론에 자유무역의 기치를 내걸어 "테네시주의 코브던"이라는 별명을 얻었다. 1945년 코델 헐이 노벨평화상을 수상하자 이는 우드로 윌슨에게 노벨평화상이 돌아간 1920년대를 재현하려는 의도적인 시도로 해석되었다. 그로부터 반세기 후 세계무역기구(World Trade Organization)가 출범하면서 이 기구의 공식적인 역사의 출발점을 1937년 헐이 했던 다음과 같은 발언에서 찾았다. "국가들의 항구적인 평화와 복지는 세계무역에서 현실적으로 최대한 가능한 정도의 자유와 불가분의 관계라는 나의 믿음은 흔들린 적이 없으며 앞으로도 절대로 흔들리지 않을 것이다." 이러한 발언은 코브던이 했을 법한 발언이다.

지난 2세기를 돌이켜보면 1989년 이후 자유민주주의가 지구상에 남은 유일한 정치이념인 듯 보일 때 느꼈던 희열은 이례적인 순간으로 부각된다. 나머지 시기는 위기, 불확실성, 서로 경쟁하는 이념들 사이의 아슬아슬한 대격돌로 점철되었다. 자유주의적 국제주의자들은 재앙이 발생할 때마다 되풀이해서 뒷수습하고 그들이 제시한 거대 이론과 질서를 구축하는 개념들을 재고해야 했다. 자유주의적 사상은, 1922년 T. S. 엘리엇이 한 말마따나, "산산조각 난 형상의 잔해 더미"를 목도하게 되었다. 그러나 자유주의적 사상은 자유민주주의에 바람직한 여건을 조성한다는 현실적인 사명감과 도덕적인 신념을 바탕으로 늘 본연의 모습을 회복했다.

추천사

전재성*

제2차세계대전 이후 40여 년간 지속된 자유 진영과 공산 진영 간의 긴 싸움은 미국을 필두로 한 자유 진영의 승리로 마감되었다. 1991년 소련은 붕괴했고 자유민주주의가 전 세계에 꽃필 수 있는 탈냉전의 새로운 세상이 도래했다는 희망이 충만했다. 그러나 그로부터 30년이 지난 오늘날 세계질서는 온통 혼란과 불확실성에 직면해 있다.

미국의 많은 논자는 제1차세계대전 이후 미국의 우드로 윌슨이 주창한 자유주의 세계질서가 확고히 뿌리박을 것으로 생각하고 갈등의 역사는 종언 되었다고 선언했다. 지금 우리가 목도하고 있는 것은 자유민주주의의 선두 주자인 미국과 영국에서 벌어진 변화들, 즉 트럼프시대를 거치면서 망가진 미국의 민주주의와 유럽연합에서 탈퇴하여 유럽통합에 어두운 그림자를 드리운 영국의 브렉시트이다. 세계를 하나로 묶을 세계화와 지구화에 대한 기대는 사라지고 경제적

---

* 노스웨스턴 대학교에서 정치학 박사학위를 받았다. 현재 서울대학교 정치외교학부 교수이며 한국국제정치학회 학회장을 맡고 있다. 저서로 《동북아 국제정치이론》《동아시아 지역질서의 보편과 특수》《미중 경쟁 속의 동아시아와 한반도》《정치는 도덕적인가》, 공저로 《현대외교정책론》《세계정치론》 등이 있다.

불평등, 중산층 몰락, 포퓰리즘, 배타적 민족주의, 인종주의가 전 세계를 휩쓸고 있다. 자유민주주의가 뿌리를 내리고 있던 헝가리, 폴란드, 터키 등 많은 국가에서 민주주의가 역진하고, 권위주의 현상이 강화되고 있다. 급기야 중국과 러시아는 미국이 주도해온 자유주의적 국제질서에 반기를 들고 미국을 대체할 새로운 세계질서를 향해 여러 동조 국가를 모으는 중이다.

도대체 역사상 가장 강한 세계질서의 축인 미국이 이끄는 세계 구도에 무슨 일이 일어난 것인가. 앞으로의 세계질서는 어떻게 변화할 것이며, 어떠한 구상과 이념이 미래의 세계를 이끌어야 하는가.

《민주주의가 안전한 세상》의 저자인 G. 존 아이켄베리는 프린스턴 대학교 국제정치학 교수이다. 그는 자유주의 국제정치학 이론을 대변하는 미국의 대표적인 학자로 한국에도 잘 알려져 있다. 미국을 중심으로 발전해온 국제정치학 이론의 세 축은 현실주의, 자유주의, 구성주의이다. 그 가운데 존 아이켄베리는 자유주의적 국제질서야말로 역사상 예외적인 안정적이고 이상적인 질서로서 자유민주주의 국가들을 축으로 해 역사를 한 걸음 진보하게 했다는 믿음을 대변한다. 그는 제2차세계대전 전후 미국이 구상한 자유주의적 국제질서는 개방된 국제경제 질서를 유지하고 다자주의에 기반한 국제제도를 강화했으며, 전쟁으로 점철된 국제질서에서 협력안보를 고양했고, 진보적인 사회적 목적을 여러 국가 내에 뿌리내리게 했다고 주장한다. 무엇보다 자유주의 이념은 미래에 국제질서를 다시 안정적으로 이끌 수 있는 유일한 자산이며, 약해진 자유주의는 더욱 치밀해진 전략적 자유주의에 의해 새로운 시대를 맞이할 수 있다고 논파하고 있다.

이 책은 미국의 대표적인 자유주의 국제정치학자가 세계질서의 현재와 미래를 어떻게 논하는지 한눈에 파악할 수 있는 의미 깊은 저서이다. 책이 저술된 시점은 트럼프 전 미국 대통령이 미국 스스로 만들어온 자유주의적 국제질서를 하나씩 무너뜨리면서 미국과 중국의 전략 경쟁이 빠른 속도로 가열되는 와중이었다. 세계 많은 지역에서 자유주의 질서가 힘을 잃어가는 듯이 보이고 자유주의적 국제주의의 미래가 어느 때보다 어두운 때 존 아이켄베리 교수는 사태의 원인을 하나씩 짚으면서 미래의 계획을 차분하게 재정비하고 있다.

존 아이켄베리는 이전에도 많은 저서와 논문을 통해 자유주의 국제질서에 대한 다양한 의견을 개진해왔지만《민주주의가 안전한 세상》은 몇 가지 점에서 더욱 흥미롭다.

첫째, 자유주의적 국제주의의 역사적 진화 과정을 긴 시대에 걸쳐 추적하고 있다. 사상의 뿌리를 찾아서 19세기 전후 유럽에서 자유민주주의가 정착되고 영국이 세계를 주도하는 국가로 떠오르는 시기까지 거슬러 올라간다. 흔히 제2차세계대전 이후 미국 트루먼 대통령과 애치슨 장관 같은 핵심적인 설계자에 의해 자유주의적 국제질서가 만들어진 것으로 본다. 하지만 아이켄베리는 프랑스혁명 이후 자유민주주의가 역사상 가장 이상적인 정치체제로 부상하고, 이후 유럽 국가들의 연대가 이 질서의 핵심 요소가 되었다는 사실을 강조한다. 그리고 곡물법 폐지 같은 영국의 노력으로 19세기 개방된 국제질서가 정착되는 과정, 제1차세계대전 이후 윌슨 대통령이 자유주의적 국제질서에 제시한 비전과 역할, 제2차세계대전이 발발하기 전인 전간기 루스벨트 대통령의 미국 내 자유민주주의를 강화하기 위한 노력을 분석한다. 냉전기에 자유주의적 국제질서는 소련과의 대립으로 자유 진영 안에서만 기능했지만, 개방된 국제경제 질서와 국가들의 복지에 대한 사회적 목적을 다자주의적인 제도를 통해 실현해왔다. 이 책에 펼쳐진 2세기에 걸친 자유주의적 국제주의의 촘촘한 역사를 따라가다 보면 국제질서 변화에 대한 외교사 지식을 얻게 되고 자유주의적 국제질서, 자유주의 국제정치이론에 대한 복잡한 내용도 이해하게 된다.

둘째, 자유주의적 국제질서에 대한 긍정적, 부정적 평가를 균형 있게 서술한다. 자유주의적 국제주의가 인간의 인권, 평등, 자유 등을 중시하는 자유주의 정치철학에 기초하지만, 역사적으로 항상 이러한 이념과 실천에 부합하지는 못했다는 점을 동시에 지적한다. 많은 자유주의자가 국제질서에서 자유와 개방성을 내세웠다. 하지만

실상은 서구우월주의, 일방적인 문명관, 강력한 제국주의, 인종주의, 자본주의의 불평등에 기반한 신제국주의, 영국과 미국의 패권주의와 시대적 결합을 이루었다는 점을 허심탄회하게 기록한다. 자유주의적 국제질서는 정치적 과제로서 때로 놀라울 정도로 피상적이고 제한적이며 시대에 따라 긍정적, 혹은 부정적 동반자와 다양하게 결탁하고 있다는 점에서 이 사상의 특징을 찾고 있다. 20세기 미국이 자유주의 국제질서의 수장이었지만 자유주의 이념과 어긋나는 수많은 외교정책을 시행한 역사적 사실을 지적하는 가운데 미국의 역할을 균형 있게 평가한다.

셋째, 이 책은 근대성이라는 핵심 개념을 축으로 미래의 세계질서에 대한 희망을 설파한다. 우리가 현재 겪는 많은 문제는 한편으로는 복잡다단한 근대성의 문제들 때문이고, 다른 한편으로는 자유주의적 국제주의의 성공 자체에서 비롯된다고 아이켄베리는 설명한다. 인류 역사에서 근대성은 과학, 기술, 산업혁명이 원동력인 국제관계와 사회들의 지속적인 변화로 정의된다. 이러한 힘들이 발전하면서 세계는 끊임없이 변모하고 모든 사회를 보다 복잡하고 상호의존적으로 만드는 것이다. 빠른 변화 속에 자유주의적 국제질서는 벅찬 임무들에 직면했으며 때로는 충분한 대안을 제시하지 못한 채 실패했다. 그러나 그는 지난 2세기 동안 자유주의적 국제질서는 강한 회복력을 보여주었고 앞으로도 실용적 노력을 통해 근대성이 제기하는 복잡한 문제들을 극복해나갈 수 있다고 보고 있다.

한편 지난 30년은 자유주의적 국제질서의 확산과 심화의 기간이었다. 하지만 변화의 속도와 폭이 너무 빠르고 넓어 세계질서가 미처 적응하지 못했다. 모든 국가가 합의할 수 있는 이념과 제도가 마련되지 못했고, 진보적인 사회적 목적은 분산되었다. 급기야 중국, 러시아 등 권위주의 국가들은 자유주의적 국제질서를 대체하는 새로운 대안들을 제시하기 시작했다. 하지만 존 아이켄베리를 비롯한 자유주의적 국제주의의 주창자들은 미래에 대해 조심스럽게 낙관한다.

세계는 코로나 사태, 기후변화, 테러리즘, 무기 확산, 점차 증가하는 상호의존성이 야기하는 난관들과 같이 복잡하고 새로운 문제들 속에 있다. 이러한 상태에서 세계질서가 강대국 간의 치열한 지정학 갈등, 불평등한 계급 간의 투쟁으로 환원될 수는 없다는 견해이다. 그런 점에서 《민주주의가 안전한 세상》은 현실주의와 좌파 이론에 대한 강력한 비판이기도 하다. 그는 21세기 근대성이 직면한 새로운 난관들을 타개하려면 세계에는 자유주의적 국제주의가 덜 필요하기는커녕 더 필요하다며, 현재 위기를 기회로 활용하는 방법으로서 자유주의적 국제주의의 개념과 과제를 개선해나갈 것을 제안한다.

한국은 해방 이후 미국이 주도하는 자유주의적 국제질서 속에서 성장하고 발전해왔다. 지금은 세계질서를 구성하고 변화시키는 데

한 축을 담당할 만큼 강한 국가로 우뚝 섰다. 자유주의적 국제질서의 본질을 파악하고 미래 세계질서를 설계하는 비전을 정립하는 데 이 책은 역사적 안내서이자 참고할 만한 청사진이 될 것이다.

1.

자유주의적 국제질서의 균열

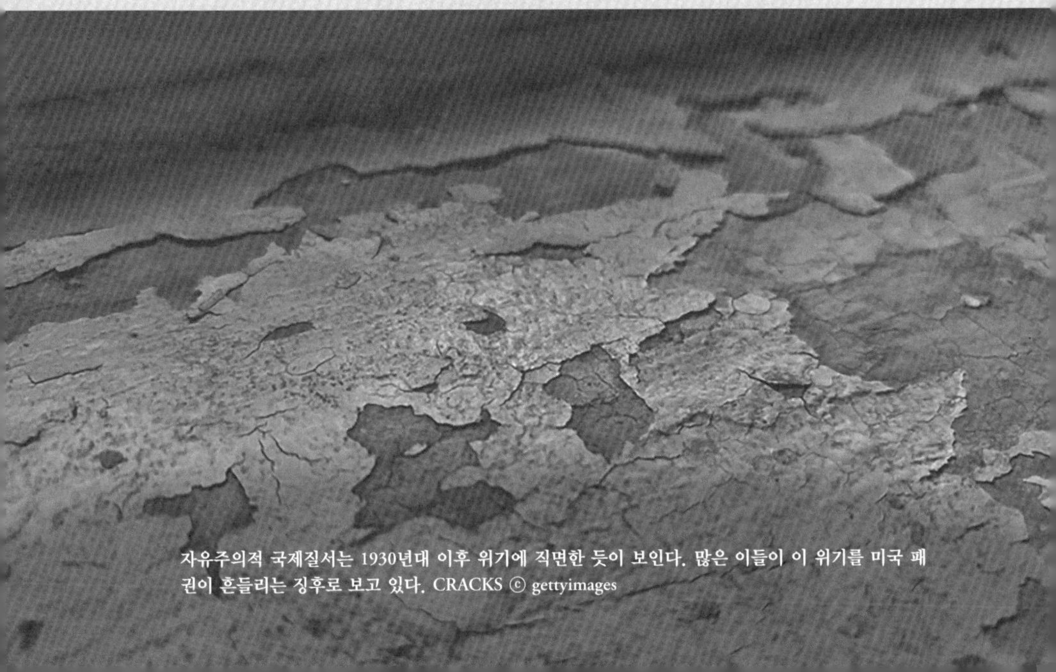

자유주의적 국제질서는 1930년대 이후 위기에 직면한 듯이 보인다. 많은 이들이 이 위기를 미국 패권이 흔들리는 징후로 보고 있다. CRACKS ⓒ gettyimages

—

200년 동안 자유주의적 국제주의라는 거창한 과업의 목표는 개방적이고 대체로 규정을 토대로 하며 진보주의적인 이념을 지향하는 국제질서를 구축하는 일이었다. 20세기가 저물 무렵 그 목표는 손에 잡힐 듯 가까워진 듯했다. 세계적으로 민주주의가 확산되고 있었다. 지역, 문명, 개발도상국과 선진국을 불문하고 국가들은 규율과 제도로 구성된 다자주의 체제가 뒷받침하는 개방적인 국제질서에 동참하는 길을 선택하고 있었다. 시장자본주의와 자유주의적 민주주의가 성취한 바와 그러한 체제가 지닌 미덕들을 마침내 이루어냈다는 공감대가 전 세계적으로 형성된 듯했다. 이러한 세계적인 변화에는 극적인 사건들이 한몫했다. 베를린장벽이 무너지고, 소련 공산주의가 해체되었으며, 냉전이 평화적으로 막을 내렸다. 기존의 지정학적 이념적 분열이 와해되고 새로운 세계화시대가 다가왔다. 20세기 대부분의 기간 세계는 서로 맞서는 이념과 운동들인 국제공산주의, 혁명사회주의, 파시즘, 권위주의적 민족주의, 자유주의적 국제주의 사이의 대격돌로 요동쳤다. 20세기 마지막 10년 동안에는 이러한 대격돌이 마침내 종식된 듯이 보였다.

이러한 세계적 변화는 갑작스러운 듯이 보이지만 사실 뿌리가 깊다. 제2차세계대전이 끝나고 미국과 그 동맹국들은 미국의 주도로 개방적 무역, 안보협력, 다자주의, 민주적 연대를 중심으로 한 새로운 형태의 국제질서를 구축했다. 지역기구와 세계기구들을 창설해 협력을 증진하고 공유하는 규범을 만들고 서로 다른 국가들을 하나로 묶었다. 서유럽은 수 세기 계속된 반목과 분열을 극복하고 통합과 정치적 통일이라는 과업에 착수했다. 서독과 일본은 "민간" 주도 국가로 변신하고 전후 세계 자유질서에서 이해당사자가 되었다. 산업화 진영을 통틀어 전후시대는 경제가 성장하고 사회가 진보한 황금기였다. 이러한 세계질서의 수변부에 위치한 나라들은 정치적 경제적 변화를 이루고 이 질서에 합류했다. 러시아와 중국은 세계무역기구에 합류했다. 러시아는 쇠약했다. 중국은 아직 경제 강대국으로 부상하지 않았었다. 강대국 간의 대결과 이념적 경쟁은 썰물처럼 빠져나가고 있었다. 서구 진영의 자유주의적 국제주의자들이 믿고 추구해온 모든 게 제대로 작동하는 듯했다.

오늘날, 이러한 거창한 과업은 위기를 맞았다. 공통의 문제를 집단적으로 해결할 가능성에 대한 자신감을 잃었다는 점에서 위기가 극명하게 드러나고 있다. 놀랍게도 자유주의적 국제주의의 후퇴는 바로 이 전후 질서를 구축한 이해당사자인 나라들에서 비롯된다. 근대 국제질서에 자유주의적 색채를 부여하는 데 가장 큰 역할을 한 두 강대국이다. 세계가 우러러보는, 가장 오랫동안 민주주의를 유지해 온 영국과 미국은 더 이상 앞장서는 역할을 하지 않으려고 몸을 사리는 듯하다. 2016년 6월 영국이 국민투표를 통해 유럽연합을 탈퇴하기로 하면서 이를 지켜보던 이들을 충격에 빠뜨렸다. 이는 제2차세계대전 후 오랜 세월 진행되어온 "보다 완벽한 연합"을 구축하는 과업으로서 유럽연합의 창설협약에 명시된 유럽통합이라는 과업의 미래에 대한 의구심을 불러일으켰다. 유럽연합은 서구 진영의 자유주의 질서를 말없이 수호하는 보루였다. 전후시대에 10년 주기로 유럽이 이룬 정치적 진전은 자유주의적 국제주의가 추구하는 미래상인 자유민주주의를 채택한 나라들을 결속시키고 기존의 지정학적 민족주의적 분열을 퇴치하려는 노력을 가장 잘 구현했다. 그러나 그러한 진전은 이제 발걸음을 멈추었고 유럽연합이 직면한 난민유입, 재정불균형, 경제성장 부진, 반동적인 민족주의 등 여러 가지 난관들로 인해 위기감이 강화되고 있다.

미국에서는 도널드 트럼프가 대통령에 당선되면서 자유주의적 국제질서의 미래에 대한 의구심이 한층 더 높아졌다. 1945년 이후 처음으로 자유주의적 국제주의의 핵심적인 개념들에 대해 적대적인 대통령이 미국을 이끌게 되었다. 무역, 동맹, 다자주의, 인권, 이민, 법치, 민주 진영의 결속 등에 있어서 트럼프 행정부는 미국 주도의 전후 국제질서를 적극적으로 훼손했다.[1] "미국 우선"이라는 미명하에 미국 대통령은 기후변화를 저지하고 민주적인 제도들을 수호하고 개방적이고 규정을 토대로 한 세계체제라는 다자간 합의를 준수하겠다는 약속을 저버렸다. 그는 미국 대통령으로서 지난 70년 동안 미국이 구축하고 주도해온 제도와 동반자 관계들을 체계적으로 훼손하는 놀라운 광경을 연출했다.[2] 유럽이사회(European Council) 의장 도날트 투스크(Donald Tusk)의 말마따나, "규정을 토대로 한 국제질서를 난관에 빠뜨리는 장본인은 당연히 그럴 만한 요주의 인물들이 아니라 바로 이 질서를 주도적으로 구축하고 보장해온 미국이다."[3]

이러한 정치적 상황이 한층 더 심각한 까닭은 전 세계적으로 민주 진영에서 민족주의와 포퓰리즘 봉기가 확산되고 있는 와중에 일어나고 있기 때문이다. 전후 질서를 구축한 동맹세력을 관장하는 중도 리버럴 세력이 약화되어왔다. 자유민주주의 자체가 극우 포퓰리즘에 특히 취약한 듯하다.[4] 이러한 골칫거리들의 기원을 2008년 금융위기에서 찾는 이들도 있다. 이 금융위기는 경제적 불평등을 확대했고 자유주의 질서를 가장 먼저 주창하고 그 질서로부터 혜택을 누린 선진국 진영 전체에 만연한 분노에 기름을 끼얹었다. 한편 중국과 러시아는 미국이 주도하는 국제질서에 맞서기 시작했고 자국에 대한 서구 진영의 영향을 차단하고 자국의 영향권을 확대할 방법을 모색했다. 러시아는 유럽과 미국에서 민주적 제도와 기구들의 정당성과 작동을 적극적으로 훼손하려 하고 있다. 중국은 근대화에 대한 자국 나름의 구상, 즉 자유주의나 민주주의를 구축하지 않고 자본주의만 추진하기 시작했다. 전 세계 독재국가들은 암울한 담론과 문명, 정치, 근대성에 대한 비자유주의적 구상들을 적극적으로 밀어붙이고 있다.[5]

이 모든 진행 상황들을 보면, 서구 진영이 주도해온 기존의 자유주의적 국제질서는 1930년대 이후로 그 어느 때보다도 위기에 직면한 듯이 보인다. 현 상황을 지켜보는 이들은 자유주의적 민주주의, 자유주의적 국제주의, 서구 진영, 근대 국제질서가 밟아온 궤적의 미래에 대해 현실적인 의문을 제기하게 된다. 2015년 말 〈뉴욕타임스〉 칼럼니스트 로스 다우섯(Ross Douthat)은 전 세계적인 시대정신의 변화를 다음과 같이 포착했다. "한 해가 저물어가는 지금, 뭔가가 바뀐 듯하다. 수십 년 만에 처음으로 올해의 화두는 자유주의적 국제질서의 강인한 생명력이 아니라 취약성이었다. 2015년은 우리 제도의 생명이 유한함을 상기시켜주고, 이 체제에 균열이 생기고, 보호 장벽이 무너지고, 모든 질서는 한시적임을 상기시켜주는 한 해였다."[6] 서구 진영 전체에 걸쳐 본질적인 무엇인가가 상실된 듯하다. 가능하다는 정서, 더 나은 미래를 만들 수 있다는 믿음 말이다. 쇠락, 쇠퇴, 후퇴가 기존의 질서를 상징하는 새로운 문구들이다.

어떻게 된 걸까? 이러한 곤경에 처하게 된 근본적인 원인이 무엇일까? 정치질서가 위기에 처했다면 그 질서를 구성하는 제도와 관계들이 더 이상 지속되지 못한다는 뜻이다. 뭔가 사달이 나야 한다는 뜻이다.[7] 그렇다면 이 위기는 얼마나 심각할까? 경제적 정치적 운이 일시적으로 꺾였지만, 새로이 성장하고 새로운 주도 세력이 등장하면서 역전될 수 있는 위기일지도 모른다. 서구 자유주의적 민주주의국가들은 예전에도 우여곡절을 겪었다. 전후 서구 국제질서가 구축된 초기 몇십 년은 우리가 통상적으로 기억하는 것처럼 그리 태평성대는 아니었다. 수에즈운하 위기가 발생했고, 프랑스는 북대서양조약기구(North Atlantic Treaty Organization, NATO) 명령체계에서 탈퇴했으며, 미국의 달러화에 대한 논쟁이 일었고, 인권운동과 베트남전쟁에 반대하는 시위가 만연했으며, 정치적 암살이 빈번했다. 이 모두가 혼란스러운 시기를 대표하는 사건들이었다. 유럽에서는 스페인과 포르투갈 두 나라를 독재정권이 통치했고 프랑스와 이탈리아에는 거대한 공산당이 출현했다.[8] 1970년대에는 유가 폭등, 경기침체, 대서양을 사이에 둔 유럽과 미국의 갈등, 미국에서의 헌정 위기 등으로 서구 자본주의 체제의 토대가 흔들렸다. 그러나 뒤이은 시기에 경제성장이 회복되고 새로운 정치적 지도 세력이 대서양 양안에 등장했다.[9]

오늘날 우리가 처한 곤경은 분명히 훨씬 심각하다. 많은 관찰자는 이 위기를 미국 패권이 흔들리는 징후로 보고 있다. 미국은 자유주의 질서를 구축하고 유지하는 데 있어 감당하기에 벅찬 역할을 했지만, 새로이 부상하는 국가들과 불가피하게 권력을 재분배해야 하는 압박을 받자 그러한 역할을 하려는 의지와 역량이 위축되었다. 이게 사실이라면 문제는 "전환기에 직면하는 위기"일지도 모른다. 전후 자유주의적 국제질서에 내재된 지도력, 제도, 협상력이 미국의 패권 이후의 질서, 여전히 비교적 개방적이고 규정을 토대로 하지만 서구적인 색채가 훨씬 덜한 질서를 향해 재조정되는 시기라는 뜻이다. 이러한 통치의 위기는 현 체제 전반에 걸쳐 권위와 역할을 재분배하면 시정될 수 있다.[10]

혹자는 자유주의적 국제주의는 미국의 패권과 불가분의 관계라고 주장한다. 세계가 "덜 미국적"으로 변하면 덜 자유주의적으로 변한다고 주장한다. 그렇다면 현재의 위기는 더욱 심각하다. 자유주의적 국제주의 자체를 뒷받침하는 논리에 대한 의문을 야기하기 때문이다. 이러한 시각에서 보면 개방적이고 대체로 규정을 토대로 한 질서는 지난 2세기 동안 세계를 주도한 영미권이 인위적으로 구축한 체제이다. 그 지배적 지위가 빛이 바래면 기존의 질서가 지닌 자유주의적 국제주의 특징들은 이와는 사뭇 다른 종류의 원칙과 제도들을 중심으로 재편된 탈자유주의 질서에 자리를 내주게 된다.[11] 일부 관찰자들은 중국이 탈 서구자유주의 질서를 조직화하는 중심 세력이 되리라고 생각한다.[12] 아니면 지역, 블록, 강대국들이 지배하는 영향권들로 구성되어 힘이 분산된 체제가 등장할지도 모른다.[13] 아니면 균열, 불화, 무질서가 항구적으로 세계정치 지형을 규정하는 특징이 될지도 모른다.

여기서 그치지 않고 이 위기는 한층 더 한 시대의 획을 긋는, 계몽주의 원칙과 자유주의적인 근대성의 와해를 보여주는, 획기적 사건이 될지도 모른다. 합리주의, 과학, 근대화라는 강력한 "엔진"을 원동력 삼아 경제성장, 사회적 발전, 자유민주주의가 연동해 앞으로 나아가는 자유주의적 근대성이 지닌 장점들이 새로이 탈근대시대에 자리를 양보한다고 보는 관찰자들도 있다. 인류의 진보와 개선이 지속되는 체제로 이해되는, 근대 세계체제를 규정하는 계몽주의 특징들은 저무는 시대가 인위적으로 구축한 구조물이다. 예컨대, 판카지 미슈라(Pankaj Mishra)는 근대성에 대한 자유주의적 구상의 이면에는 "자유민주주의를 추구하는 수탁인들 하에서 점진적으로 이루어지는 진보"에 대한 기대와 더불어 오로지 무질서와 혼란과 분노를 야기해온 탐욕스러운 자본주의 체제가 있다고 주장한다.[14]

이러한 여러 가지 해석들은 자유주의 질서가 곤경에 처했다는 데는 동의하지만, 그 원인에 대해서는 이견을 보인다. 자유주의적 국제주의의 미래를 일별하려면 이 질서의 발자취를 들여다보고 현재에 이르기까지 밟아온 긴 궤적을 추적해보아야 한다. 자유주의적 국제주의가 출범한 시기는 1989년도 아니고 1945년도 아니다. 계몽주의와 민주화 혁명의 시대를 거치면서 탄생한 사상과 행동의 전통으로서 성공과 실패, 투쟁으로 점철된 험난한 여정을 거쳐 오늘날의 세계로 탈바꿈했다. 200여 년에 걸친 이러한 여정 사이사이에는 위기가 끊이지 않았고 전쟁과 경제공황과 반동적인 운동으로 전복되고 후퇴를 거듭했다. 그러나 자유주의적 국제주의는 늘 세계정치의 중심으로 되돌아왔다. 아이라 카츠넬슨(Ira Katznelson)은 자신의 저서《황폐와 계몽주의(Desolation and Enlightenment)》에서 1930년대와 1940년대에 세계경제가 붕괴되고 파시즘과 전체주의가 부상하고 세계대전, 홀로코스트, 원자폭탄 투하 등 전례 없는 폭력이 자행되었고, 이러한 근대에 자유민주주의가 역사상 최악의 공격에 직면했지만, 자유주의의 구상을 뒷받침하는 "계몽주의 가치"는 여전히 그 생명을 보존했고 전후 세대가 이를 되살리고 다시금 공고히 했다고 말한다.[15]

자유주의적 국제주의가 국제질서를 둘러싼 21세기 투쟁에서 핵심적 지위를 유지하려면 세상에 염증을 느끼고 논쟁을 주저하지 않았던 과거를 회복하고 전면에 내세워야 한다. 앞으로 이어질 장에서 나는 지난 2세기에 걸쳐 자유주의적 국제주의의 특징이 어떻게 변해왔고 그 논리가 무엇인지를 수많은 전환점과 우여곡절과 위기와 재생을 통해 탐색해보려 한다. 나는 다음과 같은 의문을 제기한다. 자유주의적 국제주의란 무엇이고 근대 국제관계에 어떤 영향을 미쳐왔으며 앞으로 어떻게 될까?

논점

세계를 조직화하는 방식으로서의 자유주의적 국제주의는 여전히 미래가 있다. 개방적이고 규정을 토대로 하며 진보를 지향하는 국제질서의 개념과 이에 대한 염원은 여전히 세계정치에서 유장하게 흐르고 있다. 질서를 구축하는 자유주의 전통은 자유민주주의의 부상과 확산과 더불어 등장했고 민주주의국가들이 근대성이 제기하는 기회와 위험에 직면하면서 그 개념과 의제들이 구색을 갖추어왔다. 자유민주주의가 정착할 "공간"을 세계에 조성하고, 주권과 상호의존이라는 딜레마에 대한 절충안을 마련하고, 국가 내에서 또 국가 간의 권리를 보호하고 유지할 방법을 모색하는 일은 지난 2세기 동안 일어난 격변을 통해서 자유주의적 국제주의가 추진해온 핵심적인 목표들이다. 경제와 안보에서 상호의존성이 점증하는 세계에서 자유주의적 국제주의는 국제관계를 조직화하는 방식으로서 가장 일관성 있고 제대로 기능한다고 널리 받아들여지고 있다. 자유주의적 국제주의는 실패했다기보다 자체적인 성공에 희생되었다. 탈냉전시대에 서구 자유주의 질서에서 세계질서로 전환되면서 이 질서를 지탱하는 정치적 근간에 과부하가 걸렸고 이 질서가 추구하는 사회적 목적이 훼손되었다. 앞선 시대에 늘 그랬듯이 오늘날에도 자유주의적 국제주의자들은 그들이 추구하는 과업을 재고하고 재창조할 필요가 있다.

이 책에서 나는 세 가지 논점을 제시한다. 첫째, 자유주의적 국제주의를 세계가 작동하는 방식에 관한 개념들의 묶음으로 제시하겠다. 자유주의적 국제주의는 국제관계에 대해 어떤 주장을 하고, 질서는 어디에서 비롯된다고 보며, 해결책을 모색하는 문제들은 무엇인지 살펴보겠다.

• 자유주의적 국제주의는 자유민주주의국가들을 조직화하는 과업이자 개념들의 묶음으로 이해하면 된다. 우드로 윌슨이 말한 바와 같이 "민주주의가 안전한 세계를 만들기"가 존재 이유다. 자

유민주주의의 안보, 복지, 진보를 강화하고 촉진하는 방식으로 국제질서를 조직화하고 개혁할 방법을 모색하는 사상과 행동의 전통이다. 자유민주주의국가들이 상호이익을 위해 협력하고 공통의 취약성을 관리하고 자국의 삶의 방식을 수호할 수 있는 질서 있는 환경을 조성할 방법을 모색한다. 이런 의미에서 정치적 현실주의, 국제관계 이론의 또 다른 중요한 전통으로서 복잡한 현상을 단순하게 설명하는 환원주의이자 국가들의 행동에 대한 보편적인 해석을 제시하는 이론과는 다르다. 자유주의적 국제주의는 규범적이고 역사적 맥락에 따라 부침을 겪으며 서구 국민국가(nation-state), 자유민주주의, 영미권의 패권 세력 부상이 인위적으로 구축한 구조물이다. 실제로는 근대화된 세계체제 내에서 규정, 제도, 동반자 관계를 통해서 실현된다. 그러나 자유민주주의국가들이 작동하기에 바람직한 정치적 제도적 규범적 환경-국제 생태계-을 구축하는 보다 야심찬 과업을 추구한다.

• 자유주의적 국제주의는 자유민주주의국가들이 근대화가 야기한 문제와 기회에 직면하면서 진화해왔다. 과학, 기술, 산업혁명을 원동력 삼아 국가들, 그리고 국가들 사이의 관계가 지속적으로 변해왔다는 뜻이다. 자유민주주의국가들이 주도하는 근대사회는 발전할수록 점점 복잡해지고 상호의존성이 강화되고 있다. 자유주의적 국제주의자들은 19세기와 20세기에 걸쳐 근대성은 양면성이 있다는 사실을 학습하고 재학습해왔다. 하나는 인류의 발전이라는 측면이다. 기술변화, 경제성장, 생활수준의 향상, 여러 나라들이 이익과 운명을 공유한다는 깨달음이다. 그러나 근대성이 지닌 또 다른 측면도 있다. 경제침체. 전쟁, 전체주의. 반동

적인 역풍, 폭력적인 혁명, 갑자기 드러나는 취약성 등이다. 자유주의적 국제주의는 근대성이 지닌 장점과 단점에 대한 대응으로 이해할 수 있다. 근대 상호의존성이 주는 혜택을 포착하고 위험으로부터 보호하기 위해 국가 간에 협력하는 체제를 말한다. 중요한 전환점인 1918년, 1945년, 1991년, 오늘날에 자유주의적 국제주의자들은 자신들이 해석한 근대성을 재고하고 추구하는 목표와 야심을 재조정해왔다.

• 자유주의적 국제주의는 또 다른 막강한 힘과 운동을 등에 업고 20세기에 등장했다. 민족주의, 제국주의, 자본주의, 강대국의 힘의 정치, 영미 패권은 끊임없이 움직이는 지형을 구성하는 부분이다. 이러한 지형을 토대로 자유주의적 국제주의는 그 형태를 갖추고 변해왔다. 자유민주주의와 근대 세계가 추구하는 거창한 구상을 지닌 전통이지만 고정불변 개념들의 묶음이 아니다. 이는 자유주의적 국제주의의 약점이자 장점이 되어왔다. 민첩하게 그 형태를 바꾸는 특징 덕분에 제국, 제국주의, 인종차별주의, 강대국의 질서 구축 과업 등을 비롯해 다른 세력들, 다양한 명분을 추구하는 운동들과 손을 잡아왔다. 이러한 자질은 자유주의적 국제주의의 두드러진 특징이 되어 근대 국제질서를 구축하는 데 영향력을 발휘하게 되었지만, 동시에 세계를 정반대 방향으로 이끌려는 세력이나 의제들과 손을 잡기도 했다.

둘째, 자유주의적 국제주의를 정치적인 과업으로서 살펴보겠다. 자유주의적 국제주의자들이 지난 2세기에 걸쳐 설계하고 추구한 정책과 의제들로서 살펴보겠다는 말이다.

• 19세기와 20세기에 자유주의적 국제주의가 국제관계에 미친 영향은 각양각색의 주체들-사회운동가, 사상가, 외교관, 기획자, 정치지도자들-이 당대의 정치적 경제적 기술적 혁명과 강대국 간의 힘의 변화를 헤쳐 나가는 과정에서 달성되었다. 자유주의적 국제주의가 근대 세계에 구축되는 여건들을 형성하는 데서 네 가지 지속적인 변화가 가장 중요한 역할을 했다. 자유민주주의의 부상과 진화, 제국들로 구성된 세계에서 국민국가들로 구성된 세계로의 전환, 경제와 안보의 상호의존성 강화, 영국과 미국 패권의 부상과 쇠락이다. 이러한 대대적인 변화는 개인과 집단이 자유주의적 국제주의 과업을 규정하고 추구할 수 있는 토대-변하는 지정학적 지형과 근대화 여건들-를 마련해주었다.

• 19세기에 자유주의적 국제주의는 국제주의 계열에 속하는 하나의 이념으로 등장했다. 서구 진영에서 국제주의와 민족주의는 역사적으로 볼 때 동전의 앞뒷면처럼 동반 등장했다. 국제주의라고 해서 모두 자유주의적이지는 않다. 제국주의적인 국제주의, 국가의 주권평등 원칙을 표방한 베스트팔렌 평화조약 유형의 국제주의도 있고 무역, 법, 중재, 평화운동 등이 복합적으로 작용해 근대 자유주의적 국제주의 전통을 형성한 보다 자유주의적인 형태의 국제주의도 있다. 이런 식으로 바라보면, 윌슨시대의 자유주의적 국제주의는 이 이념적 전통의 "출발점"이 아니라 19세기라는 긴 시간에 걸쳐 꾸준히 부상한 전통이 절정에 달하면서 공고히 다져진 시기다. 자유주의적 국제주의를 몇 가지 요소들, 고전적 불간섭주의 요소와 더 진보적이고 사회민주적인 요소들이 합성된 형태로 살펴보면 그러한 요소들이 지난 2세기에 걸쳐 어떻

게 결합하고 분리되고 재결합했는지 보인다. 예컨대, 어떻게 신자유주의가 1990년대에 부상하면서 그 이전인 제2차세계대전 후에 등장한 전후 요소들로부터 분리되었는지 보인다.

• 자유주의적 국제주의는 진보주의적인 정치운동과 깊이 연관되어왔다. 결정적인 순간은 국제적 의제가 국민국가 정부가 진보적인 사회경제적 목표를 실행하는 역량을 강화하는 방식으로 규정될 때 찾아왔다. 이러한 사례들을 보면, 국제규정, 제도, 동반자 관계의 구축은 각국 정부의 역량을 약화가 아닌 강화하기 위해 설계되었다. 1945년 이후 시대를 관장한 브레턴우즈(Bretton Woods) 체제는 다음과 같이 이해할 수 있다. 이 체제는 각국 정부가 자국의 경제를 안정적으로 관리할 수 있는 정책 도구들을 만들어냈다. 근대 자유민주주의국가들이 추구하는 사회적 목표들이 점점 복잡해지고 상호연관성이 깊어지면서, 국제질서의 "기능성"이 점점 중요해졌다. 자유민주주의국가들과 그 밖의 나라들이 자국 내에서 추구하는 목표들을 달성하기 위해서는 그러한 목표를 추구하는 데 우호적인 국제환경이 조성되어야 한다는 사실을 깨달았다.

• 1930년대 말부터 1940년대 말까지의 기간 동안 자유주의적 국제주의 개념에 대대적인 전환이 일어났다. 경제대공황, 파시즘과 전체주의의 부상, 제2차세계대전, 냉전의 지정학적 이념적 갈등이 자유주의적 과업이 추구하는 야심의 면모를 결정했다. 냉전시대의 안보 인식뿐만 아니라 뉴딜(New Deal)이라는 경제 안보 인식도 포용하게 되었다. 자유주의자들은 1930년대와 1940년대의 재앙을 겪고 나서 근대성을 자유주의적 국가와 비자유주의적 국

가들의 역량을 모두 향상시키는 과업으로 간주하게 되었다. 그리고 그러는 과정에서 위험과 기회의 묶음들은 한층 더 복잡해졌다. 앞선 시대의 국제주의에 담긴 인종적, 종교적, 문명적 위계질서와 차별이 사라지지는 않았지만, 정당성을 잃었다. 자유주의적 국제주의는 점점 더 포괄적인 진보 의제를 수용하고 인권과 사회적 보호에 대한 보다 보편적인 인식을 포용했으며 서구 민주 진영의 연대의식과 보다 밀접하게 엮이게 되었다. 냉전시대 양극체제 내에서 독특한 형태의 국제질서인 자유주의적 패권이 부상했다.

마지막으로, 자유주의적 국제주의가 직면한 현재의 위기로 눈을 돌리겠다. 냉전 후 승리한 듯했던 자유주의적 국제주의가 이룩한 성과들이 어떻게 무산되었고 이를 다시 회복하려면 어떻게 해야 하는지 살펴보겠다. 여기서 제기되는 의문은 다음과 같다. 자유주의적 국제주의는 지적으로 정치적으로 어떤 토대 위에서 그러한 노력을 기울여야 할까?

- 현재 우리가 직면한 위기의 씨앗은 자유주의적 국제주의의 승리가 명백했던 바로 그 순간에 뿌려졌다. 미국이 주도하는 자유주의적 국제주의를 위협하는 이념적 대치 상태와 지정학적 난관이 와해되면서 새로이 황금시대가 열리는 듯했다. 서구 자유주의 질서는 냉전시대 양극체제 안에서도 존재해왔지만, 이제 이러한 내부 질서는 외부 질서가 되었다. 세계 도처에서 여러 나라들이 경제적 정치적으로 변화를 추구하면서 점점 확장되는 자유주의적 국제주의 질서에 통합되었다. 그러나 자유주의적 질서의 세

계화는 딱히 성공적이지 않았고 실패로 인해 이 질서의 통치 근간과 정당성과 사회적 목적이 훼손되었다. 서구 자유주의 질서는 근본적으로 안보 공동체였지만, 세계적 차원에서 재정비되면서 자본주의 거래를 촉진하는 틀로 널리 인식되었다. 자유주의적 국제주의를 지탱하는 진보주의적 민족주의는 잠식되었다.

• 자유주의적 국제주의 과업은 일신할 필요가 있다. 그동안 이룬 성과뿐만 아니라 한계와 실패도 인정할 필요가 있다. 논조를 새로이 다듬어서 우쭐하는 태도를 누그러뜨리고 도달 범위와 호소력을 보편화하고 추구하는 미래상을 보다 실용적으로 만들어야 한다. 즉, 자유민주주의국가들이 안전하게 존재할 수 있는 환경을 조성하는 과업으로 거듭나야 한다. 자유주의적 국제주의는 각 나라가 내부적으로 자유민주주의를 지지하고 수호할 때 가장 성공적이었다. 다시 이러한 성과를 거둘 새로운 방법을 모색해야 한다. 세계사적인 진보에 대한 휘그 성향의 이론을 지양하고 근대성이 제기하는 문제와 기회들을 헤쳐 나가는 유구한 접근방식을 지향해야 한다. 이렇게 하는 과정에서 자유주의적 국제주의 과업은 특히 경제와 안보 부문에서 국가들의 점증하는 상호의존성과 더불어 상호취약성과 공통으로 직면한 위험이 야기하는 문제들에 집중해야 한다. 이는 자유주의가 지닌 양면성 가운데 어두운 측면이다. 자유주의에 내재된 위험과 불안이다. 그러나 2세기 동안 자유주의의 이러한 어두운 측면은 자유주의적 국제주의자의 생각과 행동에 늘 도사리고 있었다. 자유주의적 국제주의의 궁극적 방어책은 21세기에 집단적으로 직면하는 위험에 대처할 방법이 자유주의적 국제주의뿐이라는 사실이다.

자유주의적 국제주의의 원천은 자유민주주의다. 지난 200년에 걸쳐 자유민주주의국가들이 서로 협력해 질서를 구축하려는 노력의 원동력은 공유하는 가치와 공동의 이익이었다. 그러나 자유민주주의 국가들이 공동의 명분을 추구하게 된 보다 심오하고 실존적인 동기가 있다. 근대성 자체에서 비롯되는 상호취약성이다. 우드로 윌슨이 "문명이 태풍을 모면하려면" 국제연맹이 필요하다고 주장할 당시 이 점을 염두에 두었는지도 모른다.[16] 1945년 이후의 서구 질서를 설계한 이들이 상설 다자간 기구들을 창설해 세계경제와 안보관계를 관리하도록 하자고 제안할 당시에도 이 점을 염두에 두었는지도 모른다. 국제관계를 조직화하고 개혁하는 과업으로서의 자유주의적 국제주의는 경제와 안보 부문에서 점증하는 상호의존성이 제기하는 문제와 기회에 적절히 대응할 수 있는 독특한 위치를 점하고 있다. 이러한 주장은 자유주의적 국제주의가 아직 그 수명을 다하지 않았다는 일말의 확신을 품게 해준다는 점을 이 책에서 보여주려 한다. 그러나 자유민주주의의 미래를 향해 세계가 발맞춰 전진하게 되어있다는 낙관론을 지양하고, 집단적 역량과 제도를 구축해 근대국가들을 자국 스스로 야기하는 위험과 서로에게 가하는 위험으로부터, 근대성이 품은 폭력적인 돌풍으로부터 보호할 필요를 중점적으로 다루는 보다 신중한 구상을 제시해야 한다.

자유주의적 국제주의란 무엇일까?

자유주의적 국제주의는 국제관계를 규정하는 중요한 전통들 가운데 하나다. 국가들이 어떻게 서로 대응하는지에 대한 기본적 유형과 특징들을 설명하는 개념, 이론, 의제, 지향하는 바를 한데 묶은 계보다.

창설한 사상가가 있고 고전적 문헌이 있고 근대 초기부터 전해져 내려오고 시대에 맞게 수정된 이론과 논쟁들로 구성된 복잡한 계보라는 점에서 전통이다.[17] 수십 년 수 세기에 걸쳐 진화하는 과정에서 시험을 거친 핵심적인 개념들이 여전히 존재하는 전통이며, 시공을 초월해 반복적으로 나타나는 문제와 역동성을 규명한다. 이론과 가설과 경험을 통한 검증을 갖춘 학술적인 전통인 동시에 실제 세계에서 행위자들이 사용하는 정치적 개념과 의제의 묶음-이념-이기도 하다.[18] 실행하는 주체들 간에 공유하는 유산, 계통, 계보이자 현재진행형인 지적 정치적 시도로서의 자유주의적 국제주의에 대한 공통의 믿음을 뜻하는 정치적 과제다.[19] 이러한 모든 의미에서 자유주의적 국제주의는 학자와 정치행위자들이 국제관계를 설명하고 정치 행동에 관여하는 데 이용하는 지도이자, 나침반이자, 깃발이다.

자유주의적 국제주의는 서구 자유민주주의와 더불어 18세기와 19세기 초에 부상했다.[20] 유럽과 북미에서는 절대왕정 국가들이 혼합형 의회 정권에 자리를 내주면서 입헌 민주주의와 공화정의 초기 징후들이 나타났다. 미국의 건국과 프랑스혁명은 영국의 진화하는 의회체제와 더불어 자유민주주의시대의 극적인 시발점이 되었다. 그 결과는 "자유주의의 부상"이라 일컬어졌다. 대니얼 듀드니(Daniel Deudney) 말마따나, "역사를 통틀어 공화국은 정복과 내부적인 권력찬탈에 취약한 소규모 도시국가에 국한되어 등장했지만, 지난 2세기에 걸쳐 연방 구성을 통해 대륙 규모로 확장되었고 20세기에 폭력적이고 총체적인 갈등을 극복하고 승자로 부상했다."[21] 자유주의적 국제주의는 서구 자유민주주의국가들이 서구 진영의 질서와 나아가서 세계질서를 구축하고 조직화하는 끊임없는 노력을 통해 지위가 격상되면서 등장했다.

따라서 자유주의적 국제주의는 자유민주주의국가들의 주도하에 주권국가들이 상호이익을 추구하고, 대체로 규정을 토대로 한 국제 공간 내에서 보호받기 위해 서로 협력하는 질서라는 구상을 제시한다. 오늘날에도 여전히 존재하는, 이러한 구상의 구성 요소들의 자취는 18세기로 거슬러 올라간다. 개방적인 무역, 국제법, 다자주의적 협력, 집단안보, 정치적 권리와 사회적 보호, 민주주의국가들 사이의 연대의식이 자유주의적 국제주의 구상의 주요 요소들이다. 보다 정확히 말하자면, 지난 2세기에 걸쳐 등장하고 수정 보완된 여러 가지 구상들을 구성하는 요소들이다. 자유주의적 국제주의는 고정불변의 독트린이 아니라 진화하는-종종 상충하는-개념, 독트린, 과제, 운동들의 집합체이다.[22]

흔히 자유주의적 국제주의는 이와 경쟁 관계인 거대 이론, 정치적 현실주의와 비교해 규정된다. 이 양대 전통은 국제관계의 핵심적인 문제의 틀을 서로 다르게 규정한다.[23] 현실주의자들은 국제관계의 핵심적인 문제가 무질서 상태라고 본다. 국제정치의 결정적인 특징은 국가들이 처한 구조적인 곤경이다. 질서를 구축할 중앙정부가 없고 힘이 분산된 세계다. 무질서한 여건하에서 국가들은 협력하고 경쟁하고 생존을 위해 투쟁한다. 국제정치의 대대적인 사건-힘의 균형, 안보경쟁, 패권전쟁, 제국주의적 경쟁-은 바로 이런 심오한 불변의 현실 때문에 고대에서부터 근대를 걸쳐 오늘날에 이르기까지 끊임없이 발생한다. 무질서 상태나 그 어떤 나라도 다른 나라가 어떤 의도를 품었는지 확신할 수 없기 때문에 국가 간 협력은 제약과 한계에 직면할 수밖에 없다.[24]

현실주의자들 간에도 국제질서의 원천을 두고 의견이 갈린다. 주도적인 국가들 사이에 힘의 균형을 이루려는 과정에서 발생하는 의식적 무의식적 결과를 국제질서의 원천으로 보는 이들도 있고, 패권국가의 지배를 통해 국제질서가 조성된다고 보는 이들도 있다.[25] 이 두 경우에 국제질서는 국가들이 지닌 물질적 역량이 만들어낸다. 이러한 역량이 질서의 궁극적 원천이자 중재자이다. 국제질서는 암묵적이든 명시적이든 상호이해와 합의에서 비롯되지 않는다. 국가 간의 힘의 관계에서 비롯된다. 물론 현실주의는 유구하고 방대한 전통이고 현실주의 사상가들끼리도 무질서 상태가 어느 정도나 국제관계의 면모를 통제하는지를 두고 의견이 분분하다. 그럼에도 불구하고 현실주의 거대담론에서 국제정치를 규정하는 순간들-전쟁과 평화와 질서의 부상과 해체-은 무질서 상태라는 그림자가 드리운 가운데 펼쳐진다. 역사는 순환하고 국제질서는 형성되었다가 해체되고, 진보는 덧없다.[26]

자유주의적 국제주의도 무질서 상태라는 문제를 다루긴 하지만, 그보다는 근대성의 문제에 훨씬 더 천착한다. 근대성은 과학, 기술, 산업화로 방출된 힘에 의해 국가의 내부와 국제사회가 전 세계적으로 겪는 심오한 변화의 묶음으로 폭넓게 이해할 수 있다. 어니스트 겔너(Ernest Gellner) 말마따나, 공통된 근대화의 방향으로 사회들을 밀고 당기는 "물결"이다.[27] 18세기를 시작으로 서구사회는 상호연관된 현상들이 펼쳐지면서 급속히 발전했다. 과학과 기술의 발전, 산업혁명, 자본주의 사회의 부상, 합리적인 관료집단이 지배하는 국가의 등장이 바로 그러한 현상들이다.[28] 현재의 세계를 근대 이전의 시대와 차별화하는 몇 가지 특징이 있다. 첫째, 사회는 발전 경로를 따라 단계적으로 변한다고 간주된다. 전통사회는 근대사회에 자리를 내어주고 근대사회는 계속 성장하고 진화하고 발전한다. 근대에 탄생한 자유민주주의도 근대성을 밀어붙였다. 둘째, 근대성은 세계적인 현상으로서 점점 상호연관되고 상호의존적인 단일한 세계체제 속으로 사회들을 밀어넣기도 하고 끌어내기도 한다. 셋째, 전 세계가 골고루 근대성을 겪지는 않는다. 앞서거니 뒤서거니 하면서 새로운 형태의 위계질서와 지배구조가 생긴다. 근대성을 통한 발전이 골고루 이루어지지 않으면서 19세기와 20세기에 서구 진영이 세계를 지배하게 되었다. 그러나 세계는 멈추지 않고 계속 변하며 어떤 사회든 그 사회 나름의 방식으로 근대화되고 있다. 위계질서와 형성된 권력은 정체되지 않는다. 국제관계는 이처럼 개방적이고 끊임없이 변하는 세계사적인 과정 내에서 일어난다. 근대성은 국가들에 힘을 실어주기도 하고 취약한 처지에 놓이게 만들기도 한다.[29]

자유주의적 국제주의자들은 이러한 개념들을 출발점으로 삼아 근대성의 특징과 의미에 대해 다양한 견해를 제시하며 갑론을박해왔다. 시대에 따라서 근대성은 자유민주주의에 유리하게 작용하는 경향이 있다고 주장했다. 적어도 장기적인 차원에서 보면, 근대성은 이러한 방향으로 정치적 발전을 진행시키는 경향이 있다. 이러한 관점은 지난 2세기에 걸쳐 강화되기도 하고 약화되기도 했다. 19세기 말부터 제1차세계대전이 발발하기 전인 1914년까지를 뜻하는 벨에포크(Belle Epoque, 호시절) 동안 유럽인들이 품었던 근대성에 대한 낙관적인 시각은 그들의 후손들이 제2차세계대전의 잔해를 조망하면서 지니게 된 견해와는 천양지차다. 가장 생명력이 끈질기게 이어지는 시각-20세기 중엽에 수용되었고 오늘날 대부분의 자유주의적 국제주의자들이 지니고 있는 시각-은 근대성은 양면성을 지니고 있다는 견해다. 근대성은 백척간두의 위험과 천재일우의 기회를 수반한다. 대박을 터뜨릴 가능성도 있지만, 쪽박을 찰 가능성도 있다.

무질서 상태 문제에 집중하는 현실주의와 근대성의 문제에 집중하는 자유주의의 이러한 구분은 절대적인 것은 아니다. 20세기 중엽 E. H. 카(E. H. Carr)와 한스 모겐소(Hans Morgenthau)처럼 현실주의를 주도하던 학자들은 무질서 상태와 권력투쟁을 국가 사이의 관계를 규정하는 문제로 간주했지만, 그들의 주장에는 근대성과 산업사회가 국가의 성격과 힘의 정치 면모를 일신하는 방식에 대한 풍부한 통찰력이 담겨있다. 카와 모겐소 둘 다 근대화 세계가 초래한 변화를 긍정적으로 받아들였다. 모겐소는 근대화가 초래한 가장 중요한 변화는 인간의 본성과 도덕성에 끼친 영향이라고 보았다. 카는 국가 간에 폭력을 자행하는 역량의 증강, 불간섭 자본주의, 의회 민주주의, 자결주의가 초래한 위기에 큰 비중을 두었다.[30] 마찬가지로, 자유주의적 국제주의자들은 무질서 상태에서 위험과 불안감이 비롯된다는 점을 인정한다. "무질서(anarchy)"라는 용어를 만든 주인공이자 제1차 세계대전이 "국제적 무질서의 여건하에서" 상호의존하는 국가들이 중무장하는 국제구조에서 비롯되었다고 주장한 이는 20세기 초 자유주의적 국제주의자 G. 로위스 디킨슨(G. Lowes Dickinson)이었다.[31] 그러나 자유주의적 국제주의자들은 국가의 성격과 경제와 안보 부문에서의 상호의존성의 면모를 구성하고 재구성하는 게 근대성이 지닌 보다 심오한 위력이라고 생각한다. 무질서의 특성과 무질서가 야기하는 결과는 고정불변이 아니다.[32] 국가-특히 자유민주주의국가-는 외교와 제도를 이용해 자국의 이익을 규정하고 추구하는 방식을 바꾼다.

현실주의자와 자유주의적 국제주의자는 국제질서의 원천뿐만 아니라 국제관계가 작동하는 여건에 대해 서로 다른 견해를 보인다. 현실주의자에게는 국제질서가 불시에 등장하는 창발적 특성을 띤다. 무질서와 권력분배의 발현이다. 힘의 균형을 강조하는 현실주의자는 경쟁자들이 서로 힘을 견제하면서 비롯되는 역동적인 평형상태로 본다. 패권주의적 현실주의자는 지배국가가 만드는 관계의 구조로 본다. 힘의 균형을 강조하는 현실주의자와 패권주의적 현실주의자 모두 질서는 힘의 현실을 구현하고 반영한다고 본다. 반면 자유주의적 국제주의자는 질서를 조직적 구조와 합의가 만들어낸 결과로 보는 경향이 있다. 물론 자유주의자들도 국제관계가 발생하는 여건에 국가가 얼마나 영향을 미칠 수 있는지에 대해 서로 다른 견해를 보인다. 그러나 자유주의적 국제주의자는 국제질서가 계약의 특징을 지니고 있다고 본다. 국가들이 서로 상대할 때 적용되는 규정과 제도들을 구축하려는 노력을 반영하는, 인간이 의도한 결과물로 본다.[33] 합의, 협상, 제도는 자유주의적 성향의 국가들이 국가가 서로 협력하고 경쟁하는 환경의 면모를 구축하도록 해주는 자유주의적 국가통치 수단이다. 이 이론은 규범적이다. 자유주의적 국제주의자는 전적으로 힘이 지배하는 세계도 분명히 가능하지만, 규정과 제도가 지배하는 국제질서가 세계를 보다 인도적이고 나은 곳으로 그리고 자유민주주의가 안전한 곳으로 만든다고 주장한다.

따라서 자유민주주의국가들이 추진해야 할 과업은 "질서 구축"에 관여하는 일이다. 서로 협력해 근대성에서 비롯되는 혜택을 실현하고 근대성이 야기하는 위험으로부터 자국을 보호하기 위해서 국제체제 전반에 걸쳐 규정과 제도를 구축하는 일이다. 주권 국민국가는 자유주의적 국제주의자의 의제를 추진할 토대를 제공한다. 정부 간 협력이 가능한 세계체제를 구축하고 발전시키는 의제 말이다. 자유주의적 국제주의자들이 내세우는 다양한 국제주의는 핵심적인 주권 국민국가들 사이에서만 가능하다. 주권과 상호의존이 공존 가능하게 만들기 위해서 자유주의적 국제주의자는 자유민주주의라는 국가체제를 보존하고 강화할 방법을 모색한다. 그들이 지향하는 바는 자유민주주의국가들의 안보와 안녕을 증진하는 방식으로 국제관계를 조직화하는 일이다. 세계는 끊임없이 근대화하고 있으므로 자유주의적 국제주의자들의 과업은 결코 "완결"되지 못한다. 기회와 위험은 늘 새로이 부상한다. 지속적으로 추진해야 하는 과제로서의 자유주의적 국제주의라는 정서는 19세기 말 개혁자유주의와 20세기 미국진보주의 전통에 뿌리를 두고 있다는 점에서 더욱 강화된다. 근대성은 끊임없이 새로운 난관을 제시하고 따라서 자유주의적 국제주의는 국제적으로 조직화해 문제를 해결하는 항구적인 활동이다.

최선의 자유주의적 국제주의 질서는 무엇이고 그러한 질서는 무엇을 성취해야 하는지는 결론이 내려지지 않은 의문으로서 서로 다른 여러 집단이 폭넓은 여러 가지 해답을 제시해왔다.[34] 그러나 2장에서 다루겠지만 19세기와 20세기를 통틀어 국제사회를 조직화하는 방법에 대해 일관성 있는 개념과 신념들이 등장했다.

- 국제적 개방성. 무역과 교류는 상호이익을 실현하고 안정적 공간을 조성하는 원천이다. 자유주의적 국제주의 질서에서 국가들은 개방의 정도는 다르지만, 자국의 경제와 사회를 서로에게

개방한다. 개방의 조건은 비차별적이고 다자주의적인 분쟁 해결과 같은 원칙과 규범으로 규정하고 관리 가능하다.

- 다자주의와 규정을 토대로 한 관계. 국제규정과 제도가 국가가 국정을 수행하는 방법의 지침이 되고 자유민주주의국가들이 활동하는 국제적 공간을 조성하는 데 필수적인 요소다. 국가 간 관계를 다자주의적 규정과 제도의 체제에 포함시켜 협력을 촉진하고 여기서 비롯되는 결과로서의 질서에 정당성을 부여한다.
- 민주주의국가들 사이의 연대의식과 안보협력. 자유민주주의국가들은 서로 공식적인 동맹을 맺기도 하고 맺지 않기도 하지만, 안보를 증진하기 위해 다양한 방식으로 서로 연대한다. 자유민주주의국가들은 가치를 공유하므로 신뢰와 연대의식이 강화되고 서로 협력해 안보를 창출하는 역량과 경향이 증진된다.
- 진보주의적 사회적 목표. 자유주의적 국제질서는 이 질서에 동참하는 나라와 국민들, 그리고 국제질서 자체를 진보적인 방향으로 이끈다고 본다. 자유주의적 국제주의자는 국민의 안녕에 있어서 개혁지향적인 발전을 추진하는 경향이 있고 이는 복지, 안보, 사회정의와 연관된 권리와 보호라는 척도로 측정된다. 자유주의적 국제질서는 고정불변이 아니다. 이 질서에 동참하는 국가는 끊임없이 발전하고 향상하고 퇴보한다.

자유주의적 국제주의는 이러한 특성들과 더불어 다양한 방식으로 구현되는 형태의 국제질서로 간주될 수 있다. 비자유주의적 국제질서-폐쇄적이고 규정을 기반으로 하지 않는 질서-도 지정학적 블록, 영향권, 중상주의 구역, 제국주의 질서 등 다양한 형태를 띤다.[35]

자유주의적 국제질서는 다른 체제들과 성공적으로 공존해왔고 자유민주주의 진영 내에서 조직화된 자유주의적 국제주의가 그 밖의 지역에서 제국주의와 제국으로 이어지는지 그리고 다른 지역에 대한 제국주의와 제국에 의존하는지 여부에 대해 활발한 토론이 이루어지고 있다. 자유주의적 질서의 토대는 비자유주의적일까?

"자유주의적" 국제질서라는 개념은 두 가지 의미를 지닌다. 첫째, 국제질서는 자유주의적 특성인 개방성, 법치, 상호주의와 비차별의 원칙을 지녔다는 점에서 자유주의적이다. 그러나 이 질서는 자유민주주의국가들 사이의 협력을 중심으로 구축되었다는 점에서도 자유주의적이라고 할 수 있고 이러한 협력의 구체적인 측면들은 "자유주의적"일 수도 그렇지 않을 수도 있다. 미국이 주도한 전후 국제질서는 양자 동맹과 다자 동맹체제를 토대로 구축되었고 이러한 협력적 안보 자체는 자유주의적 특성을 띠지 않는다. 자유민주주의국가들 사이의 동맹이라는 의미에서만이 자유주의적이다. 자유주의적 국제질서는 동등한 주권과 규정을 토대로 한 관계라는 자유주의적 규범에 어긋나는 위계적 관계를 토대로 할 수도 있다. 그리고 자유민주주의국가들은 자유주의 질서의 테두리 바깥에서는 자국의 주변부에 위치한 나라의 내정에 간섭하거나 그 나라를 지배하는 등 분명히 "비자유주의적" 방식으로 행동할 수 있다. 이러한 모든 방식에서 자유주의적 형태와 비자유주의적 형태가 서로 얽히고설켜 있는 상태는 불가피하고 복잡하고 변한다.

마지막으로 자유주의적 국제질서에 내재된 사회적 목적은 시간이 흐르면서 바뀌어왔다. 19세기와 20세기를 통틀어 서로 다른 여러 시점에서 자유주의적 국제주의의 구상은 재산권을 보호하고 상호교류와 기능적 협력을 촉진하는 개방된 체제를 구축하는 일에 국한되었다. 더 야심찬 구상을 추진했던 시기도 있었다. 훨씬 폭넓은 사회적 경제적 권리와 보호를 가능케 하는 협력적 질서를 구축할 방법을 모색하기도 했다.[36] 자유주의적 국제주의가 추구하는 사회적 목적에 대한 논쟁에서 합의가 도출된 적은 없다. 자유주의적 국제주의는 근대화하는 세계에서 경제적 사회적 잠재력을 실현하는 수단으로 여겨져왔고 임박한 세계적 재앙에 맞서는 절박한 마지막 보루로 간주되어왔다. 자유주의적 국제주의가 질서로서 얼마나 보편적일 수 있는가 하는 측면에서는 의견이 분분하다. 자유주의적 국제주의는 유럽, 대서양동맹, 서구 진영, 자유 진영, 그리고 세계를 아우르는 정치적 구조물로 인식되어왔다.

서로 다투는 논조와 대논쟁

자유주의적 국제주의는 서로 다투는 개념과 의제들의 묶음이다. 외부로부터는 경쟁 관계인 이념과 정치 과제, 안으로부터는 자유주의 전통 자체와 서로 다툰다. 자유주의적 국제주의자들 사이에서의 논쟁은 자유주의 전통에 내재되어 있다. 자유주의 자체가 각양각색의 다양한 방식으로 이해되고 정의되어왔기 때문에 고정불변의 핵심적 개념과 의제를 규명하고 합의하기가 본질적으로 불가능하다. 2세기 동안 자유주의는 변화무쌍하고 논쟁적인 삶을 이어왔다. 자유주의는 개인의 권리와 제한적 정부라는 로크주의적인 개념이라고 주장하는 이들이 있는 반면, 근대 복지국가의 독트린이라고 생각하는 이들도 있다. 자유주의가 뜻하는 바는 유럽인과 미국인이 달리 해석하고 19세기와 20세기에 달리 해석되었다. 영미권이 추구한 과제라고 보는 이들도 있고, 프랑스혁명의 발발 후 프랑스와 독일 사상가들의 주장을 강조하는 이들도 있다.[37] 19세기 초 몇십 년 동안에는 유럽과 미국 사상가들이 프랑스혁명이 분출시킨 혁명의 위세와 반동의 위세를 헤쳐 나간 정치의 "자유주의적 원칙"인 법치, 평등한 시민, 입헌주의, 표현의 자유와 종교의 자유를 이끌어내려고 애썼다. 19세기 말 자유주의는 사회주의와 보수주의 같은 다른 거대담론과 서로 다투는 처지에 놓였다. 20세기에 가서야, 특히 미국이 양대 세계대전 후 강대국으로 부상하고 나서야 자유주의는 미국 특유의 개인주의와 정치적 권리를 뜻하게 되었다. 헬레나 로젠블랫(Helena Rosenblatt)이 주장하듯이 자유주의라는 용어는 여러 가지의 근대적 의미를 취하는 과정에서 "기독교화, 민주화, 사회화, 정치화되었다."[38]

자유주의적 국제주의는 그 의미에 대한 다툼이 끊이지 않는 동시에 개념적으로 불안정하다. 예컨대, 자유주의적 국제주의는 20세기 중후반에 등장한 세계통치와 보편적 인권에 대한 개념뿐만 아니라 무역, 문명, 인종, 제국, 종교에 대한 후기 빅토리아시대의 개념과 얽히고설켜 있다.[39] 자유주의적 국제주의 사상은 서구 제국과 제국주의를 정당화하는 동시에 이에 맞서는 논리에 불을 지피기도 했다. 이 사상은 인종과 문화의 위계질서를 주장하는 이념과 연관된 동시에 평등과 법치의 보편적인 원칙을 주장하는 이념과도 연관되어 왔다. 자유주의적 국제주의 사상에는 무역, 민주주의, 제도, 사회, 진보에 대한 상호모순적인 이론들이 녹아있다. 앞서 지적한 바와 같이, 자유주의적 국제주의 사상은 단일한 개념이 아니라 자유주의적 사상과 경험의 총체 자체가 진화함에 따라 서로 합치고 해체하고 다시 합치면서 변화하는 수많은 사상과 행동의 지류들로 구성된다. 자유민주주의의 특성과 근대성이 야기하는 문제와 창출하는 기회들이 끊임없이 바뀌므로 자유주의적 국제주의 전통 내에서 합의가 이루어진 문제는 찾아보기 어렵다. 그 중심에 있는 상충하는 가치들인 자유와 평등, 개방성과 사회적 안정, 주권과 상호의존성은 끝없이 논쟁을 불러일으킨다.

자유주의 전통을 벗어나면 두 가지 학파가 자유주의적 국제주의에 대한 통렬한 비판을 제시한다. 정치적 현실주의와 수정주의 좌익이 바로 그 두 학파다. 둘 다 사상과 행동을 구성하는 유구한 전통을 자랑하며 자유주의에 대한 논쟁에 그 학파 나름의 이론과 논조와 과제와 내부적 이견을 덧붙인다. 현실주의 전통 내에서, 자유주의적 국제주의에 대한 가장 잘 알려진 비판은 E. H. 카의 베르사유조약 실패에 대한 것이다. 카는 파리평화회의의 영국 대표단의 일원이었는데, 그는 우드로 윌슨이 제시한 자유주의적 국제주의는 망상을 토대로 한 이상향 건설이라고 보았다. 카에 따르면, "세1차세계대전 후 자유주의 전통이 국제정치에 도입되었다. 영어권 출신으로 이상향을 추구하는 저자들은 국제연맹을 창설하면 국제관계에서 힘의 작용을 제거할 수 있고 육군과 해군을 두고 논쟁할 필요가 사라진다고 진정으로 믿었다."[40] 결국 힘의 정치라는 집요하고 엄혹한 현실 앞에서 자유주의적 국제주의는 무릎을 꿇게 된다. 지난 20세기에 걸쳐 현실주의자는 두 가지 부류의 비판을 제시했다. 하나는 자유주의적 국제주의는 늘 위기에 처하게 되고 제도는 약화되고 협력은 삐걱거리게 된다는 카의 주장이다. 현실주의자가 보기에 국가들이 서로 경쟁하는 체제는 자유주의적 국제주의가 모색하는 거대한 정치 구조물을 구축하기에 안정적인 토대가 아니다. 자유주의적 국제질서는 기껏해야 힘의 균형이나 패권국가들 사이의 견제와 균형이라는 일시적인 결과를 낳을 뿐이다. 1945년 후 서구 자유주의 질서는 냉전 양극체제와 미국의 패권의 산물이며 이는 미국의 힘이 쇠락하면서 약화된다고 본다.[41]

자유주의적 국제주의에 대한 또 다른 현실주의적 비판은 이념과 체제의 유형으로서의 자유주의는 본질적으로 팽창주의적이고 자기 파괴적이라는 주장을 중심으로 전개된다. 존 미어샤이머(John Mearsheimer)가 주장하듯이, 자유주의는 세계를 그 형상을 본떠 재창조하려는 깊은 보편적 충동을 품고 있고 이로 인해 자유주의적 국가들 특히 막강한 국가들은 개입주의 정책을 추구하게 된다. "이 문제를 야기하는 근본적인 원인은 자유주의의 핵심에는 사회운동가적인 정서가 내재되어 있기 때문이다. 인간은 누구나 양도할 수 없는 권리를 지녔고 이러한 권리를 보호하는 일이 그 어떤 관심사보다도 우선하다는 신념은 자유주의국가들이 개입할 강력한 동기를 부여한다." 라고 미어샤이머는 주장한다.[42] 자유주의국가들은-미국부터 시작해서-자제력을 행사할 역량이 없으므로 자국 스스로 내세우는 자유주의 원칙을 나라 밖에서는 훼손하게 되고 힘의 균형을 바탕으로 한 안정적인 국제질서를 유지하지 못한다.[43]

수정주의 좌익은 자유주의적 국제주의가 사회정의를 구현하는데 실패했다고 비판한다. 자유주의국가와 세계자본주의 체제에는 점점 심화되는 불평등, 부패, 부정이 내재되어 있으므로 자유주의적 국제주의가 추구하는 과제는 정치적으로 지지하기가 불가능하고 도덕적으로 수상쩍다.[44] 이러한 유형의 비판은 자유주의적 국제주의가 제국과 밀접히 연관되어 있다는 주장에 그 뿌리를 두고 있다. 표면적으로는 개방과 세계적인 규정과 제도를 말하지만, 그 저변에는 서구의 힘과 제국주의적인 형태의 질서라는 보다 깊은 현실이 깔려있다. 자유주의적 국제주의가 지향하는 "진보주의"는 세계의 현상유지를 방해하지 않는 한도 내에서 매우 온건한 형태의 사회정의 구상을 제시한다는 사실을 숨기고 있다. 새뮤얼 모인(Samuel Moyn)에 따르면, 자유주의적 국제주의는 미국의 패권적 지배를 확보하려는 구상이다. 현재 미국은 미국의 힘이 쇠락한 탈미국시대가 도래하기 전에 국제질서에 미국의 가치를 주입할 방법을 찾아내려고 애쓰고 있다.[45] 마크 마조워(Mark Mazower)는 20세기에 자유주의적 국제주의를 상징하는 기구들-국제연맹과 유엔-은 유럽제국을 재건하고 정당화하는 도구였다고 주장한다. 유엔은 결국 탈식민지운동의 본거지가 되긴 했지만, 이 또한 "국제연맹과 마찬가지로 제국의 산물이라는 달갑지 않은 사실을 희석하는 경향이 있고, 식민지를 보유한 나라들은 이러한 기구들을 더할 나위 없이 적절한 방어기제로 간주한다."[46] 전후시대에 자유주의적 국제주의가 꽃피었지만 새로운 유형의 비공식적인 제국의 발판-이를 "자유주의적 제국주의"라 일컫는다.-을 마련함으로써 미국의 패권에 봉사하는 데 그쳤다. 한마디로 자유주의적 국제주의는 유럽과 미국이 힘을 투사하고 자국의 이익을 수호하고 그들의 지배를 정당화하는 개념과 기구들을 제시해왔다.

이러한 종류의 비판들은 결론에서 서로 차별화된다. 일부는 새로운 조직화 원칙을 토대로 국제질서를 과감하게 재편해야 한다고 주장한다. 베스트팔렌 체제의 규범과 기구들은 평등주의 원칙과 사해동포주의적 연대의식을 토대로 세계를 재편하는 과제를 추진하고 힘, 부, 권위의 재분배를 촉진하도록 재편되어야 한다. 자유주의적 국제주의자들은 정의, 평등, 권리의 원칙을 향해 옳은 방향을 가리키고 있지만, 그들이 추구하는 과제들은 한마디로 너무 안일하다.[47] 이러한 비판을 하는 이들이 보기에 자유주의적 국제주의자들은 신념을 실행할 용기가 결여되어 있다. 그들은 숭고한 이상을 추구하지만, 인권과 세계적으로 경제적 공정함을 제대로 실현하는 데 필요한 힘과 특권의 세계적인 구조를 총체적으로 바꾸려는 노력을 행하지 않는다. 자유주의적 국제주의가 추진하는 의제가 문제가 아니라 막강한 국가들, 계급이익, 특권 엘리트계층이 이러한 의제를 오염시킨다는 게 문제다.[48] 바로 이 때문에 자유주의적 과제를 추진하기 위해서 국가 내에서 또 국가 간에 정치적 연대를 재건하고 확장해야 하는 것이다.

현실주의자와 수정주의자들의 비판은 이론적으로는 다르지만, 정치적 시각은 서로 일치하는 경우가 종종 있다. 양대 학파는 모두 자유주의적 국제주의가 미국의 세계지배 추구에 깊이 연루되어 있고, 자유주의적 패권과 군사개입을 중심으로 조직화된 미국 중심의 세계로 구현된다고 본다.[49] 두 학파 모두 개혁의 출발점은 미국의 광범위한 안보 보장과 군사작전의 대폭 축소라고 주장한다. 반면 수정주의자는 미국의 철수는 미국 사회를 개선하는 데 집중하는 더 내부지향적인 과제를 향한 첫걸음이거나, 보다 포용적이고 사회적으로 정의로운 국제질서를 구축하는 데 집중하는 새로운 외교정책을 향한 첫걸음으로 본다. 두 경우 모두 미국의 패권과 자유주의적 국제주의가 이를 방해하고 있다고 본다.

자유주의적 국제주의를 비판하는 현실주의자와 수정주의자, 공히 자유주의적 국제주의가 실패한 까닭은 이 사상이 보다 심오하고 불안정한 토대들인 국가 간의 무질서, 시장자본주의, 패권국가, 제국과 제국주의를 딛고 있고 결국 이러한 토대들이 이 사상을 훼손하고 왜곡하기 때문이라고 본다. 우리는 모순에 직면한다. 자유주의적 국제주의는 한편으로는 근대 세계에서 질서와 변화라는 놀라울 정도로 변덕스러운 구상을 제시한다. 이 사상의 지적인 지평선은 방대하다. 자유주의적 국제주의라는 사상은 근대사회와 국제질서에 대한 발전 논리에 대해 일괄적인 주장을 제시한다. 그러나 또 다른 한편으로는 정치적 과제로서 놀라울 정도로 피상적이고 제한적이다. 이 사상은 독자적인 정치운동이 아니다. 세계는 절대로 오로지 자유주의적 국제주의가 두드리는 박자에만 발맞춰 전진하지 않는다. 자유주의적 국제주의는 군대 없는 깃발이다. 좋든 싫든 자유주의적 과제는 동반자가 필요하다. 이 사상은 자신을 강대국, 자본주의 체제, 패권 추구에 연동시켜야 한다. 이는 이 사상이 지닌 장점이자 단점이다.

현실주의자와 수정주의자 공히 자유주의적 국제주의의 패착인 개입하려는 충동과 제국을 구축하려는 충동, 사회정의에 대한 관심의 부족을 공격한다. 그러나 궁극적으로 이러한 비판이 지닌 문제는 자유주의적 국제주의의 토대 자체를 공격한다는 점이다. 이들의 비판은 자결주의, 개인의 권리, 법치 같은 자유주의적 개념들이 규정하는 가치체계 내에서만이 설득력이 있다.

자유주의적 국제주의는 유럽제국이 절정에 달했을 때 등장했고 서구 국가들이 추구하는 제국주의적 의제들과 얽히고설켜 있다. 그러나 이 사상이 품은 국가 간 협력이라는 구상이 제국에 대한 대안을 제시했기 때문에 20세기에 국제질서의 지배적인 모델이 되었다. 이는 미국을 비롯한 자유민주주의국가들이 자유주의적 국제질서를 구축하는 데 투자하는 게 쓸모 있다고 생각하게 된 까닭을 생각해보면 분명해진다. 마조워조차도 이러한 불가해한 사실을 인정한다. "역사상 대부분의 강대국은 국제연맹이나 유엔 같은 기구가 필요하다고 생각했다…. 설명이 필요한 사항은 처음에는 영국이 자국의 세계 패권이 절정에 달했을 때, 그다음 미국이 자국의 패권이 절정에 달했을 때 굳이 시간과 정치적 자본을 투자해서 국제기구를 창설한 이유가 뭔가 하는 점이다."[50] 그러나 마조워도 여느 현실주의자와 수정주의자와 마찬가지로 이러한 역사적 단절을 설명하지 못한다.

자유주의적 국제주의는 도덕주의적 경향과 운동가적인 충동을 품고 있지만, 궁극적으로는 개혁 지향적이고 실용주의적인 노력이다. 근대 자유주의자들은 민주적 정부, 시장을 토대로 한 경제체제, 국제기구들을 이상주의의 발로에서 혹은 제국의 수단으로서가 아니라 다른 대안들보다 인간의 이익을 실현하는 데 적합한 장치로 받아들인다. 자유주의적 국제주의자는 점증하는 경제와 안보 부문에서의 상호의존성에 대응하는 차원에서 제도적 협력과 정치적 통합이 세계정치에서 필요하다고 생각한다. 지난 2세기에 걸쳐 자유주의적 국제주의자들은 자유민주주의를 수호하고 인간의 기본적인 이익을 실현하는 데 필요한 규정과 제도를 세계적인 차원에서 설계하려고 노력해왔다. 그 과정에서 늘 바람직한 동반자만 곁에 두지는 못했고, 그들의 역사는 식민주의, 제국주의, 노예제도, 인종차별, 성차별로 얼룩졌다. 그러나 자유주의자들은 이러한 관행들을 종식하려는 노력에 앞장서기도 했다. 역사가 오랜 세월에 걸쳐 그리는 궤적이 정의라는 방향을 지향한다면, 이는 자유주의자들과 그들의 동맹군들의 적극적인 운동과 도덕적 헌신 덕분이다.

2.

자유민주주의와 국제관계

국제기구 UN은 전후 국제평화와 안전 유지를 위해 1945년 출범했다. 사진은 UN의 총회 전경. (2012. 10.) UNGA ⓒ wikimedia

—

자유주의적 국제주의는 자유주의가 부상한 이래로 끊임없이 변모해 왔다. 18세기 말 미국독립전쟁과 프랑스혁명은 국민주권과 대의 정부를 토대로 한 파격적이지만 불안정한 정치체가 탄생하는 신호탄이 되었다. 1835년 무렵 알렉시 드 토크빌(Alexis de Tocqueville)은 "우리들 가운데 대대적인 민주혁명이 일어나고 있다."라고 기록했다. 나머지 세상은 대부분 군주, 독재자가 통치하거나 제국을 거느리고 있었지만, 그 후 2세기에 걸쳐 전쟁과 격변의 시대를 거치면서 자유민주주의는 나약하고 취약한 처지에서 세계적으로 월등한 지위를 굳혔다. 자유민주주의의 확산은 부침을 겪었고 제국의 붕괴와 자결권 운동에서 추동력을 얻었다. 선도적인 자유민주주의국가들-19세기에는 영국, 20세기에는 미국-이 부분적으로는 다른 자유민주주의국가들과 긴밀한 관계를 형성하는 데 힘입어 질서를 구축하고 지도력을 확립했다. 자유민주 진영은 1930년대와 제2차세계대전 동안 최대의 위기를 겪었고, 수년 후 아서 슐레진저 주니어(Arthur Schlesinger Jr.)는 "민주주의는 가까스로 20세기를 살아남았다."라고 일갈했다.[1] 그러나 민주주의의 역사가 길든 짧든, 서구 진영이든 아니든, 선진국이든 개발도상국이든 상관없이 20세기 말 무렵 민주주의국가들은 세계체제의 중심에 놓이게 되었다. 이처럼 자유주의의 부상은 우리 시대에 일어난 가장 중요한 변화로 손꼽힌다.

근대시대에 세계정치에 대한 대논쟁은 이처럼 자유주의가 부상한 원인과 그 특징과 영향에 대한 의문을 중심으로 이루어진다. 강대국 간의 전쟁들, 경제적 격변, 서로 경쟁하는 국가 형태들과의 투쟁으로 점철된 지난 2세기에 걸쳐 서구 자유민주주의국가들이 부상하고 점점 막강해진 까닭은 무엇일까? 국제질서를 두고 벌인 대투쟁에서 자유민주주의국가들은 무엇을 달성하려고 했을까? 자유민주주의가 오랜 세월에 걸쳐 부상하는 과정에서 어떤 개념들이 제시되었을까? 긍정적이든 부정적이든 자유민주주의가 무엇을 야기했을까?

자유주의적 국가들이 확산되고 점점 막강해지면서 그들이 바라는 질서를 구축한다는 목표를 세웠다. 각국 정부가 자국의 주권과 상호의존성을 관리하고 상호이익을 실현하기 위해 국가 간의 협력을 증진하고 자국 내에서 정치적 권리와 사회적 보호를 확보할 역량을 구축하고 수단을 마련한다는 목표였다. 그 과정에서 자유주의적 국제주의 개념과 의제는 다른 막강한 세력과 운동-민족주의, 제국, 자본주의, 강대국 정치, 영미 패권-과 연대하고 손을 잡기도 했다. 자유주의적 국제주의는 또한 파시즘과 전체주의와의 조우, 냉전, 핵 혁명의 영향을 받아 변신을 거듭하기도 했다. 영국과 미국의 주도로 자유주의적 국제주의를 세계 속에 밀어붙인 막강한 자유주의국가들은 "자유주의적" 패권국가들뿐만 아니라 강대국, 자본주의국가, 서구사회들이기도 했다. 영국은 세계 최대의 제국을 경영했다. 자유주의적 국제주의는 이러한 여러 혁명과 변신과 정체성과 깊이 얽히고설켜 있다.

2장에서는 자유주의적 국제주의의 핵심 개념과 과제, 정치적 토대를 탐색해보겠다. 먼저 지난 2세기에 걸쳐 자유주의적 국제주의의 개념과 과제들을 구축하는 데 영향을 미친 자유주의적 계몽주의 사상과 근대성의 발견에 뿌리를 둔 지적인 출발점을 규명해보겠다. 이러한 출발점들은 자유주의적 국제주의가 제시하는 가정과 신념에 반영되어 있다. 자유주의적 국제주의자가 국제관계에서 협력의 가능성에 대해 생각하는 방식에 반영되어 있고, 국민과 사회가 처한 정치적 여건은 각성된 자기 이익 추구를 통해 개선될 수 있다는 확신에 반영되어 있고, 자유민주체제의 생활방식을 보호하고 진전시키는 방식으로 제도와 정치질서를 구축할 수 있다는 믿음에 반영되어 있다. 무엇보다도 이러한 기원들은 자유주의자가 근대성이 야기하는 문제들에 대처하는 과정에서 국제관계의 기본적인 방향성의 틀을 잡는 방식에 영향을 미친다. 자유주의적 국제주의자들이 근대성의 원인과 결과에 대해 한목소리를 내지는 않는다. 낙관주의자도 있고 비관주의자도 있으며 2세기에 걸쳐 여러 차례 시각이 바뀌어왔다. 그러나 포괄적으로 말하면, 근대화의 원동력인 과학, 기술, 산업, 이와 관련된 힘들이 위험을 야기하는 동시에 기회를 창출하면서 사회를 끊임없이 변모시킨다는 점에는 의견이 일치한다. 자유주의적 국제주의는 이러한 세계사적인 난관에 대해 지속적으로 자유민주주의국가들이 대처하는 방식이다.

둘째, 자유주의적 국제질서의 핵심적인 개념들을 규명하려 한다. 무역과 개방성, 다자주의적 규정과 기구들, 자유민주 진영의 연대, 협력적인 안보, 진보주의적인 변화 등이 그러한 개념들이다. 이러한 출발점으로부터 자유민주주의국가들이 어떤 독특한 방식으로 국제질서 내에서 변화를 모색하고 행동해왔는지 규명할 수 있다. 권리, 보호, 규정, 개방성은 자유주의가 국제관계에서 지향하는 특유의 핵심 요소다. 근대국가 간의 점증하는 상호의존성은 불가피한 현실로서 서로 협력해야 관리가 가능하다. 규정과 제도들은 자유민주주의국가 간의 질서를 지키는 보루다. 자유민주주의국가 간의 정치적 연대의식은 가치와 이익과 취약성을 공유한다는 현실을 반영한다. 이러한 출발점으로부터 자유주의적 국제질서는 다양한 방식으로 구현된다. 자유주의적 국제주의는 지적 정치적 비일관성, 딜레마, 논쟁으로 점철된 개념과 활동의 계보를 나타낸다. 자유주의적 국제주의라는 "과제"는 부분적으로는 나름의 목적과 수단에 관한 끊임없는 논쟁이다.

마지막으로, 근대시대에 자유주의적 국제주의 개념과 과제를 구성하고 재구성해온 네 가지 핵심적인 세력과 운동을 규명하겠다. 자유민주주의의 부상과 확산, 제국들로 구성된 세계에서 국민국가들로 구성된 세계로의 전환, 영국과 미국 패권의 흥망이 바로 그 네 가지다. 이러한 운동들 하나하나가 각기 나름의 위험과 딜레마와 기회를 제시하면서 자유주의적 국제주의의 논리와 특성을 구성하는 데 영향을 미쳤다.

근대성과 자유주의적 국제주의의 기원

18세기 말과 19세기 초에는 서구 진영에서 색다른 세계관이 등장했다. 산업혁명과 이에 따른 사회적 변화가 일어나면서 기존의 경제, 권위, 규율체제들을 뒤집어엎었다. 계몽주의 담론과 과학의 부상을 통해 세계에 대한 새로운 가설과 해석이 등장했다. 근대사회라 일컫는 무엇인가가 모습을 드러내면서 봉건주의의 구시대 사회구조를 새것으로 대체했다. 이 시대의 사상가인 몽테스키외, 스미스, 콩도르세, 흄, 칸트 등은 이러한 변화에 숨어 있는 발전 논리를 발굴하고 파악하는 게 가능하다고 확신했다. 계몽주의와 더불어 근대성의 "발견"이 도래했다.

자유주의적 국제주의는 이러한 근대성에 대한 계몽주의적 시각에 그 뿌리를 두고 있다. 세계는 끊임없이 바뀐다. 세계는 인간이 파악하고 나아가는 방향을 유도하는 데 도움을 줄 수 있는 세계 근대화 운동을 겪고 있다. 몽테스키외는 1734년에 다음과 같이 말했다. "세계를 관장하는 것은 운이 아니다. 도덕적이든 물리적이든 일반적인 원인들이 있다. 발생하는 모든 현상은 이러한 원인들의 지배를 받는다."[2] 근대성의 원동력은 산업, 상업, 과학, 기술, 진보하는 사회적 정치적 제도들이다. 이중적인 움직임이고 상호의존성을 증진하는 외부지향성과 공통의 근대화 경로를 따라 움직이는 상향성이다. 국가들은 점점 국제질서에 편입되고 심오한 변화의 위력에 힘입어 발전과 진보를 이루게 되며, 공동의 미래를 향해 모두 함께 전진한다. 1830년, 영국의 시인 테니슨은 리버풀을 출발해 맨체스터로 향하는 첫 기차를 타고 경쾌하게 움직이는 이 기차의 바퀴를 염두에 두고 다음과 같이 말했다. "거대한 세상이여, 경쾌하게 울리는 변화의 소리를 따라 영원히 회전할지어다."

근대성이라는 개념의 핵심에는 세계를 진화하는 단일한 체제로 보는 시각이 자리하고 있다. 근대사회는 지역에 따라 시차를 두고 나타날지도 모르고, 앞서는 나라도 있고 뒤처지는 나라도 있을지 모르지만, 근대화의 구조와 토대에는 보편적인 논리가 있다. 최상층부에 위치하든 가장 밑바닥에 위치하든 사회는 하나같이 근대화가 야기하는 문제들과 씨름한다. 비에른 비트록(Björn Wittrock)이 주장하듯이, "특정한 구조화 원칙들이 공동의 세계적 여건을 규정하게 된 시대로 근대성을 바라볼 수도 있다."[3] 19세기는 세계에 대한 이런 종류의 거대담론을 수용했다. 앤서니 기든스(Anthony Giddens)는 세계를 근대화하는 총체로 간주하면 "포괄적으로 아우르는 '사연'을 창출하게 되고 이를 통해 우리는 역사 속에 분명한 과거와 예측 가능한 미래를 지닌 존재로 자리매김하게 된다."라고 주장한다.[4] 세계가 대대적인 근대화 운동에 착수했다는 해석은 자유주의적 국제주의 구상의 필수요소가 되었다.

당대에 부상하는 이러한 구상은 칸트, 스미스, 벤담을 비롯해 많은 사상가의 저술에서 발견된다. 임마누엘 칸트(Immanuel Kant)는 1784년에 쓴 에세이에서 계몽주의에 대한 정의를 내리려고 했다. "우리가 지금 계몽된 시대에 살고 있냐고 누가 묻는다면? 아니라고 대답하겠다." 그러나 그는 다음과 같이 말을 이었다. "우리는 계몽주의 시대에 살고 있다." 아마도 계몽주의는 실현된 여건이 아니라 마음가짐-인간의 역량과 부단한 노력-이라고 말하는 듯하다. 그는 인간이 세계를 개조할 수 있는 개념과 수단을 확보한 시대에 살고 있다고 이해했다. 칸트는 국가들이 자율권을 어느 정도 포기하고 공법에 스스로를 구속시키고 평화로운 국제질서를 구축해 결국 이 질서가 전 세계를 아우르게 되는 사해동포적인 세계화시대를 예견했다. 국가 간의 법치는 필수적인 요소였다. 칸트는 유럽의 역사를 그리스와 더불어 시작되어 "아마도 결국은 다른 모든 국가에 법을 부여하게 될 입헌 정부가 꾸준하게 개선되는 현상의 연속"으로 보았다. 규정을 토대로 한 국가 간의 관계를 향한 진보는 "가장 포괄적인 윤곽에서만 식별이 가능하며 모든 국가에서 감지되고 있다." 그러나 그는 "세계는 체계로 구성된다는 일반적인 전제를 바탕으로 두고 부족하나마 지금까지 관측된 바를 고려할 때, 그러한 혁명은 실제적이라는 결론을 내리기에 충분한 징후들이 있다."라고 믿었다.[5]

애덤 스미스(Adam Smith)는 무역, 특화, 상호의존성이라는 팽창적인 자본주의 논리가 뒷받침하는 근대화 국제질서라는 일괄적인 정치-경제적 구상을 제시했다. 스미스로서는 세계를 단일한 체제로 간주하는 단계로 쉽게 넘어갈 수 있었다. 지속적인 전진과 팽창하는 정치공동체를 향해 국가와 국민들을 밀어붙이기도 하고 끌어당기기도 하는 법과 논리들을 갖춘 단일한 체제 말이다. 《국부론(The Wealth of Nations)》에서 애덤 스미스는 사회가 역사적으로 진화할 때 거치는 단계나 국면들을 규명함으로써 인류의 경제적 진보를 설명하고 있다.[6] 무역과 상업적 사회에 대한 스미스의 이론 저변에는 사회적 도덕적 존재로서의 인간에 대한 보다 일반적인 이해가 깔려있다. 자기이익을 추구하는 원동력은 탐욕보다는 개인들로 하여금 함께 협상하고 교환하고 공동체를 구축하게 만드는 "도덕적 감정"이었다.[7] 자유무역을 열렬히 지지하는 스미스의 정서를 공유한 제러미 벤담(Jeremy Bentham)은 제대로 기능하는 국제질서에 대한 보다 정교한 정치적 견해를 제시했다. 그는 세계에서 가장 발달한 나라들은 이미 "하나의 사회" 혹은 "국가들의 집합체"를 구성한다고 보았다. 그는 1776년에 쓴 저서《정부에 관한 단상(A Fragment on Government)》도입부에서 근대화하는 세계에 대한 이러한 구상을 포착했다. "우리 시대는 지식이 완성을 향해 급속히 진전하는 바쁜 시대다. 자연세계에서는 특히 만물이 발견과 개선으로 충만하다. 지구상에서 가장 머나먼 오지까지 인간이 발자취를 남기고 탐험을 했다는 사실이 바로 이러한 흐뭇한 진실을 보여주는 놀라운 증거들이다."[8] 계몽된 나라들과 각성된 자기 이익은 이러한 사상가들에게 필수적인 가정이었다. 그들은 세계가 일종의 "세계정부"를 향해 나아가는 게 아니라 보다 복잡하고 힘이 분산된 체제인 법치로 유지되는 국가들로 구성된 사회로 나아간다고 보았다.[9] 이러한 혼합된 개념들로부터 국제질서라는 근대 개념이 탄생했다.

이러한 초기 국제주의자들은 인간이 합리적이고 각성한 상태에서 이익을 추구할 역량이 있고 근대사회는 인간의 활동에 힘을 싣고 권장하고 제약하고 방향을 제시할 제도들을 구축할 수 있다는 깊은 확신을 공유했다.[10] 동물의 한 종으로서의 인간이 본질적으로 보다 도덕적이거나 각성된다거나 협조적이라는 뜻이 아니다. 인간은 자기가 처한 여건들을 보다 잘 파악하고 바람직한 방향으로 자신의 행동을 이끌어주는 제도적 여건을 조성할 역량이 있다는 뜻이다. 이러한 자유주의적 근대주의 감성은 존 로버트슨(John Robertson)이 주장하듯이 "세계 속에서 인간이 처한 여건과 그 원인들을 이해하고 향상시키는 데 매진하려는 성향"에 그 뿌리를 두고 있다.[11] 따라서 근대성은 심오한 구조적인 힘인 동시에 인간의 주체적이고 목적적인 행동의 산물로 간주된다. 카를 마르크스(Karl Marx)는 "인간은 자신의 역사를 만들지만, 마음 내키는 대로 만들지는 않는다."라고 했다. 자유주의적 계몽주의 사상가들은 이러한 지적을 실용적인 신념으로 전환해 근대성에 처한 사회들은 심오하고 파괴적인 변화의 힘에 직면하고 있지만, 집단적인 안녕을 구축하고 발전시킬 역량이 있다고 본다. 그들은 근대사회는 제한적 정부, 종교적 관용, 표현과 상업 활동의 자유, 법치라는 자유주의의 이상을 반영하는 방향으로-아마도 서서히, 가다 서다를 반복하더라도 분명히 그 방향으로- 나아가게 된다고 본다.[12]

일부 계몽주의 사상가들은 제1의 원칙들인 신, 자연, 이성에 자신의 구상을 심기도 했다. 존 로크의 자유주의는 자연법을 근거로 하고 있고, 칸트가 제시하는 도덕적 의무라는 개념은 인간의 존엄성에 대한 합리적인 요구사항을 근거로 하고 있다. 일부 계몽주의 사상가들은 역사가 오로지 진보적인 방향으로 나아간다는 원대한 기대를 품었다. 그들은 진보라고 일컫는 무엇인가에 대한 믿음을 공유했고, 이는 이성과 인간의 본성이라는 힘에 뿌리를 두고 있었다. 그러나 자유주의적 근대주의자들의 사상에는 실용적인 측면도 있었다. 데니스 라스무센(Dennis Rasmussen)이 "실용적 계몽주의"라 일컫는 것은 스미스, 몽테스키외, 흄, 볼테르 같은 사상가들의 생각에서도 보인다. 이러한 사상가들은 자신의 세계관을 추상적인 보편주의적 개념이나 이성과 합리주의의 맹신 위에 구축하지 않았다. 그들은 자유주의적 근대성을 보다 겸허하고 조심스러운 전진 운동으로 보았고, 맥락, 개혁, 인간의 이해에는 한계가 있다는 점을 강조했다.[13] 피터 게이(Peter Gay)는 18세기 계몽주의 사상가들-철학자들-을 소개하면서, 그들이 단순히 추상적인 구상이나 역사의 철학을 세계에 투사하지 않았다고 주장한다. 오히려 그들은 "평범한 사물"에서 아이디어를 얻었다. 게이의 말마따나, "그들은 그들을 둘러싼 세계에서 정치경제의 법칙, 법적 제도와 인간의 동기를 추구할 만큼 까다롭지는 않았다."[14] 그들은 근대성을 거대한 드라마로 보았지만 근대사회의 현실적인 문제들과 씨름하는 사람들의 타협으로 구현된다고 보았다. 진보는 이성, 본성, 도덕적 의무의 보편적인 작동에 필연적으로 뒤따르는 게 아니다. 진보는 이성과 지식을 인간적인 제도를 구축하고 개혁하는 데 이용하려는 조직화된 현실적인 노력에서 비롯된다.

이러한 계몽주의 사상가들이 품은 국제주의적 개념들은 세계적 규모의 차원에서 근대성을 파악하려는 노력에 반영되었다. 국제관계는 세계의 발전적 과정이 펼쳐지는 여건 하에서 벌어진다. 인간사회와 제도의 역량과 특징들은 세계가 여러 국면과 발전적 통과의례를 거치는 동안 끊임없이 변한다. 근대성의 역동성은 세계적인 현상이고 전체로서의 세계는 "체계"의 특성들을 띤다. 전 세계적으로 인간이 처한 여건은 천차만별이지만 서로 다른 사회들은 서로 연관되어 있고 하나의 세계적 체제로서 변모한다. 자유주의적 근대주의 사상가들은 이러한 세계적인 과정이 어느 정도나 결정론적인지 아니면 규정하기가 가능한지에 대해 서로 다른 견해를 보인다. 1950년대 서구 근대화 이론가들과 탈냉전시대에 "역사의 종언"을 주장한 자유주의자들처럼 모든 국가가 보다 대표성 있는 규정을 토대로 사회를 향해 나아간다고 보는 이들이 있다. 근대성이 국가들을 단일한 운명으로 내몬다고 보지 않고 오히려 서로 다른 경로를 택하며 "여러 가지의 근대성"이 존재한다고 주장하는 이들도 있다.[15] 그러나 그들은 근대성이 지속적인 과정이고, 그 범위에 있어서 세계적이며, 끊임없이 기회를 창출하고 위험을 야기한다는 데 동의한다. 근대화하는 이 세계에서 인간이 처한 여건은 계몽된 이익을 추구하는 과정에서 협력을 통해 개선될 수 있다.

자유주의적 국제질서를 구성하는 요소들

자유주의적 국제주의는 이러한 근대주의적 지적 환경 내에서 형태가 갖춰지고 진화했다. 그 핵심은 개방적이고 규정을 토대로 하는 체제를 구축해 국가들이 교역과 협력을 통해 상호이익을 달성하도록 하는 구상이다. 자유주의적 국제주의자는 자유민주주의국가들과 그 밖의 국민과 국가들도 어느 정도는 자제, 상호주의, 주권의 평등이라는 원칙들을 중심으로 조직화된 협력적 국제질서를 구축하는 데 이익을 공유한다고 믿는다. 자유주의적 국제주의자는 국가들, 특히 자유민주주의국가들은 제약을 극복하고 안보 딜레마를 해결하기 위해 협력하고 집단행동을 추구하고 경제적 정치적 안정을 구축할 역량이 있다고 가정한다. 그들은 또한 막강한 나라들, 특히 자유주의적 패권국가들은 무력행사를 자제하고 다른 나라들이 신뢰할 만한 약속을 할 동기가 부여되어 있다고 가정한다. 자유민주주의국가들은 다른 자유주의국가들과 협력할 역량이 두드러질 뿐만 아니라 국제질서를 구축하기 위해 분명한 목표를 지니고 있다고 해석된다. 근대사회의 근본적인 여건인 상호의존성으로 인해 자유주의적 국제주의자는 협력이라는 의제를 추구하고 국가들로 하여금 국제기구들을 창설하고 이를 통해 주권과 상호의존성을 관리하고 조화시키라고 촉구한다. 자유민주주의국가들은 홀로 안전하거나 번영하지 못한다. 보다 넓은 세계를 구축해야 생존하고 발전한다. 이러한 원칙을 바탕으로 지난 2세기에 걸쳐 국제질서에 대한 자유주의적 구상의 형태를 만들어온 다섯 가지 개념 묶음을 규명할 수 있다.

개방성과 무역

우선 개방성이라는 개념이 있다. 무역과 교류는 근대사회의 필수적 요소이자 안정적인 성장과 평화의 원천이라고 알려져 있다. 자유주의적 국제질서에서 국가들은 서로 상대 국가의 사회와 경제에 접근한다. 이는 1846년 영국이 곡물법으로 알려진 무역제재법을 철폐하면서 시작된 19세기 중엽부터 말엽까지 등장한 자유무역 운동의 개념들에서 가장 분명히 드러나 있다. "상업 활동의 자유"와 "항행의 자유" 개념은 근대 초기 유럽에서 등장했고 뒤이어 자유무역에 관한 개념들을 애덤 스미스, 데이비드 리카도(David Ricardo) 등을 비롯한 여러 인사들이 개발했다. 오늘날과 마찬가지로 당시에도 개방성이 어떤 의미이고 급속히 근대화하는 세계에서 이 개념이 어떻게 조직화되어야 하는지에 대한 폭넓은 논쟁이 있었다. 그러나 자유주의적 국제주의는 적절히 조직화되어 국경을 넘나드는 무역, 투자, 교류는 이러한 관행을 실천하는 나라들에게 상호이익을 창출하고 보다 일반적으로는 자유민주 진영에 혜택이 돌아간다는 신념에서 시작되었다. 개방성이라는 개념은 우선 특화와 비교우위라는 논리를 토대로 구축된 무역에서 상호이익을 보게 된다는 경제적 주장이다. 그러나 보다 심오한 의미에서 이는 근대화와 정치발전에 관한 개념으로서 사회들이 지식을 교환하고 기술을 이전하고 협력하면 발전한다는 의미다. 개방적인 세계의 대안은 지역별 블록, 영향권, 중상주의 구역, 제국

주의적 질서 등과 같은 폐쇄적인 체제다.[16]

개방성을 옹호하는 경제적 주장은 자본주의와 상업사회가 부상하고 확산되던 시기로 거슬러 올라간다. 스미스와 그 뒤를 잇는 세대들은 시장체제에는 정치제도와 사회적 관계를 변모시키는 심오한 논리가 있다고 주장한다. 스미스에 따르면, 상업과 산업은 점진적으로 "질서와 바람직한 정부"를 도입하고 이와 더불어 "이웃나라들과 끊임없이 전쟁에 휘말리며 상류계급에게 의존해 굴종하며 살던 국민들에게 개인의 자유와 안전을 보장한다."[17] 무역과 특화를 추진하는 상업사회는 외부지향적인 태도를 지니게 되고 이러한 태도는-자본가들과 숙련기술 노동자들과 같이-외부와의 교류에서 혜택을 입는 이들이 강화한다. 무역과 교류에서 이득을 얻으면 경제적으로 상호의존하게 되고 이는 다시 다른 교역국들과 안정적이고 지속적인 관계를 유지하기를 선호하는 유권자들을 만들어낸다.[18] 스미스는 또한 경제적으로 상호의존하게 되면 정치에도 그 효과가 파급된다는 주장도 한다. 국가들이 상호의존하게 되면 점점 국가 간 관계를 비용편익분석을 우선으로 하는 합리적인 시각으로 보게 된다. 앨버트 허시먼(Albert Hirschman)의 말마따나, "감정"보다 "이해타산"이 앞서게 된다.[19] 국가들이 점점 복잡한 세계경제 체제에 통합됨에 따라 혜택의 흐름을 방해할 만한 이념적 목표를 추구하기가 점점 힘들어진다.

규정과 제도

자유주의적 국제주의자가 구상하는 질서는 적어도 느슨하게나마 규정을 토대로 한다. 국제질서의 규정과 원칙은 국가들이 국정을 수행하는 방식에 영향을 주고 따라서 협력을 조장한다. 제러미 벤담이《도덕과 입법의 원칙에 대한 서론(An Introduction to the Principles of Morals and Legislation)》에서 "국제(international)"라는 용어를 소개할 때 바로 이 점을 염두에 두었다.[20] 그는 국내법과 국가 간의 법은 "주권국가 간의 상호교류"를 관장할 철학적 토대와 새로운 일관성이 필요하다고 주장했다. 규정과 제도로 구성된 체제의 확립은 몇 가지 서로 다른 기능적 정치적 논리들이 뒷받침해왔다. 보다 폭넓은 세계자본주의 체제 내에서 산업화하는 자유민주주의국가들은 상호의존성이 점증하면서 재산권을 보호하고 협력을 촉진하고 근대 국제질서의 뼈대가 될 규정과 제도들을 마련했다. 국제규정과 제도들은 주권국가들이 협력할 수 있는 원칙 있는 제도들의 묶음을 대체로 구현한다고 간주되었다.[21] 이러한 의미에서 규정과 제도-적어도 국제질서의 핵심을 구성하는 규정과 제도들-는 단순히 특정한 국가들의 힘과 이익을 반영해서는 안 된다. 이를 존 러기(John Ruggie)는 "다자주의(multilateralism)"라 일컬으면서 "일반화된 행동 원칙을 도대로" 국가 간에 관계를 조율하는 국제기구의 "설계된 형태"라고 했다.[22] 규정과 규정이 구현하는 원칙들은 불편부당하고 독자적인 입지를 지녀야 한다. 국제질서의 규정과 제도들은 단순히 막강한 국가의 경고가 아니라 국가들이 지닌 힘의 크기나 여건과 상관없이 준수해야 하는 행동규범이다.[23]

이러한 구상에는 세 가지 측면이 있다. 첫째, 규정과 제도가 근대 국제체제에 만연한 이유는 제구실을 하기 때문이다. 규정과 제도는 국가들 사이의 협력을 촉진하고 개방적인 국제질서에서 비롯되는 무역과 교류에서 이득을 보게 해준다. 로버트 코헤인(Robert Keohane)의 주장에 따르면, 제도 혹은 조직이 국가들에게 유용한 까닭은 거래

비용을 줄이고 불확실성을 극복하고 지속적인 협력을 가능케 하는 경로들을 구축해주기 때문이다.[24] 국가 간에 무역과 교류의 흐름이 활발할수록 상호의존성을 관리할 규정과 제도를 구축하는 게 더 유용하다. 규정과 제도는 국제관계에서 일어나는 핵심적인 문제들 가운데 하나를 다룬다. 주권과 상호의존성이 충돌할 때 어떻게 절충점을 찾고 관리하는지의 문제다. 규정과 제도는 보다 높은 차원의 상호의존성을 촉진하는 데 그치지 않고 국가들이 상호의존성의 단점으로부터 자국을 보호하는 한편 상호의존성에서 비롯되는 혜택을 누리도록 무역과 교류의 흐름을 관리하도록 도와준다.

둘째, 다자주의적 규정과 제도로 이뤄진 "체제"는 국가들에게 보다 폭넓은 차원에서 이득이 있다. 조직화의 원칙으로서의 다자주의는 국가들에게 일종의 절차적 정당성과 지위의 정당성을 부여한다. 존 러기의 주장에 따르면, 다자주의 체제에서 규정과 제도는 국가 간의 관계를 원칙적인 토대 위에 올려놓는다. 국가들은 사실상 법 앞에 평등하다. 여기서 비롯되는 질서는 보다 폭넓은 호소력과 정당성을 지닌다. 규정과 제도는 규범적인 가치를 지닌다. 법치를 준수하겠다는 헌법을 토대로 건립된 자유민주주의국가들이 가장 소중하게 생각하는 가치다. 자유민주주의국가들이 규정을 토대로 한 국제관계에 부여하는 규범적 가치를 존 롤스(John Rawls)는 다음과 같이 지적한다. "자국의 안보와 영토의 보전이라는 사사로운 국익과는 완전히 별개로 이러한 이익은 한 나라의 국민이 다른 나라의 국민들에게 자국을 존중하고 동등하게 인정해달라고 요구하는 데서 드러난다…. 따라서 이는 한 나라의 국민이 다른 나라의 국민들에게 공정한 조건에서 정치적 사회적으로 협력할 자세가 되어있다는 합리적이고 이성적인 태도다."[25]

셋째, 한 지역이나 세계체제에 대한 패권을 구축하려는 강대국들은 규정과 제도가 약소국들의 협력과 순응을 확보하는 데 유용하다고 본다. 지도적인 국가가 합의된 다자주의 규정과 제도 내에서 국정을 수행하고 자국이 지닌 힘을 총동원해 다른 나라들에게 강요하지 않겠다고 합의한다. 규정과 제도를 통해 지도적인 국가는 자국이 지닌 힘을 두려워할지도 모르는 국가들에게 힘을 자제하고 규정과 제도를 준수하겠다는 신호를 보낸다. 지도적인 국가는 원하는 바를 얻는 역량을 어느 정도 포기하고 그 대신 장기적으로 지도적 지위가 부여하는 유리한 점을 누리도록 해주는 보다 내구성 있고 정당한 질서의 중심에 놓이게 된다.[26]

자유민주 진영의 연대의식

자유주의적 구상에서 국제질서는 민주 진영의 연대의식이 뒷받침한다. 지난 2세기에 걸쳐 자유민주주의국가들은 서로를 역사, 지리, 공동의 가치에 의해 이익이 하나로 묶인 나라로 구성된 집단의 일부로 간주해왔다. 이러한 연대의식이 발현되는 방식은 다양하다. 외교적으로 무리를 짓거나 국제적 갈등과 협력에서 연대하는 패턴에서 나타난다. 자유민주주의국가들은 단순히 "평화지대"에 머무르거나, 보다 포괄적인 방식으로 협력하기도 한다. 민주주의국가들은 그들 간에 평화로운 실무적 관계를 구축하는 역량이 있다. 이 점을 우드로 윌슨 대통령의 국무장관 로버트 랜싱(Robert Lansing)은 파리평화회의에서 감지했다. 랜싱은 친구에게 보낸 서신에서 다음과 같이 주장했다. "세계 모든 주요 국가들이 민주주의의 원칙을 수용하고 진정으로 민주적인 정부를 유지하면 항구적인 평화가 온다…. 이러한 시각이 맞는다면, 민주주의를 보편화해야 한다. 이게 실현된다면 평화를 보존할 협약이 있든 없든 개의치 않는다. 나는 기꺼이 민주주의국가들의 평화를 사랑하는 정신에 의지해 국가 간에 바람직한 관계를 달성할 의향이 있다. 그리고 나는 무력이나 무력의 위협에 의존하는 그 어떤 연맹도 이러한 목적을 달성할 수 있다고 믿지 않는다. 적어도 상당 기간 동안은 말이다."[27] 20세기에 자유민주주의국가들은 깊고 지속적인 안보관계를 구축했고 이는 공식적인 동맹과 그 밖에도 여러 가지 서로 다른 협력적 안보 형태로 구현되었다. 가장 성공적인 사례인 북대서양조약기구는 근대 역사에서 가장 포괄적이고 장기간 유지된 안보협정이다. 유럽연합은 자유민주 진영의 연대의식을 보여주는 또 다른 형태다.[28]

그 저변에는 자유민주주의국가들은 이익과 가치를 공유하므로 비민주적 정체를 지닌 국가들과 협력하기보다 자기들끼리 협력하는 게 훨씬 용이하다고 보는 의식이 깔려 있다. 자유민주주의국가들은 서로를 신뢰할 가능성이 훨씬 높고 서로 상대방의 이익과 정책을 정당하다고 간주할 가능성도 훨씬 높다. 자유민주주의국가들은 일정 수준의 투명성을 유지하고 정부에 대한 경험을 공유하므로 협력이 훨씬 용이하다. 이러한 견해를 찰스 립슨(Charles Lipson)은 다음과 같이 간결하게 표현했다. 민주주의가 특별한 까닭은 "계약체결의 장점(contracting advantages)"을 지니기 때문이다.[29] 독재국가들과는 달리 민주주의국가는 다른 민주주의국가들과의 장기적인 합의를 신뢰할 수 있게 하므로 갈등이 야기하는 불확실성과 불안감을 극복한다.[30] 립슨은 입헌 민주주의에 이러한 장점을 부여하는 특질들을 다음과 같이 규명한다. 외부의 감시에 개방되어 있고 정권의 지속성이 있으며, 지도자들이 공약을 이행해야 선거에서 당선된다는 동기부여가 되어 있고, 일정 기간 약속을 이행할 헌법적 역량이 있다. 립슨은 이러한 계약체결의 장점들을 강조함으로써 제도화된 협력적 안보와 경제관계를 향한 보다 폭넓은 경향을 설명할 수 있다.[31]

이를 출발점으로 자유주의적 국제주의자는 장기적으로 볼 때 여러 가지 결과가 나오리라고 예상한다. 첫째, 자유민주주의국가들은 규정을 토대로 한 국제체제 내에서 작동할 힘을 창출하고 역량을 개발하는 데 유달리 탁월하다. 이러한 힘의 우위는 동맹으로서 서로 협력하는 역량에서 비롯된다. 개별 국가가 지닌 힘의 역량을 한데 모으기 때문이다. 단기적으로 보면, 독재국가와 권위주의적 국가들이 자유민주주의국가들보다 훨씬 신속하게 힘을 동원할 수 있다. 그러나 장기적으로 보면 자유민주주의국가들이 전시동원력을 비롯해 여러 가지 측면에서 다른 형태의 정체들보다 유리하다.[32] 둘째, 하나의 집단으로서의 자유민주주의국가들은 다양한 형태의 경제적 정치적 협력을 추구하면서 서로 적극적으로 교류해야 한다. 공동의 이익과 공유하는 가치에 뿌리를 둔 자유민주주의국가들의 협력에는 "사교성(sociability)"이 있다.[33] 어느 시점에서든 국제체제의 일원인 국가들은 여러 개의 다양한 집단으로 나누어지고 서로 연대하고 연합세력을 구축하지만 "민주주의국가들"과 "비민주적 국가들" 간의 분열은 훨씬 두드러지고 지속적이다.[34] 셋째, 이러한 나라들이 구축하는 자유주의적 국제질서의 장점은 지속적인 협력에서 비롯되는 경제성장, 안보, 그 밖의 여러 가지 결과로 나타난다. 사실상 자유주의적 국제질서는 이러한 나라들에게 군사력과 정치력을 행사할 수 있는 대단한 장점을 부여한다. 이는 다시 자유주의적 국제질서를 강화하고 이 질서의 바깥에 존재하는 나라들이 이 질서에 합류할 방법을 모색하게 한다.

협력적 안보

이와 관련된 협력적 안보라는 개념도 있다. 자유민주주의국가들은 상호 경제적 이익을 위해 협력해왔지만, 상호안보 추구 차원에서도 관계를 구축해왔다. 19세기와 20세기 전반에 걸쳐 자유주의적 국제주의자들은 자유민주주의국가들 사이의 협력을 통해 전쟁을 예방하고 위협을 저지하고 평화와 안정을 증진시킬 규정과 제도를 구축하는 방안을 다양하게 제시했다. 자유민주주의국가들이 안보협력에 관여할 여러 가지 동기가 있다. 하나는 칸트주의적 동기다. 즉, 자유민주주의국가들이 제한된 국가, 공화정의 특징을 유지하려면 "평화지대"가 필요하다는 주장이다. 전쟁은 자유주의 정권의 원칙들을 위기에 처하게 만든다. 이 외에도 자유민주주의국가들은 현실주의 이론에서 주장하는 바와 마찬가지로 자국의 안보에 대한 위협에 그저 대응할 뿐이다. 다른 나라들과 협력해서 공격적인 나라들의 힘을 상쇄해 균형을 맞추거나 공격을 저지하려는 노력을 기울인다는 뜻이다. 그들은 비민주국가들과도 동맹을 맺을지 모르지만, 자유민주주의국가들이 공유하는 이익과 가치 그리고 그들만의 독특한 협력하는 역량 때문에 주로 같은 자유민주주의국가들끼리 동맹을 맺는 경향이 있다. 마이클 도일(Michael Doyle)이 지적한 바와 같이, "국가들이 세계적인 갈등에서 어느 편에 서서 싸울지 결정해야 할 순간이 오면 자유주의국가들은 결국 모두 같은 편에 서게 된다. 실제로는 각국의 외교정책에 영향을 미치는 역사적 경제적 정치적 요인들이 아주 복잡한데도 말이다."[35] 자유민주주의국가들은 보다 야심찬 체제를 구축한다는 목표에 의해 동기가 부여되기도 한다. 여러 가지 다양한 영역에 걸쳐 필요한 높은 수준의 상호의존성과 협력을 유지할 수 있는 안정적인 국제질서를 구축하는 목표 말이다. 안보협력은 자유주의적 국제주의자가 보다 폭넓은 의제들을 구축할 토대가 될지도 모른다.

자유민주주의국가들은 민주 진영 바깥으로부터 비롯되는 위협에 대응하기 위해 안보협력에 관여할지도 모른다. 그러나 그들은 내부로부터의 위협을 관리하기 위해서도 그렇게 한다. 앞으로 살펴보겠지만, 서구 자유주의국가들은 서로 구속하는 관행-즉, 서로를 제약하는 제도들에 서로를 묶어두려는 시도-을 발전시켜왔다.[36] 서로를 군사동맹과 같은 제도에 묶어둠으로써 자유주의국가들은 서로를 감시하고 상호관계를 관리할 수 있다. 역사학자 폴 슈뢰더(Paul Schroeder)에 따르면, (나폴레옹시대가 끝난 후 1814년부터 1914년까지 유럽의 강대국들이 영토와 정치체제의 현상유지를 위해서 맺은 합의를 뜻하는) 유럽협조체제(Concert of Europe)는 이러한 상호구속이라는 논리가 일찍이 구현된 동맹이었다. 슈뢰더는 이를 제지조약(pacts of restraint)이라 일컬었다. 이 제도는 국가들이 동맹체제 내에서 동맹국들에게 영향을 미치고 서로 행동을 제지하는 장치와 토대가 되었다. 슈뢰더에 따르면, "동맹국의 정책에 대해 그러한 저지력을 행사하려는 욕구 때문에 한 국가 혹은 두 국가가 동맹을 맺는 경우가 흔했다."[37] 1945년 이후 미국이 주도하는 동맹체제는 한층 더 포괄적으로 서로 구속력을 행사하는 특징들을 보였다.[38]

안보협력은 다양한 방식으로 구상되고 추진되어왔다. 가장 기본적인 안보협력은 지정학적 연대에서 나타난다. 자유민주주의국가들은 자기들끼리는 전쟁을 일으키지 않고 분쟁을 해결하려고 노력하는 한편 국제적인 갈등에서는 같은 편에 선다. 이러한 연대는 공식적인 협력체제로 발전하기도 하고 그저 국가체제 내에서 전쟁과 외교의 정치에서 나타나기도 한다. 공식적인 동맹체제는 동맹체제에 따라 구속력이 다소 차이가 나지만 보다 조직화된 형태의 안보협력이다. 20세기에, 특히 미국이 유럽과 동아시아와 맺은 안보관계에서 그러한 동맹관계는 폭넓은 여러 가지 활동에 관여하는 항구적인 조직으로 바뀌었다. 안보협력은 칼 도이치(Karl Deutsch)가 "안보 공동체"라 일컫는 형태로 발전할 수도 있다. 대규모 전쟁이 사실상 한낱 가능성에 불과하게 되는, 보다 심화된 정치공동체를 뜻한다. 이러한 유형의 안보질서는 전후시대에 서구 자유민주주의국가들 사이에서 가장 완성도 높게 실현되어왔다.[39] 그 외에도 자유민주주의국가들은 집단안보라 불리는 보다 포괄적인 세계 안보협력 체제를 구축하려는 시도를 끊임없이 해왔다. 전쟁의 법적 근거들을 규정하고 제한하고 특정국가의 도발에 직면했을 때 집단적인 행동을 가능케 하는 규정과 제도를 조직화하는 게 집단안보가 추구하는 야심찬 목표다. 국제연맹과 유엔이 바로 이러한 구상을 구현한다.

진보주의적 사회 목표

자유주의적 국제질서는 고정불변이 아니다. 이 질서에 합류한 나라들은 끊임없이 발전하고 진전하고 적응하고 위기에 대응한다. 자유주의적 국제주의는 세계 각국과 국민들을 그리고 국제질서 자체를 진보주의적 방향으로 유도하기를 염원한다. 자유주의적 국제주의자가 말하는 "진보주의"는 개혁을 통한 발전을 뜻하며 이에 진보주의적 성공은 생활수준 향상, 건강증진, 폭력에 맞서는 보다 나은 안보, 권리 신장, 사회정의 등과 같은 척도로 측정된다. 개방적이고 느슨하게나마 규정을 토대로 한 국제질서는 구성원인 국가들이 전쟁을 일으키지 않고 이견을 해소하도록 권장함으로써 구성원 국가 국민들의 삶을 개선할 기회를 확대한다고 여겨진다.

이러한 진보적인 변화라는 개념에는 세 가지 측면이 있다. 첫째, 자유주의적 국제질서는 일단의 사회적 목적을 구현하는 것으로 간주된다. 이러한 질서의 규정과 장치들이 특정한 목표를 추진한다는 개념을 염두에 두고 조직화된다. 헤들리 불(Hedley Bull)이 모든 국제질서는 "목적"이 있고 모든 질서는 "특정한 목표나 가치를 추구하는 방식으로 조직화된 사회적 삶을 반영한다."라고 한 주장이 바로 그러한 뜻이다.[40] 자유주의적 국제질서가 추구하는 사회적 목적은 단순한 목적에서부터 복잡한 목적에 이르기까지 다양하다. 국가들 사이의 무역과 교류를 촉진하는 아주 초보적인 장치만 제공하는 제한적인 목적도 있다. 아니면 보다 정교하고 복잡한 규정, 제도를 갖추고 보다 원대한 목표를 달성할 역량을 갖춘 국제질서도 있다. 19세기 무역과 협력체제가 추구한 사회적 목적은 1945년 이후 협력체제가 추구한 목적보다 훨씬 제한적이었고, 후자를 존 러기는 "내장된 자유주의(embedded liberalism)"라 일컬었다.[41]

둘째, 제대로 기능하는 자유주의 질서는 끊임없이 진화한다고 본다. 자유주의 질서는 변모하는 질서로서 이는 개방적인 무역체제의 작동방식에서 구현되는 개념이다. 무역은 사회와 경제체제 내에서 지속적으로 예상치 못한 변화를 창출해낸다. 산업과 부문들이 흥망성쇠를 겪는다. 경제성장과 세계경제의 변화가 사회를 밀고 당기며 전진시킨다. 자유주의적 국제질서 바깥에 존재하는 나라들은 이러한 역동성을 위협으로 간주할지도 모른다. 비자유적인 나라들-독재정권과 권위주의적 정권들-은 개방적이고 규정을 토대로 한 체제에 참여하고 싶지만, 자국의 지배계층과 그 밖의 기득권 세력에게 미치는 장기적인 영향에 대해 우려할지도 모른다.[42] 변화는 계몽주의와 자유주의적 근대성 개념들에 뿌리를 둔 보다 심오한 자유주의적 국제주의 구상에도 구현되어 있다. 사회는 세계의 지속적인 발전 과정의 일부로서 끊임없이 진화하고 있다. 근대성 자체도 변하면서 새로운 위험을 야기하고 새로운 기회를 창출한다. 이 때문에 자유주의적 국제질서 또한 이러한 변화하는 여건에 발맞춰 끊임없이 진화한다.

마지막으로, 국제질서는 개혁될 수 있다는 확신이 이러한 개념들에 구현되어 있다. 우드로 윌슨이 국제사회가 "교정(矯正) 가능"하다고 말했는데 이는 자유민주주의가 추구하는 사회적 목적 달성에 부합하도록 만들 수 있다는 뜻이다. 힘의 정치가 야기하는 갈등과 폭력은 완전히 제거할 수는 없지만 적어도 어느 정도 제어할 수는 있다. E. H. 카는 1919년 윌슨과 자유주의적 국제주의자들이 국제정치에서 힘을 제거할 수 있다는 망상에 눈이 먼 "이상주의자"라고 묘사했다. 그의 전후 이상주의에 대한 비판의 기원은 계몽주의 신념으로 거슬러 올라간다. 개인과 사회가 궁극적으로 순응하게 될 "보편타당한 도덕법"을 과학과 이성과 인간이 지닌 역량을 통해 결정할 수 있다는 신념 말이다. 카는 이러한 신념이 "윌슨의 영향을 받아 제1차세계대전 후 세계에 만연했다."라고 주장한다.[43] 계몽주의 사상은 자유주의적 국제주의의 핵심이기는 하지만, 국가들이 국제사회를 변모시킬 역량과 관련해서는 훨씬 겸허한 시각이 지배적이다. 자유주의적 의제를 추진하려면 혁명이 아니라 개혁이 요구된다. 국가와 국제 무질서는 여전히 존재한다. 그러나 국가들이 종종 시행착오를 겪으면서도 인류의 사건 흐름을 보다 평화롭고 진보적인 방향으로 나아가게 할 제도와 관계를 만들어낼 역량이 있다는 확신이 존재한다.[44] 이러한 개혁주의 관점-국가 간의 관계가 교정가능하다는 믿음-이 자유주의적 국제주의를 다른 사상 전통들과 구분해준다. 정치적 현실주의자는 국제관계에서 진보의 가능성에 대해 대단히 회의적이고, 사해동포주의자들과 세계주의자들은 오로지 세계정부와 무질서 상태로부터의 탈피를 통해서만 진보가 가능하다고 믿는다.

여러 가지 다양한 질서

이러한 핵심적인 개념들 외에도 자유주의적 국제질서의 구상은 방대하다. 2세기에 걸쳐 자유주의적 국제주의 개념들과 실제로 세계에 존재하는 질서들은 그 질서를 구성하는 요소들이 조합되는 방식-주권, 규정, 제도, 개방성이 국제체제 내에서 나타나는 방식-이 서로 달랐다. 자유주의적 국제질서는 다양한 방식으로 조직화될 수 있다. 차이점들은 참여의 범위, 주권독립, 위계질서와 평등, 법치, 정책의 넓이와 깊이 등 여러 가지 차원에서 나타난다.[45]

참여 범위는 자유주의 질서의 규모를 말한다. 같은 지역에 위치하는지와 그 밖에 국가들이 서로 공유하는 특징들에 따라 선택적으로 무리 짓기가 이루어지는지, 아니면 보편적 원칙에 따라 세계차원의 질서가 되는지 여부다. 이러한 질서의 범위가 넓을수록 참여하는 나라들은 더욱 다양하다. 추측컨대, 이러한 질서가 추구하는 사회적 목적들 또한 범위의 영향을 받게 된다. 오로지 서구 민주주의국가들만 배타적으로 무리를 짓는 경우, 참여국들이 공유하는 목표는 상당히 방대할지도 모른다. 세계를 아우르는 자유주의적 국제질서는 개방성과 규정을 토대로 한 관계라는 개념들을 포용할지 모르지만 자유주의 정치적 가치를 추구할 때 합의할 여지가 줄어든다. 나중에 다루겠지만, 전후시대에 미국이 주도하는 자유주의 질서는 냉전시대 양극체제 내에서 구축되었다. 서구 자유민주주의국가들을 중심으로 집단을 구성하고 이들은 다른 지역과 국가들과 관계를 맺고 있었다. 냉전이 끝나고 소련 공산주의가 붕괴되면서 이 서구 진영의 집단은 외연을 확장했다. "내부 질서"는 "외부 질서"가 되었고 집단의 논리와 성격을 바꾸는 변신이 일어났다.

주권의 독립성은 자유주의 질서가 국가의 주권에 가하는 법적-정치적 제약이 어느 정도인지를 일컫는다. 이러한 의미에서 주권은 국가가 자국의 영토 내에서 권한을 배타적으로 행사함을 말하며, 이는 국내에서 명령을 내리고 의무를 실행하도록 강제할 권리로서 국제적으로 인정받는 권한이다. 국가는 베스트팔렌조약에 명시된 법적 주권을 온전히 보유하고 이를 토대로 다른 나라들과 서로 교류하거나, 자국의 주권을 어느 정도 제약하는 제도와 협정에 응하기도 한다.[46]

위계질서는 국제체제 내에서 권리와 권위가 차별화되는 정도를 일컫는다. 자유주의적 질서는 평등한 접근과 권리와 참여 원칙을 토대로 수평적 질서를 구축해 국가들이 주권평등을 중심으로 조직화될 수 있다. 아니면 한 국가나 복수의 국가들이 특별한 권리와 권한을 행사하는 위계질서일수도 있다. 일반적으로 주권의 평등이 특징인 질서에서는 역할과 책임의 차별화가 거의 없다. 국가들이 협정을 조인하면 대체로 동등한 참여자로서 협력한다. 위계적인 질서에서는 참여국들에 따라 역할과 책임이 차별화되고 국가들은 공식적으로 혹은 비공식적으로 지배적 관계와 종속적 관계로 조직화된다.[47] 한 나라가 다른 나라들을 군사적으로 보호하는 일차적인 책임을 맡는 경우도 있고, 바로 이러한 이유 때문에 어떤 나라는 상호안보 사안과 관련해 다른 나라들보다 큰 목소리를 낼 수 있다.

법치는 합의한 규정이 질서의 작동을 어느 정도나 결정하는지를 일컫는다. 그 정도는 다양하다. 국가 간의 상호작용은 행동을 규정하고 제약하는 명시된 규정과 제도의 묶음들에 영향을 받거나, 국가들이 보다 잠정적으로 타협한 관계를 준수할 수도 있다. 그러나 잠정적인 관계도 최소한의 규정에 지배를 받는다. 상호주의 개념에 입각해서라도 말이다. 가장 막강한 한 국가나 여러 강대국에게 불평등한 특권과 권한을 부여하는 위계적 질서는 대체로 규정을 토대로 한다.

게다가 다양한 자유주의적 국제질서들은 정책 영역의 폭과 깊이가 각양각색이다. 국제안보 난관과 같이 아주 협소한 정책 영역만 다루도록 조직화될 수도 있고, 사회적 경제적 이슈와 인권문제들을 아우르는 보다 포괄적인 영역을 다룰 수도 있다. 정책 영역이 포괄적일수록 국제공동체가 한 국가 내에서 그리고 여러 국가 사이의 정치와 사회에 개입하고 통제하고 규제하고 보호할 가능성이 높아진다.

이러한 차원들을 통해 우리는 국제질서의 "유형들"을 식별하게 된다. 19세기 중엽, 영국이 주도한 무역질서는 소수 핵심적인 서구 자유민주주의국가들을 중심으로 조직화되었고 그 범위와 사회적 목적에 있어서 비교적 제한적이었다. 제1차세계대전 후 우드로 윌슨이 주창한 질서는 도달 범위와 규정과 정책 영역의 폭에 있어서 보다 확장적이었다. 윌슨은 세계 집단안보 체제를 통해 주권국가들이 역내 평화를 준수하기 위해 협력하는 체제를 중심으로 조직화된 국제질서를 구상했다. 개방적인 무역과 진보적인 세계변화에 대한 신념도 윌슨의 세계관을 뒷받침했다. 비록 인종차별적인 위계질서와 서구의 우월성에 대한 가정도 녹아들어 있긴 했지만 말이다. 제2차세계대전 후 자유주의적 국제질서는 서구를 중심으로 한 다층적이고 심층적으로 제도화된 체제로서 미국이 조직화하고 이끌었다. 안보와 경제 영역에서 공히 미국은 꾸준히 새로운 책임과 기능적 역할을 떠맡게 되었고, 자국의 경제와 정치체제는 자유주의적 패권 질서의 중심적 요소가 되었다. 이 유형의 질서는 보다 위계가 분명하고 이전에 등장한 유형의 자유주의적 국제질서들보다 훨씬 포괄적인 사회적 목적들이 담겼다. 앞으로 살펴보겠지만, 이러한 질서는 냉전이 끝난 후 외연이 확장되면서 그 논리와 성격이 대대적으로 변했고 이로 인해 오늘날 자유주의적 국제주의의 위기로 이어졌다.

국제질서에서의 혁명과 변모

자유주의적 국제주의는 자유주의적 계몽주의라는 토대에서부터 시작해 정치적 경제적 변화를 이해하고 이에 대응할 도덕적 준거의 틀을 제시한다. 개방성, 규정을 토대로 한 관계, 협력적 안보, 진보주의적 사회적 목적 등과 같은 핵심적인 개념들이 지난 2세기에 걸쳐 수많은 다양한 형식으로 조합되었다. 그 두 세기 동안 네 가지 주요 변화가 자유주의적 국제주의가 근대시대에 걸쳐 진화하는 방식을 구체화했다. 자유민주주의의 부상과 확산, 제국들로 구성된 세계에서 국민국가들로 구성된 세계로의 전환, 경제와 안보의 상호의존성 증진,

영국 패권과 미국 패권의 흥망성쇠는 따로 그리고 함께 문제와 딜레마와 위험과 기회를 창출한 역동적인 힘이었고 이를 중심으로 자유주의적 국제주의는 그 핵심적인 개념과 의제들을 만들어냈다.

자유민주주의의 부상과 확산

18세기에 근대사회가 어렴풋이 그 윤곽을 드러냈다면, 자유민주주의는 즉시 근대사회의 선봉이 되었다. 19세기에 접어들었을 때 자유민주주의는 여전히 성숙하지 않은 새로운 정치적 실험이었고 군주제, 독재, 제국으로 이뤄진 대체로 전근대적인 세계 내에서는 특이한 현상이었다. 그로부터 200년이 지나 20세기가 막을 내릴 무렵, 자유민주주의는 국내총생산의 세계 총합의 대략 80퍼센트를 차지하는 등 세계의 권력과 부의 대부분을 차지하게 되었다. 이 두 세기에 걸쳐 산업혁명이 일어나고 자본주의는 그 전선을 확대했으며 유럽은 방대한 제국들을 건설했고 근대 국민국가가 뿌리를 내렸으며 강대국들은 전쟁을 일으키고 평화를 정착시켰다. 세계는 자유민주주의가 부상하고 확산되고 세력이 증강하는 광경을 목격했다. 자유주의적 국제주의를 구성하는 개념과 의제들은 이러한 환경에서 구체화되었다.

19세기에 부상한 자유민주주의의 두드러진 두 가지 특징들은 자유민주주의라는 용어에 포착되어 있다. 첫째, 이러한 체제는 평민/군중이 통치의 주체다. 민주주의(democracy)라는 단어를 구성하는 데모스(demos)가 그리스어로 바로 평민/군중이다.[48] 이 유형의 통치는 고대 아테네에서처럼 직접통치일 수도 있고, 선거라는 제도를 통해 뽑힌 대표자를 통해 간접적인 통치의 형식을 띨 수도 있다. 어느 경우든 정부는 피통치자의 합의를 토대로 한다는 인식이 깔려있다. 둘째, 자유민주주의는 국가의 힘을 제한하기 위해 설계된 헌법적 틀과 법치를 통해 개인의 권리와 시민의 자유를 명문화한다.[49] 이러한 개념들의 기원은 고대 로마로 거슬러 올라가는데, 근대 초기에 "공화정"을 주장한 정치 사상가들이 이러한 표현을 하면서 긴 명맥이 이어져 내려왔다.[50] 미국이 건국되고 유럽이 대의 민주주의로 이행하면서 입헌주의와 법치의 개념들을 통해 새로운 형태의 정부가 등장했다.[51]

이를 출발점으로 우리는 자유민주주의에 그 독특한 형태를 부여하는 다섯 가지 이상적인 특징들을 규명할 수 있다. 첫째, 자유민주주의의 시민은 시민권과 법 앞에 평등한 대우를 누린다. 종교, 표현, 언론의 자유는 이러한 권리를 누리고 보호하는 데 필수적인 요소들이다. 둘째, 정부는 그 권위가 피통치자들의 합의에서 비롯되는 대의민주주의다. 셋째, 권력분립과 견제와 균형, 독립적인 사법부와 같은 수단들을 통해서 국가의 권력을 제한하는 제도들-또는 헌법-이 있다.[52] 넷째, 경제체제는 사유재산 제도를 토대로 한다. 불간섭주의에서부터 사회민주 체제에 이르기까지 다양한 혼합경제 체제도 자유민주주의와 병립 가능하다.[53] 마지막으로, 시민사회라고 일컬어지는 무엇인가가 사회 내에 존재한다. 이는 "국가 바깥에" 존재하는 삶의 영역이고 어느 정도 정치에서도 벗어나 있다. 《미국의 민주주의(Democracy in America)》에서 알렉시 드 토크빌은 시민사회를 정치적 조직화와 협력을 위한 사회간접자본을 제공하는 독자적인 집단과 연합체의 영역으로 규정한다.[54] 모든 자유민주주의는 수많은 차이점이 있음에도 이러한 핵심적인 특징들을 공유한다. 그러나 "국민"이 누구이고 그들의 권리는 어떻게 대표되고, 시민권과 투표권은 얼마나 포괄적이며, 자유민주주의가 추구하는 보다 포괄적인 사회적 목적은 무엇인지에 대해서는 늘 갑론을박이 진행되어왔고 계속 진화한다.

미국의 건국과 프랑스혁명은 근대국가의 성격을 둘러싼 투쟁에서 새로운 시대를 개막했다. 미국의 독립투쟁은 정부의 정당한 권력은 피통치자의 합의에서 비롯되어야 한다는 개념을 합법화했다. 토머스 페인(Thomas Paine)은 이를 "대의제"라고 일컫고 이를 유럽의 "타락한 군주제와 귀족제"와 대조시켰다.[55] 피통치자의 합의는 영국의 식민지인 아메리카 주민들이 영국 왕 조지 3세에 맞서 반기를 들 때 재산권의 보호와 정치적 권리와 공화정 통치와 더불어 앞에 내세운 논리였고, 미국 헌법을 설계할 때도 반영되었다.[56] 프랑스혁명은 개혁, 독재, 군주제, 입헌공화정 등 여러 국면을 거치면서 비틀거리며 진행된 복잡한 투쟁이었지만, 이 또한 구체제를 평민에게 보다 호의적인 체제로 만드는 목표를 추구한 개혁운동으로 시작되었다. 이러한 혁명적인 격변들을 통해 자유주의적 민주주의라는 구상이 탄생했고 오늘날까지 서구 진영과 전 세계 곳곳에서 정치적 투쟁에 불을 지피고 있다.[57]

민주적 권리를 쟁취하려는 투쟁은 19세기 내내 부침을 겪었다. 1815년에 나폴레옹전쟁을 종식시킨 평화협정은 혁명이 두려워서 군주통치의 권위와 정당성을 재확인하려고 안달이 난 유럽 정치가들이 타결했다. 그러나 자유민주주의에 대한 열망은 1830년대에 다시 등장했고 훗날 1848년과 1849년 유럽 전역에 걸쳐 민중봉기-이른바 민중의 봄-의 형태로 나타나게 되는데, 여기에는 독일과 이탈리아에서 민족공화국을 청설하려는 혁명운동도 포함되었다. 자유주의적 개혁가와 사회주의 혁명가 개념에서 영감을 얻은 이러한 민중봉기는 대부분 실패했다. 적어도 처음에는 말이다. 영국은 훨씬 점진적인 경로를 택해 1832년 선거법을 개정하는 개혁 법안을 통해 투표권을 확대하고 훗날 남성 전체에게 투표권을 부여하는 조치를 채택했다. 19세기 후반, 이탈리아는 입헌군주제 아래에서 통일되었고 독일에서는 오토 폰 비스마르크(Otto Von Bismarck) 백작의 주도로 새로운 제국헌법이 제정되었다. 국민정부가 추구하는 이상이 유럽 전역에 확산되자 역사학자 윌리엄 맥닐(William McNeill)은 "자유주의적이고 민주적인 원칙들은 구체제의 요소와 뒤섞이면서 극도로 희석되었다."라고 말한다.[58] 이러한 현상은 특히 동유럽과 중부유럽에서 두드러지게 나타났는데, 이들 지역에서는 관료적이고 독재적인 권력에 맞설 의회의 장악력이 약하거나 아예 존재하지 않았다.

그럼에도 불구하고 19세기에는 서구의 정치체가 이해되고 구성되고 정당화되는 방식이 바뀌었다. 미국의 독립선언문은 국민주권과 개인의 권리라는 이상적인 요소를 토대로 한 독립을 천명하는 본보기가 되었고, 서구 진영과 유럽제국 체제의 주변부에서 발생한 민중운동도 이를 채택했다. 어찌 보면 미국의 독립선언문은 보수주의적인 주장이다. 아메리카 식민지 거주자들은 주권국가로 구성된 보다 폭넓은 체제 내에서 주권의 독자성을 추구한 국민이었다. 그들은 베스트팔렌 질서를 전복할 방법을 모색한 게 아니라 유럽인들과 동등한 조건하에서 이 질서에 합류하려고 했다. 그러나 또 다른 의미에서 주권의 독립에 대한 주장은 통치에 합의할 수 있는 정당한 주체로서의 "국민"이라는 개념을 토대로 한다. 데이비드 아미티지(David Armitage)가 주장하듯이, 이러한 "국민주권"이라는 미국적인 개념은 라틴아메리카를 비롯해 독립을 추구하는 다른 지역 국민들에게 확산되었고 입헌주의와 공화정 통치의 원칙들을 고양했다.[59] 민주적 통치의 원칙은 국민주권을 토대로 하지만 논쟁의 대상이었다. 프랑스혁명은 극적으로 직접민주주의 개념을 도입했고, 이는 막강한 정치력으로 폭발했으나 안정적인 정치질서로서는 순식간에 실패했다. 제임스 매디슨(James Madison)과 연방주의자들이 주축이 된 미국 건국의 아버지들은 직접통치에 도사린 위험을 감지하고 대표성과 권력이 분산된 정부라는 공화정 원칙을 토대로 헌정체제를 구축했다. 19세기 말 무렵 국민주권과 대의민주주의는 한데 묶여 서구 정치를 규정하는 규범적인 이상으로 자리매김하게 되었다.[60]

19세기부터 20세기 초까지 내내 이러한 국민주권과 민주적 통치 개념들은 외부로 확산되어 국제사회로 흘러들어갔고, 이는 국가를 정당화하는 다른 대안적인 원칙 사이의 투쟁으로 이어졌다. 자유민주주의가 정당성의 기준이라는 개념은 유럽 구체제에 녹아있는 군주제 원칙들에 도전장을 내밀었다. 독일의 저명한 역사학자 레오폴트 폰 랑케(Leopold von Ranke)는 1848년 막시밀리안 2세를 위한 비공개 강연에서 이러한 갈등을 규명했다. 랑케는 미국독립혁명을 이끈 식민지 주민들은 "세계에 새로운 힘을 등장시켰다. 국가는 스스로 통치해야 한다는 개념과 권력은 아래로부터 비롯된다는 개념 말이다."라고 말했다. 이 새로운 개념은 군주는 "신의 은총을 받아 통치하며 모든 것이 군주를 중심으로 돌아간다."라는 유럽의 기존 인식과 충돌했다. 이 두 가지 원칙 간의 갈등이 "근대 세계가 나아가는 방향"을 결정짓게 된다고 랑케는 예측했다.[61] 독일에서는 기존 유럽적 시각이 20세기에 접어들어서도 계속 유지되었고 이는 카이저 빌헬름 2세가

1907년에 "오로지 신과 나의 날카로운 칼에 호소함으로써" 계속 통치하겠다고 한 발언에서 잘 드러난다.[62] 그러나 산업화 세계에서 정치체들이 근대국가의 원칙과 제도들을 두고 투쟁을 벌이는 사이에 자유민주주의라는 개념은 입지를 넓혀나갔다. 제1차세계대전이 주요 전환점이었다. 전쟁이 끝나갈 무렵 붕괴된 제국들의 잔해 한가운데서 우드로 윌슨은 자유민주주의를 추구해야 할 이상적인 규범으로 승격시켰다. 민주적 가치는 "한 나라의 법정 통화에 상응하는 가치를 지닌 이념이다."라고 제임스 메이올(James Mayall)은 주장한다.[63] 1919년 베르사유에 모인 정치가들은 한 세기 전 빈에 모인 외교관들이 다루던 규범적 틀과는 사뭇 다른-아니면 적어도 진화한-규범적 틀을 두고 고심하고 있었다. 자유민주주의는 군주제를 뿌리 뽑고 근대국가를 정당화하는 지배적인 토대로 자리 잡았다.[64]

민주주의의 부상과 확산은 역사적으로 여러 시기에 걸쳐서 진행되었는데 학자들은 기복(起伏)의 연속이었다고 묘사한다.[65] 최초의 민주적 전환은 서서히 진행되었고 19세기 미국과 유럽의 정치운동의 영향을 받았다. 모두 29개 국가가 19세기와 20세기 초에 민주진영 대열에 합류했다. 이 시기는 1922년 이탈리아에서 베니토 무솔리니(Benito Mussolini)가 권좌에 오르면서 막을 내렸고 양대 세계대전 사이의 기간에 격변이 일어나면서 그 숫자는 12개 나라로 줄었다. 제2차 민주주의 전환의 물결은 제2차세계대전이 끝난 후 시작되어 1960년대에 절정에 달하면서 36개 나라가 민주주의를 채택했다. 이처럼 민주주의 채택이 폭증한 까닭은 전후 탈식민지운동 덕분이었고 이 운동으로 독립국가는 급속히 확대되었다. 제3차 물결은 1970년대 말에 시작되었다. 이때 라틴아메리카, 동아시아, 남유럽 국가들이 민

[그림 2.1.] 세계 총 GDP에서 민주주의국가들의 GDP가 차지하는 비율

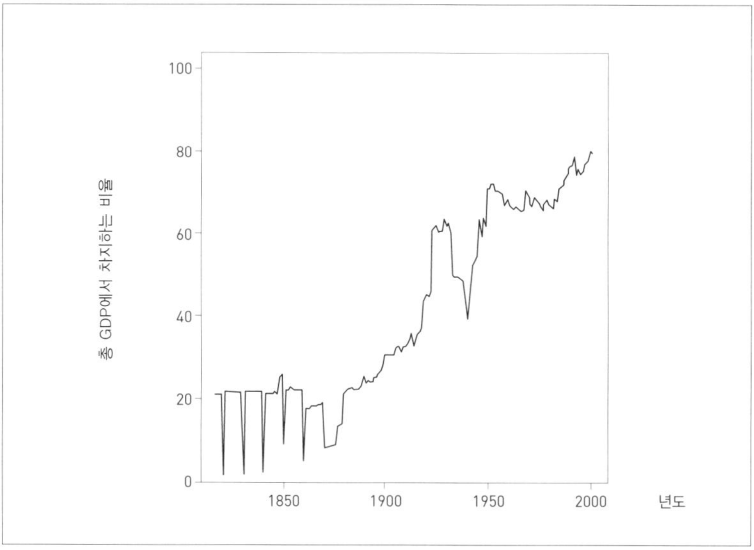

수수의로 전환했다. 냉전이 끝나고 소련이 주도하는 동구 질서가 무너지면서 동유럽과 구소련 국가들이 비슷한 길을 택했다. 20세기 말 무렵 민주주의는 전 세계적으로 (192개국 가운데) 85개국에 달했다.[66] 민주 진영의 부상-규모와 역량이 공히 향상되었다.-은 각국의 국내총생산을 모두 합한 GDP 세계 총액에서 차지하는 비중에서도 나타난다. 20세기 말 무렵 GDP 세계 총액에서 민주 진영이 차지하는 비중은 대략 80퍼센트로 정점을 찍었다. ([그림 2.1.] 참조)

이러한 추세들을 보면 자유민주주의는 세계적으로 권력 지형이 재편되면서 나타나는 변화와 연관되어 무리 지어 등장하는 형태를 보인다. 세계적 지역적 환경이 어떤 나라에게는 민주주의로 전환하기에 훨씬 유리하게 작용한다. 카를레스 보익(Carles Boix)이 보여주

듯이, 성공적으로 민주주의로 전환할 확률은 강대국들이 자유민주주의국가였을 때-19세기 말, 제1차세계대전 후, 냉전 후-가장 높았다.[67] 이 시기에 세계를 주도하는 민주주의국가들은 민주화 사회에 우호적인 정책들인 무역과 원조를 확대하고, 국제기구와 지역기구들에 대한 접근을 허용하고, 민주적 개념과 모델들을 확산시키는 정책들을 추구할 입장에 놓여있었다. 다른 시기에는 민주주의 전환에 상대적으로 덜 우호적이었다. 19세기 초 수십 년 동안에는 러시아, 오스트리아, 프로이센 군주국들이 결성한 신성동맹(Holy Alliance)이 유럽대륙에서 민주화 혁명을 적극적으로 억압했다. 냉전 시기에는 탈식민지 운동이 일부 민주주의로의 전환으로 이어졌지만, 소련은 동유럽에서의 민주주의를 후퇴시켰고 공산주의를 제3세계로 수출하는 한편, 미국은 아프리카, 라틴아메리카, 아시아에서 권위주의적 정권들을 지원했다. 반면 1918년 이후 제1차세계대전에서 동맹을 결성한 중심 세력이 붕괴되면서 민주주의로의 전환은 유럽에서 잠시 활기를 띠었고 그로부터 70년 후 베를린장벽이 무너지자 또다시 민주화의 새로운 물결이 유럽과 전 세계를 휩쓸었다.[68]

자유주의가 부상한 이러한 시기에 자유민주주의국가들은 자국 바깥의 넓은 세계를 조직화하려고 부단히 노력해왔다. 물론 그들이 한 행동이 하나같이 모두 자유민주주의의 특징들을 반영하지는 않았다. 자유주의국가들은 현실주의, 이상주의, 민족주의, 군국주의, 제국주의, 자유주의적 국제주의 등 각양각색의 외교정책을 폭넓게 추구했다. 그러나 자유민주주의가 부상하고 확산되면서 자유주의적 국제주의 과제에 동기를 부여하고 방향을 설정하는 문제들을 야기하는 동시에 기회들도 창출했고 여전히 창출하고 있다. 이 가운데 세 가지 두드러지는 이슈들을 규명해보자.

첫째, 자유민주주의국가들은 자국의 정치체가 살아남기를 그리고 자신들의 생활방식을 지키기를 바랐고 국제질서의 성격이 이러한 그들의 전망을 반영하기를 바랐다. 그들은 자유민주주의가 생존하고 번성하기에 적합한 세계 환경을 조성하려고 애써왔다. 그러려면 최소한 비교적 안정적이고 협력적인 세계질서가 구축되어야 한다. 보다 구체적으로 말하면, 자유주의적 정치체 원칙들-국민주권과 공화적인 제도들-은 국가가 위험에 처한 시기에 비자유주의적 힘에 굴복할 수 있다. 이러한 우려는 로마시대 공화주의 이론가들에서부터 근대시대까지 끊임없이 제기되었다. 공화정은 대중선동가들과 전시의 국가권력 남용에 취약하다. 이러한 위협으로 인해 칸트는 공화정 정치체들이 서로 연대를 맺고 "평화지대"를 구축해 자유와 법치를 수호하기를 바랐다. 자유민주주의국가들은 일부 현실주의자들이 주장하듯이 어떤 사건이 일어나면 당구대 위의 당구공들처럼 예측 가능한 단순한 방식으로 그 사건에 대해 반응을 보이지 않는다. 자유민주주의는 취약한 정치체이다. 자유민주주의에 이상적인 국제질서는 당구대가 아니라 자유주의국가들 사이의 협력을 통해 조율된 제도와 관계로 이루어진 정교한 체제다.[69]

둘째, 자유민주주의국가들은 다른 유형의 정치체를 채택한 국가들보다 같은 자유민주주의국가들과 협력하기가 훨씬 용이하다는 사실을 깨달았다. 앞서 지적한 바와 같이, 이러한 협력의 역량은 자유민주주의국가들이 이익, 가치, 제도적인 특징들을 공유하는 데서 기인한다. 자유민주주의국가들이 서로를 신뢰하고 자국의 이익과 정책이 정당하다고 간주할 가능성이 훨씬 높다. 그들은 일정 수준의 투명성을 보이고 정부와의 경험을 공유하므로 서로 협력하기가 용이하다.[70] 배리 부잔(Barry Buzan)이 주장하듯이, "다원론적인 민주주의 국가들이 높은 수준의 국제사회에 가장 매료되는 경향이 있고 이러한 나라들에서 개방성이 유지되려면 사회 자체가 (정권의 유형에 있어서) 상당한 정도 서로 수렴해야 한다."[71] 이런 의미에서 자유민주주의 국가들이 대거 부상하면 협력의 기회가 창출된다. 민주주의국가들이 서로 협정을 맺는 역량은 자유주의국가들이 없다면 존재하지 않을 국제질서를 구축할 기회를 창출해준다. 이 밖에도 내부적으로 법치의 전통이 튼튼한 국가들은 국제관계에서도 법치라는 규범을 조성할 수 있다. 독재체제나 비자유적 민주주의에 비해 자유민주주의국가가 이러한 기대를 저버릴 가능성이 훨씬 적다. 물론 불가능하지는 않지만 말이다. 왜냐하면 독재체제나 비자유적 민주주의에서 법치를 위반하는 행동은 내부의 저항을 불러일으키고 이러한 저항이 유권자들 사이에서 세를 확보할지 모르기 때문이다.

마지막으로, 자유민주주의국가들은 근대화하는 사회들이고 이 때문에 나름의 난관을 야기하고 기회들을 창출한다. 지난 2세기에 걸쳐 자유민주주의국가들이 부상하면서 밖으로는 상호의존성이 확장 강화되고 안으로는 근대 국민국가 건설이 진행되었다. 근대 자유민주주의는 국민국가에서 뿌리를 내리고 확장되었고 이러한 맥락에서 자유민주주의 사회들에서는 정치 참여가 확대되고 권리와 보호가 보장되고 정부가 경제적 사회적 안녕을 제공하는 역할이 늘어났다. 국내에서의 이러한 정책 추진은 질서정연하고 우호적인 국제체제와 깊이 얽히고설켜 있고 이러한 국제체제에의 의존도는 점점 높아지고 있다.[72] 그 결과 자유민주 진영이 부상하고 변하는 시대에 국제관계에서는 주권과 상호의존성을 공존 가능하게 하려는 투쟁이 발생했다.[73] 극복해야 할 난관은 민족주의와 국민국가가 아니라 자유민주주의국가들이 점점 확장되는 역할과 기대에 부응할 수 있도록 국제관계를 조직화하는 일이었다. 이런 의미에서 자유민주주의국가들은 국제질서를 구축한다는 뚜렷한 목표와 서로 협력할 뛰어난 역량을 지니고 있다.

제국에서 국민국가로

제국들로 구성된 세계에서 국민국가들로 구성된 세계로 바뀌면서 국제체제도 변해왔다. 오랜 세월 제국은 세계적으로 정치를 조직화하는 지배적인 형태였다. 19세기 말까지도 세계 인구의 대부분은 제국에 소속되어 살았다. 그러나 20세기 말 무렵 제국이 사라졌고 거의 200여 개의 국민국가로 구성된 국제체제에 자리를 양보했다. 이러한 국민국가는 하나같이 주권을 행사하겠다고 주장하면서 유엔에 의석을 확보하고 자국 국민을 통치할 권리를 주장했다. 베스트팔렌조약에 입각한 주권평등 국가체제가 전 세계적으로 확산되면서 제국이 퇴출된 사건은 데이비드 아미티지가 주목한 바와 같이 "근대 역사상 가장 기념비적이지만 가장 제대로 파악되지 않은 진전"이었다.[74] 정치와 정치체의 특성뿐만 아니라 그 저변에 깔린 국제질서의 논리와 원칙에 있어서도 일대 혁명이 일어난 셈이었다.

자유주의적 국제주의는 이러한 대대적인 변화와 씨름하는 과정에서 성숙했다. 지적으로, 정치적으로 자유주의적 국제주의는 제국, 제국주의와 복잡한 관계였다. 유럽제국 특히 대영제국과 손을 잡거나 제국과 나란히 기존의 질서 영역 내에서 작동한 시기도 있고, 때로는-특히 20세기에는-당당하게 제국에 맞서는 세력의 역할을 했다. 이는 양대 세계대전 후 세계의 수많은 제국이 붕괴되거나 해체될 때 가장 분명히 나타났다. 제1차세계대전 종전 후 발표한 유명한 14개 평화원칙 연설에서 우드로 윌슨은 자결원칙을 전후 국제질서에 반영시켜야 한다고 주장했다. 제2차세계대전 후 이 원칙은 유엔에 반영되었다. 자결을 위한 투쟁이 전 세계적으로 20세기에 걸쳐 펼쳐지면서 선도적인 자유민주주의국가들은 민족주의 운동을 건성으로 포용했고 태도에 일관성도 없었다. 제국의 세계에서 국민국가 체제로의 전환은 탈식민지운동이 견인했고 이렇게 탄생한 국가들은 [그림 2.2.]에 제시되었다. 그러나 20세기 후반 무렵 자유주의적 국제주의 과제는 국민국가들로 구성된 세계와 결합했다. 베스트팔렌 국가체제, 주권, 정부 간 협력을 토대로 한 질서였다.[75]

19세기 내내 유럽제국은 세계화를 주도하는 세력으로서 세계를 조직화하고 분할했고 국제질서의 토대를 제공했다. 이러한 현상은 일찍이 1494년에 나타났다. 스페인과 포르투갈이 토르데시야스 조약(Treaty of Toresillas)에 조인하고 유럽 바깥 지역에서 새로이 발견한 영토들을 분할했을 때 말이다. 그로부터 4세기가 지나 유럽의 제국들은 1884-1885년 베를린회담을 열어 아프리카를 어떻게 나누어 먹을지 논의했다. 제밀 아이딘(Cemil Aydin)은 "각 지역에 구축된 질서가 서서히 유럽 중심의 제국 국제질서하에 편입되었다."라고 지적한다. 아이딘은 이를 "상호 제국주의 원칙"하에 "제국 간 관계를 토대로 한 국제질서의 세계화"라고 일컫는다.[76] 수 세기 동안 제국 그리고 그 힘과 개념들은 세계에 질서 구축의 논리와 사회적 정치적 조직화 방식을 부여했다.[77] 제인 버뱅크(Jane Burbank)와 프레더릭 쿠퍼

[그림 2.2.] 베스트팔렌 국가체제의 성장

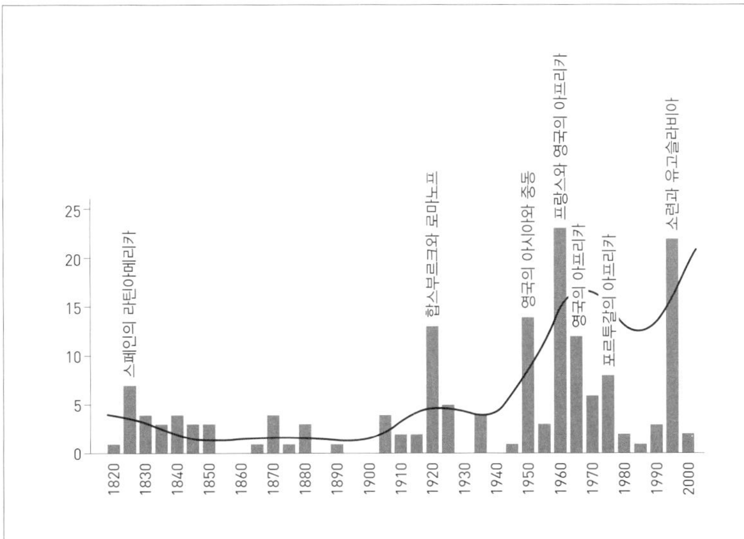

(Frederick Cooper)가 주장하듯이, 고전시대부터 근대 초기에 이르기까지 "제국과 제국들 간의 상호작용의 맥락에서 사람들이 정치적 가능성을 가늠하고 자신이 품은 야망을 추구하고 사회상을 그렸다."[78] 따라서 20세기에 제국이 해체되면서 세계를 조직화하는 논리는 위기를 맞았다. 바로 이러한 맥락에서 유럽에 구축된 베스트팔렌 주권국가 질서가 제국을 대신할 국제질서의 토대로 부상했다.

이 두 가지 국제질서 구축 논리의 부상과 몰락은 수 세기에 걸쳐 진행되었다. 인류 역사 대부분의 기간 세계정치는 지리적으로 분리되어 각 지역 내에서 이루어졌다.[79] 제국과 제국문명은 결국 이러한 대부분 지역에 뿌리내렸다. 국가들로 구성된 체제가 아니라 제국들이 얼기설기 엮여 있는 체제가 세계를 지배했다. 그러나 이러한 세계적인 패턴 내에서 유럽의 정치질서는 이례적이었다. 유럽을 하나의 제국으로 통합하려는 시도가 끊임없이 일어났지만-이를 유럽인들은 "보편적 군주"라고 일컬었다.-유럽대륙은 다원적이고 다국적인 정치질서를 유지했다. 지리적 여건, 종교, 전쟁, 국가건설 등은 하나같이 유럽 전체를 아우르는 제국의 출현을 방해했다.[80] 베스트팔렌 조약이 유럽의 가톨릭국가들과 개신교국가들 사이에서 벌어진 30년 전쟁을 종식시킨 후, 이 다원적 체제는 조약국들 간의 힘의 균형과 유럽제국을 주장하는 이들인 교황청과 신성로마제국의 무력함이 지탱해주었다. 베스트팔렌 체제는 주요 조약국들 간에 대체로 골고루 힘이 분배되어 있는 구조를 토대로 하고 있고, 유럽 역내에 제국을 구축하려던 이들을 연이어 척결한 견제의 관행과 국제공법과 이념적 정당화라는 점점 정교해지는 체제가 뒷받침해주었다.[81] 이 체제는 힘의 균형을 토대로 하고 있지만 주권을 서로 인정하는 체제로 구체화되었다.

그러나 유럽 내에서 열렬하게 제국의 출현을 막았던 이들을 포함해 유럽 국가들은 유럽 바깥에서는 망망대해를 가로질러 방대한 지역들을 정복하고 식민지로 삼는 데 놀라울 정도로 성공을 거두었다. 유럽인들이 제국을 발명하지는 않았지만, 그들은 세계적 차원에서 제국을 건설하는 기법을 완벽하게 다듬었다. 이는 대체로 기술과 조직화에서 유럽이 혁신을 이루면서 힘의 불균형이 발생한 데서 비롯된다. 유럽인들은 세계 전역에서 느슨하게 연결되거나 고립된 지역체제라면 남김없이 제국, 국가, 거주민들을 정복하고 지배했다. 그들은 또한 북아메리카와 남아메리카, 오세아니아, 아프리카 최남단에 정착민들을 보내 수많은 식민지를 구축했다.[82] 베스트팔렌 체제에 합류한 서유럽 핵심 국가들은 피정복민과 여기저기 구축된 정착민 공동체들로 구성된, 여러 대륙에 걸쳐있는 제국들로 구성된 세계적 차원의 정치체제를 탄생시켰다.

유럽의 제국건설로 세계가 서구 진영과 비서구 진영으로 분리된 체제가 더욱 더 강화되었다. 유럽인들은 해외에서 제국건설을 추구하는 한편 유럽 내에서는 지배권을 두고 서로 끊임없이 다투고 전쟁을 일으켰다.[83] 7년전쟁–최초의 "세계 전쟁"–은 19세기 말에 일어났는데, 영국이 프랑스가 유럽을 지배하지 못하게 막으려 했고 전선이 확장돼 유럽, 북아메리카, 남아시아, 세계의 대양들에 걸쳐서 전선이 형성되었다. 유럽 국가들은 서로를 정복하기 어렵다는 사실을 깨달았지만, 유럽 외의 지역에서는 제국을 확장하기 쉽다는 사실도 깨달았다. 이 같은 갈등을 통해 "두 개의 세계"가 등장했다. 유럽 내에서 국가들로 구성된, 힘의 균형을 토대로 한 베스트팔렌 체제 세계와 힘의 불균형을 토대로 구축된 유럽제국들로 구성된 세계체제 말이다. 이처럼 이중적인 세계에서 주권과 국민국가의 규범과 제도들은 압도적으로 서구적인 사안에 머물렀다. 에드워드 킨(Edward Keene)에 따르면, 유럽인들은 유럽과 유럽 바깥 세계를 구분해 "유럽 국가들끼리 상대할 때는 관계, 평등, 상호의존성을 규범으로 채택하고 비유럽인들과의 관계에서는 제국 지상주의를 규범으로 채택했다."[84]

한편 베스트팔렌 국가체제는 원칙과 관행의 묶음으로 진화했고 제국들이 쇠락하고 해체되면서 국가체제는 그 발상지인 유럽에서 더 넓은 세상으로 확장되어 많은 지역을 아우르게 되었다.[85] 베스트팔렌 체제의 창설 원칙인 주권, 영토보전, 불간섭은 국가가 합법적 통치를 하는 정당한 정치적 단위라는 합의를 반영했다.[86] 베스트팔렌 체제에서 등장한 규범과 원칙들인 자결주의와 차별금지는 국가와 국가 권한이 최우선이라는 인식을 한층 강화했다. 이러한 규범과 원칙들은 베스트팔렌 질서를 조직화하는 논리가 되었고 그 질서 내에서 정치적 권위의 원천을 제공했다. 20세기에 주권과 자결주의의 기치하에 탈식민지와 독립운동이 비서구 개발도상 진영에 확산되었다. 그 과정에서 베스트팔렌 규범들이 종종 위반되고 묵살되기도 했지만, 그럼에도 불구하고 베스트팔렌 규범들은 국제질서의 원칙과 규정으로 널리 받아들여졌다.

자유주의적 국제주의는 자유주의적 근대성의 구상과 근대사회의 부상과 더불어 궁극적으로 국민국가에 명운을 걸었다. 그러나 일부 자유주의적 국제주의자들은 "제국건설 과제"를 진보주의적인 힘으로 보거나 적어도 근대성이라는 세계 발전 움직임의 일환으로 보았다.[87] 이러한 시각 덕분에 자유주의적 국제주의자이면서 동시에 제국을 지지할 수 있었다. 그러나 이러한 시각에 반대한 자유주의적 국제주의자들도 있었다. 그리고 자유주의적 국제주의 전통 내에서의 이러한 갈등은 여전히 그 개념과 논쟁에 그림자를 드리우고 있다. 그럼에도 불구하고 자유주의적 국제주의는 베스트팔렌 국가체제에 뿌리를 내리고 있다. 자유주의적 국제주의의 근간인 자유민주주의가 19세기에 등장할 당시 제 기능을 하는 주권 국민국가들, 국민의 의지를 이끌어낼 수 있는 정치체에 의존하고 있었다. 20세기에 폭력을 동반한 격변이 일어나면서 제국들로 구성된 세계가 산산조각이 나고 제국은 사라졌지만 큰 후유증-인정받지 못한 제국들, 제국에 대한 향수, 국가에 대한 지역적 개념들과 상충되는 "국가"의 경계-이 남았다. 제국으로부터 국민국가로 전환되면서 새로운 지지자들이 생기고 새로운 문제들이 야기되는 등 국제질서를 두고 투쟁을 벌일 새로운 환경이 조성되었다. 이러한 전환을 통해 자유주의적 국제주의자들은 그들이 품은 구상을 분명히 했다. 주권 국민국가로 구성된 유럽체제 그리고 세계체제가 그들이 지닌 개념과 의제를 구축할 정치적 토대라는 구상이었다.

경제와 안보 상호의존성의 증가

산업혁명과 자본주의의 세계적 확산도 세계체제를 변모시켰다. 19세기 말에 그리고 20세기에 다시 한번 에너지, 운송, 통신 분야에서 기술혁명이 일어나면서 서구 진영의 힘과 부가 급속히 신장했고, 이는 다시 세계 통합을 강화했다. 경제적 상호의존성의 증가는 전쟁이 지닌 파괴력의 성장세와 맞먹었다. 양대 세계대전은 산업화된 국가들이 국력을 총동원하고 방대한 규모로 파괴할 역량을 갖춘 전쟁무기들이 등장한 "종력전(total war)"의 참상이 펼쳐졌나. 냉전시대 핵무기 경쟁은 위험수위를 높였고 안보 상호의존에서 비롯되는 취약성을 강화했다. 근대시대 전 기간에 걸쳐 자유민주주의국가들의 상호의존성이 점증하면서 유리한 동시에 위험한 상황에 놓이게 되었다. 자유주의적 국제주의 과제는 이러한 다면적인 세계 현상과의 투쟁을 통해서 그 형태가 구체화되었다.[88]

산업혁명은 이 극적인 변화의 포문을 열었다. 18세기 중엽을 시작으로 먼저 유럽과 북미 지역은 급격한 경제변화에 착수했다. 가장 먼저 영국에서 산업발전이 시작되었고, 원동력은 직물교역과 증기기관에서의 기술혁신이었다.[89] 그다음 세기에 걸쳐 기술변화의 물결은 전 세계에 확산되면서 농촌과 농업사회는 근대 산업국가로 변신했다. 교역이 확대되고 자본이 축적되고 새로운 산업들이 등장했다. 산업자본주의와 근로자 계층은 서구사회를 규정하는 특징이 되었다. 19세기 말 무렵 산업중심지로 부상하는 지역들은 운송 수단, 통신, 금융체제로 서로 연결되었다.[90] 산업혁명의 진앙지는 서구였지만 그 원인과 결과에 있어서 전 세계적인 현상이었다. 배리 부잔과 조지 로슨(George Lawson)이 지적하듯이, "19세기에 사회적 관계가 시장화되면서 보다 촘촘한 그물망처럼 엮이고 가격기제를 통해 관장되고 위계적인 핵심-주변 관계를 통해 구축된 세계체제의 성장에 불을 지폈다."[91] 자본은 부분적으로는 식민지에서의 모험 사업과 노예와 설탕 무역을 비롯한 세계무역과 투자를 통해서 축적되었다. 부와 산업역량도 전쟁과 군사경쟁을 통해서 증강되었고 서구 국가들은 발달한 군사 해양 기술로 장거리 무역을 보호하고 폐쇄된 시장-오스만제국, 중국, 남아메리카-을 강제로 개방시켰다.[92]

산업혁명은 여러 국면을 거치면서 변신했다. 1870년대까지는 영국이 지배한 석탄과 증기의 시대로서 공장과 기계의 혁신이 두드러졌다. 무역, 투자. 경제성장은 철도와 증기선이 견인했다. 이언 모리스(Ian Morris)가 말한 바와 같이, 산업자본주의를 견인한 주인공은 "증기동력으로 움직이는 신형 철강 선박"이었다.[93] 19세기 말 무렵 화학, 전기, 전신, 자동차 같은 새로운 산업과 기술의 발달과 더불어 산업혁명의 새로운 국면이 열렸다. 과학기술의 발달은 산업과 밀접하게 연계된 과학과 공학 종사자들과 연구소들 덕분에 보다 체계화되고 전문화되었다. 이 새로운 국면에서 (1870년 통일된 후) 독일과 미국은 영국과 어깨를 겨룰 도전자로 부상했다. 일본도 이 대열에 합류해 급속한 산업화에 착수했다. 1881년까지만 해도 영국은 여전히 산업생산에 고용된 노동력의 비율이 다른 나라들보다 훨씬 높았다.[94] 그러나 독일은 성장속도가 가장 빠른 산업경제국가로서 화학과 전기기술에서 세계 선두였고 미국은 빠른 속도로 세계 최대 규모이자 최고로 생산성이 높은 경제국가가 되고 있었다.

1850년부터 1913년까지의 기간 동안 세계무역은 10배로 증가했다. 20세기 초 무렵 이 체제 덕분에 유럽 내에서, 대서양의 양안 간에, 세계경제의 산업중심지인 유럽과 북미와 상대적으로 발전이 덜된 주변부인 아시아, 아프리카, 라틴아메리카 사이에 경제적 상호의존성이 전례 없는 수준으로 증가했다. 이와 동시에 기존의 세계교역망은 국가 간의 보다 공식적인 상업협정으로 대체되었다. 무역 자유화와 무역 규제는 병행되었다. 서구 산업국가들의 정치경제 엘리트 계층은 자국의 경제를 개방하는 동시에 보호하는 데 보다 적극적으로 나섰다. C. A. 베일리(C. A. Bayly)가 지적하듯이, "명예영사 혹은 지역통치자들이 손님인 상인공동체 우두머리의 자문을 구하던 과거의 체제는 상무관과 국제경제조약 연결망으로 대체되었다."[95] 서구가 지배하는 복잡한 세계경제가 성장하면서 국가는 무역과 자본의 이동을 규제하는 데 점점 더 깊이 관여하게 되었다.

이러한 개방형 체제는 제1차세계대전이 일어나고 1930년대에 경제대공황이 발생하면서 붕괴되었다. 제2차세계대전 후 미국은 세계경제를 다시 개방하는 작업을 주도하면서 세계자본주의의 재건을 관장할 규정과 제도들을 갖춘 브레턴우즈 체제를 후원했다. 협력적인 국제합의는 세계무역과 투자의 재건을 촉진했고, 무역관세가 인하되고 화폐들은 태환이 가능해졌다. 우선 대서양 양안에서, 서서히 다른 지역으로 상거래와 투자가 확산되었다. 경제성장의 황금시대가 시작되었다. 1980년대에 동아시아국가들은 확장되는 세계경제에 편입되었다. 냉전이 끝난 후 구공산권에 속했던 수많은 나라, 특히 중국이 시장개혁을 추구하고 개방된 세계경제 체제에 합류했다. 컴퓨팅과 통신 부문이 선도한 기술변화는 세계경제 통합의 새 시대를 열었다. 전후 장기간에 걸친 경제성장 과정에서 경제위기는 계속 발생했다. 브레턴우즈 체제가 마무리되고 1970년대, 1990년대 말, 2008년 금융위기와 경기침체가 발생했다.[96] 세계자본주의가 주기적으로 맞게 된 위기는 세계경제가 얼마나 광범위하게 얼마나 깊이 통합되었는지 보여주었을 뿐만 아니라 통합이 야기하는 많은 취약점도 노출시켰다.

2세기에 걸친 근대 산업사회의 부상에는 군사력과 전쟁 파괴력의 대대적인 증강이 수반되었다. 나폴레옹시대부터 오늘날까지 강대국 간의 전쟁이 남긴 궤적은 폭력을 행사할 역량이 대대적으로 증폭되었다는 특징을 보였다. 20세기 양대 세계대전은 인명의 대량 손실이라는 재앙의 새 시대를 열었다. 강대국들이 보유한 무기의 파괴력이 급속도로 증강하면서 점증하는 안보 상호의존성을 보여주는 기본적인 지표가 되었다. 스티브 비들(Steve Biddle)은 지난 2세기에 걸쳐 이러한 화력의 증강 변화를 추적한 결과 특히 양대 세계대전과 냉전시대 동안 화력이 비약적으로 증강했음을 보여준다.[97] 트레버 듀푸이(Trevor Dupuy)도 지난 세기에 걸쳐 "무기의 치명성"이 비약적으로 증강했다는 사실을 확인했다.[98] 이러한 추세는 의문의 여지가 없다. 국가가 해를 가하는 역량은 근대시대를 통틀어 세대가 바뀔 때마다 급격히 증가했다.

근대 세계체제가 경제와 안보 상호의존성을 비약적으로 증진시킨 현상을 학자들은 복잡한 상호의존성, 상호작용 역량, 역동적 밀도 등과 같은 용어로 묘사했다.[99] 이러한 용어들은 정치체들 간의 연계 패턴과 상호작용의 변화를 포착하려는 노력을 반영한다. 부잔과 로슨이 주장하듯이, 이처럼 "상호작용 역량이 증가하면서 보다 강력하게 연결된 세계경제 체제가 조성되었고 세계 도처에 군사력을 투사할 수 있게 되었다."[100] 산업화와 자본주의의 세계적인 확장으로 점점 촘촘하고 복잡한 형태의 상호의존성이 조성되고 국가와 사회들이 서로 보다 근접하게 되었다. 상호의존성의 증가와 더불어 국가들이 서로에게 해를 끼칠 역량도 증가했다.

자유주의적 국제주의의 핵심에는 이처럼 진화하는 경제 안보 상호의존성을 관리할 방법을 모색하려는 노력이 자리하고 있다. 자유주의적 국제주의자들은 이러한 역사적인 여러 시대에 걸쳐서 독특하고 다양한 문제와 기회들과 씨름해왔다. 우선 상호연관성의 "기능적" 문제라고 불리는 대상이 있었다.[101] 이러한 문제들을 해결하려면 국경을 초월하는 흐름과 상호작용을 촉진하고 조직화할 규정과 제도들을 갖춘 세계적 기간구조를 구축해야 했다. 시간과 공간, 국제금융규약, 회계단위의 표준화는 경제적 상호의존성을 뒷받침하는 틀이었다.[102]

둘째, 개방적인 세계경제는 국가 간의 장벽을 낮추고 상품과 자본의 흐름을 관리하기 위한 적극적인 협력이 있어야만 가능했다. 정부들은 개방적인 무역의 혜택을 누리고 싶어하면서도 특정 부문이나 집단에 미칠 영향에 대해 우려한다. 자유민주주의국가에서는 외부 세계에 자국을 개방하는 조건들을 정책으로 만드는데, 이러한 정책은 정치적 갈등의 결과다. 자유주의적 국제주의는 개방성의 단점으로부터 국가를 보호하는 동시에 개방성의 혜택을 누리도록 해주는 국제적인 합의를 모색하는 데 골몰해왔다.

셋째, 국가들이 세계체제에 자국을 점점 개방하게 되면 "체제 취약성"이라 불리는 각종 위험에 훨씬 노출된다. 한 나라에서 일어나는 경제적 정치적 사건-경제정책의 실패, 전염병, 내전, 난민유출, 치명적 무기의 확산 등-이 불안을 조성하고 세계체제 전체에 피해를 확산시킬 가능성이 있다. 개방성을 세계체제에 합류한 국가들의 안전과 안녕과 양립시키려면 국제협력이 필수적이다. 상호의존성이 점증하는 세계에서 자유민주주의국가들은 자국의 행동만으로는 안전을 보장할 수 없다. 자유민주주의국가들은 다른 자유민주주의국가들과 적극적으로 협력하고 체제 취약성을 줄이기 위해 보다 폭넓은 세계체제 내에서 협력해야 한다.

마지막으로, 안보 상호의존성의 증가로 자유주의적 국제주의자들은 강대국 전쟁을 규제하고 제약하려는 부단한 노력을 해왔다. 19세기 유럽과 미국에서 일어난 평화운동은 이러한 정서를 반영한 움직임이었다. 중재, 집단안보, 국제의회 등 자유주의적 국제주의 개념들이 19세기 말에 우후죽순 등장했다. 20세기에 국제연맹과 유엔을 창설하려는 노력은 이러한 전통을 따른다.

영국 패권과 미국 패권의 흥망성쇠

세계체제는 영미 패권이 지배한 두 시대를 거쳤다. 서구가 지배세력으로 부상하면서 보인 일반적인 패턴 내에서 영국, 그 뒤를 이어 미국이 당대를 이끄는 국가로 부상했다. 이들은 자국이 지닌 힘, 부, 독특한 기회로써 국제질서의 여건들을 만들어 나갔다.[103] 그 과정에서 힘이 이동하고 강대국 간에 전쟁들이 일어나면서 국제관계의 조직화 노력이 단절되었다. 1815년, 다시 1919년과 1945년에 전쟁이 끝나면서 영국과 미국이 지도국가로서의 지위를 다지고 연대를 구축하며 세계체제를 구성할 규정과 제도들을 공표할 기회가 열렸다. 이러한 "패권 장악의 순간들"은 자유주의적 국제주의자들이 그들이 지닌 개념과 의제들을 재고하는 전환점이 되었다.

나폴레옹전쟁이 끝난 후 주도국으로 부상한 영국은 자국 역사상 처음으로 유럽 정세에 영향을 미칠 유리한 입지를 확보했다. 영국의 이러한 입지는 해상력, 금융신용, 상업적 성공, 동맹외교, 확장하는 식민지 제국 등이 복합적으로 작용한 결과다. 영국의 경제는 유럽에서 가장 발전한 상태였다. 1815년 영국의 실제 국내총생산은 프랑스나 러시아의 국내총생산보다 높지 않았지만, 기술이 훨씬 발달해 있었고 생산성이 높았으며 따라서 나머지 유럽을 산업화의 새로운 국면에 돌입시켰다. 데이비드 캐너딘(David Cannadine)이 지적하듯이, "영국은 최초의 산업국가가 되고 이에 상응해 세계 금융 중심지로 자리매김하는 데 힘입어 19세기에 세계 패권국가로 부상하게 되었다."[104] 영국이 유럽대륙과 떨어져 있는 "역외" 강대국으로서의 지위는 영국이 힘을 투사하는 방식과 밀접하게 연관되어 있다. 영국의 패권국가로서의 지도력은 여러 가지 역할에서 구현된다. 유럽대륙에서 서로 경쟁 관계인 나라들의 힘의 균형을 잡는 역할, 해상활동을 장악하는 역할. 자유무역을 촉진하고 자본을 수출하고 세계적인 제국을 관장하는 역할 등이다.[105]

미국은 20세기에 세계를 주도하는 패권국가로 부상했다. 영국의 경우와 마찬가지로 미국의 부상은 경제적 성공이 토대가 되었다. 미국은 19세기 말 어느 시점에 경제규모와 생산성에서 영국을 앞지르게 되었고 뒤이어 20세기에는 그 격차를 더욱 벌려놓았다.[106] 1914년 무렵 미국 경제 규모는 이미 영국의 경제 규모의 두 배가 되었고, 제1차세계대전이 끝난 후에는 세 배가 되었다. 폴 케네디(Paul Kennedy)가 지적하듯이, "미국은 다른 나라들은 일부만 지닌 경제적 이점을 모두 누리고 있고 단점은 하나도 없다."[107] 이러한 경제적으로 우월한 입지와 전쟁에서 동맹세력에게 힘을 보탠 덕분에 전후 처리 과정에서 미국이 큰 목소리를 낼 수 있었다. 제2차세계대전이 끝나면서 미국은 한층 더 막강한 지위를 점하게 되었다. 다른 강대국들-미국의 동맹국들과 패전한 추축국들-모두가 전쟁으로 쇠약해졌지만, 미국은 전쟁을 이용해 대대적인 산업역량을 구축했다. 미국 정부는 보다 중앙 집중화되고 역량이 강화되었으며, 전례 없이 증강된 경제와 군사력은 여전히 상승일로였다. 미국은 전후시대가 시작되면서 세계 경제생산의 거의 절반을 차지했고, 세계 최강의 군사력을 보유하고 첨단기술을 주도하고 석유와 식량 생산에서 흑자를 기록했다. 미국의 지위에 가장 근접한 경쟁국들인 영국과 소련의 경제규모는 각각 미국 경제규모의 5분의 1 정도였다.

영국과 미국이 주도한 이 두 시대 사이에는 중요한 유사점이 있다.[108] 첫째, 두 패권국 모두 세계 최대의 가장 발달한 경제체제를 지닌 자유민주주의국가라는 점이다. 이 점이 그들이 지닌 부와 역량의 원천이고 외부지향 성향의 토대였다. 둘째, 두 나라 모두 강대국 체제의 가장자리에 위치하고 있었고 점점 막강해졌다. 영국은 유럽 국가이지만 유럽대륙과는 떨어져 있다. 영국은 유럽대륙의 다른 강대국들 사이의 힘의 균형을 조절함으로써 자국의 힘과 영향력을 투사한 해양 국가였다. 미국도 대양을 사이에 두고 다른 강대국들로부터 멀찌감치 떨어져 있으므로 유럽과 동아시아처럼 안보경쟁이 일어나는 전통적인 지역들에서 벗어나 있는 가운데 성장했다. 셋째, 강대국들 간의 전쟁과 힘의 이동이라는 격변이 발생하면서 영국과 미국은 전후 국제관계의 구조조정에 영향을 미칠 기회를 얻었다. 나폴레옹 전쟁과 두 차례 세계대전은 "구질서"를 해체했고 따라서 영국과 미국이 당대의 세계적인 강대국으로 부상해 앞장서서 새로운 질서를 구축할 기회가 창출되었다.[109]

이 같은 영국과 미국의 패권시대는 근대 국제관계의 중심적인 특징이다. 패권에 대한 현실주의 학자들은 팍스 브리태니카(Pax Britannica)와 팍스 아메리카나(Pax Americana)를 주도국의 지배하에 장기간 질서가 유지되고 비교적 평화로웠던 시대로 본다.[110]

패권국가가 구축하는 질서는 패권국이 자국의 경제적 군사적 역량을 이용해 크고 작은 다양한 행위자들에게 규칙성과 예측 가능성을 부여해줄 규정과 제도들을 마련하고 공표하려는 노력을 반영한다. 주도국의 역할은 상대적으로 작은 나라들이 하는 역할과는 구분되며, 이는 국제정치에 기능적 차별화를 보탠다. 패권 질서는 주도국이 지닌 힘뿐만 아니라 그 질서에 합류한 모든 나라들이 직면하는 공통의 문제들을 해결할 역량과 의지도 그 토대가 된다. 주도국이 보다 널리 응용될 수 있고 호소력 있는 사회조직화 모델을 구현함으로써 이 질서는 내구성과 정당성을 얻는다. 패권 질서는 힘의 집중을 토대로 하지만 제국에는 못 미친다. 다른 나라들도 운신의 폭을 누릴 뿐만 아니라 주권을 행사할 수 있고 심지어 주도하는 패권국에도 영향을 미치기 때문이다.[111]

영국과 미국은 강대국들로 구성된 세계에서 막강한 국가로 부상했다. 두 나라는 단순히 자유민주주의국가에 그치지 않고 경쟁적인 세계체제에서 주도적인 국가였다. 두 나라는 그저 자유주의적 국제질서를 구축하는 게 목적이 아니었다. 패권에 관한 현실주의적 이론에 따르면, 패권으로 부상하는 나라들이 추구하는 각종 유인책, 충동, 전략적 목표가 있다. 19세기에 영국의 대전략에는 몇 가지 요소가 있었다. 대륙 바깥에서 유럽의 대륙에 위치한 강대국들을 상대로 힘의 균형을 유지하는 전략을 추구했다. 유럽대륙에서 상대적으로 약한 나라들에게 힘을 실어줌으로써 유럽대륙의 패권을 장악하려는 강대국들을 저지하는 전략이다. 영국은 또한 나폴레옹전쟁 후 빈회의에서 구축된 규정과 외교 관행의 틀을 바탕으로 유럽 국가 간의 협력을 조성하는 노력을 기울이는 한편 동시에 제국을 구축하는 전략도 추구했다. 18세기에 영국이 구축한 제국은 대체로 상업적인 활동이었고, 포괄적인 항구체제를 중심으로 조직화되었다. 19세기 후반에 제국 구축은 보다 분명하게 지정학적인 과업이 되었다.[112] 마지막으로, 영국은 서구 자본주의 진영 전체에서 자유무역과 개방적인 세계경제를 주창했다. 미국도 자국이 패권국으로 부상한 시대에 다양한 대전략을 추구했다. 제2차세계대전 후 반세기 동안 미국은 힘의 균형, 억제, 봉쇄 전략들을 중심으로 소련과 냉전을 벌였다. 보호국, 동맹국, 군사적 개입주의 등이 모두 미국에게 패권국으로서 색다른 역할을 요구했다.[113]

이 같은 두 차례 영미 패권시대는 자유주의적 국제주의 개념과 의제를 추구할 토대와 기회를 창출했다. 자유주의적 국제주의 개념들은 필연적으로 막강한 자유민주주의국가의 외교정책과 연계되고 이러한 개념들은 부상하는 나라들이 국제질서를 구축하는 방식과 구상에 영향을 미친다. 강대국들 간의 전쟁과 전후 처리는 질서 구축에 필요한 개념과 의제들을 요구했고 따라서 자유주의적 국제주의에 귀를 기울이고 지지할 대상들이 등장했다. 영국과 미국이 당대의 주도국으로서 전후시대에 지배적인 지위를 누렸다는 사실은 자유주의적 국제주의 개념과 과제들이 어떤 특징을 보이게 될지를 가늠하게 해준다.[114]

둘째, 자유주의적 국제주의의 본질적인 개념들-개방성과 규정을 토대로 한 질서라는 개념부터 시작해서-은 패권 질서 구축을 모색하는 자유주의국가들에게 유용하다. 주도적인 자본주의국가로서 영국과 미국은 개방적이고 대체로 규정을 토대로 한 질서에서 얻을 게 많았다. 무역과 개방성은 두 나라 경제에 본질적으로 유리하다. 정치적으로 패권 질서는 여러 가지 방식으로 조직화될 수 있고 어떤 방식인지에 따라 보다 "자유주의적"인 특성을 보이는 경우도 있다. 그러나 이 두 시대에 걸쳐 나타난 자유주의적 국제주의는 협력과 정당성을 창출하는 식으로 패권 질서를 조직화하는 방식을 제시해주었다.

마지막으로, 영국과 미국의 패권시대에는 자유주의적 국제주의 과제에 대한 딜레마와 제약을 야기하기도 했다. 영국과 미국은 자국이 직면한 유인책과 의무에 따라 자유주의적 국제주의가 구상하는 질서에 가까워지기보다 오히려 멀어지기도 했다. 자유주의적 국제주의는 다른 이념이나 구상들과 경쟁했고, 자유주의적 국제주의자들도 그들과 다른 개념과 의제를 지닌 정치행위자들과 지적으로 정치적으로 연맹을 구축했다. 개념과 구상들의 묶음으로서의 자유주의적 국제주의는 유연하기 때문에 다른 이념들에 대해 수용적인 태도를 보일 수 있다. 지적인 전통으로서 자유주의적 국제주의는 다른 대전략적 과제인 제국적, 지정학적 등 여러 가지와 연계해야 하는지 여부, 연계한다면 어떤 방식으로 연계해야 하는지를 두고 끊임없이 갑론을박해왔다.

조금 물러서서 보면, 자유주의적 국제주의는 지적으로 정치적으로 계몽주의와 근대성에 대한 자유주의적 구상에 뿌리를 두고 있다. 이 이념은 자유민주 진영 내의 사상가들과 정치인들이 제시한 개념과 과제들-자유주의가 부상한 이후로 계속 진화해온 개념과 의제들-로 느슨하게 구성되고 조직화되었다. 그 구상의 핵심에는 계속 펼쳐지는 세계사적 드라마로서의 근대성에 대한 개념과 기대가 자리하고 있다. 이는 또한 과학, 지식, 경험으로써 추진되는 인간적인 과제이기도 하다. 자유주의 질서가 구축되어온 지난 2세기에 걸쳐 일관되게 유지되어온 본질적인 확신은 기존의 제도와 새로운 제도들을 이용해 사건들의 흐름에 영향을 미치고 계몽된 의식으로 이익을 추구하면 인간이 처한 여건이 개선될 수 있다는 믿음이다. 제도는 단순히 강자가 사용하는 수단이거나 편협한 이익을 반영하지 않는다. 인간은 제도화된 여건하에서 자신의 행동을 구체화하고, 제약하고, 힘을 싣고, 정당화할 수 있다. 지혜의 여신 미네르바의 부엉이는 땅거미가 질 무렵에만 날개를 편다. 사회는 실수를 감당하고 새로운 것을 학습하고 스스로 조직화해서 보다 나은 상황을 만들어낼 수 있다. 진보는 가능하다. 신도 이성도 본성도 진보를 장담하지는 못하지만 말이다. 진보는 어렵게 얻어지며 결코 완결되지 않는다.

3.

국제주의의 19세기 기원

베스트팔렌 평화조약은 네덜란드, 스웨덴, 프랑스, 스페인 등의 유럽 국가가 참여한 독일 30년전쟁을 끝내기 위해 1648년에 체결되었다. 〈Peace Call〉 © Gerard Ter Borch

—

자유주의적 국제주의는 19세기에 태어났고, 19세기가 저물 무렵 국제관계를 조직화하는 개념과 의제들로 구성된 특징 있는 집단인 인지가능한 학파로 구체화되기 시작했다. 이 전통의 지적인 뿌리는 계몽주의와 민주화 혁명이 일어난 18세기 말과 19세기 초로 거슬러 올라간다. 정치적 뿌리는 외교관, 운동가, 사상가, 상인, 평화운동가, 법조인 등 수많은 이들이 주장한 바와 같이 19세기 중엽 유럽에서 부상한 "국제주의"에서 찾는다. 분리된 영토를 가로질러 서로 다른 정치체와 거주민들을 연결시키는 규정, 제도, 관계를 구축하려는 노력으로 국제주의를 정의한다면 다시 수 세기 전으로 간다. 그러나 19세기에 국제주의는 서구 민주 진영을 그 중심지로 삼아 점점 독특하고 각성한 조직화된 활동영역으로 부상했다. 국가와 사회는 근대화되고 막강해지고 제국적 상업적 외연을 확장하고 있었다. 근대 국제주의는 이러한 전환기가 낳은 산물이다.

국제주의(internationalism)는 여러모로 국제주의와 마찬가지로 19세기에 정치운동으로 부상한 근대 국민국가의 이념인 민족주의(nationalism)와 쌍둥이 이념이다. "국가" 혹은 "국민"이 정치적 통치와 영토를 토대로 한 국가의 정당한 토대로 간주되었다. 이러한 의미에서 민족주의와 국제주의는 경쟁 관계였는데, 국민들의 정치적 동의를 얻기 위해 다투면서 이념적 대안을 제시하는 경쟁이었다. 민족주의는 사람들을 혈통, 문화, 지리적으로 나누는 반면 국제주의는 이러한 차이들을 극복하고 협력을 추구한다. 그러나 보다 근본적인 의미에서 민족주의와 국제주의는 같은 동전의 앞뒷면이다. "국제주의에 어떤 의미를 부여하든 그 의미는 민족주의라는 선행개념에 의존한다. 민족주의와 상대적인 개념으로서만이 통용되기 때문이다."라고 페리 앤더슨(Perry Anderson)은 지적한다.[1] 그러나 이 두 개념의 관계는 그리 단순하지 않다. 두 개념은 함께 발전해왔다. 근대 민족주의는 유럽 국가체제라는 토대 안에서 등장했다. 민족주의는 여러 국가와 국민들로 이루어진 넓은 세계 안에서 정체성과 충성심을 규정했다. 국제주의는 민족주의와 국민국가로 구성된 세계가 구체화되면서 이에 대한 대응으로 등장했다. 국제주의는 여러 가지 다양한 형태가 있지만, 하나같이 서로 다른 국민, 국가, 국체로 구성된 세계 전체에 걸쳐서 협력적인 관계와 결속력과 연대감을 형성하려는 노력이 뒤따랐다.

19세기에 자유민주주의가 부상하면서 민족주의와 국제주의의 연관성이 강화되었다. 자유민주주의는 국가적인 동시에 국제적인 과제였다. 자유민주주의의 제도들은 영토를 토대로 한 국민국가의 틀 안에서 구축되었다는 점에서 국가적이었다. 존 스튜어트 밀(John Stuart Mill)과 주세페 마치니(Giuseppe Mazzini) 같은 사상가들이 주장한 바와 같이 정치적 권리와 보호는 국가 내에서 확보되어야 했다. 19세기 내내 자유민주주의를 위한 투쟁은 국가건설과 국가자치운동과 밀접하게 연관되었다. 그러나 자유민주주의는 계몽주의가 추구하는 보편성에 그 뿌리를 두었으므로 국제적인 측면도 지니고 있다. 자유민주주의의 제도와 이념은 무역, 교류, 공동체가 확대되는 세계를 전제로 한다. 시민사회-자유민주주의의 뼈대-는 바깥 세상과의 연결고리와 관문이 되었다. 게다가 자유민주주의 그리고 그 공화주의적 제도와 열린사회는 지정학적 힘에 취약하므로 보호막이 되어줄 국제질서를 구축할 동기가 부여되었다.

19세기에 국제주의는 국경을 넘나드는 다양한 활동의 묶음 이상의 의미를 지니게 되었다. 자유민주주의는 20세기 자유주의적 국제주의가 거창한 과제를 추구한 발판을 마련한 정치적 단위들을 연결시키는 활동이 조직화되면서 국제정치 영역이 되었다. 마크 마조워가 주장하듯이, 19세기 중엽 무렵 국제주의는 "이념(ism)"이 되었고, "전문직, 중산층, 제조업과 상업의 부상과 밀접하게 연관된 파격적인 과제로서 나폴레옹 이후 왕정복고시대에 처음으로 등장한 막강한 사회철학의 형태로 그 이념이 표현되었다."[2] 이념으로서도 정치활동으로서도 국제주의는 국제사회 내에서 새로운 과제와 야망을 토대로 하고 만들어냈다. 이러한 세계는 1914년 세계대전이 발발하면서 무너졌다. 그러나 뒤이어 우드로 윌슨과 미국과 유럽대륙의 동시대인들의 주도로 그 이전 시대의 국제주의 개념과 운동을 토대로 평화와 질서가 구축되었다.[3]

바로 이처럼 국제주의를 구성하는 진화하는 상업적 법적 사회적 기능적 지류들이 서로 얽히고설켜서 자유주의적 국제주의는 정치적 과제로 구체화되었다. 이 과제는 제1차세계대전 후 베르사유에서 우드로 윌슨 등 다수가 평화를 구축하면서 선보였다. 공교롭게도 자유주의적 국제주의가 무르익은 시기는 역사상 가장 폭력적이었던 전쟁이 일어난 후 평화로운 국제질서가 도달 불가능해 보였던 시기였다.

이번 3장에서는 세 가지 주장을 제기한다. 첫째, 국제주의는 다양한 형태를 띠었고, 그 가운데 일부만이 자유주의적이라고 일컬을 수 있다. 두 가지 유형, 제국주의적 국제주의와 베스트팔렌 국제주의를 구분하는 게 유용하다. 이 두 유형은 국제정치의 토대가 되는 질서의 유형으로서 각각 제국과 국민국가를 토대로 한다. 제국주의적 국제주의는 제국주의적 국가들이 자국이 추구하는 제국 과제를 뒷받침할 국제규성, 관계, 제도를 구축하려는 노력으로 정의될 수 있다. 국제주의는 제국들이 보다 폭넓은 국제체제 내에서 제국질서를 제도화 영속화하려는 활동에서 구현된다. 19세기에 이러한 유형의 제국주의적 국제주의는 유럽의 제국들이 자국이 세계에서 보유하고 있는 권리들을 안정적으로 유지하고 서로 협력하기 위해서 체결한 협정들에 구현되었다. 20세기에 국제연맹과 유엔은 유럽 국가들 특히 영국이 쇠약해지는 자국의 제국을 회복하고 다시 정당화하기 위한 노력으로 간주될 수 있다.

베스트팔렌 국제주의는 주권국가 간의 협력이다. 이는 주권국가들로 구성된 세계체제의 토대를 이룰 규범과 제도들에 대한 합의를 통해, 보다 구체적으로는 안보, 경제, 세계 공유지의 조직화와 같은 부문에서 기능적인 합의를 통해서 구현된다. 19세기에 등장한 다양한 형태의 자유주의적 국제주의들은 이 두 유형의 질서를 토대로 했고 연대했다. 20세기에 유럽제국들이 약화되고 해체되고 미국이 세계의 지배국으로 부상하면서 자유주의적 국제주의는 확장되는 베스트팔렌 국가체제의 토대 위에 과제들을 구축하는 방향으로 점점 기울었다.

둘째, 자유주의적 국제주의의 초기 유형들은 서구 자유민주주의의 부상과 더불어 등장했다. 이는 자유민주 진영 내에서 상업적 사회적 기능적 법적 관계를 구축하는 목표를 추구하는, 다양하고 느슨하게 연관된 개념과 운동들에 반영되었다. 이러한 운동들 가운데는 자유무역과 제한적인 정부에 관한 고전적 자유주의 개념들을 구현한 운동도 있고 보다 진보주의적 사회 목표를 추구한 운동도 있다. 일부 국제주의자들은 자신들이 기울이는 노력을 성격에 있어서는 주로 "규제"적으로서 국가 간에 보다 평화롭고 효율적인 상호작용을 촉진하기 위해 규정과 제도를 구축하는 것으로 보았다. 다른 국제주의자들은 국제질서와 관련해 보다 "수정주의"적 입장을 택해 자유주의국가 내에서 그리고 자유주의국가 간에 진보주의적 사회변화와 정치변화를 촉진하고 초국가적인 제도들을 구축할 방법을 모색했다.[4] 일부 자유주의자들은 무역, 법, 제도의 국제적 차원의 개혁을 통해서 평화라는 명분을 추진하려 한 반면, 또 다른 이들은 평화가 안정적으로 유지되려면 자유민주주의국가 자체의 구조 재조정에서 시작해 각 사회 내에서 변화가 이뤄져야 한다는 시각을 지녔다. 자유무역, 평화로운 사회, 각종 법적 사회적 국제주의 운동들은 급속히 확장되고 상호의존성이 높아지는 국제사회를 조직화하고 관장할 규정과 제도적 장치를 구축할 개념들을 제시했다. 이러한 국제주의 집단들은 다양한 급진적 사회주의와 노동자 운동과 같은 다른 유형의 19세기 국제운동들과 공존했다.

마지막으로, 19세기 말 무렵 국제주의의 이러한 다양한 유형들은 점점 서로 통합되어 상거래 관계, 중재 장치, 대의기구와 사법기구, 정교한 국제규정과 규범들이 모두 필수적인 요소로 간주되는 국제질서로 개혁하는 보다 폭넓은 의제로 구체화되었다. 이니스 클로드(Inis Claude)가 말한 바와 같이 19세기에는 "국가들이 계속 늘어나는 동시에 견고해졌는데, 특히 민족주의의 영향이 강화되는 상황하에서 이러한 현상이 발생했고, 그 범위와 강도에 있어서 전례가 없는, 기술을 토대로 한 접촉 유형이 등장하면서 국제기구가 탄생할 세계적 여건이 마련되었다."[5] 자유민주주의국가들이 근대화되고 상호의존성이 증강되면서 세계는 국제관계의 지침이 될 새로운 규범적 제도적 설계가 필요했다. 세기말에 국제주의 운동가와 사상가들은 주권국가들이 다자주의적인 포럼을 통해서 분쟁을 해소하고 공동의 문제들을 해결할, 개방적이고 규정을 토대로 한 국제질서의 윤곽을 일별할 수 있었다.

제국, 국민국가, 자유주의적 국제주의

자유주의적 국제주의는 제국에서 국민국가로 세계지형이 변하면서 등장했다. 유럽제국들은 19세기에 세계를 지배했고, 그들의 힘이 도달하는 범위가 확장되면서 점점 더 막강해지고 경쟁도 치열해졌다. 이와 동시에 유럽과 서구 진영 내에서는 국민국가가 정치적 입지를 확보하면서 베스트팔렌 국가체제의 핵심을 구성했다. 유럽 강대국들은 대체로 두 가지 역할을 동시에 했다. 서구 진영 바깥에서는 제국을 구축하는 한편 서구 진영 내에서는 국민국가 체제를 견고히 다졌다. 에드워드 킨 말마따나, "유럽 내에서 국제질서를 추구한 주요 목적은 서로 다른 정치체제, 문화, 생활방식을 용인함으로써 다문화적인 세계에서 평화로운 공존을 촉진하기 위함이었다…. 그러나 유럽을 벗어나면 국제질서가 추구하는 목적은 사뭇 달라졌다. 바로 문명의 증진이었다."[6] 제국들로 구성된 세계나 국민국가들로 구성된 세계 둘 중 하나만을 토대로 한 세계를 구상하는 것도 가능하다. 하지만 20세기 마지막 수십 년까지만 해도 두 유형의 질서인 제국주의적 위계질서(hierarchy)와 베스트팔렌 무질서(anarchy)는 복잡한 혼합형 정치 구조 속에서 공존했다.[7]

제국과 국민국가는 지정학적 공간을 조직화하는 데 있어서 서로를 대체할 논리를 구현한다. 이상적인 유형의 제국은 제국의 중심인 내지(內地)가 식민지 주민과 사회들을 통제하는 "수레바퀴의 축과 살(hub-and-spoke)" 유형의 조직화 논리를 보인다. 이러한 유형의 제국은 대체로 폐쇄된 위계적 공간 내에서 국제관계를 조직화한다. 블록, 지대, 영향권이 제국주의 질서가 보이는 공간적인 특징이다.[8] 이와는 대조적으로 이상적인 유형의 국가체제는 공식적으로 동등한 지위를 누리는 주권국가를 단위로 개방적이고 다자주의적 상호작용을 중심으로 국제관계를 조직화한다. 이는 베스트팔렌 질서의 논리다. 국민국가를 토대로 한 질서로서, 위르겐 오스터함멜(Jürgen Osterhammel)은 이를 "19세기에 처음 등장해 머뭇거리며 고르지 않게 세계에 확산되기 시작한 독특한 유형의 국가 조직화"라고 묘사했다.[9]

물론 이 두 유형의 질서 모두 이상적인 형태와는 거리가 멀다.

제국들은 대체로 공식적이었고 대체로 경직된 위계질서를 보였다. 제국의 중심지들은 각기 다른 기법을 이용해 각기 다른 정도의 강압적인 통제력을 행사한다. 비공식적 제국은 명백한 위계질서가 거의 없는 상업과 금융의 지배력에서 구현되어왔다.[10] 국가들로 구성된 체제도 여러 가지인데 규정과 상호이해가 질서의 단위인 국가 간의 상호작용의 지침이 되는 정도가 유형마다 달랐다.[11] 베스트팔렌 질서들은 위계의 정도가 서로 다르다. 주권국가 간에 힘의 격차가 크면-예컨대 제2차세계대전 후 미국이 지배하는 자유민주 진영의 경우-질서가 훨씬 패권적 성향을 띤다.[12] 비공식적 제국과 패권 형성은 이상적인 유형과 구분하기가 훨씬 어렵지만, 이러한 유형과 이상적 유형의 핵심적 차이는 제3자에 대한 개방성이다. 즉, 제국을 중심으로 구축된 질서와 베스트팔렌 국가체제를 중심으로 구축된 질서를 구분해주는 특징은 "제외"하는 역량, 제국을 구축한 나라가 자국의 제국 바깥에 존재하는 국가들이나 다른 제국들에게 자기 제국 내에 속한 거주민과 사회들에 대한 접근을 거부하는 역량이다.[13]

자유주의적 국제주의는 이러한 두 가지 질서의 토대가 되는 논리들과 어떻게 연관될까? 그 관계는 복잡한 만큼이나 밀접하기도 하다. 자유주의적 국제주의는 19세기 내내 제국과 베스트팔렌 체제를 동시에 구축한 서구 자유민주주의국가들이 추구한 활동들의 묶음이다. 제국, 국민국가, 자유주의적 국제주의를 각각 나름의 개념과 의제를 지닌, 국제질서의 세 가지 종류로 생각하면 편리하다. 자유주의적 국제주의는 국제관계를 조직화하는 "과제" 또는 여러 과제의 묶음을 구현하는데, 제국과 국민국가 또한 그렇다. 제국과 베스트팔렌 체제는 국제관계의 기본단위 혹은 기초적 요소들을 구현하고 자유주의적 국제질서는 제국과 베스트팔렌 체제 이 두 가지를 토대로 활동을 추진한다. 그 결과 자유주의적 국제질서는 여러 가지 다양한 혼합 형태를 보여왔다.

각각의 질서 구축 형태는 일종의 국제주의를 구현한다. 국제주의는 이러한 유형들-제국, 국민국가, 자유민주주의-이 해당 유형의 입지나 지위를 강화하기 위해 제도와 협력적 관계를 구축하는 활동으로 해석될 수 있다.[14] 우드로 윌슨은 자유주의적 국제주의는 민주주의가 안전한 세계를 만드는 과제를 추구한다는 유명한 발언을 했다. 자유민주주의국가들의 미래 전망과 입지를 강화하는 방식으로 국제질서를 구축한다는 뜻이다. "제국주의적 국제주의"에 대해서도 비슷한 주장을 할 수 있다. 제국이 안전한 세계를 만드는 과제를 추구한다고 말이다. "베스트팔렌 국제주의"는 베스트팔렌 국가체제가 안전한 세계를 만드는 과제다. 이러한 국제주의들은 각각 "자기 강화적인" 활동으로서 국제규정을 만들고 제도를 구축함으로써 추구하는 활동이다.[15]

제국주의 질서, 베스트팔렌 질서, 자유주의적 국제주의 질서는 모두 국제규정, 제도와 각각 나름의 독특한 조직화 형태를 지원할 장치들을 창출할 개념과 과제들을 수반한다. 시간과 장소에 따라서 베스트팔렌 질서를 토대로 하거나 이를 수용하기도 하면서 베스트팔렌 국제주의로 구현되기도 한다.

자유주의적 국제주의 과제는 제국들과 국민국가들이 혼재되어 변하는 세계를 헤쳐 나가는 과정에서 탄생했다. 자유주의적 국제주의는 20세기가 상당히 흐른 시점까지도 양쪽 세계에 한 발씩 걸치고 있었다. 자유주의적 국제주의의 2세기에 걸친 역사는 이 과제가 이러한 근본적인 두 형태와 연계할지 여부와 어떤 식으로 연계할지를 두고 오랜 세월에 걸쳐 지속된 투쟁으로 볼 수도 있다. 세계대전들과 이에 따른 세계적인 힘의 이동을 통해 이러한 투쟁은 영미권에서 제국을 보존하려는 영국과 무너지는 유럽 제국주의 질서의 잔해 위에 국제 공간을 조직화함으로써 지배적 지위를 구축하려는 미국 사이의 대결로 나타났다. "제외를 통한 장악"이라는 문제가 이 대결의 핵심이었다.[16] 20세기 후반 무렵 자유주의적 국제주의는 베스트팔렌 국가체제의 논리 위에 굳건히 자리하게 되었다. 자유주의적 국제주의는 주권국가, 정부 간 관계, 복잡한 상호의존성 관리를 중심으로 조직화된 탈제국주의시대 세계체제를 위한 개념과 과제로서 근대적인 형태를 띠게 되었다.

제국주의적 국제주의

수 세기에 걸쳐 제국들은 무자비하게 세계화를 추진했다. 제국의 안쪽 핵심부는 식민지와 제국 경영을 보존하고 발전시키려고 애쓰면서 공격적인 정복과 그 밖의 강압적인 형태의 질서 구축에 관여했다. 근대 제국의 역사에는 유럽제국들이 세계체제의 질서를 구축하고 국제화한 다양한 방식들이 넘친다. 19세기에 대양을 사이에 두고 구축된 유럽의 제국은 1세대 세계화-철도, 전신, 증기선을 통한 세계 기간시설의 구축-라고 흔히 간주되는 현상이 발생할 계기를 마련했다. 상거래와 제국의 주체들이 변모하고 소통할 수 있는 세계적 역량을 구축하면서 세계 구석구석이 서로 연결되었다. 세계적으로 시간, 공간, 척도가 표준화된 현상은 유럽의 제국주의적 세계화의 산물이었다.[17]

제국주의적 국제주의는 국제규범과 국제법을 추진하기도 했다.

유럽 국가들은 서구 진영 내에서 국가주권과 관련해 베스트팔렌 규범과 제도들을 구축한 오랜 전통을 지녔고, 국제법을 이용해 정치적 위계질서와 서구 진영과 바깥 세계의 구분과 관련된 용어들을 정의했다. "국가들로 구성된 공동체"와 "문명"은 베스트팔렌 영역과 제국 영역의 경계를 구분하는 표식이 되었다. 제니퍼 피츠(Jennifer Pitts)에 따르면, "국제법은 국제통치구조와 더불어 여러 가지 중요한 측면에서 유럽제국 팽창의 역사의 산물이다."[18]

보다 일반적으로 말하면, 유럽 국가들은 구 제국 세계가 약화되고 후퇴하기 시작하면서 보유하고 있던 식민지를 수호하고 정당화할 방법을 모색했다. 19세기 말 영국 사상가들은 제국들 간의 경쟁과 민주주의가 야기한 혼란에 대해 우려하면서 대영제국을 식민지 공동체와 백인정착민 공동체가 새로운 형태의 위계질서로 통합된 연방체제로 재구성하기 위한 다양한 설계도를 놓고 갑론을박했다.[19] 20세기 초 영국을 비롯한 유럽 국가들은 국제연맹의-훗날 유엔의-규범적 제도적 설계도를 이용해 그들의 제국과 독립국으로 전환하던 식민지들의 관계를 재조정하고 정당화했다. 이러한 종류의 제국주의적 국제주의는 국제연맹 총회에서 여전히 대영제국에 속해 있는 인도와 영국령들에게 독립적인 대표성을 부여한 데서 그리고 국제연맹상설위임위원회 같은 감독기구를 창설해 식민지 주변부와 직접 접촉하도록 한 데서 나타났다.[20] 제국주의적 국제주의는 또한 주권국가들과 식민지 주변부들의 기능적 상호의존성에도 구체화되었다.

제국주의적 국제주의는 대영제국과 유럽 제국주의 질서를 재건하고 정당화하는 과제나 제국에서 벗어나는 세계에 적합한 전환기적 형태의 국제체제를 구축하는 과제로 볼 수 있다. 마조워는 영국과 영연방의 핵심 지도자들은 국제연맹을 대영제국을 재조정하고 보존하는 수단으로 해석하고, 이를 "제국의 국제주의적 강화"라고 일컬었다.[21] 이러한 관점에서 보면 영연방과 국제연맹은 제국과 자유주의적 국제주의의 융합을 뜻했고, 이는 대영제국의 장악력을 재구축하고 안전하게 유지하는 새로운 제도적 형태를 제시했다. 어떤 학자들은 제국주의적 국제주의의 전환기적 속성을 강조하면서 이를 제국이 베스트팔렌 제도와 자유주의적 국제주의 제도의 통합을 촉진하기 위해 제국의 위계질서를 재조정하는 활동으로 본다, 수전 피더슨(Susan Pedersen)은 연맹의 위임체제에서 이러한 논리를 찾아낸다. "위임체제…는 "국제화"라고 일컬을 무엇을 위한 수단이었다. 이러한 절차를 통해서 특정한 정치적 이슈와 기능들이 국가나 제국으로부터 분리되어 국제영역으로 편입되었다. 제국들이 자국의 권위를 방어하려고-다른 나라들은 이에 맞서려고-애쓰면서 행정 업무가 아니라 합법화 업무가 제네비로 이전되었다…. 따라서 우리는 위임체제의 역사에서 지정학적 변화의 대행자로서의 국제연맹의 역할을 발견하게 된다."[22]

국가 관료들과 그 밖의 행위자들이 제국을 다자주의 규정과 제도의 세계에 편입시킨 의도는 각양각색이다. 위계질서와 제국의 장악력을 재창출하고 보존하려는 이들도 있었고, 점진적인 제도적 단계를 거쳐야 하는 한이 있어도 탈제국시대 국제질서를 도입하려는 이들도 있었다. 행위자가 어떤 의도를 품었든 간에 결과는 나름대로 의도치 않은 길을 따른다. 제국을 국제규정과 제도에 편입시키려 한 제국주의적 국제주의 시도를 통해 운동가, 개혁가, 지식인, 정치집단들이 각자 나름의 의제를 추진할 발판과 수단이 창출되었다. 제도는 단순히 막강한 이들만의 수단이 아니다. 제도는 힘없는 이들에게 방패막이 되어줄 뿐만 아니라 이를 버팀목 삼아 정치적 투쟁이 펼쳐진다. 장기적으로 볼 때 제국주의적 국제주의는 20세기에 서서히 그 모습을 드러내던 탈제국시대 국제질서의 산파 역할을 했다.[23]

베스트팔렌 국제주의

국민국가의 계보는 유럽의 근대 초기로 거슬러 올라간다. 근대국가체제의 기원은 보통 1648년과 30년 전쟁을 마무리한 베스트팔렌 평화조약으로 거슬러 올라간다. 리오 그로스(Leo Gross)의 표현에 따르면, 베스트팔렌은 "구세계에서 신세계로 진입하는 장엄한 관문"이었다.[24] 그러나 국민국가들로 구성된 근대 체제는 19세기에 가서야 그 모습을 드러냈다. "19세기에 처음으로 왕조의 관심사를 배제하고 국가의 이익이 최우선이라는 토대를 바탕으로 국가의 외교정책을 정당화하는 국가이성(raison d'état)이라는 추상적인 개념에 부합하는 국제정치에 대해 말할 수 있게 된다."라고 오스터함멜은 주장한다. "근대 국가 체제는 정치적 군사적 행동을 하는 통상적인 단위는 위엄 있는 세습 통치자의 자의적인 명령이 아니라 국경을 규정하고 방어하는 국가임을 전제로 하며 제도의 존재 여부는 어느 특정한 지도자에 의존하지 않는다."[25] 바로 이때 유럽은 주권을 행사하는 국민국가들로 구성된 체제가 되었다. 베스트팔렌 국제주의는 이러한 국민국가들이 베스트팔렌 국가체제의 규범적 제도적 설계구조를 구축하고 강화하려는 노력으로 간주할 수 있다.

베스트팔렌 국제주의는 수 세기에 걸쳐 주권국가 체제의 규범과 제도들을 심화시키고 확장시키려는 노력에 나타난다. 2장에서 지적한 바와 같이 베스트팔렌 질서에 담긴 본래의 주권과 상호인정이라는 개념은 확장되어 비개입과 비차별주의를 비롯해 보다 폭넓은 규범의 묶음들을 아우르게 되었다. 이러한 노력은, 대니얼 필폿(Daniel Philpott)이 주장하듯이, 국제관계에서 펼쳐지는 혁명, 국제사회를 관장하는 "헌법" 구축으로 이해할 수 있다.[26] 이러한 헌법 차원에서 베스트팔렌 규범과 구조는 근대시대에 일어난 강대국 전쟁과 전후 평화조치들이라는 격변을 거치면서 구축되고 재구축되고 확장되었다.[27]

베스트팔렌 국제주의는 나폴레옹전쟁이 끝난 후 유럽 강대국들이 규정을 만들고 제도를 구축할 때도 작동했다. 이보다 앞선 시대에 유럽에서는 강대국들이 집단을 형성했지만 1815년 빈회의에서 강대국들의 관계를 관장하는 정교한 틀이 새로이 창설되었다. 제니퍼 미첸(Jennifer Mitzen)이 지적하듯이, 유럽협조체제는 "최초의 근대 국제 안보제도이고 따라서 오늘날 우리가 알고 있는 국제관계를 관장하는 제도의 전신으로 널리 인정된다."[28]

유럽협조체제는 강대국 관계를 조직화하는 새로운 방식으로서, 폴 슈뢰더가 주장하듯이, 유럽 엘리트들이 안정적인 정치질서의 원천에 대해 공감대를 형성하게 된 "개념들의 연결망"을 반영했다. 이는 주요 국가 간의 갈등을 조정하기 위해 고안된 제도적 장치와 규범과 관행들의 묶음이었다.[29] 유럽협조체제는 강대국들 모임으로서 유럽 공동체의 지킴이를 자임했다. 유럽의 강대국들은 상대적으로 약한 주변 국가들에게 영향력을 행사했고 다자주의적 질서 관리의 핵심적 장치로서 "회의에 의한 외교"라는 관행을 확립했다. 유럽협조체제는 유럽 주요 국가들을 "이사회"로 변모시켰지만, 그렇게 하는 과정에서, 이니스 클로드가 지적한 대로, "기업의 존재를 암시하기도 했다."[30] "강대국"이라는 개념은 보다 구체적인 현실이 되었지만 "유럽"이라는 개념도 마찬가지로 구체적인 현실이 되었는데, 유럽은 베스트팔렌 국제주의를 구현하고 담는 틀이 되었다.

예컨대, 유럽협조체제의 실무적 관계는 1878년 베를린회의에서 드러났다. 발칸반도에서 정치적 봉기가 일어나고 뒤이어 유럽의 여섯 개 강대국이 오스만제국과 발칸반도 국가들과 한자리에 모여 갈등을 종식시키고 발칸반도 국가들의 영토를 확정하기로 했다. 유럽 강대국들은 분쟁을 중재하고 심지어 국제경찰을 분쟁지역에 보내 질서를 회복하려 했다. 이에 앞서 1878년 여름 산스테파노 조약(San Stefano Treaty)과 더불어 러시아 정부가 개입해 자국 나름의 타결책을 강요했고, 이를 통해 발칸반도에서 러시아의 입지가 개선되었다. 이 조약을 영토분쟁을 집단적으로 해결한다는 개념을 위반한 것으로 간주한 다른 강대국들은 영국의 주도로 베를린에 모여 만든 국제분쟁 해결방안으로써 이를 대체했다. 영국의 〈타임스〉지는 베를린회의를 협력외교의 진수로 찬양하면서 "강대국들로 구성된 진정한 회의의 첫 사례"라고 묘사했다.[31]

유럽협조체제 이면에는 보다 오래전부터 존재해왔고 진화하는 주권, 국가권한, 국제법 개념들이 있었다. 유럽 강대국들의 중심적 지위를 강화한 제도들이 구체화되었다는 사실이 새로웠다. 이러한 보수적이고 군주적인 국가들은 혁명을 두려워했고 유럽협조체제는 그들이 서로의 지위를 확인하고 사회적 정치적 불안을 야기하는 세력들을 제어하기 위해 협력할 틀을 마련해주었다. 그러나 공교롭게도 이러한 안정적인 강대국 구조는 다른 형태의 국제주의가 등장하고 확산할 여건을 조성해주었다. 20세기에 구축된 세계기구들인 국제연맹과 유엔은 이러한 베스트팔렌 국제주의를 계승한 제도들로서, 베스트팔렌 국제주의는 국가주권을 보호하고 국민국가 간에 협력할 길을 비춰주었다.

가장 흔한 형태의 베스트팔렌 국제주의는 정부 간 협력이다. 이 형태는 주권국가의 문제해결을 추구하는 국제주의로서 주권국가가 자유민주주의든 독재체제든 공산주의든 상관하지 않는다.[32] 이런 종류의 베스트팔렌 국제주의에는 모두가 참여해왔다. 이러한 종류의 국제주의 활동 가입은 정치체의 특성에 따라 결정되는 게 아니라 약속을 이행할 역량이 있는지 여부에 따라 결정된다.[33] 19세기에 베스트팔렌 국제주의는 근대국가들이 점점 확대되는 세계적인 활동을 촉진할 외교적 상업적 정치적 규정과 장치들을 구축하려는 노력의 형태를 띠었다. 20세기에는 국제연맹과 유엔의 후원하에서 실행된 수많은 형태의 정부 간 협력들이 이와 똑같은 논리를 따랐다. 베스트팔렌 국제주의는 냉전시대에 미국과 소련이 추구한 무기통제협정에서도 작동했다. 1945년 이후의 시대에는 다양한 유형의 국가들이 서로 협력해 세계적인 전염병에 맞서 싸웠고, 세계적인 운동을 벌여 천연두를 퇴치하는 데 성공했다. 또 다른 형태의 베스트팔렌 국제주의로서 세계 공유지를 보호하고 기후변화에 맞서 싸우려는 국제협력에 지역과 정치적 지향성을 불문하고 다양한 국가들이 참여해왔다.[34]

자유주의적 국제주의는 두 가지 측면에서 질서에 관한 베스트팔렌 논리를 토대로 구축되어왔다. 첫째, 가장 단도직입적인 의미에서, 자유주의적 국제질서는 자유민주주의국가 간의 협력으로 구현되며 베스트팔렌 체제를 기초로 하는 과제다. 이는 본질적으로 자유민주주의를 채택한 주권국가들이 추구하는 정부 간 관계이며, 질서정연하고 제대로 기능하는 베스트팔렌 체제를 전제로 하고 그 체제에 의존한다. 자유민주주의국가 간의 협력은 국민국가들로 구성된 보다 포괄적인 체제 내에서 발생하고, 이러한 체제는 그 자체로서 세계적인 규모이거나 제국 또는 베스트팔렌 체제가 아닌 다른 정치적 구조와 공간을 공유할 수도 있다. 둘째, 자유민주주의의 미래를 보호하고 추진하는 과제로서 자유주의적 국제주의는 베스트팔렌 체제를 보다 포괄적으로 발전시키고 굳건하게 다짐으로써 보다 직접적으로 추구할 수 있다. 안정적이고 확장되는 베스트팔렌 체제는 자유민주주의 국가들에게 다양한 혜택을 부여한다. 자유민주적인 하부체제가 작동할 수 있는 보다 안정적인 국제질서를 제공하고 비자유주의적 국가들과의 협력을 촉진하는 규정과 제도들을 제공해준다.

다양한 형태의 19세기 국제주의

19세기 초와 중엽에는 유럽과 미국에서 다양한 종류의 국제주의가 등장해 개념을 제시하고 지지자를 확보하고 당시에 부상하던 자유민주주의국가 간에 협력할 정치적 공간을 마련했다. "국제"라는 용어 자체가 국제문제에 천착하는 협회와 활동들이 폭발적으로 증가하는 현상을 묘사할 방편으로 만들어졌다. "국제라는 용어는 특히 저작권, 언어, 중량과 척도, 우표를 비롯해 광범위한 자발적 기구들에 적용되었다."라고 앤서니 하우(Anthony Howe)는 지적한다. "이 시점에서 '국제'라는 용어는 서로 다른 여러 나라의 국민들이 아니라 인류의 형제애에 호소하는, 역사, 종교, 평화와 지리에 적용된 용어인 '보편'이라는 담론을 대체하는 듯하다."[35] 이런 식으로 국제주의의 부상은 민족

주의의 부상과 연결된다. 협력과 공동체는 근대화하는 국민국가들을 토대로 구축되었다.[36]

국제주의라고 해서 모두 자유주의가 그 기원이거나 개혁 지향적이지는 않다. 국제주의 운동은 이념적 정치적 스펙트럼을 모두 아우르고 개혁과 혁명에 대해 품은 야심의 정도도 천차만별이다. 1864년 카를 마르크스는 조직화된 노동자의 목소리를 대변하는 최초의 단체인 국제노동자협회(International Working Men's Association)를 결성했다. 민족주의 자체도 19세기 중엽과 말에 국제주의 운동으로서 부상했다.[37] 글렌다 슬러가(Glenda Sluga)가 주장하듯이, "'국제'라는 개념을 중심으로 열린 정치적 제도적 공간은 민주주의, 자유주의, 사회주의, 페미니즘, 민족주의, 제국주의, 자본주의, 연방주의, 반식민지주의 등 다양한 지류들과 얽히고설키게 되었다."[38] 이러한 여건하에서 19세기 국제주의는 자유주의적 개혁 개념들을 담는 중요한 틀이었다. 19세기 중엽 무렵, 무더기로 등장한 각종 국제주의 운동은 서구 진영을 비롯한 여러 지역에서 두드러진 특징이 되었다. 이러한 운동은 무역과 상거래, 평화구축, 법과 중재, 사회적 원인, 기능적 협력 등에 집중했다. 이러한 국제주의 지류들은 결국 19세기에 서로 엮여 자유주의적 국제주의 과제의 구성 요소가 된다.

상업적 국제주의

19세기 국제주의의 중요한 지류의 하나는 상업적 혹은 시장 국제주의로서, 영국에서 일어난 자유무역 운동에 그 뿌리를 두고 있다. 산업혁명은 영국에서 시작되어 유럽대륙으로 그리고 대서양을 가로질러 북미로 확산되었다. 1840년대에 영국 상인들과 상업 활동 집단들은 곡물법의 폐지로 의회에서 기념비적인 승리를 거두었고, 이는 자유무역시대를 여는 계기가 되었다. 세계경제 속에서 영국의 입지를 재고하는 분수령이 된 사건이다. 다른 나라들도 영국의 뒤를 따랐고 유럽, 미국, 그 밖에 당시에 부상하던 산업화 사회들에 등장한 자유무역 연합세력과 보호주의 연합세력들은 상업정책을 두고 투쟁했고 뒤이은 수십 년 동안 관세 인하와 교역조건들을 협상했다. 자유무역의 전조는 18세기 말로 거슬러 올라간다. 당시 유럽 정부들은 주기적으로 수입곡물 제한을 완화했고 무역협정은 상업외교의 수단으로 이용되기 시작했다. 무역과 상업사회에 대한 애덤 스미스의 개념들이 이 시기에 등장했고, 프랑스 중농주의자들은 불간섭주의와 자유통행 독트린을 공표했다. 수십 년이 지나 영국이 곡물법을 철폐하면서 자유무역은 국제운동으로 변모했다.

낡은 중상주의와 식민지 정책과 개념들은 사라지지 않았다. 그러나 새로운 사회적 이익집단들-도시 노동자계층과 상업 이해당사자와 금융 이해당사자들-은 자유무역과 시장 국제화 증진의 방향으로 영국을 밀어붙일 방법을 찾아냈다. 역사학자 허버트 피셔(Herbert Fisher)에 따르면, "영국에서 자유무역이 올린 개가는 농촌에 대한 도시의 승리, 구시대 지주이익에 대한 신흥 제조업의 승리, 자신의 물질적 이득을 추진하다가 우발적으로 빈곤층의 이익을 증진시키게 된 중산층의 승리였다."[39] 의회에서는 리처드 코브던과 존 브라이트가 자유무역에 앞장서는 인사들로 부상해, 무역자유화를 보다 평화로운 국제질서 구축과 연관시켰다. "어느 나라든 자유롭고 정직한 원칙들을 바탕으로 바깥세상과 교류를 증진시키면, 전쟁의 위험이 줄어든다."라고 코브던은 주장했다. "유럽대륙에서 정복 전쟁을 벌이기로 결심하고도 자국의 힘을 강화할 수 있는 정부나 국민은 없다고 장담한다."[40] 평화와 번영은 밀접하게 연관된 것으로 간주되었다. 자유무역은 국가 내에서 그리고 국가 간에 폭넓게 공유할 수 있는 이익을 창출한다. 호혜주의와 상거래 장벽을 제거함으로써 얻는 이익은 국가 간의 정치적 관계를 보다 원칙적인 토대 위에 올려놓고 전쟁을 옹호하는 이들의 설득력을 약화시킨다.

국민국가의 강화는 자유무역이 국제관계 체제-국가들로 구성된 일종의 컨소시엄-를 구축할 장치로 부상할 전제조건으로 간주되었다. 상업조약은 국가들을 서로 엮고 주권과 상호의존성을 조화시킬 방편을 제시해준다. 코브던을 비롯해 국제주의자들은 무역협정이 새로운 유형의 국제제도로서 번영을 토대로 한 평화로운 질서로 유럽을 통합시켜주리라고 보았다. 앤서니 하우는 다음과 같이 주장한다. "통상조약은 유럽 국민들을 통합할 잠재력을 지닌 새로운 형태의 국제 계약이었다. …이런 의미에서 이제 세계 역사상 처음으로 '국가 간의 관계인 국제주의'를 가능케 한 주인공은 자유무역이었다."[41] 보편적인 법이라는 낡은 구상은 소비자, 국민, 정부 간 협력을 중심으로 조직화된 질서라는 구상에 자리를 내주었다.

경제적 이익, 정당정치, 이념적 개념들이 그 결과를 만들어냈다. 셰릴 숀하트-베일리(Cheryl Schonhardt-Bailey)는 곡물법 폐지에 대한 연구에서 경제적 이익과 조직화된 계급이익 균형의 변화가 이러한 결정의 배경이 된 원동력이라고 하지만, 이는 보다 넓은 의미에서 또한 급속히 근대화하는 세계 속에서 영국의 미래를 둘러싸고 벌어진 이념적 갈등과 개혁정신과도 연관되어 있었다.[42] 자유무역은 의회 개혁운동과 남성의 투표권 확대를 비롯해 영국에서 벌어지고 있던 보다 폭넓은 민주화 운동의 일환이었다. 정치인들은 국가를 근대화하고 농부와 지주가 산업노동자와 자본가에게 정치적 입지를 잃는 사회에서 보다 대표성 있는 정부를 구성하라는 압력에 부응하고 있었다. 이러한 변화는 1832년 개혁 법안에 반영되어 유권자의 규모가 두 배가 되고 의석은 농촌 지역구에서 다른 지역구로 재분배되었다. 자유무역을 지적인 차원에서 지지한 이들은 정부개혁 로비 세력뿐만 아니라 노동계와 제조업계와도 공통의 명분을 추구하게 되었다.[43]

자유무역 운동은 개방된 시장에 대한 다양한 견해들을 아울렀다. 온건한 지지자들은 자유무역이 일차적으로 영국의 경제 관계의 방향을 재설정하고 번영을 증진하고 다른 나라들과의 정치적 관계를 강화하는 수단으로 보았다. 다른 이들은 전쟁의 원인을 제거하거나 제국을 종식시키는 등 더 야심찬 목표를 추구하기 위해 자유무역을 지지했다. 가장 야심찬 목표를 추진한 이들은 자유무역이 세계의 변화를 앞장서서 주도하고 있다고 보고 "제국을 해체하고 영토합병을 종식시키고 귀족층의 군국주의를 포기하게 만드는 데" 기여하리라고 내다보았다.[44] 처음에는 이러한 주장이 논란의 대상이 되었지만 19세기 후반 무렵 자유무역은 영국의 세계 정책의 핵심적인 기조로 자리 잡았다. 데이비드 캐너딘이 지적하듯이, "자유무역은 빅토리아 시대 대부분의 정치인, 금융인, 기업인, 제조업자들 사이에 신념으로 자리 잡았고 19세기 말까지 이러한 기조는 계속 유지되었다. 그리고 이러한 기조는 영국 너머 일부 다른 지역에도 확산되었다."[45]

영국은 이처럼 자유무역에 대한 개념과 이익이 확산되면서 다른 서구 산업화 국가들과 다양한 관세 인하 협정을 맺었다. 경기침체와 공포감으로 인해 주기적으로 정책 방향이 뒤바뀌긴 했지만 말이다. 1860년, 영국과 프랑스는 코브던-슈발리에 조약(Cobden-Chevalier Treaty)을 체결해 유럽의 강대국인 두 나라 사이의 관세를 대폭 인하했다. 이러한 관세 양허 조약은 훗날 다른 나라들에까지 확대되었다. 서구의 산업화 국가들은 60여 개 이상의 무역협정을 조인했다. 통신과 운송 부문에서의 기술혁명은 경제적 특화와 더불어 세계경제를 지속적으로 발전시켰고 따라서 이러한 유형의 국제주의를 확산시킬 추동력이 되었다. 산업화 진영에서 무역자유화는 유럽 열강들이 전 세계적으로 제국으로서의 영향력을 확대하는 와중에도 계속되었다. 찰스 킨들버거(Charles Kindleberger)는 이제 명저로 자리 잡은 그의 저서에서 19세기 서유럽에서 자유무역의 부상은 서로 이해관계가 일치하는 기업과 사회의 연합세력들이 확장됐기 때문뿐만 아니라 영국과 유럽대륙에서 "정치경제학자들이 이룬 지적인 개가"라 할 자유무역 경제학이라는 이념 덕분이기도 하다고 했다.[46]

진쟁 자체도 세계무역을 성상시키는 역할을 했다. 19세기 초 나폴레옹 전쟁으로 유럽 전역에서 관세 인상이 이어졌고 보호주의 성향의 농부와 지주들이 손을 잡으면서 1812년에 영국에서 곡물법이 발효되었다. 그러나 1808년 나폴레옹이 스페인과 포르투갈을 침략하면서 라틴아메리카 전역에 저항과 독립운동의 물결을 촉발시켰고 이는 카리브해 연안, 멕시코, 남아메리카에서 새로운 공화국들이 창설되는 결과로 이어졌다. 이러한 신생국가들은 중상주의적인 제약으로부터 자유로워지자 개방적인 무역체제에 합류할 수 있었다. 둘째, 영국에서 시작된 산업혁명이 유럽 전역과 대서양 연안 지역 전역에 확산되면서 생산, 운송, 통신에서 기술적 돌파구가 마련되었고 이러한 돌파구는 세계무역을 촉진시키는 데 호재로 작용했다. 예컨대, 증기기관은 국제 원자재 시장의 통합에 깊은 영향을 미쳤다. 운송비가 급격히 줄어들면서 여러 가지 상품의 수출입 기회가 창출되었다. 이러한 여건으로 국가경제를 개방하고 세계경제를 통합할 기반이 마련되었다.[47]

19세기 중엽 자유무역 이념이 영미권의 평화운동과 가장 밀접하게 연관되었고 이때 자유무역 운동은 가장 폭넓은 지지를 누렸다. 코브던은 당대에 가장 영향력 있는 국제주의자였다. 그러나 1880년 무렵 이러한 상황은 바뀌기 시작했다. 유럽의 제국들의 각축전이 치열해졌고 사회진화론 개념들이 등장하면서 국가들 간에는 서로 화합할 잠재성이 당연히 존재한다는 기존의 자유주의적 구상에 대한 의구심이 생겼다. 신세대 유럽 정치지도자들은 더 이상 민족주의와 자유무역이 필연적으로 불가분의 관계라고 생각하지 않게 되었다. 1873년 세계경제가 침체되면서 상업적 국제주의는 역풍을 맞았다. 게다가 유럽 정부들이 전쟁비용을 대기 위해 국고 수요가 증가하면서 관세부과가 재정수익의 중요한 수단이 되었다.[48] 국제주의자들은 여전히 평화를 사랑하는 자유민주주의국가들로 구성된 공동체를 구축할 방법을 모색했고 자유무역은 여전히 그러한 구상의 일환이었다. 그러나 다른 법적 제도적 수단들이 보다 폭넓은 자유주의적 국제주의 운동에서 입지를 확보했다.

19세기를 통틀어 자유무역 운동은 산업화 사회를 개혁하고 보다 평화로운 국제질서를 구축하는 포괄적인 노력의 일환이었다. 자유무역은 대의민주주의를 강화하고 자유주의적 권리를 강화하고 정치적 사회적 진보의 선봉장인 풍요로운 중산층을 만들어내는 수단이었다. 리처드 코브던과 빅토리아시대 국제주의자들은 자유무역이 자기 이익에 대한 각성으로 추진되는, 보다 일반적인 근대 민주사회 발전의 일환이라는 확고한 신념을 지니고 있었다. 존 홉슨은 코브던의 세계관으로 보면, "무역장벽을 철폐하면 인간들 간의 협력을 가능케 하는 사회적 화합의 힘을 해방시키면서 건설적인 정책적 가치를 창출하게 된다."라고 지적한다.[49]

국제평화운동

영국 개혁가들이 자유무역을 촉진하던 때와 동시에 영국과 미국에서는 전쟁에 반대하는 세력들이 부상하고 있었고 이는 유럽대륙으로 확산되었으며 이들은 평화를 증진하는 다양한 방안들을 제시했다. 19세기 초 영국과 프랑스의 재계 지도자들은 평화라는 명분을 수용하고 다양한 종교단체와 손을 잡았다. 영국과 미국에서 퀘이커교도가 주도하는 평화증진 단체들이 제러미 벤담이 제시한 국제적 대화와 국제법 과제를 옹호했다. 리처드 코브던과 (본인 또한 퀘이커교도인) 존 브라이트는 자유무역과 평화운동을 연결시켰다. 평화운동 내의 일부 세력들은 이와 관련된 명분인 제국주의 반대와 노예제도 철폐를 내세웠다. 그러는 과정에서 개신교에 뿌리를 둔 영미권 평화운동은 세속적이고 급진적인 국제주의자 단체들로 확장되었다. 이러한 활동은 대부분 유럽과 미국에서 일어났지만 라틴아메리카, 아프리카, 일본에도 평화운동가들이 등장했다. 19세기를 통틀어 평화운동은 국제법 규범들을 추진하고 중재, 인도주의, 무기통제 같은 분야에서 조약 체결을 지지하는 세력을 만들어내는 데 기여했다.[50]

최초의 평화운동 단체는 나폴레옹전쟁 후 미국과 영국에서 창설되었다. 미국에서는 1827년에 기존의 여러 평화단체가 윌리엄 래드(William Ladd)가 이끄는 미국평화협회로 통합되었다. 영국에서는 1816년 윌리엄 앨런(William Allen)이 런던평화협회를 창설했다. 이러한 협회들은 주로 영국의 비국교도 개신교도들로 구성되었고 퀘이커교도들이 이끌었으며 기독교적인 교리를 이용해 주장을 제기했다. 이 단체들은 두 나라에서 독자적으로 부상했지만 결국 서로의 존재에 대해 알게 되었고 의견을 교환하기 시작했다. 초기 평화운동 단체들이 추구하는 목표를 한 회원은 "전쟁이라는 주제에 대해 여론을 바꾸고 복음에 비추어 전쟁을 바라보라고 사람들을 설득하는 일"이라고 했다. 평화운동협회 회원들은 세계를 평화롭게 조직화하는 방법을 논의하고 확산시키고, 다른 나라들에서 생각이 같은 운동가들과 연대를 구축하고, 정당정치를 지양하고 사회에 직접 호소하는 방법을 택했다.[51]

영미권 평화단체는 초기에 전쟁을 어느 정도나 반대할지 그 수위를 조절하는 논의에 집중했다. 평화주의 기독교 신앙에서 비롯된 윤리적 입장에서 모든 전쟁을 반대한 이들도 있고, 진보와 개혁에 대한 신념에 뿌리를 두고 보다 세속적인 국제주의 신념을 반영해 더 선택적으로 전쟁을 반대한 이들도 있다. 그들이 생각을 공유한 사안은 "전쟁이라는 관행"에 반대하고 이를 초월해야 하는 중요성이었다. 그들은 한목소리로 국가들에게 공격적인 전쟁을 포기하고 분쟁 해결과 관련된 국제제도와 법적 규범들을 수용하라고 촉구했다. 래드는 미국평화협회를 창설한 직후 다음과 같이 주장했다. 우리는 "국가 간의 차이보다 우호적인 논의와 중재를 우선하는 이미 시작된 관행을 증진시키기를 희망한다. 그리고 마침내 이성적인 피조물로서 이성에 호소해 모든 국가 간의 논쟁을 해결하게 되기를 바란다. … 그리고 이는 국제의회(Congress of Nations)를 통해서 이루어져야 한다. 국제의회의 법령은 세계를 지배하는 여론이 집행해야 한다. … 그러면 전쟁은 사라지게 된다."[52] 우드로 윌슨이 파리에 도착하기 거의 100년 전에 제시된 이러한 평화운동의 목적은 전쟁, 법, 중재, 여론에 대한 개념들을 반영했고 이는 20세기까지 이어진다.

1840년대 무렵 평화운동은 유럽대륙으로 확산되었고, 프랑스와 스위스에서 가장 두드러졌으며, 점점 다양한 세력들과 연대했다. 1830년대에는 보다 폭넓은 사회운동의 일환으로서 급진적인 평화운동이 부상했다. 사회적 경제적 정의를 위한 새로운 투쟁이 일었고 이는 미국의 노예제 폐지 운동과 영국과 미국의 노동조직화 세력이 이끌었다. 1838년에 창설된 윌리엄 로이드 개리슨(William Lloyd Garrison)의 뉴잉글랜드 비저항 협회는 영국에서 협회의 명분을 추진할 노동자계급 자선가들을 모집했다. 1846년 엘리휴 버릿(Elihu Burritt)은 인류형제애연맹이라는 국제기구를 창실해 노동자계층 회원을 모집했다.[53] 이러한 단체들은 사회정의, 인권, 평화라는 명분들을 한데 모으려는 노동자 단체와 진보주의 단체들의 유구한 전통의 시작이었다.

평화운동 단체들은 자유무역 운동과도 연결되었다. 1840년 후 영국에서 평화와 자유무역 양대 운동의 지도자로 부상한 리처드 코브던은 자유무역과 평화에 대해서 "하나의 동일한 명분"이라고 했다.[54] 자유로운 교류와 불간섭주의는 동반적 관계로 간주되었다. 존 홉슨은 코브던의 사상을 다음과 같이 요약한다. "정부가 손을 떼고 자유로운 통상 교류를 통해 상호이해를 증진하도록 허용해 사람들이 서로 통합하고 결속하게 내버려둔다면 지구상의 평화와 국가 간의 선린관계가 확보되며, 무장으로 인한 낭비를 막고 도발이 사라지게 되고, 모든 나라의 물질적 도덕적 재원들을 국민의 삶을 개선하고 인류를 풍요롭게 만드는 데 사용할 수 있다."[55] 무역과 교류를 통해 번영하고 진보하면 국가 간에, 사회적 계층들 간에 평화를 달성할 수 있다는 믿음은 평화운동 공동체 내에서, 특히 곡물법이 폐지된 후, 두드러진 명분으로 부상했다. 세실리아 린치(Cecelia Lynch)가 주장하듯이, 자유무역과 평화 의제가 이처럼 결합하면서 관세 인하를 통해 번영을 꽤한다는 명분으로 영국 "노동자계층 급진주의"를 효과적으로 흡수했고, 이는 다시 경제적 평등을 토대로 한 평화 요구를 미래의 번영을 토대로 한 평화의 약속으로 전환하면서 평화운동이 나아가는 방향에 영향을 미쳤다.[56]

1840년대를 시작으로 대서양 양안의 평화운동 단체들은 국제평화회의에 참여하기 시작했다. 이러한 모임은 평화운동에 대한 지지, 특히 유럽대륙에서의 지지를 구축하고 진화하는 그들의 개념과 제안을 널리 알리는 게 목적이었다. 국제평화회의는 중재, 판결, 분쟁의 평화로운 해결의 규범들을 개발하기 위해 국제적인 제도를 조직화할 계획을 논의하는 장을 제공했다.

1843년 런던에서 열린 첫 국제평화회의에서 참가자들은 국제분쟁을 해결하는 수단으로서의 중재 장치와 유럽에서 평화를 유지하기 위해 "국가들로 구성된 고등법원" 설치를 지지하는 결의안에 합의했다. 1848년에 브뤼셀에서 열린 회의와 1849년 파리에서 열린 회의도 국제재판소의 창설과 중재를 지지했다.[57] 더 나아가서 국제평화회의는 국가들 사이의 소통을 개선하고 "전쟁의 야심과 정복욕을 충족시키기 위해" 융자와 세금을 조성하는 데 반대한다는 결의안을 통과시켰다.[58] 브뤼셀에서는 회의에 참가한 대표단들이 1820년대에 윌리엄 래드가 제시한 개념들에서 영감을 받아 엘리휴 버릿이 제안한 국제 의회 창설 제안에 대해 토론했다. (그러나 통과시키지는 않았다.) 1843년을 시작으로 평화회의는 군비 지출을 감축하고 국제 무장해제 체제의 창설을 요구하는 결의안을 통과시켰다. 그러나 무장해제의 근거와 목적을 두고 여러 세력이 이견을 보였다. 평화주의와 기독교 원칙을 강조한 이들도 있었고, 리처드 코브던을 따라 지출과 과세를 근거로 주장한 이들도 있었다. 일반적으로 결의안의 문구는 평화주의자보다 세속적이고 실용적인 국제주의자들의 주장을 반영하는 경향이 있었다.

국제평화회의는 이때 평화운동의 정점에 달했고 20세기 초에 가서야 또다시 정점에 도달하게 된다. 평화운동은 평화주의자와 종교단체, 노동운동가, 자유무역주의자, 기존의 국제주의자들이 뒤섞인 연합체를 유지했다. 평화회의의 업무는 여론에, 그리고 보다 직접적으로 대서양 양안의 의회의원들에게 영향을 미치는 데 집중되었다. 가장 폭넓게 받아들여진 제안은 분쟁 해결의 국제적 법적 장치와 중재를 지지하는 제안이었다. 1848년 프랑스 의회와 미국 하원에 향후 체결하게 되는 조약에서 "중재를 명문화하는" 결의안이 상정되었지만, 양 의회에서 모두 기각되었다. 리처드 코브던은 영국 정부가 세계 중재체제의 설립을 위해 외국 정부들과 대화에 돌입하도록 하는 결의안을 하원에 제출했다. 이 결의안을 지지한 이들은 기독교를 토대로 한 주장을 거부하고 보다 실용적인 노선을 택했다. 코브던이 말했듯이, "나는 그저 국가들이 전쟁 후에 결국은 늘 하게 되는 일을 전쟁이 일어나기 전에 하도록 만들고 싶다." 이 결의안은 기각되었고, 파머스톤은 중재는 유럽의 다른 국가들에게 적용할 수 없고 영국의 지정학적 입지만 훼손한다고 주장했다.

1850년대 무렵, 무역과 사회개혁이라는 개념에 힘입어 평화운동 단체들은 급진적이기보다는 개혁지향적인 국제주의를 추구하게 되었다. 1848년 혁명적인 격변에 대해 회의적인 입장이었던 코브던은 혁명이 국가들을 더 작은 단위로 쪼개고 민족주의를 악화시키고 자유무역을 훼손할까봐 우려했다. 그러나 격변을 기회로 본 이들도 있었다. 이탈리아 민족주의자 주세페 마치니는 "국가는 인류의 실험실"이면서 민주화 혁명과 민족주의 혁명을 통해 큰 나라들로 구성된 세계가 탄생하게 된다고 주장하고, 이러한 세계에서는 "전쟁을 일으키려는 핑계가 모두 사라지고 그 자리에는 진보로 향하는 길 위에 형제애와 평화를 추구하는 정신이 꽃피게 된다."고 했다.[59] 뒤이은 수십 년 동안 평화운동은 점점 더 국제법률적 제도적 장치들로 평화를 담보하는 활동에 매진하게 된다.

19세기 후반에 평화운동은 약화되기 시작했다. 1853년 크리미아전쟁이 일어나자 영국은 40년 만에 처음으로 대규모 전쟁에 돌입했다. 애국심과 민족주의 정서가 폭발하면서 평화운동 지지자들 일부가 평화운동에서 이탈했다. 영국의 자유무역운동과 평화운동을 이끌던 리처드 코브던과 존 브라이트는 1857년 의석을 잃었다. 미국에서도 남북전쟁이 비슷한 효과를 발휘했고, 이로 인해 평화운동이 축소되고 전쟁을 지지할지 반대할지를 두고 미국평화협회와 영국평화협회들 사이에 균열이 생겼다. 노예제도를 둘러싼 갈등과 함께 노예제도 폐지와 사회정의에 집중하는 새로운 단체들이 등장했고 평화운동은 시들해졌다.

평화운동은 19세기 말 기독교적 가치와 여론에의 소구보다는 국제규범과 제도를 구축하는 데 더 집중하는 활동과 개념과 더불어 다시 등장했다. 정치 참여와 진보주의시대의 일환으로서 새로운 개혁운동은 경제규제, 사회적 입법화, 참정권 등 보다 폭넓은 의제를 추진했다. 이러한 단체들은 대부분 기존의 평화운동 단체들과 협력해 중재, 무장해제, 국제기구의 창설 등에 힘썼다. 19세기 말 무렵 이러한 진보적 평화운동 단체들은 국제법 전문가나 다른 단체들과 제휴해서, 국제법을 강화하고 평화와 안보 문제에 대해 폭넓은 참여와 권한을 행사하는 국가들로 구성된 조직을 구축하고, 중재를 통해서 분쟁을 평화롭게 해결하는 규범들을 제도화할 방법을 모색했다.[60]

법률적 국제주의

19세기 유럽에 등장한 또 하나의 국제주의는 법률적 국제주의라 일컬어도 될 듯싶다. 제러미 벤담이 자신의 저서 《도덕과 입법의 원칙에 대한 서론》에서 '국제'라는 용어를 소개했을 때 염두에 둔 개념이 바로 법률적 국제주의다. 이 책에서 그는 국가 내의 법률과 국가 간의 법률은 "주권국가 간의 상호거래"를 관장할 철학적 토대와 일관성이 절실히 필요하다고 주장했다.[61] 19세기 중엽 법률이론가와 정부들은 주권, 제국, 식민주의 질서의 법적인 토대를 규명하고 합의하려는 다양한 노력을 기울였다. 국제법, 국가 간의 법의 영역은 근대 국민국가가 처한 현실과 국제주의의 새로운 구상을 접목해 학제로서 외교적 관행으로서 동시에 등장했다.[62]

19세기 법률적 국제주의는 "국가들의 법"이라는 문구를 썼다. 이는 유럽제국의 팽창과 "문명세계" 바깥에 존재하는 국민들에 대한 불평등하고 차별적인 대우를 정당화해주기도 하지만 제국주의적 정복을 제한하는 데 이용될 수 있는 개념과 법적 수단을 제시해주기도 하는 양날의 담론이었다. 휴고 그로티우스(Hugo Grotius)와 에메르 드 바텔(Emer de Vattel)의 저술에 등장한 국제법과 그 근거를 언급한 근대 초기의 국제법 개념들이 전면에 등장했고 수정 보완되었다. 바텔은 국가들로 구성된 협회를 당연한 사실로 간주하고 이러한 조직은 발견 가능하고 법조문화가 가능한 법률에 따라 기능한다고 생각했다. 제니퍼 피츠가 주장하듯이, "국가들의 관계를 다루는 법은 국가들을 서로 동등한 지위를 누리고 서로로부터 독립적인 지위를 누리는 도덕적 공동체로 간주하도록 구조가 짜이게 되었다."[63] 18세기 말에, 19세기에 접어들어서도 국제주의 지향적인 법률가들이 생성한 개념, 서술, 법률적 원칙들은 국제법률 공동체 내에 존재하는 국민국가들이라는 구상에 점점 일관성을 부여했다. 유럽 국가체제, 국가 간의 관계를 관장하는 법, "국제"에 대한 개념들은 함께 진화했다. 19세기에 접어들 무렵, "유럽 국가체제와 공법은 국제라는 개념을 완전히 대체하는 개념으로 간주되고 있었고, 국제공동체 원형 혹은 세계공동체의 기원을 나타냈다."라고 피츠는 지적한다.[64]

19세기 중엽 무렵 이러한 법률적 국제주의는 국가 간의 관계를 관리하는 보루로서 유럽에 등장했다. 국제 변호사들은 이 시대에 국제법이라는 학제를 제도화하고 국가 간의 관계 그리고 세계 제국질서 전반을 규제할 세계 법률 질서를 설계하려는 노력을 기울였다. 이러한 법률적 국제주의가 가시화된 사건 하나가 1851년 런던에서 열린 보편적 평화회의였다. 마조워는 이 회의에 대해 다음과 같이 지적한다. "뒤이은 수십 년에 걸쳐 세계의 구원은 빈회의에서 구축된 보수주의적 질서를 바꾸고 외교관들의 권위에 도전하는 활동에 달렸다는 평화주의자들의 시각을 공유하는 범국가적 엘리트 계층이 새로이 등장했다. 그러나 이 엘리트 계층의 목표는 국제법률 관행을 조문화하고 전문직으로 만드는 일이었고 그들이 택한 수단은 대중 동원이 아니라 나름의 제도와 세계관과 역사의식을 갖춘 새로운 학제 형성이었다."[65]

유럽 국제법의 확장으로 19세기 세계질서의 이중적인 속성은 가려졌다. 법률가들은 유럽 국가들을 위해서 주권을 지닌 개별적인 정치체들의 합의를 통해 마련된 법이 뒷받침하는 국제질서의 원칙과 조건들을 구체화했다. 제밀 아이딘이 주장하듯이, 서구 진영 바깥에서는 국제법이 "유럽제국들을 위한 국제주의의 수단으로" 기능했다.[66] 유럽은 주권의 포기와 치외법권을 강제하는 내용을 포함한 조건을 내걸고 비서구 진영에 국제법을 수출했다. 예컨대, 일본, 중국, 오스만제국은 유럽 강대국들이 정한 "문명의 기준"을 충족시킴으로써 유럽이 주도하는 국제공동체에 가입할 권리를 획득했지만, 국제법률 질서 내에서 유럽과 동등한 지위를 누리기 위해 계속 투쟁했다. 19세기가 저물 무렵 이러한 비서구 진영 주권국가의 국제법률가들은 유럽의 법률 패권에 맞서면서 법의 차별적 적용을 비판하고 국제법 문구를 통해 자기가 속한 국가나 제국의 이익을 변호하기 시작했다.[67] 일본은 중국과 러시아를 패배시키고 나서야 비로소 제국 열강들 사이에서 법적으로 동등한 지위를 인정받은 최초의 비유럽 비기독교 국가가 되었다.[68]

1870년대에 미국과 유럽의 학자와 법률전문가들은 국제관계의 다양한 분야들을 아우를 법조문을 정교하게 다듬기 시작했다. 유럽에서 학술적인 법률협회들이 창설되어 이러한 문구를 만들었다. 1873년 벨기에의 도시 겐트에 창립된, 최초의 국제법협회인 국제법 연구소는 "세계의 양심을 조직화"하는 게 국제법이라고 보고 조문을 개발하는 작업을 활성화한다는 목적을 내세웠다.[69] 브뤼셀에서 창립된 개혁과 국제법 조문 협회로 알려진 한 협회는 폭넓게 국제 공법 수립 작업에 집중했다. 1895년 이 협회는 국제법협회가 되었고 유럽대륙에서 내로라하는 법률가들이 모여들었다. 러시아 법률가들은 1880년 상트페테르부르크에 국제법협회를 창설했고, 미국 최초의 법률협회인 미국 국제법협회는 1906년에 창립되었다. 이와 비슷한 협회들이 유럽대륙 전역에 등장했는데, 하나같이 국제법의 조문을 개발하는 작업에 집중했다.[70] 이와 동시에 유럽과 아메리카 대륙의 외교단과 외교부들은 법률을 전공한 사람을 점점 더 많이 영입했다. 19세기 말 무렵 법학 학위는 외교관이 되려면 갖춰야 하는 자격요건이 되었다. 법률적 규범과 절차는 국가가 문제를 규정하고 국가간 분쟁 해결을 추구하는 방식에 영향을 미쳤다.

군 장성이나 정치인들과 비교해볼 때 국제법률가들은 국제분쟁에 대해 생각도 다르고 쓰는 어휘도 달랐다. 그들의 영향력이 강해지면서 국가들이 타결하는 합의에도 영향을 미쳤다. 예컨대, 마사 핀모어(Martha Finnemore)에 따르면, 라틴아메리카의 정부들은 국가부채를 둘러싸고 벌어진 미국, 유럽 열강과의 분쟁을 군사적 개입이 아니라 중재를 통해서 해결할 수 있는 법적 분쟁으로 바꾸었다. 수 세기 동안 국가들은 군사적 수단을 이용해 법적 구속력이 있는 계약을 이행하게 만들었다. 핀모어는 다음과 같이 지적한다. "그들은 국제법에 호소하면서 국가주권의 평등은 국제법 그리고 국제질서의 근간이 되는 원칙이라고 주장했다."[71] 라틴아메리카 국가들은 국가부채 문제를 주권의 법적 원칙의 문제로 틀을 다시 짬으로써 "당시 막 부상하던 국제법률 학계를 설득해 자국이 지닌 시각이 정당하다는 주장을 관철시킬 수 있었고, 나아가 채권 국가들을 설득해 1907년 헤이그에서 (계약을 이행하게 만들기 위해 군사력을 사용하는) 관행을 금지하는 국제조약에 서명하도록 만들었다."[72]

보다 일반적으로 국제법과 국제 변호사가 학제와 전문직으로 부상하면서 중재운동과 다자간 기구들의 부상에 영향을 미쳤다. 국제법은 국가들이 갑론을박하고 합의를 모색할 새로운 지형을 제공했다.[73] 변호사들끼리 갑론을박하면 비슷한 논의를 해도 전문 분야가 서로 다른 사람들과 대화하는 경우보다 쉽게 합의에 도달할 수 있었다. 주권평등과 같은 법률적 원칙들은 상대적으로 약소한 나라들이 훨씬 막강한 나라들을 상대할 수단이 되었고 분쟁 해결의 다자주의적 장치를 지지하는 세력들을 새로이 창출해냈다.[74] 1899년에 개최된 첫 번째 헤이그회의는 기존의 정치인과 군인들이 주도했지만, 1907년에 열린 두 번째 회의는 주로 국제 변호사들이 모였다.[75] 1907년 회의를 주도한 인물은 미국 국무장관 엘리휴 루트(Elihu Root)인데, 그는 미국 국제법협회 초대 회장을 지냈고 중재운동에 적극적으로 참여하고 있었다. 루트를 비롯해 헤이그회의를 주도한 인물들은 중재의 장점을 설파하고 분쟁의 평화로운 해결에 관한 국제법 규범들을 정교하게 다듬었다.[76] 두 번째 회의에서 국제사회를 관리하는 청사진에 대한 합의를 이끌어내는 데 있어서 보다 야심차고 성공적인 결과가 나왔다. 두 회의에서 도출된 결과의 차이는 국제 변호사들의 역할이 커지고 그들이 이슈의 틀을 잡은 데서 비롯되었다.

두 번째 헤이그회의는 국가 간에 안정적인 평화를 구축하는 수단으로서 국제주의를 선도하는 형태로서의 국제법을 확립했다. 글렌다 슬러가가 주장하듯이, "20세기에 접어들 무렵 국제법은 과거에 추상적인 개념에 그쳤던 국제주의의 정치적 이념과 행정적 관행들을 구체화하는 데 결정적인 역할을 한 것으로 널리 인식되었다."[77] 19세기 마지막 수십 년을 통해 법률적 국제주의가 추동력을 얻으면서 국제법이 정교해지고 국제중재재판소가 창설되었다. 외교회의에 국제변호사들의 참여가 증가하면서 이슈의 틀을 잡는 방식이 바뀌고 다자간 규정과 제도들을 옹호하는 새로운 주장들이 제기되었다.

사회적 국제주의

사회적 국제주의도 등장했다. 자유사회를 개혁하기 위해 조직화된 사회적, 종교적, 공익 단체들은 서로 얽히고설킨 국제적인 관계망을 구축했다. 이러한 형태의 국제주의는 여러 가지 다양한 방식으로 구현되었지만, 한결같이 자유민주주의에서 비롯된 명분들을 추구하는 데 그 뿌리를 두고 있다. 이러한 단체들은 정치적 권리, 경제적 안녕, 사회적 정의를 추구했다. 그들은 참정권과 자유로운 교육을 확대하기 위해 투쟁하고, 국내에서 개혁운동을 벌이고 노동운동을 지원했다. 대서양 양안에서 부상하던 산업화 경제체제로 새로운 사회문제들이 발생하고 있었고 계층 구분이 재조정되고 정치적 개혁 과제들이 등장했다. 1900년 무렵 노예제도에 반대하는 노동자계층 단체들에 국내 경제와 정치제도들을 개혁하려는 진보주의적 운동가들 세대가 합류했다. 그들은 자국 내에서의 개혁에 집중했지만, 이러한 사회문제들을 국가 차원보다는 산업화 진영 전역에 걸쳐서 공통적으로

등장하는 문제들로 보았다. 따라서 그들은 국제사회로 손길을 내밀었다.[78]

19세기 후반에는 새로이 두 가지-하나는 계급이익을, 다른 하나는 사회적 인도주의적 문제들을 토대로 한-국제주의 운동이 등장했다. 1860년대를 시작으로 국제노동운동이 산업화 진영에서 점점 활발하게 전개되었다. 원조 격인 운동은 제1인터내셔널이라 불리는 국제노동자회의로서 1864년 9월 런던에서 열린 이 회의는 실무단체들로 구성된 연맹의 모임이었다. 영국과 프랑스의 노조 지도자들이 조직화한 이 단체는 지역단체와 전국연맹으로 조직화된 개인회원들을 토대로 한 중앙당 형태를 띠게 되었다. 런던에 본부를 둔 이 단체는 해마다 회의를 열었고 회의에서 선출된 위원회가 주도했다. 이 조직은 초창기부터 이념적으로 서로 다른 세력들로 나뉘어져 있었으나, 카를 마르크스의 지적 존재감이 이 조직 전체를 어렴풋이 휩싸고 있었다.[79]

대서양 양안의 다양한 단체들이 산업화 사회 내에서 그리고 새로이 부상하는 세계에서 사회적 인도주의적 명분을 추구했다. 이러한 인도주의적 활동은 크리미아전쟁과 미국 남북전쟁의 참상에 대한 반응으로 등장하기도 했다. 그들은 전쟁행위를 보다 인도적으로 만들고 국제적인 행동 규정을 통해서 민간인들을 보호하려고 했다. 1864년 제네바에서 전쟁으로 부상당한 군인들을 치료하기 위해 적십자회의가 창설되었고, 이는 훗날 보다 일반적인 목적을 추구하는 인도주의적 기구로 진화했다. 1880년대, 그리고 새로운 세기로 접어들면서 진보주의와 사회개혁의 기치하에 새로운 단체들-노예제도 폐지 운동가, 노동단체, 인보관(지역사회에서 인보 사업과 빈민구제 활동을 하는 기관) 근로자들, 여성참정권 운동가들-이 등장했다. 제인 애덤스(Jane Addams)의 인보관운동은 영국에서 일어난 비슷한 운동의 영향을 받았다. 이러한 개혁 단체들은 자국 내에서 여러 가지 다양한 정치적 목표를 추진했고 불간섭주의 경제정책을 폭넓게 비판했다. 그러나 그들은 자국 내부의 개혁과 밀접하게 연관된 국제사회에서의 개혁도 추진했다. 예컨대, 여성국제평화자유연맹은 국제평화운동과, 국제평화운동이 추구하는 무장해제와 분쟁의 평화로운 해결에 대해 연대의식을 표명했다.[80]

이러한 다양한 형태의 사회적 국제주의는 자유주의적 자본주의 사회의 성장과 진화를 반영했다. 아키라 이리에(Akira Iriye)가 주장하듯이, "19세기 말에는 국경을 초월해 과학자, 예술가, 음악가 등등의 교류를 목적으로 하는 수많은 기구가 창설되었고 이로써 오늘날의 이른바 '지식공동체'-생각과 관심사를 공유하는 개인들로 이루어진 단체들-가 구축되었다."[81] 이러한 국제협회들은 경제성장의 시류에 힘입어, 자본주의 진영 전역에 걸쳐 중산층 사회가 부상하면서 발전했다. 이리에는 이러한 비정부기구들과 협회들은-국경을 초월해 기업가, 운동가, 사회단체 등의 세계관에 담긴 자유주의의 측면들인-개인의 권리, 법치, 국가권력의 제한, 시민사회 등과 같은 자유주의적 개념들을 표방했다고 주장한다. "세계자본주의의 시대에 자유주의는 세계화되고 있었다."라고 이리에는 주장한다.[82]

기능적 국제주의

19세기에는 "기능적 국제주의" 혹은 마틴 가이어(Martin Geyer)와 요하네스 폴만(Johannes Paulman)이 국제주의 "기법"라고 일컫는 형태의 국제주의도 등장했다. 여행, 통신, 상업적 표준을 촉진하고 규제하기 위해 국제협정, 회의, 기구들이 우후죽순 등장했다는 뜻이다.[83] 이리에가 주장하듯이, 서구 국가들이 "중량과 척도들을 표준화하고 우편과 전신 요율을 통일시키고 전염성 질환의 위험에 대처하기로-사실상 세계협력에 필요한 기간시설을 마련하기로-합의하면서 등장했다."[84] 그 결과 "기술, 통신, 국경을 넘나드는 무역 등 수많은 부문에서 역사적으로 유례를 찾아보기 힘든, 규범을 확립하는 활동이 이루어졌다."라고 위르겐 오스터함멜은 지적한다.[85]

국가들이 점점 더 상호의존성을 인식하게 되면서 나타난 이러한 유형의 국제주의는 새로운 유형의 정부 간 회의와 국제회의의 형태로 구체화되었다. 이니스 클로드가 지적하듯이, "보건, 농업, 관세, 철도, 중량과 척도의 표준, 특허와 저작권, 마약성 약물, 교도소 여건 등과 같이 다양한 분야를 다루는 수많은 기관이 확립되었다."[86] 크레이그 머피(Craig Murphy)는 이러한 기구들의 부상을 산업자본주의와 제국 간의 관계로 세계화하는 세계에서 규제와 표준설정의 수단으로서의 역할에서 찾는다. 이러한 기구들은 자본주의 체제 시장을 확대하고 거래비용을 줄이고 사람, 상품, 자본의 이동과 관련해 공동의 표준을 제시해야 한다는 압력에 대한 기능적인 대응이었다.[87]

기능적 국제주의의 한 유형을 코넬리아 나바리(Cornelia Navari)는 "행정적 국제주의"라고 일컬었다. 서구 국가들의 관료와 행정부가 수행해야 하는 업무가 확대되면서 국제적 차원에서도 이에 상응해 업무가 늘어났다. 나바리에 따르면, "정부의 각 부처가 수행하는 기능에 있어서 일부 행정적인 업무는 국제기구와 중첩되거나 대체되었다. 우편, 보건, 유럽의 철도 발착 시간 관리 연합은 초창기에 나타난 이러한 형태의 행정적 국제주의의 사례들이다."[88] 이처럼 "외면화된 관료체제"는 두 가지 유형으로 발전했다. 첫째, 가장 발달한 산업국가들이 기관을 설립하면 뒤이어 업무를 조율할 국제기구가 창설되고, 이는 다시 국제적 차원에서 후발 산업화 국가들이 선진 산업국가들의 선례를 따르는 결과로 이어졌다. 1850년에 창설된 국제우편연합(IPU)이 이러한 발전 논리의 사례다. 18세기 말 서유럽과 미국에서 국내 우편 서비스가 확립되면서 국제우편연합의 창설로 이어졌는데, 창설회원인 22개국은 우편 문제와 관련된 모든 분쟁의 중재를 이 기구에 일임하기로 결의했다. 유럽 중앙은행들의 설립도 이와 똑같은 절차를 따라, 1930년대에 유럽 중앙은행들이 활동을 서로 조율하기로 합의한 후 다른 나라들에게 자기들의 선례를 따르라고 촉구했다. 둘째, 국제적 조율이 선행되고 이를 통해 각국에 기구가 설치되었다. 예컨대, 1850년대에 역병이 발생하면서 이의 확산을 막기 위한 국제적인 노력이 이루어졌고, 이는 다시 공중보건 조치들을 통해서 흑사병과 싸우는 국가적 역량을 증진시키는 노력으로 이어졌다.

이렇게 각국에 또 국제사회에 전담 기관들이 신설되는 변화는 자유민주주의국가의 변화를 뒤따랐다. "우편과 보건을 국제적으로 조율하는 기구를 포함해 최초의 국제 행정기구들은 19세기 '전통적인' 자유주의가 탄생시켰고 공적인 목적에 대한 자유주의적 시각을 따랐다."라고 나바리는 지적한다. "'사회적 문제'로 정부가 고심하게 되면서 '새로운' 제2세대 자유주의적 기구들이 창설되기 시작했다. 두드러진 사례가 노동의 조건들을 균일하게 만들기 위해 1919년 창설된 국제노동기구(ILO)이다."[89] 이는 근대화하는 자유주의국가들이 쓸 수단과 역량을 창출해준 유형의 국제주의였다. 국제협정과 국제기구들은 "정보를 취합하고 처리하는 중심지, 정부들이 공통으로 직면한 문제를 논의하는 중심지, 국가정책과 관행들을 합의를 통해 조율하는 수단, 관심 분야에서 통일된 기준이나 최소한의 기준을 만들고 수용하는 기구 역할을 했다."라고 이니스 클로드는 지적한다.[90] 국제연맹 창설과 훗날 유엔의 창설은 국가 내 기구와 국가 간 기구의 설립이 톱니바퀴처럼 맞물려 돌아가는 논리의 연장선상에 있다. 이러한 국제기구들이 맡은 임무는 점점 확장되었고, 이러한 업무는 대부분 후발 국가들에게 발전을 위한 지원을 하는 게 목표였다.

19세기에 등장한 이처럼 다양한 유형의 국제주의는 모두 다른 변화의 물결들과 연관되어 추진되었다. 자유무역 국제주의는 산업자본주의와 세계시장의 확대와 연관되었다. 법률적 국제주의는 제국과 식민주의에 봉사했다. 국제법이 유럽제국이 생각하는 국제사회 개념과 명백히 상충하지는 않았지만, 국제법 운동은 주권국가 간의 분쟁을 평화적으로 해결할 법적-제도적 장치를 명문화할 방법도 모색했다. 기능적 국제주의는 근대 세계자본주의가 가하는 압박과 요구에 대한 가장 직접적인 대응이었다. 19세기에 유럽에서 부상한 자유주의 자체가 민족주의의 부상과 근대 국민국가의 확립과 밀접하게 연관되었다. 마틴 베일리(Martin Bailey)가 주장하듯이, "각종 회의와 기구들이 보편적인 원칙을 표방한다고 주장할 때조차도 국민국가의 참여가 점점 더 그 구조에 영향을 미쳤다."[91] 이러한 국제적 과제가 "자유주의적"인 성격을 띤 까닭은 보다 개방적이고 대체로 규정을 토대로 한 진보주의를 지향하는 형태의 질서를 향해 세계를 견인하는 데 힘을 모았기 때문이다. 자유민주주의의 확산은 자유주의 지향적인 국제주의가 추진력을 얻는 데 반드시 필요했다. 그러나 자유주의적 국제주의는 제국, 제국주의, 민족주의, 문명화 담론, 산업자본주의의 등에 올라타 20세기로 진입했다.

근대화가 진행되는 국제사회 내에서 국제법과 기구들이 강화되는 현상은 유럽과 미국 국제주의가 보이는 주요 특징이었다. 이러한 개념들은 새로울 게 없었다. 19세기 초 평화운동 단체들도 국제의회, 국제재판소, 중재체제를 구축하고, 국제법을 명문화하자고 했다. 그러나 20세기 초 무렵, 법적 제도적 질서 구축을 주장하는 단체와 지지자들이 바뀌고 확대되었다. 국제주의자와 운동단체들 사이에서는 근대 국제질서에는 국제법의 명문화를 통해서 운영되는, ("야만적인 나라들"를 제외하고) 가능한 한 많은 회원국이 참여하는 국제의회와 국제재판소가 필요하다는 데 대체적인 합의가 이루어져 있었다.

수십 년에 걸쳐 법률적 제도적 국제주의의 배경이 된 사상의 관심사는 여론에서 정부들 간의 관계로 바뀌었다. 1815년 이후 시작된 영미권의 평화운동은 본래 여론을 환기시키고 이를 통해 정부를 대상으로 자신들의 의지를 관철시키는 길을 모색했다. 국민을 부추기면 국민이 스스로 정부에게 평화 달성에 매진하고 새로운 국제법과 기구를 창설하라고 요구하게 된다고 간주되었다. 정부는 사실상 "국민의 의지를 실현하는 도구"로 간주되었다. 19세기 중엽 런던과 파리에서 열린 평화회의는 평화운동의 호소력을 종교와 직능단체들 바깥으로 넓히는 한편 입법기관이 직접 채택할 수 있는 제안들을 만들어내는 등 두 지지 세력을 모두 상대하는 방향으로 바뀌었다. 19세기 말 무렵 국제단체들은 점점 더 전문직 엘리트와 정부를 통해서 자신들의 구상을 추진하게 되었다.[92]

중재 조약에 대한 관심이 높아진 까닭은 이처럼 지지와 연합 세력이 바뀌었기 때문이지만, 또한 국가와 사회가 변했기 때문이기도 하다. 아서 빌즈(Arthur Beales)가 지적하듯이, "중재를 보편적으로 받아들이게 된 현상은 민주주의의 성장과 병행해서 나타났다."[93] 이는 두 가지 측면에서 사실이다. 첫째, 중재협정의 추진은 그리고 보다 일반적인 국제법률과 제도의 설계 추진은, 국제적 개념과 운동이 꽃필 비옥한 토양인 시민사회를 갖춘 19세기 자유민주 진영 내에서 전개된 아주 정치적인 과정이었다. 정치운동, 평화운동 단체, 직능협회, 학술협회, 의회연맹 등이 새로운 국제주의의 행위자이자 주체였다. 그들의 투쟁은 의회와 외교부를 통해서 전개되었다. 둘째, 국제 사법기구와 입법기구들이 지지한 중재라는 개념은 여러모로 자유민주적 개념들을 국제사회에 확대 적용했다. 법치와 분쟁의 평화로운 해결이 자유민주주의의 핵심이므로 이러한 사회 내에서 여러 단체와 운동들이 이러한 개념들을 국제체제에 적용하려 했다는 사실은 놀랄 일이 아니다.[94] 자유민주주의국가들이 중재합의와 조약을 추진했다는 사실은 이러한 나라들과 19세기 법적 제도적 국제주의 사이에 각별한 동질감이 존재한다는 점을 시사한다.

19세기 말 무렵, 이러한 다양한 지류들이 자유주의적 국제주의로 병합되고 느슨하게 서로 얽히고설키게 되는 현상이 가시화되었다. 이러한 새로운 국제주의의 정치적 지적 지류들은 핵심적인 몇 가지 개념들을 토대로 수렴되는 경향을 보였다. 개방적인 통상 관계, 분쟁 해결을 위한 제도적 장치, 인권과 인도주의에 대한 기초적인 규범들이 그러한 개념들이다. 국제주의 운동과 연합세력들은 19세기 중엽의 종교적 상업적 사회들을 넘어 확대되었고 19세기 말 무렵 세속적 전문직 엘리트 계층과 진보주의적 개혁 단체들이 점점 다양한 형태의 국제주의를 표방하면서 의회와 외교부를 직접 겨냥한 다양한 제안들을 제시했다. 산업화 사회들 사이의 상호의존성이 점증하고 강대국들의 무기경쟁이 치열해지면서 정부를 개혁하고 국제질서를 구축하려는 새로운 노력을 기울일 여건이 마련되었다.

민족주의와 국제주의

자유주의적 국제주의의 기원은 19세기에 부상하던 자유민주주의 진영 전역에 걸쳐 활동하던 각양각색의 사람들과 집단들-외교관, 상인, 평화운동가, 노동자, 지식인, 변호사 등-의 활동으로 구체화된 국제주의에서 찾을 수 있다. 국제주의 자체는 민족주의와 국민국가의 부상 및 확산과 밀접하게 연관되어 있다. 어떤 의미에서 보면 국제주의와 민족주의는 서로 경쟁하는 운동으로서 정치적 공간을 조직화하는 다양한 논리들을 제시했다. 그러나 보다 깊은 의미에서 국제주의와 민족주의는 막 부상하던 근대 세계질서를 구성하는 양축이었다. 민족주의와 국민국가는 서구 민주주의국가들 사이에 정치적 질서의 틀과 정체성을 부여했다. 국제주의는 이러한 사회 내에서 사람들과 집단들이 국경을 초월해 관계, 제도, 연대감을 구축하는 그리고 공동의 과제를 추구하는 다양한 방식에서 나타났다. 자유민주주의는 19세기에 등장했고 서구의 국민국가 체제 안에 단단히 정착했다. 이는 국제주의가 등장해 점점 확장될 지정학적 공간을 제공했다.

19세기에 꽃핀 다양한 형태의 국제주의는 자신이 근대화 및 세계화하는 세계에서 살고 있다는 시민의 각성에서 비롯되었다. 평화운동, 자유무역주의자, 국제노동운동, 법조인 협회들은 모두 상호의존성은 위험을 야기하는 동시에 기회도 창출하는 도덕적 물리적 사실임을 인식했다. 과거는 뒤로 물러나고 새로운 형태의 정치와 사회가 등장하고 있었다. 연계, 제휴, 명분, 정체성, 정치적 조직화 모두 새로이 국제적인 특징을 띠게 되었다. 산업화 사회들과 강대국들의 상호연관성이 19세기 근대성의 핵심적인 특징이었다. 빌즈는 다음과 같이 주장한다. "'국제적(international)'이라는 단어는 현실을 일컫기 시작했다. 여러 가지 다양한 영역들을 초월한 정부들과 이익집단들의 연대의식은 단순히 입에 발린 소리 이상의 반응을 얻기 시작했다."[95] 국제주의자들은 국제 공간을 조직화할 새로운 방법을 모색하고 있었다. 이처럼 세상에 대한 새로운 구상과 활동은 국민국가와 국제사회라는 개념들을 동시에 염두에 두었다.

이러한 국제주의 유형들이 모두 자유주의를 지향하지는 않았다. 그러나 이러한 다양한 지류의 국제주의를 통해서 궁극적으로 자유주의적 국제주의는 다면적이고 끊임없이 변하기는 하나 비교적 일관성 있는 정치적 과제로서의 면모를 갖추게 되었다. 개념과 관행들의 집합체로서의 자유주의적 국제주의는 통일된 신념의 묶음이라기보다는 개념들의 계보로서, 이러한 개념끼리는 서로 긴장 관계에 놓여 있었다. 19세기 중엽 유럽에서 등장한 자유주의는 그 나름의 갈등을 품고 있었다. 자유, 평등, 사유재산, 사회정의는 종종 서로 충돌했다. 자유주의적 국제주의는 서구 자유주의 산업사회들의 주도로 세계가 주권 국민국가들로 조직화되고 있다는 시각을 토대로 한 개념과 과제의 집합체였지만, 이 가운데 다양한 지류들이 유럽제국과 식민지주의와 공동의 명분을 만들어나갔다. 탈식민지시대의 자결주의 규범들, 인종과 정치 평등, 보편적 권리들은 아직 자유주의적 국제주의의 핵심이 아니었다. 점점 국민국가의 면모를 갖추어가고 있던 국가는 주권적 권위의 원천이자 토대였지만, 자유주의적 국제주의는 공통적인 유형의 집단적 지배구조가 성장하리라고 기대했다. 이러한 긴장은 계속 그 핵심에 자리하게 된다.

4.

월슨주의적 국제주의

1917년 우드로 윌슨 미국 대통령은 '민주주의를 위한 세계 안전'을 표방했다. Woodrow Wilson
© wikimedia

—

20세기 전반은 자유주의적 국제주의에게 가혹한 시대였다. 양대 세계대전, 경제대공황, 파시스트 강대국과 전체주의 강대국의 부상 등으로 자유주의적 국제주의 과제는 끊임없이 위기에 봉착했다. 호시절이었던 벨에포크*는 오로지 근대성의 한쪽 면만 드러냈다. 서구 진영 국가들에게 부와 권력과 사회발전을 안겨준 산업화에는 어두운 면이 도사리고 있었다. 제1차세계대전이 불러온 지정학적 참사와 폭력적인 격변은 국제정치뿐만 아니라 자유주의적 국제주의에게도 전환점이 되었다. 그리고 뒤이은 전쟁들과 공황과 정치적 위기 또한 전

* 19세기에서 20세기에 걸친 수십 년으로서 훗날 유럽인들이 이 시대를 돌이켜보면서 낙관주의, 풍요, 과학의 발전, 문화적 성취, 평화의 시대로 기억하며 향수를 느낀다.

환점이 되었다. 20세기에 자유주의적 국제주의는 연속해서 황금시대와 세계적 재앙을 번갈아가며 겪었다. 근대성이 사회와 국제질서의 꾸준한 진전을 이끌고 있다는 인식은 전쟁, 사회적 격변, 다시 부상하는 비자유주의로 인해 끊임없이 무참히 깨졌다. 자유주의적 국제주의는 끊임없이 근대성의 양면성과 조우하면서 점점 세파에 시달리고 염증을 느꼈다.

1919년과 1945년에 가장 중요한 두 가지 사건이 일어났다. 자유주의적 국제주의자들은 상상을 초월할 정도로 파괴적인 두 차례 세계대전으로 "세계화"의 속성과 근대화 세계에 대한 심오한 논리에 대해 갑론을박한 후 지적 정치적 잔해들을 수습해야 했다. 그러나 양대 세계대전은 "구질서"가 붕괴되는 효과도 낳으면서 주요 국가 지도자들이 새로운 토대 위에 국제질서를 재건할 제안을 제시할 역사적 기회를 조성했다. 그들이 품었던 가설과 과제를 정면으로 부인하는 듯한 세계적인 사건들에 직면한 자유주의적 국제주의자들은 그들이 추진하는 과제를 포기하지 않았다. 오히려 그들은 그 과제를 재고하고 재편했다. 그들은 전쟁, 경제공황, 자유민주주의에 도전장을 내미는 비자유주의적 주체들을 극복하기 위해서는 더 강력한 자유주의적 국제주의가 필요하다고 주장했다.

우드로 윌슨은 그 어떤 지도자나 사상가보다도 자유주의적 국제주의와 동일시된다. 그는 1913년 대통령 임기를 시작하러 워싱턴을 향해 출발하기 며칠 전 프린스턴 대학교 친구에게 "내 행정부가 주로 외교 사안들을 다뤄야 한다면 운명의 장난일 걸세."라고 말했다.[1] 하지만 자유주의적 국제주의가 국제관계의 전통으로서 성숙하게 된 시기는 그가 대통령에 재임한 8년 동안이었다. 그는 주로 연설을 통해서 그리고 파리에서 평화구축 회의를 통해서 이를 달성했다. 그가 제시한 핵심적인 개념들은 그가 1918년 의회 상하양원 합동회의에서 미국이 전쟁을 하는 목적에 대해 발언한, 유명한 14개 평화원칙 연설에 명시되었다. 미국은 "공개적으로 투명하게 평화협약이 진행되는" 세계, "경제적 장벽"이 제거되고 공해상에서는 항해의 절대적인 자유가 보장되는 세계를 모색하게 된다. 이러한 새로운 전후 질서에서 평화를 담보하기 위해서 "크고 작은 국가들이 공히 정치적 독립을 상호보장한다는 전제하에" 분쟁을 해결할 목적으로 국제기구를 창설하기로 한다.[2] 윌슨의 전후 질서 구상은 대담하고 독창적이라고 간주된다. 최초로 자유주의적 국제주의라는 구상을 불러일으켰다. 그러나 사실 그는 이미 수십 년 동안 유럽과 아메리카 대륙에서 논의되어 온 개념들을 발설했을 뿐이다. 그는 지적인 기여보다는 정치적인 기여를 했다. 즉, 자유주의적 국제주의를 정치적 과제로 구체화했다.

제1차세계대전과 우드로 윌슨과 그의 동시대 사람들의 평화구축은 국제주의를 20세기로 이끌었다. 폭력과 격변이 일어나고서야 비로소 제국 열강들이 격돌하는 구세계는 뒤로 물러나기 시작했고 자유주의를 토대로 국제관계를 재편하고 통합하는 노력을 기울일 수 있게 되었다. 자유주의적 국제주의는 국제관계를 개혁하기 위한 이론과 이념과 의제를 갖춘 정치적 과제가 되었다. 윌슨의 구상은 진보주의적인 동시에 보수주의적이었다. 그의 구상은 국제질서를 자유무역, 집단적 안보, 국제법을 중심으로 재편하는 포괄적인 계획을 담았다. 그러나 윌슨시대의 자유주의적 국제주의는 유럽의 제국들, 인종적 문화적 위계질서, 혹은 궁극적으로는 국가주권과 관련한 기존의 조건들에 정면으로 맞서지 않았다는 점에서 보수주의적이었다. 윌슨은 베스트팔렌 국제질서를 초월하는 질서가 아니라 정부 간 규범과 정치적 관계의 점진적인 변화를 통해서 독립적인 자치 국가들과 국민들이 공존을 추구하는 정치적 도덕적 과제에 착수하려고 했다.

이 4장에서 나는 네 가지 주장을 전개한다. 첫째, 제1차세계대전으로 인해 우드로 윌슨을 비롯한 자유주의적 국제주의자들은 국제질서를 개혁할 분명하고 포괄적인 제안을 제시해야 했다. 국제사회가 방향을 설정하지 않아도 점진적으로 진보하게 된다는 생각은 산산조각이 났다. "세계가 처한 현실이 변했다."라고 윌슨은 1919년 지적했다. 전쟁으로 인해 협력과 상호보호를 제도화한 능동적인 체제가 필요하다는 사실이 분명해졌다. 그러나 윌슨을 비롯한 당대의 사람들은 근대성 자체가 평화와 자유민주주의에 가하는 위험이 아직 보이지 않았다. 그들은 국가들이 충분히 근대화되지 않은 게 문제라고 생각했다. 근대화가 아직 그 소임을 다하지 않았다고 생각했다. 윌슨은 독일을 집중적으로 비판했다. 독일의 타고난 사회적 정치적 특성들인 독재국가, 군국주의적 문화, 귀족계급이 전쟁을 야기했다고 했다. 따라서 전쟁 자체가 진보주의적 변화의 도구로 변질되었다. 1919년 9월 윌슨은 다음과 같이 말했다. "전쟁의 목적은 독재국가를 파괴하는 일이다. 즉, 세계 그 어느 곳에서도 베를린에 있는 빌헬름스트라스 거리처럼 군인이 무리 지어 활보하면서 금융가를 밀치고, 상인을 밀치고, 제조업자를 밀치고, 황제도 밀쳐내고, '우리는 세계를 정복할 장치를 완성했다.'라고 외치지 못하도록 만드는 일이다."[3] 독일을 포함해 세계의 더 많은 지역을 근대화시킬 국제질서를 구축하는 게 해결책이었다. 세계는 아직 근대화하는 과정에 있고 자유민주주의가 아직 우세하므로 이러한 해결책이 가능하다고 윌슨은 생각했다. 민주사회와 세계의 여론은 민주주의가 확산되면 국제질서를 관장할 장치가 마련된다는 견해가 우세했다.

둘째, 전후 질서를 뒷받침한 핵심적 개념들은 새로울 게 없었다. 전후 질서의 핵심적인 개념들은 19세기 대부분 기간 논의되었고 19세기 국제주의의 다양한 형태들에 반영되었다. 전후 질서의 핵심에는 서구 자유민주주의국가들의 주도로 조직화된 개방적 상거래, 국제법, 분쟁 해결 장치들이 특징인 국가공동체라는 구상이 있었다. 독립적인 주권국가들이 국가들로 구성된 의회를 중심으로 사법, 입법, 행정을 관장하는 국제기구들로 구성된 상설체제를 구축한다는 구상이었다. 협력을 촉진하는 상설 기구를 계속 정교하게 다듬어지고 있는 국제법과 분쟁 중재의 원칙들을 지침으로 삼아 설치한다는 것이었다. 협력과 약속 이행은 결국 각성된 자기 이익과 국제여론의 힘을 토대로 자체적으로 발생한다. 이러한 개념들은 윌슨 이전에 등장했고 미국이 독점한 개념도 아니었다.

셋째, 윌슨이 구상한 국제질서를 구체적으로 보면 근대성, 자유민주주의, 제도, 진보적인 변화라는 일련의 가정을 토대로 한 개념들이 종합된 진화하는 체제였다. 윌슨이 구상한 질서는 자유민주주의는 우월하며 근대 세계의 심오하고 진화하는 특징인 "문명"이 국제사회를 뒤에서 밀고 앞에서 끌어당기며 앞으로 나아간다는 가정을 전제로 했다. 윌슨은 주권국가들로 구성된 공동체의 규정과 규범으로 구체화된 국제법이 널리 확산되고 진화하게 되리라고 확신했다. 그는 국제연맹 창설은 안정적인 평화체제를 구축하기 위해 반드시 거쳐야 하는 첫 단계라고 생각했다. 국제질서가 국가들을 사회화시키고 진화시킨다는 논리에 대한 믿음 때문에 윌슨은 전후 보상, 주권, 제국 등의 문제를 유럽 지도자들에게 양보했다. 그는 자신의 구상이 궁극적으로 승리하리라고 생각했기 때문에 세부적인 사항들에서는 양보해도 된다고 생각했다.

마지막으로, 윌슨주의적 국제주의는 실패했다. 미국은 국제연맹에 합류하기를 거부했고 뒤이은 몇십 년 동안 베르사유 평화조약은 전쟁과 경제공황으로 이어지고 말았다. 1918년 7월 4일 윌슨은 국제질서라는 과제는 "피통치자의 동의를 토대로 하고 인류의 조직화된 여론으로 유지되는 법의 지배"로 구현된다고 공표했지만, 그의 그러한 발언은 수포로 돌아갔다. 그 실패의 원인과 결과를 두고 한 세기 동안 갑론을박이 있었다. 어찌 보면 그저 윌슨이 일을 망쳤다. 미국 상원은 문구를 명확히 다듬은 결의안을 담은 조약을 통과시킬 의향이 있었고 미국 정치 주류는 고립주의 정서를 표방하지 않았지만, 윌슨은 타협을 거부했다. 더 깊이 파고들면, 윌슨의 자유주의적 국제주의 구상은 지탱하기가 불가능했다. 서구 진영 자체가 안정적인 지정학적 토대가 아니었기 때문이다. 그래도 윌슨의 구상은 훗날 자유주의적 국제주의 질서를 구축하는 노력의 이정표가 되었다. 국제연맹이 실제로 탄생했고, 비록 평화를 확보하는 데 실패했으나 다자간 협력의 수단이 되었으며, 규범적 제도적으로 제국을 해체할 길을 텄다. 훗날 등장한 자유주의적 국제주의자 세대들은 이 시대에서 얻은 교훈과 유산을 응용했다.

세계대전, 근대성, 국제질서

제1차세계대전은 세계적인 참사로서 그때까지 세계가 겪어본 적이 없는 가장 폭력적이고 파괴적인 전쟁이었다. 산업화시대에 발생한 최초의 대규모 전쟁이었고 천만 명의 군인이 목숨을 잃고 수백만 명이 부상당하고 사지가 잘려나가게 된 유혈참극이었다. 1914년 여름 유럽에서 참전한 청년들은 크리스마스를 집에서 보낼 수 있다고 확신하면서 전쟁을 향해 진군했다. 그런 일은 일어나지 않았다. 청년한 세대 전체가 몰살했다. 화학무기들, 참호전, 대량살상, 베르됭, 솜, 갈리폴리 등에서의 참혹한 전투, 그 폭력성에 영향을 받지 않은 유럽인이 거의 없던 참상이었다. 제1차세계대전 이후 만연한 깊은 환멸감은 T. S. 엘리엇의 〈황무지(The Waste Land)〉에 잘 묘사되었다. 윌슨은 한 연설에서 다음과 같이 지적했다. "재앙이 도래했다. 피가 강물처럼 흐르고, 꽃피던 유럽 국가들은 파괴되었다. …구질서는 무너졌다."[4] 전쟁은 세계질서라는 구상을 뒤흔들었다. 당대의 사람들이 이 전쟁을 대전(The Great War)이라고 일컬은 이유는 그 규모가 어마어마했기 때문이지만, 전쟁, 평화, 인간이 처한 여건에 대한 사람들의 생각에 심오한 영향을 미쳤기 때문이기도 하다.[5]

이 전쟁이 끼친 가장 직접적인 영향은 세계 권력이 재분배되었다는 점이다. 유라시아 대륙의 구제국들-러시아, 합스부르크, 오스만-은 붕괴되었다. 새로이 국민국가들이 탄생했다. 유럽 식민지에서도 새로이 국민국가들이 탄생하고 독립운동에 불이 붙었다. 대영제국은 살아남았지만, 유럽 열강들은 대단히 쇠약해졌다. 다양한 측면을 지닌 권력의 이동이었다. 유럽의 열강들은 19세기에 산업화하고 제국을 팽창하고 세계에 대한 지배권을 한층 공고히 다졌다. 영국은 이러한 세계적인 힘 팽창의 중심에 있었고, 대영제국은 역사상 가장 큰 규모였으며, 다른 유럽 국가들이 모방할 일종의 제국의 청사진을 제시했다. 제1차세계대전은 이 모두를 끝장냈다. 유럽의 열강들은

국제질서에 대한 장악력을 상실했고 제국은 국제질서를 조직화하는 논리로서의 중추적 지위를 상실했다.[6]

이 전쟁의 최대 수혜자는 미국이었다. 이미 수십 년 전부터 증강해온 국력은 대단한 탄력을 얻었다. 전시에 다른 강대국들의 경제는 휘청거렸지만, 미국의 경제는 계속 팽창했다. 거의 하룻밤 사이에 미국은 영국을 제치고 세계에서 금융계를 선도하는 국가로 등극했다.[7] 이처럼 세계적인 힘의 이동에서 중심적인 드라마는 영미 관계였다. 애덤 투즈(Adam Tooze)는 다음과 같이 지적한다. "19세기에 접어든 이래로 대영제국은 세계 최대의 경제 단위였다. 베르됭 전투와 솜 전투가 벌어진 1916년 어느 시점부터 대영제국의 총산출은 미국의 총산출에 추월당했다. 그 이후로 21세기 초에 이르기까지 미국 경제는 세계질서의 형태를 가다듬은 결정적인 요인이 되어왔다."[8] 어떤 의미에서는 19세기를 풍미한 자유주의국가가 20세기의 계승자에게 그 지위를 이양했다고 볼 수 있다. 그러나 미국은 영국과는 다른 유형의 강대국이기도 했다. 바로 유럽 국가체제 밖에서 등장한 강대국이었다. 미국의 양안 지역은 각각 유럽과 아시아와 마주보고 있다. 미국은 스페인과의 전쟁 끝에 제국의 일부를 확보했지만, 미국의 영토 팽창은 대체로 북미대륙에 걸쳐 연방체제를 확장하는 데 그쳤다. 명실상부한 제국들이 지배하는 세계에서 미국이 부상하고 있었고 제국과-특정한 제국과도 질서를 조직화하는 논리로서의 제국과도-복잡하고 모순되고 궁극적으로 적대적인 관계는 20세기 내내 지속되었다.[9] 영국에서 미국으로의 이러한 힘의 이동은 패권의 계승이었다. 하지만 더 근본적으로는 탈제국시대의 세계질서를 두고 지루하게 이어진 세계적 투쟁 과정에서, 제국주의적 질서를 이끄는 영국에서 미

국으로 지도적 지위가 이양된 사건이기도 했다.[10]

제1차세계대전은 질서를 구축할 새로운 기회를 창출하기도 했다. 구질서는 전쟁으로 인해 여러 가지 면에서 파괴되었다. 무엇보다도 전쟁으로 강대국들과 그들의 정치적 관계가 초토화되었다. 국제질서를 뒷받침하는 규정과 제도들이 붕괴되었고 기존의 국제질서 안에서 운신한다는 선택지가 갑자기 사라졌다. 철저히 현실적인 의미에서 새로운 질서가 구축되어야 했다. 그러나 새로운 질서 구축을 둘러싸고 벌어진 전쟁과 갈등으로 구질서의 규정과 제도들이 정당성을 잃었다. 전쟁 자체가 이러한 실패의 증거였다. 전쟁으로 힘도 새롭게 재분배되었고, 이로 인해 강대국과 약소국 사이에 새롭게 힘의 비대칭이 조성되었다. 강력한 폭풍처럼 전쟁은 구질서의 규정과 제도들을 말끔히 일소했고 새판이 마련되었다. 적어도 임시로나마 구질서의 제약이 제거되자 새로이 막강해진 국가들은 앞장서서 국제질서를 재고하고 재건할 기회를 얻었다. 제1차세계대전이 끝날 무렵의 상황은 1648년, 1713년, 1815년 그리고 1945년에 다시 등장할 상황과 다르지 않았다. 새로 막강해진 행위자들은 국제정치의 구조를 결정할 기회를 얻었다. 전후 혼란스러운 상황에서 미국을 비롯한 여러 나라 지도자들은 국제관계를 관장하는 새로운 규정과 원칙들을 제시할 입장에 놓였다.[11]

제1차세계대전은 새로운 세계 이념투쟁의 시대를 열었다. 1917년 봄 미국은 자유주의적 국제주의와 "새로운 외교"를 주장하면서 전쟁에 뛰어들었다. 윌슨은 전쟁을 이용해 진보주의적 변화를 꾀했다. 1917년 4월 2일 상하양원 합동회의 연설에서 전쟁을 "이기적인 독재권력"에 맞서는 "자유로운 자치국민들"의 투쟁으로 묘사했다.[12] 그해 가을 러시아혁명이 일어났고 공산주의적 국제주의와 프롤레타리아 독재의 기치를 내건 볼셰비키가 집권했다. 윌슨과 마찬가지로 블라디미르 레닌도 제1차세계대전을 배경으로 세계 역사를 바꿀 방법을 모색했다. 레닌은 망명에서 귀환해 페트로그라드의 핀란드 역에서 한 유명한 4월테제(April Theses) 연설에서 전쟁을 서구 부르주아 정부의 "자본주의 속성"이 유발한 "포식자 제국주의" 갈등이라고 묘사했다. 그는 이 전쟁으로 더 많은 혁명이 일어나고 노동자와 농민 민주주의국가들로 "새로운 국제" 체제가 구축되리라고 내다보았다. 새로운 세계질서에 대해 동상이몽을 꾸던 윌슨과 레닌은 각각 세계가 위기-전쟁, 군국주의, 산업사회의 격변-에 처한 원인에 대해 포괄적인 해석을 제시했다. 두 사람은 전쟁을 "사물의 새로운 질서"가 비롯될 대규모 화재로 보았다. 두 사람은 유럽이 퇴행적인 과거의 구현이고 자기 조국을 다가올 계몽된 시대의 횃불로 보았다. 두 사람은 기창한 이념을 내세우고 자신을 국세운동의 시노자로 보았다. 이처럼 서로 다투는 국제주의 이념은 전쟁이 끝나고 나서도 이어졌고, 베르사유 평화조약, 레닌과 윌슨의 시대를 뒤이어 수십 년 동안 계속된다.[13]

강대국 관계에서 이념이 새롭게 중요성을 띠게 된 이유는 윌슨의 미국과 레닌의 러시아에 구현된 정권의 유형이 달랐기 때문이기도 하다. 그러나 이념투쟁은 여론과 민주정치의 세계무대에서 새롭게 두드러진 특징을 반영하기도 했다. 질서를 구축하는 외교가 펼쳐지는 "무대"가 변했다. 민주주의와 여론은 이제 두 가지 측면에서 국제관계의 필수적인 요소가 되었다. 가장 명백한 사실은 실제 외교는 보다 공적인 사안이었다는 점이다. 대통령과 총리들은 연대를 구축하고 예전보다 훨씬 폭넓게 다양한 계층의 국민을 설득해야 했다. 이는 전쟁 자체의 산물이기도 했다. 전쟁으로 강대국의 시민과 군인이 동원되고 확대되었기 때문이다. 휴전협정에 조인하고 2주 후에 한 연설에서 영국 총리 데이비드 로이드 조지(David Lloyd George)는 시급히 시행해야 할 과업이 "영웅들이 살기에 적합한 영국을" 만드는 일이라고 공표했다.[14] 큰 희생이 치러졌고 그러한 희생으로 인해 전쟁이 끝난 후 벌어진 일들-전쟁의 목적과 평화 구상-이 새삼 긴박해졌다. 파리평화회의에 앞서 의기양양하게 유럽을 순방한 윌슨은 이러한 새로운 공공외교를 과시했다. 그러나 한 세기 동안 발전해온 서구 자유민주주의도 보다 심오한 의미에서 중요성을 띠었다. 국제질서의 원칙들은 자유민주주의의 원칙과 추구하는 바와 훨씬 밀접하게 연관되어야 했다. 합법적인 국제질서의 정의가 변했고 이제 지도자들은 규정과 제도를 구축할 때 민주적 정서에 훨씬 신경을 써야 했다. 이는 윌슨이 부패와 뒷거래로 타락한 낡은 유럽의 지정학을 비판하고 개방적인 조약협상의 투명한 공개를 토대로 한 관계를 요구한 발언에서 드러났다. 이는 또한 자결주의라는 새로운 문구에서도 나타났다. 전후 자유주의 질서의 명분은 궁극적으로 자유민주주의의 원칙을 얼마나 잘 추진하는가에 달려 있었다.

이러한 의미에서 제1차세계대전은 국제질서를 재조직해야 한다는 요구를 조성하고 기회를 창출했다. 그 이유는 바로 전쟁 자체가 너무나도 충격적이었기 때문이다. 자행된 폭력과 파괴력에서도 물론 충격적이었지만 근대성의 속성과 진보, 이성, 여러 사회 간의 상호의존에 대한 서구의 생각이 드러났다는 점에서도 충격적이었다. 전쟁은 서구 구질서의 정치적 지적 근간을 뒤흔들었다. 영국 유수의 국제주의자 노먼 에인절(Norman Angell)은 1910년에 출간한《거대한 망상(The Great Illusion)》에서 유럽 국가들이 금융과 상업에서 너무나도 밀접하게 연관되어 있으므로 전쟁을 일으키는 게 대단히 비이성적인 행위가 되었다며 다음과 같이 주장한다. "선진 자본주의국가에서 전쟁이 일어나면 손해를 보게 되므로 전쟁은 생각조차 할 수 없다."[15] 그 후 수십 년 동안 에인절은 상호의존성과 합리적인 계산이 전쟁을 퇴치하리라고 순진하게 확신했다는 이유로 조롱거리가 되었다. 그러나 그의 주장은 국가들이 결국 합리적인 판단을 내리게 된다고 주장한 게 아니라 합리적인 판단을 내리지 않으면 큰 대가를 치러야 한다는 뜻이었다. 그리고 실제로 큰 대가를 치렀다.[16] 그 과정에서 서구 진영 국가들은 피해를 입힐 군비 역량이 증강하면서 점점 더 큰 위험에 처하게 되었다. 전쟁의 신기술로 인해 근대식 군대의 살상 역량은 극적으로 증가했다. 전쟁으로 인해 드러난 이러한 새로운 여건은 평화조약을 체결하기 위해 협상테이블에 둘러앉은 강대국 지도자들을 무겁게 짓눌렀다.

자유주의적 국제주의의 계보

우드로 윌슨은 전쟁으로 폐허가 된 세계를 재건할 새로운 개념들을 제시한 자유주의적 국제주의의 위대한 선지자로 기억되고 있다. 그는 국제중재, 항행의 자유, 비차별적 교역체제를 추구했다. 그는 이처럼 개방적이고 규정을 토대로 한 질서의 규범과 원칙을 국제법으로 명문화하기를 원했다. 그는 이러한 질서의 상징적 정치적 결정체로서 국제연맹을 원했다. 그러나 이러한 자유주의적 국제주의 제안들의 본류는 전쟁이 일어나기 몇십 년 전에 이미 회람되고 있었다.

앞서 살펴보았듯이, 19세기에 국제주의, 자유주의 등의 씨가 뿌려졌다. 나폴레옹전쟁 직후에는, 의회와 선출된 정치인들이 유럽과 미국에서 두각을 나타내면서 평화협회와 개혁운동 세력이 등장했고 윌슨이 훗날 국제질서의 자유주의적 구상으로 내건 핵심적인 개념들을 제시하고 갑론을박했다. 윌슨은 이러한 개념들을 융합하고 목소리를 실어주고 이를 미국의 세계 강대국 부상과 연관시켰다는 점에서 큰 영향을 미쳤다.

무역, 중재, 국제기구

자유주의적 국제주의의 첫 번째 지류는 자유무역운동이다. 영국이 1846년 곡물법을 폐지한 후 수십 년 동안 관세 인하 노력은 세계경제가 성장하고 유럽이 제국을 구축하면서 부침을 겪었다. 영국은 자유무역 기조를 계속 유지하면서 심지어 다른 나라들이 관세를 올릴 때도 일방적으로 관세를 인하했다. 1904년 런던에서 자유무역과 문호개방을 지지하기 위해 모인 수천 명의 군중을 향해 아서 밸푸어(Arthur Balfour) 총리는 다음과 같이 말했다. "어떤 길-넓고 순탄한 길-은 보호주의, 징병, 자유로운 제도가 허울로 전락하는 지경으로 이어지고… 또 다른 길은 나라 안으로는 자유가 굳건해지고 나라 밖으로는 중재와 우호조약으로 이어져서 무장을 동결하고 결국은 군비를 감축하는 결과를 낳게 된다."[17]

리처드 코브던의 주장을 그대로 되풀이하는, 자유무역은 평화를 유지하는 수단이라는 이러한 주장은 여전히 서구 진영의 각국 수도에서 울려 퍼진다. 그러나 유럽제국 열강의 경쟁이 치열해지면서 무역에 관한 논의는 관세 인하에서 최혜국 지위로 바뀌었다.[18] 이처럼 논점이 변하는 징후는 1899년, 미국 국무장관 존 헤이(John Hay)가 매킨리 행정부는 중국에 대해 문호개방정책을 실행한다고 발표했을 때 나타났다. 유럽제국 열강들은 적극적으로 중국을 분할해 무역항과 제국지대를 조성했다. 미국은 유럽 열강들이 앞다퉈 중국에서 배타적인 무역특권을 구축하려고 하자 이에 반대했다. 미국은 모든 교역국에게 동등하게 접근한다는 원칙을 천명하고 중국의 영토와 행정권한을 지지했다. 이러한 미국의 정책은 사실상 1840년대에 영국이 중국과 맺은 원조 무역협정을 재천명한 셈인데, 이 협정은 모든 당사국에게 동등한 교역권을 보장하는 최혜국 무역조약의 형태를 띠었다. 1895년 청일전쟁은, 일본이 영토와 항구에 대한 특권을 확보하면서, 개방적인 무역관계를 훼손했다. 뒤이어 러시아, 프랑스, 독일이 비슷한 시도를 했고, 앞다퉈 "조차지(租借地)"를 확보하려는 경쟁이 시작되었다. 1898년 영국은 다른 주요 국가들에게 상업적으로 동등한 접근권을 부여하는 정책을 유지하라고 촉구하는 데 동참해달라고 미국에게 요청했다. 매킨리 행정부는 영국의 그러한 요청에 동참하지 않기로 결정했지만, 1899년, 다시 1900년에 헤이 국무장관이 문호개방정책을 담은 통지문을 다른 강대국들에게 돌렸다.[19]

문호개방정책은 미국이 자유무역 기조를 유지하려는 의지보다는 동아시아에 접근할 권리를 확보하려는 열의를 보여주었다. 윌리엄 매킨리(William McKinley)는 의원으로서는 보호주의자였고, 그가 대통령으로 재직하는 동안 미국은 경제대국 가운데 가장 강한 보호주의 기조를 유지했다. 문호개방정책이 제국주의에 대한 노골적인 공격도 아니었다. 매킨리 행정부는 필리핀에서 매우 공격적으로 반란을 진압하고 있었다. 문호개방정책이 추구하는 목표는 아시아에서 미국의 무역 이권을 수호하는 동시에 외세의 침투에 맞서 중국의 권리를 수호하는 일이었다. 이 정책은 미국이 이제 국제질서 조직화의 핵심이 되는 원칙인 상품과 자본에 대한 동등한 접근의 원칙을 옹호할 태세를 갖추었다는 징후였다.[20] 이는 배타적인 교역지대 설정에 반대하고 점점 확장하는 미국의 경제적 이익을 보호하기 위한 정책이었지만 보다 개방적이고 비차별적인 국제질서에 미국도 동참하려는 시도이기도 했다. 20년 후 윌슨과 그 주변의 국제주의자들은 이러한 원칙을 전후 처리 협상에 삽입할 길을 모색하게 된다.

국제 중재운동도 윌슨이 취임하기 전에 이미 활발하게 이루어지고 있었다. 19세기 말 평화운동협회들이 옹호하기 시작한 중재는 국제 변호사와 외교관들이 추구하는 개혁 의제가 되었다. 미국과 영국은 중재에 의거해 1794년 제이 조약(Jay Treaty)과 1814년 겐트 조약(Treaty of Ghent)을 체결했다. 19세기 동안 200건이 넘는 국제분쟁이 중재로 타결되었는데, 1890년부터 1900년까지의 기간에만 60건 이상이 타결되었다. 영국과 미국은 중재에 가장 적극적이었다. 중재 사례들은 영토분쟁, 선박 압류, 상업 활동 방해 등을 비롯해 온갖 이슈들을 망라했다.[21] 중재는 국가들이 점점 복잡한 상업, 금융, 영토, 제국 분쟁들을 타결하기 위해 사용하는 도구가 되었다.

중재운동이 추구하는 가장 야심만만한 목표는 타결 장치를 국가간 관계라는 고도의 정치행위에 도입하는 일이었다. 앞의 3장에서 지적한 바와 같이, 19세기 마지막 수십 년 동안 법 학회를 비롯한 여러 단체가 국제 중재체제에 대한 공식적인 계획을 발간하기 시작했다. 1872년 미국과 영국이 중립국의 권리를 둘러싼 법적 분쟁을 제네바에서 공식적인 절차를 진행하는 등 중재를 통해 해결하기로 합의하면서 이정표에 도달했다. 이는 강대국이 중재를 통해 분쟁을 해결한 가장 중요한 사례였다. 뒤이은 20년에 걸쳐 모든 서구 진영 강대국들의 국제주의자들은 끊임없이 의회에 중재결의안을 들이밀었다.

1887년 미국과 영국은 상설중재조약을 협상하기 시작했고, 이러한 노력은 10여 년 후인 1897년 영미 중재조약 타결로 결실을 맺었다. 이 조약은 국가 간 분쟁 해결 장치를 구축하려는 가장 야심찬 시도이자 이 장치의 한계를 노정한 사례이기도 하다. 조약 당사국들은 "외교 협상을 통해 조정하는 데 실패하는 모든 이견을 중재조약의 조항들에 따라, 조약의 제약에 따라 중재에 위임"하기로 합의했다. 그러나 양측 다 중요한 유보조항을 첨부했다. 영국은 "국가의 명예나 보전"과 관련된 분쟁은 중재에 위임하지 않으려 했고 미국은 상원의 승인 없이는 타결안에 합의하지 않으려 했다.[22] 이러한 치명적인 한계를 두었음에도 이 조약은 미국 상원에서 기각되었고 결국 효력을 발휘하지 못했다.

20세기 첫 10년 동안 중재운동은 중재문제와 관련해 오랜 세월 활동해온 이력이 있는 미국 국무장관 엘리휴 루트의 주도로 힘을 얻었다. 변호사 출신으로서 미국 국제법협회 초대 회장을 지낸 그는 20세기 첫 10년이라는 시기에 걸쳐 끊임없이 국제분쟁을 해결하기 위해 중재의 역할을 확대해야 한다고 목소리를 냈다. 1905년부터 1909년까지 국무장관을 맡은 그는 라틴아메리카와의 관계를 개선하려고 애썼다. 1890년 미국은 제1회 아메리카 대륙 국가들의 국제회의를 조직화했고 이는 범미연맹(Pan-American Union)으로 불리게 된다. 미국과 17개 라틴아메리카 국가들은 무역협회를 창설하는 데 실패했지만, 아메리카 대륙 국가 사이의 분쟁은 의무적으로 중재를 통해 해결하도록 하는 조약을 타결했다. 이 조약은 결국 어느 나라에서도 비준을 받지 못했지만 그 원칙들은 다양한 외교협정에 통합되었다. 국무장관으로서 루트는 이러한 노력을 토대로 특히 국가부채와 관련된 분쟁 해결에서 중재의 역할을 확대할 방법을 모색했다.[23]

일부 국제주의자들은 중재를 비롯한 여러 가지 장치들에 집중한 반면, 또 어떤 이들은 보다 일반적으로 국가들로 구성된 정치협회 결성을 주장했다. 국가 간에 의회나 연맹을 결성한다는 개념은 유럽의 먼 과거로 거슬러 올라간다. 19세기에 칸트는 "자유국가들로 구성된 연맹"을 구상했다. 18세기의 다른 수많은 사상가-샤를-이레네 카스텔, 윌리엄 펜, 제러미 벤담-도 분쟁을 해결하고 국제 사안들을 관장할 국제기구 창설을 제안했다. 그러한 기구 창설에 대한 요구는 19세기에 강화되었다. 평화운동은 처음부터 주권국가들로 이루어진 일종의 입법기구인 국제의회를 궁극적인 목표로 삼았다.[24]

국제단체들은 자기 단체의 정기적인 회합을 국제의회나 국제연맹의 전조로 보았다. 이러한 회합들 가운데 20세기 중엽 유럽의 주요 도시들에서 개최된 세계평화평의회(World Peace Congress)가 가장 두드러진다. 평의회 회의에서는 개방적인 무역, 중재, 무장해제, 인도주의적 구호, 전쟁과 평화 관련 국제법 규범 등을 다루었다. 유럽과 미국의 의회 간 단체들, 학술협회, 국제주의자들은 이러한 회합에서 나름의 제안을 제시했다. 19세기 평화운동의 역사를 다룬 저서에서 아서 빌즈는 1826년 파나마평의회부터 1899년 헤이그평의회 회합 사이의 기간 동안 적십자평의회와 우편평의회를 비롯해 천여 가지 각양각색의 평의회가 열려 다양한 명분이 추진되었다고 지적한다.[25]

이러한 국제주의 운동은 1899년과 1907년 두 차례 헤이그에서 열린 평화평의회에서 절정에 달했다. 이니스 클로드에 따르면, "이 두 회합에서 구체적 상황에 임기응변으로 대처한다는 목적을 지양하고 국제관계 체제의 일반적이고 항구적인 개혁을 목적으로 하는 집단적인 활동이 새롭게 정점을 찍었다."[26] 이 평의회에 실제로 제안을 담은 회장(回章)을 다른 국가원수들에게 돌린 이는 러시아 황제 니콜라이 2세였다. 그는 이 회장에서 "전쟁법"을 규정하고 무장제한을 협상해 평화를 증진시키려 했다. 이러한 회의들을 통해서 참여국 정부들에게 중재권을 부여했는데, 이는 1856년 파리조약에 담긴 중재 조항의 당연한 결과였다. 무엇보다도 중재재판소가 헤이그에 설립되었고 1914년 8월 전까지 14개 사건이 타결되었다.[27] 1907년 헤이그에서 열린 두 번째 회의에서 1895년에 영국이 한 제안을 토대로 국제재판소라는 개념이 제시되었다. 이 재판소는 1920년에 창설되었다.[28] 이러한 분쟁 해결 기구들을 사용할지 여부는 선택사항으로 유지되었고 당사국 결정에 달려있었다.

다자주의와 주권평등

헤이그에서 두 차례 열린 평화평의회에서 타결된 합의는 온건했고 전쟁을 향한 유럽의 진군을 막기에는 역부족이었다. 그러나 이러한 합의들은 국제관계의 진화하는 규범들에 중요한 영향을 미쳤다. 이러한 국제회의는 다자주의와 주권평등에 대한 새로운 개념들을 구체화했고 이는 윌슨의 자유주의적 국제주의의 핵심이 된다.

근대 외교에서 다자주의는 1815년 빈회의와 베스트팔렌 국가체제에 뿌리를 두고 있지만, 두 차례 헤이그회의에 가서야 근대적인 면모를 갖추게 되었다.[29] 빈회의는 수많은 정부 대표자들을 같은 협상테이블에 모이게 한, 당시로서는 유일한 행사였다. 이러한 다자주의적인 형태의 회의를 통해 유럽 열강들은 유럽대륙 전역에서 영토와 정치적 질서 문제에 대해 함께 의논하고 집단적으로 행동하게 되었다. 빈회의 이후 이 회의는 강대국들 가운데 한 나라가 회동을 요청할 경우에 간헐적으로만 개최되었다. 유럽의 정치적 서열을 반영한 이 회의는 여전히 강대국들끼리의 모임이라는 성격을 띠었다. 19세기 말로 가면서 이 회의가 확대되어 다른 나라들도 참가하는 경우가 간혹 있기는 했지만 말이다. 주권평등의 원칙이 아니라 위계질서와 지위가 회원 자격을 결정했다.

그러나 19세기에 걸쳐 다자간 회의는 진화했다. 참여가 확대되었고 투표제가 도입되었으며 회의 자체도 정기적으로 열렸다. 모든 주권국가에게 문호가 개방된 최초의 다자간 합의는 1856년 크리미아전쟁 끝에 영국과 프랑스가 제안한 해양법을 준수하는 파리선언이었다. 전쟁 동안 중립국가와 참전국의 해운 활동 관계를 규제할 규정을 구축하고 (전시에 적의 상선을 나포할 수 있는 허가를 받은 민간 무장선을 뜻하는) 사략선(私掠船)의 활동을 금지하려는 목적으로 공표된 이 선언은 결국 55개국이 비준했다.[30] 이와 유사하게 19세기 중엽 평화운동단체를 비롯한 여러 민간단체가 조직화한 회의에는 어디에 있는 평화협회든 상관없이 평화협회 참가자들이 초청을 받았다. 런던과 파리에서 열린 국제평화회의는 영미권 대표단이 압도했지만, 회의 자체는 유럽대륙 국가들과 비서구권 국가들의 참여를 확대하는 게 취지였다. 1863년 제네바에서 열린 전쟁법 관련 회의도 민간단체들이 조직했고 폭넓은 참여가 이루어졌다. 19세기 말 기능적 문제들-우편연합, 위생 기준 등-을 다루기 위해 열린 다자간 회의도 선별적인 참여가 이루어졌다. 기능적 문제를 다룬 회의뿐만 아니라 평화회의에서도 참여의 확대가 국가들의 서열보다 훨씬 중요했다. 그 이유는 평화 의제를 지지하는 대상들이 확대되었기 때문이거나 합의가 제대로 작동하는 데 필요한 모든 나라들이 기능적 문제와 관련된 협정에 합류했기 때문이다.

1899년과 1907년 두 차례 헤이그평화회의와 더불어 이러한 진화하는 다자주의는 평화와 안보에 관한 정부 간 회의에도 확대되었다. 제1차 헤이그회의는 나라들을 선별적으로 초청하는 기존의 전통을 고수했지만, 2차 회의에서는 보편적인 참여라는 규범을 만들었다.[31] 이전에 열렸던 주요 유럽회의는 서로 의견을 교환하기 위해 열렸지만, 헤이그회의는 투표를 통해 결정을 내렸다. 1국 1표제였다. 1907년 헤이그회의도 과거에 열린 회의들과는 달리 정기적으로 개최하기로 했다. 이 회의에서는 회의와 회의 사이에 업무를 다룰 준비위원회를 설치하고 의회 절차를 통해 관리했다. 2차 헤이그회의에서는 라틴아메리카 18개국으로 참여가 확대되었다. 그리고 1826년 파나마 회의에서 이러한 나라들의 참여를 관장하는 규범이 채택되었다. 마사 핀모어와 미셸 저코비치(Michaelle Jurkovich)는 식민지에서 독립한 라틴아메리카 국가들이 열렬히 수용한 "주권평등" 규범이 보편적 참여라는 개념에 당위성을 부여했다고 주장한다. "주권보다 상위 권한은 없음을 인정하는 주권국가들은 국제법 앞에 평등하다. 주권국가들은 자국의 동의 없이는 제약을 받을 수 없기 때문이고 따라서 그 어떤 규정을 만드는 절차든지 모든 국가가 참여해야 했다."[32] 다자주의가 근대적인 면모를 갖추기 시작했다.

윌슨이 추구한 대표적인 자유주의적 질서 구상은 2차 헤이그회의에 참여하는 미국 대표단에게 국무장관 엘리휴 루트가 내린 다음과 같은 지침에서 일별할 수 있다. "회의에서 도출되는 직접적인 결과는 논의 대상인 분야에서 낙관적이고 야심찬 이들이 다루기를 바란 범위의 일부분이어야 한다. 그러나 회를 거듭하면서 앞으로 진행될 회의의 출발점은 바로 전의 회의에서 합의된 정도 이상이어야 하고 이전의 합의를 수용하고 적용하는 과정에서 나타난 국제적인 견해들을 바탕으로 향후 나아갈 방향을 정해야 한다. 각 회의는 회를 거듭할 때마다 반드시 진전을 이루어야 하고 그렇게 되면 이전에는 불가능해 보였던 결과를 달성할지 모른다. … 이러한 절차를 지속적으로 추진하면 이를 통해 국제정의와 평화가 지속되는 진전을 이루게 될지 모른다는 점을 늘 유념하라."[33]

20세기 초 무렵 자유주의적 국제주의의 대체적인 윤곽이 구체화되었다. 문명세계의 주권국가들은 개방적이고 대체로 규정을 토대로 한 국제질서하에서 활동하면서, 분쟁을 평화적으로 해결하도록 국가들을 유도할 법적 원칙과 규정을 마련할 필요가 생기게 된다. 이니스 클로드가 지적하듯이, "국가들이 상시적으로 이용할 수 있는 장치와 기구들을 창설하는 게" 목적이었다.[34] 국가 간의 갈등은 협상, 중재, 국제회의를 통해서 다루게 된다.[35] 다자주의와 주권평등의 규범을 따라 협력과 갈등해소의 장치가 될 상설 국제 대표기구와 사법기구를 설립하는 선례가 마련되었다. 그 화룡점정은 국제연맹 혹은 국제의회가 된다.

영국과 미국의 전후 질서 설계

1914년 여름, 전쟁이 터진 직후 각국 정부들은 평화에 대해 고민하기 시작했다. 전후 질서가 추구하는 목표에 대한 토론은 외교관, 정치인, 학자, 지식인, 운동가들이 대거 참여한 포괄적인 공적 행사였다.[36] 1916년 베르됭과 솜에서 참혹한 전투가 벌어진 후 전쟁의 범위가 분명해지자 유럽의 수도들에서는 전쟁 기획이 활발해졌다. 영국에서는 정부의 3부서가 합동으로 전쟁을 관리했고 유럽대륙에서의 전투를 급선무로 간주하게 되면서 전후 질서에 대한 논의는 뒤로 물러났다. 전쟁 초기에 윌슨 행정부는 미국의 중립을 유지하면서 "평화협의회"를 거론하면서 중재 역할을 모색했다. 그러나 1917년 무렵 미국은 "새로운 외교"와 국민의 "자결"이라는 윌슨의 기치를 내걸고 참전했다. 곧 러시아에서는 볼셰비키가 그들 나름의 새로운 외교와 혁명을 추진했다. 제1차세계대전은 끝날 기미조차 보이지 않았지만, 전쟁 후 구축해야 할 질서에 대한 논의는 절정에 달했다.

영국과 미국에서 이러한 논의는 정치 진영을 초월해 국제주의자들을 끌어들였다. 이처럼 참가자들의 다양한 정치 성향에서 일반적으로-보수주의와 진보주의-두 부류의 국제주의를 확인할 수 있다. 두 부류 모두-전후 질서의 개혁에 매진하겠다는 점에서-자유주의적 성향을 띠었다. 전장에서 벌어진 참극으로 전후 질서의 개혁은 더더욱 절실해졌다. 그들은 질서의 원칙을 담고 협력을 촉진할 국제기구 창설이 개혁의 핵심이라는 시각을 공유했다. 그러나 구질서에 대한 비판의 깊이는 서로 달랐다. 보수주의적 국제주의자들은 강대국들이 국제법과 외교를 강화한 체제를 통해 평화를 유지하는 전후 질서를 선호했다. 일부는 강대국이 지배하는 빈회의를 일신하고 확대하자고 주장한 반면, 어떤 이들은 국제법을 강화하고 갈등을 심판할 장치를 마련하자고 했다. 진보주의적 국제주의자들은 국제체제의 심층적인 개혁을 지지하는 경향을 보였다. 그들은 나라 안팎으로 진보주의적인 경제적 사회적 개혁을 뒷받침하는 국제질서를 모색했다. 국가 간에 점증하는 상호의존성을 관리하려면 새로운 국제규정과 제도들이 필요했다.[37]

영국 측에서 전후 계획에 대해 숙고한 첫 번째 단체는 역사학자이자 법률가이자 주미 영국대사를 지낸 브라이스 자작이 G. 로위스 디킨슨과 길버트 머리(Gilbert Murray) 같은 자유주의적 성향의 외교정책 전문가들과 함께 주도한 이른바 브라이스 그룹(Bryce Group)이었다. 브라이스와 그의 동지들은 평화 유지 국제연맹 기구 내에서 활동하는, 미국을 포함해 연합국들로 구성된 전후 단체를 선호했다. 이 단체가 이룬 가장 중요한 업적은 1915년 3월에 제안한 "전쟁을 피하기 위한 제안"으로서, 연맹의 헌법을 위한 다양한 개념들을 제시했다.[38] 브라이스가 이끄는 단체는 국가 간의 갈등이 무장폭력으로 확대되지 않도록 중재를 의무화할 것을 촉구했다. 가입국들은 분쟁으로 규정된 갈등을 헤이그 중재법원에 회부하겠다고 약속해야 했다. 이 구상은 전쟁을 금지한다기보다 분쟁을 불편부당한 기구에 위임함으로써 전쟁을 지연시킬 방법을 모색하고 있다. 브라이스의 제안은 국가가 중재 결정을 받아들이지 않을 경우 자동으로 제재를 받도록 제안하지도 않았고 국제법을 집행할 수단을 마련하지도 않았다. 그저 헤이그회의가 국제법을 명문화하고 발전시키는 상설 포럼이 되기를 "희망하고 기대한다."라고만 밝혔다.[39] 이러한 개념들은 브라이스 그룹의 온건한 자유주의적 성향을 반영했다. 브라이스 그룹은 안보와 강대국 정치에 대한 주류 사고를 바탕으로 한 국제연맹을 설계하는 데 영향을 미쳤다.[40] 브라이스 그룹은 미국 공화당 정계의 국제주의자들과 긴밀한 관계를 맺게 되었고, 그들이 제시한 개념들은 훗날 파리평화회의에 영국이 제시할 국제연맹 구조의 설계를 이끈 로버트 세실(Lord Robert Cecil)이 채택했다.

브라이스 그룹보다 정치적으로 좌파에 위치한 단체는 민주적통제연맹(Union for Democratic Control, 이하 UDC로 표기)으로서, 이 단체는 보다 진보주의적인 전후 의제를 추진한 자유주의 성향과 사회주의 성향의 정치인과 지식인들로 구성됐다. 램지 맥도널드, 노먼 에인절, 아서 헨더슨 같은 인물들이 이끄는 UDC는 처음에는 전쟁과 전쟁을 야기하는 밀실외교와 계급정치와 같은 낡은 전통들에 반대하는 입장을 취했다. 그들은 국민과 의회가 외교정책을 장악해야 한다고 강조하면서 민주국가들이 개방된 국제 포럼에서 평화를 유지하고 진보주의적 목표를 추진하기 위해 서로 협력하는 전후 설계도를 밀어붙였다. UDC는 힘의 균형 대신 국제협의회를 제안하고 이 협의회의 숙의 과정과 결정은 공개해야 한다고 주장했다. 이 기구의 주요 활동은 무기감축에 착수하고 이를 지속적으로 관리하는 일이 되어야 했다.

UDC는 전쟁 중에는 거의 영향을 미치지 못했고, 회원 가운데 대부분이 1915년 초에 설립된 국제연맹협회(League of Nations Society, 이하 LNS로 표기)에 합류했다. 강경한 국제주의자인 G. 로위스 디킨슨과 레너드 울프(Leonard Woolf) 같은 인사들을 회원으로 둔 이 단체는 전후에 국제연맹을 추진하는 데 노력을 기울였다. 1917년 미국이 마침내 참전하자 LNS의 회원가입이 탄력을 얻었고 전 외무장관 그레이(Lord Grey)와 훗날 파리에서 연맹의 설계를 주도하게 되는 얀 스뮈츠(Jan Smuts) 장군과 같은 정계 인사들이 합류했다. 1918년 LNS는 길버트 머리와 H. G. 웰스(H. G. Wells) 같은 저명인사들이 포진한 자유국가연맹협회(League of Free Nations Association)와 손을 잡고 국제연맹협회(League of Nations Union)를 창설했다. 이 조직은 보수주의적 국제주의자와 진보주의적 국제주의자 간의 이견을 초월해 파리평화회의 전날 통일된 전선을 구축했다.[41]

세실을 비롯한 몇몇 인사들을 제외하면 전쟁 기간 영국 정부 내에서 이 연맹을 지지한 이는 거의 없었다. 보다 현실주의적인 시각이 지배했고 일부는 국제연맹 개념을 19세기 의회체제의 연장으로 간주하기도 했다. 관건은 전후에 어떤 유형의 질서에 대해 합의가 도출되든 과연 미국이 그 합의에 합류할지 여부였다. 영국 정부가 연맹에 관심을 보인 이유는 주로 윌슨 행정부가 추구하는 전후 구상을 견제할 수단을 확보하기 위해서였다.[42] 미국이 어떤 생각을 하고 있는지에 대한 이러한 우려는 윌슨의 최측근 에드워드 하우스(Edward House) 대령과 영국 정부 간의 전시 접촉으로 이어졌다. 이 회동을 통해 1916년 5월 하우스-그레이 각서가 구체화되었는데, 그 내용은 미국이 전쟁을 종식시키기 위해 적극적인 역할을 하고 평화정착의 조건들을 타협할 의지가 있음을 확인하는 내용이었다.

1918년 초 영국의 전쟁내각은 국제연맹의 의의에 대한 연구를 필리모어에게 의뢰했다. 과거에 국제연맹이나 의회를 창설하려 한 노력들을 개관하고 훗날 등장할 윌슨주의 개념의 전조가 된 필리모어 보고서는 연맹이 제구실을 하려면 민주주의국가들만으로 구성되어야 하고, "민주적 민족주의 확산의 성공 토대를 마련하는 듯이 보이지만," 언제든 군국주의 국가와 독재국가들이 등장해 협력을 통해 평화를 정착시킬 최선의 방안을 무산시킬 수도 있다는 결론을 내렸다.[43] 따라서 앞으로 관건은 민주주의와 "입헌 원칙"이 자유주의적 평화를 뒷받침할 정도로 튼튼하게 뿌리를 내릴지 여부였다. 필리모어 보고서는 조심스럽게 개혁의 필요성을 제시했다고 간주될 수도 있다. 전쟁이 일어나면서 국제분쟁을 해결할 장치가 필요하다는 게 증명되었지만, 이 보고서는 그러한 체제는 질서를 수호할 강대국들의 권한을 보존하면서 19세기 의회체제의 전통을 토대로 해야 한다고 주장했다.[44]

미국 측에서도 국제주의 운동은 보수주의 진영과 진보주의 진영으로 나뉘었다. 가장 영향력 있는 단체는 대부분 공화당 국제주의자들로 구성된 평화실행연맹(League to Enforce the Peace, 이하 LEP로 표기)으로서 윌리엄 하워드 태프트(William Howad Taft)와 하버드 대학교 총장 애벗 로렌스 로웰(Abbot Lawrence Lowell)이 이끌었다. 전후 국제기구 창설에 대한 지지를 얻기 위해 1915년 여름에 창설된 LEP는 브라이스 그룹과 비슷한 시각을 지니고 있었고, 전쟁 기간에 이 두 단체는 활동을 조율했다.[45] LEP의 강령인 "역사에서 비롯된 권능"은 모든 국가가 주기적으로 모여 국제법을 공표할 전후 연맹에 미국이 참여해야 한다고 촉구했다. 회원국들은 "재판에 회부가 가능한" 분쟁-조약의 의무와 국제법이 적용되는 분쟁-은 재판부에, "재판에 회부가 불가능한" 분쟁은 화해중재국에 제출하도록 되어 있다. 이 강령은 또한 화해중재국에 분쟁을 제출하기 전에 다른 회원국을 상대로 전쟁을 일으키는 회원국에 대해서는 회원국들이 경제적 제재나 군사력을 사용하도록 규정했다.[46] 1916년 말 무렵 LEP는 막강한 존재감을 과시하는 단체로 자리매김했고, 수만 명의 회원을 거느리고 강연을 후원하고 책자를 발간했다.[47]

LEP 지도자들은 자신들이 "두 가지 지고의 개념들"-연맹이라는 개념과 무장한 독립적인 아메리카라는 개념-을 양립시킨다고 자부했다. 보수주의적 국제주의자 진영에 동조한 인사들 가운데는 엘리휴 루트와 니컬러스 머리 버틀러(Nicholas Murray Butler) 같은 법률가들도 있었다. 버틀러는 컬럼비아 대학교 총장으로서 국제법을 보다 철저히 준수하도록 함으로써 국제정치를 개혁하려 했다. 루트는 강대국들 간의 갈등은 국제재판소가 관장하는 국제법 규범과 분쟁 해결 장치들로써 완화하는 게 가장 좋은 방법이라고 주장했다. 윌리엄 하워드 태프트 같은 다른 보수주의적 국제주의자들은 중재의 사용을 확대하는 제안은 지지했지만 궁극적으로 새로운 국제기구 내에서 활동할 강대국들이 질서를 잡아야 한다고 믿었다.[48]

미국의 진보주의자들은 영국의 진보주의자들과 마찬가지로 훨씬 폭넓은 개혁을 주장했다. 이 부류의 국제주의 운동에는 자유주의자, 평화주의자, 사회개혁가들이 포진해있었다. 토머스 노크(Thomas Knock)는 미국의 좌익은 "이른바 새로운 외교의 전위대인 동시에 미국화된 사회민주 체제의 열렬한 지지자"라고 주장한다.[49] 페미니스트이자 사회운동가 제인 애덤스 같은 일부 인사들은 오래전부터 전해 내려온 평화운동 개념들을 앞세웠다. 애덤스는 여성평화당(Woman's Peace Party 이하 WPP로 표기)을 조직했는데, 이 당이 1915년 1월 워싱턴 DC에서 개최한 행사에는 수천 명의 대표단이 참석해 "건설적인 평화 조치"를 역설했다. 이들이 내놓은 제안은 영국의 UDC의 제안과 유사했다. WPP는 전격적인 휴전, 무장제한 국제협정, 개방적인 무역, 항행의 자유, 외교정책의 민주적 운영, 자결주의, 중재장치, 국제회의 등을 요구했다. LEP와 마찬가지로 WPP도 수천 명의 회원을 거느린 막강한 단체로 성장했고, 애덤스 본인도 국제회의에

서 저명인사로 부상했다.[50]

그 밖에 다른 자유주의 학자와 운동가들도 전쟁 동안 진보적인 평화구축 원칙들을 추진하기 위해 조직을 결성했다. 컬럼비아 대학교의 찰스 비어드(Charles Beard)와 제임스 쇼트웰(James Shotwell)은 허버트 크롤리(Herbert Croly)와 같은 언론인들, 릴리언 왈드(Lillian Wald)와 같은 사회복지사들과 제휴해 1918년 미국정책위원회를 결성했다. 이 단체는 개방적인 외교, 자결주의, 식민지 주민들의 권리 인정, 문호개방 등의 전후 체제에 대한 우드로 윌슨의 구상을 지지했다. 1918년 10월, 이 단체는 자유국가협회연맹(League for a Free Nation Association, 이하 LFNA로 표기)으로 재편하고 "보편적이고 민주적인" 국제연맹을 추진했다. 이 단체가 1918년 발표한 원칙 선언문에는 자유주의적 국제주의의 진보적 진영에서 내세우는 주요 개념들이 다수 담겨 있었다. 전후 평화질서가 구축되려면 세계 문제에 있어서 기존의 틀에서 과감하게 벗어나 산업국가 간에 점증하고 있지만 아직은 취약한 수준인 상호의존성을 관리하는 데 필요한 약속과 제도들을 구축해야 한다. 평화는 전쟁으로 이어지는 사회적 경제적 갈등을 극복하기 위해서 필요한 "국제협력의 출발점이고, 공동으로 짊어져야 할 책임의 시작"이다. 이렇게 연맹의 결성을 찬성하는 자유주의자들은 결성의 목적이 민족주의를 극복하는 게 아니라 민족주의를 보다 진보적으로 만드는 일이라고 주장했다. 미국은 자유무역과 "협력적 민족주의"를 토대로 세계질서를 증진하는 국제연맹의 중심이 될 필요가 있었다.[51]

애덤스가 이끄는 평화운동은 전쟁에 반대했지만, 크롤리와 존 듀이(John Dewey) 같은 자유주의 성향의 지식인들은 전쟁을 진보적 의제를 추진하는 도구로 보았다.[52] 결국 윌슨도 그들의 뒤를 따랐다. 영국의 보수주의 진영과 진보주의 진영과 마찬가지로 미국의 두 진영도 전쟁이 끝날 무렵 함께 국제연맹 결성을 지지했다. 1918년 11월 윌슨이 유럽을 향해 출발하기 전날, 전쟁 기간 우호적인 관계를 유지해온 LEP와 LFNA는 공동의 "승리 과제"에 합의하고 "모든 국가의 자유, 진보, 공평한 경제 기회"를 위해 국제연맹을 창설하라고 촉구했다. 이 연맹은 전쟁을 야기하는 논쟁의 평화로운 해결을 촉진하는 동시에 "세계평화를 파괴하려는 그 어떤 국가에 대해서도 항상 맞설 태세가 되어있는 잠재적인 힘"으로서 행동하게 된다.[53] 이처럼 공식적으로 단결력을 과시했지만, 여전히 이견은 좁혀지지 않았다. LEP는 질서를 집행하는 수단으로서의 연맹에 더 관심이 있었던 반면 진보 진영은 연맹의 목적을 전쟁을 야기한 사회경제적 여건을 개선하는 일로 보았다.

윌슨 본인은 이들 단체로부터 거리를 유지했다. 1918년 무렵 그들이 제시한 많은 개념이 그의 14개 평화원칙에 반영되었지만 말이다. LEP가 강조한 분쟁 중재와 영토보전의 보장, 정치적 독립은 윌슨의 시각과 본질적으로 일치했다. 제재 방안과 집단안보가 국제연맹 안에서 작동하는 방식에 대한 그의 생각도 크게 다르지 않았다. LEP와 생각이 갈리는 대목은 윌슨은 전후 국제질서에 대한 믿음, 즉 진보주의적 국제주의자들이 촉구한 바와 같이, 전쟁을 야기한 경제적 원인들을 전후 국제질서가 타파하리라고 믿었고, 군비축소와 자결주의를 강조했다는 점이다. 집단안보와 중재를 통해 장기적인 평화를 확보하려면 반드시 그 저변에 깔린 사회경제적 여건들이 자유민주주의 자체와 더불어 진보적인 방향으로 진화해야 했다.

윌슨주의 구상

미국은 전쟁에 뒤늦게 뛰어들었지만, 우드로 윌슨은 전후 평화구축 절차에서 중심적 지위를 점했다. 그는 경력을 쌓기 시작한 초기에 이미 자유무역, 정치개혁, 국제법 같은 국제주의와 진보주의 개념들을 수용했다. 그는 20세기에 접어들면서 근대성과 자유민주주의가 꽃피는 미래를 향한 진전에 대한 미국인의 믿음을 공유했다. 그러나 그와 같은 세대의 자유주의자들은 전쟁이 발발하면서 국제정치에 대해 보다 사회운동가 같은 과제 중심적이고 포괄적인 접근방식을 수용했다. 개혁은 문명화하는 역사의 물결에 맡겨둘 수 없었다. 윌슨은 자유무역, 집단안보, 국제법, 국제연맹을 토대로 한 세계질서를 재편하자고 제안했다. 국가들은 적극적으로 평화를 시행하고 자유민주주의를 보호하고 꽃피게 할 법과 외교체제를 구축해야 했다.

윌슨은 일련의 연설을 통해 국제질서 개혁에 관한 자신의 구상을 제시했다. 1916년 LEP를 대상으로 한 연설에서, 윌슨은 자결의 원칙을 담은 약속(그는 이를 "강령"이라 일컬었다)을 제시하면서 "어느 국민이든 자기를 통치할 통치자를 선택할 권리가 있다."고 주장했고, 이 원칙은 강대국뿐만 아니라 약소국에도 적용된다고 했다. 그는 전쟁은 "국민들과 국가들이 누릴 권리를 침해하고 묵살하는 데서 비롯된다."라고 주장했다.[54] 그는 1917년 1월 "승리 없는 평화"라는 연설에서 전후 평화를 위한 제도적 틀에 대한 자신의 구상을 제시했다. "힘의 균형이 아니라 힘의 공동체가 필요하다. 조직화된 경쟁구도가 아니라 조직화된 공동평화가 필요하다." 이러한 집단안보 혹은 상호안보 체제는 국가들이 평등한 권리를 누리고 피통치자의 합의를 토대로 한 정부들로 구성된 세계에서 구축된다. 그로부터 1년 후 1월

8일, 그는 14개 평화원칙 연설에서 새로운 외교에 대한 포괄적인 성명을 발표했다.[55] 다양한 개념과 주장들이 이 구상을 뒷받침한다.

근대성과 세계의 변화

윌슨을 비롯한 자유주의적 국제주의자들은 근대성과 미국을 비롯한 자유민주주의국가들이 택한 경로에 대해 독특한 시각을 지니고 있었다. 세계는 분명히 바뀌고 있었다. 제1차세계대전으로 격변이 일어나고 있었지만, 국제체제에서도 혁명이 폭발하고 있었다. 1910년에 멕시코, 1911년에 중국, 1917년에 러시아에서 혁명이 일어났다. 이러한 운동들은 산업화 자본주의와 제국주의에 대한 비판이 수반되었다. 전쟁과 혁명으로 근대시대의 속살이 드러났다. 구질서는 자리를 내주고 있었고, 개혁과 반동정치가 자본주의 사회들을 장악하고 있었으며, 이러한 역동성과 그 여파가 세계 무대에서 펼쳐지고 있었다. 윌슨이 의회의 지지와 더불어 미국의 참전을 선포한 후 월터 리프먼(Walter Lippman)은 다음과 같이 말했다. "우리는 혁명적인 세계에 살고 있고 평생 혁명적인 세계에서 살게 된다. 이는 세계가 위태로운 실험을 겪게 된다는 뜻이다."[56]

윌슨도 세계사적으로 중요한 순간이라는 이러한 직감을 공유했다. 세계가 근대화를 경험하고 있었다. 1900년에 그는 세계는 "서로 이웃하는 하나"로서 이를 구성하는 "각 부분이 나머지 모두의 이웃이 된다."라고 주장했다. 1907년 그는 다음과 같이 기록했다. 세계가 문명화하는 거창한 궤적을 그리기 시작했다. 세계가 "공동시장으로" 변하고 있고 이러한 시장에서는 "평화 자체가 논의와 국제적인 화합의 문제가 된다. 협력은 근대 세계에서 행동의 법칙이다."[57] 윌슨에게는 근대 세계와 문명이라는 두 용어는 본질적으로 서로 바꿔 쓸 수 있는 용어로서 역사적 문화적으로 서구에 뿌리를 두고 있었다. 자유무역과 사회경제적 교류는 국가를 근대화하고 문명화하는 효과가 있고, 폭군과 과두정치를 억누르고 국제사회의 결속을 강화한다. 이것이 19세기부터 전해 내려온 자유주의적 국제주의의 핵심 논리다. 근대화하는 세계체제라는 국제주의는 국가와 사회를 변모시키고 있었다. 로이드 앰브로셔스(Lloyd Ambrosius)가 주장하듯이, 윌슨은 "자신이 《국가(The State)》(1889)에서 확인했듯이, 역사는 민주주의의 승리라는 한 방향으로 전진하고 있다고 굳게 믿었다."[58] 근대화하는 세계는 협력에 필요한 새로운 기능적인 요구사항들을 만들어냈다. 무역, 교류, 진보적으로 변화하고 절제할 줄 알며 협력적인 세계동반자가 되는 성향을 지닌 자유민주주의 사회들의 부상을 촉진하고 있다.

제1차세계대전으로 이러한 믿음이 흔들리게 되었다. 세계대전의 위기로 윌슨을 비롯한 여러 사람은 세계화에 대한 이해의 틀을 다시 짜야 했다. 그러나 그들은 자유주의적 국제주의 과제로부터 움츠러들지 않고 오히려 한술 더 떠 그 과제의 범위와 추구하는 야망을 확대했다. 전쟁은 세계가 점점 서로 연결되고 있다는 점을 자유주의자들에게 보여주었다. 유럽의 전쟁은 이제 불가피하게 세계대전이 되었다. 윌슨은 근대성이 "여러 조각으로 나누어지지 않는 세계를 만들어냈다."라고 주장했다.[59] 전쟁은 개혁이 저절로 일어나리라는 19세기 자유주의적 국제주의자들의 기대를 저버렸다. 윌슨은 이를 역으로 이용해 전쟁 그리고 평화정착을 자신의 진보주의적 의제를 추진할 도구로 삼았다.[60]

이러한 움직임은 그가 전쟁의 속성과 미국의 참전을 보는 틀에서 드러난다. 윌슨은 전쟁을 통해 유럽에서의 근대성이 얼마나 불완전한지 보았다. 그는 구체적으로 비자유적이고 독재적이고 군국주의적인 독일을 전근대시대와 구세계의 정치적 구조가 지닌 위험성을 구체적으로 드러낸 사례로 지목했다. 미국과 연합국들은 "세계를 지배하려는 음모를 획책한 거대한 군사 기득권세력"과 싸우고 있었다.[61] 윌슨은 구세계와 신세계, 유럽의 구체제와 미국의 자유민주주의를 구분하기 시작했다. "미국이 세계대전에 참전하게 된 직접적인 계기가 무엇이든, 윌슨이 추구한 궁극적인 목적은 독재의 지배로부터 세계를 구하는 일이었다. 이러한 관점에서 보면 미국의 전쟁선포는 윌슨의 자유주의의 절정이었다."라고 E. M. 휴-존스(E. M. Hugh-Jones)는 말한다.[62]

제도로의 전환

윌슨과 그의 추종자들은 전쟁이 끝나고 나자 세계는 문명의 토양에서 자유민주주의가 유기적으로 싹이 틀 때까지 기다릴 수 없다고 생각했다. 20세기에 세계가 겪은 정치적 변화에 대한 이러한 판단에서 민주주의가 "안전"한 세계를 만들어야 한다는 윌슨의 유명한 발언이 비롯되었다. 근대화하는 세계는 개방적이고 규정을 토대로 한 자유주의 세계질서를 자동적으로 창출하지 못한다. 외교, 공식적인 기구, 집단안보에 대한 공감대 등으로 조직화된 체계가 있어야 했다. 전쟁이 계속되는 가운데 윌슨은 세계질서 개혁을 위한 보다 분명하고 포괄적인 의제를 제시하기 시작했다. 이게 바로 윌슨시대의 "제도로의 전환"이었다.[63] 자유주의적 국제주의 과제는 기능적이고 적극적으로 관리되는 국제질서를 구축하는 데 집중했다.[64]

학계에 몸담고 있던 시절, 윌슨에게는 세계가 진보적인 방향으로 움직이고 있는 것으로 보였다. 그는 근대성 자체가 제대로 작동하면서, 주로 서구에서 비롯된 계몽주의와 정치적 발전이 세계로 확산되는 데 힘입어, 민주주의가 널리 퍼지고 있다고 믿었다. 그러나 근대성이 창발적이고 진보적인 힘이라는 이러한 생각은 전쟁이 일어나면서 의문시되었다. 전쟁의 목적과 전후 처리를 둘러싸고 갑론을박이 벌어지는 동안, 윌슨은 국제연맹-보다 일반적으로 상설 다자주의 국제기구를 통해 조직화된 국제협력-으로 민주 진영을 뒷받침하고 자유민주주의 진영을 방어하고 이러한 정치체의 확장을 북돋울 필요가 있다는 생각을 하게 되었다. 토니 스미스가 주장하듯이, 다자주의적 기구는 민주주의국가들의 모임이자 국제 관료집단으로 기능하면서 세계 국민들 사이에 유기적 의식이 자율적으로 자라도록 할 뿐만 아니라 막 탄생한 법치를 공식화하고 실행하는 데 매진하게 된다.[65]

윌슨이 보기에 세계가 계속 근대화의 길을 가노록 하는 데 중요한 요소는 국제기구의 구속력 있는 조건이나 실행 장치가 아니라 그러한 장치들을 담은 규범과 기대였다. 이게 바로 그가 주장한 국제연맹의 토대였다. 그는 1916년 5월 LEP를 상대로 한 연설에서 최초로 공개적으로 전후 집단안보 체제를 주장했다. "세계 대국들이 그들의 공동의 이익을 추구하는 데 근본적으로 중요한 것이 무엇인지에 대해, 그리고 어느 나라나, 여러 나라로 구성된 집단이 이러한 본질적으로 중요한 것을 훼손하려 할 때 서로 힘을 합해 공동으로 대응할 실행 가능한 방법이 무엇인지에 대해 모종의 합의에 도달해야 비로소 우리는 문명이 마침내 그 존재를 정당화하고 문명의 구축이 완성되었다고 주장할 수 있다." 이 연설의 말미에서 윌슨은 "국가들로 보편적인 협의체를 구성해 세계 모든 나라들이 공동으로 제약받지 않고 안전하게 뱃길을 오가고, 조약의 규정에 반해 혹은 선전포고 없이 합당한 이유를 온전히 세계의 여론에 제시하지도 않고 일으키는 전쟁을 막아야 한다고 호소했다. 사실상 영토 보존과 정치적 독립의 보장을 주장한 셈이다."[66] 파리에서 평화회의가 열리는 동안 윌슨은 보다 발전된 전후 평화기구 계획을 제시하지만 이를 뒷받침하는 개념들은 이미 수년 전부터 존재했다. 국제기구가 설치되고 이 기구는 주권, 영토보전, 분쟁의 평화로운 해결이라는 법적 규범적 원칙들을 구체화하게 된다. 이러한 원칙들을 실행하려면 국가들이 도덕적 의무를 공유하고 세계 여론의 압박을 받아야 한다.

진보주의와 국제주의

윌슨의 국제주의는 20세기로 넘어오면서 유럽과 미국에서 등장한 진보주의적 개념들이나 정치와 연관되어 있었다. 윌슨은 정부와 사회개혁을 내걸고 대통령에 당선되었다. 진보주의는 통일된 전통이나 운동이 아니라 산업화 사회와 근대 민주주의로의 지향성이었다. 이를 지지하는 이들은 산업화와 근대사회의 문제들을 타개할 국가 역량을 구축하고 불간섭 자유주의와 혁명적 사회주의 사이에 절충점을 모색해야 한다고 주장했다.[67] 윌슨은 진보주의 정치 진영 인사들과 어울리면서 그들이 내세우는 개념을 취했다.[68]

20세기에 접어들 당시 진보주의자들은 평화운동과 국제법 운동 등을 비롯해 다양한 국제주의 운동에 이미 관여하고 있었다.[69] 그들이 주장하는 국제주의에는 다양한 측면들이 있었다. 하나는 전쟁의 사회경제적 원인을 규명하는 일이었다. 세계 전역에서 구체제가 권력을 장악하고 있었고 그 결과 개혁이 실패하면서 경제적인 터전을 잃은 사람들이 속출하고 반동정치가 등장했다. 산업화 사회의 문제는 세계적이었고 그 결과도 세계적이었다. 비자유주의와 군사적 공격성이 득세했다. 전후 평화로운 질서를 추구하는 운동은 경제개혁과 사회발전을 권장할 국제적 역량을 구축하는 문제도 포함해야 했다. 윌슨은 이러한 시각을 공유했고 미국 내에서 LEP 같은 자신의 동맹세력들로부터 경제개혁에 대한 관심이 부족하다고 이따금 비판을 받기도 했다.[70] 진보주의자들은 윌슨이 다음과 같은 발언을 하자 찬사를 보냈다. 자유주의는 "세계를 늪에 빠뜨릴 극단적인 급진주의의 홍수인 혼돈으로부터 문명을 구원할 유일한 이념이다…. 자유주의는 과거 그 어느 때보다도 더 자유주의적이어야 한다. 문명이 태풍에서 벗어나려면 자유주의는 심지어 급진적이기까지 해야 한다."[71] 안정적인 전후 평화는 자치, 개방적인 외교, 자유무역, 국가의 자결주의를 토대로 구축되어야 한다.

진보주의자들은 외부의 시각으로 이러한 난관을 들여다보기도 했다. 전후 국제질서 안에서 작동하는 제도와 정치공동체는 자유민주주의를 뒷받침하도록 조직화되어야 한다. 이는 윌슨이 "민주주의가 안전한 세계"를 만들자고 호소한 유명한 발언의 뜻이다. 국제질서는 자유민주주의에 우호적인 성격을 띠어야 개혁 목표를 달성할 수 있다. 이는 민주주의를 확산시키자는 주장이 아니라 민주주의가 생존 가능한 여건을 조성하자는 뜻이다. 파리평화회의에서 윌슨에게 법률 자문을 한 데이비드 헌터 밀러(David Hunter Miller)가 공교롭게도 "국제주의는 만족스러운 민족주의를 바탕으로 해야 성공할 수 있다."라고 주장할 때 바로 이러한 개념의 운을 띄웠다.[72] 그들이 품은 구상은 일종의 진보주의적 민족주의였다. 역사학자 찰스 디베네데티(Charles DeBenedetti)가 주장하듯이, 윌슨과 평화를 설계한 진보주의자들은 "자유주의가 추구하는 목적을 근대 민족주의와 결부시킴으로써 통제 가능한 국제질서를 개발하는 게 목표였다."[73] 이런 의미에서 그들은 민족주의와 민주주의가 긴밀히 제휴했던 19세기 중엽의 정치적 추진력을 회복하려 했다. 국제연맹은 회원국들에게 자국의 야망을 실현하고 그러한 야망들을 국가 간의 지속적인 협력에서 비롯되는 이익과 결부시킬 수단이 되어준다.[74]

윌슨의 진보주의는 전후 질서가 여러 국가와 국민들이 공동으로 직면한 난관에 대해 숙의하고 집단적으로 문제를 해결하는 데 동참하도록 하는 수단이 되리라는 그의 확신에서 드러난다. 트뤼그베 스론트바이트(Trygve Throntveit)에 따르면, 진보주의는 대중의 숙의와 정치적 경험을 자유민주주의의 핵심으로 간주했다. 상호주의가 점증하면서 산업화 사회들의 운명이 서로 밀접하게 연관되어 있는 시대에 이러한 정치공동체와 협력을 통한 문제해결이라는 구상은 그 범위가 국제적일 수밖에 없다.[75] 진보주의적 민족주의와 자유주의적 국제주의는 동반자 관계였다. 국제연맹은 숙의와 문제해결을 위해 새로이 구축된 세계적 구조물에서 제도적인 중추를 구성했다.

국제법과 사회

윌슨은 국제법이 지배하는 세계를 주장했다. 평화롭고 질서정연한 세계가 되려면 국가들이 합의한 규정과 규범들을 준수할 필요가 있는데, 이는 국제법에 구체화된다고 윌슨은 생각했다. 그의 말을 빌리자면, "개인들에게 적용되는 바로 그 법이 국가들에게도 적용된다."[76]

그런데 윌슨은 국제법에 대해 19세기적인 시각을 지니고 있었다. 그는 국제법을 국제적 혹은 초국가적 당국에 주권을 이양하는 공식적이고 법적 구속력이 있는 약속으로 보지 않았다. 국가들이 서서히 수용하게 될 규범과 기대를 조성하고 사회화하는 동력으로 보았다.

윌슨은 프린스턴 대학교에서 한 일련의 강의에서 국제법에 대해 이러한 견해를 밝혔다. 국제법은 "만들어지는 게 아니라" 유기적인 특성을 지녔다며 "오랜 세월에 걸쳐 구축된 관습을 토대로 한 추상적인 원칙들의 집합체"라고 주장했다.[77] 궁극적으로 신과 인간의 이성으로 거슬러 올라가는 세계에는 권리에 대한 근본적이고 필수적인 원칙들이 존재했다. 바로 이러한 권리의 원칙들이 국가들로 구성된 공동체의 가능성을 제시해주었다. "인종이나 종교를 불문하고" 국가들이 이러한 원칙들을 인정하고 준수한다면 국제공동체에 합류할 수 있다. 당시의 국제체제 내에서 추구하는 목적은 "전쟁을 야기하는 무질서와 권리의 침해"를 제거하고 이를 "국가들 사이에 공동체 의식"을 함양하는 "질서정연한 관계와 권리의 인정"으로 대체하는 일이었다.[78] 법이 지배하는, 이러한 국가공동체의 토대는 자유민주주의라고 윌슨은 주장했다. 국민을 대표하고 법치를 존중하는 정치체가 권리의 원칙들을 규명하고 존중할 가능성이 가장 높았다. 따라서 자유민주주의는 "민의라는 명령과 국민을 대변하는 구체적인 제도들"을 담고 있으며 이는 국제관계에서 "숙려(熟慮)의 법칙, 자유로운 토론이라는 가톨릭 정신… 그리고 열정보다 이성이 우위를 점하도록 만들어준다."[79]

윌슨의 시각에서 보면, 국제법은 근대화하는 세계문명 속에 사는 국민들 간에 사회적 도덕적 결속력을 강화해주는 데 쓸모가 있었다. "이익"만으로는 국제체제의 결속력을 유지하는 데 역부족이었다. 이는 1918년 영국 맨체스터에서 윌슨이 한 다음과 같은 연설에서도 드러난다. "이익은 인간을 갈라놓는다. 사람들을 결속시킬 수 있는 건 단 한 가지다. 그것은 모두가 권리를 존중하는 태도다." 도덕적 결속력은 반드시 필요했다. 1913년 10월 앨라배마 모바일에서 한 연설에서도 그는 다음과 같이 똑같은 주장을 펼쳤다. "이익은 국가들을 결속시켜주지 않는다. 때로는 국가들을 갈라놓는다." 따라서 "우리가 추구하는 것은 영적인 통합이다."[80] 법, 제도, 도덕적 책무의 결속력은 세계 시민들의 여론이 규율하는, 국제질서의 원천이 된다.[81]

윌슨은 다른 이들과 공유하는 세계관 내에서 움직였다. 앞서 지적한 바와 같이, 1914년 이전의 수십 년 동안 국제 법률가와 법률 사상가들은-두 차례 헤이그평화회의에서 영감을 받아-국제법을 세상사에서 질서를 바로잡는 힘으로 간주했다. 1912년 노벨평화상 수상 소감을 발표하는 자리에서 전 국무장관 엘리휴 루트는 "국제공동체가 점점 "올바른 행동"에 대한 공동의 믿음을 향해 움직이는 시대에 진입하고 있다."라고 주장했다. 세계는 입헌 정부가 확산되는 시대에 접어들고 있고, 그러한 시대에 여론은 "국가들의 처신이 정당한지 부당한지 판단을 내리게 된다. 각 공동체의 여론이 개별적인 구성원의 처신이 정당한지 부당한지 판단을 내리듯이 말이다." 루트는 세계평화는 강대국이 평화를 실행하려는 노력이나 국제경찰력이 아니라 "공동체가 합의한 올바른 처신에 대한 기준을 준수하는지 위반하는지에 따라 얻게 되는 찬사와 비난, 영예나 치욕을 통해 유지된다." 고 주장했다. 국제법은 여론의 명령을 따르는 민주주의국가들로 구성된 세계공동체 내에서 "올바른 처신"을 구현한다.[82] 1907년 "범아메리카연맹(Pan-American Union)" 창설을 주장하는 연설에서도 그는 다음과 같이 말했다. "미국의 국제관계에서 진보는 어떤 주장을 궁극적으로 받아들이는 방식이 무력의 법칙에서 여론의 법칙으로 이동하는 진보로서, 여론은 인간들 사이에서 동의를 구하려는 욕망에 호소함으로써 실행된다."[83]

윌슨은 국제연맹에 단단히 결부된 국제법과 집단안보 체제가 국가들을 사회화하는 역할을 하고 서서히 국가들을 "힘의 공동체"로 이끌게 된다고 생각했다. 국제법은 단순히 국가들이 추구하는 이익이 무엇인지 추측하고 그러한 이익을 토대로 한 국가 간의 계약이 아니라 안정적인 평화로 국가의 행동이 진화하게 만드는 촉매 역할을 했다. 국제연맹은 규정을 토대로 한 국제질서를 실현하기 위해 필요한 의식의 변화를 장기간에 걸쳐 조장한다. 1918년 3월 윌슨은 이런 식의 생각을 자신의 자문역 에드워드 하우스 대령에게 다음과 같이 설명했다. "그대도 일다시피 연맹이라는 행정기구는 억지로 만들어서는 안 되고 저절로 생겨나야 한다고 나는 확신하네. 엄숙한 서약으로 시작해야 하네. 정치적 독립과 영토보전을 상호보장한다는 서약 말일세.(평화회의에서 최초로 타결한 영토협정이 공정하고 만족스럽고 지속된다면 말일세.) 하지만 이러한 상호서약을 이행하는 방법은 사안에 따라 저절로 발전하도록 내버려두어야 하네. 특정 국가들로 구성된 집단의 손에 집행 권한을 쥐어주고 시작하려 하면 질투와 불신이 만연하게 되어서 결국 싹도 트지 못하고 말라죽을 걸세."[84] 토니 스미스는 윌슨의 시각을 다음과 같이 요약했다. "국제연맹이 민주정부를 선호하는 방향으로 대중의 의식이 성숙할 기회를 부여하게 되면 이러한 기구들에 참여하는 쪽으로 나아가게 되고 여기서 국제법 기구가 부상하게 되며 시간이 흐르면서 국제법은 국가 사이의 행동을 관장하는 규정집을 구성하게 된다."[85] 국제연맹에 참여하면 정치 엘리트 계층과 대중들이 국제법에 명시된 올바른 처신에 합당한 습관, 가치, 이익을 지니게 되고 국제공동체의 도덕적 결속력이 강화된다.[86]

집단안보

윌슨은 자신의 국제주의 구상의 중심에 집단안보를 놓은 것으로 유명하다. 전후 세계에서는 어떤 국가도 정복으로 영토를 획득하도록 내버려두어서는 안 되었다. 국가들은 평등한 권리를 누리고 집단안보의 원칙이 지배하는 도덕적인 공동체 안에서 국제법의 구속을 받아야 한다. 사실상 국가들은 서로에게 정치적 독립을 보장해주는 셈이다. 윌슨은 첫 임기 초기에 라틴아메리카 국가들이 라틴아메리카 공화국들과 미국 사이에 그러한 보장체제를 구축하자고 제안하자 관심을 보였다. 하우스 대령은 윌슨에게 이 제안을 받아들이라고 촉구하면서 이 제안이 "마침내 평화가 정착되면 유럽 국가들을 위한 본보기"가 될지도 모른다고 주장했다.[87]

1917년 1월 윌슨이 "힘의 균형이 아니라 힘의 공동체"를 토대로 한 전후 처리를 주장한 연설에서 이 모델을 염두에 두었을 가능성이 높다. "어떤 나라도 자국의 정치체를 다른 나라나 국민에게 강제하지 않는다."는 원칙은 집단안보 체제에서의 약속 이행과 제재를 통해 준수되어야 한다.[88] 집단안보는, 이니스 클로드의 말을 빌리자면, "잠재적인 도발 주체들에게 신빙성 있는 위협을 제시함으로써 그리고 도발의 잠재적인 피해자들에게 경제적 압박을 통한 외교적 조치에서부터 군사적 조치에 이르기까지 평화를 실행하기 위한 효과적인 집단조치에 대해 믿을 만한 약속을 함으로써 구현된다. 한 국가에 대한 그 어떤 국가의 도발도 방지하거나 억누르도록 설계된 국제적 장치와 국가들의 약속으로 이루어진 복잡한 장치다."[89]

전쟁이 진행되는 동안, 그리고 파리평화회의에서 집단안보를 두고 갑론을박이 벌어졌을 때 핵심적인 문제는 원칙 자체와 실행방법이었다. 시어도어 루스벨트, 윌리엄 하워드 태프트를 비롯해 대부분이 LEP와 연관되어 있는 현실 지향적인 전통적 국제주의자들 진영에서는 국제연맹이 강대국들이 질서를 집행하는 장을 제공해야 한다고 주장했다. 회원국들은 분쟁의 평화적인 해결에 동의하고 영토독립을 위반한 국가들은 경제적 군사적 제재로 위협해야 한다고 했다. 또한 국제연맹 회원국들은 국제법을 확대하고 명문화하는 노력을 계속해 영토 권리와 상호방어의 책무에 대한 공동의 이해를 분명히 해야 한다고 했다. 윌슨의 개념도 이와 크게 다르지 않았다. 다만, 윌슨은 국제연맹이 할 역할이 그보다 훨씬 많다고 생각했다. 국제연맹은 상호방어의 원칙을 구현하는 데 그치지 않고 군비감축을 유도하고 분쟁을 중재하고 연맹의 헌장을 위반하는 국가에 대한 대응을 조율할 장치를 지녀야 한다고 보았다.

윌슨이 보기에, 집단안보는 그가 구상하는 보다 폭넓은 개혁 의제의 실현에서 비롯되고 그러한 실현에 의존했다. 자결권, 군비감축, 자유무역은 전후 질서에서 똑같이 중요한 요소였다. 그리고 전쟁을 막으려면 이러한 다른 모든 요소가 하나같이 적극적인 역할을 해야 한다. 윌슨은 국재연맹이 조약의 집단안보 규정들을 수호하기 위해서 각국 정부의 주권의 독립성을 침해하면 안 된다고 주장했다는 점에서-결국 이러한 조약에 대해 입장을 유보하게 된, 상원 내에서 윌슨의 주장을 비판한 인사들을 비롯해-다른 이들과 견해가 다르지 않았다. 이는 전후 체제의 실행 장치를 명시한, 국제연맹 규약 제10조의 의미를 둘러싸고 제기된 의문이었다. 윌슨은 공식적인 법적 의무를 명시할 필요가 없다고 생각했다. 국가들이 독자적으로 집단안보의 논리와 도덕적 명령을 받아들이게 되면 그들의 행동을 통해서 영토보전 원칙이 준수되리라고 보았기 때문이다.

윌슨의 이러한 시각은 1918년 3월 백악관에서 LEP의 지도자 태프트와 로웰과 회동한 자리에서 드러났다. 태프트는 윌슨이 "연맹 회원국들이 서로 영토와 주권을 보장해주기를 바라며 이를 위반하거나 위협하는 사태가 발생하면 임시회의를 소집해 이 문제를 다루게 된다."라고 주장한 것으로 기록하고 있다. 윌슨은 관습법이 발전한 방식과 마찬가지로 이처럼 상호보장은 서서히 자리 잡히리라고 말했다. 그는 궁극적으로 일련의 회의를 통해서 "선례"와 "관습"이 그 특성을 결정하는 평화구축 장치가 마련된다고 했다. 윌슨은 또한 "미국 상원은 미국의 참전 여부를 대다수 다른 나라가 결정하게 되는 협정에 동의하기를 꺼린다는 게 자신의 견해"라고 말했다. 로웰은 윌슨 대통령에게 미국 헌법의 설계자들이 한 경험을 언급하면서, 보다 분명한 합의를 염두에 두고 평화회의에 참석하는 게 더 나을지 물었다. 이에 대해 윌슨은 다음과 같이 답했다. "채택될 확률이 높은 구상보다 훨씬 더 포괄적이고 구체적인 분명한 구상을 염두에 두고 회의에 참석하는 게 현명하다."[90] 태프트에 따르면, 윌슨은 "상대적으로 약소한 나라들을 보살피고 그들의 주권을 보호할 필요가 있으며 그 어떤 구상이든 이 점을 유념해야 한다."라고 말했다.[91] 그는 국제연맹의 구체적인 설계도를 정말로 마련했고, 이는 그가 예상한 대로 공격을

받았다.[92]

그러나 윌슨의 발언은 국제법과 집단안보의 원칙들이 어떻게 해야 신뢰를 얻을 수 있는지에 대해 그가 오래전부터 지녀온 생각을 보여준다. 그는 1917년 11월 국제기구 전문가인 한 스위스인에게 "국제연맹의 창설은 내 생각으로는 법적 기구의 문제라기보다 도덕적 설득의 문제다."라고 말했다.[93] 이와 마찬가지로, 전후 집단안보 체제는 주권의 이양이 결부되는 법적 절차를 통해서 구축되면 안 되었다. 국가들과 국민들이 권리와 의무와 이를 수호해야 할 필요성에 대해 지닌 인식을 바꾸어야 하는 정치적 도덕적 과제였다.

미국 예외주의

마지막으로, 윌슨은 이러한 운동의 선도자로서 미국이 건국이념과 지정학적 위치와 계몽된 지도력을 보유하고 있으므로 (윌슨은 자신이 그러한 지도력을 구현한다고 믿었다.) 세계를 이끌고 방향을 제시하고 북돋울 특별한 책임이 있다고 믿었다. 미국은 역사적으로 위대한 도덕적 동인(動因)이자 진보적인 변화의 산파였다. 1919년 5월 상원 연설에서 윌슨은 국제연맹에서 미국의 지도력이 중요하다며 다음과 같이 역설했다. "미국은 이제 세계 강대국으로 성장했다고 말해도 좋을 듯싶다. 우리의 고립은 20년 전에 끝났다…. 우리가 세계 강대국이라는 점은 부인할 수 없다. 우리에게 주어진 도덕적 지도자로서의 책무를 거부할 수 있을지, 우리가 세계의 신뢰를 수용할지 거부할지 여부의 문제만 남아있을 뿐이다."[94]

윌슨은 미국이 패권국가로서 세계체제를 지배해야 한다고 주장하는 게 아니었다. 사실 그는 강대국들이 국제체제를 지정학적으로 지배해온 전통을 전적으로 거부하고 있다. 미국이 세계를 보다 나은 미래로 이끈다는 구상은 1919년 9월 25일 콜로라도주 푸에블로에서 한 국제연맹을 지지하는 내용의 연설에서 포착된다. 연설을 갈무리하면서 윌슨은 다음과 같이 말했다. "미국 국민이 늘 분연히 떨쳐 일어나 손을 내미는 대상이 하나 있다. 바로 정의와 자유와 평화의 진실이다. 우리는 진실을 받아들였고 우리는 이 진실이 이끄는 데로 나아가고 진실이 우리를 인도할 것이다. 그리고 세계는 우리를 통해서 과거에는 꿈도 꾸지 못했던 태평성대의 시대에 진입하게 된다."[95]

제국, 인종, 민주주의, 그리고 자유주의적 진보

윌슨의 자유주의적 국제주의 구상은 숨 막힐 정도로 야심만만한 동시에 놀라울 정도로 제약이 많았다. 계몽주의 원칙과 도덕적 맹목성이 뒤섞인 해괴한 구상이었다. 윌슨과 그의 사상에 대한 학술적인 분석에 오랜 세월 동안 그림자를 드리운 모순이 바로 이 점이다. 그는 국가들과 국민들의 권리와 보호에 대한 보편적인 원칙을 주장하는 듯하지만, 당시에 만연했던 제국적 인종적 위계질서에 결코 의문을 제기하지 않았다. 그가 말하는 국가들과 국민들의 자결권은 현실적으로 상당히 제한적이었다. 베르사유 회의에서는 붕괴한 유라시아 제국들의 유럽 지역에 속한 주민들만 국가로 인정을 받았다. 다른 이들은 "보호령"으로 지정되었다. 그의 이러한 태도는 유감스럽기는 하나 제국적 인종적 위계질서에 의문을 제기하지 않았다는 사실은 윌슨이 남북전쟁 후 미국에서 인종적 서열을 지지했다는 점에 비추어볼 때 예상 가능하다. 학자로서 그는 남북전쟁이 끝나고 재건시대에 흑인 시민들에게 동등한 민권과 참정권을 부여하는 노력을 비판했다. 대통령으로서 그는 공직 사회의 인종분리정책을 관장했고, 한 전기 작가의 말마따나, "인종적 정의 문제에 소극적이고 냉담하고 사실상 무관심했다."[96]

윌슨의 평화구축 구상은 W. E. B. 듀보이스(W. E. B. Du Bois) 등 인권운동가들을 비롯해 진보주의 운동 진영의 명망가들로부터 지지를 받았다. 처음에 그들은 윌슨이 해외에서 민주주의를 수호하기 위해 하는 투쟁에 동참함으로써, 적어도 간접적으로는 나라 안에서 인종적 평등의 전망을 밝게 하리라고 믿었지만, 거듭 실망할 수밖에 없었다. 듀보이스는 1912년 대선에서 윌슨을 지지했지만, 윌슨의 첫 임기에 그에 대해 실망하고 1916년에는 윌슨을 지지하지 않았다. 그러나 놀랍게도 듀보이스를 비롯한 인권운동 지도자들은 여전히 윌슨이 전 세계가 지켜보는 순간을 포착해 자신들이 추진하는 명분을 지지할지 모른다고 생각하고 파리평화회의에 참석했다. 듀보이스는 파리에서 윌슨의 섭견을 요청했지만 받아들여지지 않았다. 그는 하우스 대령과 만났고 미국 대표단에게 아프리카의 미래와 인종 평등의 문제를 다루어 달라고 촉구했지만, 받아들여지지 않았다. 듀보이스는 훗날 다음과 같이 기록한다. "다른 데서와 마찬가지로 여기서도 학자로서의 윌슨에 실망했다. 베르사유에서 그는 유럽도 유럽의 정치도 인종이 전 세계적인 문제라는 점도 이해하지 못하는 듯했다."[97] 파리에서 윌슨은 자신이 주장하는 자결원칙과 국가평등의 원칙을 백인이 아닌 사람들에게는 적용하지 않으려는 듯했다.

윌슨은 유럽의 제국들을 탐탁지 않게 생각했지만, 그의 평화 구상에는 제국을 제거하는 조치가 포함되어 있지 않았다. 유럽 제국주의에 맞서는 그의 태도는 제한적이었다. 문호개방시대부터 시작해서 윌슨 통치하에서 지속적으로 미국은 개방적인 무역과 교류의 다자주의 체제를 구축할 방법을 모색했고 세계가 제국의 영향권과 폐쇄적인 블록으로 나뉘는 데 반대했다. 윌슨이 보기에 이러한 제국 형성은 미국 기업에게 불리하고, 무엇보다도 독재체제와 군국주의의 온상이었다. 전후 평화구축의 원칙으로 그가 제시한 자결주의와 국가평등은 추상적인 차원에서는 반제국주의였다. 그러나 파리에서 윌슨은 자신의 구상 실현 가능성을 구체적으로 논하게 되자 제국에 반대하는 입장을 재빠르게 타협해버렸다. 특히 터무니없었던 사례가 있다. 중국에서의 제국주의적 제도들의 종식을 호소하기 위해 평화회의에 참석한 중국 대표단은 독일이 중국에서 보유하고 있는 영토를 일본에게 이양하는 비밀 조약에 영국, 프랑스, 이탈리아가 서명한 사실을 깨닫고 경악했다. 중국은 베르사유조약에 조인하지 않았다.[98]

애덤 투즈에 따르면, 윌슨은 "제국의 인종적인 위계질서나 세계적 차원에서 이뤄지던 피부색에 따른 구분을 타파하는 데 관심이 없었다. 미국이 전략적으로 억눌러야 한다고 한 대상은 생산적인 식민지 팽창으로서의 제국주의도, 백인이 유색인종 위에 군림하는 체제로서의 제국주의도 아니고 세계를 여러 개의 영향권으로 분할하려는 프랑스, 독일, 영국, 이탈리아, 러시아, 일본의 '이기적'이고 폭력적인 대결로서의 제국주의였다." 윌슨은 "반제국주의적 반군국주의적 의제를 염두에 두고 있었고 국제연맹은 제국 간의 대결을 종식시키는 수단이었다."[99]

이와 마찬가지로 윌슨은 인권과 인종 평등에 대해 그리 대범한 구상을 지니고 있지 않았다. 국제연맹 조약은 이 둘 중 어느 하나도 언급하지 않았다. 윌슨은 권리와 가치에서 보편성이라는 구상을 제시했지만 편의상 재빨리 타협하기도 했다. 가장 이상주의적인 태도를 보일 때조차도 그는 인종과 문명의 서열에 대한 서구의 개념들을 비판하지 않았다. 베르사유에서 조약의 초안을 작성하는 동안 일본 대표단은 인종 평등에 관한 결의안을 제시했다. 윌슨은 종교의 자유에 대한 결의안도 고려하고 있었고, 어느 시점에는 종교의 자유 결의안을 일본이 제안한 결의안과 통합하는 방안을 생각하기도 했다. 결국 현실적인 이유로 그는 인종 평등 결의안을 부결시켰다. 영국은 이를, 특히 호주에서, 위협으로 간주했다. 조약에 대한 영국의 지지를 잃을까 겁이 난 윌슨은 이 인종 평등 결의안이 기각되도록 만전을 기하기 위해 만장일치 조항을 발동시켰다. 나오코 시마즈(Naoko Shimazu)가 이 장면을 묘사한 자료를 보면, 윌슨이 인종 평등 제안을 거부한 이유는 미국에서 인종분리정책에 미칠 영향에 대해 우려해서도 아니고 "보편적인 원칙으로서의 인종 평등에 대해 개인적으로 신념이 있어서도 아니었다."[100] 그는 인종 평등보다 국가의 자결권을 강조했고 유럽 바깥 지역에서의 자결권은 위임체제를 통해 강대국들이 관리할 대상이었다.

윌슨의 자유주의적 반식민주의의 한계는 비서구 진영에서 "윌슨의 순간"이 반짝했다 금방 사라졌다는 사실에서 드러난다. 중국과 인도 같은 나라들은 처음에 윌슨이 파리에서 강조한 원칙들-다자주의, 개방적 외교, 자결주의-에 감명을 받았지만 그들이 품은 희망은 무참히 깨지고 말았다. 에레즈 마넬라(Erez Manela)가 주장하듯이, "전 세계 각지에서 모인, 식민지화되고 주변부로 밀려나고 나라 없는 사람들-중국인과 한국인, 아랍인과 유대인, 아르메니아인과 쿠르드족, 그 밖에 수많은 이들-에게 파리회의는 자결권이라는 목표를 추구할 절호의 기회로 보였다."[101] 그러나 1919년 봄 무렵 파리에 모인 이들에게 윌슨은 제국의 이익을 수호하려는 영국과 프랑스와 공모하는 인물에 지나지 않고 자기들에 대한 서구의 지배는 끝나지 않으리라는 게 점점 분명해졌다. 이러한 환멸이 반식민주의적 민족주의시대의 서막을 올린 시발점이었고 아시아 아프리카 지도자들이 전략을 재고하고 국내에서 지지 세력을 규합하고, 자결주의 운동에 착수하는 계기가 되었다고 마넬라는 말한다.[102] 식민주의의 피해자가 아니었던 일본은, 정치지도자들이 도쿄에서 국제주의 이념들을 수용하고 전후 주요 구상들-국제연맹, 워싱턴과 런던에서 열린 여러 차례의 해군회의, 5개국 해군군축조약, 켈로그-브리앙조약-에 참여하면서 다른 길을 택했다. 일본의 윌슨 구상 지지는 1931년 9월 만주사변이 일어나면서 막을 내렸다.[103] 일본의 국제주의는 "강대국 협력"이라는 윌슨의 개념을 지지했을 뿐, 자결주의 원칙을 추구한 것은 아니었다. 일본은 중국에서 자국의 이익을 재확인하면서 자결주의를 묵살했다.

윌슨의 전후 구상에 담긴 두 가지 측면 때문에 그는 이러한 도덕적 정치적 패착을 두었다. 하나는 그가 국제연맹이 평화협상의 결함을 극복하고 실수를 바로잡을 수단이 되리라고 생각했다는 점이다. 그는 가장 중요한 목표는 국제연맹 창설이고 나머지 사항들은 저절로 해결되리라고 생각했다. 따라서 그는 파리회의에 참가한 당사국들이 전후에 창설될 기구에 참여할 길을 마련해준다면 파리회의에서 다른 당사국에게 기꺼이 양보할 의향이 있었다. 그가 인종 평등에 대해 일본이 제안한 결의안을 처리한 방식이 이러했다. 조약의 최종안 작성과 관련해 윌슨과 긴밀히 논의한 로버트 세실의 말마따나, "우리는 세계를 위해서 어느 모로 보나 완전무결한 건조물을 구축하려는 게 아니다." 윌슨은 파리에서 타결한 합의로 그가 생각하는 가장 기본적인 목표인 강대국들을 제도화된 협력의 길로 이끄는 목표가 달성되었다고 생각했다. 조약에 담긴 다른 어떤 부당한 측면도 시간이 지나면 자연스럽게 바로 잡히리라고 생각했다.[104]

이러한 논리는 국제연맹을 정치적 공동체의 배아로 본 그의 시각에서 비롯되었다. 국제관계에 대한 윌슨의 사고에는 기독교적 믿음이 녹아있었다. 국제연맹은 마을에 있는 교회라고 생각하면 된다. 윌슨이 그 교회의 지도자로서 마을을 안정적이고 평화롭게 만들고 문명화할 가장 중요한 방법은 사람들이 교회에 다니게 만드는 일이다. 그는 잠재적인 교인들이 아직은 딱히 교인처럼 행동하지는 않는다는 사실을 알고 있다. 마을에는 깡패도 있고 사창가도 있고 도박꾼도 있고 마약매매자도 있고 교회 지도자들 가운데 이러한 악행에 손을 담고 있는 이들도 있었다. 그러나 윌슨은 교회가 그 소명을 다하리라는 믿음이 있었다. 이 세대의 교인들이 개과천선하지 않더라도 그들의 후손은 정신을 차리고 마을은 서서히 변모하리라고 생각했다. 이게 본질적으로 윌슨이 국제연맹을 보는 시각이었다. 국제연맹은 생물과도 같아서, 올바른 원칙이 국제연맹의 전당에 합류한 이들을 서서히 계몽시키리라고 생각했다.

윌슨의 구상에서 자유주의적 이념의 위반을 눈감게 해준 두 번째 측면은 민주주의의 점진적인 진보에 대한 그의 믿음이었다. 1918년 12월 그는 세계가 민주화 혁명이 세를 더해가는 와중에 놓여 있다는 생각을 품고 유럽으로 출발했다. 그가 의기양양해서 런던, 파리, 로마, 밀라노를 순방하는 동안 가는 곳마다 사람들은 입에 침이 마르도록 그에게 찬사를 퍼부었고 이는 그의 시각을 확인해주는 듯했다. 그의 새로운 외교를 지지한 세력이 있다면 이는 서구 진영 국가의 국민들과 세계 곳곳에서 민주주의를 염원하는 이들이었다. 그는 유럽 각국 수장들을 제치고 보통사람들에게 직접 도덕적 이념적 호소를 했다.[105] 자유주의적 원칙들은 1917년과 1918년 내내 유럽에서 지지를 얻고 있었는데 부분적으로는 러시아혁명의 결과이기도 했다. 러시아혁명은 유럽 전역에서 좌익 정당들에 활기를 불어넣었고 정치 스펙트럼 전체에 걸쳐 지적 흥분을 불러일으켰다. 영국의 급진주의자들도 자유주의적 전후 질서를 외쳤다.[106] 파리평화회의에 이르는 막판까지도 윌슨은 유럽에서 부상하는 민주정치의 물결이 전후 질서에 대한 그의 제안을 지지할 중도좌익과 진보 성향의 정부들에게 힘을 실어주리라고 낙관했다. 그리고 장기적으로 볼 때 전 세계에서 민주화의 파고가 높아지면서 국제연맹은 굳건한 발판을 마련하게 되고 자유주의적 평화를 지지하는 세력이 확장되고 국제연맹의 원칙과 합의사항을 이행하는 장치로서 여론의 역할을 강화해주리라고 확신했다.

보다 깊은 차원에서 윌슨은 세계의 정치 변화를 점진적인 진화로 보았다. 법과 정치는 사회적 진보가 점진적이고 유기적으로 작동한 결과라고 믿었다. 이 때문에 윌슨과 동세대 국제주의자들은 그들의 자유주의 이상을 서구 제국주의와 양립시키기가 쉬웠다. 장기적으로 볼 때 제국은 사라지지만 근대의 발전 논리가 전개되려면 시간이 필요하다고 그들은 생각했다. 1885년 윌슨은 다음과 같이 기록했다. "민주주의를 단순히 독트린의 집합체로 간주하는 것은 잘못이다. 민주주의는 발전 단계이다…. 서서히 습관이 되면서 축적된다. 그 절차는 경험이고 그 토대는 오랜 관습이며, 그 의미는 국가가 유기적으로 하나가 되는 효과적인 삶이다. 성인이 되는 것처럼, 민주주의가 성숙하면 자유와 자제력이 성숙한다."[107] 공교롭게도 세계가 자유민주주의의 미래를 향해 전진한다는 이러한 진보주의적 구상 때문에 그는 인종적 제국적 위계질서를 묵인하고 그러한 위계질서를 타파하는 작업을 서서히 변하는 역사의 힘에 위임했다.

윌슨의 국제주의는 국제협력의 영역을 협소하게 정의했다. 국제협력은 본질적으로 집단안보와 자유무역을 다자주의와 국제법의 규정과 규범으로 묶어놓은 체제였다. 윌슨은 국제공동체를 대상으로 인권, 사회보호, 경제개발 등의 확장적인 개념들을 증진시키자고 요구하지 않았다. 물론 국제체제가 스스로 이러한 일을 하게 된다는 전제가 깔려있었다. 그러나 이 시기의 자유주의적 국제주의는 야심찬 사회적 목표들을 옹호하거나 추진할 국제적 역량을 구축하는 분명한 의제를 담지 않고 있었다. 전후 질서의 청사진인 베르사유조약은 진보적 변화를 뒷받침하는 경제적 사회적 토대에 대한 이해가 결여되었다는 점에서 널리 비판을 받아왔다.[108]

실패가 남긴 유산

윌슨의 자유주의적 국제주의는 역사적인 실패였다. 단순히 미국 상원이 베르사유조약을 비준하지 않아서가 아니다. 실패한 진짜 원인은 집단안보 체제가 기능하도록 하는 제반 여건이 마련되지 않았기 때문이다. 윌슨이 생각하는 자유주의적 국제주의는 한 묶음의 얄팍한 제도적인 약속들을 중심으로 구축되었다. 이 구상의 힘은 필요하면 제재를 작동시키고 영토보전을 집행할 한 묶음의 두툼한 규범과 압력, 여론과 정치가의 도덕적 청렴에서 비롯되리라고 기대했다. 윌슨은 안정적인 평화를 유지하기 위해 국가들을 결속시킬 비공식적인 규범을 강조함으로써 상원이 절대 포기하지 않으려 할 주권자치의 문제를 피해갔다. 법적 독립과 평등과 관련된 국가의 주권은 타협의 대상도 아니고 바뀔 수도 없었다. 국가는 그저 처신을 올바르게 하면 되고, 윌슨은 이를 국가들이 사회화되어서 "힘의 공동체"에 합류하게 된다는 의미로 이해했다.

양대 세계대전 사이의 기간에 이러한 구상은 실현되지 않았다. 미국은 평화와 안보에 적극적으로 관여하는 자세에서 한 발자국 물러났다. 1920년대와 1930년대의 국제주의는 여러모로 19세기 국제주의-금융가, 무역인, 사회단체들의 과제-로 회귀했다. 다시 한 번 국제주의는 위축된 세계경제의 영향을 관리하려고 고군분투하는 은행과 기업들이 주도하는, 본질적으로 민간 주도 국제주의가 되었다. 법적인 국제주의는 켈로그-브리앙조약에서 부활했다. 이 조약은 국제분쟁을 해결할 때 19세기의 중재협정 방식으로 되돌아갈 방법을 모색했다.[109] 이 다자간 조약은 자기방어나 그 밖의 특정한 상황을 제외하고 한 조약 당사국이 다른 조약 당사국을 상대로 전쟁을 포기할 기회를 조약 당사국 정부들에게 부여했는데, 이는 국제연맹보다 더 허술한 공식 안보조약이었다. 그리고 이 조약은 윌슨의 자유주의적 국제주의와 마찬가지로 여론과 도덕적 권고가 협력과 집단안보를 활성화한다고 확신했다.

미국은 국제연맹에 합류하지 않았지만, 1920년에 국제연맹은 활동을 시작했다. 국제연맹은 안보 분쟁을 해결하는 데 성공하지 못했지만 경제 사회 교육 분야를 넘나드는 다양한 국제적 활동을 확대하는 중추적 기관이 되었다. 이런 식으로 국제연맹은 근대 국제질서에 정부 간 그리고 범국가적 특성을 배태시켰다는 점에서 중요하다. 글렌다 슬러가가 주장하듯이, "1919년에 형태를 갖춘 국제질서는 세계 인구의 다양한 이익을 내표할 전례 없는 정치적 공간을 조성했고 이러한 공간을 드나드는 대표단, 관료, 비정부기구로 가득 찼으며 끊임없이 재편되었다."[110]

윌슨은 이 시대에 마치 고대 그리스시대의 인물처럼 그려진다. 결함이 있고, 자만이라는 짐과 그에 못지않은 무게의 도덕적 맹목을 짊어진, 그러나 기백과 열정이 가득한 인물 말이다. "사람들을 결속시키는 게 오로지 한 가지 있는데 그것은 누구나 권리에 애착을 느낀다는 점"이라는 그의 관점은 아테네의 위대한 지도자의 장례식 추도사를 떠올리게 한다.[111] 윌슨의 자유주의적 국제주의 구상은 힘의 균형, 영향권, 군사적 대결, 동맹들을 토대로 한 구세계질서를 국민국가와 법치를 토대로 한 통일된 자유주의적 국제주의 질서로 변모시키려 했다. 힘겨루기와 안보경쟁은 주권을 지닌 평등한 나라들로 구성된 공동체로 대체되리라 생각했다. 그러나 윌슨의 국제주의는 정치제도의 근본적인 변화를 추구하지는 않았다. 윌슨의 자유주의적 국제주의 질서는 여론과 도덕적 권고라는 연성법을 중심으로 구축되었다. 윌슨에 따르면, 국제연맹은 "전 세계적으로 인간들을 조직화하는 도덕적 힘으로 작동하고" 세계 방방곡곡에서 벌어지는 비행에 "양심의 불빛을 비춰" 낱낱이 드러내준다. "조금만 드러내도 대부분의 문제는 해결된다."라고 그는 낙관적으로 확신했다.[112] 돌이켜보면, 윌슨의 안보 약속은 너무 얄팍했고, 규정의 준수와 집단행동이라는 두툼한 규범은 만족스러울 만큼 두텁지 못했다.

베르사유 회의에 참석한 평화구축 연합세력인 조르주 클레망소

(Georges Clemenceau), 데이비드 로이드 조지, 우드로 윌슨은 하나의 세계대전을 끝내면서 그다음 세계대전의 씨앗을 심었다는 역사의 평가에서 절대로 벗어나지 못한다. 그들이 타결한 전후 처리 방안은 거의 모두를 실망시켰다. 제1차세계대전은 외교관들이 관리하기에는 너무나도 버거운 거대한 힘들이 작동하게 만들었다. 네 개의 제국이 붕괴되었고, 유럽의 강대국 질서가 함몰되었으며, 영국에서 미국으로 힘이 이양되었고, 러시아에서 혁명이 일어났고, 자결주의에 대한 새로운 개념들이 확산되었다. 승전국이 독일을 대우한 방식-독일의 취약한 민주주의를 파괴한 혹독한 평화협정-은 참혹할 정도로 멍청했다. 그러나 국제연맹은, 미국은 합류하지도 않았지만, 사회적 경제적 협력의 새 시대를 열었고 훗날 자유주의적 국제주의 과제를 재편성할 토대를 마련해주었다.

5.

루스벨트의 국제주의

프랭클린 루스벨트는 뉴딜정책과 더불어 미국 정부가 국민에게 사회경제적 보장을 해주도록 했다.
Franklin Roosevelt © wikimedia

—

1930년대와 1940년대 내내 위기와 격변이 끊이지 않으면서 자유민주주의의 심장을 강타했다. 경제대공황, 파시즘과 전체주의의 부상, 또다시 일어난 세계대전으로 서구 자본주의국가들의 존속 가능성과 그들이 제대로 작동하는 국제질서를 구축할 역량이 있는지에 대해 심각한 회의가 제기되었다. 프랭클린 루스벨트와 그의 동시대인들은 윌슨시대의 평화구축 과제의 토대가 되었던 자유주의적 국제주의 가정들을 대부분 파기해야 했다. 여론은 세계평화를 실행하는 힘이 되기에는 너무 나약했다. "문명"이 인간을 사회화하는 효과가 국제정치에서 믿을 만한 힘이라고 해도 그 효과는 너무 서서히 일어났다. 무엇보다도 근대성 자체가 실존적인 위험을 내포하고 있었다. 파시스트와 전체주의 국가들이 지닌 문제는 이런 나라들이 만족스러울 만큼 근대화되지 않았다는 게 아니라 지나치게 근대화되었다는 점이었다. 그들은 산업화 국가의 근대화 역량을 총동원함으로써 막강하고 위협적인 존재가 되었다. 20세기 중엽 세계를 뒤엎은 폭력과 비자유주의는 서구 진영에서 비롯되었다. 바로 이처럼 "세계화"의 특징을 새롭게 규정하면서 자유주의적 국제주의자들은 그들이 지닌 개념들을 재고하게 되었다.

1919년 이후 등장한 국제질서는 거의 지지를 얻지 못했다. 미국은 국제연맹에 합류하지 않았고, 프랑스는 자국이 바라는 안보 보장을 얻어내지 못했으며, 독일은 불만으로 끓어올랐다. 비서구 진영에서 자결주의 국민운동은 무산되었다. 베르사유조약은 실현 가능성도 희박하고 이상적이지도 않았다. 베르사유조약은 안보도 보장하지 못하고 정의도 실현하지 못했다. 평화는 구축되었지만 이에 만족한 당사국은 거의 없었다. 존 메이너드 케인스(John Maynard Keynes)는 이 평화조약에 대한 유명한 반박문에서 다음과 같이 말했다. "우리의 운이 다한 시질에 나나랐나. 현재를 살고 있는 인간의 일생에서 인간 영혼의 보편적인 요소의 불빛이 이토록 희미하게 깜박거렸던 적이 없다."[1] 나폴레옹전쟁에 뒤이은 빈 평화조약은 거의 한 세기 동안 유지되었다. 베르사유 평화조약은 채 20년을 채우지 못하게 된다.

그래도 서구 진영에 정세 안정이라는 구색이라도 갖춰지게 되었다. 자유민주주의의 제도들은 전쟁을 이겨내고 살아남았다. 일부 자유 국가들에서는 전쟁 자체가 민주적 개혁을 촉진해 국가 역량이 강화되고 참정권이 확대되었다. 놀랍게도 1920년대에 접어들면서 소련의 서쪽 지역에 위치한 유럽 전체가 대의 의회체제를 채택했다. 자유주의적 입헌 정부는 세계 65개 정도에 달하는 독립국가들 전역에서 거의 보편적으로 나타났다. 물론 국민국가 체제 바깥 세계는 여전히 제국의 덫에 갇혀있었다. 세계 인구의 3분의 1이 식민지배 하에 놓여있었다.[2] 경제성장과 정세 안정의 징후는 산업화 진영 전체에서 나타났다. 서구 강대국들 사이에 제대로 작동하는 외교체제가 다시 등장했다.

그러나 경제적 지정학적 위기가 연이어 발생하면서 이러한 낙관적인 상황은 사라졌다. 1930년대에 세계경제가 붕괴하고 파시즘과 전체주의가 부상하면서 자유민주주의의 미래에 대한 극심한 회의가 일었다. 자유주의적 국제주의자들은 1919년 이후 실패한 베르사유 조약, 국제연맹, 집단안보 등의 패착을 두고 갑론을박했다. 추축국의 공격으로 또다시 세계대전이 일어나면서 위기는 고조되었다. "미래가 더욱 불확실해졌고, 끝 모를 암중모색에 빠졌다."라고 아이라 카츠넬슨은 1930년대의 미국을 묘사하고 있다. "공포심이 만연하면서 정치상황에 대한 이해와 관심사에 깊은 영향을 미쳤다. 확실한 건 아무것도 없었다."[3] 산업화 근대국가들은 어두운 이면을 드러냈다. 자유민주주의가 이 세계에 다시 발붙이게 될까?

1930년대 말부터 1940년대 말까지 자유주의적 국제주의 개념들에 대대적인 변화가 일어났다. 뉴딜 자유주의와 냉전시대 국가안보 개념들이 등장했다. 이러한 의제들은 점점 확장되고 점점 진보했으며, 동시에 보편적 권리와 주권 보호, 서구 민주 진영의 결속에 대한 호소도 가미되어 있었다. 이러한 질서 구상은 정부 간 기구들이 점점 확대되는 가운데 실행되었고, 냉전이 도래하면서 미국의 패권이 이러한 질서를 유지했다. 우드로 윌슨은 자유민주주의국가들의 결속이 국제질서를 유지한다고 생각했다. 1930년대 말과 1940년대 자유주의적 국제주의 사상가들은 세계질서의 개혁이 자유민주주의국가들의 결속을 유지해준다고 생각했다.

이번 5장에서는 세 가지 주장을 전개하겠다. 첫째, 1930년대와 1940년대에 경제공황이 발생하고 전쟁이 일어나고 비자유주의가 확산되면서 서구 민주주의의 생존가능성과 근대 산업화 사회의 특성과 나아갈 방향을 두고 기나긴 논쟁이 벌어졌다. 구자유주의 질서가 실패하면서 정치 진영을 막론하고 근대성의 문제를 재고하게 되었다. 서구 자유주의를 대체할 거대 이념으로서 파시즘과 전체주의가 부상하면서 위기가 고조되고 서구의 민주적 자본주의와 소비에트 공산주의 사이의 이념투쟁도 이러한 논쟁을 한층 뜨겁게 달구었다. 각양각색의 입장이 개진되었다. 넓게 보면 자유민주적 세계관을 지닌 이들은 고전적 자유주의에서부터 사회민주 체제에 이르기까지 다양한 개념들을 수용했다. 이러한 차이에도 불구하고 베르사유조약은 자유로운 자본주의적 민주주의의 안정적인 토대를 구축하는 데 실패했다는 폭넓은 공감대가 형성되었다.

둘째, 양대 세계대전 사이의 기간 자유주의적 국제주의 사고가 바뀌었다. 윌슨시대 자유주의자들은 근대성이 세계를 자유민주주의를 향해 앞에서 이끌고 뒤에서 미는 발전의 힘으로 보았다. 1930년대와 1940년대에 참화를 겪으면서 자유주의자들은 점점 근대성이 자유주의국가와 비자유주의국가 모두에게 힘을 실어주며 세계적인 차원에서 근대성이 야기하는 위험과 창출하는 기회도 점점 복잡해진다는 사실을 깨닫게 되었다. 초창기 국제주의 구상에서 암묵적으로 (또는 노골적으로) 나타난 인종, 종교, 문명의 위계질서는 권리와 자유에 대한 보편적인 개념에 자리를 내주었다. 1930년대와 1940년대에 자유주의적 국제주의자의 사고는 보다 "세계주의자"인 동시에 보다 "현실주의자"가 되었다. 국제질서가 자유민주주의국가들을 안정시키고 보호하기 위해 더 많은 역할을 해야 한다고 생각한다는 점에서 세계주의자였다. 국제질서는 그 범위와 목적이 보다 다면적이어야 한다고 생각했다. 그러나 국제질서가 미국을 비롯한 산업화 민주주의국가들이 주도하는 안정적이고 협력적인 강대국 질서 안에 보다 깊이 삽입되어야 한다고 생각했다는 점에서 현실주의자였다. 서구 자유민주주의국가들이 살아남으려면 새로운 유형의 국제질서를 구축하고 작동시켜야 했다. 자유주의적 국제주의자들 간에 전후 질서를 두고 벌어진 논쟁은 이러한 공감대를 토대로 진행되었다.

마지막으로, 루스벨트와 그의 동시대 사람들과 그들을 계승한 이들이 이러한 새로운 사고를 구체화했다. 뉴딜과 냉전시대 자유주의가 자유민주주의와 국제질서 사이의 관계를 다시 다듬었다. 이러한 새로운 사고의 중심에는 자유주의 질서의 논리와 기능에 대한 보다 포괄적인 구상이 자리하고 있었다. 자유민주주의국가가 추구하는 목적과 역량은 진화했고 따라서 근대 자유주의 사회를 뒷받침하고 보호할 국제질서도 진화해야 했다. 국가의 안정과 사회 안정 개념이 확대되면서 근대 자유주의가 국제질서를 조직화하고 관장하려면 보다 운동가적인 의제들이 필요했다. 윌슨의 자유주의적 국제주의가 국제법을 중심으로 구축되고 여론과 도덕적 권고로 이행되었다면, 1930년대와 1940년대에 등장한 자유주의적 국제주의는 정치적 권리와 사회보호라는 새로운 개념들을 통합했다. 자유민주주의가 생존하려면 경제와 안보의 상호의존으로 인해 점점 복잡해지고 취약해지는 상황을 담기에 적합한 "그릇"이 필요했다. 개방적이고 규정을 토대로 한 국제질서를 방치하지 말고 좀 더 관리할 필요가 있다고 생각되었다. 개방성은 안정을 담보하고 국민과 노동자의 안녕을 보호할 규정과 제도들에 "끼여 들어가야" 했다. 냉전이 시작되면서 이러한 자유주의 질서는 세계에서 가장 막강한 나라의 지도력을 중심으로 조직화되면서 보다 패권적 특성을 띠게 되었다.

위기의 20년

베르사유조약의 실패에도 1920년대에 서구 진영 국가들은 경제와 정치 불안을 관리하고 제대로 작동하는 전후 질서의 기초를 마련하기 위해 긴밀히 협력했다. 국제연맹은 42개 창설회원국을 거느리고 1920년 출범했는데, 창설회원국은 대부분 유럽 국가였고, 세계평화 유지에 매진하는 최초의 정부 간 기구였다.[4] 국제연맹의 후원하에서 정부들은 세계 보건을 증진하고 난민을 재정착시키고 노동권을 진전시키고 소수민족들을 보호하기 위해 서로 협력했다. 독일은 1926년에 국제연맹에 합류했다. 해상국가들이 해양 협정을 타결하면서 외교와 무기통제의 새 시대가 열렸다. 유럽과 미국의 은행과 금융기관들은 영업을 재개하고, 자국 정부와 협력하면서 부채와 보상에 대한 협상을 다시 했다.[5] 유럽에서 산업생산은 자동차를 비롯해 근대 상품에 대한 소비자 수요가 증가한 데 힘입어 1913년부터 1929년까지의 기간 동안 두 배로 증가했다. 1920년대 중엽 미국 경제는 연 7퍼센트의 성장률을 보였고 실업률은 2퍼센트 이하로 떨어졌다. 허버트 후버(Herbert Hoover) 미국 대통령이 1929년 3월 취임 연설에서 한 다음과 같은 발언은 모든 자유민주주의국가들을 대변하는 듯했다. "우리는 세계 역사상 가장 높은 수준의 안락함과 안보에 도달했다."[6]

그러나 겨우 10년 만에 이러한 전후 질서는 갑자기 산산조각이

나고 경제적 정치적 위기가 고조되었다. 베르사유조약 이후 체제를 관리하기 위해 결성된 자유주의국가들의 연합이 붕괴되었다. 애덤 투즈는 "한 겹씩, 한 조각씩, 이슈마다, 이 대대적인 민주국가 동맹은 해체되었다."라고 말한다.[7] 세계질서의 취약한 토대는 이러한 끊임없는 과정에서 해체되었고 결국 세계대전으로 이어졌다. 점점 고조되면서 펼쳐지는 각종 위기-경제 붕괴, 파시즘과 권위주의의 부상, 안보경쟁, 전쟁-는 지금까지 서구 자본주의 민주주의국가들이 본 적이 없을 만큼 심각했다. 장기간 계속된 전례 없는 호황에 뒤이은 대공황으로 산업국가들에서 대량실업이 속출했다. 이에 대처하기 위해 정부들이 고군분투하면서 국제협력이 가장 먼저 희생되었다. 국가들이 앞다퉈 일자리와 시장을 보호하면서 보호주의가 확산되었다. 경제위기로 열린 문으로 반동적 권위주의가 걸어 들어왔다. 독일, 일본, 소련은 대대적인 재무장에 착수했다. 세계경제의 붕괴로 19세기부터 전해 내려온 자유시장과 고전적 경제이론을 토대로 한 자유주의 개념들이 불신을 받았다. 파시스트와 전체주의 국가들이 막강해지면서 역사학자 에릭 홉스봄(Eric Hobsbawm)이 "자유 문명"이라고 일컬은 자유민주주의의 심오한 가치와 제도들에 대해 의문이 제기되었다.[8]

경제위기는 그 뿌리가 깊지만, 1929년 10월 월스트리트에서 주식시장이 폭락하면서 갑자기 모습을 드러냈고 뒤이어 전 세계 재계가 공황상태에 빠졌으며, 20세기 최악의 경제침체의 발판이 마련되었다. 국제 금융체제가 작동을 멈추었고 세계무역이 붕괴되었다. 정부들은 점점 줄어드는 시장 점유율을 지키려고 앞다퉈 관세를 인상했다. 미국에서도 1930년 스무트-홀리 관세법(Smoot-Hawley Tariff Act)이 통과되었다. 미국은 달러부채를 상환하기 위해 미국 시장에 물건을 팔아야 하는 절박한 나라들로부터의 수입을 엄격히 제한했다. 이를 기점으로 한 차례 보호주의에 불이 붙었다. 독일과 프랑스는 무역을 직접 통제했다. 1932년 오타와에서 열린 대영제국 경제회의에서 영국과 교역상대국들은 농산물과 공산품 교역에서 제국 바깥의 나라들보다 제국에 소속된 지역들을 우대하는 체제를 구축했다. 서로 앞다퉈 관세를 부과해 자국 시장을 보호하면서 세계경제는 쪼개지고 폐쇄되었다. 실업과 빈곤은 위기를 가장 생생하게 보여주는 징후였다. 1932년 미국에서는 4명에 1명꼴로 일자리를 잃었다. 독일에서는 5명에 2명꼴로 실업자가 되었다. 미국을 비롯해 가장 산업화된 나라들에서도 사회보장제도와 실업수당 등 공공지원의 부재가 경제침체로 겪는 고통을 한층 더 혹독하게 만들었다.

정치적 위기로 약화된 자유민주주의에 도전장을 내미는 파시스트와 전체주의가 부상했다. 1920년 유럽의 대부분 지역은 민주적이었다. 1930년대 밀 무렵 세계대전이 가까워오면서 대부분의 유럽 국가들은 권위주의적 지도자와 일당체제가 통치했다. 영국, 프랑스, 북유럽 소국들, 미국, 영국의 정착민들이 사는 지역들이 마지막으로 남은 민주주의국가들이었다. 국가들은 다양한 경로를 통해서 독재와 권위주의적 통치를 채택했다. 러시아는 잠깐 입헌 민주주의를 만지작거렸지만 1917년 후 볼셰비키 혁명에 자리를 내주었고, 1930년대 중엽 무렵 스탈린은 공산당의 마지막 남은 경쟁자들을 축출하고 잔혹한 독재 권력을 공고히 했다. 유럽 다른 지역에서는 정치적으로 우경화되면서 권위주의적 통치가 시작되었고 뒤이어 대중의 지지를 얻은 문민 독재자들이 이끄는 파시스트 정당 혹은 유사 파시스트 정당이 권력을 잡았다. 이탈리아에서는 파시스트 정당 당수 베니토 무솔리니가 1922년 총리에 선출되어 1926년에 일당통치의 발판이 마련되었고, 1930년대에는 일인 독재시대가 열렸다. 이탈리아에 뒤이어 스페인에서는 1923년 장군 한 사람이 취약한 의회체제를 장악했다. 잠시 공화체제로 돌아간 후 스페인에서는 1939년 내전이 터졌고, 프란시스코 프랑코(Francisco Franco)가 최고통치자를 자임했다. 폴란드에서는 1926년 군사지도자 유제프 피우수트스키(Józef Piłsudski)가 정권을 잡았고 1930년대에 군부지배하의 일당독재국가가 되었다.[9] 일본에서는 1931년 자유주의 정부가 민족주의적 군국주의 정권에 전복되었다.[10]

유럽이 의회민주주의를 외면하면서 1933년 독일에서 히틀러가 권좌에 오르는 가장 치명적인 사건이 일어났다. 무솔리니와 마찬가지로 히틀러와 국가사회주의독일노동자당(나치)은 보수주의자들의 지지를 받아 취임했고, 보수주의자들은 연립정부에 합류했다. 나치는 집권 후 분권장치들을 파괴하고 다른 정당들을 불법화함으로써 통치 권력을 공고히 다졌다. 이듬해 히틀러는 총리실과 대통령실을 통합해 공식적으로 독일 총통이 되었다. 1936년 히틀러의 경호실장 하인리히 힘러(Heinrich Himmler)가 독일의 경찰 인력과 보안 인력을 모두 장악했다. 이 시점에 히틀러의 독재는 확고히 수립되었다. 독일에서 이러한 개가를 올린 파시즘은 국제운동이 되었다.[11] 통치 초기 히틀러는 "1914년에 그어진 국경은 독일의 미래에 아무 의미도 없다."고 선언했다.[12] 그리고 이제 이러한 문구는 유럽 전역에서 메아리쳤다.

자유민주 진영이 후퇴하면서 지정학적 위기는 고조되었다. 1920년대 동안 영국과 프랑스는 베르사유조약을 집행하고 국제연맹을 이끌 정도로 강했다. 두 나라는 제국을 보유하고 있었고 국제연맹의 위임체제를 이용해 통치력이 식민지들에까지 미쳤다. 1925년 영국, 프랑스, 독일, 이탈리아, 벨기에는 로카르노조약(Locarno Treaty)에 조인하고 영토 경계선을 서로 보장했다. 그로부터 몇 년 후 프랑스 외무장관 아리스티드 브리앙(Aristide Briand)이 미국에 이 조약을 보편적인 조약으로 만들자고 제안했다. 1929년 8월 브리앙은 파리에서 미국 국무장관 프랭크 켈로그(Frank Kellogg)와 만나 켈로그-브리앙조약에 서명하면서 자기방어권을 행사하는 경우를 제외하고 전쟁수단을 쓰지 못하도록 불법화했다.[13] 65개 나라가 결국 이 선언문에 서명했다. 그러나 국제주의의 새 시대를 열기는커녕 켈로그-브리앙조약을 정점으로 세계는 내리막길로 치달았다. 뒤이은 수년 동안 세계경제가 붕괴되고 민족주의와 반민주적 정치운동이 일어났으며 독일, 일본, 이탈리아의 지정학적 팽창야욕은 국제질서를 끊임없이 공격했다. 국제연맹은 무기력하게 지켜보기만 했고, 일본이 1931년 만주를 점령하고 이탈리아가 1935년 에티오피아를 침략하는 상황에서 국제연맹의 지도자들은 각자 자국의 경제적 정치적 시련에 매몰되었다. 1935년에는 히틀러가 베르사유조약을 무시하고 재무장하겠다고 선언했다. 1936년 3월 에티오피아 위기가 절정에 달하자 그는 독일군에게 라인란트를 다시 점령하라고 명령했다. 1938년 3월 독일은 오스트리아를 흡수했다.[14] 1938년 뮌헨에서 만난 영국, 프랑스, 이탈리아, 독일 지도자들은 베르사유조약의 잔해들을 딛고 서 있었다.

위기가 자유민주 진영을 덮치면서 정치지도자들과 지식인들은 점점 절박해지는 상황을 이해하려고 고군분투했다. 자본주의, 민주주의, 자유주의, 근대성의 미래에 대한 격렬한 갑론을박이 있었다.

자유민주주의의 생존이 위기에 처했다는 인식이 널리 퍼졌고, 해를 거듭할수록 위기가 깊어졌다. 1931년 역사학자 아널드 토인비(Arnold Toynbee)는 한 해의 국제정세를 개관하는 글에서 세계 전역에서 사람들이 "서구사회 체제가 붕괴되고 더 이상 작동하지 않을지 모른다는 점을 깨닫기 시작했다."라고 기록하고 있다. 8년이 지난 1939년 5월 그는 런던정경대학에서 열린 홉하우스 연례 강연에서 "문명의 몰락"이라는 제목의 강연을 했다. 그는 강연에서 "문명을 붕괴로 이끄는 무자비한 법칙은 없지만, 역사와 현 상황이 제시하는 증거로 미루어 볼 때 근대 서구문명은 과거에 몰락한 문명들이 보인 모든 징후를 보이고 있으므로 이제 붕괴되고 해체되고 마침내 사라질 차례가 되었다."라고 말했다.[15]

자본주의의 위기에 대한 집중적인 논쟁도 이루어졌다. 경제학자들은 경제대공황의 원인과 속성, 최선의 정책적 대응이 무엇인지에 대해 서로 엇갈리는 이론들을 제시했다. 고전적 자유주의를 옹호하는 이들과 사회민주적 대안을 밀어붙이는 이들 간에는 큰 간극이 존재했다. 이때 프리드리히 폰 하이에크(Friedrich von Hayek)와 존 메이너드 케인스가 제시한 거대한 개념들이 논쟁을 구체화했고 이 논쟁은 오늘날에도 계속되고 있다. 오스트리아 경제학자로서 1931년 영국으로 이주한 하이에크는 자유시장을 옹호하면서 경제공황은 저투자와 신용의 과잉팽창의 결과라고 주장했다. 따라서 물가와 임금 수준을 낮춘 상태에서 저축을 늘리고 경제를 안정시키는 게 적절한 대응이라고 주장했다. 케임브리지 경제학자이자 베르사유조약에 영국 대표단 일원으로 관여했던 지식인 케인스는 수요부족으로 위기가 발생했다고 주장했다. 1936년 자신이 제시한 개념을 구체적으로 설명한 역작《고용, 이자, 화폐의 일반이론(The General Theory of Employment, Interest, and Money)》에서 케인스는 하이에크가 주장한 대로 시장을 자유화해도 경제공황을 치유하지 못한다고 주장했다.[16] 시장경제 사회는 저절로 회복하는 역량이 없다고 주장했다. 국가가 지출해야 노동자들을 다시 고용하고 수요를 충분히 창출해 완전고용을 향해 나아간다고 주장했다. 하이에크는 저축률 증가를 주장한 반면, 케인스는 "검약의 역설"을 지목했다. 불확실한 여건하에서는 높은 저축률이 경기침체와 저성장으로 이어진다는 논리다.[17]

하이에크와 케인스 간의 논쟁은 경제정책 외의 문제들로 이어졌다. 두 사람의 생각은 자본주의를 통한 근대 자본주의의 변신과 산업화 사회의 미래에 대한 서로 다른 이해에서 비롯되었다.[18] 하이에크는 근대국가를 정치적 자유와 경제적 자유를 위협하는 독재적인 힘으로 보았다. 그는 1944년《노예의 길(The Road to Serfdom)》에서 불간섭 경제학을 옹호하면서 그 틀을 경제적인 측면뿐만 아니라 도덕적인 측면의 문제로 짰다.[19] 케인스는 제약 없는 자본주의와 소련과 유럽에서 부상하던 국가주의 경제체제 사이의 절충점을 모색했다. 그는 다음과 같이 주장했다. "우리가 살고 있는 경제체제의 가장 두드러진 결함은 완전고용에 실패했고 부와 소득을 자의적이고 불평등하게 분배한다는 점이다."[20] 케인스의 이론은 전쟁 중에 그리고 전후 초기에 각광을 받고 있었다. 그가 전후 세계경제의 규정과 제도들에 대한 협상에도 적극적으로 관여했기 때문에 더더욱 각광을 받았다. 하이에크의 이론은 잠복했다가 1970년대에 선진 산업화 진영 전역에서 공감대가 이루어졌던 케인스 이론이 무너지기 시작하면서 빛을 보기 시작했다. 하이에크는 훗날 신자유주의가 된 이론의 지적 토대를 마련했다. 그의 이론은 차세대 보수주의 성향의 경제학자와 정치인들에게 영향을 미쳤고, 그들은 경제에서 정부의 역할을 파격적으로 제한해야 한다고 주장했다. 20세기 말 일부 신자유주의자들이 대서양 양안에서 중도 성향 정부의 정책수립에 영향을 주었다. 하이에크의 이론은 단순히 국가가 경제에서 손을 떼야 한다는 주장이 아니라는 점을 지적할 필요가 있다. 그의 이론은 정부가 그저 "야간경비" 같은 역할만 하면 된다는 주장이 아니었다. 자유민주주의와 근대국가가 동시에 발전했다는 사실은 19세기 시장체제로의 귀환은 불가능하다는 뜻이었다. 하이에크는 제약 없는 시장을 뒷받침하는 여건들을 구축하고 관리해야 한다고 주장했다. 퀸 슬로보디언(Quinn Slobodian)이 주장하듯이, 하이에크와 그의 추종자들은 시장을 "해방시킬" 방법을 모색했다기보다 시장을 사회적 법적 제도들 안에 끼워넣을 방법을 모색했다.[21] 하이에크의 이론과 케인스의 이론은 둘 다 결국 보다 포괄적인 정치적 과제와 결부되었다.

다른 사상가들도 구세계 질서를 훼손하고 자유민주주의를 위기에 빠뜨리는 뿌리 깊은 요인들에 대해 쾌도난마식의 주장을 펼쳤다. 헝가리계 미국인 경제학자 칼 폴라니(Karl Polanyi)는 케인스보다 한술 더 떠 세계시장 체제의 붕괴에 대해 거대담론을 제시했다. 1944년에 출간된 《대전환(The Great Transformation)》에서 폴라니는 불간섭 정책 자체가 위기의 원흉이라면서 "대격변은 경제적 자유주의가 자율적인 시장체제라는 이상향을 실현하려 한 데서 비롯되었다."라고 주장했다.[22] 시장경제 사회의 부상은, 19세기에 절정에 도달한 다음 제1차세계대전으로 붕괴되었는데, 초기 근대 유럽에서 막강한 나라들이 노동, 토지, 시장체제들을 적극적으로 재편하면서 시작되었다.

"자율적인" 시장은 등장하지 않았고 지정학적 힘과 사회질서의 국제체제 안에서 시장이 구축되고 작동했다고 폴라니는 주장했다. 따라서 시장은 자연스럽지도 않고 진정으로 자율적이지도 않았다. 오히려 시장은 "인간의 사회적 관계에 매몰되어 있었다."[23] 양대 세계대전 사이의 기간 동안 발생한 위기는 이처럼 시장이 국제체제 안에 삽입되어 있는 복잡한 체제가 붕괴된 결과이다. 제2차세계대전 후 시장경제 사회가 재건되려면 보다 폭넓은 협력적 국제질서 안에서 사회적 보호와 정치적 연대의식을 반영한 제도들을 재건하는 사회민주적 과제여야 했다.

1939년 전쟁이 발발하기 전날 역사학자 E. H. 카는 《위기의 20년, 1919-1939(The Twenty Years' Crisis, 1919-1939)》를 출간했다. 카는 베르사유조약에 관여한 우드로 윌슨과 자유주의 평화구축자들이 힘의 현실보다 이상향적인 구상을 토대로 전후 질서를 구축하려다가 위기의 씨앗을 심었다고 주장했다. 자유주의 평화구축자들은 이익의 조화가 가능하다는 (잘못된) 믿음을 공유하고 조약협상에 임했다. 그들이 저지른 치명적인 실책은 공동의 이익과 공감대를 지닌 자유국가들로 구성된 세계공동체 내에서 갈등을 해소하는 제도들을 확립하면 국제협력이 영속될 수 있다고 생각한 점이었다.[24] 제1차세계대전이 파괴한 19세기 정치질서는 합리적인 보편적 원칙이나 윤리적 기준을 토대로 한 게 아니었다. 그 질서는 힘의 구조, "그 시대의 경제 발전과 관련된 국가들" 특유의 힘의 균형을 토대로 구축되었다.[25] 1920년대의 "미래에 대한 희망적인 구상"은 힘의 정치라는 뿌리 깊은 현실을 무시했다. 카는 19세기 자유주의자들은 합리주의와 이익의 조화라는 심오한 위력 덕분에 그들이 추구하는 국제적인 과제가 성공하리라고 생각했고 베르사유조약을 체결할 때도 그리 생각했다. 그러나 이는 망상이었다. 그들의 국제주의 과제는 사실 패권과 자유주의 이념을 토대로 하고 있었다.

카의 시각에서 보면, 안정적인 국제질서는 힘의 우위와 패권국가의 지도력을 바탕으로 해야 한다. 이게 바로 19세기에 영국이 한 역할이고 "자신만만하고 다른 나라들을 지나치게 괴롭히지는 않는 영국 패권이 질서를 유지하는 세계 속에서, 영토와 시장이 지속적으로 팽창하고, 발전과 탐험으로 공동의 영역이 점점 확장되면서, 갈등을 조율하고 한 나라에게 바람직하면 모두에게 바람직하고 경제적 권리는 도덕적으로 틀릴 리가 없다는 편리한 가정하에 '서구' 문명이 일관성을 보인 황금시대"로 이어졌다.[26] 패권국가들은 국제질서를 조성하고 그들이 지닌 힘은 그들에게 질서를 조성할 권한을 부여한다. 그러나 안정적인 국제질서가 구축되려면 어느 정도 합의가 필요하다. 아니면 최소한 상대적으로 약소한 나라들의 묵인이 필요하다. 이 때문에 "관용적이고 억압적이지 않은" 패권국, 아니면 상대적으로 다른 패권 후보국들보다는 훨씬 관용적이고 억압적이지 않은 나라가 유리하다. 카에 따르면, 위기의 20년은 우선 영국의 쇠락이 야기했고, 이는 19세기 질서의 토대인 힘을 잠식했다. 설상가상으로 새로운 패권국가-아마도 미국-는 아직 나타나지 않았으므로 상황은 더 악화되었다.[27] "불간섭 체제에 맞서는 혁명"이 계몽된 자기 이익의 추구의 형태로 구현되는 공적인 미덕이라는 개념을 훼손했지만, 대중정치와 근대 자유민주주의의 시대에 걸맞은 새로운 공공 도덕성을 창안해내지 못했다는 점에서 이는 도덕적 위기이기도 했다.[28]

1941년 11월, 일본이 진주만을 공격하기 한 달 전, 뉴욕에 있는 외교정책협회 회장 베라 딘(Vera Dean)은《세계질서를 위한 투쟁(The Struggle for World Order)》이라는 저서를 발간하고 세계질서를 재건하는 지침으로 삶을 한 묶음의 새로운 원칙들 혹은 "삶의 철학"을 제안했다. 딘은 제2차세계대전이 베르사유 평화조약이 실패임을 폭력으로 입증했다고 주장했다. 그러나 이러한 실패는 외교의 실패라기보다 정치적 상상력의 빈곤 때문이었다. 서구 민주주의국가들은 산업혁명에 따른 사회적 경제적 변화에 적응하지 못했다. 산업 근대화로 서구사회의 대중은 빈곤해지고 정치 참여를 박탈당했으며, 이는 자유주의적 자본주의를 훼손하고 나치와 공산주의 운동이 파고들 틈을 열어주었다. 딘은 민주주의국가들이 "정말로 해야 할 과업"은 나라 안팎으로 자국을 환골탈태하는 일이었다. 전 세계 사람들이 서구 열강의 승리는 이 드라마의 폐막이 아니라 민주주의가 확장되고 활기를 얻는 시대의 개막임을 이해하도록 전후 질서의 "민주적 개념"을 규정했어야 한다.[29]

민주 진영은 "보통사람의 복지"를 증진하고 기본권과 자유를 보호하는 "새로운 사회질서"를 구축할 필요가 있었다. 19세기 식의 낡은 민주주의와 불간섭 자본주의는 개인주의를 공동체와 양립시키는 정치경제질서에 자리를 양보해야 했다. 민주적 자본주의를 재건하는 이러한 과제에는 정치제도의 개혁과 자유주의적 근대성이라는 새로운 이념 혹은 "정신"을 정교하게 다듬는 작업도 포함되었다. "제약 없는 개인 주도와 제약 없는 국가행동 양 극단의 사이에는 국가적 차원과 국제적 차원 공히 협력적인 삶이 결실을 맺을 방대한 중간 지대가 있다."라고 딘은 주장했다.[30] 나치를 상대로 전쟁에 이기는 게 첫번째 단계였다. 서구 열강들이 해야 할 보다 막중한 과업은 공동의

실존에 대한 새로운 구상을 마련하는 일이었고, 이를 딘은 "민주주의의 새로운 지평선"이라 일컬었다.[31]

따라서 1930년대 말과 1940년대에는 위기의 속성과 국제질서의 원천을 두고 벌어지는 갑론을박을 중심으로 논의가 전개되었다. 이러한 사상가들은 서로 의견 차이를 보였지만 일반적으로 위기는 단순히 자유국가들이 바람직한 정책을 추구하지 못했거나 그들의 이견을 해소하고 협력하지 못한 결과가 아니라는 데는 의견이 일치했다. 보다 심오한 힘이 세계를 변화시키고 있었다. 서구를 근대로 이끈 19세기 국제질서는 무너졌고 재건될 수 없었다. 카가 주장하듯이, "20세기 질병은 19세기의 처방으로 치유할 수 없다."[32] 경제, 기술, 정치, 사회적 힘이 구질서를 훼손했고 제1차세계대전은 마침내 구질서를 파괴했다. 그러나 새로운 세계질서의 토대는 아직 구축되지 않고 있었다.

자유주의적 국제주의의 재고

참혹한 1930년대와 제2차세계대전이 진행되는 동안 자유주의적 국제주의자들은 그들의 이념을 재고(再考)해야 했다. 이러한 국제주의자들 대부분이 베르사유 평화조약에 관여했고, 윌슨의 구상을 공유했으며 국제연맹 창설을 지지했다. 윌슨의 국제주의는 자유민주 진영이 안정적이고 확장된다는 가정을 전제로 하고 있었다. 근대성은 세계가 자유민주적 방향으로 나아가도록 부추기는 경제, 기술, 정치적 힘들을 분출한다고 생각되었다. 윌슨 세대의 자유주의적 국제주의자들은 E. H. 카가 묘사한, 이상향을 추구하는 이들은 아니었다.[33] 국제연맹이 필요한 까닭은 바로 "이익들의 조화"는 필연적이고 당연하게 이루어지지 않기 때문이다. 그러나 자유민주주의국가들은 어느 정도 기본적으로 공유하는 이익이 존재했고 국제연맹은 이러한 공동의 이익을 배양할 수 있다고 믿었다. 그들은 1919년 이후의 자유민주주의국가들은 안정적이고 진보적인 방향으로 나아가는 국제질서 속에서 그들을 결속시킬, 제대로 작동하는 무역과 집단안보 체제를 구축할 수 있다고 확신했다. 1930년대와 제2차세계대전을 겪은 자유주의적 국제주의자인 프랭클린 루스벨트와 그의 보좌진들은 이러한 구상의 대략적인 윤곽을 계속 수용했다. 그러나 그들의 경험은 1919년 자유주의자들이 한 경험과 전혀 달랐다. 이는 그들의 진화하는 생각들에 반영되었다.

1930년대가 경제대공황과 전쟁으로 무너져 내리면서 대서양 양안의 국제주의자들은 세계를 관리할 방법을 두고 논쟁했다. 국제관계라는 학제가 양대 세계대전 사이의 시기 동안 서서히 형태를 갖추고 있었다. 제1차세계대전 후 외교관들이 패착을 두고 이에 따라 그들에 대한 대중의 호감도가 떨어지면서 학자들이 외교정책 전문가 역할을 할 공간이 열렸다.[34] 뉴욕에 있는 외교협회와 런던에 있는 왕립 국제문제연구소(채텀 하우스) 같은 기관들이 설립돼 정부에 전문지식과 조언을 제공했고 독일, 프랑스, 오스트리아, 스위스에도 연구기관들이 창설되었다. 국제연맹도 국제주의적 사고의 본거지가 되었다. 록펠러재단과 카네기국제평화기금의 주도로 자선기구들이 평화와 국제관계를 연구하는 대학 과정에 재정적 지원을 했다. 전문직 협회들과 연례 학자모임들도 국제주의 연구와 토론을 위한 지적 제도적 기반에 보태졌다.[35] 이러한 환경에서 서구 진영 안팎의 지식인들과 전문가들은 아널드 토인비가 당대의 "으뜸가는 문제"라고 일컬은, 구질서의 토대가 무너지는 시대에 안정적인 국제관계 체제를 재구축하는 작업과 씨름했다. 전후 베르사유 평화조약의 토대가 된 국제주의는 분명히 실패했다. 1919년보다 더 절박한 상황에서 자유주의적 국제주의자들은 새로운 개념과 구상을 모색했다.[36]

1930년대와 1940년대의 국제주의자들이 논의한 주제는 무질서 상태와 국가주권, 기술과 상업, 국제기구와 세계연방주의에 이르기까지 다양했다.[37] 그러나 자유주의적 국제주의 재고의 핵심은 근대성을 바라보는 시각의 변화였다. 산업화와 기술적 변화는 단순히 자유민주주의에 유리하게 작용하지만은 않았다. 사실 1930년대에 분출된 위기와 정세불안으로 자유민주주의국가들은 목숨을 걸고 싸워야 했다. 베르사유조약의 실패는 국제연맹의 제도적 설계만 바꾼다고 바로잡힐 수가 없었다. 이러한 의미에서 윌슨주의에 대한 현실주의자들의 비판은 논점을 빗나갔다. 자유주의적 국제주의 과제를 위험에 빠뜨린 장본인은 산업화 사회에서 일어난 보다 심오한 변화였다. 막강한 파시스트 국가와 전체주의 국가들의 부상으로 근대성은 비자유주의적 목표를 추구하는 데도 동원될 수 있다는 경악스러운 사실을 드러냈다. 독재와 권위주의적 국가들이 1930년대 경제위기에 훨씬 민첩하게 대응하는 듯이 보이거나 가장 혹독한 결과를 모면할 방법을 찾아내면서 이러한 사실을 재확인해주었다.[38] 이와 동시에 근대성의 힘은 세계를 너무나도 복잡하고 서로 얽히고설키게 만들어서 세계 공간을 관리하는 과거의 방식은 더 이상 통하지 않았다. 1933년 로이드 조지의 개인 비서로 일했고 국제연맹의 창설을 지지한 영국 정치인 필립 커(Philip Kerr)는 자유민주주의의 위기가 확산되던 때를 돌이켜보면서 다음과 같이 주장했다. 위기는 "자유주의적 제도의 실패가 아니라 시간과 공간의 차원에서 급속히 축소하는 세계 속에서 국제 무질서 때문에 그러한 제도들이 점점 작동이 불가능해졌기 때문이다."[39] 자유주의적 국제주의가 추구하는 목표는 여전히 자유민주주의국가들이 안전한 세계를 만드는 일이었지만, 세계적 여건들이 변했다.

"세계적"의 의미에 대한 해석이 변하면서 세계질서에 대한 논의를 이끌었다. 경제공황과 전쟁 등 격변이 새롭고 위험한 세상을 드러내주었다. 20세기 중엽 영미권에서 벌어진 세계질서에 대한 정치적 논쟁을 개관한 오어 로젠보임(Or Rosenboim)은 국제주의 사상가들이 "세계라는 새로운 정치적 공간"을 이해하려고 고군분투하고 있었다고 주장한다. 그들은 "세계적"을 "상호연관된 다양한 정치적 단위들로 구성된 단일체"라고 새로운 정치적 의미로 해석해 세계를 바라보고 있었다.[40] 이러한 사상가들은 이러한 세계적 공간을 다른 방식으로 이해하면서 범국가적, 사해동포적, 국제적 개념들을 상기시켰다. 베스트팔렌 주권국가 체제를 토대로 정부 간 기구들을 재구축해 세계적 공간에 질서를 부여할 방법을 모색한 이들이 있는가 하면, 새로운 유형의 정치공동체와 세계정부 창설을 주장한 이들도 있었다. 그러나, 로젠보임에 따르면, 이러한 국제주의자 사상가들은 공통적으로 근대 세계질서의 토대는 더 이상 유럽의 힘과 제국이 될 수 없다고 믿었다. 자유민주주의의 미래에 대한 우려가 세계질서의 새로운 개념을 모색하는 계기가 되기도 했다. 전쟁 동안 그리고 전쟁 후에 나라 안팎에서 민주주의에 대한 위협이 어두운 그림자를 드리우고 있었다. 자유민주주의는 개혁해야 하지만, 이는 오로지 재편된 국제 민주적 질서 안에서만 가능했다.[41]

이러한 맥락에서 윌슨주의와 국제연맹을 전폭적으로 지지한 영국과 미국의 국제주의자들은 그들이 추진하는 과제를 재검토하게 되었다. 폭넓게 말하자면 이러한 사상가들은 보다 세계주의자인 동시에 현실주의자가 되었다. 재건된 세계질서는 "더 많은 역할"을 해야 했다. 새로운 세계질서는 자유민주주의국가들을 뒷받침하고 보호하려는 보다 야심찬 노력을 기울여야 했다. 자유민주 진영-1919년과는 비교할 수 없을 정도로 1939년에는 위협을 받고 있었다.-은 보다 철저하게 진영을 조직화해야 했다. 이와 동시에 윌슨시대 국제주의자들은 자유주의적 국제질서의 지정학적 토대에 대해 훨씬 고심하게 되었다. 안정적인 강대국 질서는 필요하고 미국이 다른 강대국들과 협력해 이 질서를 수호하는 게 가장 이상적이었다.

영국에서는 1909년 '유럽의 착시(Europe's Optical Illusion)'라는 제목으로 출간된 《거대한 망상(The Great Illusion)》에서 노먼 에인절은 경제적으로 점점 더 상호의존하는 여건하에서 근대 산업화 사회들은 전쟁과 정복이 헛수고임을 깨닫게 된다고 주장한다.[42] 1914년 전쟁이 발발하면서 에인절은 이러한 자신의 시각을 재고해야 했고 1930년대에 질서가 붕괴되었을 때도 마찬가지였다. 양대 세계대전 사이의 기간 내내 에인절은 국제연맹을 열렬히 지지했고 이러한 노력을 인정받아 1933년 노벨평화상을 수상했다. 그는 근대사회는 강대국 전쟁으로부터 얻는 것 보다 잃는 게 많다는 입장을 고수했지만, 경제적 민족주의와 권력 추구는 그가 생각하는 권력의 합리적 토대를 압도할 수 있다는 점을 시인했다.[43] 에인절은 지식과 공교육을 확산시키면 서서히 사회는 계몽된 여론에 나타나듯이 무엇이 자신에게 이득인지 판단하는 방식이 바뀌게 되리라고 기대했다. 1930년대 무렵 에인절은 더 이상 이것만으로도 충분하다고 생각하지 않게 되었다. 1933년에 그는 과거에 자신이 지녔던 생각을 돌이켜보면서 안보는 집단방어를 통해서 제공되어야 한다고 주장했다. 주도적인 국가들은 힘을 모아 국제규정과 제도들을 유지하기 위해 협력해야 한다고 했다. 세계질서를 유지하기 위해서 집단적 합의에 따라 무력을 사용해야 한다면서 다음과 같이 주장했다. "세계가 무장한 무질서에서 무력이나 무기가 없는 세계로 갑자기 도약한다고 주장하기보다 무력을 첫 단계, 발판이나 중간 단계로 간주하고 이는 조직화된 법으로 전환되며, 각국의 의무는 분명한 정치적 외교적 의무를 바탕으로 해야 한다고 주장하는 게 현실적인 정치적 결론이다."[44] 에인절은 국가들이 공동의 방어를 위해 어떻게 단일한 협의체로 조직화할지에 대해 여러 가지 제안을 하면서, 서구 자유민주주의국가들이 이러한 협의체의 핵심을 구성해야 한다고 했다.

E. H. 카는 윌슨주의를 비판하면서 앨프리드 지먼(Alfred Zimmern)을 지목했다. 국제연맹과 관련해 영국의 제안 작성에 주도적인 역할을 한 옥스퍼드 대학교 고전학자인 지먼은 자유주의 정치 진영 인사들과 교류했고, 전쟁 동안에는 월터 리프먼의 원고청탁을 받아들여 당시 허버트 크롤리가 편집하던 진보 성향의 잡지 《뉴 리퍼블릭》에 기고하기도 했다. 지먼은 대영제국에 대한 확고한 충성을 견지하면서도 주류 자유주의적 국제주의 개념들을 주장했다. 그는 힘의 균형과 밀실외교에 대한 윌슨의 비판에 공감했고 전쟁 전 시대의 불간섭 자유주의에 대해서도 비판적이었으며, 산업화 사회들을 관리하는 데 있어서 국가의 역할이 점점 중요해지고 있다는 점을 인정했다. 그는 민족주의가 전쟁의 원인이라는 대부분의 자유주의자들의 시각에 공

감했지만 국제주의자들이 주장하는 세계정부 창설에 대해서는 회의적인 태도를 보였다.[45] 대신 지먼은 일종의 "자유주의적 민족주의"를 내세웠다. 또는 그의 말을 빌리자면, "우리의 거대한 문명의 규모에 걸맞게 일신한 마치니주의(Mazzinism)"였다.[46] 처음부터 지먼은 국제연맹을 미래에 전쟁을 예방할 수단으로 보고 지지했다. 그가 이러한 시각을 지니게 된 근거는 집단안보 개념에 대한 믿음보다는 국제연맹이 강대국의 협력을 권장하고 이는 다시 전후 질서를 수호하기 위해 집단행동을 하게 만들리라는 확신이 그 토대였다. 지먼은 "국제연맹은 사실 협력의 도구다."라면서 다음과 같이 주장했다.

> 국제연맹은 협력 정신으로 고양된 국가들이 공동 행위를 하도록 촉진하는 상설 기관이다. 국가들이 협력을 바라는 한, 국제연맹은 소용이 되어준다. 이러한 사회성, 연대의식, 단체의식이 한껏 발휘될 때 국제연맹 기구는 최소한의 마찰만으로 기능하고 국제연맹 자체는 거의 그러나 명실상부한 수준은 아닌 연방이 된다. 그러나 이러한 정신이 약화되고 경쟁과 시기심이 다시 고개를 들면 국제연맹의 활동은 위축된다…. 그렇게 되면 진정한 연맹은 존재하지 않게 된다. 장치 자체는 존재하지만 정신은 떠나버리고 껍데기만 남는다…. 연맹은 자체적인 노력만으로 기능할 수도 없고 자체적인 추진력인 본래 외부에서 공급되는 추진력만으로 무한정 생존하지도 못하게 된다…. 국제연맹을 생생한 현실로 만드는 것은 회원국들의 의지이고 오로지 회원국들의 의지뿐이다.[47]

1930년대 내내 지먼은 국제연맹이 과연 국가 간에 연대의식을 충분히 고취해 조약을 토대로 한 효과적인 기구가 될 수 있을지에 대해 회의를 품기 시작했다. 일본과 이탈리아가 각각 만주와 아비시니아*를 침략해 위기가 발생했지만 국제연맹이 이에 적절히 대응하지 못하자 지먼은 영국과 프랑스에게 "격렬히 항의하라."고 촉구했다. 그는 세계가 두 진영으로 나뉘는 광경을 지켜보았다. 그 두 진영 가운데 하나는 "복지국가들" 즉, "책임"이라는 측면을 생각하는 정부가 통치하는 자유민주주의국가들이고 다른 하나는 "무력 국가들" 즉 "힘"이라는 측면을 생각하는 수정주의 국가들이었다.[48] 이 두 진영 간에 다리를 놓는다고 안정적인 국제질서가 구축되지는 않았다. "무력 국가들"에 맞서야 했다. 1930년대의 세계가 붕괴되자, 지먼은 국제질서는 "복지국가 간의 협력"을 토대로 해야 한다고 주장했다. 그는 여전히 국제정치가 진보할 가능성이 있다고 확고히 믿고 있었고, 장기적으로 볼 때 법치가 국가 간의 관계를 규정하게 된다고 생각했다. 그러나 1930년대 말 무렵 지먼은 그러한 질서는 자유민주 진영 내에서 조직화되어야 한다고 확신하게 되었다.[49]

전쟁 당시 영국 정부 내에서 국제연맹에 대한 영국의 제안서 설계를 주도한 로버트 세실은 양대 세계대전 사이의 기간 동안 국제연맹을 지지했다. 1923년부터 1945년까지 그는 영국에서 연맹을 지지하는 권위 있는 정치단체인 국가연합연맹의 회장을 맡았고, 제네바에 있는 국제연맹 내에서도 여러 직책을 맡았다.[50] 1938년 그는 이러한 공로를 인정받아 노벨평화상을 수상했고 수상 연설에서 군국주의와 영토 팽창 야욕의 귀환과 국제연맹의 실패를 돌이켜보았다. 그

* 당시 에티오피아 제국의 통상적인 호칭이다.(옮긴이)

는 1914년 세계를 전쟁으로 이끈 "낡은 이념들"인 반동적 민족주의와 군국주의 독트린으로 세계가 되돌아가는 광경을 지켜보았다. 다른 자유주의적 국제주의자들과 마찬가지로 세실도 1930년대 초 일본, 이탈리아, 독일이 무력침공을 감행하자 여론의 힘에 대한 믿음을 포기하고 보다 포괄적인 국제기구들이 군사적 제재를 조직화하고 승인해야 한다고 입장을 바꿨다.[51] 그러나 그의 국제주의 신념은 퇴색하지 않았다. 국가 간의 상호의존성은 근대 세계에 내재된 특징이었고 따라서 "국제협력의 원칙"은 모든 나라의 이익에 부합했다. 이러한 원칙의 작동을 방해하는 장본인은 사람들이 아니라 정부였다. 세실은 오로지 "자유주의적 정부"만이 개인의 발전과 국민의 복지를 증진시킬 역량이 있다고 주장했다. 국제체제의 개혁은 여전히 가능했다. 그는 영국의 입헌체제가 진보하는 데도 수 세기가 걸렸다고 주장했다.[52] 지먼과 마찬가지로 세실도 서구 민주주의국가들이 단일한 단체를 구성하리라는 데 가장 큰 희망을 걸었다. 세계가 반동적 군국주의 진영들로 쪼개지는 상황에서 그러한 서구 민주주의국가들은 서로 협력해 국제연맹이 추구하는 이상의 생명을 유지해야 했다.[53] 서유럽에서 이러한 국가들로 구성된 조직은 "국제연맹의 일반적 틀 안에 존재하는, 독립적인 국가들로 구성된 입헌적 연합"의 형태를 띠게 된다고 주장했다.[54] 이처럼 생각을 수정하면서 자유민주국가들끼리 조직화해서 규정과 제도로 구성된 보다 폭넓은 체제를 수호할 새로운 방법을 모색했다는 점에서 그는 다른 국제주의자들과 의견을 같이하고 있다.

양대 세계대전 사이의 기간 일어난 결정적인 사건은 미국이 국제연맹에 가입하는 데 실패했다는 사실이다. 이 시기 동안 자유주의적 국제주의자들은 베르사유조약의 실패, 미국 고립주의라는 난제, 국제주의의 미래에 대해 논쟁을 벌였다.[55] 윌슨이 제1차세계대전 후 열릴 평화협상의 자료를 준비하기 위해 마련한 연구단의 일원으로 참여해 윌슨의 평화제안서 작성에 기여했고, 미국 대표단과 함께 파리회의에도 참석한 월터 리프먼은 윌슨주의에 대해 환멸을 느낀 많은 인사들의 심경을 대변했다.[56] 그는 상원이 윌슨의 조약 비준을 거부하기도 전에 이미 불만을 표했다. 그는 평화조약의 전후 처리 조건이 지나치게 가혹하고 진보주의적인 이상을 구현하지 못했다고 기록했다. 그 후 20여 년에 걸쳐 그의 비판은 점점 강해졌다. 그는 윌슨이 저지른 중대한 실책은 국민들과 그들의 지도자들이 계몽된 자기 이익을 추구하는 역량을 과대평가한 점이라고 주장했다.[57] 그러나 리프먼은 여전히 해군력 감축, 국제재판소와의 협력, 평화를 유지하려는 국제연맹의 노력을 지지하는 국제주의를 고수했다. 그는 보다 실용적인 국제주의를 모색하고 있었다. 리프먼은 안정적인 국제질서는 군비감축과 국제분쟁 중재를 중심으로 조직화하는 게 열쇠라고 생각했다.[58] 1930년대 초, 독일과 일본이 무력을 감행한 후에도, 리프먼은 여전히 미국과 유럽 민주주의국가들과의 동맹 구축을 주장하지 않았다. 대신 그는 세계가 힘을 모아 "국제적 양심과 국제법"을 통해서 수정주의 강대국들에 대항하기를 희망했다.

1941년 말 미국이 독일과 일본을 상대로 한 전쟁에 합류할 무렵, 리프먼이 지녔던 초기의 생각은 "산산조각이 난 꿈"이 되었고, 그는 서구 민주주의국가들 사이에 미국의 주도로 협력을 구축하고 이 협력을 중심으로 전후 질서를 조직화해야 한다는 보다 포괄적인 주장을 했다.[59] 이러한 윌슨시대 이후의 시각은 1943년에 출간된 그의 저서《미국 외교정책: 공화국의 방패 (U.S. Foreign Policy: Shield of the Republic)》에 제시되어 있다. 이 책에서 리프먼은 다음과 같이 주장했다. "우리시대에 평화를 이루려면 주권 국민 국가 간의 평화여야 한다."[60] 이러한 국가 간의 안보는 자유주의국가들끼리 구축하고 미국의 힘과 동맹체제로 뒷받침되는 새로운 유형의 정치질서에서 비롯된다고 주장했다. 리프먼은 윌슨의 집단안보 구상에 대한 믿음을 상실했다. 권위 있는 국제관계학자 퀸시 라이트(Quincy Wright)에게 보낸 서신에서 리프먼은 집단안보를 토대로 한 새로운 전후 연맹은 지정학적으로 편이 갈리면서 결국 붕괴되고 만다고 주장했다. 그는 "차세대 국제기구의 목표는 동맹을 유지하는 일이고 어떤 대가를 치르더라도 동맹을 유지하는 일이다."라면서 "나는 동맹국들을 결속시킬, 확실히 결속시킬 방법을 찾아내고 싶다. 그리고 일반적인 서약만으로는 동맹국들을 성공적으로 결속시킬 수 없다."[61]라고 말했다. 리프먼은 미국의 고립주의 지지자들과 전후 질서에 대해 "단일한 세계" 또는 "보편주의" 구상을 주장한 이들 모두로부터 거리를 둔 국제주의를 모색하고 있었다.

윌슨주의와 완전히 결별하지는 않고 미국 주도, 세계기구, 진보주의적 목표들을 중심으로 전후 질서를 구축하자는 실용적인 주장을 제시하는 이들도 있었다. 컬럼비아 대학교 역사학자이자 저명한 국제주의자인 제임스 쇼트웰은 이 노선을 따랐다. 리프먼과 마찬가지로 그도 윌슨의 평화협상 연구단의 일원이었고 파리평화회의에 참석했으며, 훗날 국제노동기구를 창설할 때 중요한 역할을 했다. 제2차세계대전 중 그는 국제연맹을 대체할 새로운 국제기구 창설계획을 마련한 실무단의 일원이었고 훗날 유엔헌장 초안 작성에도 기여했다. 이 시기 전체에 걸쳐서 쇼트웰은 진보주의적이고 개혁 지향적인 국제주의 의제를 고수했다. 그는 전쟁을 불법화한 켈로그-브리앙조약 설계자 가운데 한 사람이었다. 쇼트웰은 이 조약에 뒤이어 제재 수단이 마련되고 이를 기회로 미국이 마침내 집단안보 체제에 참여하게 되기를 바랐다.[62] 훗날 세계경제가 붕괴하자 그는 국제연맹의 후원하에 1933년 런던에서 열린 세계경제회의에 미국이 참여해야 한다고 권고했다. 유럽의 통화금융관계를 안정시키는 게 주요 관심사인 이 회의는 대체로 실패했는데, 프랭클린 루스벨트가 전쟁 부채 처리 문제와 관련해 유럽 국가들과 협력하지 않으려 한 이유도 있었다. 쇼트웰은 루스벨트가 그보다 앞서 1월에 집권한 히틀러가 대표하는 "군국주의적 민족주의"가 부상하는 불길한 징조를 제대로 이해하지 못한다고 생각했기 때문에 "유럽의 자유주의의 세력"을 크게 지지하지 않았다고 생각했다.[63]

1930년대에 세계질서가 붕괴되었지만, 아니 어쩌면 붕괴되었기 때문에, 쇼트웰은 미국이 국제연맹과 엮일 방법을 찾아야 한다고 여전히 확신하고 있었다. 이러한 의미에서 그는 윌슨주의의 한계를 비판했다기보다 미국이 윌슨의 구상을 지지하지 않았다는 점을 비판했다는 게 더 정확하다. 1930년대에 유럽의 상황이 악화되자 쇼트웰은 국제연맹 구조를 수정해 "차등적 책임"과 "준회원" 역할을 만들자는 제안을 띄워보았다. 해당 지역에 위치해 그 지역에 구체적인 이해관계가 걸려있는 나라들만이 그 지역에서 평화와 안보를 보장할 수 있다. 이러한 설계하에서 미국은 평화구축 절차를 준수하는 데 있어서 보다 제한적인 역할을 할 수 있다.[64]

세계대전이 발발하면서 쇼트웰의 생각은 계속 진화했다. 전후에 모종의 집단안보 체제가 필요하지만 그 체제의 성공 여부는 궁극적으로 강대국의 협력에 달렸다. 전쟁 끝 무렵 그는 안정적인 전후 질서는 집단안보 체제가 작동하는지 여부보다 경제적 안정과 사회적 진보에 필요한 여건들이 조성되느냐에 달려있다고 주장했다. 그는 소련이 재편된 전후 질서에 동참하기를 바랐지만, 이 질서는 자유민주주의국가들을 중심으로 구축되어야 했다. 국민국가들 관계에서 "혁명"이 일어난다면, 유럽과 대서양을 사이에 둔 양안 지역에서 먼저 일어나게 된다. 쇼트웰은 유엔에 내재된 보편적 원칙들을 여전히 믿었지만 이러한 원칙들은 서구 민주주의국가들로 구성된 공동체가 수호해야 한다고 주장했다. 1940년대 무렵 그는 그의 국제주의를 자유민주 진영과 경제적 사회적 발전 프로그램들과 결부시켰다. 그는 다음과 같이 주장했다. "감시행동이나 침공에 대해 보복하겠다는 협박보다 훨씬 강력한 평화수호 방안이 있다. 복지에서 공동의 이익을 구축하는 방법이다."[65] 안보와 진보주의적 목표를 추구하는 데 있어서 서로 협력할, 생각이 같은 나라들로 구성된 집합체를 중심으로 전후 질서를 구축한다는 뜻이다. 쇼트웰은 근대성의 힘-과학, 기술, 산업화-이 사회를 지속적으로 개선한다고 믿었지만, 의회민주주의와 법치의 등장과 마찬가지로 문화와 인간에 대한 이해도 점진적으로 바뀌면서 서서히 진화한다고 보았다. 그때까지 대서양 양안의 자유민주주의국가들은 새로이 부상하는 세계질서의 핵심을 구성해야 한다.

또 다른 권위 있는 국제주의자인 섬너 웰스(Sumner Welles)는 루스벨트 행정부 임기 내내 고위급 외교 직책을 맡았다. 그는 제1차세계대전 중 외교관 생활을 시작했고 자유무역, 집단안보, 자결주의라는 핵심적인 국제주의 이념들을 수용한 우드로 윌슨의 영향을 받았다. 1920년대에 웰스는 이러한 명분들을 여전히 고수했고 국무부 내에서 유럽과 라틴아메리카와의 다자간 경제적 정치적 관계의 강화를 지지했다. 루스벨트의 친한 친구이자 조언가인 그는 신임 행정부에서 미국 주도 국제주의를 가장 열렬히 옹호한 인물로 손꼽히게 되었다. 1930년대 동안 그는 개방적인 세계경제를 구축하고 경제적 민족주의와 식민주의를 종식시키는 데 있어서 미국이 세계를 이끌어야 한다는 연설을 여러 차례 했다.[66] 그는 그의 국제주의 의제를 실현하기에 유망한 지역으로 라틴아메리카를 주목했다. 루스벨트에게 제출한 정책보고서에서 그는 주권평등, 불간섭, 무역증진의 원칙들을 토대로 미국과 남아메리카 공화국들 간에 새로운 협력협정을 체결하자고 주장했다. 웰스는 이를 "아메리카 체제"라고 일컬었다. 미국과 남아메리카 역내 국가들은 서반구(아메리카 대륙)에서 일어나는 분쟁을 해소할 상설 지역기구를 갖춘 정치공동체를 구축한다는 뜻이다.[67] 그의 제안들 가운데 일부는 루스벨트의 선린정책(Good Neighbor Policy)에 반영되었고 1930년대에 여러 차례 서반구 국가 간에 개최한 회의에서 미국과 라틴아메리카 대표단들은 범미 연합의 조건들을 논의했다. 웰스는, 비록 윌슨주의는 세계질서로서 실패했지만, 서반구는 자유주의적 국제주의 구상을 싹틔울 유망한 정치 공간이 되리라고 보았다.

1940년대 초 루스벨트 행정부가 전후 기획으로 눈을 돌리자, 웰스는 진화하는 자신의 자유주의적 국제주의 개념들을 토론에 붙였다. 그는 유엔을 열렬히 지지했지만, 지역적 토대를 기반으로 해야 한다고 주장했다. 그는 1946년 다음과 같이 말했다. "내 생각으로는,

우리 대부분이 그 범위에 있어서 보편적인 국제기구가 아니고서는 세계평화를 유지할 수 없다고 믿은 적이 결코 없었다. 그러나 우리 대부분은 이러한 기구가 세계의 몇몇 지리적 지역들, 즉 서반구, 유럽, 극동, 근동 지역 등 각 해당 지역 국가들에게 각 해당 지역 내에서 평화를 유지하고 사회적 경제적 진보를 달성할 궁극적 책임을 일임하는 방식으로 구축되어야 한다고 믿었다."[68] 어찌 보면, 웰스는 국제연맹과 선린정책이라는 새로운 국제주의를 바탕으로 한 국제질서 모델을 제시하고 있었다. 세계기구는 국제법의 틀을 제공하고 경제적 개방과 인권의 원칙을 포용하게 되지만, 질서를 구축하고 경제적 발전을 추구하는 실무는 강대국들이 이끄는 각 역내 집합체 내에서 실행된다.[69] 이러한 전후 질서 안에서 미국은 패권 지도자로 나서게 된다. 전 세계적으로 원자재와 시장에 대한 접근을 보장하면 미국의 이익은 보호된다. 그러나 웰스는 질서에 대한 이러한 구상을 뒷받침하는 보다 심오한 규범적 토대를 제시했다. 주권평등과 자결주의와 경제적 사회적 진보에 대한 도덕적인 헌신이라는 원칙에 뿌리를 둔 질서였다.

대서양 양안에서 베르사유조약에 담긴 자유주의적 평화구축 목표들을 지지한 국제주의자들은 1930년대와 1940년대 동안 그들이 지닌 이념과 의제를 재고해야 했다. 1919년 후 국제질서가 무너지고 파시스트 정권들이 부상하고 또다시 세계대전이 발발하면서 자유민주주의의 미래에 대한 실존적인 의문이 제기되었다. 앞선 수 세대 동안 자유민주주의에게 유리한 듯이 보였던 근대성의 힘은 이제 자유민주주의의 실존을 위협했다. 양대 세계대전 사이의 기간 이러한 암울한 사태의 진전에 직면한 국제주의자들은 협력을 통해 세계질서를 재편한다는 희망을 포기하지 않았다. 오히려 그들은 중상주의적 민족주의, 비자유주의, 수정주의적 강대국들로 갈기갈기 찢긴 세계를 수습하기에 자신들의 이념이 더욱더 타당성을 획득했다고 생각했다.[70] 그러나 유럽과 미국의 국제주의자들이 보기에 자유민주 진영이 살아남으려면 보다 튼튼한 토대 위에 재구축되어야 한다는 점이 분명해졌다. 양대 세계대전 사이의 기간 자유주의적 국제주의자들이 논의한 대상은 광범위했지만 결국 그들은 자유민주 질서를 조직화할 새로운 방안을 모색하는 데 집중했다. 윌슨의 국제주의는 개방적인 무역, 집단안보, 국제연맹의 믿을 만한 토대로서 자유민주주의의 부상과 확산을 전제로 했다. 1930년대에서 1940년대 무렵 이러한 생각은 뒤집혔다. 이제 자유민주주의가 위협받고 있었고 그 생존을 보장하려면 새로운 국제질서가 필요했다.

폭넓게 말해서, 이러한 새로운 자유주의적 국제질서의 모색은 상호보완적인 두 가지 방향으로 전개되었다. 어찌 보면 이러한 새로운 사고가 훨씬 세계적이었다. 자유주의적 국제주의자들은 근대화 세계를 19세기의 세계보다 규모가 더 크고 위험천만하다고 보았다. 그 결과, 국제질서는 더 많은 문제를 관리할 수 있도록 보다 포괄적일 필요가 있다. 국제질서는 단순히 평화를 유지하는 데 그쳐서는 안 된다. 집단행동을 촉진하고 경제적 사회적 진전을 추구하는 자유주의 사회의 역량을 키우기도 해야 한다. 이러한 새로운 사고는 자유주의적 국제주의의 토대가 강대국 권력이라는 데 초점을 맞춘다는 의미에서 보다 현실주의적이기도 했다. 웰스 같은 일부 국제주의자들에게 이는 전후시대에 소련과의 관계를 안정적으로 유지할 가능성과 유엔의 후원하에 지역 질서를 구축할 가능성에 대한 희망을 버리지 않는다는 뜻이었다. 그러나 에인절 같은 다른 자유주의적 국제주의자들은 자유주의 질서의 지정학적 토대는 필연적으로 반드시 서구 자유민주주의국가들의 연합 혹은 동맹과 연관되어야 한다고 보았다. 자유주의적 국제주의 원칙들은 "하나의 세계" 논리를 지향하지만 안정적이고 효과적인 국제질서는 자유주의적 자본주의 민주주의국가들의 결속력을 기반으로 삼아야 했다.

루스벨트 혁명

1930년대에 자유주의자들이 자신의 생각을 재고하게 된 까닭은 자유민주주의가 위기에 처했기 때문이었다. 역설적으로 근대 민주국가는 이제 다른 여러 사회의 안보와 안녕에 보다 취약한 동시에 이들과 보다 통합되어 있다고 간주되었다. 이 시기에 일어난 격변들로 자유민주적 제도의 취약성과 무기력함이 드러났다. 이는 자유민주주의국가들이 경제적 위기를 파악하고 대응하려고 고군분투하는 과정에서 목격되었다. 경제위기가 촉발한 반동적인 정치에 맞서기에는 자유민주적 제도는 취약했다. 자국의 국경 바깥에서 벌어지는 혼돈에 취약하다는 새로운 깨달음도 얻었다. 제2차세계대전이 터지기 전날 제대로 작동하는 입헌 자유민주주의국가는 몇 개국에 불과했다. 하지만 근대 민주국가는 새로운 역할을 받아들이고 책임을 이행하고 있었다. 국민은 점점 더 국가가 복지와 안보를 제공하기를 기대했다. 근대국가의 정당성-국가 지도자들의 운명이 선거에서 결정된다는 점-은 그 어느 때보다도 고용과 기회를 제공하는 역량과 밀접하게 연관되었다.[71] 자유민주주의국가에서 국가와 국민의 관계는 점점 국민의 권리와 보호라는 정치를 중심으로 조직화되었다.[72]

루스벨트가 대통령으로 재직한 12년은 이러한 변화에 의해 규정되었다.[73] 1936년 그는 미국이 "결핍과 빈곤과 경제적 혼란"뿐만 아니라 "민주주의의 생존"을 위해서도 싸우고 있다고 주장했다.[74] 미국이라는 국가는 전례 없는 새로운 경제적 사회적 문제를 해결할 역량을 확장하라는 부름을 받았고, 이를 위해서 미국의 정치질서 자체를 변모시키고 대통령은 국내에 새로운 진보주의적 연합의 구축을 관장해야 했다. 민주당, 노동운동, 사회운동, 정치적 이익집단들 모두 미국의 자유주의를 재가동시키는 데 동원되었다. 데이비드 플랏케(David Plotke)가 주장하듯이, "새로운 정치구상은 경제적 안정을 달성하고 사회보장을 향상시키고 정치 참여를 확대하는 정부의 활동을 지지하는 진보주의적 자유주의에다가 민주적 테제와 근대화 테제를 융합했다."[75] 산업화 사회가 위기를 맞으면서 개혁이 요구되었고 국민을 동원해 사회보장과 기회를 확대했다. 루스벨트는 뉴딜과 더불어 미국 정부가 국민에게 사회경제적 보장을 해주도록 했다. 1934년 여름 그는 의회를 상대로 "여러 가지 목표들 가운데 이 나라의 남성, 여성, 어린이들의 사회보장을 가장 우선시한다."라고 말했다. 대통령으로서 그의 의무는 "삶을 해치는 가장 중요한 요인들 몇 가지 특히 실업과 노년에 관계된 요인들에 맞설 사회보장 조치를 마련하는 일이었다."[76]

1930년대에 영국에서도 노동단체, 사회단체, 진보주의 성향의 개혁가들로 구성된 비슷한 연합체가 만들어졌고 포괄적인 정치적 사회적 개혁을 밀어붙였다. 영국은 전쟁이 끝나면서 정부가 그 어느 때보다도 경제와 사회에 대해 중앙집권적인 통제력을 행사하게 되었다. 1943년 보수당과 노동당 연립정부는 윌리엄 비버리지(Sir William

Beveridge)가 이끄는 위원회의 권고안을 받아들여 보편적 사회보장 제도를 새롭게 만들기로 했다. 뒤이어 중등교육 무상의 기회를 확대했다. 암울한 시대에 사회개혁에 대한 희망이 강해지자 이는 1945년 7월 노동당의 승리로 이어졌고, 국립의료서비스의 도입을 비롯해 10여 년 동안 진보주의적 정책들이 펼쳐질 발판이 마련되었다. 역사학자 제임스 졸(James Joll)이 지적하듯이, "영국인들이 겪은 폭격, 보편적 징병제, 민간 동원, 위험에 대한 감지능력 등이 모두 전쟁 동안 논의된 평등과 사회정의의 이상을 구현할 새로운 사회와 사회개혁에 대한 욕구를 폭발시키는 데 기여했다."[77] 유럽대륙에서는 프랑스와 스웨덴 같은 나라들도 사회개혁과 자유민주주의의 확장을 추진했다.[78]

산업화 진영 전역에 걸쳐 자유민주주의국가들은 살아남기 위해서 새로운 국가운영 방식을 찾아야 했다. 자유민주주의국가에서 "통치"가 뜻하는 바는 점점 확장되고 복잡해졌다. 에릭 홉스봄은 다음과 같이 지적한다. "20세기에는 정부가 '통치'해야 할 경우가 확대되었다. 기업과 시민사회에 기본적인 규정만 제시해주는 제한적인 역할만 했던 그런 종류의 국가는 그런 국가에 대한 비유를 불러일으킨 '야경꾼'이라는 직업만큼이나 진부해졌다."[79] 근대 민주국가는 점점 산업자본주의의 불안정을 관리하는 역할에 의해 규정되고 있었다.

근대 자유주의국가의 변모에는 심오한 국제적인 측면이 있었다. 자유민주주의국가들이 굳건히 딛고 설 새로운 유형의 국제질서가 필요했다. 경제대공황과 세계대전으로 전후 질서에 이해가 걸려있는 당사자들이 확대되었다. 국제질서는 더 많은 사람을 위해 더 많은 역할을 해야 했다. 국제질서 혹은 세계질서라는 개념 자체가 당시에 익

숙한 용어로 부상하고 있었고, 이는 다양한 제도가 구축되고 다양한 사회적 목적들이 관리되어야 하며 국제질서의 특징들은 각국 정부가 자국 내에서 점점 확대되는 목표들을 달성할 역량과 깊이 연관되어 있었다.[80] 이처럼 자유주의자들의 생각은 여러 가지 측면에서 바뀌었다.

첫째, 1930년대에 자유주의자들은 점점 국제질서가 경제적 안정과 사회적 안녕을 증진하는 데 기여해야 한다고 주장했다. 국제질서의 목표는 단순히 전쟁을 예방하는 데 그쳐서는 안 되고 근대 산업사회에서 인간이 처한 여건을 개선하는 노력을 촉진해야 했다. 자유민주주의국가에서 뿌리내리던 진보주의적 개념들이 국제체제 개혁을 논하는 자리에도 등장했다. 미국의 뉴딜정책이 본보기를 제시했지만, 영국, 프랑스, 호주, 스웨덴, 노르웨이, 멕시코 같은 나라들도 보다 안정적인 고용과 복지정책으로 실험을 하고 있었다. 1930년대는 정부들이 점점 늘어나는 경제적 사회적 문제들에 대한 해결책을 모색하게 되면서 정책실험이 활발하게 이루어진 시기였다. 자유민주진영의 전문가들은 서로 상대방의 정책들을 연구했다.[81] 그들은 또한 소련과 권위주의 정권들이 국가가 통제하고 중앙정부가 기획하는 방식으로 위기에 대응하자 이를 예의주시했다.[82] 경제대공황은 소비에트 정권의 1차 5개년 계획과 시기가 일치했고, 미국과 유럽의 좌익진영 지식인들은 소비에트 공산주의를 새로운 문명을 개척하는 전위부대로 보게 되었다. 베아트리스 웨브(Beatrice Webb)와 시드니 웨브(Sidney Webb), 해럴드 래스키(Harold Laski) 같은 사회주의자들은 소련의 실험으로부터 깊은 인상을 받은 반면, 케인스 같은 자유주의자들은 소련의 실험에 대해 그들보다 훨씬 회의적이었지만 소련이 하는 실험이 지닌 정치적 잠재력과 역사적 의의를 인정하기도 했다.[83] 케인스는 1930년대에 독일의 고위 관료로서 정부의 개입으로 실업률을 낮춘 햘마르 샤흐트(Hjalmar Schacht)가 잘 했다고 생각했다. 세계적으로 경제가 위기에 처하고, 정치적 실험이 시행되고, 이념적 경쟁이 벌어지고, 세계대전이 발발한 이 시기에, 자유주의자들은 개혁되고 진보주의 지향적인 국제질서가 그들의 구상에 반드시 필요하다고 여기게 되었다.

미국에서는 이러한 새로운 사고가 정치적 권리와 사회보장의 증진을 중심으로 전개되었다. 루스벨트는 1941년 의회에서 발표한 연두교서에서 기념비적인 발언을 했다. "폭정의 새로운 질서"가 패배하고, "세계는 인간이 반드시 누려야 할 네 가지 자유를 인정해야 한다." 표현의 자유, 종교의 자유, 결핍으로부터의 자유, 공포로부터의 자유다.[84] 루스벨트와 처칠이 뉴펀들랜드 연안에서 회동했을 때 그들은 이러한 개념들을 한층 더 발전시켜 대서양헌장(Atlantic Charter)의 초안을 작성했다. 이 헌장은 전후 처리의 지침이 될 자유주의 원칙들을 제시했다. 그들은 완전고용, 사회적 안녕, 국가 간에 새로운 연대의식을 증진하는 전후 질서를 모색하겠다고 약속했다. 영국과 미국 정부들은 "영토 야욕을 비롯해 그 어떤 야욕도" 추구하지 않으며 "모든 국민들이 자신이 통치받을 정부의 형태를 선택할 권리"를 존중하겠다고 했다. 경제적 협력의 시대에 모든 나라들은 세계 원자재에 자유롭게 접근하게 된다. 대서양헌장은 전후 안보협력에 대해서는 의도적으로 모호하게 처리하고, 오직 "보다 폭넓고 항구적인 총체적 안보체제"가 갖춰진다고만 언급했다.[85]

이 성명과 더불어 영국과 미국 지도자들은 전후 질서에 대한 그들의 구상을 발표했다. 미국이 공식적으로 참전하기 전이었다. 흥미롭게도, 루스벨트와 처칠이 합의한 초안은 불완전했다. 두 사람이 회동을 마치고 떠날 채비를 하는 데 처칠이 자신의 전쟁내각으로부터 전갈을 받았다. 노동당 지도자 클레멘트 애틀리(Clement Attlee)가 이끄는 전쟁내각은 대서양헌장의 원칙들을 승인하지만 한 가지 추가하겠다고 제안했다. 이 제안이 대서양헌장의 다섯 번째 요점이 되었다. 경제적 발전과 사회보장에 대한 약속이었다. 역사학자 시어도어 윌슨(Theodore Wilson)이 지적하듯이, "새 단락에 대해 루스벨트는 열렬히 찬성했다. 그가 연두교서에 담은 네 가지 자유들 가운데 하나를 구현했기 때문이다."[86] 회동을 마친 후 루스벨트는 대서양헌장을 의회에 제출하면서, 함께 보낸 서신에 단서조항을 덧붙였다. 대서양 선언은 "세계는 종교의 자유와 정보의 자유가 필요하다."라는 문구가 포함된 게 자명하다고 지적하면서 "헌장에 명시된 원칙하에서 조직화된 세계에서는 그 어떤 사회도 이러한 자유들 없이 살아남지 못하며, 이러한 자유들은 우리가 추구하는 온전한 자유의 일부이다."라고 그는 주장했다.[87]

대서양헌장이 영국과 미국 국민들에게 주는 메시지는 다음과 같았다. "그대가 이 전쟁에서 싸워 이긴다면 우리는 전쟁이 끝난 후 보다 나은 세계를 건설하겠다." 회동한 지 엿새가 지난 후 라디오 방송에서 처칠은 제1차세계대전 후 동맹국들의 전후 구상과는 "두드러지게 다른 내용들"이 대서양헌장에 포함되어 있다고 강조했다. 그는 말하기를, 특히 "1917년에 분위기가 그랬듯이 온갖 종류의 추가적인 무역장벽과 방해로 독일 무역을 붕괴시키기보다, 우리는 그 어떤 국가도 번영하지 말아야 한다거나 산업과 기업 활동을 통해 자국과 자국 국민들이 남부끄럽지 않은 생활을 영위할 수단을 차단당해서는 안 된다는 시각을 채택했다."[88] 루스벨트는 국내의 뉴딜이 "세계의 뉴딜"로 이어진다고 보았다.[89] 그 여정을 따라 덤버턴오크스(Dumbarton Oaks)회의*, 브레턴우즈(Bretton Woods)협정**, 샌프란시스코강화조약(The Treaty of San Francisco)***이라는 정거장이 놓여있었다. 국내 경제의 안정과 개혁, 경쟁력 있고 활동적인 정부의 조성은 안정적이고 제대로 기능하는 자유민주주의국가들로 구성된 보다 넓은 세계를 구축하는 과제의 일환이었다. 엘리자베스 보그와트(Elizabeth Borgwardt)의 주장에 따르면, "대서양헌장과 4대 자유라는 수사는 정치이론가들이 '버젓하다'고 일컫는 그런 사회가 갖추어야 하는 특질들을 국제화하는 국제질서를 구현했다. 헌장과 루스벨트의 수사는 국내용 뉴딜을 신념을 위해 투쟁하는 동맹으로 변모시켰다."[90]

둘째, 자유주의적 국제주의자들은 경제와 안보에서 국가들의 상호의존성이 점점 증가하면서 생긴 새로운 취약성을 간파했다. 이러한 상호의존성은 근대성이 지닌 깊은 힘에 그 뿌리를 두고 있다고 생각했고 따라서 벗어나기가 불가능하지는 않더라도 매우 어려웠다.

---

* 1944년 가을 제2차세계대전이 절정에 달했을 때, 미국, 영국, 중국, 소련이 모여 세계평화와 안보를 유지할 기구를 창설하는 제안들 두고 숙의했던 장소. 이 회동에서 유엔헌장이 탄생했고 1945년 샌프란시스코에서 유엔헌장이 채택되었다. "국제평화와 안보 기구에 관한 워싱턴 대화"라는 공식적인 명칭으로 알려져 있다.

** 1944년 7월 44개국 대표단이 모여 전후 국제 금융통화 질서를 논의한 협정. 이 협정을 통해 국제부흥개발은행(IBRD)과 국제통화기금(IMF)이 탄생했다.

*** 1951년 유엔을 대신해 일본과 연합국 48개국이 법적인 전쟁 상태를 종식시키기로 서명한 조약.

미국인들은 특히 나머지 세계로부터 숨기가 점점 어려워졌다. 근대 산업화 사회들은 다른 나라들의 정책적 실패에 점점 더 취약해졌다. 금융위기, 보호주의, 군비증강 등은 전염병처럼 확산될 수 있었다. 자유주의적 국제주의자들은 상호의존성의 장점도 간파했다. 무역과 교류는 이익을 창출하고 장기적으로 볼 때 인류의 진보를 촉진한다. 전후 국제질서는 근대성이 야기하는 이러한 위험을 피하는 동시에 이득을 실현해야 했다.

미국의 입장에서 보면, 상호의존성의 문제는 세계경제붕괴와 추축국의 침공이라는 연이은 재앙을 통해 드러났다. 미국은 지리적으로 망망대해에 둘러싸여 있지만 기술과 산업화 사회들이 서로 깊이 연관되어 있다는 점 때문에 고립하기가 쉽지 않다. 1940년 뉴딜정책에 반대했다가 제2차세계대전 후 열렬한 국제주의자로 돌아선 공화당 상원의원 아서 반덴버그(Arthur Vandenberg)는 "차단" 정책을 주장했다. 그는 "대서양을 36시간 만에 가로지를 수 있는 이 시대에 고립"은 아마도 불가능하리라고 시인하면서 다음과 같이 주장했다. "그러나 지금부터 우리가 바랄 수 있는 최선의 방책은 '차단'일 것이다. '차단주의자'는 근대의 여건들이 허락하는 한 최대한 고립을 보존하기를 바라는 이라고 말하겠다."[91] 미국 정치지도자들과 정책 전문가들은 진주만 기습공격을 받을 때까지 이러한 "근대적 여건들"의 특성과 의미를 놓고 갑론을박했다.

이 시기에 루스벨트의 국제주의는 근대에 경제와 안보 분야에서 국가들 사이의 상호의존성에서 비롯되는 취약함에 대한 이해가 점점 강하게 묻어났다.[92] 그는 근대 국제관계에 수반되는 "전염" 효과에 대해 자주 거론했다. 1937년 그 유명한 격리 연설(Quarantine Speech)

에서 그는 "전쟁이 전염병처럼 번져서 결국 본래 적개심이 분출했던 곳에서 멀리 떨어진 국가와 국민들까지 삼켜버린다."라고 했다.[93] 1939년 1월, 그는 상원의원들에게 더 이상 미국은 해상력이 중요했던 시대에 그랬던 것처럼 두 대양의 뒤에 숨어 안전하게 지낼 수 없다고 말했다. 공군력의 시대에 미국은 유럽과 태평양 제도에 제1방어선을 구축할 필요가 있었다. 같은 달 공개 연설에서 그는 한술 더 떠 다음과 같이 말했다. "우리는 조약의 신성함을 준수하고 다른 나라들을 대할 때 신의성실로써 대하며 신을 두려워하는 민주주의국가들은 세계 어느 곳이 무법천지가 되든 무관심하면 안전할 수가 없다. 민주국가들은 제대로 저항하지 않거나 같은 민주국가에 대한 침략행위를 영원히 간과할 수 없다. 그러한 침략행위는 자동적으로 민주주의국가인 우리 모두를 침략하는 셈이다."[94] 역사학자 데이비드 레이놀즈(David Reynolds)는 이 연설이 "새로운 외교정책의 싹"을 품고 있다고 주장한다. 안보와 이념 모두를 위해서 미국은 수천 마일 바깥에서 일어나는 사건들에 관심을 보여야 했다.[95] 루스벨트는 1939년 12월 교황 비오 12세에게 보낸 서신에 다음과 같이 보다 일반적인 내용을 담았다. "이 나라 국민은 예전에 뜻하던 시간과 거리는 더 이상 존재하지 않는다는 사실을 깨닫게 되었기 때문에 인류의 일부를 해치면 나머지 인류 모두를 해치게 된다는 점을 이해하고 있다."[96] 그는 1941년 1월 주일 미국대사에게 보낸 서신에서 이러한 견해를 되풀이했다. "우리가 당면한 문제들은 너무나도 거대하고 서로 연관되어 있어서 이를 거론하기만 해도 5개 대륙과 7개 대양을 떠올리지 않을 도리가 없다."[97] 이처럼 세계화라는 특성을 지닌 근대성에 대한 정서는 점점 자유주의적 국제주의 구상의 핵심을 차지하게 되었다. 미국을 비롯한 자유민주주의국가들은 상호의존성의 위험을 완화할 방법을 찾아야 했다.

셋째, 다자 관계를 관장할 제도들의 구축을 강조하는 새로운 구상이 제시되었다. 국가들 사이의 협력을 제도화하자는 주장은 새로운 게 아니었다. 19세기 이후로 자유주의적 국제주의자들은 평화 회의, 중재위원회, 정부 간 연합 등을 주장했다. 국제연맹은 선두주자이기도 했다. 그러나 1930년대에 등장한 다자간 협력 의제는 훨씬 야심 찼다. 국제기구와 특정 기능을 담당하는 기관들-이를 루스벨트는 "제구실을 하는 장비 모음"이라고 일컬었다.-은 자유주의국가들이 근대시대에 당면한 취약성과 책임을 관리할 역량을 강화하도록 국제질서를 구축하는 구상의 핵심이었다.

1944년 브레턴우즈에서 루스벨트는 환영사를 통해 근대화하는 세계경제 속에서 국가가 점점 취약해지는 상황이 전후에 다뤄야 할 다자간 경제 관리 의제의 핵심이라고 말했다. 그는 "경제적 질병은 전염성이 대단히 높다. 따라서 모든 나라의 경제적 건전성은 가깝든 멀든 상관없이 모든 이웃나라들의 관심사이다."라고 말하면서 다음과 같이 덧붙였다. "해야 할 일은 해내야 한다. 그리고 오직 서로 협력해야만 해낼 수 있다."[98] 새로운 정부 간 기구가 경제 안정과 성장을 촉진할 수 있다는 생각은 케인스의 사고가 뒷받침해주었다. 당대의 권위 있는 미국 경제학자 제이컵 바이너(Jacob Viner)는 그 어떤 나라도 경기순환과 불황을 홀로 감당할 수 없지만, "국제적으로 협력하면 경기순환과 대량실업 문제는 대부분 해결될 수 있다."라고 주장했다.[99] 루스벨트는 의회에 브레턴우즈협정을 승인해달라고 요청하면서 국제통화기금(IMF)과 국제부흥개발은행(IBRD) 같은 기구들이 전후 경제협력의 "초석"이 될 것이라고 주장했다. 이러한 기구들을 통해서 국민국가들은 "우리 모두를 위해 더 많은 상품을 생산하고 더 많은 일자리를 구하고 더 많은 교역을 하고 더 높은 생활수준을 누리게 된다."[100] 식량과 농업, 항공, 금융과 통화 관계 등과 같은 부문에서는 국제기관과 기구들이 국제협력의 틀을 제공하고 정부들이 안보 문제뿐만 아니라 전후 사회적 경제적 문제들에 대처할 역량을 키워 준다.

국제연맹은 확장된 제도적 협력이라는 루스벨트시대의 야심찬 구상을 실험할 중요한 기구가 되어주었다. 국제연맹은 아시아와 아프리카에서 영토침략을 막지는 못했지만 금융과 무역, 인도적인 구호, 탈식민지화와 같은 부문에서 다양한 사회적 경제적 업무를 실행하는 기구로서 조용히 자리매김을 했다. 수전 피더슨은 국제연맹이 평화구축에는 실패했지만 두 가지 다른 기능을 수행했다고 주장한다. 제국들로 구성된 세계에서 국민국가들로 구성된 세계로 대대적으로 전환하는 과정에서 신생국들의 정세 안정을 돕고 소수민족과 위임통치 체제를 관리했다. 그리고 국경을 넘나드는 다양한 흐름을 적절하게 규제하는 역할을 했다.[101] 이 두 가지 측면에서 국제연맹은 제2차세계대전 후 등장한 다자주의의 선구자였다.

넷째, 윌슨시대 자유주의적 국제주의의 중심축은 "여론"이었다. 윌슨은 이러한 비공식적인 압박 장치가 1919년 이후의 세계질서를 안정적이고 평화롭게 해주리라고 믿었다. 세계 여론이 국가들에 압박을 넣어 국제규범과 기준을 받아들이게 만들리라고 생각했다. 그러나 1930년대에 자유주의적 국제주의자들은 서서히 이러한 가정을 포기했다. 전체주의 국가들이 외부의 정보 유입을 억누르는 한편 자국 국민은 대대적인 선전선동에 노출시켰다. 루스벨트는 1936년 1월 윌슨주의자인 독일주재 미국대사 윌리엄 E. 도드(William E. Dodd)에게 다음과 같이 이점을 지적했다. "정부 수장을 우회해 국민에게 직접 호소할 수 있다는 우드로 윌슨의 이론은 더 이상 설득력이 없소. 뉴스, 진짜 뉴스의 확산은 더 이상 가능하지 않기 때문이오."[102] 자유주의적 국제주의 과제는 세계 여론과 규범의 선포에 의지할 수 없었다. 새로 등장한 권위주의적 국가들은 자유민주주의국가들이 어떻게 생각하든 개의치 않았고 자국 국민들 사이에 뉴스가 확산되지 못하게 억누르기만 하면 되었다.[103] 루스벨트를 비롯한 자유주의자들은 여전히 1930년대의 민족주의와 비자유주의 저변에는 보다 연대의식이 강하고 협력적인 국제사회가 꿈틀거리고 있다고 믿었다. 그러나 이를 표면으로 끌어내려면 보다 발전되고 관리 가능한 국제질서가 필요했고 이러한 질서는 강대국들의 막강한 제휴가 뒷받침해야 했다.

국제질서가 여론에 의지해 국가들로 하여금 규범을 실천케 하려면 지정학적 연대, 강대국 사이의 협력, 공유하는 사회적 목적 등과 같은 보다 깊은 토대를 바탕으로 해야 했다. 국가들은 질서정연하고 안전하고 번영하는 국가 집합체의 일원이 되고자 행동을 삼가게 된다. 이러한 모임에 참여하면 가시적인 보상이 뒤따르지만 충족시켜야 할 조건도 따라온다. 이 모임의 안보 필요에 기여하고 규정을 준수하는 자유민주주의국가들은 가입이 허락되었다. 자유주의적 국제주의자들은 그들이 구축하려는 질서에 대해 야심을 품어야 했다. 질서정연하고 협력적인 행동을 이끌어낼 유인책은 국가 안에서 얻는 경제와 안보 이득에서 비롯되어야 했기 때문이다.

다섯째, 이러한 개념들 속에는 보편주의가 싹트고 있었다. 세계적인 경제적 격변과 전쟁은 윌슨시대보다도 훨씬 큰 규모로 일어나고 있었다. 시간과 공간이 계속 축소되면서 세계에서 일어나는 일은 더 중요해졌고 더욱 크게 작용했다. 이러한 개념들, 4대 자유와 대서양 헌장 자체가 어찌 보면 서구 진영에서 지지를 동원하고 영국과 미국이 참여하게 된 갈등을 격상시키는 전쟁 시기의 선전이었다. 그러나 이러한 개념들 자체가 거론되었다는 사실이 중요했다. 일단 내뱉은 말은 주워 담기 어려웠다. 루스벨트는 네 가지 자유에 대한 연설을 자신의 연설문 작성자들에게 한자리에서 읊었다. 해리 홉킨스(Harry Hopkins)는 "세계 어디서든"이라는 구절을 듣고 다음과 같이 발언했다. "대통령 각하, 그건 어마어마하게 넓은 지역을 뜻하는데요. 미국인들이 자바섬에 사는 사람들에게 얼마나 관심이 있을지 모르겠습니다." 루스벨트가 다음과 같이 답했다. "언젠가는 관심을 보여야 할 걸세, 해리… 세계가 점점 작아지고 있기 때문에 자바섬 주민들도 우리 이웃이 될 걸세."[104] 보편적 권리와 보호를 역설한 루스벨트의 발언에 대한 진정성은 의심하더라도 그가 한 발언이 훗날 인권과 세계규범을 위한 투쟁에 영향을 미쳤다는 점은 부인할 수 없다.[105] 자유주의적 국제주의 개념들이 이처럼 보편화된 데는 루스벨트를 비롯한 자유민주 진영의 지도자들이 파시스트와 전체주의 경쟁자들의 부상으로 이념적 경쟁의식을 느꼈다는 데서도 힘입은 바가 크다. 전쟁이 다가오자 루스벨트는 미국의 참전을 역설하면서 미국의 안보뿐만 아니라 미국이 추구하는 가치와 삶의 방식도 절체절명의 위기에 처했다고 주장했다. 윌슨의 14개 평화원칙이 레닌과 러시아혁명에 대한 대응이기도 했다면, 루스벨트의 4대 자유는 미국 국민이 그보다 한층 더 위험한 여러 위협들과 훨씬 위험한 이념에 직면하고 있음을 깨닫게 하고 이를 통해 국민을 동원하려는 취지였다. 루스벨트가 제시한 보편적 가치들은 실용적인 목적도 있었지만 자유주의적 국제주의에 오랫동안 영향을 미치기도 했다.

이처럼 보편주의를 강조하면서 서구 진영과 비서구 진영의 관계를 보는 시각이 변했다. 유럽과 미국은 여전히 윌슨시대의 국제주의자들이 지녔던 문명과 인종의 위계질서에 대한 뿌리 깊은 가정들을 대부분 지니고 있었다. 그러나 그들은 서구의 근대성 자체가 야기하는 위험에 대해서는 보다 냉철한 시각을 지녔다. 근대화하는 세계가 막강한 비자유주의적 국가들을 출현시켰고 이러한 나라들은 점점 세계를 여러 진영과 제국들로 나누려고 위협하고 있었다. 권위주의와 독재는 근대성을 이용해 자국의 침략적인 야욕을 추구했다. 이는 독일의 침략행위를 전근대적인 사례로 본 윌슨의 시각에서 중요한 변화가 일어나는 계기가 되었다. "문명화가 덜 된" 비서구 진영이 아니라 서구 진영 자체에 진짜 위협이 도사리고 있었다. 따라서 자유민주주의국가들을 재편하고 보다 진보적인 통치하에 둘 필요가 있었다. 국가권력은 제약되고 필요하다면 견제되어야 했다.

마지막으로 그리고 가장 일반적인 의미에서, 서구 자유민주주의 국가들이 "안보"를 해석하는 방식이 점점 변했다. 미국에서는 대공황과 뉴딜로 "사회보장"이라는 개념이 등장했고 세계대전의 폭력과 파괴력으로 "국가안보"라는 개념이 등장했다. 두 용어 모두 단순한 기술적 용어 이상의 의미를 지녔다. 국민의 건강, 복지, 안전을 보장하기 위해 국가가 할 역할에 대한 새로운 개념을 반영했다. "사회보장"은 경제를 안정화하고 높은 고용률을 유지하는 데 정부가 점점 더 책임을 져야 한다는 신호였다. 이러한 책임은 윌슨시대의 진보주의적 입법에서부터 1935년 사회보장법 그리고 1946년의 완전고용법에 이르기까지 일련의 법안과 조치들에 반영되었다.[106] 마찬가지로 이전 시대에 군사력의 일반적인 목적을 묘사하는 가장 흔한 용어는 국방이었고 이는 전통적인 군사적 공격으로부터 미국의 영토를 보호하는 행위를 뜻했다. 국가안보라는 용어는 제2차세계대전 중에 만들어졌는데, 경제, 정치, 군사적 영역 전반에 걸쳐서 국가 이익을 보호하기 위한 상시 동원체제와 활동을 뜻하는 새로운 구상을 표현한 용어다.[107] "국가안보"를 위해 미국은 기관들을 조율하고, 재원을 마련하고, 계획을 세우고, 동맹을 구축하는 등 외부 환경 조성에 적극적으로 나서야 했다. 1947년 국가안보 법안은 이러한 새로운 구상을 구현한 법으로서, 냉전을 수행하기 위해 기관과 부서들을 재편했다.[108]

안보라는 새로운 용어는 국민과 제도와 삶의 방식을 보호하기 위해서 국가가 해야 하는 역할을 재편하고 확대해야 한다는 구상을 반영했다. 정부는 나라 안팎에서 더 많은 목적을 달성하기 위해 더 많은 지역에서 더 많은 역할을 해야 했다. 1914년부터 1931년까지의 기간 동안 두 명의 미국 대통령이 국가안보라는 문구를 겨우 네 차례 언급했다.[109] 1930년대 중엽 무렵 루스벨트는 자기 행정부가 추진하는 목표들을 규정할 때 안보라는 용어를 자주 사용했다. 루스벨트는 1938년 4월 국민을 대상으로 한 라디오 연설 노변정담(Fireside Chat)에서 "안보는 우리에게 가장 절실히 필요한 사항이라는 데 여러분과 나는 동의한다. 따라서 나는 내 권한을 총동원해서 여러분이 그 안보를 달성하도록 도울 작정이다."라고 말했다.[110] 제2차세계대전 중 루스벨트는 끊임없이 이러한 주제를 되뇌었다. 1944년 1월 노변정담에서 그는 다음과 같은 구상을 밝혔다. "각국이 개별적으로 그리고 유엔에서 함께 논의한 바, 미래에 가장 중요한 목표는 단 한 단어로 요약할 수 있다. 안보다. 이는 침략자들의 공격으로부터 안전을 보장해주는 물리적 안보만을 뜻하는 게 아니다. 국가들로 구성된 가족 공동체의 경제적 안보, 사회보장, 도덕적 안보를 뜻하기도 한다."[111] 근대 세계의 중심에서 일어난 격변들-경제대공황과 파시스트 침략의 부상-로 인해 미국과 민주 진영 전체에 새롭게 광범위하게 영향을 미치는 불안한 여건이 조성되었다. 따라서 근대 자유국가들은 안보를 창출해야 하는 과업에 직면했다.[112] 경제와 안보에서 국가들의 상호의존성이 점증하는 시대에 한 나라의 안보는 그 나라의 국경 너머에서 벌어지는 일들에 점점 더 의존하게 되었다. 그리고 안보 추구도 폭넓은 국제 의제들과 점점 밀접하게 연관되고 있었다. 전쟁을 향해 나아가던 미국의 대통령 루스벨트는 자유민주 진영을 구축하고 지원할 필요가 있다고 생각했다. 역사학자 앤드루 프레스턴(Andrew Preston)에 따르면, "루스벨트 이전까지는 미국의 그 어떤 정치가도 안보를 동등한 두 부분-물리적 안보와 규범적 안보, 영토와 이념의 안보-이 통합된 불가분의 총체를 구성하며 전 세계에 적용할 개념으로 제시하지 않았다."[113] 이러한 국가안보 독트린은 미국이 새로운 전후 세계질서를 조직화하고 이끄는 토대를 마련해주었다.

루스벨트 혁명은 자유주의적 국제주의자들이 국제질서에 대해 생각하는 방식의 변화가 절정에 이른 사건이라는 게 가장 타당한 해석이다. 이 시대의 위기는 근대 자유주의국가들에게 힘을 실어주어 자국을 안전하게 지키도록 했고, 이는 자유민주 진영 자체가 근대 산업사회의 문제들을 해결하도록 조직화되어야 가능했다. 그러려면 상호의존의 조건들을 관리할 상설 정부 간 기구를 창설할 필요가 있었다. 시장은 개방적이어야 하지만 정부가 불안을 관리하고 일자리를 보호할 수단을 제공하는 국가기구와 국제기구들 내에서 작동해야 한다. 이러한 루스벨트 구상은 매우 서구적인 동시에 보편적이었다. 루스벨트의 4대 자유는 나치독일의 "새로운 질서"라는 이념적 선동에 맞서 미국식 국제주의에 힘을 실어주려는 전시 행동의 일환이기도 했지만, 권리와 사회보장이라는 보편적인 특징도 담은 주장이었다. 자유민주 진영과 비자유적인 도전자들 간의 이념적 대결이 루스벨트를 비롯한 국제주의자들이 자유민주 진영이 직면한 난관들을 보는 틀을 짰다. 그러나 이와 동시에 루스벨트의 자유주의적 국제주의는 서구 자유민주주의국가들과 밀접하게 연관되어 있기도 했다. 자유로운 산업화 사회의 문제들을 해결하려면 서구 선진 민주국가들이 협력해 새로운 길을 찾아야 했다. 그들은 단체나 민주주의국가들의 모임으로 활동해야 하고 미국은 그들의 "병기창(arsenal)"이 되어야 한다. 미국과 그 동맹국들이 자유민주주의국가들을 수용할 새로운 기구를 실제로 어떻게 구축했는지는 전쟁이 끝난 후에 드러난다.

개방적이고 제대로 기능하는 국제경제가 안정적 평화를 위해 반드시 필요한 요소라는 합의도 도출되고 있었다. 제2차세계대전으로 가는 길은 보호주의, 무역블록, 화폐기구들로 포장되어 있었다. 그러나 개방적인 시장도 정부가 규제하고 관리할 필요가 있었고, 그러지 않을 경우 시장은 재앙을 맞게 된다. 국제적 차원에서 이는 널리 확산되기 쉬운 경제의 역기능이나 오작동으로부터 국가를 보호할 규제와 공공재 장치들을 마련해야 한다는 뜻이었다. 이제 정부는 고용과 경제적 안녕과 사회보장을 제공할 의무가 있었다. 그리고 미국은 경제 안보의 의무를 다하기에 적합한 국제 환경을 조성해야 했다. 뉴딜 자유주의에 내재된 진보주의적 개념들은 미국의 국제질서 구상의 일환이 되었다.[114] 냉전의 시작과 더불어 트루먼 행정부와 뒤이은 대통령들은 루스벨트시대의 자유주의적 국제주의를 미국의 패권 지도력이라는 보다 광범위한 과제에 통합해 "자유주의 패권" 질서를 구축했다. 미국은 기구, 동맹, 동반자 관계, 보호국, 역내질서 등으로 구성된 세계를 창조하는 선두에 섰다. 그리고 이 모든 과제의 중심에 위치했다.

6.

자유주의적 패권의 부상

미국 허드슨강 입구에 있는 '자유의 여신상'은 1886년 미국 독립 100주년을 기념하여 프랑스가 기증했다. Statue of Liberty © gettyimages

—

제2차세계대전은 인류 역사상 가장 폭력적이고 파괴적인 군사적 갈등이었다. 전쟁이 끝난 1945년 여름, 미국은 세계에서 가장 막강한 나라로 부상했다. 다른 강대국들-연합국과 추축국 모두-은 전쟁으로 약화되거나 파괴되었지만 미국은 한층 더 강해졌다. 미국의 국민총생산은 전쟁 중 60퍼센트 증가했다. 전쟁이 끝날 무렵 미국은 추축국의 무기생산을 모두 합한 것보다 많고 소련이 생산하는 양의 세 배에 해당하는 무기를 생산하면서 가장 막강한 군사력을 보유하게 되었다. 미국은 어디든 존재했다. 전 세계에 미군을 주둔시키고 기지들을 구축한 세계 강대국이었다. 미국은 일본과 독일 일부를 점령했다. 유럽 중심의 국제질서는 붕괴되었다. 에드워드 모타이머(Edward Mortimer)는 "세계대전은 용광로 같다. 세계를 녹여서 모양을 다듬기 쉽게 만든다."라고 말한다.[1] 제2차세계대전은 용광로였고 전쟁 후 미국은 새로운 세계질서를 벼려내는, 과거에 존재했던 그 어떤 역량과도 비교할 수 없는 역량을 지니게 되었다.

미국 지도자들은 이러한 세계적인 파괴에서 비롯된 기회를 제대로 파악했다. 1941년 9월 외교위원회 기획 문서는 "미국은 점차 더 막강해지고 있다. 다른 나라들은 급속히 쇠진하고 있다. 다른 나라들의 재원과 미국의 재원 간의 격차는 계속 벌어지고 있다."라고 기록하고 있다. "미래를 내다보면 이 전쟁에서 어떤 종류의 세계가 비롯되어야 하는지에 대한 일차적인 해답은 미국의 정책이 쥐고 있다는 게 분명하다."[2]

제2차세계대전이 끝날 무렵 미국이 전후 체제를 구축하고 지배할 기회를 얻게 된 사실이 분명해졌다. 관건은 어떤 식으로 무슨 목표를 위해 그리할지였다. 미국은 어떤 종류의 국제질서를 구축하고 이끌려고 하는가? 이러한 질문에 대한 해답은 분명치 않았다. 미국을 비롯한 자유민주주의국가들이 과거 어느 때보다도 멸절할 위기에 근접했으니 말이다. 군국주의적 강대국들은 근대 세계를 다시 한 번 무릎 꿇렸다. 30년 만에 두 번째로. 그러나 제2차세계대전은 원인 못지않게 결과이기도 했다. 세계경제의 붕괴, 파시즘과 전체주의의 부상, 자유민주체제의 취약함과 후퇴 등은 모두 전쟁으로 향하는 길고 혼란스러운 과정이었다. 미국과 유럽에서 세계대전은 베르사유조약 혹은 그보다 한참 이전으로 거슬러 올라가는 훨씬 심각한 실패의 일환으로도 간주되었다. 근대 자유주의적 자본주의 사회의 안정적인 토대를 구축하는 데 실패했기 때문이었다.[3]

1944년부터 1951년까지의 기간 동안 미국과 그 동맹국들은 역사상 가장 포괄적인 국제질서 구축에 나섰다. 이 질서는 새로운 형태의 경제, 정치, 안보협력을 중심으로 구축되었다. 거대한 다자간 기구들이 창설되었다. 유엔, 브레턴우즈에서 탄생한 기구들, 관세와 무역에 관한 일반협정(General Agreement on Tariffs and Trade, GATT), 세계보건기구(WHO)를 비롯해 무수한 역내 기구들이 탄생했다. 1948년 미국은 서유럽 경제를 재건하고 공산주의의 확산을 방지하기 위해 여러 나라들에 원조를 제공하는 대대적인 마셜플랜(Marshall Plan)에 착수했다. 유럽 6개국은 석탄철강공동체(European Coal and Steel Community)를 조직화해 중공업 생산을 관장하면서 유럽경제공동체의 기반을 마련했다. 미국은 유럽과 동아시아 국가들과 안보동맹을 구축했고 이는 1949년 북대서양조약기구 조인으로 절정에 이르렀다. 이보다 한 해 앞서 유엔총회는 보편적 인권선언을 채택해 "인류 모두"가 존엄성과 권리를 지녔다고 선포했다. 이러한 다면적인 질서 구축은 힘의 분배와 강대국 관계가 급속히 변하는 가운데 이루어졌다. 독일과 일본을 패배시키기 위해 미국과 소련이 손을 잡으면서 시작되어 미국이 소련을 견제하고 봉쇄하기 위해 독일과 일본과 손을 잡으면서 마무리되었다.

냉전이 그림자를 드리운 가운데 미국과 그 동맹국들은 독특한 유형의 질서를 구축했다. 이 질서는 다음과 같은 다양한 명칭을 얻었다. 미국에 의한 평화, 자유세계, 민주 진영에 의한 평화, 필라델피아 체제, 서구질서, 미국의 자유주의적 패권.[4] 이처럼 다양한 명칭들은 서구 주도의 전후 체제의 논리와 특징들을 포착하려는 시도에서 비롯되었다. 이 질서가 표방하지 않는 게 무엇인지를 논하기가 더 쉬웠다. 이 질서는 단순히 냉전시대 힘의 균형을 유지하는 장치가 아니었다.[5] 이 질서를 뒷받침하는 개념과 취지는 1945년 후 미국과 소련 사이의 대결 이전으로 거슬러 올라간다. 이 질서는 단순히 미국식 제국도 아니었다. 미국이 이 질서를 지배했고 라틴아메리카, 중동을 비롯한 여러 지역에서 상대적으로 약한 정권들에 개입하거나 강요하는 등 제국이 보이는 각종 거친 행동을 보이기는 했다. 그러나 개방성을 추구하고 합의를 바탕으로 규정을 만들고 특히 서구 자유민주주의 국가 간 호혜주의를 확산시키는 등 제국의 논리에 반하는 특징들도 보였다. 이 질서가 지닌 독특한 점은 자유민주주의국가들이 생존하고 번영할 수 있는 국제 공간을 재편하는 데 있어서 서구 자유민주주의국가들이 기울인 노력을 구현했다는 점이다. 이 체제에서 가장 막강한 나라로서 미국은 자국의 힘을 이용해 자국의 이익을 도모했다. 세계가 세계대전을 끝내고 냉전에 돌입하면서 이러한 미국의 이익은 비교적 개방적이고 안정적이고 우호적인 전후 질서의 방향을 가리켰다.

1919년 자유주의적 국제주의는 우드로 윌슨과 영국 국제주의자들이 목소리를 냈고 베르사유 평화회의에서 질서 구축 절차에 돌입했다. 1945년 질서 구축의 주체는 보다 분산되었고 구축하는 데 훨씬 오래 걸렸다. 전후 질서의 설계를 제시한 단 하나의 사건-베르사유궁 거울의 방에서 평화조약에 조인한 순간-은 없었다. 미국 내에서조차 현실주의, 자유주의, 고립주의, 이상주의 등 질서에 대한 여러 가지 구상들이 있었다. 선택지, 상황, 불확실성, 임시방편 등이 모두 정책의 결과를 만들어내는 데 역할을 담당했다. 미국의 사고에는 자유민주주의, 국제주의, 강대국 관계, 국가안보에 대한 기존의 개념과 새로운 개념들이 혼재되어 있었다. 전후 세계질서 구축에서 미국에게 동기를 부여한 핵심적인 원동력은 그 힘에 필적할 상대가 없는 막강한 나라로서 자국과 다른 나라들이 활동하는 국제환경을 조성하고 규정을 수립할 기회를 얻었다는 사실이었다. 그리고 이를 장기적으로 내다보고 추진할 수 있다는 사실이었다. 질서를 구축할 순간이 도래했고 그 순간은 큰 위험과 기회를 동시에 제시했으며, 미국은 질서를 구축할 독특하면서도 덧없는 입장에 놓이게 되었다. 이처럼 복잡하고 변화무쌍한 절차 속에서 자유주의적 국제주의 개념과 의제들, 1930년대와 전시에 재고되고 갑론을박이 이루어진 개념과 의제들은 미국이 자국의 이익을 규정하고 질서 구축의 목표들을 규정하는 방식에 영향을 미쳤다. 공교롭게도, 이러한 질서 구축은 1919년보다 훨씬 일관성이 떨어지는 질서 구축 과제로 시작되었지만, 1945년 후 미국이 주도한 질서는 궁극적으로 가장 지속적이고 가장 기능적이고, 따라서 그 핵심적인 참여국들 사이에 가장 깊은 공감대와 사회적 목적의식을 조성했다.

이번 6장에서 나는 네 가지 주장을 제시하겠다. 첫째, 미국이 주도한 전후 질서는 "단일한 질서"도 아니고 단순히 "자유주의 질서"도 아니었다. 구체적인 특정 순간에 조성된 게 아니라 오랜 세월에 걸쳐 우여곡절을 거치며 조합된 질서였다. 수많은 과제를 담고 있었고 계속 변하는 부분들도 있었으며 적응과 시행착오와 문제해결을 통해서 진화했다. 이 질서에는 힘의 균형, 위계질서, 생각이 같은 자유주의 국가 간 협력을 통한 합의 등 질서를 조직화하는 다양한 논리가 담겼다. 이처럼 진화하는 전후 체제의 특징은 두 가지 질서 구축 과제들이 만들어냈다. 하나는 선진 산업화 진영 내에서 자유민주주의의 토대를 재편하고 강화하는 서구 진영의 과제였다. 이 과제는 양대 세계대전 사이의 기간 발생한 위기에서 비롯되었고 1930년대와 뉴딜시대 동안 진행된 논쟁과 자유주의적 국제주의 개념들을 반영했다. 다른 하나는 냉전 과제였다. 소련과의 투쟁에서 정치적 동반자 관계와 동맹관계 구축을 지향하는 과제였다. 냉전은 서구 민주주의국가들 사이의 관계에서 혁명을 일으킨 원인이 아니라 이 과제가 추진되는 방식을 결정했다. 두 과제 모두 똑같은 방향을 가리켰고, 미국의 힘을 빌려 개방적이고 제도화된 협력적인 환경을 조성해 그 안에서 자유민주주의국가들이 안전하도록 하는 게 목표였다.

둘째, 이러한 전후 과제들은 궁극적으로 자유주의 패권 질서라고 일컬어도 무방한 제 기능을 하는 정치질서를 창출했다. 이는 냉전 시대 양극체제의 한 축인 서구 진영 내에서 등장한 질서였다. 프랭클린 루스벨트가 강조한 자유주의적 국제주의의 구상인 "하나의 세계"는 냉전이 드리운 그림자 아래서 "자유세계" 구상에 자리를 양보했다. 전후에 구축된 보편적 기구들-유엔, 브레턴우즈협정에서 탄생한 기구들-은 사라지지 않았다. 그러나 냉전의 양극체제 여건하에서 미국은 점점 더 적극적으로 전면에 나서서 자국의 경제와 동맹체제를 중심으로 미국의 패권 질서를 구축하고 이끌었다. 이러한 패권 질서는 자유주의적 특징과 제국의 특징을 모두 지니고 있었다. 위계질서가 존재했지만 선진 자유민주국가들 사이에 규정을 토대로 한 호혜적인 관계를 중심으로 조직화되기도 했다. 이 질서는 미국, 서유럽, 일본 간에 정치와 안보에서 타결한 협상을 토대로 구축되었다. 이 질서는 선진 산업화 진영 전역에 걸쳐 엘리트계층과 정당들이 나름의 의제를 추구하도록 기능적인 기구들과 정치적 안정의 토대를 제공했다. 근대 자유민주주의는 상충하는 다양한 가치들-자유와 평등, 개인의 권리와 집단적 권리, 개방성과 사회 보호, 국민주권과 입헌주의-사이의 균형을 유지하는 작업이 필요하다. 전후 서구체제는 제도화된 정치질서를 구축해서 그 질서 안에서 이러한 상충하는 가치들의 절충점을 찾도록 해야 했다.

셋째, 이러한 자유주의적 패권 질서는 협력과 공동의 사회적 목적을 추구하기 위해 필요한 비교적 안정적인 토대를 마련해주었다. 그러나 세계 양극체제의 절반인 자유 진영 내에서 생각이 같은 자유주의국가들로 구성된 집합체라는 게 핵심이었다. 이 질서에는 "클럽" 같은 특성이 있었다. 클럽에 가입한 회원은 공동의 무역과 안보체제에 접근할 수 있었다. 이 질서 하에서 정부들에게는 경제적 상호의존성이 야기하는 문제들을 관리할 제도적 역량이 제공되었다. 무역은 경제적 이득을 낳고 개방성에 수반되는 취약성은 규제했다. 이 질서에 소속되면 가장 폭넓은 의미에서 안보 공동체에 소속되는 셈이었다. 그러나 회원이 되면 다른 회원들과 협력하리라는 기대를 받게 되고 책임도 주어졌다. 미국을 견제하는 게 아니라 미국의 질서에 올라타는 셈이었다. 미국은 가장 막강한 국가였고, 패권 질서는 미국이 자국의 힘을 상호이득을 위해 사용할 방법을 마련해주는 한편 미국이 강압적이고 무차별적으로 힘을 행사하지 못하도록 보호해줄 제도와 규범들을 만들었다. 그러나 패권 질서는 단순히 미국의 질서가 아니었다. 특히 1970년대부터 자유주의적 패권 질서는 그 외연이 점점 확장되면서 경제적 정치적 자유화를 겪는 나라들이 확장되는 질서에 합류하고 통합되는 데 필요한 공동의 통치 지도력과 기회를 제공할 장치를 구축했다. 정당성, 집단행동, 제도화된 협력의 측면에서 평가하자면, 전후 자유주의 질서는 놀라울 정도로 성공적이었다. 이 질서에서 탈피하려는 나라보다 합류하려는 나라가 더 많았다. 이 질서의 다자주의적 토대는 경제, 정치, 안보, 환경, 세계 공유지 부문 등에 걸쳐 협력을 구축할 보다 폭넓은 노력의 발판이 되어주었다.

마지막으로, 미국이 주도하는 이 질서는 모순들을 토대로 구축되었는데, 모순들은 냉전 동안에는 수면 아래 가라앉아 있었다. 이 질서가 추구하는 이상과 이념인 보편주의와 이 질서의 토대인 서구의 정치적 바탕 사이의 긴장이 그 하나였다. 루스벨트와 그의 뒤를 이은 여러 세대들은 보편적인 권리와 사회적 보호를 내세웠지만, 자유주의적 질서 자체는 미국, 유럽, 일본 사이의 무역과 안보조약으로 구축되었다. 자유주의적 패권 혹은 비공식적 제국으로 간주되는 위계질서 논리와 개방성, 다자주의, 호혜성의 원칙들 사이의 갈등도 있었다. 미국은 자국의 힘을 행사하는 데 있어서 오직 최소한의 제약만 수용했다. 미국은 다른 나라들을 합의된 규정과 제도에 묶어두려고 한 반면 자국은 가능한 그러한 제약과 거리를 두려고 했다. 미국은 공유하는 규정과 규범이 자국이 행사하는 힘을 정당화해주고 상대적인 약소국들이 미국 패권에 맞서기보다는 협력하도록 권장하는 한 그러한 규정과 규범에 따라 활동할 동기가 부여되었다. 이러한 갈등들은 민주주의국가들로 구성된 클럽이나 공동체 역할도 하는 동시에, 보다 넓은 세계를 조직화하는 발판 역할도 해야 하는 더 근본적인 모순을 반영했다. 이러한 모순은 냉전이 끝난 후 보다 본격적으로 가시화되었다.

미국의 힘과 전후 질서 구축

제2차세계대전의 파괴력은 기존의 국제질서로 회귀할 여지를 남겨놓지 않았다. 전쟁과 이를 둘러싼 갈등은 기존의 질서가 실패했음을 확인해주었고 그 질서를 구성하는 규정과 제도들에 대한 신뢰를 무너뜨렸다. 또한 강대국과 약소국 사이에 새롭게 힘의 비대칭이 조성되면서 힘의 배분 구조가 새롭게 조성되었다. 유럽을 중심으로 한 구세계질서는 붕괴되었고 그 주변부에 위치한 나라들-미국과 소련-이 새로이 강대국으로 부상했다.[6] 전례 없이 폭력적이었던 이 전쟁-600만 명 사망, 홀로코스트 참사, 히로시마와 나가사키 원폭투하-은 제1차세계대전을 무색하게 했다. "제1차세계대전이 끝날 무렵에는 전쟁 이전으로 되돌아가는 방안을 모색하는 게 가능했다. 그러나 1945년은 달랐다. 너무나도 달라서 0년(Year Zero)이라고 일컬어졌다."라고 마거릿 맥밀런(Margaret MacMillan)은 주장했다.[7]

미국은 전쟁 중에 그저 막강해지기만 한 게 아니었다. 자국의 국익과 전략적 이익의 개념도 확장되었다. 이 전쟁 자체로 인해 미군은 유럽과 아시아 전역에 주둔하게 되었다. 폴 케네디가 지적하듯이, 미군은 여기도 저기도 어디에도 있었다.[8] 전후 미국의 이익도 도처에 산재해있었다. 각각 루스벨트 행정부와 트루먼 행정부에서 그리고 두 정권에 걸쳐 일한 정책수립 관료들과 전략가들은 수많은 사안에서 이견을 보였지만 대체로 기본적인 신념은 공유했다. 미국의 힘을 이용해 국제질서의 토대를 다시 만들어야 한다는 신념 말이다. 그들은 단순히 임시방편으로 협상을 타결하거나 특정한 이익을 확보하는 데 관심이 없었다. 그들은 분명히 미국이 안으로 시선을 돌리기를 바라지 않았다. 국제적 판을 다시 짜서 그 안에서 미국이 미국의 장기적 안보와 이익에 부합하는 방식으로 국제질서를 재건하기를 원했다. 국제기구와 국제관계의 새로운 구조물이 구축되어 미국이 안전하고 번영할 수 있는 지속적인 환경이 조성되어야 했다.[9]

질서는 단번에 구축되지도 않았고 통일된 구상을 준수하지도 않았다. 이런 의미에서 1945년은 1919년과는 달랐다. 전후 질서와 관련된 문제들이 타결된 순간이라고 할 게 없었다. 미국은 우드로 윌슨이 파리회의에 참석했을 때처럼 구체적인 계획도 없었다. 제2차세계대전 후의 질서 구축은 계속해서 진행되는 과정이었다. 세계가 세계대전에서 재건으로, 다시 냉전으로 비틀거리면서 나아가는 과정에서 결정이 내려지고 합의에 도달하고 수정되었다. 루스벨트는 전쟁이 끝나기 전에 세상을 떠났고 그가 1941년 8월 대서양헌장 회의에서 혹은 1945년 2월 얄타회담에서 구상했던 세계는 해리 트루먼, 클레멘트 애틀리를 비롯한 다른 지도자들이 조우한 세계와는 달랐다. 타결해야 할 문제들의 범위는 베르사유 평화조약 당사자들이 직면했던 문제들의 범위보다 훨씬 방대했고, 더 많은 이해당사자와 관계자들이 결과에 영향을 미칠 방법을 모색했다.[10]

루스벨트 행정부는 평화를 구축하는 계획에 착수한 순간부터 개방적인 무역과 강대국 협력을 토대로 한 전후 체제를 구축하려고 했다. 역사학자 워런 킴벌(Warren Kimball)은 "미국은 세계를 변모시키려고 참전한 게 아니었다. 그러나 일단 참전하자 세계를 개혁한다는 생각이 루스벨트 행정부의 행동 지침이 되었다."[11] 개혁된 "하나의 세계"라는 세계질서에서 강대국들은 막후에서 함께 협력해 새로운 세계기구 내에서 집단안보를 제공하게 된다. 강대국들과 국제통치기구들은 윌슨이 제안한 것보다 더 많은 권한을 행사하게 되고, 루스벨트가 말한 국가들로 이루어진 "한 가족" 즉, 전후 4대 강대국들은 개방성과 안정을 유지하게 된다.[12] 대서양헌장은 이러한 구상을 일별하게 해주었고 브레턴우즈, 덤버턴오크스를 비롯해 전쟁 중에 열린 회의들은 청사진을 제시해주었다.

전후 미국과 유럽 관료들이 직면한 상황은 루스벨트의 "한 가족" 구상을 실현 불가능하게 만들었고 미국의 정책을 새로운 방향으로 이끌었다. 서유럽을 재건하고 소련의 침투에 대응할 방안을 마련하는 문제들 때문에 정교한 질서를 구축하는 과정은 더욱 연장되었고, 이는 다시 미국이 협상에서 취한 입장, 제도, 약속을 바꾸어놓았다. 그 과정에서 세계경제를 관리하는 방식은 브레턴우즈 구상에서 미국의 달러와 국내 시장을 중심으로 구축하는 구상으로 바뀌었다. 안보협력은 유엔안전보장이사회에서 북대서양조약기구를 비롯해 미국이 주도하는 동맹체제들로 바뀌었다. 냉전이 세계를 두 진영으로 나누자 루스벨트의 "하나의 세계" 경제 안보체제는 서구체제가 되었고, 질서 자체는 여러모로 미국을 국제사회에 확장한 형태가 되었다.

돌이켜보면, 전후 질서는 두 가지 서로 연관된 그리고 각기 나름의 정치적 구상과 지적 논리를 지닌 과제들이 그 형태를 결정했다. 첫 번째 과제는 자유민주주의국가 간의 관계를 재편하는 게 목표였고 1930년대 말을 시작으로 루스벨트와 자유주의적 국제주의자들에게는 이 과제가 추진력이 되었다. 목표는 자본주의 민주주의국가들을 개방적이고 협력적인 체제에 합류시키고 베르사유조약 이후로 실종되었던 서구 질서의 안정적인 토대를 구축하는 일이었다. 주요 산업화 민주주의국가들은 다자간 기구들, 정부 간 관계, 서구와 세계정치경제의 공동관리 등으로 치밀하게 얽히고설킨 관계망을 통해서 자국의 입장을 순화시켰다. 서구 진영에서 안보와 안정은 민주주의국가들을 하나로 결속시키고 갈등을 봉쇄하고 정치공동체를 촉진하는 일련의 기구들인 유엔과 그 산하기관들, 관세와 무역에 관한 일반협정 등과 본질적으로 연관되었다고 간주되었다. 미국, 서유럽, 뒤이어 일본은 공동의 자유민주적 가치와 서로 맞물린 다자간 기구들을 토대로 한 전후 질서를 구축했다.

트루먼 대통령은 1947년 3월 이 과제에 대한 지지를 표명했다. 베일러 대학교에서 한 연설에서 그는 세계가 이전 10여 년 동안 일어난 재앙에서 교훈을 얻어야 한다고 주장하면서 다음과 같이 말했다. "30년대의 경제전쟁에서 전투를 치를 때마다 필연적으로 비극적인 결과를 낳으리라는 점이 점점 분명해졌다. 관세를 인상한 스무트 앤드 홀리 보호주의 정책을 시작으로 세계는 오타와에서 열린 대영제국 경제회의에서 제국에 소속된 지역들에게 특혜관세율을 적용하는 제국 특혜체제로 넘어갔고, 오타와 체제는 나치독일이 채택한 정교하고 구체적인 제약체제로 전환되었다." 트루먼은 "경제적 평화"에 대한 미국의 약속을 재확인했고, 이는 관세 인하와 무역과 투자를 관장하는 규정과 제도들을 구축하는 작업을 포함했다. 경제적 이견이 발생하면 "모두의 이익을 고려해서 공정하고 정당한 해결책을 찾아내겠다."라고 했다. 갈등은 규정, 기준, 안전장치, 절차라는 우리에 가두고 길들이겠다고 말했다. 트루먼은 "이것이 문명화된 공동체가 일을 처리하는 방식이었다."라고 결론을 내렸다.[13]

두 번째 과제는 악화되는 소련과의 관계에 대한 대응으로서 봉쇄질서로 이어졌고 이 질서는 힘의 균형, 핵억제력, 정치적 이념적 경쟁을 토대로 했다. 이는 냉전에 임하는 전략이었다. 트루먼은 1947년 3월 12일 의회에서 한 연설에서 그리스와 터키에 대한 원조를 발표하면서 미국은 전 세계적으로 자유를 신장하려는 노력을 지지한다고 선언함으로써 봉쇄 전략을 밝혔다. 이러한 트루먼 독트린 선언은 미국 국민을 새로운 과업인 봉쇄 질서 구축에 동참하도록 하는 토대가 된 사건이었다. 세계지배를 추구하는 소비에트 공산주의에 맞서는 과업이었다. 트루먼은 "운명의 시간"이 닥쳤다면서 전 세계 사람들은 "두 가지 삶의 방식 가운데 하나를 선택해야 한다."라고 말했다. 미국은 이 투쟁에 앞장서야 했다.[14]

행동에 나설 것을 호소하는 과정에서 자유주의적 국제주의도 수십 년 동안 계속된 냉전으로 끌려들어갔다. 힘의 균형, 억지력, 봉쇄 등 현실주의 논리는 "자유세계"를 이끄는 미국의 지도력과 엮였다. (핵무기로 뒷받침되는) 힘의 균형은 강대국 간의 전쟁을 모면하게 했을지는 모르지만 치명적인 갈등이 발생할 여지를 남겨두었다. 군사적 갈등과 군사개입이 연이어 벌어졌고, 이는 냉전시대의 "주변부 전쟁"-한국, 베트남, 아프가니스탄, 중앙아메리카, 아프리카(앙골라 등)-이라 일컬을 수 있다. 이러한 전쟁들의 뒷배경은 다양하다. 한국에서의 개입은 베트남에서의 개입과 달랐다. 그러나 폭력적이고 큰 피해를 야기한 이 전쟁들로 수백만 명이 사망하고 수백만 명이 삶의 터전을 잃었다.[15] 베트남전쟁은 특히 인명 피해가 컸고 미국을 극도로 분열시켰다. 300만 명 이상이 목숨을 잃었고, 그 가운데 절반은 베트남 민간인들이었으며 미군은 58,000명이 사망했다. 그럼에도 불구하고 냉전 시기에 걸쳐 소련을 억제하고 봉쇄하고 비공산주의 진영을 방어하는 외교정책에 대해 폭넓은 공감대가 형성되어 있었다.[16] 이러한 합의가 존재한 데는 부분적으로는 미국의 지정학적 이익과 자유주의적 국제주의 증진이 대체로 일치했다는 결정적인 이유도 있다. 자유주의적 국제주의 정책들이 현실주의적 목표들을 뒷받침했다. 현실주의적 수단이 자유주의적 국제주의 목표를 뒷받침했다. 이는 냉전시대 동안 미국 외교정책이 지닌 장점이었다. 때로는 끔찍한 사건도 발생했지만 말이다.[17]

1945년 이후 자유주의적 국제주의 과제에서 미국의 힘이 중심적인 위치를 차지하면서 그 힘을 유지하거나 확대하는 어떤 조치도 정당화된다고 주장하기가 용이해졌다. 이러한 주장은 공산주의의 (지정학적인 동시에 이념적) 위협과 맞물렸다. 이러한 위협은 종종 과장되기도 했지만, 분명히 실재하는 위협이었다. 따라서 공산주의의 확산을 막아야 한다는 데 자유주의적 국제주의자와 현실주의자 모두 사활을 걸었다. 이러한 목표를 추구해야 하므로 개입은 심지어 비자유주의적 세력을 지원하거나 비자유적 수단을 동원하더라도 보다 포괄적인 자유주의적 국제주의 목표를 뒷받침하는 조치로 간주되었다. 이처럼 결과를 중시하는 계산적인 전략하에서 비자유적 정권을 공산주의 팽창을 막는 보루로 지원하거나 군사적으로 개입하는 조치들은 냉전시대 동안 미국의 자유주의적 국제주의가 보인 오작동이 아니라 정상적인 기능이었다. 대부분의 미국 자유주의적 국제주의자들은 이를 반드시 달성해야 하는 목표를 이루기 위한 유감스럽지만 불가피한 수단으로 보았다.[18]

1950년대 초 자유민주 진영을 재편하고 방어하고 소비에트 권력을 봉쇄하는 이 두 가지 과제들은 맞물렸다. 서유럽과 동아시아와 안보 동반자 관계와 개방적인 경제 관계를 구축하는 일은 냉전에서 싸우기 위해서는 반드시 필요했고, 냉전의 사명은 자유민주 진영 내에서 협력을 강화하고 미국 내에서 미국 지도력에 대한 지지를 이끌어냈다. "하나의 세계" 질서 내에서 자유민주주의국가 간의 관계를 재건하는 과제는 소비에트 공산주의에 대항할 "자유세계"를 구축하는 과제와 맞물렸다. 미국의 힘이 뒷받침하는 가운데 개방적이고 제도화된 질서를 구축한다는 루스벨트시대의 목표는 냉전이 시작되었어도 살아남았다. 자유주의 질서를 구축하는 과제가 분열된 세계에서 진행되었고 양극체제 "내부"에서 추진되었다는 게 달라진 점이다. 그러나 이러한 목표는 미국을 비롯한 자유민주주의국가들을 보호할 새로운 유형의 질서를 조성했다. 봉쇄 독트린을 제시한 문건으로 널리 알려진 국가안전보장회의 기획문서 NSC-68을 작성한 이들이 이를 시인했다. 이 문서에 따르면, 미국은 "건강한 국제공동체를 구축"해야 하고, 이는 "국제적 위협이 존재하지 않아도 아마 우리가 하게 될" 일이었다. "미국체제가 생존하고 번영할 세계 환경을 조성하는 게 목표였다."[19] 다시 말해서, 구식 지정학이 자유주의적 국제주의가 추구하는 목적들에 올라탄 셈이다.

이 두 가지 과제는 미국이 주도하는 전후 질서의 형태를 결정했다. 이 질서는 자유무역과 다자주의에 대한 자유주의적 개념들과 힘의 균형과 패권이라는 현실주의 원칙들을 결합한 다양한 논리들을 담고 있었다. 이 질서는 본래 기대했던 것보다 훨씬 서구 중심이고 다층적이었으며 미국이 경제적 정치적으로 직접 이 체제를 관리했다. 소비에트의 위협은 자본주의 민주주의국가들 사이의 결속력을 강화했고 세계경제를 재건하는 데 있어서 협력을 촉진했다. 미국이 유럽과 아시아 지역에서 국가안보를 군사적으로 보장해주면서 그들의 시장을 개방하게 할 명분이 되었다. 개방적인 무역은 동맹관계를 굳건히 하는 데 기여했고, 동맹은 다시 경제적 분쟁을 해결하는 데 도움이 되었다.

안보와 경제 영역에서 공히 미국은 새로운 약속을 하고 새로운 기능적 역할을 맡았다. 미국의 경제적 정치적 체제는 사실상 보다 포괄적인 자유주의 패권 질서의 중심적 요소가 되었다. 미국의 국내시장, 미국 달러, 냉전시대 동맹국들은 전후 질서를 구축하고 관리하는 결정적인 장치이자 제도들이 되었고 이는 미국과 서구 자유주의 질서가 융합해 하나의 체제가 되는 정도에 이르렀다. 미국은 전후 질서를 직접 관리하고 운영할 힘이 있었지만, 또한 그로 인해 이 질서 안에서 다른 나라들과 훨씬 밀접하게 엮이게 되었다. 미국은 공공재를 제공하는 역할을 하게 되었다. 미국이 힘을 행사하는 방식을 제약할 규정과 제도들을 뒷받침하고 서로에게 도움이 되도록 정치적 영향력을 행사하는 장치들을 제공하는 역할 말이다. 1940년대 말, 안보협력은 유엔안전보장이사회에서 북대서양조약기구를 비롯한 미국 주도 동맹체제들로 이전되었다. 강대국들이 관리하는 세계 집단안보 체제는 서구 지향적인 안보 공동체가 되었다.[20] 마찬가지로, 세계경제의 경영은 세계적 다자주의라는 브레턴우즈 구상에서 미국 주도 달러와 시장체제로 이전되었다.[21] 새로운 유형의 국제질서가 모습을 갖추었다. 자유주의적 국제주의, 국가안보, 냉전시대 자유주의, 힘의 균형 정치, 미국 패권이 융합된 질서였다.

자유주의적 패권 질서의 논리

제2차세계대전 중과 전쟁이 끝난 후에 미국 관료들과 정책 기획자들은 한 가지 중요한 신념을 공유했다. 미국이 지닌 힘과 이익 때문에 전후 새로운 국제질서를 뒷받침할 필요가 있다는 신념이었다. 공식적인 의미에서 미국은 그저 전쟁이 끝나고 새로 부상해 질서의 조건들을 결정한 과거 강대국의 선례를 따르고 있었다. 부상하는 국가는 부와 힘이 성장하고, 국익은 외부로 확장하는 경향이 있다. 자국의 국경 너머의 세계가 점점 더 중요해진다. 잃을 것도 더 많고 얻을 것도 더 많다. 국제규정과 관계를 조직화하면 미국이 얻는 국익과 그렇게 하도록 하는 유인책은 확대되고, 그렇게 할 수 있는 역량도 확대되었다. 이 경로를 따르면 강대국 전쟁은 갑자기 이러한 질서를 단절시키고 이익들을 명백히 규정하고 새로이 질서를 구축할 기회를 창출한다. 이게 바로 국가들의 흥망과 세계질서를 구축하려는 주기적인 투쟁이 발생하는 이유를 설명하는 대논리다.[22] 질서를 주도하는 국가가 충분히 힘이 있고 기회가 주어지면, 국제관계가 작동하는 전체적인 환경을 자국이 원하는 대로 구축하고 싶어한다. 그 나라는 질서를 구성하는 제도와 원칙들을 구축하고 싶어하게 된다.[23] 단순히 특정한 국가들을 지배하거나 그들을 상대로 유리한 입장을 확보하는데 그치지 않고 국가들이 협력하고 경쟁하는 보다 폭넓은 환경을 구축하려는 의도를 품게 된다.[24]

이러한 동기들은 정권의 특성이나 역사적 시기를 불문하고 늘 강대국에게 영향을 미쳐왔다. 그러나 미국이 1940년대와 그 이후에 이러한 동기를 바탕으로 행동할 때는 분명한 질서 구축의 사명을 지니고 있었다. 미국의 목표는 다른 나라들 위에 그저 군림하는 질서가 아니라 미국의 국내 질서와 서구 자유민주주의국가들로 구성된 폭넓은 체제를 뒷받침하고 보호할 안정적인 국제질서를 구축하는 일이었다. 5장에서 주장한 바와 같이, 1930년대와 1940년대 동안 경제와 국가안보 개념들은 자유민주주의의 취약성이 점점 악화되는 와중에도 진화하고 있었다. 미국을 비롯한 서구 자유주의국가들은 자국 국민들에게 새로운 권리와 사회보장을 약속하고 있었고, 이를 추진하려면 보다 정교한 새로운 국제질서가 필요했다. 미국은 과거의 다른 강대국들과 마찬가지로 질서를 구축하려 했지만 질서 구축이라는 과업에 새로운 구상과 목표를 추가했다.

전쟁이 끝나고 세계를 주도하는 강대국으로 부상한 미국은 자국이 "사실상 세상사의 모든 중요한 문제들과 관련해서 막중한 책임이 생겼다."라고 보았다는 게 루스벨트시대 기획과정에 대한 공식적인 역사적 평가다. 미국의 안보는 보다 포괄적인 강대국 질서와 밀접하게 연결된다고 인식되었고, 이러한 질서는 미국이 총괄하고 이끌어야 했다. 미국의 기획자들은 "우리의 미래 안보정책은 미국의 입장뿐만이 아니라 세계평화를 위해 필요한 요건들도 고려해야 한다. 이와 함께 우리 자신에게 필요한 요건들이 결정된다."라고 생각했다.[25] 1939년 11월 예일 대학교에서 한 연설에서 딘 애치슨(Dean Acheson)은 미국이 과거에 영국이 한 역할을 맡아야 한다고 주장하면서 다음과 같이 말했다. "19세기의 경제적 정치적 체제, 전 세계적으로 어마어마한 부를 창출하고 인구를 증가시킨 체제는 영국의 재정적 힘과 해상력에 의존했다. 영국이 쇠락하면서 이제 세계질서를 가능케 하는 책임은 미국이 맡을 필요가 있다."[26] 그로부터 8년 후 국무장관 조지 C. 마셜(George C. Marshall)은 프린스턴 대학교 졸업생들에게 "여러분 세대가 맡아야 할 중요한 책무들 가운데 하나는 세계질서와 안보에 대한 책임감, 세계질서와 안보와 관련해서 이 나라가 행동하고 안 하고가 어마어마한 중요성을 띤다는 인식을 지녀야 한다는 점이다."라고 말했다.[27] 미국이 세계에서 차지하는 위치와 바깥 세계가 미국의 이익과 안보에 영향을 미치는 방식들로 인해 미국은 평화를 유지하기 위해 세계체제에 필요한 요건들을 조성할 일차적인 책임을 져야 했다. 스튜어트 패트릭(Stewart Patrick)에 따르면, "국가안보와 세계질서라는 개념들이 점점 동일시되었다."[28] 미국은 자국의 안보와 세계의 안정과 안보관계를 동일시했다. 이러한 확신이 전쟁 중에 미국에서 부상한 가장 중요한 첨단 개념이었다. 미국이 세계질서를 뒷받침해야 한다는 개념 말이다.

실제로 부상한 국제질서는 다양한 개념과 과제들을 반영했다. 그 자체도 진화하고 있던 자유주의적 국제주의는 다른 의제들과 경쟁하기도 하고 결합되기도 했다. 미국 정부 내에서 정책적 선택을 하는 과정에서도 그러했고 미국과 다른 나라들 간에 협상을 할 때도 그러했다. 미국은 1940년대와 1950년대에 막강한 힘을 이용해 전후 질서를 구축하고 이끌었다. 그리고 그렇게 하는 과정에서 다양한 정치적 개념들과 조직화 논리들을 차용했으며, 이 가운데 일부는 자유주의적 국제주의에서 비롯되었다. 그럼에도 불구하고 이러한 다양한 개념과 과제들로부터 독특한 미국 주도 질서가 탄생했다. 이 질서는 위계적인 동시에 제도를 중심으로 구축되었다. 이 질서는 "자유주의적 패권"이었다. 미국의 압도적인 지위를 토대로 한 위계질서의 원칙들을 보인다는 점에서 패권적이었고 자유민주국가들을 중추로 삼은 집합체에서 비롯된 연대의식과 주권평등을 바탕으로 했다는 점에서 자유주의적이었다.

이러한 전후 패권 질서에는 여러 가지 구성 요소나 논리들이 있었다. 첫째는 19세기와 20세기를 관통해 지속된 자유주의적 국제주의 개념인 경제적 개방성의 논리였다. 세계체제를 조직화하는 방식에 대한 이러한 뿌리 깊은 신념은 미국과 유럽 정책 결정자들 사이에서 다양한 경제적 이념적 지정학적 지류들을 하나로 뭉치게 했다. 그 가운데 한 집단이 국무장관 코델 헐이 이끄는 국무부 내의 자유무역주의자들이었다. 헐과 그의 동료들은 경제적 상호의존성이 평화와 번영에 필요한 조건이라는 교과서적인 주장을 했다. 1938년 11월 헐은 다음과 같이 주장했다. "모두를 공정하게 대하고 동등하게 대우한다는 원칙을 토대로 한 국제무역의 확대 없이는 국가 내에서도, 국가 간에도 안정과 안보가 보장되지 않는다…. 세계와의 질서 있는 무역관계로부터 후퇴하면 국내에서는 삶의 모든 측면들이 통제되고, 인권이 억압된다. 흔히 전쟁을 대비해야 하고, 다른 나라들에 대한 도발적인 태도로 이어진다."[29] 그는 자유무역보다 비차별적이고 동등한 상업적 기회에 방점을 찍었다. 미국 관료들은 개방적인 무역은 두 가지 이득을 낳는다고 보았다. 미국이 전 세계의 시장과 원자재에 접근하도록 해준다는 이득이 있다. 20세기에 접어들면서 문호개방정책을 추진한 이후로 미국이 추구해온 목표였다. 개방적 무역은 경제성장과 상호의존성 증진에도 기여하면서 평화로운 국제질서를 유지하는 데 보탬이 된다는 공감대가 형성되었다.[30]

개방적인 시장을 지지하는 또 다른 집단은 정부 안팎의 전략 기획가와 안보 사상가들이었다. 미국은 제국, 블록, 영향권들로 이뤄진 세계에서 세계적 강대국으로 부상했다. 과거에 세계는 거대한 대륙제국과 해양제국들이 지배해왔다. 1930년대와 제2차세계대전 동안 독일, 일본, 소련은 지역적 영향권을 구축했고, 영국은 대영제국특혜체제를 구축했으므로 폐쇄적인 제국 블록을 중심으로 세계질서를 구축하는 구상을 하는 게 가능했다. 미국의 기획자와 학자들은 미국이 서반구 안에 고립되어 있어도 주요 국가로 살아남을 수 있을지를 두고 갑론을박했다. 경제학자들은 국무부의 의뢰로 외교위원회가 실시한 기획 연구에서 "대권역(grand area)"이라는 개념을 이용해 이 문제를 탐색했다.[31] 미국이 강대국으로서 번영하려면 "대권역"은 얼마나 넓어야 할까? 경제학자들은 전 세계를 아울러야 한다는 결론을 내렸다. 미국은 아시아와 유럽에서 비롯되는 무역과 원자재에 접근하지 못하면 주도적이고 생산적인 경제국가로서의 지위를 유지할 수 없었다. 이 집단은 다음과 같이 보고했다. "미국은-경제적 관점에서 볼 때-독일을 제외한 대부분의 나라들을 아우르는 영역에서 자국을 방어하는 게 최선이다. 이를 '대권역'이라 일컫는다. 여기에는 서반구, 영국, 나머지 영국연방과 대영제국, 동인도, 중국, 일본이 포함된다."[32] 전후 일본과 영국도 자국이 위치한 지역체제 바깥에서 비롯되는 무역과 원자재에 접근해야 했다. 미국이 주도적인 산업국가 지위를 유지하고 전쟁 후 다른 강대국들과 함께 협력적인 동맹을 구축하는 입장에 놓이려면, 세계경제 체제는 개방적이어야 했다. 역사학자 칼로 산토로(Carlo Santoro)는 대권역 전문가들의 주장을 다음과 같이 요약한다. "만족스러울 만큼 넓은 영역은 세계경제 전체에 상응하고 미국이 주도하는 영역뿐이다."[33] 미국은 제국 블록과 영향권을 해체하고 개방적인 전후 질서를 구축하는 게 자국의 이익에 부합한다고 보았다.

국방기획자들과 전략가들도 미국의 전후 안보는 개방성과 유럽과 아시아에 대한 접근에 달려있다며 이러한 견해를 공유했다. 이러한 논쟁에 참여한 영향력 있는 인물이 예일 대학교 지정학 이론가 니컬러스 스파이크먼(Nicholas Spykman)이다. 스파이크먼은 1942년 《국제정치에서 미국의 전략(American Strategy in World Politics)》에서 미국은 경제적 혹은 안보 측면에서 볼 때 서반구 안에만 있으면 안전할 수 없다고 주장했다.[34] 미국이 세계 주요 국가의 지위를 유지하려면 유라시아 대륙 전역에 걸쳐 강대국 관계가 개방적이고 균형 잡힌 체제를 관리해야 했고, 그러려면 우호적인 강대국들과 동맹을 맺고 힘을 이러한 지역들로 투사할 수 있는 역량을 지녀야 했다. 이러한 견해는 전쟁 중과 전쟁 후에 전략가와 기획자들의 동의를 얻었다.[35] 전후 미국에 대한 가장 큰 위협은 유라시아 대륙을 적대적인 강대국들이 폐쇄적인 블록과 영향권 체제를 구축하고 지배하는 세계였다. 미국은 이러한 사태를 예방하기 위해서 이 지역들에 적극적으로 개입할 필요가 있었다. 개방성에 대한 위협이 군사적 위협이라기보다 정치적이고 경제적인 위협인 한 미국은 이 지역들의 재건을 지원해야 했다. 멜빈 레플러(Melvyn Leffler)가 지적하듯이, 국방 부문에서 지배적인 견해는 "미국이 번영하려면 개방적인 시장이 필요하고 원자재에 대한 접근이 제약받지 않아야 하고, 전체는 불가능하더라도 유라시아 지역 대부분이 자유주의적 자본주의 노선을 따라 재건되어야 했다."[36]

둘째, 제도적 협력의 논리도 있었다. 루스벨트 행정부 일각에서는 이러한 견해가 국제법과 집단안보를 중심으로 세계질서를 구축한다는 윌슨시대의 정서를 따른다고 보았다. 예컨대, 국무장관 코델 헐은 1943년, 전쟁이 끝나면 미국은 "경제적이든 정치적이든 서로 불협화음을 내는 각국의 민족주의들이 야기하는 무질서"를 "도덕성, 법, 정의의 규정들"이 관장하는 국제질서로 대체해야 한다고 주장했다.[37] 19세기로 거슬러 올라가는 입헌주의 전통에서 비롯된 이 개념은 미국 정치체에 녹아있는 원칙과 규범들인 법치, 동등한 대우, 투명성과 개방성, 상호의무, 견제와 균형, 의사결정에서의 타협을 세계적 차원에서 구현할 제도들을 구축하자는 뜻이었다.[38] 루스벨트 행정부가 뉴딜정책 하에서 자본주의 사회를 안정시킬 새로운 유형의 제도적 역량을 만들어내려던 것이 보다 최근에 이루어진 이러한 시도다. 이제 미국은 상호의존적인 국가들이 자국의 경제, 사회. 정치적 문제들을 관리하도록 도와줄 새로운 국제기구들을 창설할 방법을 모색했다. 이러한 기구들은 경제와 안보에서 국가들 사이의 상호의존성이 증가하는 데 따른 대책이었다. 이러한 사고는 자유주의적 가치를 확산시키는 게 목적이라기보다 기술 관료의 전문성과 실용성을 근대 세계가 직면한 난관을 극복하는 데 활용할 기능적인 도구를 만드는 게 목적이었다.[39]

이 시기에 설립된 많은 기구의 이면에는 다양한 동기와 목적이 있었다. 이 모두를 관통하는 통일된 구상이 있다면 그것은 전후 산업사회들을 강화하도록 설계된 미국 주도의 정부 간 협력체제를 통해 산업사회들의 통치 역량을 구축하고 상호의존의 여건을 관리하는 게 목표라는 점이었다.[40] 유엔은 주권평등의 원칙과 분쟁의 평화적인 해결 원칙을 수용했다. 신설된 이 세계기구는 국제연맹의 경제적 사회적 활동을 그대로 유지하고 확대했다. 유엔은 강대국들이 무력을 사용할 권한을 제도화했지만 인권, 교육, 과학, 경제발전 부문에서 협력할 토대도 마련했다.[41] 일부 기구들은 단순히 협상을 위한 틀이었다. 1935년 상호관세협정을 토대로 구축된 관세와 무역에 관한 일반협정은 관세의 상호 인하를 협상할 권한을 정부에 부여했다. 전쟁이 끝난 후 관세와 무역에 관한 일반협정은 이러한 노력을 지속할 다자간 틀을 제공했다. 국제통화기금 같은 다른 기구들은 정부들이 국제수지 문제를 다루고 자국의 화폐를 안정시키도록 전문지식과 재정적 역량을 제공했다. 세계보건기구도 공중보건을 증진하고 전염병을 퇴치하기 위해 정부의 역량과 과학 역량을 구축하기 위해 설립되었다. 미국이 주도하는 이러한 기구들은 상호보호를 위해 국가들을 결속시키려는 노력이었고, 따라서 약속 이행을 보장하고 신뢰하도록 할 장치들을 마련해주었다. 이러한 기구들은 또한 협상과 합동 의사결정의 경로를 제공해주었고, 이는 다시 미국 중심의 안보질서에 대한 지지를 조성했다.[42]

미국은 정당하고 내구성 있는 전후 질서를 구축하려고 했다. 국제기구들은 이러한 질서를 구축하는 도구이자 장치들이었다. 이러한 기구들을 구축하는 데 있어서 미국은 공식적인 정책 결정의 자율성을 크게 포기하지 않았다. 미국이 이러한 다자간 기구들 내에서 활동하겠다고 동의했지만, 여전히 기구의 운영방식에 상당한 영향력을 행사했다. 적어도 가장 중요한 국제기구들에 대해서는 말이다. "미국은 자국의 압도적인 경제력에 힘입어 국제기구를 설계하는 단계에서 기구의 형태를 결정하는 데 영향력을 행사했다. 미국이 추구하는 목표가 국제적 현실이 되었다. 다자주의는 종종 위장한 일방주의가 되었다."라고 역사학자 다이앤 쿤즈(Diane Kunz)는 주장한다.[43] 이러한 기구들이 지닌 "구속력"은 공식적이고 법적이기보다는 정치적이었다.[44] 미국과 미국의 동반자 관계인 나라들은 함께 가입할 국제기구를 설립하기로 합의했다. 그 후 구속력은 뒤따르는 정치적 절차에서 구현되었다. 가장 단순하게 보면 국제기구는 "밀고 당기기"를 할 장소를 제공해주었다. 국제기구는 서로를 상대하고 서로 영향을 미칠 발판을 마련해주었다. 국제기구의 운영이 실제로 회원국들에게 이득이 되면, 그 사실이 그 기구에 가치를 부여하는 셈이었다. 이러한 전후 국제기구들이 미국을 비롯한 강대국들이 거칠게 군림하려는 경향을 잠재우거나 누그러뜨리는 한 이러한 기구들의 지시에 정당성이 부여되었다. 그리고 강대국들에게도 정당성은 중요했다.[45]

셋째, 개방성과 사회적 경제적 안보를 양립시키려는 노력, 사회적 타협의 논리가 있었다. 1930년대 이후로 산업화 민주주의국가들은 경제 안보와 사회적 안녕을 추구하는 데 있어서 정부의 역할을 확대해왔다. 근대 자유민주주의 자체가, 앞서 지적한 바와 같이, 점점 이러한 노력에 의해 규정되고 정당화되었다. 이 점이 바로 뉴딜정책의 핵심이었다. 따라서 미국과 영국이 주도하는 민주적 정부들이 이러한 약속을 이행하려는 정부의 노력을 뒷받침할 전후 규정과 제도들을 구축하려 했다는 사실은 놀랍지 않다. 이렇게 하면서 동시에 개방적인 세계경제 체제 구축을 뒷받침하기는 까다롭다. 이 두 목표가 서로 완전히 상호보완적이지는 않기 때문이다. 이러한 딜레마에서 정치적 타협 혹은 사회적 타협이 비롯되었다.[46] 이러한 나라의 국민들이 보다 개방적인 세계경제 체제 하에서 살겠다고 합의하면, 정부는 고용보험, 직업재훈련, 은퇴 후 노후지원 등과 같이 근대복지국가가 쓰는 수단을 통해서 국민의 삶을 안정시키고 보호할 조치들을 취해야 한다. 이런 식으로 전후 체제 설계자들은 경제적 개방성과 사회보장을 동시에 촉진하는 국제질서에 대해 국내에서 지지를 구축하고 다른 국가들 내에서 연합세력을 구축할 방법을 모색했다.[47]

개방성과 안보 사이의 절충점을 찾으려는 이러한 노력은 브레턴우즈 국제기구 체제를 두고 벌어진 협상에 반영되었다. 전쟁이 진행되는 동안 영국은 미국 국무장관 코델 헐과 국무부가 주창한 개방적인 세계경제라는 구상에 대해 회의적인 입장을 보였다. 1941년 8월 영국에 대한 무기대여 원조의 조건을 논의하러 워싱턴을 방문한 존 메이너드 케인스는 이러한 이견을 극명하게 드러냈다. 미국 관료들은 전쟁 후에 개방적인 무역체제를 재건하고 싶었지만, 영국의 전쟁 내각은 완전고용과 경제적 안정을 보장하고 싶었다. 뒤이은 몇 달 동안 영국과 미국 관료들은 케인스와 해리 덱스터 화이트(Harry Dexter White)의 주도로 전후 통화와 금융 관련 조건들을 두고 협상했다. 양측은 기축통화를 마련하고 정부로 하여금 성장지향적인 조정 수단을 활용하면서도 환율 불균형을 관리하도록 해주는 제도적 장치와 규정에 합의했다. 1944년에 타결된 브레턴우즈협정은 이러한 합의를 반영했고 이를 실행할 규정과 장치를 마련했다.[48] 전후 세계경제 관련 기구들은 산업화 민주주의국가들이 자국의 국민들에게 새로운 차원의 사회적 지원을 제공하라고 권장하도록 설계되었다.

앞선 시내의 지도자들이 지닌 시각과 극명히 대조되는 이러한 새로운 태도에 대해서는 1942년 미국 경제학자 제이컵 바이너가 다음과 같이 지적했다. "오늘날, 경기침체와 대량실업은 사회악이고 이러한 사회악을 예방하는 게 정부의 의무라는 폭넓은 공감대가 형성되어 있다." 게다가 "그 어떤 나라도 활황과 불황이 반복되는 경기순환의 문제에 홀로 대처하기가, 철저히 불가능하지는 않을지 몰라도, 매우 어려우며… 그러나 국제협력이 가능하다면 경기순환과 대량실업의 문제는 대체로 해결될 수 있다는 폭넓은 공감대도 형성되어 있다."[49] 영국과 미국 전문가들은 전후 세계경제가 협력의 틀이 필요하다는 점에서는 의견이 일치했다. 이러한 협력의 틀을 통해서 태환성을 제공하고 환율을 안정시키고 정부가 긴축정책보다 팽창정책으로 국제수지적자를 해소하고, 국제경제 경영의 새로운 기법들을 구축해서 정부들에게 무역과 자본의 이동과 안정적이고 완전한 고용이 가능한 경제를 촉진하는 정책들과 절충시킬 역량을 부여해주어야 했다.[50] 대서양 양안의 정치지도자들은 개방적인 시장과 사회적 안정 사이의 절충점을 수용했다.

네 번째 논리는 협력적 안보였다. 이는 루스벨트의 본래 구상에는 담겨있지 않았지만, 협력적 안보는 곧 이 체제의 필수적인 요소가 되었다. 협력적 안보 혹은 안보 구속력은 국가 간에 협력을 촉진하고 제한을 가할 경제와 안보 기구들에 국가들이 합류하도록 하는 전략이다. 안보 구속력은 전후 국제질서 전반에 등장했고, 가장 대표적인 사례가 북대서양조약기구 연맹이었다. 이는 프랑스가 유럽석탄철광공동체를 통해서 독일과 구속력 있는 관계를 맺기로 한 결정을 통해 구현되었다. 이 공동체는 프랑스가 독일의 경제 통합의 조건들을 일정 부분 통제할 수 있도록 해주었다. 이는 또한 서유럽 국가들이 구성한 경제공동체, 북대서양조약기구를 통해서 미국과 유럽이 맺은 구속력 있는 관계에서도 구현되었다. 이 전략은 냉전시대에 소비에트 권력에 맞서 견제할 힘이 필요한 데 따른 대응이었지만, 서구 민주국가들 사이의 관계를 재편하는, 본래 자유주의적 국제주의자들이 추진한 과제의 일환이기도 했다. 서구 진영 국가들은 서로를 잠재적인 안보경쟁자로 보고 견제하는 대신 여러 겹의 기능적 기구들-안보동맹이 이를 완결하는 제도였다.-안에 소속되기로 합의함으로써 장기적인 협력과 상호제약의 틀에 자국을 구속시켰다.[51]

미국에게 이 전략은 특히 북대서양조약기구와 미일동맹을 통해서 다른 민주국가들과 긴밀한 동맹관계를 유지하는 데 합의한다는 의미가 있었다. 이 안보체제는 민주적인 강대국들이 기존의 전략적 경쟁 관계로 회귀하지 않도록 해주었다. 북대서양조약기구는 여러 가지 목적들을 추구했고 이러한 목적들은 계속 진화했다. 미국은 독일이 전후의 통일된 유럽에 통합되기를 간절히 바랐고, 특히 냉전이 치열해지면서 이러한 바람은 더더욱 절실해졌으며, 영국과 프랑스 정부들은 미국을 유럽에 묶어놓으려 했다. 프랑스는 독일의 재건은 미국이 관여하는 안보 틀 내에서만 받아들일 수 있다고 주장했다. 미국 주도 동맹이 독일과 미국을 공히 개방적이고 통일된 유럽에 묶어놓았을 뿐만 아니라 영국과 프랑스가 그러한 목표에 매진할 더욱 강력한 동기를 부여해주었다. 윌슨이 제1차세계대전 후 유럽의 "구식 정치"를 비판했듯이, 1945년 이후 미국 관료들은 민족주의적 경향과 제국주의적 경향을 개혁할 필요성을 강조했다. 그들이 보기에 통합은 독일을 유럽에게 안전한 나라로 만들 뿐만 아니라 유럽이 세계에게 인진한 지역으로 만들기도 했다. 마셜플랜은 이러한 미국의 사고를 반영했고 트루먼 행정부가 브뤼셀조약(Brussels Pact), 유럽방어공동체(European Defense Community), 쉬망플랜(Schuman Plan)을 지지한 이유도 이러한 사고에서 비롯되었다. 1948년 북대서양조약기구 협정을 타결하면서 미국 관료들은 유럽인들에게 미국의 안보 약속은 유럽의 통합에 달려있다는 점을 분명히 했다.[52]

대서양 양안 국가들의 제도적 타협-북대서양조약기구, 마셜플랜, 전후 다자간 기구들-의 요소들은 모두 잘 맞아떨어졌다. 역사학자 로이드 가드너(Lloyd Gardner)가 주장하듯이, "각국이 전체의 일부를 구성했다. 이러한 요소들은 함께 대서양 국가들의 '군사적 특성을 다듬고' 유럽방위 체제가 사분오열되지 않도록 예방하고, 유럽에서 자본주의를 유지하기에 충분한 크기의 역내 시장을 조성하고, 독일을 철의 장막 서구 진영 쪽에 묶어두도록 설계되었다."[53] 통일된 독자적인 "제3세력"이 될 전후 유럽을 추진하는 과제에서부터 북대서양조약기구 내에서 안보 약속을 지속적으로 이행하는 역할을 받아들이는 과제에 이르기까지 미국의 정책이 진화하는 과정에서 미국은 주저했고 유럽은 집요했다. 매번 유럽 지도자들은 한층 높은 차원의 통합을 추진하는 데 합의하는 대가로 미국이 이에 상응하는 안보보장을 해달라고 요구했다. 북대서양조약기구에 구현된 미국의 안보 약속은 서로 얽히고설킨 여러 가지 문제들을 푸는 해결책이었다. 독일 군국주의 부활의 우려, 유럽경제통합에 대한 영국의 모호한 태도, 점증하는 소비에트 위협, 미국의 힘에 대한 불확실성 등이 그러한 문제들이었다.[54] 북대서양조약기구는 전후 안보 구속력의 결정판이었지만, 그 논리는 전후 국제질서 전체에서 나타난다.

다섯 번째 논리는 민주 진영의 연대의식이었다. 미국과 유럽의 전후 질서 설계자들은 냉전으로 세계체제가 서로 갈등하는 무장한 두 진영으로 나뉘기 전부터 공동체 의식을 공유했다. 물론 전후 지도자들이 내세운 일반적인 질서 구축 원칙들은 보편적이었다. 개방성, 비차별, 다자주의 등이 그러한 원칙들이다. 그러나 그들은 이 질서를 서구 자유민주주의국가들을 중심으로 한 핵심적인 약속과 제도의 묶음을 토대로 구축하려고 했다. 그들은 "자유세계"는 소련에 맞서기 위한 임시적인 동맹이 아니라 운명공동체라는 진정한 믿음을 공유하고 있었고, 이러한 공감대는 미국과 유럽 각국에 뒤이어 일본과 동아시아에서도 공유되었다.[55] 예컨대, 미국 국무장관 딘 애치슨은 북대서양조약기구 합의를 미국 국민에게 소개하면서 이러한 민주 진영의 연대의식을 강조했다. 북대서양조약기구의 결속력은 "본질적"이었고 가장 강력한 결속력이었다. 도덕적 신념과 생명이 똑같은 가치를 지니고 있다는 점을 수용하는 태도를 토대로 했기 때문이다.[56] 이러한 나라들은 그저 임시방편으로 서로 관계를 맺는 게 아니라 수 세기 동안 유지되어온 교감을 토대로 한다. 역사학자 앤 데이턴(Anne Deighton)이 주장하듯이, 북대서양조약기구는 "유럽에서 서구 진영이 의미하는 바를 보여주는 총괄적인 기구"였다.[57] 제2차세계대전 후 등장한 이 질서의 성격은 미국, 유럽, 보다 폭넓은 자유민주 진영이 공유하는 운명과 가치관과 정체성으로 규정되는 정치공동체를 구성한다는 정서를 반영했다.

이 질서의 중심이 서구 자유민주주의국가들이라는 점은 부분적으로는 루스벨트의 "하나의 세계" 구상이 실패했고 브레턴우즈협정 같은 보편적인 제도들이 전후 등장한 현실적인 경제 안보 문제들을 해결할 역량이 부족했기 때문이다. 유럽의 경제를 재건하고 안보동맹을 구축하려면 대서양 양안 지역의 강력한 협력이 필요했다. 미국과 유럽이 공동의 위협에 직면했다는 정서는 서구 진영의 결속력을 강화했다. 이처럼 공유하는 정체성은 몇 겹의 층을 이루고 있었다. 한 겹은 처칠과 루스벨트가 대서양헌장에서 제시한 영미 관계다. 뉴펀들랜드 플라센티아 만에 정박한 프린스 오브 웨일스 영국 해군함 선상에서 이루어진 회동에서 두 지도자는 두 나라가 여전히 공해를 지배하고 있다는 사실을 나치독일에게 상기시켜주려고 안달이 나 있었을지도 모른다. 이 회동은 또한, 런던 〈데일리 텔레그래프〉의 보도를 인용하자면, 더 이상 "우리를 갈라놓는 심연"이 아니라 "단결의 수단이자 유대"임을 상기시켜주었다.[58] 때로 이 유대감은 서구 공동체 혹은 대서양 공동체, 혹은 자유민주 진영 공동체-지리적 위치나 서구와는 무관한 "자유세계"-로 규정되었다. 그러나 명칭은 달라도 이러한 형태의 공동체들은 하나같이 정치적 공동체, 심지어 공동의 가치와 민주적 통치로 규정되는 도덕적 공동체이기도 했고, 그러한 공동체의 존재는 전후 제도들을 구축하고 협력할 특별한 기회를 조성했다. 이러한 공동체의식은 중요했다. 미국, 유럽, 그 밖의 자유민주주의국가들이 서로를 상대할 때는 미국이 자국의 힘을 제국체제나 주종관계에서처럼 마음대로 휘두르지 않고 정치적인 타협, 합의 구축, 보편적인 호혜적 관계를 토대로 한다는 기대를 불러일으켰다.

미국은 이따금 대서양 양안 관계에서 거칠게 힘의 정치에 의거하기도 했다. 가장 잘 알려진 사례가 수에즈 위기다. 이때 미국 대통령은 영국이 이집트에서 물러나지 않으면 영국 금융체제가 심각한 타격을 입게 되리라고 협박했다.[59] 그러나 이는 예외적인 드문 사례였다. 존 루이스 개디스(John Lewis Gaddis)가 냉전 초기의 미국 정책에 대해 지적하듯이, "미국이 동맹국들을 강제로 따르게 할 역량이 없어서가 아니었다. 정말 놀라운 점은 이러한 사례가 너무나도 드물었다는 점이다. 미국이 북대서양조약기구 회원국들 설득하려고 얼마나 노력했는지 심지어 그들에게 얼마나 양보했는지 놀라울 정도다…. 따라서 북대서양조약기구의 역사는 미국이 지배적인 위치에 놓였음에도 대체로 타협으로 점철된 역사다."[60]

마지막으로 전후 질서는 패권의 논리였다. 미국은 자국을 중심에 두고 "제1시민"의 권리와 특권을 보호할 뿐만 아니라 국제체제가 제대로 기능하도록 하는 지도자로서의 의무를 짊어졌다. 미국의 힘은 전후시대에 어디서든 감지되었다. 이는 전후 질서를 구축하는 데 있어서 문제이자 기회였다. 약소국들이 미국의 강요와 지배에 대해 우려해야 했으므로 문제였다. 이러한 나라들이 왜 미국에 맞서는 견제 세력이 되지 않고 미국과 동맹관계를 모색하겠는가? 그러나 힘의 격차는 기회이기도 했다. 미국은 다른 나라들에 비해 너무나도 막강해서 장기적으로 국제질서의 형태를 어떻게 잡을지 계산할 수 있었다. 미국은 자국이 원하는 대로 추진하기 위해서 사안마다 타협할 필요가 없었다. 미국은 제도를 만들고, 규정을 세우고, 위계질서의 여건을 조직화하는 데 집중할 수 있었다. 어찌 보면 이는 특정한 국가를 상대로 우위를 점하기 위해 사사건건 투쟁하고 자국의 의지를 관철시키는 방법보다 훨씬 더 막강한 힘을 행사하는 방법이었다. 이러한 장기적인 전략적 계산이 자유주의적 국제주의-다자주의적 협력의 틀을 중심으로 국제 공간을 조직화하는 데 적용한 개념들과 과제들-가 전후 질서의 설계자들을 매료시킨 점이다.

타협, 지지 세력들, 발판

냉전이 진행된 수십 년 동안 세계질서를 조직화하는 다양한 개념과 논리들이 한데 융합되어 기초적인 정치체제가 그 모습을 갖추었다. 바로 지유주의적 패권 질서였다. 이 질서는 조직화 원칙과 권위 관계, 기능적 역할, 공유하는 기대, 분쟁을 타결하는 관행 등을 담고 있고 이를 토대로 국가들이 서로를 상대했다. 미국이 주도하는 이 질서는 보다 포괄적인 냉전 양극 질서 내에 존재했다. 이 질서는 비교적 안정적인 정치공동체의 특성들을 띠었다. 이 질서는 유럽 기구, 대서양 기구, 3자 기구, 보편적 기구 혹은 적어도 잠재적으로 보편적인 기구 등 서로 중첩되는 기구들이 여러 층을 이루고 있었다. 그러나 이 질서의 핵심은 선진 자유민주주의국가들이 지배하는 정치공동체였다. 냉전시대 소련과의 이념투쟁은 이러한 서구 진영의 체제가 소련을 견제하는 임시적인 연합체 이상의 의미를 지니고 있다는 인식을 선명하게 부각시켰다. 이 질서는 정치공동체, 자유민주주의국가들로 이루어진 "자유세계"의 질서였다. 공식적 비공식적으로 이 질서는 제대로 작동하는 정치체제가 지닌 다양한 특징들을 보였다. 이 질서를 구성하는 수많은 기구와 정치적 집합체들 전체에 걸쳐 이 질서는 정치적 경계가 있고, 회원국이 있고, 규정과 기대치가 있었으며, 느슨하게나마 정치적 정체성을 공유했다. 미국이 주도하는 패권 질서의 변화하는 역동성은 전략적 타협, 지지 세력들, 정치적 과제 등에서 나타난다.

이 질서의 중심에는 미국과 미국의 유럽 및 동아시아 동맹국들 간의 일부는 암묵적이고 일부는 명시적인 전략적 이해가 자리하고 있었고, 이는 일종의 "패권적 타협"을 구성했다. 미국은 국제질서를 주도하고 관리하면서 안보를 제공하고 경제적 개방을 뒷받침하고, 규정과 제도를 수호하는 한편, 다른 나라들은 이 질서 안에서 활동하고 미국의 지도력을 받아들였다.[61]

자유주의적 패권 질서에는 두 가지 유형의 전략적 타협이 있었다. 안보 타협과 정치적 타협이었다.[62] 안보 타협에서 미국은 다른 나라들을 군사적으로 보호하고 개방적인 세계경제 체제 하에서 미국 시장과 기술과 원자재에 대한 접근을 허락하기로 합의했다. 이에 대해 미국 동맹국들은 미국의 믿음직한 동반자가 되어주고 미국에게 외교, 경제, 물류 지원을 하기로 합의했다. 이러한 타협은 미국이 유럽, 동아시아와 맺은 안보동맹 관계에서 가장 분명히 나타났다. 미국은 핵우산과 확장된 억지력 독트린으로 미국의 안보를 동맹국들의 안보와 묶어버렸다. 냉전시대 내내 미국은 안보 약속을 지키고, 군대를 주둔시키고, 지속적으로 전략적 동반자 관계를 유지했다. 동맹국들은 미국 시장에 접근하면서 경제성장을 이루고 자국 정부를 한층 더 미국과 단단하게 연결했다. 일본과 서독은 특히 미국의 안보 보장에 크게 의존했고 무역과 통화 정책에서 미국을 지원해야 한다는 의무감을 느꼈다. 칼라 놀로프(Carla Norrlof)가 주장하듯이, 미국의 통화패권은 협력을 촉진했고 다른 나라들에게 이득을 누리게 해주었지만, 미국이 조정에 따른 비용을 동맹국들에게 전가하도록 해주었는데, 이는 "입지적 우위"가 아니었으면 미국이 고스란히 부담했어야 하는 비용이었다.[63] 동맹국들은 이러한 패권체제에 순응했고, 이는 미국에게 자국의 이익을 증진하기 위해 일방적으로 행동할 특권을 부여했다. 이에 대해 미국은 세계질서의 규정과 제도들을 뒷받침하고 동맹국들이 자국의 경제적 번영과 정치적 의제를 추구하도록 해주었다.[64]

이러한 정치적 타협은 미국의 탁월한 지위와 연관된 불확실성에 집중되었다. 그 어떤 나라도 제2차세계대전 이후의 미국처럼 나머지 세계와 비교해서 그토록 막강했던 적이 없었다. 동맹국들이 직면한 위험은 지배적 지위를 누리는 미국으로부터 버림을 받는 상황이었다. 미국이 제국적인 초강대국으로서 세계에 자국의 입장을 강요하거나 자국이 위치한 지역에 마음대로 개입하거나 철수해버릴지 모를 일이었다. 이러한 정치적 타협은 미국의 힘을 유럽과 동아시아 국가들이 보다 받아들이기 쉽게 그리고 유용하게 만들려는 노력이었고, 이렇게 해서 이러한 나라들이 훨씬 더 기꺼이 미국과 협력하고 미국의 패권적 지도력을 지지하도록 해주었다. 전후 늘어나던 국제기구들은 미국을 다른 나라들과 묶어두기도 했지만, 이러한 기구들은 정부들이 서로 협력하고 집단행동에 참여하는 수단이 되었고 국가들이 서로를 상대하고 합의에 따른 의사결정을 내릴 때 정치적 틀이 되었다. 마이클 마스탄두노(Michael Mastanduno)가 주장하듯이, "다자주의적 의사결정 절차는 효율성이 떨어지므로 강대국들은 종종 일방적으로 행동하려는 유혹을 느꼈다. 그러나 다자주의적 절차는 다른 나라들로 하여금 자국이 그저 강요당하거나 지배적인 국가의 지시를 따르지는 않는다는 확신을 주는 데 도움이 되었다."[65] 미국이 전후에 창설된 이러한 기구들을 지지하고 이러한 기구들 안에서 활동하겠다고 합의하면서 다른 나라들, 특히 자유민주주의국가들과 정치적 논의를 하는 데 있어 열린 자세로 임하겠다고 사실상 동의한 셈이었다.

이러한 패권 질서의 특성은 지역, 관계, 기능적 부문에 따라 다양했고 시간이 흐르면서도 늘어났다. 어느 시기에는 위계질서가 자유주의적 특성들을 보이기도 했다. 특히 미국과 다른 선진 자유민주주의국가 사이의 관계가 그러했다. 이러한 나라들은 자국의 목소리를 낼 기회가 있었다. 냉전의 양극체제와 다자간 기구들은 타협과 호혜적 관계를 강조했다. 미국은 동맹국과 친밀한 관계를 구축하고 일본과 독일을 이 질서에 통합시키고, 무역의 이익을 공유하고, 대체로 서로 받아들일 만한 방식으로 활동해야 한다는 동기가 부여되어 있었다. 샤를 드골(Charles de Gaulle)이 마지못해 인정했듯이, "현존하는 위협에 직면해서 자유세계는 미국의 '지도력'을 받아들이는 게 최선이자 유일한 해법이다."[66] 미국은 라틴아메리카와 중동과의 관계에서는 강요와 지배 같은 보다 구식의 방식을 택했다.

이러한 미국 주도 패권체제는 독특하게 설계되었다. 국제기구들과 정치적 타협이 조성한 틀 안에서 정부들은 다양한 정치적 과제를 추구하고 경제적 개방과 안정적인 국내 정치질서에 대한 지원과 보호를 양립시킬 수 있었다. 제프리 프리든(Jeffrey Frieden)은 "산업화 서구 진영은 국가 간, 계층 간, 정당 간, 집단 간의 타협을 토대로 정치경제를 구축했다."고 주장한다. "정부들은 국제적 통합과 국가의 자율, 세계 속에서의 경쟁과 국민의 안위, 자유시장과 사회민주 체제의 균형을 유지했다. 사회주의자와 보수주의자, 기독민주당 지지자와 세속적인 자유주의자가 함께 근대 복지국가를 구축했다."[67] 유럽 대륙 전역에서 신세대 지도자들이 낡은 민족주의적 증오를 불식시키고 국가들을 하나로 묶을 제도와 경제적 관계를 구축하려고 노력했다. 프랑스의 장 모네(Jean Monnet)와 로베르 쉬망(Robert Schuman), 벨기에의 폴 앙리 스파크(Paul Henri Spaak), 이탈리아의 알치데 데 가스페리(Alcide De Gasperi), 독일의 콘라트 아데나워(Konrad Adenauer)와 발터 할슈타인(Walter Hallstein)이 그러한 지도자들이었다.[68] 이처럼 다양한 방식으로 자유주의적 패권 질서는 정치적 한 지붕 아래 다양한 지지자와 이해당사자를 불러 모았다.[69]

영국에서는 클레멘트 애틀리와 노동당이 1945년 선거에서 처칠을 패배시켰고, 그 후 10년 동안 그들은 복지국가와 대서양 중심의 국제주의 의제를 추진했다. 존 뷰(John Bew)와 마이클 콕스(Michael Cox)에 따르면, "여러모로 우리는 여전히 애틀리가 창조한 세계에 살고 있다. 1945-1951년에 그가 이끈 정부는 역사상 가장 급진적이었고 영국에 국립의료보험(National Health Service), 국민보험, 북대서양조약기구, 원자폭탄을 선사했다."[70] 애틀리는 미국이 진보주의적 잠재력을 지닌 힘이라고 믿었고 뉴딜이 자유민주주의국가들이 미래에 나아갈 방향을 가리킨다고 보았는데, 트루먼과 협력해 전후 주요 경제와 안보제도들을 확립했다. 1930년대를 겪은 다른 유럽인들과 마찬가지로 애틀리도 서구 진영이 전체주의라는 암흑세력과의 세계사적 투쟁을 벌이고 있다고 보았다. 애틀리와 그의 외무장관 어니스트 베빈(Ernest Bevin)은 미국에 대해 비판적이면서도 우호적인 태도를 보였다.[71] 노동당은 복지국가와 정부가 적극적으로 관리하는 경제체제를 중심으로 영국의 새로운 민족주의를 구축하려 했다. 브레턴우즈에서 탄생한 기구들, 북대서양조약기구를 통한 안보 동반자 관계, 서구 민주주의국가들의 이념적 단결 등은 모두 애틀리가 추구하는 의제와 맞아떨어졌다. 마셜플랜 원조를 통해 영국이 받은 30억 달러도 도움이 되었다. 영국은 제국을 어떻게 처리할지를 두고 미국과 갈등을 겪었지만, 애틀리가 퇴임할 무렵 그가 가장 자부심을 느낀 업적은 1946년 국민보험법안과 인도의 독립이었다.[72]

전쟁이 끝난 후 서독은 유럽과 대서양 양안 관계를 관장하는 제도들 안에서 재건되었다. 전후 서독 지도자들은 독일이 다시 태어나 국제적 입지를 재확보할 공간을 조성하고 그렇게 할 수단들을 제공해준다는 점에서 다자주의 틀이 유용하다는 사실을 깨달았다.[73] 1948년 무렵 서독은 유럽 경제회복을 위한 총체적인 기획에 다시 통합되었다. 경제는 마셜플랜 원조와 화폐개혁으로 급속하게 회복되었다. 사민당은 초창기에 소련을 의심했듯이 서구 진영도 의심했지만, 서서히 마르크스주의 과거와 단절하고 영국 노동당의 대항마가 되었고, 자유주의적 자본주의 체제 내에서의 개혁을 강조했다. 서독 국가가 형성되던 시기에는 1963년 콘라트 아데나워가 은퇴할 때까지 이끈 기독민주연합이 독일을 서구 진영으로 이끌었다. 냉전이 이 과정에 힘을 실어주었다. 애덤 투즈가 지적하듯이, 냉전은 "아데나워가 서구 진영에 합류하는 게 소비에트라는 대안보다 훨씬 낫다고 생각하게 만들었다."[74] 독일은 이 시기에 경제성장이 회복되면서 자유시장과 내각제 선택이 타당했음이 입증되는 듯했다. 아데나워와 기독민주연합당은 이러한 경제성장 시기를 기회로 고전적인 시장자본주의와 사회복지국가를 결합한 독특한 경제적 구상을 하게 되었다.

외교정책에서 아데나워는 냉전시대에 서구 진영 내에서 새로운 독일의 역할을 규정해야 한다는 압박도 이용했다. 서독은 프랑스와 친밀한 관계를 수립하고 역내 경제와 안보 기구들에 합류함으로써 지위와 영향력을 회복하게 되었다. 마리 햄튼(Mary Hampton)에 따르면, 1950년대 초기 아데나워와 서독 정책수립자들은 "국제적 긴장이 고조된 이 시기에 군사안보에 대한 미국의 우려를 1949년 북대서양조약기구에 명문화된 규범과 원칙들과 연계함으로써" 국가적인 목표를 추구할 수 있었다.[75] 프랑스가 서독의 재무장을 반대하자 아데나워는 자유롭게 교류하는 국가 간의 비차별과 동등한 지위 원칙들을 서독이 서구 진영의 방어에 기여하기 위한 조건으로 제시하면서 끈질기게 설득했다.[76] 미국은 독일의 전면적이고 항구적인 무장해제를 주장한 지 5년 만에 서독에게 명실상부한 동반자로서 서독의 군사력을 구축하라고 촉구하고 있었다.

일본도 비슷한 경로를 따랐다. 전후 첫 총리를 맡은 시게루 요시다는 1951년 9월 샌프란시스코강화조약과 미일 안보조약을 체결함으로써 일본을 서구 공동체의 일원으로 만들었다. 이러한 협정들을 통해 일본은 미국의 동맹체제에 합류하고 미국의 시장과 기술에 접근하게 되었다. 요시다는 민족주의자이고 보수주의자였다. 그는 군부 지도자들과의 갈등으로 영국대사로 자리를 옮기게 되는 바람에 전쟁의 책임을 모면했다. 일본으로 돌아와 집권 자민당의 당수를 맡은 그는 극단적인 민족주의자들과 정치적 좌익 사이에서 절충점을 모색했다. 미국은 1960년 일본과 조인한 상호협력과 안보조약으로 일본의 안보를 책임지게 되었다. 일본의 헌법은 일본이 "육상, 해상, 공군력"을 보유하지 못하도록 했고 "국제분쟁을 해결하는 수단으로서 무력을 사용하겠다는 위협"을 포기했다. 요시다는 미국과 서구 민주주의국가들과 관련된 자유주의 원칙을 지침으로 삼아 일본은 "상업국가"를 지향한다는 구상을 발표했다. 일본은 경제성장, 서구 자유시장 무역체제와의 통합, 군사력 불사용, 일본 헌법의 민주적 원칙들 수호에 매진하게 된다.[77]

서독과 마찬가지로 일본도 전후 동맹체제와 다자주의 기구들을 이용해 독특한 강대국 역할을 했다. 1946년부터 1954년까지 총리를 맡은 시게루 요시다의 통치하에서 일본은 "문민" 강대국이라는 정체성을 얻었다. 전통적인 힘의 자산을 보유함으로써가 아니라 국제규정과 규범을 수호하는 이해 당사국으로서 주요 국가라는 지위와 권위를 획득했다.[78] 역사학자 케네스 파일(Kenneth Pyle)에 따르면, "요시다는 일본이 미국 주도체제에 저항하기보다 동참하는 게 일본의 국익을 달성하는 데 훨씬 도움이 된다는 도박을 감행했다."[79] 미일동맹으로 일본은 미국에 국방을 의존하게 되었지만, 그 덕에 경제를 재건하고 무역국가로서 국제체제에 다시 합류할 수 있었다. 파일에 따르면, 일본은 "그 결과 어마어마한 이득을 보았다. 일본은 안보에서 미국에 전적으로 의존함으로써 뒤이은 수십 년에 걸쳐 그 어떤 나라보다도 많은 경제 원조를 받고 기술과 시장에 접근할 수 있었다."[80] 그 과정에서 수 세대에 걸친 전후 일본 지도자들은 국제 의제인 반핵주의, 비확산, 유엔을 받아들이게 되었다. 전후 경제와 안보협력 체제는 일본이 문민 강대국으로 다시 부상하는 틀을 제공해주었다. 전후에 일본의 역할과 정체성에 대한 논쟁을 통해 일본 지도자들은 우익 민족주의와 좌익 평화주의의 절충점을 모색했다. 리처드 새뮤얼스(Richard Samuels)가 주장하듯이, "좌익은 동맹관계를 받아들이고 우익은 헌법 제9조를 받아들였다. 안보정책은 이제 자율성을 증진하는 목표를 추진하게 되었지만, 무역과 국제협력이 중심이 되었다. '자기 방어 정도로만 무장하고 핵무기를 보유하지 않은 경제 초강대국'이 되자는 새로운 합의에 도달했다."[81]

한편 일본은 동아시아의 지정학적 여건을 터득함으로써가 아니라 급속한 경제성장과 경제발전을 통해서 국제체제에서의 권위와 입지를 확보할 수 있었다. 일본은 아시아와 세계 개발노상 지역에 해외원조를 하고 유엔을 뒷받침하는 주요 국가가 되었다. 일본은 "인류 안보"와 "포괄적 안보"에 대한 다양한 의견들을 제시하고 첨단 에너지와 환경기술의 선봉에 섰다. 일본은 이러한 다양한 방식으로 유엔 체제와 미국 주도 자유주의 질서 내에서 활동하면서 일본 나름의 독특한 정체성과 역할을 개척했다. 일본은 미국의 후원하에 1952년 국제통화기금과 세계은행에, 1956년 유엔에, 1956년 관세와 무역에 관한 일반협정에, 1966년 경제협력개발기구(OECD)에, 1976년 이른바 G-7체제에 합류했다. 일본은 미국의 지도자 역할을 지지했고 그 대가로 동맹국이자 주도적인 국가로서 목소리를 내고 권위를 획득했다.[82] 일본은 폭넓은 전후 체제 안에서 미국과 서구 세계경제 기구들

과 자국을 엮음으로써 동아시아의 주도적인 국가로서의 지위를 탈환할 방법을 찾아냈다.[83]

전후 초창기에 이러한 미국 주도 패권 질서는 자유민주 진영 전역에서 경제적 정치적 발전 과제들을 추진할 공간을 제공해주었다. 서구 국가들이 "황금시대"-성장하는 국내총생산, 완전고용, 사망률 감소, 기술 변화, 기업의 국제화가 일어나면서 극적인 경제성장을 이룬 시기-를 구가한 시기는 1950년대와 1960년대였다. 유럽통합 운동이 추진력을 얻고 아프리카와 아시아에 대한 유럽의 식민지배도 대체로 종식된 배경에는 전후 질서가 조성한 공간이 있었다. 역사학자 제임스 졸이 주장하듯이, 유럽통합 과제는 유럽 국가들이 자국의 제국을 상실하고 더 이상 미국과 소련만큼 막강하지 않게 된 순간에 "유럽의 정체성을 확인하고 세계 속에서 유럽의 입지를 회복할 방법을 제시해주었다."[84] 유럽 전역에서 급진 좌익 단체들로부터 떨어져 나온 사회민주당들이 연립정부에 합류했다. 이러한 전개 상황은 선진 서구 국가들로 이루어진 보다 폭넓은 공동체의 지지를 받았다. 마셜플랜과 경제협력개발기구 같은 전후 기구들은 유럽과 대서양 양안에서 중도적, 통합적, 성장지향적인 정책들을 추진했다.[85] 미국과 캐나다는 1960년, 일본은 1964년에 경제협력개발기구에 합류했고, 이 기구는 서구 자본주의의 문제들을 논의하고 투명성을 증진시키고 비슷한 국가들끼리 국가 경제정책들을 서로 점검해주는 포럼이 되었다. 경제협력개발기구의 영향력은 1970년대에 줄어들었지만 이 기구가 "근대사회의 문제"라고 명명한 분야에 대한 협력을 촉진하고 전문성을 키우면서 배경에서 계속 활동했다.[86] 1975년 11월 랑부예에서 열린 세계경제정상회의를 시작으로 연례행사가 된 정상회의는 선진 민주 진영 내에서 다자주의적 경제외교의 핵심이 되었다. 미국은 북대서양조약기구와 경제협력개발기구 같은 다자주의 기구들을 이용해 지도력을 발휘하고 서구 국가들이 바람직한 정책을 추진하도록 유도했다.[87] 미국은 이러한 다자주의적인 환경에서 자국의 정책들을 다른 나라들이 평가할 수 있도록 공개하고 경제성장과 사회적 진보의 조건들을 두고 외교적인 타협을 했다.

폭넓은 전후 체제는 점점 늘어나는 국제협력 활동의 발판이 되기도 했다. 유엔의 후원하에 보편적 인권선언을 토대로 일련의 인권 선언문과 회의들을 통해서 다양한 정치적 사회적 이념들을 재확인하고 대량학살과 고문 같은 잔혹행위를 불법화했다. 1960년대와 1970년대 동안 미국과 소련은 일련의 핵무기와 재래식 무기 통제 협정들을 타결했다. 비확산조약-핵무기 확산을 예방하기 위해 설계된 조약-은 1970년에 발효되었다. 1980년대에 미국과 소련은 훗날 냉전을 종식시키게 되는 외교적 타협의 일환으로서 획기적인 무기감축 협정들에 합의했다. 세계 공유지와 환경 부문에서 조인된 다양한 협정들 가운데는 우주공간조약, 해양법, 해양오염과 성층권 오존층 파괴를 방지하고, 멸종위기 동식물을 보호하고, 지구온난화에 기여하는 가스배출을 줄이기 위한 여러 조약이 있다. 이러한 다양한 국제협정, 기구, 제도들은 314쪽의 표에 정리되었다. 전후 첫 50년 동안 정부 간 기구의 수는 4배 이상 증가했다. ([그림 6.1.] 참조)

이러한 수많은 협정과 조약들이 얼마나 효과적인지는 폭넓게 갑론을박이 이뤄지고 있다. 그러나 서구의 전후 질서와 다자주의 기구들이 경제, 정치, 환경, 안보 분야에 걸쳐서 새로운 형태의 협력을 폭

[표 1] 전후 정부 간 협력

유엔 (샌프란시스코, 1945)

– 다양한 기능을 하는 유엔 기구와 회의들

무역과 경제 개방

– 관세와 무역에 관한 일반협정과 세계무역기구

– 브레턴우즈 (국제통화기금과 세계은행)

– 수출입은행

– 1934년 상호무역협정 법안

인권

– 1947년 보편적 인권선언

– 뉘른베르크와 도쿄 전쟁범죄재판

– 대량학살과 고문 같은 극단적인 인권유린 행위의 불법화

국제 무기통제

– 트루먼의 바루크 플랜

– 아이젠하워의 평화와 핵 억지력을 위한 영공개방

– 케네디, 존슨, 닉슨시대의 미소 핵무기통제협정들

– 냉전을 종식시킨, 레이건, 조지 H. W. 부시의 일괄적인 무기감축협정들

세계 공유지와 환경

– 우주공간조약

– 해양법조약

– 전기통신과 항공여행을 관장하는 국제기구들

– 대양 오염과 성층권 오존 파괴에 대처하고, 멸종위기의 동식물들을 보호하고 지구온난화에 기여하는 가스 배출을 줄이는 조약들

[그림 6.1.] 국제체제에서 정부 간 기구의 수

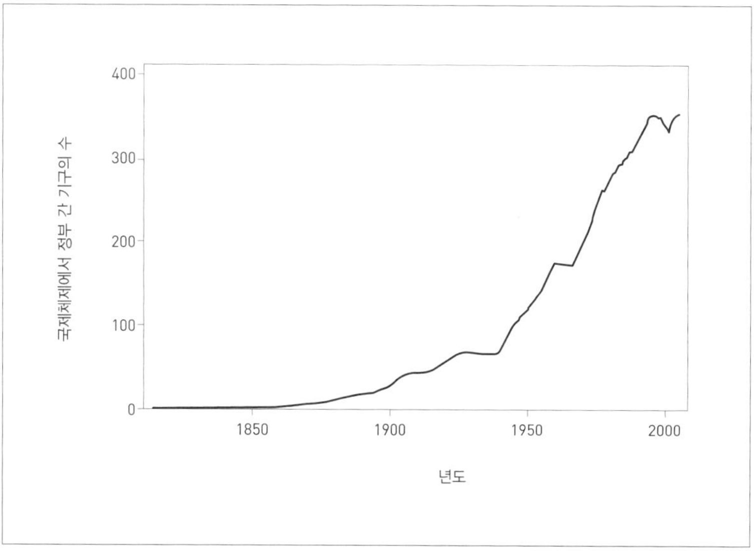

발적으로 증가시키는 발판이 되었다는 점은 놀랍다.

미국은 이러한 서구 전후 질서를 지배했다. 힘의 비대칭을 토대로 구축된 질서이지만 전통적인 제국체제는 아니었다. 다른 국가들이 합류하고 그 안에서 활동하도록 할 유인책과 기회를 만들어낸 복잡하고 다층적인 정치 형태로서 자유주의적 특성들-개방성과 규정을 토대로 한 원칙들-을 보였다.[88] 전후 수십 년에 걸쳐 국가들이-자유민주주의국가들뿐만 아니라 다른 유형의 통치체제들도-규정과 제도들로 구성된 복잡한 체제에 합류했다. 독일과 일본은 전후 질서에서 자국의 역할과 입지를 찾고 권위를 회복했고, 냉전 이후 동유럽, 동아시아를 비롯한 여러 지역의 수많은 국가가 이러한 경제와 안보 동반자 관계에 합류했다. 이 질서의 다자주의적 논리 덕분에 국가들은 비교적 쉽게 합류했고 그 안에서 성장했다. 이 질서는 국제기구들을 중심으로 구축되었고 이를 통해 국가들은 합종연횡하면서 지도력을 공유할 기회를 얻었다. 이 질서가 지닌 복잡하고 다층적인 특성은 국가들이 자국의 이익을 추구하고 지도력을 행사할 각종 기회와 장을 마련해주었다. 전후 패권 질서가 지닌 이러한 측면들은 자유민주주의국가들과 그 밖의 국가들이 핵심적인 정치경제 영역들로 통합되려는 유인책과 기회를 조성해주었다. 이 질서의 다자주의적 특성으로 국가들은 자국의 이익을 증진시키는 방식으로-합류하고 협상하고 책략을 쓰는 등-체제를 활용했다. 이는 다시 이 질서가 지속되는 데 이해관계가 걸린 지지자들이 확대되는 질서를 창출해냈다.

전후 질서는 루스벨트시대의 자유민주 진영 재건 과제와 냉전 수행 과제를 융합했다. "하나의 세계"는 당시에 부상하던 양극체제 내에 구축된 "자유세계" 질서가 되었다. 바로 이러한 구조 내에서 자유민주국가들의 더 강력한 안보와 보호를 보장해주는 일종의 보호막으로서 자유주의적 패권이 뿌리를 내렸다. 자유주의적 패권 질서의 일원이 되면 경제, 정치, 안보 기구들의 총체적인 지원을 받는 위치에 놓이게 되었다. 이는 게젤샤프트*인 동시에 게마인샤프트**이기도 했지만, 이제 막 탄생한 정치적 혹은 안보 공동체로 구현되기도 했다. 이 질서에 합류하면 훨씬 안전하고 번영할 수 있었다. 이 질서

---

* Gesellschaft, 규정, 제도, 정부 간 관계들로 규정되는 "이익 사회"를 말한다.

** Gemeinshcaft, 공유하는 가치, 믿음, 미국이 주도하는 세계체제와 밀접하게 연관되는 기대로 규정되는 "공동체"를 말한다.

는 일종의 도덕 공동체로서 정당화되기도 했다. 그러나 윌슨의 구상과는 달리 이 체제는 구성원들을 규율하고 제약하는 방법으로서 도덕적 권고와 세계 여론에 의존하지 않았다. 규율과 제약은 이 질서의 규정과 제도들에서 비롯되었다. 안보의 혜택을 누리기 위해서는 규율을 준수하고 제약을 받는 대가를 치러야 했다.

이러한 미국 주도 전후 질서는 자유민주주의국가들에게 유용한 제도와 실무관계를 제공해주었다. 근대 자유주의국가들 자체가 서로 갈등관계인 다양한 가치들-자유와 평등, 개인의 권리와 집단의 권리, 개방성과 사회 안정, 위계질서와 주권평등-을 중심으로 구축되었다. 서구체제는 자유주의국가들이 이러한 갈등관계를 관리하고 절충점을 모색할 틀을 제공해주었다. 이는 여러 가지 면에서 사실이었다. 자유주의국가들이 내장된 서구체제는 이러한 나라들이 경제적 개방의 여건들을 관리할 장치와 역량을 제공해주었다. 정부들은 개방적인 무역의 이득과 경제안정과 사회보장의 요구를 절충하고 균형을 맞출 수단을 얻었다. 동맹체제는 안보 보호의 비용을 분담할 토대를 제공했고 정부들은 "군수와 민수" 사이의 절충점을 찾아 관리했다. 동맹관계들은-다자주의 기구들로 구성된 포괄적인 체제와 더불어-독일과 일본이 전쟁을 극복하고 "문민" 강대국으로 거듭날 틀을 제공해주었다. 패권 질서를 뒷받침하는 타협과 제도들도 이러한 나라들에게 위계질서와 주권평등 사이의 균형을 유지할 역량을 부여했다. 미국은 자국의 탁월한 지위를 이용해 이 질서를 뒷받침하고 이끌었지만 다른 자유주의국가와 제도적으로 구속력 있는 관계를 맺음으로써 지배적인 여건들을 바꿨다.

그러나 미국 패권 질서에 내재된 갈등과 모순은 사라지지 않았다. 미국은 여전히 규정을 만드는 주체였고 특권을 누렸다. 미국의 힘에 가해지는 제약은 공식적이고 법적이기보다 비공식적이고 정치적이었다. 미국은 여전히 자유롭게 자국의 이익을 규정했다. 그 이익이 각성되고 계몽된 이익이든 아니든 상관없이 말이다. 미국의 전후 질서에 포함된 보편주의라는 이상-개방성, 비차별, 호혜적 관계, 권리와 보호-은 실제로는 부분적으로만 불균등하게 실현되었다. 일부 다자주의 기구들과 원칙들-유엔과 보편적 인권선언 등-은 세계를 아울렀다. 그러나 미국 안보체제는 보다 배타적이었다. 서구 질서는 클럽의 특성을 보였고 바로 이 때문에 이 질서는 일관성 있고 기능적이었다. 자유주의적 패권 질서에 속한 나라들과 속하지 못한 나라들이 있었다. 마지막으로, 민주국가들로 구성된 공동체 구상은 어떤 면에서는 말 그대로 그저 구상일 뿐이었다. 서구 민주주의국가 간에 협력을 촉진하는 목표를 추진한다고 해서 낡은 힘의 정치를 일소하지는 못했고, 힘의 정치는 서구체제 안팎에서 미국과 다른 자유주의국가들이 계속 실행했다. 미국을 비롯한 자유민주주의국가들은 전후 질서를 구축했다. 그러나 그 질서는 다층적이고 다면적이었으며 자유주의적 특성과 비자유주의적 특성을 동시에 지닌 질서였다.

7.

자유주의와 제국

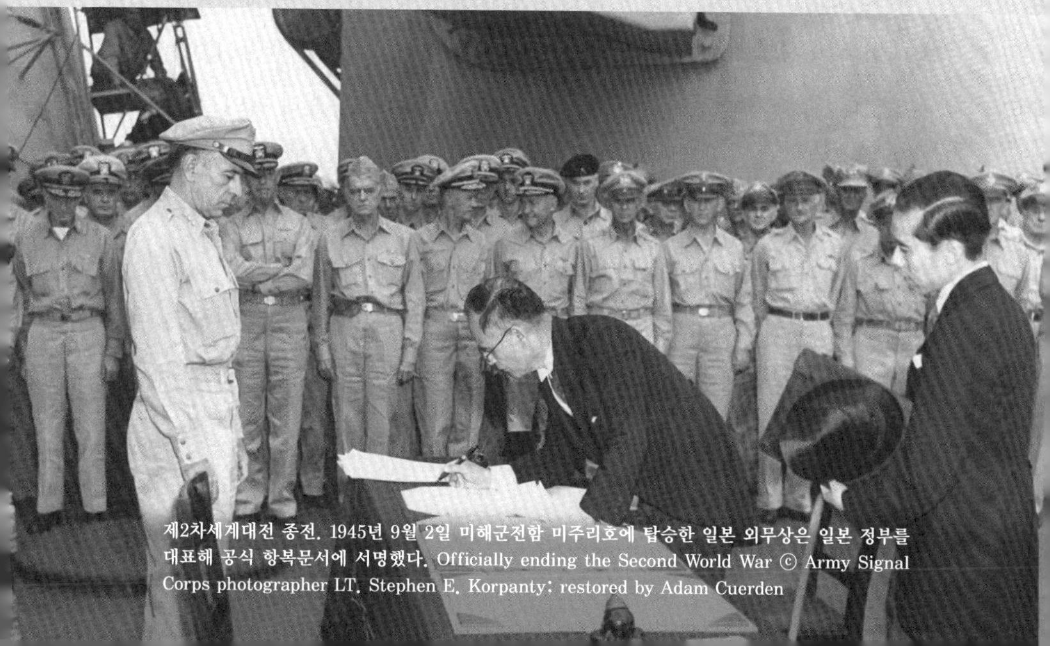

제2차세계대전 종전. 1945년 9월 2일 미해군전함 미주리호에 탑승한 일본 외무상은 일본 정부를 대표해 공식 항복문서에 서명했다. Officially ending the Second World War © Army Signal Corps photographer LT. Stephen E. Korpanty; restored by Adam Cuerden

—

2세기 동안, 자유주의적 국제주의의 형태는 제국과 얽히고설킨 가운데 구축되었다. 자유주의적 민주주의국가들은 18세기 말과 19세기 초 제국으로 구성된 세계에서 등장했다. 미국은 제국에서 벗어나려는 13개 아메리카 식민지들의 봉기로 시작되었다. 미국은 방대한 대륙 영토들을 정복하고 흡수했다. 유럽에서는 자유민주주의가 뿌리를 내리는 동시에 유럽 강대국들이 자국의 제국을 구축하고 확장시키고 있었다. 19세기에 접어들면서 미국도 스페인-미국 전쟁에 뒤이어 제국 구축 활동을 시작했다. 겨우 20년 후인 제1차세계대전 중, 우드로 윌슨은 자결원칙이 전후 세계에서 수호되어야 한다고 주장했다. 뒤이어 수십 년 동안 통치 원칙으로서의 제국을 부정하려는 노력이 일어났다. 이러한 노력의 계보는 바로 윌슨이 주장한 순간으로 거슬러 올라간다. 그런데 영국 유수의 국제주의자들을 비롯해 베르사유 회의에 참석한 윌슨의 동지들이 국제연맹을 지지한 까닭은 연맹이 그들의 제국을 보다 안정적으로 유지해주고 정당화할 방법을 제공했기 때문이다. 그러나 제2차세계대전 후 유엔의 목적은 예속된 국민들이 자결권을 행사하도록 해주는 것이었다. 공식적인 제국은 사라지고 있었지만 제국의 비공식적인 경제적 제도적 장치들은 그대로 남았다. 일부 관찰자들 보기에 자유주의적 국제주의는 전후시대에 탈제국주의 구상을 제시해주었고 또 다른 이들이 보기에는 제국의 지배를 지속시키려는 흉계를 가리는 위장술에 불과했다.

놀라운 점은 제국이라는 세계사적 경험의 양 진영 모두 자유주의적 국제주의를 제국에 반대하거나 옹호하는 명분으로 이용했다는 점이다. 19세기 내내 그리고 20세기 초까지 영국을 비롯한 유럽 국가들은 제국주의적 질서와 자유주의적 질서를 동시에 옹호했다. 빅토리아시대에 영국은 계속해서 제국을 구축했다. 1876년 빅토리아 여왕이 인도의 황제로 자신에게 왕관을 씌워 주었지만 동시에 자유무역, 중재, 서구 산업화 사회들 사이의 다자주의적 협력도 수용했다는 사실이 이를 상징적으로 보여준다. 국제연맹을 창설하는 데 있어서 중요한 역할을 한 로버트 세실과 얀 스뮈츠를 비롯한 인사들은 영국의 제국을 옹호하는 동시에 열렬한 자유주의적 국제주의자들이었다. 이 시기에 국가들은 자유주의인 동시에 제국주의일 수 있었다. 대부분의 지도자도 마찬가지였다.

제국주의라는 오명은 2세기 내내, 미국이 세계를 지배하게 된 현 시대까지도 자유주의적 국제주의를 따라다녔다. 자유주의적 국제주의에 대한 갑론을박은 두 가지 비판 노선으로 나뉘었는데, 둘 다 지적 정치적으로 뿌리가 깊다. 정치적 좌익이자 수정주의 역사관에서 비롯되는 비판에 따르면, 자유주의적 국제주의 개념들과 과제들이 미국을 비롯해 서구 강대국들의 뿌리 깊은 제국주의적 특성을 바꾸는 데 기여한 바가 거의 없고, 19세기 제국과 20세기 초의 제국들은 단절되기보다는 지속되었고 놀라울 정도로 닮았다고 주장한다.[1] 이러한 노선의 비판은 이를 보여주는 가장 대표적인 증거로 종종 우드로 윌슨을 꼽는다. 윌슨은 자결, 자유무역, 법치, 집단안보를 비롯해 "새로운 외교" 대원칙들을 천명했지만, 베르사유조약에서 타협하면서 대체로 유럽의 제국주의적 이익을 눈감아주었다. 게다가 윌슨의 자유주의적 국제주의 이면에는 인종과 문화의 위계질서에 대한 깊은 신념이 깔려있었다.[2] 이 부류는 공식적인 제국은 사라졌지만 제국주의적 사고의 잔재가 현시대까지 살아남았다고 주장한다. 자유주의적 국제주의의 규정과 제도들은 서구 자본주의의 제국주의적 본성과 강대국 지배를 누그러뜨리고 제한할지 모르지만 결국은 부, 힘, 특권과 같은 위계질서를 근본적으로 바꾸기보다 정당화하는 경향이 있다고 주장한다.[3]

또 다른 한 부류의 비판은 현실주의 전통 내에서 비롯된다. 일부 현실주의자들은 자유주의는 그 핵심에 운동가적인 특성이 내재되어 있다고 주장한다. 미국의 자유주의 전통은 한 세기 동안 해외에서의 위험하고 오도된 모험주의에서 출발했다. 20세기에 미국이 강대국으로 부상하면서 미국의 국익과 미국이 추구하는 목적들을 자유주의 이념과 제도들이 결정해왔으며, 이는 윌슨을 시작으로 수 세대 동안 미국 지도자들이 미국의 이미지를 본떠 "세계를 재창조"하려는 결과를 낳았다. 이들은 군사개입과 이상주의적 성전(聖戰)을 감행하는 한편 냉철하게 국익을 계산하는 의무를 방기했다.[4] 이러한 현실주의 진영에서 비롯된 비판의 가장 최근 판은 냉전이 끝난 후 수십 년 동안, 철저한 힘의 균형을 추구하는 양극체제의 세계가 미국 단극체제에 자리를 내주었다는 데 초점을 맞춘다. 이 시기 냉전의 그림자 속에 구축된 자유주의적 패권체제는 미국의 지배력을 이용해 세계를 바꾸는 방대한 과제의 토대가 되었다.[5] 이들이 보기에 큰 비용을 치르고도 실패한 이라크전쟁은 미국의 자유주의적 개입주의의 극치였다.

이러한 현실주의자들은 이따금 제국이 지닌 부정적인 영향력에 대해 우려하는 전형적인 공화당 주장을 개진하는 이들과 공동의 명분을 추구한다. 이는 19세기 평화운동으로 거슬러 올라가는 오랜 전통을 자랑하는데, 윌리엄 제임스, 마크 트웨인, 월터 리프먼, 윌리엄 풀브라이트와 같이 다양한 인물이 천명한 입장이다. 스티븐 킨저(Stephen Kinzer)는 미국의 반제국적 전통을 스페인-미국 전쟁 이후에서 찾으며, 그 개념들은 오늘날 미국의 무기한 군사개입에 대한 자유지상주의적(libertarian) 비판에서 발견된다.[6] 현실주의 분석과는 달리 이러한 비판은 자유주의 전통에 그 뿌리를 두고 있다. 데이비드 헨드릭슨(David Hendrickson)은 이러한 비판 노선의 뿌리를 자유주의적 계몽주의와 미국 건국의 아버지들에 대한 공화주의적인 개념들에서 찾는다. 공화국 또는 오늘날 우리가 자유민주주의라 일컫는 대상은 군사력과 전쟁이 야기하는 비자유적 힘에 취약한 정치체이다. 군사력을 동원하면 국가의 행정 권력을 강화하는 효과가 있고, 시민의 자유, 견제와 균형, 법치를 위협하는 효과를 낳는다. 전후시대에 미국이 국가안보를 중요시하는 나라로 부상하면서 공화주의적 자유는 위험에 처했다. 전 세계적으로 지속적인 군사개입의 형태로 구현되는 비공식적 제국을 비롯해 제국의 추구는 같은 이유로 위험하다.[7] 이러한 비판을 하는 이들에게 자유주의 전통은 그들이 반제국주의를 부르짖게 만드는 원천이다.

이번 7장에서 나는 이러한 주장들을 살펴보면서 네 가지 논리를 제시하겠다. 첫째, 자유주의적 국제주의는 유럽제국의 등에 올라타 20세기에 진입했다. 자유민주주의는 여러모로 서구 제국에 순응했다. 자유민주주의의 계몽주의 뿌리와 자유주의적 근대성의 초기 구상들은 자유주의자들로 하여금 그들이 지닌 위계질서와 문명에 대한 개념들을 주기적인 세계사적 진보 개념들과 양립하게 해주었다. 자유주의적 국제주의는 세계자본주의의 진보주의적 논리도 수용했다. 사실 찬양했다. 19세기 영국 패권과 20세기 미국 패권은 자유주의적 국제주의를 막강한 자유주의국가들의 이익과 야심에 결부시킬 중요한 기회를 조성했다. 이 모든 다양한 방식으로 자유주의적 국제주의는 손을 더럽혔다. 자유주의적 국제주의의 개념과 과제들은 근대 세계의 면모를 만든 다른 강력한 힘인 민족주의, 자본주의, 패권, 제국에도 연루되었다.

둘째, 다각적인 차원에서 장기간에 걸쳐 개입해 자유주의적 국제주의를 제국과 제국주의에서 분리시킨 일단의 힘들을 규명하겠다. 한 가지 힘은 지정학적 힘인데, 이는 두 차례 세계대전 후 반제국주의가 강대국 정치의 수단이었을 때 세계의 다양한 지역에 접근하기 위해 미국이 기울인 노력에서 드러난다. 국제질서의 관련된 개념과 규범의 지형이 바뀌면서 제국주의에 불리하게 작용하기도 했다. 루스벨트의 4대 자유는 제2차세계대전 동안과 종전 후 자유민주 진영 내에서 일어난 지적 규범적 변화의 일부를 공식화하고 가시화했으며, 이는 새로이 부상하던 국제사회에서의 보편적 원칙을 지지하는 새로운 지지층을 만들어냈다. 국제연맹을 시작으로 국제기구들도 전문가와 운동가들이 자유주의적 다자주의 과제들을 추진하기 위해 협력할 장을 마련해주었다. 국제기구들은 다양한 지지 세력들이 활동하고 제국적이든 비제국적이든 과제들이 추진될 현장으로서 운영되었다. 자유주의적 국제주의자들은 공교롭고 의도치 않은 방식으로 함께 서구 제국주의시대를 몰아내는 데 도움을 주게 되었다.

셋째, 세계가 제국을 기반으로 한 질서에서 베스트팔렌 국가체제로 이동하면서 자유주의적 국제주의의 중심도 이동했다. 이는 근대시대에 일어난 대대적인 변화들 가운데 하나였다. 제국의 쇠락은 복잡한 세계사적 과정이었고, 이 과정 속에서 기술, 경제, 지정학, 규범적 개념들의 변화도 모두 한몫을 했다. 이 과정은 부분적으로는 확산하는 베스트팔렌 질서 내에서 독립을 추구하는 사람들과 사회들이 이끌었다. 이 과정은 또한 구제국질서가 허물어지면서 시장과 정치적 영향력을 확보하려는 강대국들이 밀어붙이기도 했다. 제2차세계대전 끝 무렵 자유주의적 국제주의라는 정치적 과제는 베스트팔렌 국가체제에 확고하게 자리를 잡았다. 이는 다자주의적 정부 간 협력이라는 규정과 제도로 연결된 주권국가들을 중심으로 조직화된 탈제국주의시대의 세계에 대한 미래상을 제시하고 있었다.

마지막으로 자유주의적 개입주의의 문제가 남았다. 자유주의적 국가들은 본질적으로 수정주의적인가? 이는 본질적으로 제한 지향적인 현실주의자와 좌익 진영 비판론자들의 주장이다. 심오한 차원에서, 이에 대한 대답은 '그렇다'인 듯하다. 자유주의적 국제주의는 근대성이라는 개념과 더불어 시작된다. 즉, 세계는 과학, 기술, 산업 혁신을 통해 끊임없이 변모하고 있다는 개념 말이다. 자유주의적 자본주의 체제는 끊임없이 재창조되고 있다. 무역과 투자는 경제와 사회변화를 일으키는 내재적인 힘이다. 자유주의적 국제주의에 핵심 개념이 있다면 그것은 자유민주주의국가들을 번영하고 안전하게 만들 국제질서를 조성하는 일이다. 단순히 힘의 균형을 토대로 한 질서가 아니라 통합적이고 확장적인 특성들이 있는 정치와 경제체제를 뜻한다. 그러나 이는 자유주의적 국제주의가 본질적으로 제국주의적이라는 뜻은 아니다. 자유주의국가들은 제국주의를 제한하고 제국주의에 저항할 개념과 제도를 갖추고 있다. 그리고 제국주의의 끔찍한 결과에서 교훈을 얻을 역량도 갖추고 있다.

자유주의와 제국

자유주의가 어떻게 제국과 연관되어 있을까? 얼핏 보기에, 이 두 이념은 정치적으로 대척점에 있다. 제국은 지배이고 자유주의는 지배에 대한 저항이다. 질서의 유형으로서 두 이념은 서로 다른 조직화 원칙을 구현한다. 제국은 수많은 다양한 의미를 지니고 여러 형태로 구현되지만 본질적으로 위계 형태의 질서로서, 주도하는 국가가 상대적으로 약한 정치체에 대해 공식적 비공식적 정치적 통제력을 행사한다. 마이클 도일이 말하듯이, 제국주의는 "한 나라가 다른 정치적 사회의 효과적인 정치적 주권을 통제하는 관계다."[8] 관계들은 수직적으로 조직화되고 종종 수레바퀴처럼 중심축과 바퀴살의 형태를 띤다. 주변부에 위치한 약소한 사회와 사람들은 강제로 제국의 중심부에 의존하고 얽매여 있다. 그들은 멀리 있는 막강한 국가에 종속되고 통치를 받는다. 그러나 실제로 제국들은 강압적인 지배체제인 경우가 매우 드물다. 18세기와 19세기 유럽제국들은 지역 엘리트 계층을 포섭해 비공식적으로 통제했다. 대영제국은 공식적으로 소유한 식민지, 비공식적인 통치, 보호국, 영향권과 장악 등 폭넓은 다양한 위계적 관계들로 구성되어 있었다.[9] 그러나 정치적 다양성과 권한 관계의 다양성에도 제국주의 질서들은 모두 궁극적으로 주도국의 강제력으로 유지되었다.

반면 자유주의는 국가의 권력을 헌법적으로 제한할 방법을 모색하는 노력을 토대로 한다. 존 로크, 몽테스키외, 미국 헌법을 제정한 주인공들을 비롯한 사상가들의 개념에 뿌리를 둔 자유주의는 힘의 제한을 토대로 한 정치적 질서 구상이다. 그 원칙에는 법치, 권력분립, 사유재산권 보호, 정치적 권리와 자유의 보장 등이 있다. 마찬가지로 자유주의적 국제주의는 탈제국주의시대에 세계를 조직화하는 원칙과 과제를 제시한다. 자유주의적 국제주의 구상에서 질서는-자유민주주의국가들의 주도로-비교적 개방적이고 규정을 토대로 한 국제적 공간을 독립적인 자치 국가들이 구축한다. 불가피하게 상대적으로 강한 나라도 있고 약한 나라도 있지만, 각국은 국내 정책과 외교정책에 대해 어느 정도 장악력을 행사한다. 자유민주주의국가들이 조성한 국제 공간에서 제국주의 질서 원칙은 환영받지 못한다.

그러나 이러한 차이점들에도 자유주의와 제국은 지적으로 정치적으로 얽히고설켜 있다. 19세기에 자유주의자들은 대체로 국제주의자였고 개방적 무역과 국제법을 지지한다는 특징이 있었지만, 자유주의적 국제주의는 오직 "문명화된" 국가들에게만 적용된다는 인식이 널리 퍼져 있었다. 던컨 벨(Duncan Bell)은 "그 당시에도, 지금과 마찬가지로, 자유주의자들은 제국 문제를 두고 의견이 나뉘었다."라고 주장하면서 다음과 같이 덧붙인다. "대부분이 제국을 지지했지만,

대부분의 비자유주의자들 또한 마찬가지로 제국을 옹호했고, 자유주의적 제국주의자들은 그들이 옹호하는 제국의 형태, 옹호하는 강도, 무엇보다도 제국을 정당화하는 논리를 두고 의견이 나뉘었다."[10] 평등과 자치를 중요하게 여기는 자유주의자들은 제국에 대해 의구심을 품어왔다. 적어도 근대 자유주의국가 진영 내에서는 말이다. 그러나 비서구권의 정치제도와 문화에 대한 의구심과 발전적 역사관 등을 비롯해 자유주의의 다른 특징들은 제국을 용인하거나 심지어 지지하게끔 했다.[11]

자유주의가 제국 및 제국주의와 연루된 사실은 밝히기 쉽다. 그러나 이러한 연루가 자유주의에 내재되어 있는가 아니면 우발적인가? 우데이 메타(Uday Mehta)는 《자유주의와 제국(Liberalism and Empire)》에서 제국에 대한 충동이 자유주의에 내재되어 있다고 주장한다.[12] 존 로크와 존 스튜어트 밀의 개념들을 면밀하게 살펴보면 19세기 자유주의는 최근 몇 세기 동안 서구가 경험한 정치를 역사의 추상적인 보편적 이론으로 바꾸어놓았다는 것이다. 문명화되고, 발달되고, 정당하다는 의미가 유럽 중심으로 규정되었다. 19세기 자유주의가 지닌 제국에 대한 충동은 문명과 진보에 대한 발전적 이해에서 비롯된다. 근대 문명권 바깥에 존재하는 이들은 세계 발전의 위계질서에서 하위를 차지한다고 본다. 문명은 단계를 거쳐 발달한다고 간주되지만, 진보는 저절로 발생하지 않으므로, 외부로부터 온 우월한 문화 권력의 지배로 정의되는 제국이 진보할 방법을 제시해주었다는 것이다. 1861년 존 스튜어트 밀이 주장했듯이 "제국은 발달이 뒤처진 나라들을 앞으로 이끌 수 있다. 발전을 가로막는 장애물들을 치워주지 않으면 이러한 장애물은 영원히 지속되고 사람들은 도움도

받지 못하고 본래 타고난 성향과 운에 맡겨지게 된다."[13] 메타의 해석에 따르면, 19세기 자유주의자들은 로크의 합리주의를 문명과 역사적 진보에 대한 밀의 구상과 연관시켜 제국에 대한 충동을 지니게 되었다. 메타는 제국에 대한 정당화가 자유주의의 지적 원천에 깊이 각인되어 있다고 생각한다.[14]

그러나 초기 자유주의 사상에서 제국에 대한 입장은 훨씬 다양하고 우발적이라고 보는 견해들도 있다. 산카르 머투(Sankar Muthu)는 자유주의 원조 격인 18세기 철학자들인 임마누엘 칸트, 드니 디드로(Denis Diderot), 요한 고트프리트 헤르더(Johann Gottfried Herder) 등이 제국주의에 강력히 반대했다고 본다. 이러한 사상가들은 인간의 기본적인 도덕적 평등을 확신했다. 같은 인류로서 모든 사람이 어느 정도 "도덕적 정치적 존중"을 받을 자격이 있다는 믿음이다. 이러한 철학자들에게서 머투는 다양해야 하고 늘 다양할 세계를 살아가는 문화적 주체로서 인간을 존중하는 태도를 발견한다. 단순히 유럽 모델과 비교해서 사회들과 구성원 전체를 우월하거나 열등하다고 평가해서는 안 된다. 머투가 주장하듯이, 이러한 계몽주의 논리들은 유럽 외의 지역에 사는 사람들이 자기가 속한 사회의 질서를 나름대로 구축할 자유를 옹호하는 반제국주의의 토대가 되었다.[15]

제니퍼 피츠도 반제국주의적 사고에서 중요한 자유주의적 개념들을 발견한다. 에드먼드 버크(Edmund Burke), 제러미 벤담, 애덤 스미스의 사상을 검토한 피츠는 존 스튜어트 밀의 "제국주의적 자유주의"에 대한 반박 논리를 규명한다. 그녀에 따르면, 이러한 사상가들은 유럽의 제국주의를 비판하면서 "인류의 권리, 해외 전제군주의 부당함, 자유무역과 경제적 지혜, 정복의 어리석음, 자연인을 타락시키는 퇴행적 문명, 힘없고 자기 목소리도 내지 못하는 이들 위에 군림하고 통치하는 자치 공화국, 해외에서는 폭정을 하면서 나라 안에서는 자유를 부르짖는 이중성" 등과 같은 개념들을 다루었다.[16] 제국을 옹호하는 자유주의 충동과 제국에 반대하는 자유주의 충동을 낳은 다양한 지적 전통들이 이러한 다양한 해석들로부터 비롯되었다.[17]

빅토리아시대 내내 자유주의자들은 제국과 제국주의에 대해 다양한 시각들을 견지했다. 캐스퍼 실베스트(Casper Sylvest)가 지적하듯이 "자유주의 내에 존재하는 수많은 기본적인 차이들, 리처드 코브던의 철저한 합리주의, 파머스턴 자작의 허장성세, 윌리엄 유어트 글래드스턴(William Ewart Gladstone)의 겸허한 동시에 원대한 열광적 신앙심은 제국주의적 팽창에 대한 다양한 시각들로 전환될 수 있었다."[18] 코브던류의 급진적 반식민주의 시각에서부터 무역을 촉진하기 위해 제국을 팽창시키자는 파머스턴의 전략을 옹호하는 이들에 이르기까지 국제주의 스펙트럼 전체를 따라 자유주의적 시각들이 발견된다. 반곡물법동맹의 지도자 존 브라이트는 대영제국이 "귀족을 위한 거대한 사회복지 빈민구제 체제"라고 주장했다.[19] 반제국주의를 자유주의가 지지할지 여부는 제국이라는 용어가 정확이 무슨 의미인지에 따라 결정되기도 했다. 영국 자유주의자들은 "백인 정착민" 식민지를 다른 유형의 제국보다 지지하는 경향이 있었고, 그들은 자국의 제국을 다른 유럽제국들보다 훨씬 계몽되었다고 생각했다.[20] 빅토리아시대 자유주의자들이 공유하는 시각이 있다면 그것은 아마도 글래드스턴의 시각이었을지 모른다. 그는 "우리는 제국주의에 반대하지만 대영제국은 지지한다."라고 주장했다.[21]

자유주의가 지닌 제국주의적 "충동"을 자극한 여러 가지 요인들이 있다. 첫째, 자유민주주의는 제국들로 구성된 세계체제 안에서 18세기 말과 19세기 초에 등장했다. 따라서 자유주의국가들은 탄생한 첫 순간부터 서구 제국과 비서구 제국들을 둘러싸고 제국을 구축해야 할지, 반대해야 할지, 수용해야 할지, 한다면 어떻게 수용해야 할지에 대해 선택해야 했다. 3장에서 지적했듯이, 19세기 자유주의적 국제주의자들은 팽창하는 유럽제국 체제를 뒷받침할 세계적 기간구조를 구축하는 "제국주의적 국제주의자들"과 종종 공통의 명분을 추구했다. 자유주의적 국제주의와 제국주의적 국제주의가 지적으로나 정치적으로나 명확하게 구분되지 않았다. 동시에 둘 다일 수도 있었다. 산업혁명과 세계적 자본주의가 밀어붙인 "세계화"의 확장은 누구나 헤쳐 나가야 하는 격랑이었다. 그들은 모두 서로 중첩되는 의제들을 추구하는 국제주의자였고 유럽제국과 제국주의와 협력하고 수용했다.

이러한 사고는 제1차세계대전 후 국제연맹을 지지한 영국 자유주의적 국제주의자들에게서도 나타난다. 그들은 대부분 국제연맹을 개방적이고 규정을 토대로 한 국제질서 구축으로 한발 전진하는 동시에 대영제국을 보다 안정적인 토대 위에 올려놓는 수단으로 보았다. 무질서를 야기하는 힘을 억누르고 대영제국을 강화하는 일은 병행되어야 했다. 예컨대, 이게 바로 원탁운동에 참여한 저명한 구성원들의 시각이었다. 원탁운동은 전쟁 전에 대영제국과 영연방의 긴밀한 통합을 추진하기 위해 창설된 협의체이다. 라이오넬 커티스(Lionel Curtis), 필립 커, 로버트 세실 등 이 운동을 주도한 구성원 세 사람은 파리평화회의에 대영제국 대표단으로 참가한 영향력 있는 인사들이기도 했다. 원탁운동 구성원으로서 그들은 "제국의 문제"에 골몰했다. 즉, 민족주의, 민주주의, 개혁지향적인 국제주의의 시대에 생존 가능한 새로운 제도적 구조를 대영제국에 부여해야 할 절실한 필요를 느꼈다. 이 사상가들은 "제국연합(imperial union)"과 "제국의회" 같은 개념들과 씨름하다가 궁극적으로 연방(commonwealth) 개념을 내세우기로 했다.[22] 제국은 그대로 유지하되 커가 주장한 바와 같이 "자치와 자유주의라는 서구 개념들"을 구현하는 전통, 법, 공약을 공유하는 정치적 공동체여야 한다.[23]

영국 관료들은 파리평화회의에 참석했을 때와 국제연맹에 대한 지지를 표명했을 때 자유주의적 의제와 제국주의적 의제 둘 다 제시했다. 이는 영향력 있는 세 인물인 얀 스뮈츠, 앨프리드 지먼, 로버트 세실의 생각에서 드러난다. 세 사람은 각자 대영제국을 방어하는 논리를 자신의 자유주의적 국제주의와 결부시켰다. 남아프리카 민족주의자 얀 스뮈츠는 국제연맹을 열렬히 지지했고 연맹규약의 초안을 작성했다. 대영제국을 영연방의 정치적 입지를 강화해줄 틀로 본 그는 영연방을 "평화로운 세계정부를 향해 암중모색하는 가운데 세계 시민들에게 횃불"이 되어주고 "세계질서를 조직화할 본보기"라고 묘사했다.[24] 국제연맹은 영연방을 강화하고 영국과 미국을 묶어주는 동시에 영연방에 정당성을 부여해준다. 스뮈츠는 1918년 국제연맹이 "수많은 구유럽제국들이 비워놓은" 자리를 차지하게 된다고 주장했다.[25] 국제연맹은 실패한 제국들의 영토를 처분하고, 아직 주권국가 지위를 획득할 준비가 되어있지 않은 세계 곳곳에서 안정을 조성하는 틀을 제시해주게 된다. 한편 영연방은 전후 세계의 중심 기둥으로 우뚝 서게 된다. 스뮈츠는 국제연맹이 자치와 국제법의 확산을 촉진하는 계몽된 원칙들을 구현하는 한편 대영제국 체제를 뒷받침한다

고 생각했다. 마크 마조워는 이를 "국제주의적 제국 강화"라고 일컫는다.[26]

국제연맹 기획에 영향을 준 또 다른 영국 국제주의자는 옥스퍼드 대학교 고전학자 앨프리드 지먼이다. 원탁운동의 저명한 회원이자 국제연맹협회 창설자인 지먼은 영국 외무부에서 일했고, 필리모어 위원회 회원으로서 국제연맹의 세부사항 초안을 작성하는 데 관여했다. 스뮈츠와 마찬가지로 그도 국제연맹을 개혁된 전후 국제질서의 중심축으로 내세우면서 국제평화와 화해를 주장했다.[27] 제국을 수용한 지먼의 자유주의는 서구문명이 세계를 진보시키는 역할을 한다는 도덕적인 주장에 뿌리를 두고 있다. 전후 세계에 평화를 재건할 때 직면할 난관은 "세계를 경제적 관계에서뿐만 아니라 영적인 관계에서도 상호의존하게 만드는 일이었다."[28] 지먼은 영연방에 구현된 원칙들이 전후 질서를 조직화할 때 지침 역할을 할 서구문명의 이상을 토대로 한 국제사회 구상을 제시했다. 국제연맹은 유럽제국 체제를 대체하기보다 대영제국을 안정적으로 유지하고 영미 지도력의 토대를 구축할 틀이었다. 이러한 지도력은 세계를 자유와 자치를 향해 이끌게 된다.[29]

로버트 세실은 보수주의 정치인이자 외교관으로서 그 또한 국제연맹의 설계를 주도하고 창설을 옹호한 인물이다. 그는 영국 내에서 국제연맹 지지를 확산시켰고 훗날 스뮈츠와 함께 국제연맹위원회 영국 위원으로 활동했다. 세실은 열렬한 자유무역 국제주의자로서 상업과 국제법이 지배하는 세계와 분쟁의 평화로운 해결이라는 코브던의 구상을 공유했다. 그는 이러한 구상을 추진하는 방안으로서 국제연맹을 지지했고 국제연맹을 통해 "국제관계는 정글이라는 낡은 이론을 뿌리 뽑을 수 있다."라고 생각했다.[30] 그는 또한 국제연맹을 대영제국을 개혁할 수단으로 보았다. 영연방이 폭넓은 전후 체제의 모델이 될 수 있다는 데 대해서 스뮈츠만큼 확신하지는 않은 그는 대신 국제연맹에 미국을 끌어들여서, 영국과 프랑스의 자국 제국을 오스만제국 이전 영토까지 확장시키려는 유혹을 적극적으로 저지하게 만들고 싶어했다.[31] 그럼에도 불구하고 세실은 문명의 보루로서의 대영제국을 대단히 존중했다. 국제연맹은 영연방 국가들이 회의에서 보다 동등한 지위를 누리게 해줌으로써 대영제국에 활력을 불어넣게 되며, 이는 그들의 독립성을 강화하는 동시에 영국과의 연대의식을 강화한다고 보았다. 세실이 주장하듯이, "국제연맹 체제는 대영제국을 보존하는 이상적인 장치다."[32]

미국 측에서는 우드로 윌슨이 국가들의 자결과 평등에 대한 지지를 표명했다. 1916년 연설에서 그는 전후 연맹 창설을 지지한다고 선언하면서 미국이 이러한 원칙들을 전적으로 존중하는 데 실패했다고 시인했다.[33] 이러한 의미에서 그는 미국을 제국에 반대하는 입장에 놓았다. 그러나 제국에 대한 윌슨의 비판은 제한적이었다. 베르사유 회의에서 그는 편의에 따라 결정을 내렸고 유럽 제국주의에 대해 놀라울 정도로 미온적인 태도를 보였다. 애덤 투즈에 따르면, 문호개방시대부터 윌슨의 대통령 재직기간에 이르기까지 미국은 "제국의 인종적 위계질서나 세계를 인종으로 구분하는 질서를 개혁하는 데 관심이 없었다. 미국이 억누르기 위해 혼신을 다한 제국주의는 생산적인 식민지 팽창도 유색인종에 대한 백인의 지배도 아니고 하나의 세계를 여러 개의 영향권으로 나누려고 위협하는 프랑스, 영국, 독일, 이탈리아, 러시아, 일본의 '이기적'이고 폭력적인 경쟁 관계였다."[34] 윌슨은 제국을 비판했지만 유럽 국가들을 상대로 반제국주의가 아니라 반군국주의 의제를 제기했다. 국제연맹은 제국 간의 경쟁을 종식시키는 수단이며, 오직 장기적으로 볼 때만이 서서히 세계를 제국에서 멀어지는 방향으로 이끌게 된다고 보았다.

이러한 여러 방식으로 자유주의적 국제주의자들은 유럽제국 체제를 수용하거나 에둘러갔다. 이 시기의 자유주의적 국제주의자들은 제국과 제국주의를 거창한 논조로 비판했다. 민주통제연합(Union of Democratic Control)을 이끄는 인사들, 존 홉슨, 노먼 에인절, H. N. 브레일스퍼드(H. N. Brailsford), 헬레나 스완윅(Helena Swanwick)뿐만 아니라 레너드 울프 같은 사상가들도 국제연맹을 제국주의적 세계질서를 종식시킬 틀로 열렬히 찬양했다. 그러나 양대 세계대전 사이 기간 대부분의 영국 자유주의적 국제주의자들은 유럽의 제국주의 자체는 아니더라도 대영제국이 전후 질서에 반드시 있어야 할 일부라고 생각했다.[35] 대영제국 자체가 영연방으로 재편되면 제국은 서구체제 바깥에 존재하는 비자유적 질서영역이 아니라 법치와 제한적 정부를 확산시킬 수단으로 간주할 수 있었다. 영국은 예외라는 세계관 속에서 대영제국은 자유주의적으로 보였다.[36]

둘째, 19세기 동안 그리고 20세기 접어들어서도 한동안 자유민주주의국가들은 소규모 집단이었다. 자유주의적 사고에서 보면 이러한 나라들이 자국을 독특하다고 보는 게 당연했다. 과거와 단절하고 보다 계몽된 정치 원칙들을 수용한 근대 유형의 통치체라고 생각했으니 말이다. 자유주의 담론이 세계를 휩쓸고 부상하면서 자유민주주의국가들은 세계를 새로운 정치시대로 이끄는 선구자였다. 자유주의적 국제주의자들은 근대성의 힘이 세계의 면모를 바꾼다고 보았다. 앞장서는 나라들도 있고 뒤따르는 나라들도 있었다. 이러한 국제주의자들은 자유민주주의국가들이 주권평등이라는 동등한 입장에서 활동한다고 보았지만 보다 넓은 세계는 선진사회와 후진사회들로 이루어진 수직적 구조로도 보았다. 이렇게 세계에 위계질서가 있다고 보는 시각은 자유주의적 근대성의 발전 논리에 뿌리를 두고 있었고 세계를 자유 진영과 제국 진영으로 나누기 쉽게 만들었다.

세계질서를 구축할 방법을 모색하던 자유주의국가들은 하나같이 이러한 "내부" 질서를 바깥 세계와 구분했다. 에드워드 킨은 이를 국제정치에서 "질서의 이중적 속성"이라고 일컬었다. 자유민주주의 국가 간의 관계는 유럽 국가체제의 토대 위에 구축되었다. 이와 동시에 이러한 자유민주주의국가들과 유럽 바깥 세계 사이에 구축된 "외부" 질서는 유럽이 주도하는 식민지와 제국체제를 토대로 했다. 킨의 주장에 따르면, 이러한 유형들의 근대 국제질서는 각각 "나름의 목표에 매진하므로 나름의 독특한 이론과 제도적 구조를 갖추고 있었다."[37] 유럽 질서 혹은 서구 질서는 상호인정, 주권평등, 영토독립을 토대로 한 관계를 구축하는 데 매진했다. 유럽 외부의 질서는 특정한 문명 개념을 전파하고 이 문명이 나머지 세계에 주는 혜택을 확신시키는 데 매진했다. 유럽 외부에서 국가 간의 관계는 주권독립의 상호인정을 토대로 구축되지 않고 제국이 집행하는 개인의 권리와 사유재산권을 토대로 구축되었다. 킨이 지적하듯이, 이러한 양분된 세계관은 19세기 중엽 무렵 완성되었고 "문명국가들로 구성된 가족"과 "후진적이고 문명화되지 않은" 바깥 세계를 구분하는 특징을 보였다.[38]

근대 국제법의 발전은 이 두 세계 사이의 구분을 명문화하는 노력을 반영했다. 국제법은 17세기와 18세기 유럽 국가들이 부상하던 시대로 거슬러 올라간다. 국제법의 역사에 대한 서술 가운데는 유럽 국가 간의 관계를 규제하기 위해 법적 원칙들을 만들었고 훗날 이는 나머지 세계로 수출되었다는 주장도 있다.[39] 그러나 최근의 학술적 연구는 국제법이 서구의 지배를 영속시키기 위한 사고체계와 유럽제국이 만들어낸 복잡한 장치임을 조명하고 있다. 제니퍼 피츠는 기독교적 법률 사상에서부터 18세기 중엽 기념비적인 역작인 에메르 드 바텔의 《국제법(The Law of Nations)》의 영향을 받은 세속적인 보편적 개념에 이르기까지 18세기와 19세기 법적 정치적 조약들에 구현된 개념들을 추적하고 있다. 피츠는 이러한 국제법에 대한 초기 저작들이 "문명화된 세계"를 도덕 공동체로 통합하는 보편적인 이상을 구체화하는 작업이었음을 보여준다. 그러나 이러한 저작들에 담긴 보편주의와 동등한 대우는 유럽 중심적이고 배타적인 사고를 숨기는 경향이 있다. 계속 변화하는 "국제법"은 제국과 그 대리자의 행동을 정당화하고 영토를 팽창하고 다른 나라들의 선박을 압류하고 차별적인 무역 규정을 강요하는 법적인 토대를 제공하는 데 이용되었다.[40]

19세기에 국제법은 "문명화된" 국가 간의 공동체 영역들을 규정하고 유럽 제국주의의 법적인 토대를 마련한다는 목표를 추구하는 질서 구축 과제가 되었다. 서구 식민주의의 법적 행정적 특징들이 로런 벤턴(Lauren Benton)이 "제국주의적 헌법"이라 일컫는 보다 공식적이고 포괄적인 체제로 바뀐 시기가 바로 이 시기이다.[41] 식민지 관료들과 국제법률가들은 제국 관계를 명문화한 법적인 개념들을 정교하게 다듬었다. 제국의 조건들을 규정하고 규제할 법적인 구조를 마련하려는 노력이 이루어진 까닭은 제국에 종속된 이들의 정치적 속성이 불분명했기 때문이다. 식민지 피지배자들은 분명히 주권이 없었고 제국 내에세 법적인 지위를 지니지도 않았다. 이러한 종속된 정치체들 안에서 권리와 의무를 세분하는 방식으로 국제법을 구축하는 게 극복해야 할 난관이었다.[42] 영국이 가장 골몰한 대상은 인도였다. 변호사와 식민지 관료들은 식민지 원주민 엘리트 계층의 권한과 식민지 내부 문제들에 대한 제국의 관할권을 명시할 방안을 모색했다. 19세기 말 무렵 식민주의와 국제법을 양립시키려는 이러한 노력은 두드러지게 제국주의적인 법적 질서의 형태를 띠었다.[43]

국제법적 기반은 국제법이 문명세계와 낙후된 세계의 구분을 명문화하는 동시에 제국을 비판할 수단이 되기도 했다. 자유주의자들은 법률 용어를 이용해 서구가 낙후된 지역을 문명화하는 사명, 국가들의 위계질서, 사람들의 권리와 정치적 입장 등에 대해 갑론을박했다. 앤드루 피츠모리스(Andrew Fitzmaurice)에 따르면, 19세기에 법률가들이 제국에 대해 회의적이었던 까닭은 이상주의나 인도주의 때문이 아니라 제국이 자유를 훼손하는 효과에 대해 우려했기 때문이다. 영국, 프랑스, 미국에서 일어난 근대 혁명들은 제국이 위협한 자유를 쟁취했다. 피츠모리스가 지적하듯이, 제국은 "자의적인 통치와 절대주의가 유럽에 귀환할 공간을 조성했다."[44] 19세기에 아프리카를 두고 각축전이 벌어지면서 법률가들 사이에 논쟁은 격화되었다. 일부 자유주의적 개혁가들은 국제법을 제국들의 협력을 촉진해서 유럽이 평화를 위협하지 않고도 계속 제국을 팽창시킬 수 있는 수단으로 보았다. 이게 바로 1885년에 열린 베를린회담의 의제였다. 오토 폰 비스마르크 독일 총통이 주관하는 가운데 유럽 강대국들은 아프리카의 식민지 경계선(대부분이 오늘날에 그대로 남아있다.)을 어떻게 그을지 논의하기 위해 모였다. 국제법률가들은 주권, 사유재산, 제국의 권리 등에 대한 법적 근거를 명확히 하기 위해 이 회의에 소환되었다. 제국을 비판하는 자유주의자들은 자유민주 진영 내에서 취약한 권리와 자유에 대해 우려했고, 유럽이 국제법을 이용해 제국 정복의 새 시대에 진입하지 못하게 하려고 애썼다.

이러한 국제법 영역들은 자유주의적 국제주의자들이 창안하지 않았다. 그러나 자유주의자들이 국제질서의 애매모호한 특성을 토대로 그들 나름의 정치적 과제의 기반을 마련한 건 사실이다. 계속 변하는 제국의 국제법은 자유주의적 국제주의에 두 가지 의미가 있었다. 한편으로는, 제국주의가 점점 국제법 틀 안에서 논의되므로 자유주의적 국제주의자들은 제국을 (영국인들의 경우 적어도 자국의 제국을) 법과 협력이 지배하는 세계라는 구상과 양립시키기가 훨씬 쉬워졌다. 그러나 다른 한편으로는, 장기적으로 볼 때, 이러한 제국적 법질서는 법률가와 정치운동가들이 제국에 반대하는 데 사용할 원칙과 제도들을 제공해주기도 했다.

셋째, 빅토리아시대와 20세기 초의 자유주의적 국제주의는 인종적 문명적 위계질서 개념들과 얽히고설켜 있었고, 서구 진영이 자유주의와 제국에 대해 논의할 때 그 저변에 암묵적으로 깔려있는 규범적인 가정들이었다.[45] 인종적 문명적 위계질서 개념들은 자유주의가 등장하기 훨씬 전부터 존재했다. 고대 그리스와 로마는 문명세계와 야만세계를 구분했다. 이러한 개념들은 인종과 문화를 불문하고 정복, 종속, 착취가 벌어지는 곳이면 어디든 존재했다. 19세기 서구 사상가들이 인종적 문화적 우월성을 세계질서를 구축하려는 노력에 적용한 건 놀랄 일이 아니다. 그리고 이러한 개념들은 다시 유럽이 제국을 건설하고 식민지를 지배하는 실제 경험에 영향을 주었다.[46] 이러한 개념들과 이미지들이 자유주의적 국제주의에 엮여 들어갔다.

문명 혹은 문명세계라는 용어의 역사는 오래되었고 여러 가지 의미를 지니지만, 19세기에 이 용어는 유럽 사상가들이 다른 지역 사람들과의 관계에 있어서 서구사회의 특성을 묘사할 때 널리 이용했다. 문명이라는 용어는 유럽 사회는 발달된 제도와 문화를 지니고 있으므로 다른 사회들과 구분된다는 뜻을 내포했다. 문명사회와 문명화되지 않은 사회를 구분해주는 구체적인 가치들이 무엇인지에 대해서는 대략적인 합의만 존재했다. 그러나 문명은 인정받는다는 의미였다. 문명인, 문명국가라 함은 세계를 주도하는 가장 발전한 정치공동체의 일원으로 인정받는다는 뜻이었다. 그렇게 인정받은 이들은 이러한 특권을 누리는 나라들이 모인 집합체의 규정과 규범에 따라 대우받았다.[47] 예컨대, 아메리카 식민지들은 대영제국에서 분리 독립하면서 "인류의 견해를 존중"한다는 점을 입증함으로써 이러한 인정을 받으려 했다.[48] 이러한 의미에서 문명은 세계질서의 안쪽 영역과 바깥쪽 영역을 구분하는 경계선이었다. 문명은 주권을 행사하는 평등한 나라들을 중심으로 조직화된 국제사회를 나머지 모든 이들로부터 구분해주었다.

19세기 말 문명은 점점 법적인 원칙이 되었고 게릿 공(Gerrit Gong)이 "문명의 표준"이라 일컫는 구체적인 특징들을 보이기 시작했다. 이러한 특징들은 자유를 누릴 권리, 사유재산권, 상업행위를 할 권리, 조직화되고 효율적인 정치 관료, 국제법 준수, 국내 사법체계, "문명화된" 사회적 문화적 관행들의 수용 등이었다.[49] 이는 사실상 유럽의 기준으로서 유럽제국이 다른 지역을 "문명화할 사명"과 연관되어 있다. 1885년 베를린회의에서 유럽제국들은 이 문명이라는 담론을 이용해 유럽제국들과 아프리카 등 다른 식민지 주민들 간의 관계를 규정했다. 베를린 법안에 조인한 이들은 "아프리카 특정 지역들에서 무역과 문명의 발전에 가장 바람직한 여건들을 조성하고 원주민 부족들을 보존하는지 서로 감시하고, 원주민에게 문명이라는 축복을 누리도록 인도한다는 목표와 더불어 원주민들의 도덕적 물질적 안녕에 필요한 여건들을 개선하기로" 합의했다.[50]

세계를 "문명화된" 사람들과 "낙후된" 사람들로 구분하는 개념은 문화와 인종에 따른 인위적인 구분이었다. 서구 진영이 지닌, 인종과 문명에 따라 조직화된 세계의 모습은 적어도 유럽의 발견의 시대까지 거슬러 올라간다. 자유주의 전통 초기의-존 로크와 미국 건국의 아버지들부터 시작해서- 많은 인물이 그들이 지닌 계몽된 정치적 원칙들을 너무 쉽게 노예제도와 원주민 학대와 타협시켰다. 19세기에 적응과 자연선택이라는 다윈의 개념들이 등장하면서 인종에 따라 구축된 세계질서 개념은 진보라는 개념과 약소국과 강대국으로 세계를 구분하는 개념에 노골적으로 연관되기 시작했다. 허버트 스펜서(Herbert Spencer)는 "한 집단이 다른 집단을 정복하는 행위는 반사회적 인간을 사회적 인간이 정복하는 행위이든가, 엄밀히 말해서, 적응력이 뒤떨어진 이들이 적응력이 뛰어난 이들을 정복하는 행위이다."라고 말했다.[51] 서구 사상가들은 유럽 백인을 정점에 놓은 발전적 위계질서와 제국을 정당화하는 방편으로 인류 진보의 위계질서에 대한 개념들을 정교하게 다듬었다.[52] 서구 국가들이 다른 지역을 문명화한다는 사명은 백인이 유색인종에게 그들의 사회가 발전하기 위해서 사회를 어떻게 조직화해야 하는지 가르쳐주는 과제가 되었다. 여기서 조금만 더 나아가면 키플링의 시 〈백인이 짊어진 짐(The White

Man's Burden)〉이 된다.[53]

미국에서 윌슨의 자유주의에도 문명과 인종의 위계질서 개념들이 녹아있었다. 윌슨의 인종차별주의와 그의 자유주의를 양립시킬 방법은 이 두 가지를 서로 분리해서 보는 방법이다. 그의 인종차별주의는 미국의 노예제도와 남북전쟁에 뿌리를 두고 있다. 이로 인해 윌슨은 연방공무원 업무에서 인종분리정책을 썼고, 나라 안팎에서의 인종차별 관행 앞에 무릎을 꿇었다. 도덕적 이상주의자로서의 윌슨은 평등과 자결이라는 자유주의적 국제주의 원칙들을 내세웠다. 스티븐 스코로넥(Stephen Skowronek)에 따르면, 윌슨의 자유주의는 남부 출신인 그가 인종에 대해 지닌 태도와 분리할 수 없다. 윌슨이 자결 원칙을 수용하기로 한 결정은 남북전쟁 후 남부 주들의 재건에 미국 연방정부가 너무 고압적으로 관여했다고 비판해온 그의 입장의 연장선상이라고 볼 수 있다. 스코로넥은 다음과 같이 주장한다. "윌슨은 '어떤 국민이든 자기들 나름대로 정치체를 결정하고 강대국과 마찬가지로 약소국도 제약받지 않고, 협박받지 않고, 두려움을 느끼지 않고 나름의 방식으로 발전'하는 세계상을 제시하면서 사실상 미국 남부의 주장을 미국의 주장으로 바꿔 세계무대에 올린 셈이었다."[54] 윌슨은 재건 시대 동안 남부의 시각을 통해 세계를 바라보았기 때문에 무력을 이용해 충성을 강요하고 자기들의 지배를 강제하는 강대국들을 비판했다. 같은 이유로 그는 미국독립전쟁 동안 아메리카 식민지들에 대한 영국의 정책에 반대한 에드먼드 버크의 입장을 공유했다. 힘의 정치 주체는 "문명"인이었다. 낙후된 지역 사람들은 문명세계에 받아들여지고 자결원칙의 혜택을 누릴 역량이 있어야 제국의 지배로부터 보호를 받을 수 있었다. 스코로넥은 다음과 같이 결론을 내린다. 이렇게 윌슨의 구상은 양날의 칼이었다. 윌슨은 힘의 정치에 대한 비판을 "인종적 위계질서"와 결합시켰고, 이를 통해 강대국들이 약소국 주민들을 발전된 미래로 이끄는 보호자 역할을 해야 한다는 입장을 지지하는 동시에 유럽 강대국들이 서로 경쟁하면서 추구하는 군국주의적 정책에 반대했다.[55]

윌슨을 비롯해 베르사유 회의에 참석한 미국과 유럽 관료들은 사회적 인종적 정의에 대한 신념은 둘째치고 인권에 대해서도 그리 폭넓은 구상을 하지는 않았다. 국제연맹 창립 헌장은 인권을 언급하지 않았다.[56] 윌슨은 "보편적인" 권리와 가치를 언급하면서도 인종과 문명에 대해 서구가 지닌 개념들을 비판하지 않았다. 국제연맹 규약 초안을 작성하는 과정에서 일본은 인종 평등에 대한 결의안을 제시했다. 일본 대표 마키노 노부아키 백작은 국가들의 평등이 국제연맹의 토대가 되는 개념이므로 규약은 모든 인종과 국적을 존중한다는 원칙을 명문화해야 한다고 주장했다. 윌슨은 종교의 자유에 대한 결의안을 고려했고 어느 시점에 가서는 종교의 자유를 일본이 제안한 결의안과 통합하는 방법도 생각했다. 그러나 결국 그는 인종 평등에 대한 결의안을 기각하고 현실정치의 압력에 무릎을 꿇었다. 영국은 인종 평등에 대한 결의안을 위협으로 보았다. 특히 이 결의안을 호주의 이민과 관련한 "백호주의 정책"에 대한 위협으로 보았다. 규약에 대한 영국의 지지를 잃을까 봐 두려워했던 윌슨은 만장일치 조항을 발동해 이 결의안을 기각시켰다. 나오코 시마즈가 생생하게 기록한 이 상황을 보면 윌슨은 미국에서 인종분리정책에 미칠 영향 때문에 인종 평등 결의안에 반대한 것도 아니고 "개인적으로 보편적 원칙으로서의 인종 평등에 대한 신념을 지니고 있지도 않았다."[57] 그는 세계질서에 대한 포괄적인 자유주의적 구상을 지니고 있지 않았다. 그는 인종 평등보다 국민의 자결주의를 강조했고 자결주의 자체는 위임체제를 통해서 강대국들이 관리하도록 되어있었다. 그는 대부분의 다른 사회적 목적들은 기꺼이 타협하거나 묵살했다.

마지막으로, 가장 기본적인 차원에서 19세기와 20세기 전 기간에 걸쳐 자유주의적 국제주의자들은 지속적으로 세계의 모습을 변모시키는 역동적이고 진보주의적 힘들이 국제관계를 결정짓는다고 보았다. 앞서 지적한 바와 같이, 이러한 구상은 자유주의의 계몽주의적 기반에 그 뿌리를 두고 있다. 과학, 기술, 발견, 학습이라는 심오한 힘들이 끊임없이 인간사회를 바꾸고 있다. 근대성이라는 개념은 이러한 역동적인 힘들이 펼쳐지면서 야기하는 결과와 논리를 포착하려는 시도이다. 진보라는 개념은 근대 삶에 내재된 변화가 사회들이 각자 처한 여건을 개선할 기회를 창출해준다는 의미이다. 근대성과 진보적인 변화에 대한 이러한 개념들은 자유주의적 국제주의 개념들과 얽히고설켜 있고, 이를 통해 자유주의자들은 제국을 세계가 발전하는 과정에서 나타나는 전환기적인 산물로 보았다.

근대성과 발전에 대한 이러한 구상은 여러 겹이 층을 이루고 있다. 그중 한 층은 자본주의와 시장사회의 역동적인 변화의 시각이다. 근대 세계를 도래하게 한 서구 자본주의와 산업화 체제는 대단히 팽창적이다. 무역, 투자, 교류는 사회를 바깥으로 밀어낸다. 영토를 지닌 국가가 제지하지 않는 한 자본주의는 본질적으로 국가를 초월한다. 힘을 투사할 자본, 기술, 역량을 지닌 사회는 이러한 팽창 과정을 지배한다. 개방적이고 상호의존적인 자유주의적 국제질서에 속한 사회들은 끊임없는 변화의 과정에 놓이게 된다. 국가들이 서로 교역하면서 서로 다른 산업과 부문들은 필연적으로 흥망성쇠를 겪게 되고 기업과 근로자들은 이러한 환경에 적응해야 한다. 개방적인 사회가 지닌 불안정성과 취약성이 변화를 추진하는 정치적 힘을 만들어낸다. 이러한 자본주의의 역동성이 반드시 공식적인 제국체제로 이어지지는 않는다. 유럽 제국주의는 자본주의의 팽창 논리를 추구하긴 했지만 말이다. 그러나 자유주의적 국제주의는 대단히 수정주의적 가정들을 담고 있다. 자유주의적 국제주의자들은 자유민주주의국가들이 구축한 세계가 끊임없이 방해받고 훼손되고 침해당하고 전복된다고 본다.[58]

또 다른 층은, 20세기 초 일부 자유주의적 국제주의자들이 자본주의와 시장의 힘은 본질적으로도 항구적으로도 제국의 이익과 일치하지 않는다고 주장했다는 사실이다. 코브던주의 전통을 따르는 자유주의자들은 무역과 경제적 상호의존성을 근대 산업화 사회들을 중심으로 조직화된 평화로운 질서의 구성 요소들로 보았나. 존 홉슨은 제국주의적 충동은 과두적 자본주의에서 비롯되고 따라서 보다 진보주의적 경제체세를 통해 억누를 수 있다고 주장했다. 노먼 에인절은 자본주의 사회들 사이의 경제적인 상호의존성이 지속적으로 증가하면 전쟁은 점점 비합리적인 선택이 된다고 주장했다. 조지프 슘페터(Joseph Schumpeter)는 유럽의 제국주의는 전근대적 사회형태에 뿌리를 두고 있으며 근대 자본주의가 확산되면 제국주의는 침식된다고 주장했다. 제국은 자본주의가 승리했음이 아니라 자본주의의 지배는 완결되지 않았음을 보여주며, 구체제, 귀족, 민족주의자, 군국주의 세력들이 자본주의의 완전한 승리를 저지하고 있다고 보았다.[59] 이러한 이론들을 보면, 시장자본주의는 본질적으로 제국주의로 흐르는 성향을 띠게 되는 게 아니라 장기적으로 볼 때 제국을 종식시키는 방향으로 작동할 수 있다. 자본주의에 반제국주의가 내재되어 있지는 않지만 공식적인 제국을 종식시키는 방향으로 그 형태를 가다듬고 유도할 수 있다.[60]

가장 심오한 차원은 근대화 논리와 전 세계적으로 자유민주주의가 확산되면서 공교롭게도 자유주의자들이 제국을 추구하고픈 충동을 자극했다는 점이다. 자유주의자들은 근대화의 힘이 사회들을 자유민주주의로 이끈다고 확신했고, 이러한 확신을 바탕으로 그들은 세계의 경제적 정치적 위계질서를 미완의 혁명이 낳은 결과라고 해석하고 옹호했다. 이 위대한 행군에 앞장선 유럽과 서구 민주주의국가들은 근대성을 구현했다. 존 스튜어트 밀 같은 자유주의자들은 자치를 가장 발달한 형태의 정부라 일컬으면서도 세계 대부분 지역은 아직 자치를 할 준비가 되어있지 않다고 주장했다. 이 거창한 근대주의적 구상에 따르면, 디페시 차크라바티(Dipesh Chakrabarty)가 적확하게 표현했듯이, "인도인, 아프리카인을 비롯해 다른 '야만스러운' 나라들은 역사에서 상상 속의 대기실에 배정된다."[61]

제국에 맞선 자유주의적 국제주의

자유주의적 국제주의에는 제국을 구축하고픈 충동도 있지만, 제국에 반대하고픈 충동도 있었다. 19세기 말 미국과 유럽의 자유주의 사상가들은 제국과 식민주의 반대 운동에 목소리를 보탰다. 양대 세계대전을 겪고 난 후 수많은 자유주의적 국제주의자들, 특히 미국의 자유주의적 국제주의자들은 국제연맹과 유엔을 자결권과 주권평등의 원칙을 포용하는 기구로 찬양했다. 따라서 이 기구들이 제국에서 벗어날 길을 제시한다고 생각했다. 20세기가 전개되면서 자유주의적 국제주의자들은 점점 탈제국시대의 세계질서 형태를 구축하는 데 매진했다. 이러한 방향 전환은 제2차세계대전 중 제국과 영향권을 둘러싸고 미국과 영국 간에 벌어진 갈등에서 나타났다. 제국에서 벗어나려는 움직임은 1940년대와 냉전 중 자유주의적 국제주의를 일신하려는 노력의 일환으로 등장했다. 이때 미국은 자국의 확장되는 지정학적 이익을 추구하고 전후 질서를 구축하면서 주권국가를 중심으로 조직화된 세계를 지지했다. 여러 가지 중요한 측면에서 자유주의적 국제주의를 제국과 제국주의에 맞서도록 한 주인공은 서구 진영이 아니라 비서구 진영이었다. 그들은-그 성격은 보편적이나 기원과 목적에 있어서는 도구적인-개념과 원칙들을 취해 주권, 권리, 통치에 대한 투쟁에 응용했다.

윌슨시대의 자유주의적 국제주의는 세계적인 개념들을 제시했지만 낡고 편협한 서구의 인식을 그대로 유지하고 있었다. 윌슨과 그의 동지들이 제시한 자유주의 질서의 구상은 "보편적"이기보다는 "문명" 중심적이었다. 국제연맹은 보다 넓은 세계에 문호가 개방되어 있지만, 서구 자유민주주의국가들을 중심으로 조직화되었다. 주권국가들로 구성된 공동체에 합류할 만큼 성숙했다고 간주되지 않는 나라들은 자격을 갖출 때까지 기다려야 했다. 에드워드 킨에 따르면, 국제연맹에는 문명의 "국제화"라는 함의가 있었고 따라서 회원 자격과 지위의 보편성이나 세계적 범위에는 제한이 있었다. "문명세계의 경계를 규정하는 데 있어서 이념이 더 중요해지기 시작했지만, 신설된 국제기구 회원이 되려면 갖춰야 할 자격요건이 있고 따라서 주권을 행사할 지위를 인정받을 나라들을 결정하는 데 있어서 인종차별은 여전히 중요한 요소였다."[62]

제2차세계대전 후 질서를 재건하고 유엔을 창설하면서 이러한 문명 중심적 시각, "문명국들로 구성된 공동체"와 나머지 세계의 구분은 보다 보편적이고 포용적인 개념으로 바뀌었다. 킨은 다음과 같이 주장한다. "간단히 말해서 이렇다. 유엔은 평화를 수호하고 세계 문명을 발전시키는 과제를 추구하는 데 있어서 보편적인 참여와 더불어 전 세계 국민들로 구성된 기구를 지향했거나 아니면 곧 그렇게 되었다. 반면 국제연맹은 무엇보다도 우선 문명국가들의 기구였고 문명국가들이 세계의 모든 국민들을 대신해서 집단적으로 활동했다." 전후 국가, 국민, 주권, 문명이라는 개념들은 사람들 간에 사회적인 위계질서가 있다고 본 19세기 개념에서 점점 벗어나고 있었다. 킨이 지적하듯이, "유엔체제의 발전은 유럽 외의 지역 거주민들도 유럽인들 못지않게 문명화되었다는 인식에 발맞춰 그들에 대한 보다 포용적인 태도를 반영했다."[63] 1919년과 1945년 사이에 변한 점은 서로 다른 지역과 문명에 속한 사람들과 사회들이 도덕적 법적 주체로서 서로 어떻게 관련되어 있는지에 대한 인식이었고, 이러한 움직임은 부분적으로는 주권평등의 개념이 보편적인 개념이 되었음을 인정한 데서 비롯되었다.[64] 그러나 또한 "국민의 권리"라는 개념이 점점 부각된 데서 비롯되기도 했다. 즉, 모든 인간은 바로 인간이라는 사실로 인해, 양도할 수 없는 본질적인 권리를 지닌다는 주장이 확산되었기 때문이다.

이러한 변화의 배경에는 근대성과 문명에 대한 시각이 바뀌고 있었다는 점도 있다. 문명 자체는 지적인 구조물로서의 입지가 약해지고 있었고, 근대성은 서구를 중심에서 밖으로 확산되는 것으로 간주되지 않았다. 서구 대 비서구로 구분-더 이상 옹호할 수 없는 시각이 되었다.-하는 대신 자유민주 진영과 비자유 진영으로 새롭게 구분하게 되었다. 근대성은 이러한 정치적 공간의 양쪽 진영 모두에게 힘을 실어주었다. 제2차세계대전에서 문명의 편은 폭력과 침략을 정당화하기 위해 과학적 인종이론을 이용한 유럽의 강대국 나치독일에 맞서 투쟁했다. 과학적 인종이론은 19세기에 유럽제국들이 "낙후된" 비유럽지역 주민들에 대한 지배를 정당화하기 위해 사용한 개념이다.[65] 이러한 의미에서 문명이라는 개념을 토대로 두 가지 세계질서인 문명국가들로 구성된 서구체제와 낙후되고 문명화되지 않은 그 밖의 세계를 정당화한 낡은 개념은, 비유럽인들이 서서히 "문명국가들의 공동체"에 합류했기 때문에 붕괴된 게 아니다. 문명국들-독일, 일본, 러시아-이 비문명세계에 합류했기 때문이었다.[66]

5장에서 지적한 바와 같이, 이러한 사고의 변화는 전쟁이 진행되는 동안 미국에서 일어났고 냉전시대 내내 지속되었다. 파시즘과 전체주의가 부상하면서 루스벨트와 그의 동시대인들은 문명, 인종, 국가에 대해 그들이 지니고 있던 생각을 버리고 자유주의와 근대성의 속성에 대해 다시 생각하게 되었다. 자유주의적 자본주의 질서에 대한 위협이 이제 서구 내부에서 비롯되고 있었으므로 문명화 여부는 더 이상 인종이나 문화나 지리적 위치에 따라 규정할 수 없게 되었다. 이러한 정서는 1939년에 출간된 레너드 울프의 짧은 저서《성 밖의 야만인들(Babarians at the Gate)》이 잘 포착하고 있다. 이 책에서 울프는 다음과 같이 주장한다. 문명은 지리적 구성물도 아니고 심지어 문화적 구성물도 아니며, 인간 공동체 내에서 개인의 행동을 규제하는 방식일 뿐이다. 유럽은 폭력, 폭정, 포식자적 행동을 제약할 독특한 접근방식을 찾아냈을지 모르지만, 문명은 세계 전역에 널리 분포되어 있다. 문명의 안티테제 또한 널리 분포되어 있다. 이를 울프는 야만주의라고 일컫는다. 제2차세계대전이 발발하기 전날 이 글을 쓴 울프는 다음과 같이 주장한다. "따라서 야만인은 성 밖에만 있는 게 아니다. 야만인은 항상 우리 문명을 둘러싼 장벽 안쪽에도 도사리고 있고, 우리의 정신과 마음속에도 웅크리고 있다."[67] 자유민주 진영에 대한 위협이 외부가 아니라 내부에서 비롯된다는 이러한 정서로 인해 미국과 유럽의 국제주의자들은 그들이 지닌 원칙과 과제를 다시 생각하게 되었다.

미국의 자유주의적 국제주의자들은 그들이 추구하는 과제를 유럽 제국주의 유산으로부터 분리시키는 노력을 보다 진지하게 기울이기 시작했다. 이렇게 분리하려는 노력의 원동력은 주권과 자결권에 대한 개념들이 바뀌고 지정학적 이익, 대공황, 서구 자유민주국가들 내에서 전쟁 상황의 정치 등이 대대적으로 변했을 뿐만 아니라 전쟁이 초래한 직접적인 갈등과 영미 관계가 변했기 때문이기도 하다. 미국은 영국이 제국에 대해 지닌 애착을 공유하지 않았고, 세계가 제국에서 벗어나야 할지 여부와 벗어난다면 어떻게 벗어날지를 두고 서구 진영 내부에서는 균열이 생겼다.[68] 이는 1941년 대서양헌장 회의에서 가장 분명히 드러났다. 이 회의에서 루스벨트와 처칠은 대영제국의 특혜체제의 미래와 주권과 자결권 원칙을 두고 이견을 보였다.[69]

지정학의 논리

이 시기에 네 가지 독특한 힘이 미국과 자유주의적 국제주의 과제로 하여금 제국에서 멀어지게 하고 있었다. 첫째, 지정학적 이익의 직접적인 역할이 있었다. 세계 강대국으로 부상하던 미국은 장기적으로 볼 때 자국의 이익이 제국의 해체와 일치한다고 보았다. 루스벨트와 미국 관료들은 유럽 제국주의가 쇠락하고 있고 필연적으로 국민 저항 운동에 직면할 불안정한 형태의 질서라고 보았다. 신중하고 선택적으로 미국은 이러한 운동들과 연대해 그 영향력을 확산시키고 다른 강대국의 힘을 약화시켰다. 이러한 지정학적 계산은 전쟁 중에 구체화되었는데 미국이 개방적이고 안정적인 전후 세계체제에서 이득을 보게 되는 상황이었다. 단호하게 반제국적인 성향을 띤 대전략적 "충동"이었다.

지리적 여건과 역사적 시기도 도움이 되었다. 1930년대에 제국과 제국의 영향권이 지배하는 세계체제에서 부상한 국가인 미국의 전략가들은 미국이 강대국이 될 수 있는지, 자국이 위치한 서반구 안에서 고립된 채로 계속 머무를 수 있는지를 두고 갑론을박하기 시작했다. 미국이 강대국으로서 살아남으려면 "대권역(grand area)"은 얼마나 넓어야 할까? 전쟁 중 대략적인 합의가 도출되었다. 대권역은 세계를 아울러야 했다.[70] 미국은 세계 대부분의 지역에 있는 시장과 원자재에 접근해야 했다. 미국 관료들은 자유주의적 국제주의자들뿐만 아니라 다른 이들도 자국의 이익이 제국 블록들과 영향권을 해체하고 개방적인 세계체제를 구축하는 데 달려 있다고 보았다. 미국은 제국을 중심으로 조직화하는 낡은 유형의 개념이 아니라 문호개방과 자결권을 증진하는 세계 규정과 제도들을 지지했다. 이상주의적인 이유에서가 아니라 유럽, 아시아를 비롯한 다른 지역들을 무역과 투자와 외교에 개방하기 위해서였다. 뒤늦게 강대국으로 부상하고 지리적으로 고립된 여건 덕분에 미국은 세계질서를 조직화하는 미국 나름의 접근방식을 택했다. 미국은 세계 주요 지역을 개방하고 이러한 지역들과 자국을 연결시켜야 했기 때문에 세계화를 지향했다. 이는 다시 개방성, 비차별, 자결권 같은 반제국적 원칙들을 주장할 유인책이 되었다. 미국이 최초로 "전 세계를 아우르는 제국"을 건설했다고 한다면 이는 보편적 원칙과 다자주의 규정과 제도를 고양시키고 제국이라는 낡은 조직화 논리를 전복시킴으로써 가능했다.

미국의 독특한 지리적 여건은 미국이 힘을 투사하는 방식에도 영향을 미쳤다. 20세기에 미국을 제외한 다른 강대국들은 모두 유라시아 대륙에 위치하고 있었고 따라서 경쟁상대인 강대국들과 이웃하고 있었다. 그러나 미국은 망망대해를 사이에 두고 유럽과 아시아와 떨어져 홀로 있었다. 따라서 미국은 역외에서 힘의 균형을 잡는 역할을 하는 데 잠재적으로 쓸모가 있었다. 전후 유럽과 동아시아 국가들은 자국이 위치한 역내에 미국을 끌어들여 경제와 안보에서 균형을 유지하는 역할을 하게 만들 방법을 모색했다. 그들은 미국의 군사적 안보 보장 약속이 역내 안보 문제를 해결하는 데 도움이 될 방법을 모색했다. 예컨대, 프랑스와 영국은 미국이 보다 폭넓은 지역 체제로서 지속적으로 안보를 보장하기를 바랐고, 이를 통해 서독을 유럽에 통합시키고 싶어했다. 일본은 미국과의 동맹관계를 이용해 안보 문제를 해결하고 경제성장과 근대화할 길을 모색했다. 이러한 상황들로 인해 미국은 다른 나라들과의 관계에서 제국주의적이 아니라 패권적 지위를 얻게 되었다. 미국은 이러한 지역들로부터 지리적으로 멀리 떨어져 있었기 때문에 다른 나라들에게 덜 위협적이었고 따라서 유럽과 동아시아는 미국의 지배를 받을 가능성보다는 미국에게 버림받을 가능성을 더 우려했다. 미국은 자국의 안보 약속을 상대편이 신뢰할지에 대해 우려했다. 적어도 미국과 동맹을 맺은 나라들의 입장에서 보면, 미국이 안보를 보장하도록 함으로써 얻는 장점이 미국 휘하에 위치한 동반자나 보호국 처지가 됨으로써 지배받고 자치권을 상실할 위험보다 더 컸다. 미국이 지배할 가능성이 없었다는 게 아니라 미국의 특성상 약속을 이행하고 힘의 행사를 자제할 제도들을 구축하고 타협하게 되었다는 뜻이다.[71]

바로 지리적 여건과 시기라는 요인들이 미국으로 하여금 반제국적 질서 구축 논리의 일환으로서 국가수립과 자치를 향한 국민운동을 지지하게 만들기도 했다. 강대국이 약소국을 직접 지배할 수 없다면 차선책은 그 약소국의 주권과 독립을 지지해서 미국의 경쟁상대인 다른 강대국이 약소국을 지배하지 못하게 만드는 방법이었다. 예컨대, 이언 총(Ian Chong)은 미국이 동아시아에서 배제되지 않게 만들 방편으로 동아시아 국가들의 주권과 자결권을 지지했다고 주장한다. 강대국들은 할 수만 있다면 직접적인 지배를 선호하겠지만, 서반구 바깥에 위치한 대부분의 지역에서 이는 미국에게 현실적인 선택지가 아니었다. 따라서 전후에 미국은 중국, 인도네시아, 태국 같은 나라들에서 국민 자결권 운동을 지원했다.[72] 이언 총이 보기에 미국만 독특하게 "차선책" 전략을 택하지는 않았다. 영국을 비롯한 다른 유럽 국가들도 특정 지역의 지배를 노리는 경쟁 국가들을 방해하기 위해서 개발도상 지역 도처에서 주권독립과 자결권을 지지했다.[73] 그러나 지리적 여건과 역사적 시기 덕분에 이는 미국이 가장 적극적으로 이용한 전략이 되었다.

미국이 등장해 20세기 국제질서를 구축한 방식은 독특했다. 미국은 다른 주요 국가로부터 비교적 고립된 상태에서 막강해졌고 제국의 파고가 드높던 시기 동안 세계 강대국이 되었다. 미국은 자국이 위치한 지역 바깥에서 정복을 통해 강대국이 되지 않고 전후시대에 지정학적 구조가 바뀌면서 생긴 공백을 메움으로써 강대국이 되었다. 어떤 의미에서 보면 미국은 유럽대륙의 강대국이 될 방법을 모색하지 않고 역외 강대국으로서 유럽의 정세에 영향을 미치려고 한 19세기 영국과 비슷했다. 미국은 아시아와 유럽에서 다른 나라들의 안보를 보장하고 대륙 강대국들이 지배하려는 시도를 방해한다는 점에서 비교우위를 누리고 있었다.[74] 영국과는 달리 미국은 동맹과 보호국 체제를 통해서 이를 달성했다. 미국은 보편적인 원칙과 다자주의 규정과 제도들을 확산시킴으로써 세계질서를 구축했다.[75] 이러한 지배 수단들은 제국주의적이라기보다 패권적 질서를 구축하는 경향이 있었고, 자유주의적 국제주의자들에게 탈제국주의적 질서를 주장할 기회를 제공했다.

자유주의적 국제주의 개념들

자유주의적 국제주의와 제국을 분리시킨 두 번째 힘은 그 개념들 자체였다. 자유민주 진영 내에서 그리고 서구 진영 바깥에서 벌어진 정치 운동을 통해 여과된 개념들 말이다. 루스벨트의 4대 자유와 대서양헌장은 이러한 개념들을 가장 일괄적으로 담고 있는데, 이는 전시에 민주 진영 지도자들이 전쟁에 국민을 동원하려는 노력으로 볼 수도 있다. 이런 의미에서 그러한 개념들은 목적을 달성하는 수단의 역할을 했다. 루스벨트에게 대서양헌장은 미국 국민에게 임박한 참전을 정당화하는 방편이었다. 유럽에서 나치에 예속된 나라들과 중립국들에게 더 나은 세계가 도래하리라는 자유민주적 구상을 제시함으로써 나치의 선전에 맞서는 노력이었다. 그러나 보편주의적 원칙들을 다른 목적을 달성하기 위한 수단으로서 언급했다고 해도 그러한 원칙들이 일단 담론에 진입하면 이념적 투쟁의 장의 일부가 되고 이러한 장을 바탕으로 정치적 투쟁이 전개된다.[76]

물론 일부 자유주의적 국제주의자들은 자유주의를 제국으로부터 분리시키는 과제에 매진했다. 루스벨트에게 전후 기획에 대해 자문한 최측근 섬너 웰스-대서양헌장과 훗날 유엔 창설에 큰 영향을 준 인물-는 전시에 영국과의 협상을 이용해 영국을 제국에서 이탈하도록 유도하려고 진심으로 노력했다. 그를 비롯한 윌슨주의자들은 1919년의 실패를 곱씹어보는 데 1930년대를 바쳤고, 협력적인 세계질서를 구축할 새로운 방법을 모색했다. 그리고 이 질서는, 웰스의 말을 빌리자면, "모든 나라가 법적인 평등을 누리고 효과적인 국제법과 도덕적 질서를 받아들이는" 질서였다.[77] 웰스는 전후 세계에서 제국의 정치적 입지를 약화시킬 원칙들을 제시하려 했다.[78]

그러나 이러한 원칙들에 힘이 실린 까닭은 자결권과 주권평등이 폭넓게 이용되었기 때문이다. 이러한 투쟁은 여러 개의 전선에서 펼쳐졌고 서구 진영 내에서, 서구 진영과 비서구 진영 간에 벌어지는 지정학적 이념적 충돌과 운동들의 원동력이 되었다. 이는 단순히 또는 우선적으로 서구의 개념과 제도들을 외부 세계에 확산시킨 사연이 아니라는 뜻이다. 비서구 진영 주민과 사회는 서구 진영이 자기 진영을 위해 개발한 원칙과 제도들을 취해 독립투쟁을 할 때 그들 나름의 목적을 추구하는 데 적용했다. 1964년 탈식민지운동을 지켜본 루퍼트 에머슨(Rupert Emerson)은 다음과 같이 말했다. 비서구 진영 사람들이 "평등, 민주주의, 자결권을 요구할 때 그들이 현재의 통치자와 이전의 통치자들에게 요구하는 바는 바로 이 통치자들이 그들에게 제시하면서 자기들 것이라고 주장한 이상적인 개념들에 부응하라고 요구하는 셈이다…. 19세기에 제국주의적 서구 진영에서 개발된 민족주의는, 민족주의에 내포된 자결권과 더불어, 이러한 의미에서 반식민주의의 핵심적인 원천 가운데 하나로 간주될 수 있다."[79] 베스트팔렌 개념과 자유주의적 국제주의 개념들은 함께 비서구 진영을 앞에서 이끌고 뒤에서 밀었다. C. A. 베일리에 따르면, 비서구 진영의 사람들과 사회들이 "서구 개념들을 취해 재구성"하면서 "유럽 강대국들의 지배 속성과 지배력이 미치는 범위를 제한했다."[80]

제국과 식민주의의 공식적 비공식적 와해는 1945년 이후의 시대에 펼쳐진 대대적인 드라마의 하나였다. 1950년대부터 1960년대 초까지, 지난 19세기에 팽창되었던 제국은 급격히 축소되었다. 로빈 윙크스(Robin Winks)에 따르면, "식민지역들은 하나씩 차례로 유럽의 손아귀에서 벗어나 독립하려고 했다. 기니에서부터 소말리아, 모로코에서 인도에 이르기까지 프랑스, 영국, 이탈리아, 네덜란드, 벨기에, 스페인, 포르투갈의 국기들이 하강되었다. 그 자리에는 신생 주권국가들이 만든 새로운 깃발이 게양되었다. 1980년대 중엽 무렵 식민 통치하에 놓인 지역은 거의 없었다. 매우 인종차별적인 정권이 남아프리카공화국에 들어서긴 했지만 말이다."[81] 19세기 말 유럽에는 제국체제가 여전히 세계질서를 조직화하는 핵심적인 논리로 유지되리라는 시각이 지배적이었다. 그런데 100년이 채 지나지 않아 이러한 제국들은 소련과 더불어 사라졌다.[82]

미국을 비롯한 자유민주국가들 내에서 일어난 정치운동도 제국에 대한 자국 정부의 정책에 막후에서 영향을 미쳤다. 19세기에는 영국에서 노예제도에 반대하는 무역운동 세력이 의회에 압력을 넣어 대영제국 전체에서 노예무역을 폐지했다. 제1차세계대전 중과 전쟁이 끝난 후 미국과 영국에서 일어난 여성참정권운동은 점점 국제적 성격을 띠기 시작했다. 전쟁 자체도 여성의 삶에 영향을 미쳤고 근대 사회에서 전쟁의 역할을 부각하고 참정권운동 지지를 확대했다. 이 운동에 참여한 많은 사람은 투표권과 세계평화와 사회정의 운동을 직접 연관시켰다.[83] 전쟁 중에는 대서양 양안의 여성단체들이 제인 애덤스와 에밀리 그린 볼치(Emily Greene Balch) 같은 인물들의 주도로 전후 처리에 관한 토론에 적극적으로 참여했다.[84] 애덤스와 볼치는 함께 여성국제평화자유연맹 지도자가 되어 평화 교육, 국제적 대화, 사회적으로 진보적인 명분을 추구하는 데 매진했고, 그들은 훗날 이러한 공로를 인정받아 노벨평화상을 받았다.[85] 이 단체를 비롯한 여러 단체는 자신이 속한 사회에서 여성의 권리와 사회적 정의를 외면하는 행대를 해외에서의 군국주의와 제국주의 추구 행태와 직접 연결시켰다.

1940년대 동안 국내 정치적 갈등 특히 시민권을 두고 벌어진 갈등과 지속적인 진보주의 운동이 나라 밖에서의 자유주의적 국제주의 노력의 힘이 되었다. 미국 인권운동 세력은 그들이 추구하는 명분을 반식민지운동과 직접 결부시켰다.[86] 예컨대, 이러한 연계는 1942년 6월 그 모습을 드러냈다. 전미흑인지위향상협회(National Association for the Advancement of Colored People)를 대표해 월터 화이트(Walter White)가 섬너 웰스와 만나 루스벨트 행정부에게 아시아에서의 식민통치를 종식시키기 위해 "태평양 회의"를 개최하라고 촉구했다. 화이트는 루스벨트가 네루와 간디, 중국 민족주의자 지도자 장개석과 만나 미국이 아시아에서의 국가수립과 국민자치를 지지한다고 선언하기를 바랐다. 화이트는 또한 "태평양 헌장"을 손에 쥐고 "피부색만 보면 유색인인지 금방 알아챌 수 있는 뛰어난 미국 흑인" 웬들윌키(Wendell Willkie)가 이끄는 "미국 대표단이 인도를 방문해 미국은 인도의 투쟁을 지지한다고 선언해야 한다고 주장했다."[87] 이 제안은 루스벨트 행정부 내에서 크게 지지를 얻지는 못했다. 대영제국에 대해 문제를 제기한 이들조차도 나치독일과의 투쟁에서 영국의 입지를 약화시킬지 모르는 조치를 취하기 꺼렸다.

제2차세계대전 후 미국 인권운동과 사회정의 운동 세력들은 그들의 투쟁과 해외에서 벌어지는 민족주의와 반제국주의 투쟁을 연관시켰다. 1947년 W. E. B. 듀보이스는 유엔에 보낸 "세계에 호소함"이라는 제하의 문건에서 미국 내에서 인종분리정책과 불평등의 부당함과 이와 관련된 미국 흑인들의 투쟁을 아프리카를 비롯해 세계 곳곳의 식민주의 희생자들과 연관시키면서 다음과 같이 주장했다. "우리에 대한 부당한 대우는 단지 미국 국내 문제만이 아니다. 이는 인류의 근본적인 문제다."[88] 인권운동가들은 국제사회에 지지와 연대를 호소했다. 뿐만 아니라 많은 미국 정치지도자들도 인권 향상을 냉전 수행의 필수적인 요소로 보았다. 이 시기 동안 미국 정부와 인권법의 관계는 국제사회에서 미국의 평판을 관리할 필요가 있다는 정서가 결정지었다. 역사학자 마리 두작(Mary Dudziak)은 "국제적인 비판을 수습할 필요를 느낀 연방정부에게 국내에서 사회적 변화를 촉진해야 한다는 동기가 부여되었다."라고 주장한다.[89] 미국 인권운동이 다른 사회정의 운동들과 더불어 미국 정부에 해외에서의 반식민지 명분을 지지하라는 압력을 넣으면서 이러한 연관성은 또 다른 방향으로 나

아가기도 했다.[90]

제도적 발판과 역량

셋째, 양대 세계대전 이후 설립된 국제기구들은 전문가와 운동가들이 제국에 맞서는 투쟁에 사용할 발언대와 역량을 조성해주었다. 국제연맹과 훗날 유엔은 영국을 비롯한 유럽 국가들이 얼마 남지 않은 제국으로서의 소유물을 지키도록 도와주었지만, 또한 반제국주의자들이 자치를 위한 투쟁에서 이용할 보편적인 규범과 원칙의 저장소이자 운동의 제도적인 기반이 되어주었다. 국제연맹과 유엔 모두 과거에는 외교에서도 국제규정과 관행들을 구축하는 데도 영향을 거의 미치지 못한 단체들이 제국주의에 맞설 대항마로서 그들의 의견을 전달할 제도적 통로가 되어주었다. 이러한 단체들은 여성단체들, 국제운동가들, 비서구 진영 정부와 국민을 망라했다.[91]

앞서 지적했듯이, 제1차세계대전은 제국에 대한 유럽의 탐욕을 일소하지는 못했고, 유럽과 영국에서 국제연맹은 제국통치의 특권과 행정을 강화할 기회로 널리 인식되었다. 그러나 국제연맹은 또한 서로 모순되고 어색하기는 하나 제국을 종식시키고 자결권을 확산하는 방향으로 세계를 이끄는 역할도 했다. 수전 피더슨은 다음과 같이 주장한다. "국제연맹이 신생국가들을 안정화하고 소수자들을 보호하고 위임체제를 운영하는 일을 하면서 공식적인 제국들로 구성된 세계에서 공식적인 주권국가의 세계로 전환하는 데 핵심적인 역할을 한 것으로 보인다."[92] 피더슨은 구체적으로 국제연맹의 상설위임위원회를 살펴보고 있다. 이 위원회는 독일, 오스트리아-헝가리, 오스만제국이 전쟁에서 잃은 아프리카, 중동, 태평양 지역 영토들을 관리하기 위해 1921년에 설립된 체제다. 위임체제는 잔존 제국 세력들이 추구하는 목표들을 직접 바꾸지는 못했다. 그들은 자국의 식민지를 보유하고 제국을 문명화하는 사명으로 간주하려고 했다. 피더슨에 따르면, "새로운 점이 있다면 국제 외교, 홍보, 이 체제가 제시한 담론의 수위와 장치였다." 위임체제는 "국제화"의-특정한 정치적 사안들과 기능들을 국가나 제국으로부터 국제 영역으로 이관하는 절차-수단이었다.[93] 위임체제를 설계한 이들은 의도하지 않았지만, 이 체제는 자결권을 옹호하고 베르사유 전후 처리 방식의 수정을 바라는 이들이 자신들의 주장을 밀어붙일 수단이 되었다. 위임체제는 제국주의 통치의 어두운 면을 폭로할 방법을 모색한 국제주의자, 인도주의자, 민족주의자들이 의견을 개진할 발판이 되었다. 국제연맹의 보다 폭넓은 복잡한 제도들도 똑같은 효과를 낳았다. 국제위원회, 기구, 로비스트, 전문가들을 불러 모아 유럽제국의 미래와 국가수립의 규범적 토대에 대해 논의를 지속하고 확대했다.[94] 주권국가들로 구성된 세계체제가 등장하기까지는 수십 년이 더 걸렸고 또 한 번의 세계대전을 치러야 했다. 그러나 국제연맹은 그 방향을 향해 가고 있었다.

인도는 국제연맹을 이용해 1947년 독립하기 전 권리를 확보하고 인정을 받았다. 영국은 베르사유 회의에서 존재감을 강화하고 표결에서 자국의 비중을 공고히 하기 위해서 다른 강대국들의 반대를 물리치고 인도를 포함해 영국령들에게 별도로 대표성을 부여하는 데 성공했다. 인도는 호주, 캐나다, 뉴질랜드, 남아프리카 등과 더불어 여전히 영국 식민지였지만 이 회의의 숙의 과정에 적극적으로 참여했고 "법적 평등"을 근거로 평화조약에 서명했다.[95] 국제연맹 규약은 평화조약의 일환이었기 때문에 인도는 31개 창립 회원국들 가운데 유일하게 법적으로 자치국가가 아니면서도 국제연맹의 창설회원국이 될 권리를 확보했다. 인도는 국내외 관계를 계속 영국 정부에 의존했지만, 한 관찰자가 지적하듯이, "근대 들어 처음으로 인도는 바깥 세계와 직접 공식적으로 접촉하게 되었다."[96] 1919년부터 1947년까지의 기간 동안 국제사법체계 내에서의 인도의 지위는 예외였다. 인도는 공식적인 주권국가가 아니었지만, 조약에 조인할 권한을 행사했고 1920년 이후로 거의 모든 국제회의에 참가했다. 인도는 국제연맹의 회원으로서 1921년 해군무장에 관한 워싱턴회의에 참석했고, 워싱턴조약에 서명했으며, 국제노동기구, 상설국제사법재판소를 비롯해 국제연맹 관련 기구들에 가입이 허용되었다. 인도는 1928년 켈로그-브리앙조약을 비롯해 수많은 다자간 조약에도 조인했다.[97] 1945년 인도는 유엔 샌프란시스코 회의에 초청받았고 신설된 유엔 기구의 창설회원이 되었다. 이 시기에 걸쳐 인도의 자치 지위는 제한적이었고 많은 인도 민족주의 지도자들이 이러한 국제기구에의 참여를 영국 제국주의에 항복하는 행위로 보았다. 그럼에도 인도는 이 시기에 확보한 지위를 이용해 독립으로 가는 발판을 마련했고, 외교활동을 할 수 있는 주체로서의 입지를 다지고 독립운동을 국제적으로 인정받았다.[98]

유엔은 제국으로부터의 탈피를 보다 노골적이고 적극적으로 추진했다. 유엔은 보편적 회원 자격이라는 개념을 주권국가들로 구성된 세계에 명문화하고 신생국가들을 탈제국주의 베스트팔렌 질서에 통합시키고 인정하는 법적 정치적 틀을 제공했다. 탈식민지운동이 탄력을 받으면서 유엔의 회원국의 수는 1945년 창립 당시 51개에서 1961년 100개로 급속히 늘어났고 1985년 말 무렵에는 159개에 이르렸다. 공교롭게도 유엔은 국제주의 개념들을 구현한 기구로 널리 인식되지만, 유엔이 이룬 최대 성과는 주권국가체제가 세계적으로 승리하는 데 기여했다는 사실일지 모른다. 애덤 로버츠(Adam Roberts)는 탈식민지화의 틀을 제공하는 데 있어서 유엔이 한 중요한 역할에 대해 다음과 같이 지적한다.

유엔은 이따금 표결을 통해, 또 총회 결의안을 통해서 탈식민지화 과정을 지원했다. 가장 두드러진 사례가 1960년 식민지 국가와 국민들의 독립을 인정하는 선언이다. 그러나 유엔이 한 가장 중요한 기여는 대부분이 아주 취약한 처지였던 수많은 신생국가와 주권회복국가들이 국제사회에 진입할 틀을 제공해주었다는 점이다. 그런 나라들에게 유엔은 그저 외교적으로 인정받을 주요 수단이 되는 데 그치지 않고 그들이 활동할 세계무대와 협상의 장이 되어주고 임금이 괜찮은 일자리를 제공하고 상징적으로 그들을 보호해주었다. 유엔은 인종 평등과 국가들의 주권평등을 비롯해 탈식민지 과정에 반드시 필요한 원칙들을 구현했다.[99]

베스트팔렌 체제의 세계적 확산

마지막으로 자유주의를 제국과 분리한 가장 심오하고 가장 파급력이 큰 힘은 베스트팔렌 체제를 세계적으로 확장하려는 투쟁이었다. 주권국가들로 구성된 세계는 자유주의적 국제주의가 확산되기 위한 전제조건이었다. 따라서 국가의 주권을 국민들과 국가들에게 부여하는 투쟁은 제국을 저지할 진정한 보루였다. 제국에서 국민국가로의 이러한 대전환을 강화하고 이를 토대로 함으로써 자유주의적 국제주의는 궁극적으로 이 이념이 추구하는 “과제”를 베스트팔렌 체제 내에

안착시켰다. 어떤 의미에서 보면 자유주의적 국제주의는 세계가 마침내 제국주의 토대를 벗어던지고 난 후 세계를 조직화하는 데 필요한 개념들이 되었다. 제국은 수 세기 동안 세계의 질서였고, 20세기에 세계를 조직화할 논리로 무엇이 제국을 대체할까 하는 의문이 제기되었을 때 자유주의적 국제주의가 대안으로 나섰다.

베스트팔렌 국가체제가 어떻게 세계를 휩쓸게 되었는지는 여전히 학문적 관심사이다.[100] 주권국가는 서구 진영 바깥의 대부분 지역에서는 상당히 뒤늦게, 사실상 두 차례 세계대전 후 20세기에 부상했다. 지난 500년 대부분의 기간 유럽의 강대국들은 베스트팔렌 질서를 적극적으로 수출하거나 보편화할 열의를 보이지 않았다. 그들은 제국과 식민지에 매달리다가 강제로 할 수 없이 포기했다. 이런 의미에서 베스트팔렌 체제의 확산은 서구의 개념을 나머지 세계에 강요한 사례가 아니라 유럽 국가체제를 제국 안에 가두는 데 실패한 사례다.[101] 유럽 바깥 지역의 국민들과 국가들이 유럽제국 체제에 생긴 균열과 충돌을 이용해 독립운동과 자결권을 추구했다.

앞서 지적한 바와 같이 에드워드 킨은 자유주의국가와 전체주의국가 간의 전쟁으로 주권과 제국주의적 위계질서에 대한 낡은 문명적 구상이 불신을 받게 되었다고 보았다. 크리스천 류스-스미트(Christian Reus-Smit)는 개인의 권리를 두고 200년 동안 투쟁을 벌인 끝에 주권과 자결권의 규범들이 보편화되면서 "주권을 뒷받침하는 합법적인 제도들이 진화하고 전파"되었다고 본다.[102] 이는 분명히 부분적인 설명은 된다. 그러나 세계질서의 형태로서의 제국이 실패한 이유는 여전히 설명이 안 되고 있다. 존 다윈(John Darwin)에 따르면, 제국은 다음과 같은 네 가지 이유 때문에 실패하는 경향이 있었다. "해외에서의 패배나 지정학적 취약성, 이념적 오염과 정당성 상실, 제국 중심부의 약화-정치적 의지와 경제적 역량의 상실, 식민지에서의 봉기이다."[103] 제국을 위기에 빠뜨리는 이 모든 원인은 20세기에 존재하는 듯했다. 양차 세계대전을 제국의 전쟁으로 간주한다면 이 두 전쟁은 유럽의 제국체제를 약화하고 종식하는 결정적인 역할을 했다.

이 드라마에서 미국은 제국을 무너뜨리고 베스트팔렌 국가체제를 증진하는 데 중요한 역할을 했다. 미국은 두 차례 세계대전에서 연합군에 합류하고 뒤이어 연합군을 이끌면서 제국의 팽창 야욕을 실현하려는 나라들을 결국 패배시켰다. 제1차세계대전에서 그러한 제국은 독일이었는데, 독일은 동유럽의 방대한 지역을 정복하고 러시아 제국의 서쪽 영토 대부분을 장악했다. 이 전쟁으로 유럽의 4대 제국이 붕괴되었다. 로마노프 러시아, 합스부르크 오스트리아-헝가리, 호엔촐레른 독일, 오스만 터키 등 4대 제국이다. 제2차세계대전은 일본제국을 사실상 붕괴시키고 대영제국과 프랑스제국을 대단히 약화시켰다. 영국과 프랑스의 제국들은 승전국 편이었기 때문에 해체되는 데 20년 정도 걸렸지만 말이다.

냉전 중 미국은 소련을 견제하는 데도 관여했다. 미국은 수많은 약소한 신생독립국들에서 공산주의 쿠데타나 혁명이 일어나지 않도록 했을 뿐만 아니라 소비에트의 힘과 영향력이 팽창하지 못하도록 봉쇄했다. 이와 동시에, 앞서 지적했듯이, 미국은 국가들이 국제사회의 독립적인 일원으로 생존할 역량을 증진시키는 데 다양한 역할을 했다. 미국은 먼저 국제연맹을 통해, 뒤이어 유엔헌장을 통해 불가침과 주권독립이라는 베스트팔렌 규범들을 제도화하는 노력에도 앞장섰다. 20세기 후반, 미국이 주도하는 국제질서는 개방적인 무역과 다자간 협력을 제도화했고 세계경제 체제의 기간구조를 제공했으며 이는 다시 약소국들이 주권을 유지할 역량을 강화해주었다. 역시 20세기 후반에 미국의 군사동맹 체제들이 동맹국들 사이의 폭력적인 갈등, 특히 유럽과 아시아에서 그러한 갈등을 억눌렀고, 그 덕분에 베스트팔렌 체제가 다시 폭력적 갈등과 제국 구축으로 회귀하지 않게 되었다.[104] 따라서 미국의 세기는 세계적으로 국민국가가 확산된 세기이기도 했다. 서로 다른 정치적 과제가 서로에게 입지를 확보하는 데 도움을 주었다.

자유주의와 개입주의

미국은 세계에게 다양한 모습들을 보여주었다. 전후시대에 미국은 지배적인 국가로서 제국과 식민주의가 거의 전 세계적으로 와해되는 과정을 관리했다. 미국이 주도하는 전후 질서는 사실 기존의 유럽제국 체제를 대체할 체제로 세계에 알려졌다. 미국이 주창한 국제기구들-유엔과 전후에 창설된 각종 기구와 제도들-은 세계질서를 조직화하는 논리에 있어서 이러한 대전환의 틀을 제공해주었다. 그러나 같은 시기 동안 미국은 전 세계적으로 군사적 개입과 비밀작전에도 관여했다. 차머스 존슨(Chalmers Johnson)이 지적하듯이, 미국은 "기지의 제국"을 구축해 군사력을 투사하고 자국을 유럽, 아시아, 중동의 역내 질서들의 중심에 놓았다.[105] 공산주의와 싸우고 동맹국을 보호하고 자유를 수호하고 인권을 증진하고 국가를 건설하고 테러리즘을 패배시키는 등, 미국이 행동을 취하는 공식적인 목적들은 다양했다. 그러나 군사적인 개입이든 비군사적 개입이든 개입은 미국 외교정책에서 일관성 있게 나타나는 논란이 많은 특성이다.

이러한 모순된 행동들을 어떻게 해석해야 할까? 자유주의적 국제주의가 탈제국시대의 세계질서에 대한 구상을 제시한다면 이는 자유주의적 개입주의나 자유주의적 제국주의의 형태를 띠는 것으로 봐야 할까? 자유주의적 국제주의를 비판하는 이들 가운데는 자유주의적 국제주의를 엘리트들이 보다 전통적인 강대국의 충동이라는 치부를 위장하고 정당화하려는 수단으로 간주하는 이들도 있다. 자유주의적 국제주의의 문제는 미국의 개입주의에 대해 이념적으로 혹은 정치적으로 충분히 제동을 걸지 않는다는 점이다. 이보다 훨씬 강한 비판을 제기하는 이들도 있다. 자유주의 자체가 미국의 개입주의를 부추긴다는 주장이다. 이념과 정치적 과제로서의 자유주의적 국제주의는 본질적으로 수정주의적이다. 미국이 다른 국가에 개입하고 그 국가를 변모시키게 만드는 게 바로 미국의 자유주의라는 주장이다. 현실주의자들은 미국의 개입주의가 자유주의에서 비롯되었다는 사실이 냉전종식 이후 특히 두드러지게 나타난다고 주장한다. 양극체제의 힘의 균형이 무너지면서 천하무적의 유일한 강대국으로 부상한 미국은 자유주의적 국제주의 개념들을 장착하고 북대서양조약기구와 유럽연합의 확대를 지원하고 인도주의적 개입에 관여했으며 지역갈등과 내전에 힘을 투사하고 무력을 이용해 정권을 교체하려 했으며, 이는 2003년 이라크침공에서 가장 여실히 드러났다. 보다 현실주의 지향적인 미국이었으면 국가 이익에 대해 보다 절제된 구상을 추구했으리라는 주장이다.[106]

자유주의 전통은 분명히 미국 외교정책에 영향을 미쳤다. 6장에서 지적한 바와 같이, 냉전 동안 자유주의는 세계가 비자유주의적 세력들의 공격을 받던 때 자유민주 진영을 수호하는 세계적 투쟁에 미국을 묶어놓은 "투쟁의 신념"이 되었다. 개방적인 사회와 전체주의적 도전자들 간의 대격돌은 이념적 갈등이기도 했지만, 군사적 지정학적 갈등이기도 했다. 아서 슐레진저 주니어, 이사야 벌린(Isaiah Berlin), 레몽 아롱(Raymond Aron) 같은 당대의 자유주의 사상가들은 민주적 삶의 방식이 백척간두에 섰다고 생각했다. 서구 자유민주주의국가들은 1920년대와 1930년대에 자본주의 사회의 불안정과 불평등에 제대로 대응하지 못해 휘청거렸다. 이에 얀-베르너 뮐러(Jan-Werner Müller)는 이러한 냉전시대 자유주의자들은 "20세기에 걸맞은 원칙 있는 자유주의적 정치를 구축할 방법을 모색했다."라고 주장한다.[107] 그들은 자유민주주의에 대한 위협은 서구사회 내부에서는 정치가 좌우 극단주의의 위협을 받는 등 곤경에 처했고 바깥으로는 소련과 국제공산주의의 부상과 더불어 세계사적 투쟁이 전개되고 있다는 데서 비롯된다고 보았다. 1949년에 출간된 슐레진저의 《필수불가결한 중심부(Vital Center)》라는 책은 이러한 세계관을 일목요연하게 보여준다. 이 책은 다원주의와 개방적인 사회를 옹호하고 정부가 적극적으로 개입해 뉴딜 형태의 개혁을 지속해야 한다고 주장했다. 그러나 보다 폭넓은 세계적인 난관을 극복하기 위한 방법으로 슐레진저는 미국의 주도로 자유민주국가들이 그들의 제도와 자유주의적 국제질서를 전체주의 도전자들로부터 수호하기 위해 집단행동을 하라고 촉구했다.[108] 자유민주주의가 직면한 난관은 근대성에 대한 서로 다른 구상들 간의 전 세계적인 투쟁으로 나타났다. 냉전시대 자유주의는 자유주의적 국제주의가 미국의 개입주의적 외교정책을 정당화할 논리를 제공해주었다.[109]

미국의 자유주의 전통은 본질적으로 개입주의적일까? 자유주의의 원칙들은 미국이 다른 나라들에 적극적으로 민주주의를 강요하도록 만들까? 오랜 전통을 자랑하는 현실주의 사상가들은 그렇다고 주장해왔다. 헨리 키신저는 "평화는 무엇보다도 민주적 제도들을 증진시키는 데 달렸다는 개념이 오늘날까지도 미국의 생각을 지배한다."라고 주장하면서 이 개념의 기원을 우드로 윌슨에게서 찾는다.[110] 미국은 종종 자유주의적 개념들의 영향을 받아, 세계를 자국의 모습을 본떠 재창조하려는 "성전을 수행하는 나라"로 묘사된다.[111] 보다 최근 현실주의 학자들은 9/11 테러 공격 이후, 전쟁 예방과 강제적인 정권교체를 정당화하는 독트린처럼 미국 외교정책의 논란 많은 행동과 미국의 자유주의를 연관지어왔다. 존 미어샤이머는 자유주의가 미국이 군사적 개입을 되풀이하게 부추기고 이를 정당화할 논리를 제공해준다고 주장한다. 미국의 자유주의적 야망은 서구의 제도들을 러시아와 중국 코앞까지 밀어붙이고 이라크에서 참혹한 전쟁을 치를 구실을 제공해주었다. 마찬가지로 마이클 데쉬(Michael Desch)도 미국의 개입주의 기원을 자유주의적 국제주의의 토대가 된 개념들에서 찾는다. 그는 칸트의 자유주의가 비자유주의적 주권국가를 무력으로 민주화하는 군사적 노력을 철학적으로 정당화할 논리를 제공한다고 본다. 사실 자유주의 전통은 비자유주의적 정권에 대해 데이비드 흄이 "무모한 격정(imprudent vehemence)"이라고 일컬은 정서를 불러일으킨다.[112]

이러한 주장들은 논쟁을 다시 자유주의에 제국을 추구하려는 "충동"이 내재되어 있는지의 문제로 귀결시킨다. 미어샤이머와 데쉬는 본질적으로 우데이 메타가 《자유주의와 제국》에서 구체적으로 제시한 자유주의에 대한 시각을 취한다. 이 책에 따르면 자유주의국가가 낙후된 나라와 국민을 근대 세계로 이끌기 위해 이용하는 것은 제국이 아니라 군사적 개입주의다. 개입과 정권교체에는 자유주의가 "자연 상태"와 평화가 조성되기 위해 필요한 여건에 대해 지닌 가정들에 내재되어 있다. 모든 나라가 대의정부를 받아들여야만 자유민주주의국가들이 진정으로 안전해진다. 그러나 민주주의를 증진하기 위해 개입하려는 충동은 절대적이지 않고 분명히 조건부다. 대부분의 자유주의적 국제주의자들은 다른 모든 조건이 동일하다면 자유민주주의국가들은 같은 자유민주주의국가들이 지배하는 세계에서 훨씬 안전하다는 데 거의 확실히 동의할 것이다. 그러나 이러한 생각이 강제적인 정권교체를 정당화하는지 여부는 별개의 문제다. 칸트가 생각하는 개입은 분명히 데쉬가 주장하는 것보다 훨씬 복잡하고 조건부이다. 칸트는 공화적 입헌주의가 가장 이상적이라고 믿었고, 폭정 국가조차도 개입을 불허할 합당한 권한을 주장할 수 있다고 시인했다. 칸트는 "항구적 평화"는 모든 나라들이 공화적 통치 형태를 구축하는 데 달려있다고 주장하기는 했지만 그렇다고 해서 자유주의국가들이 무력으로 그러한 결과를 초래할 권리가 생기지는 않는다고 보았다.[113]

마이클 도일은 개입이라는 문제에 대해 자유주의가 갈피를 잡지 못한다고 심지어 태생적으로 혼란에 빠져있다고 주장해왔다. 자유주의는 서로 상충되는 원칙들을 수용한다. 한편으로 자유주의 원칙들은 비자유주의적 국가를 포함해 모든 국가에게 개입을 거부할 권리를 부여한다. 심지어 이런 나라들이 자국 국민에게 해를 끼치거나 국민의 권리를 침해해도 말이다. 다른 한편으로 자유주의는 이러한 나라에서 개인의 권리 또한 존중되어야 하며, 이러한 여건 적어도 극단적인 여건에서는 개입할 여지가 생긴다고 주장하기도 한다.[114] 도일은 칸트가 정치체에 영토 공간과 정치적 독립을 부여해 그 안에서 자유롭고 동등한 시민들이 그들 나름의 삶의 방식을 결정하도록 해야 하기 때문에 불개입 권리를 존중해야 한다고 강력히 주장했다고 말한다.[115] 그러나 칸트는 국민을 너무 괴롭히는 나머지-예컨대, 대량학살을 자행하는 경우--불개입의 원칙이 적용되지 않는 정치체들도 제시했다. 물론 이러한 조건부 원칙은 자유주의국가들이 대응해야 할지 여부와 대응한다면 어떻게 할지를 결정해야 한다는 문제를 제기한다.

따라서 자유주의는 개입을 찬성하기도 하고 반대하기도 한다. 게오르그 쇠렌센(Georg Sørensen)은 이러한 논리들을 "강요의 자유주의"와 "자제의 자유주의"라고 묘사한다.[116] 강요의 자유주의는 국가가 자국의 힘을 이용해 자유주의 원칙을 확산시키는 형태로 나타난다. 존 스튜어트 밀이 바로 이러한 입장을 보인다. 그는 문명화되지 않은 사회-이를 그는 "야만적인" 국가라고 일컫는다.-는 국제적 도덕성의 규정과 전통을 준수하지 않으므로 독립성을 전적으로 존중받을 자격이 없다고 주장한다. 제약의 자유주의는 "다원주의, 불개입, 타인에 대한 존중, 온건, 동등한 여건하에서 평화로운 협력"처럼 다른 종류의 자유주의 가치를 강조한다고 쇠렌슨은 주장한다.[117] 이를 게리 심슨(Gerry Simpson)은 추구하는 가치들이 유엔헌장에 명문화되었다는 의미에서 "헌장 자유주의"라고 일컫는다. 국가들은 동등한 대우를 받고, 그들의 주권독립은 존중되며, 각 국가는 자국 나름의 방식으로 자국의 권리와 사회적 보호를 구축하도록 허용된다.[118] 자제의 자유주의는 일부 국가들이 기본권을 침해한다는 사실을 인정하지만 극도의 폭력과 대량학살이라는 선을 넘지 않는 한 다양성은 존중된다고 본다. 장기적으로 볼 때 이런 사회들도 권리와 품위에 대한 보편적인 기준을 향해 진화한다고 보기 때문이다.[119]

자유주의 전통 내에서 벌어지는 이러한 논쟁들은 조지 W. 부시 행정부의 이라크 침공을 둘러싸고 치열하게 전개되었다. 자유주의적 국제주의는 이라크 침공 결정을 내릴 때 얼마나 반영되었을까? 부시 행정부는 미국의 세계지배, 예방적 차원의 무력 사용, "의지가 있는 국가 간의 연합" 그리고 자유와 폭정 간의 투쟁을 토대로 한 새로운 국가안보 독트린을 제시했다. 2003년 봄, 이 독트린은 이라크 침공의 지적인 배경이 되어주었다. 이라크 침공이 지루한 전쟁으로 이어지면서 부시 행정부는 자신의 행동을 정당화하기 위해서 자유주의적 국제주의 개념들을 갈수록 강조했다. 그는 미국 의회 계단에 서서 재선 취임 연설을 하면서 다음과 같이 선언했다. "우리는 일련의 사건과 상식을 토대로 한 가지 결론에 도달했다. 이 땅에서 자유가 생존할지 여부는 점점 더 다른 지역에서 자유가 생존할지 여부에 따라 결정된다는 결론 말이다."[120] 그렇다면 부시는 진정으로 윌슨의 계승자인가? 자유주의적 국제주의자들조차도 이 이슈에 대해 갑론을박한다.[121] 부시가 자유주의적 국제주의의 한 지류인 "네오콘(neoconservative)" 입장을 따라 억압받는 국민에게 "자유의 축복"을 선사하기 위해 미국의 온 힘을 기울였다고 주장하는 이들이 있다.[122] 미국 외교정책이 네오콘 입장으로 선회하면서 자유주의적 국제주의가 왜곡되었고 부시의 대전략은 자유주의적이기보다 제국주의적이었다고 주장하는 이들도 있다. 이들의 주장에 따르면, 다자주의가 자유주의적 국제주의 구상의 핵심인데 부시 행정부는 자의적으로 미국이 자유주의 질서의 규정과 제도보다 우선한다고 간주했다. 이들은 장기적으로 볼 때 자유민주주의국가들은 공유하는 규정과 규범, 협력적 안보, 상호자제 등으로 뒷받침되는 국제질서하에서 훨씬 안전해진다고 주장한다. 그리고 부시 행정부는 그러한 질서를 훼손하고 있다고 보았다.[123] 자유주의적 국제주의자들은 그들이 추구하는 구상에서 민주체제가 얼마나 중요한지 그리고 민주체제는 무력을 통해서 가장 증진되는지 아니면 본보기를 보여줌으로써 가장 증진되는지를 두고 분명히 의견이 갈린다.[124]

그런데 이라크전쟁의 이념적 기원은 자유주의적 국제주의일까? 이라크 침공이라는 패착을 설계한 주요 인물은 어느 모로 보나 딕 체니(Dick Cheney) 부통령, 도널드 럼즈펠드(Donald Rumsfeld) 국방장관, 폴 울포위츠(Paul Wolfowitz) 국방차관이었다.[125] 이러한 관료들 가운데 그 어느 인물의 정치적 이념도 자유주의적 국제주의라고 설명하기는 힘들다. 이 세 인물에게 이라크전쟁의 일차적인 목적은 미국의 국익에 중요한 지역에서 미국의 우월적 지위를 보존하고 확장하는 일이었다. 그들은 이라크가 화학무기를 사용하고 오래전부터 핵무기를 확보하려는 야망을 품어왔으므로 그 지역에 주둔하는 미군과 동맹국들에게 이라크가 군사적인 위협이 되는 역내 수정주의 국가라고 생각했다. 이라크를 패배시키면 북한과 이란 같은 도전자들에 맞서 미국이 자국의 세계적인 입지를 방어할 의지와 역량이 있음을 전 세계에 보여주고 클린턴 행정부 때 조성되었던, 미국이 군사력을 사용할 의지가 있는지 여부에 대한 의구심을 일소해주리라고 생각했다. 이라크전쟁이 일어나기 10여 년 전 체니, 럼즈펠드, 울포위츠는 모두 탈냉전시대에 미국과 어깨를 나란히 할 경쟁자가 부상하지 못하도록 하겠다는 미국의 대전략을 천명하는 데 관여했다.[126] 이 세 인물은 모두 2003년 이라크를 침공하기 10여 년 전부터 공개적으로 사담 후세인 정권 축출을 주장해왔다. 그들이 한 발언에서 자유주의적 국제주의의 자취는 발견되지 않았다.

간단히 말해서, 부시 행정부의 대이라크 정책은 분명히 현실주의였다. 저명한 현실주의 학자들은 전쟁에 반대하면서 미국의 자만과 대전략을 설득력 있게 비판했다.[127] 그러나 적어도 초기에는 현실주의적 관점에서 이라크전쟁을 찬성하는 주장도 있었다. 민주주의를 촉진한다는 논리도 부시 행정부에서 전쟁의 명분으로 내세우기는 했지만 이게 전쟁을 일으킨 본래의 취지였다고 믿기는 어렵다. 부시행정부가 전쟁을 공식적으로 정당화하고 전후 이라크를 재건할 때 밑바탕으로 삼으려고 했을 개연성이 훨씬 높다. 민주주의는 핵심적인 목적이 아니었다. 민주주의는 나중에 이라크를 중동 지역에서 미국의 패권 질서의 중추로 만드는 과제로서 등장했다.[128] 전쟁을 지지한 자유주의자들도 있었고 반대한 이들도 있었지만, 지지한 이들은 대부분 민주주의 증진보다는 억제와 군비통제가 효과가 없을 경우 대량살상무기의 위협과 이러한 위협에 대응할 방안을 모색하는 데 집중했다.* 점증하는 안보 상호의존성에서 비롯되는 문제에 대한 협력적인 해결책을 모색하는 게 9/11 이후 자유주의적 국제주의자들이 가장 중요하게 여긴 의제였지만 이라크전쟁을 둘러싸고 벌어진 논쟁

* 물론 후세인이 대량살상무기를 포기하도록 설득당할 수 없었던 까닭은 그에게 그런 무기가 없었고, 없다는 사실을 이란과 같은 이웃 적국들로부터 숨기고 싶었기 때문으로 드러났다.

에 묻혀버리는 경향이 있었다.[129]

미국의 자유주의를 힘의 정치와 분리할 수 있다고 해도 순수하게 현실주의 지향적인 외교정책이 보다 자제력을 발휘하거나 각성된 정책이었을지는 분명하지 않다. 자유주의적 국제주의와 강제적인 정권교체가 반드시 연결되어 있다고 볼 이유는 없다. 자유주의는 해외에 개입할 명분을 제공해줄지 몰라도 군사력 사용을 제약하는 이념적 제도적 장치를 제공하기도 한다. 자유주의적 국제주의를 비판하는 현실주의자들은 정책 결정에서 자유주의적 국제주의 개념들을 제거함으로써 이라크 같은 사례가 또 나오지 못하게 예방할 수 있다고 생각한다. 그러나 자유주의적 국제주의는 전후 규정, 제도, 동반자 관계라는 폭넓은 체제를 구축하는 데도 영향을 미쳤다. 현실주의자는 이러한 체제가 순전히 현실주의가 주장하는 해외에서의 힘의 균형을 통해 구축되었으리라고 가정할 수 없다. "자제하는" 외교정책이 목표라면 서로 간의 약속과 행동 규정을 통해서 자유민주주의 국가들을 묶어주는 규정과 제도들로 구성된 전후 체제는 분명히 문제가 아니라 해결책의 일환이다.[130] 부시 행정부의 이라크전쟁에 대한 저항은 대체로 미국이 주창해온 행동기준을 토대로 했다. 예컨대, 서유럽은 이 전쟁을 주권, 다자주의, 국제법이라는 자유주의적 국제주의 개념들을 위반했다면서 비판했다. 두 학자는 이를 "자유주의적 반미주의"라고 일컬었다.[131] 군사적 개입주의가 자유주의에도 현실주의에도 내재되어 있지 않다면, 결국 정치적 제도와 의사결정 품질의 문제로 귀결된다. 미국은 자국의 실수에서 교훈을 얻는가? 새로이 이라크 유형의 개입을 열렬히 지지하는 정서가 조성되지 않는 것으로 볼 때-자유주의적 국제주의자이든 아니든 상관없이-외교정책

의사 결정자들이 자신의 관점을 재고하고 있다는 점을 시사한다.

수정주의 전통

자유주의적 국제주의는 세계적 갈등의 양쪽 편인 제국 찬성과 제국 반대를 모두 지지했다. 자유주의 전통에서 인간사회의 진보에 대한 기본적인 개념들은 자유주의적 제국주의가 등장할 여지를 마련했고, 이러한 충동은 문명과 인종의 우월성에 대한 서구 진영의 개념들이 부추겼다. 19세기에 개방적이고 규정을 토대로 한 국제질서 구축이라는 국제주의 의제는 무역과 식민지 지배를, 국제법과 제국주의 질서를, 유럽의 지배와 인권과 사유재산권의 보편성을 양립시켰다. 따라서 제국주의적 국제주의와 자유주의적 국제주의는 깊이 연관되어 있다. 그러나 제국에 대한 충동은 조건부다. 자유주의적 국제주의는 제국의 등에 업혀 20세기에 진입했지만, 20세기에 제국을 세계무대에서 밀어냈다. 제국과의 공모는 자결권, 국가수립, 보편적 권리의 인정과 주권 등을 옹호하는 정치운동과의 협력으로 바뀌었다.

20세기에 자유주의적 국제주의는 서서히 그러다가 갑자기 베스트팔렌 국가체제의 토대 위에 그들이 추구하는 과제들을 이식시켰다. 베스트팔렌 질서를 세계화하는 원동력이 된 요인에는 규범적, 지정학적, 기술적, 문화적 요인 등 많은 요인이 있다. 이러한 드라마가 전개되는 데 있어서 미국은 이 체제 내의 가장 막강한 국가로서 그리고 자유주의적 근대성을 정치적으로 이념적으로 구현한 국가로서 결정적인 역할을 했다. 두 차례 세계대전을 통해서 미국은 자국의 삶의 방식과 자국의 확장되는 국익에 호의적인 국제 공간을 조성했다. 그러나 그러는 과정에서 20세기 제국들인 독일, 일본, 소비에트가 추구하던 거창한 과제들을 훼손하고 패배시키기도 했다. 미국이 패권적 이익을 추구하면서 질서체제에도 영향을 미쳤고, 공식적인 제국체제도 그 희생양 가운데 하나였다. 미국은 다른 강대국들보다 "계몽된" 나라일지도 그렇지 않을지도 모르지만, 미국의 지정학적인 이익은 달랐다. 미국은 그 범위에 있어서 사실상 세계적인 "대권역"이 필요했는데 아시아 등 여러 지역에 구축된 제국들이 걸림돌이었다. 이러한 의미에서 미국은 다른 강대국처럼 행동했다. 자국의 이익에 부합하도록 국제환경을 조성하려고 했다는 뜻이다. 그러나 미국의 힘의 미치는 범위와 규모 때문에 결국 세계의 제국주의적 체제를 반대하게 되었다. 자유주의적 국제주의는 세계 패권국 논리에서 이러한 변화와 연대했다.

수 세기에 걸쳐 제국주의 과제가 지속되었다고 보는 학자들은 미국을 최초의 "세계적 제국"이라고 볼지 모른다. 그러나 세계적 제국은 세계를 아우르려 한다는 이유만으로도, 과거의 전형적인 제국들과는 근본적으로 다른 과제를 추구한다. 전형적인 제국은 배타적인 권역이나 블록을 확보하려는 노력을 토대로 한다. 이와는 대조적으로 세계를 아우르는 정치적 질서는 그 정의상 배타적 권역과 블록을 해체하고 철폐함을 전제로 한다. 세계적 체제를 조직화하고 관리하려면 제국주의적 질서와는 사뭇 다른 규정과 제도들이 필요하다. 보편적인 규정과 제도들이 필요하다. 세계질서를 구축하는 과업을 추구하는 나라는 과거에 제국주의적 과제를 추구한 나라들이 택한 길과는 다른 길을 선택한다. 그리고 미국은 그런 길을 택함으로써 자국을 이 시대 동안 펼쳐지고 있던 두 가지 거창한 과제인 베스트팔렌 국가체제 구축과 자유주의적 국제주의 과제에 연관시켰다. 미국이 이러한 체제들을 작동시키지는 않았지만, 전후 질서를 구축하면서 이러한 장치들을 이용했다. 베스트팔렌 국가체제와 자유주의적 국제주의는 미국이 주도하는 질서의 논리이자 특성을 결정했고 지배적인 정치 형태로서의 제국을 훼손했다.

공식적인 제국은 20세기 후반에 사라졌지만 미국의 개입주의는 사라지지 않았다. 자유주의적 국제주의는 미국이 세계를 지배한 시대 내내 거의 끊임없이 이루어진 군사적 개입에 연루되었다. 미국의 자유주의 전통을 현실주의를 비롯해 다른 외교정책 논리들과 분리하려면 사실과는 상반된 주장을 해야 한다. 미국이 자유주의적 강대국이 아니라면, 또는 미국이 자유주의적 국제주의 개념들에 사로잡히지 않았다면 냉전시대 동안 그리고 탈냉전시대 동안 미국이 어떤 외교정책을 추구했을까? 분명한 사실은 미국의 자유주의 전통에는 양면성이 있다는 점이다. 미국의 자유주의 전통은 개입주의를 정당화했지만, 개입주의를 제약하는 개념과 제도에 영향을 주기도 했다. 자유주의적 국제주의에 대한 가장 설득력 있는 비판은 제국을 추구하고픈 충동이 내재돼 있다든가 강제로 정권교체를 추구하는 경향이 있다는 게 아니다. 정반대다. 자유주의적 국제주의는 너무 나약해서 다른 의제들과 쉽게 타협해버린다는 점이다.

8.

탈냉전시대 자유주의 질서의 위기

워싱턴 미소 정상회담에서 부시 대통령과 고르바초프 대통령. (1990. 6.) 냉전체제는 차츰 와해되었고, 1991년 12월 소련이 해체되었다. Washington US–Soviet Summit © Yuryi Abramochkin / ЮрийАбрамочкин

—

냉전은 뜻밖에 갑자기 끝났다. 미국과 소련 간의 지정학적 대결은 막을 내렸다. 강대국 관계의 한 시대가 가고 또 다른 시대가 시작되었다. 그러나 이 시대는 1815년, 1919년, 1945년 전후시대와는 사뭇 다른 역사적 전환점이었다. 1991년에는 강대국 간의 전쟁이 발생하지 않고 기존의 양극질서가 붕괴되었다. 냉전은 군사적 승리가 아니라 정치적 이념적 승리로써 막을 내렸다. 소련의 붕괴와 더불어 공산주의도 정치적 이념적으로 붕괴되었다. 게다가, 과거 전후시대와 달리 세계체제는 전복되지 않았다. 오히려 정반대였다. 미국과 그 동맹국들이 제2차세계대전 후 구축한 세계는 여전히 그대로였다. 냉전이 종식되면서 이 질서는 견고해지고 더욱 확대되었다. 소련이 지배하던 동구권은 반세기 동안 서구 진영으로부터 멀어졌지만, 냉전종식과 더불어 동구권은 붕괴되었고 동구권에 소속되었던 나라들은 서구 진영 내에서의 입지를 모색했다. 적어도 한동안은 말이다.

1990년대 이후는 세계가 "자유주의적 시대"에 가장 근접했다. 자유주의적 민주주의와 공산주의 간의 대결은 판가름이 난듯했다. 미국이 주도하는 질서는 여전히 유지되었고 지정학적 혹은 이념적으로 미국에 도전하는 대상은 나타나지 않았다. 데이비드 벨(David A. Bell)에 따르면, "공산주의의 붕괴는 역사의 종언을 야기하지 않았지만, 잠시 세계적인 합의를 이끌어내는 듯했다." 20세기를 풍미한 전쟁과 격변들은 어느 사회정치적 체제가 우월한지 판결을 내린 듯했다. "그 체제는 자유주의 이상이라고 불릴 수 있다. 대의민주주의, 인권, 자유시장자본주의를 탄탄한 사회안전망으로 보완한 체제를 중심으로 구축된 체제였다."[1] 1930년대의 세계는 전복되었다. 자유민주주의국가들이 살아남을지 여부가 아니라 이념적인 경쟁 세력이나 서로 다투는 힘의 중심지들이 없고 자유민주주의국가들이 늘어나는 세계 속에서 국가관계를 어떻게 조직화할지가 문제였다.

냉전이 끝나고 첫 10년 동안 민주주의와 시장경제는 전 세계에서 꽃을 피웠다. 자유주의적 국제주의자들이 19세기부터 주장해온 역사적 진보라는 힘은 거뜬히 살아 숨 쉬고 있는 듯했고 세계체제의 자유민주적 핵심부를 변모시키고 확대하는 쪽으로 작동하고 있었다. 북미자유무역협정(NAFTA), 아시아태평양경제협력회의(APEC), 세계무역기구(WTO)는 세계경제의 규정과 제도가 강화된다는 신호였다. 유럽연합은 문호를 개방해 새로운 회원국을 받아들였고 정치적 경제적 통합을 향한 여정을 계속했다. 북대서양조약기구는 동쪽으로 확대되었고 미일동맹은 일신되었다. 러시아는 G-7 절차에 합류해 새롭게 G-8을 구성하면서 서구 진영의 유사 회원국이 되었고 중국은 미국의 "전략적 동반자"가 되었다. 시장, 민주주의, 제도의 확장을 중심으로 클린턴 대통령이 탈냉전시대에 추구한 질서 구축은 국제질서에 대한 자유주의적 구상을 구체화하는 듯했다. 1990년대 말 무렵 미국 관료들은 미국을 세계에 "없어서는 안 될 나라"로 묘사하면서 미국의 힘, 사상, 냉전시대에 물려받은 제도와 동반자 관계 등을 이용해 세계질서를 뒷받침했다. 근대시대에 들어 최초로 학자들은 일극 세계질서를 논할 수 있었다.

그러나 이 순간은 오래가지 않았다. "자유주의적 이상"이 세계를 휩쓴 지 겨우 20년 만에 자유주의적 민주체제와 자유주의적 국제주의는 후퇴했다. 서구 진영에서 척결되었다고 간주된 어두운 세력들인 비자유주의, 독재, 민족주의, 보호주의, 영향권, 영토 수정주의가 다시 등장했다. 중국과 러시아는 두 나라가 곧 민주주의로 전환하고 자유주의적 세계질서를 지지하게 되리라는 서구의 희망을 무산시켰다. 오히려 두 나라는 독재체제를 강화하고 해외에서 자유주의적 규범을 무시했다. 한층 더 놀라운 사실은 미국과 영국이 자유주의적 국제질서를 수호하는 역할에서 물러난 듯했다는 점이다. 1930년대 이후 처음으로 미국은 2016년 도널드 트럼프의 당선과 더불어 자유주의적 국제주의에 적극적으로 적대감을 표하는 대통령이 이끌게 되었다. 무역, 동맹, 국제법, 다자주의, 고문과 인권, 이 모든 이슈에 있어서 트럼프 대통령은 제대로 실행되었다가는 자유주의적 국제질서의 지도자로서의 미국의 역할을 끝장낼 정책들을 추구했다. 영국이 투표를 통해 유럽연합을 탈퇴하기로 하는 등 여러 가지 문제들이 유럽을 휩쓸면서 보다 확장된 연합을 구축한다는 전후 과제는 종언을 고하는 듯했다. 한편 헝가리, 폴란드, 필리핀, 터키, 브라질 등에서 다양한 유형의 독재정권이 새로이 부상하면서 자유민주주의는 온 사방에서 위협을 받았다. 자유민주 진영 전역에 걸쳐 포퓰리스트, 민족주의, 외국인을 혐오하는 정서가 높아지는 등 정치적 역풍이 불었다.[2]

오늘날 우리가 처한 상황이 이렇다. 자유주의적 이상에 대한 세계적인 합의는, 진정으로 그런 합의가 존재한다면, 사라졌다. 무엇이 이러한 운명의 역전을 설명할까? 자유주의적 국제질서가 위기에 처했다면 그 위기는 어떤 위기이고 위기의 원인은 무엇일까?

전후 자유주의 질서는 세계질서로 시작되지 않았다는 사실을 기억할 필요가 있다. 전후 자유주의 질서는 세계 냉전을 수행한다는 보다 포괄적인 지정학적 과제의 일환으로서 양극체제 "안"에 구축되었다. 이 질서가 본래 추구하던 타협, 제도, 사회적 목적들은 서구 진영, 미국의 지도력, 소비에트 공산주의에 대한 세계적인 투쟁과 연관되었다. 냉전이 끝나면서 이러한 내부 질서가 외부 질서가 되었다. 소련이 붕괴되면서 자유주의적 국제주의의 강력한 경쟁자가 사라졌고 미국이 주도하는 질서는 외연을 확장했다. 자유주의적 국제주의는 세계로 뻗어나갔다. 이는 서구 자유민주 진영이 승리한 순간으로 간주되었지만, 자유주의 질서의 세계화는 훗날 자유주의의 위기를 초래한 두 가지 변화를 작동시켰다. 첫째, 자유주의 질서의 정치적 토대를 전복시켰다. 신생국가들이 이 체제에 합류하면서 체제의 안정과 관리를 가능케 한 기존의 타협과 제도들에 과부하가 걸렸다. 이념과 추구하는 의제가 각양각색인 온갖 종류의 국가들이 이제 이 질서의 일부가 되었다. 이는 권위의 위기를 촉발시켰다. 미국과 기존의 미국 동맹국이 더 이상 새로운 타협안, 역할, 책임을 신생국들에게 부여할 입장에 놓이지 않게 된 바로 그 시점에 새로운 타협안, 역할,

책임이 요구되었다. 권한과 통치를 둘러싼 이러한 갈등은 오늘날에도 계속되고 있다. 둘째, 자유주의적 질서가 세계화되면서 이 질서가 안보 공동체로서 기능할 역량이 약화되었다. 이는 사회적 목적의 위기라고 일컬을 수 있다. 냉전시대 지형에서 자유주의 질서는 일종의 전천후 서비스를 제공하는 안보 공동체로서 서구 진영 정부들이 경제적 사회적 보호와 발전 정책을 추구할 역량을 향상시켜주었다. 자유주의적 국제주의가 보다 폭넓은 세계질서의 발판이 되면서 이처럼 사회적 목적을 공유하는 정서는 잠식되었다.

이 모든 요소를 종합해보면, 자유주의 질서가 처한 위기는 자유주의의 성공에서 비롯된 위기로 해석할 수 있다. 자유주의가 직면한 난관들이 탈냉전시대에 자유주의 질서가 확장된 데서 비롯되었다는 뜻이다. 달리 말하자면, 이러한 난관들은 "폴라니 위기"로 간주될지도 모른다. 세계적 자본주의, 시장경제 사회, 복잡한 상호의존성이 급속히 동원되고 확장되어 혼란과 불안정이 야기되면서 세계적인 자본주의의 탄생과 발전을 뒷받침한 정치적 토대에 과부하가 걸렸다는 뜻이다.[3] 이는 본질적으로 "E. H. 카 위기"는 아닐지 모른다. 자유주의적 국제주의가 강대국 정치로 회귀하고 무질서가 야기하는 문제 때문에 실패한다는 논리 말이다.[4] 중국과 러시아가 실제로 위험한 경쟁자들이라고 해도 자유주의적 국제질서가 직면한 난관들을 야기하는 주요 원인은 지정학적 갈등으로의 회귀는 아니다. 자유주의적 질서가 안고 있는 문제들은 무질서의 문제라기보다 근대성의 문제이다. 자유주의적 자본주의 민주주의의 안정적인 토대를 다시 구축해야 한다는 난관이다.

나는 이 주장을 네 단계를 거쳐 전개하겠다. 첫째, 냉전 이후 국제체제의 구조조정과 그러한 구조조정이 자유주의 질서에 주는 의미를 살펴보겠다. 여기서는 자유주의적 국제주의의 세계화가 초점이다. 자유주의의 팽창하는 속성은 다자주의와 개방적인 관계라는 논리에 뿌리를 두고 있다. 자유주의적 국제주의가 내재된 미국의 패권적 정치질서는 냉전 후 이 질서의 확장을 촉진시킨 논리도 담고 있다. 둘째, 자유주의 질서가 위기에 처하게 된 원인을 설명하면서 자유주의 질서의 제도적 정치적 토대의 잠식과 사회적 목적의 공동화에 초점을 맞추겠다. 자유주의적 질서가 확장하면서 두 가지 위기, 즉 권위의 위기와 공동체의 위기가 발생했다. 사실 자유주의 질서는 널리 확산되었지만 더 피상적으로 변하기도 했다. 서구 자유민주주의국가들 내에서 자유주의적 국제주의에 대한 사회적 지지, 내장된 자유주의 체제가 잠식되었다는 점이 질서 붕괴의 근원이다. 셋째, 중국과 러시아가 탈냉전시대 자유주의적 질서의 세계화에 어떻게 대응했는지 살펴보겠다. 전후 자유주의적 패권 질서에 독일과 일본을 통합시키는 과정을 촉진시킨 타협과 동반자 관계를 중국이나 러시아가 수용 가능한 조건하에서 두 나라에게 적용할 수는 없었다. 넷째, 현재 자유주의적 국제질서의 안정과 회복 능력은 어디서 비롯되는지 규명하겠다. 냉전시대 자유주의 질서는, 느슨하게 조직화된 정치적 공동체일망정, 비교적 일관성 있는 형태를 취한 반면, 탈냉전시대의 확장된 자유주의 질서는 다양한 국제 영역으로 쪼개졌다. 질서에 속하느냐 속하지 않느냐 여부가 덜 명확해졌다. 이 때문에 국가들 특히 중국과 러시아 같은 비자유주의적 국가들은 이 질서와의 여러 가지 연관성들 가운데 입맛에 맞게 취사선택할 수 있었다. 세계화된 자유주의 질서에는 여러 층과 영역들이 존재했고, 보다 포괄적인 체제 내에 존재하는 각 층과 영역마다 나름의 논리와 작동방식이 있었다. 이렇게 분산되면 자유주의 질서를 약화시킨다. 그러나 또 다른 한편으로는 개방적이고 규정을 토대로 한 체제를 뒷받침하는 보다 다양한 지지 세력들과 이익을 조성하기도 했다.

자유주의의 세계화

냉전종식은 두 가지 질서에 대한 사연이 담겼다. 둘 다 1940년대에 조성된 질서다. 하나는 소련과의 갈등에서 부상한 위협과 책무에 대응하는 차원에서 구축되었다. 냉전은 억지력과 봉쇄와 두 강대국 간의 이념적 투쟁을 중심으로 조직화된 양극체제 질서였고, 소련이 몰락하면서 종식되었다. 다른 하나는 양극체제 안에 구축된 미국 주도의 국제질서, 바로 서구 자유주의 질서이다. 이 질서는 냉전으로 강화되었지만 앞서 살펴본 바와 같이 20세기 초로 거슬러 올라가는 독특한 과제의 일환으로 구축되었다. 냉전을 틈타 서구 강대국들 간의 관계에서 혁명이 일어나면서 안보관계를 공고히 하고 개방적인 시장을 관리하고 사회적 보호, 다자간 협력, 미국의 패권적 지도력을 중심으로 하는 질서가 구축되었다. 냉전이 끝난 후 이 질서는 보다 폭넓은 국제체제에 대한 자유주의적 논리를 제공했다.

냉전종식은 "믿기지 않을 정도로 신속한 전환이었고, 극적이고 단호하며 놀라울 정도로 평화적이었다."라고 애덤 로버츠는 말한다.[5] 앞서 발생한 두 차례 세계대전은 이전의 국제질서들을 파괴하고 불신하게 했으며 새로운 질서의 기본적인 규정과 원칙들을 두고 일괄적인 협상이 진행될 길을 열어주었다. 그러나 미국이 주도한 체제는 냉전이 종식된 후에도 살아남았을 뿐만 아니라 서구 진영을 승리로 이끈 주역으로 간주되었다. 냉전은 근대 세계를 조직화하는 두 가지 방식 간의 양자 대결이었고, 소련이 붕괴되면서 승자가 어느 쪽인지 판결이 내려진 걸로 간주되었다. 소련에 대한 서구 진영의 정책과 선진 산업화 민주체제 국가 간의 관계도 정당하다는 게 입증되었다. 이러한 의미에서 냉전종식은 보수주의적 사건이었다. 냉전종식은 소련의 평화로운 항복으로 이어졌다. 물론 마지못해서이고 소비에트의 마지막 총서기장 미하일 고르바초프가 바랐던 조건하에서 이루어지지도 않았지만 말이다. 그러나 소비에트라는 하나의 "극"이 몰락하면서 미국이라는 다른 하나의 "극"과 냉전 동안 구축된 미국 주도의 규정과 제도, 국가 간의 관계는 탈냉전시대 질서의 핵심이 되었다.[6]

냉전종식은 서독에서 거의 즉각적으로 깊이 있게 감지되었다. 서독은 제2차세계대전 후 서구 진영이 추진한 유럽통합이라는 과제와 규정을 토대로 한 질서에 헌신해온 자국의 노력을 인정받아 적대적 관계의 평화로운 종식과 통일을 이루게 되리라는 희망을 품었다. 유럽공동체와 북대서양조약기구는 서독이 자국을 안정적인 의회민주주의국가로 탈바꿈시키고 나름의 독특한 시장사회를 개척할 틀을 제공해주었다. 이러한 기구들은 이제 독일을 통일하고 동쪽의 이웃나라들을 통일된 유럽에 통합시킬 틀을 제공해주게 되었다. 1990년 독일 외무장관 한스-디트리히 겐셔(Hans-Dietrich Genscher)는 독일을 경계하는 유럽과 러시아에게 통일의 정당성을 주장하면서 소설가 토머스 만(Thomas Mann)이 한 다음과 같은 발언을 인용했다. "우리가 추구하는 바는 유럽의 독일이지 독일의 유럽이 아니다."[7] 서구 자유주의 질서와 그 질서 내에서의 유럽통합을 통해 독일과 유럽은 1870년대부터 해결되지 않고 남아있던 지정학적 문제를 해결했다. 막강한 독일을 안정적인 유럽 국가체제와 양립시키는 과제였다. 독일 국민은 대부분 이러한 변화를 환영했다. 자국을 새로운 시각으로 바라보게 해주었기 때문이다. 그들은 어두운 과거를 뒤로 하고 이제 역사의 옳은 편에 서서 유럽과 세계에 본보기가 될 수 있었다. 독일 외교관 토마스 바거(Thomas Bagger)는 다음과 같이 주장한다. "독일통일과 보다 점진적인 유럽대륙의 통합은 세계 다른 모든 지역에게 미래의 본보기로 간주되었다. 독일통일과 유럽통합이라는 프리즘을 통해서 독일인들은 세계에서 벌어지는 사건들을 지켜보고 분석하고 해석했다."[8]

냉전이 끝난 후 미국이 가장 먼저 착수한 일의 토대는 이러한 서구 자유주의 질서의 논리였다. 소련이 해체되는 시기에 취임한 조지 H. W. 부시 대통령은 다가올 세계질서를 자유주의적 국제주의자의 관점에서 묘사했다. 그 질서의 기반은 민주주의, 개방적인 무역, 국제법이 될 예정이었다. 부시는 1989년 대통령 취임 연설에서 "세계의 위대한 국가들이 자유의 관문을 통해 민주주의로 나아가고 있다. 우리는 어떻게 해야 지구상에서 인간이 보다 정의롭고 풍요로운 삶을 누릴 수 있는지 알고 있다. 바로 자유시장, 표현의 자유. 자유로운 선거, 국가로부터 제약을 받지 않고 자유의지를 행사함으로써 가능하다."[9] 그해 말 그는 유엔에서 한 연설에서 민주주의가 진군하고 있고 상업은 진보적인 힘이라고 주장했다. 이러한 "새로운 세계질서"에서 유엔과 다자간 기구들은 "우리 시대의 핵심적인 문제"를 해결하는 데 중요한 역할을 하게 된다고 했다. 바로 "세계의 국가들이 무력이 아니라 법이 통치하는 체제에 합의하게 되는 문제 말이다."[10] 미국은 자유민주주의와 다자간 협력이 점점 확대되는 세계의 중심에 서게 되는데, 이를 부시는 "점점 확장되는 자유의 외연"이라고 일컬

었다. 냉전이 종식되자 미국은 세계를 향해 서구 자유주의 질서에 합류하라고 권했다.[11]

이러한 자유주의적 국제주의 구상은 부시 행정부의 업무에 반영되었는데, 부시 행정부는 안보와 경제협력 부문 공히 지역적 세계적으로 제도들을 확대할 방법을 모색했다. 유럽과의 관계에서 국무부 관료들은 일련의 제도적 절차들을 밟기 시작했다. 북대서양조약기구가 동구권 국가들과의 관계를 아우르도록 변화시키고 유럽공동체와 보다 공식적이고 제도적 관계를 구축했으며 유럽안보협력회의의 역할을 확대했다.[12] 서반구에서 부시 행정부는 북미자유무역협정과 남아메리카와의 보다 긴밀한 관계를 추진했다. 동아시아에서는 아시아태평양경제협력회의를 발판으로 보다 제도적인 연계를 조성하고 이 지역에 대한 약속을 이행하겠다는 미국의 의지를 보여주고, 아시아 지역주의가 범태평양 성격을 띠는 방향으로 나아가도록 했다. 부시의 국무장관 제임스 베이커(James Baker)는 훗날 부시 행정부가 탈냉전시대에 추진한 질서 구축 전략을 1945년 이후 미국이 추진한 전략에 다음과 같이 비유했다. "우리가 가끔 잊는 경향이 있는데, 트루먼과 애치슨 같은 인물들은 무엇보다도 제도를 구축한 이들이다. 그들은 전례 없는 경제적 풍요를 가져온 경제적 제도들을 육성했다…. 그 당시와 유사한 기회와 위기에 직면한 이 시대에 우리는 그들의 선례를 따라야 한다고 믿었다."[13]

서구 자유주의 질서를 확대하는 작업은 클린턴 대통령하에서도 계속되었고, 클린턴 대통령은 다자간 기구들을 이용해 새로이 부상하는 시장경제 민주국가들을 안정시키고 선진 민주 진영에 통합시키려고 노력했다. 클린턴의 국가안보 보좌관 앤서니 레이크(Anthony

Lake)는 이 전략이 “시장경제 민주주의국가들로 구성된 공동체를 강화하고 가능한 신생 민주주의국가와 시장경제체제를 육성하고 견고히 하는 게 목적”이라고 말했다. 미국은 “민주주의와 시장경제가 뿌리내리도록 돕고” 이는 다시 서구 민주 질서를 확대하고 강화하게 된다고 했다.[14] 이 전략은 주로 시장경제 민주체제로 전환하기 시작한 지역들을 대상으로 추진되었다. 중부유럽과 동부유럽, 아시아태평양 지역 국가들이 주요 대상이었다. 새로운 무역협정과 안보 동반자 관계를 통해 이러한 나라들 내에서의 개혁을 권장하는, 가능하다면 개혁을 되돌릴 수 없게 못 박는 전략이었다. 클린턴 행정부는 이러한 전략을 발표하는 공식 성명서에서 핵확산, 지역 불안정, 불공정한 무역 관행과 같이 외교정책에서 극복해야 할 주요 난관들에 대해 다자주의적 접근방식을 요구했다.[15] 다자간 협력은 확대되는 자유민주 진영의 토대가 된다.[16]

1990년대 말 무렵 자유주의적 국제질서를 견고히 다지고 확대하는 작업은 활발하게 진행되는 듯이 보였다. 북대서양조약기구는 동쪽으로 확대되어 이전에 바르샤바조약기구에 가입했던 나라들까지 아우르게 되었다. 이러한 확장은 논란을 불러일으켰고 미국 외교정책 전문가들은 안 그래도 취약한 러시아와의 관계를 훼손할 우려가 있다고 경고했다. 그러나 클린턴 행정부는 민주체제로 전환하는 나라들과의 연대의식을 과시하고 이러한 신흥 민주국가들을 서구 질서에 제도적으로 편입시키고 싶어했다.[17] 클린턴 행정부 정책수립자들은 자신들이 러시아에 대해 적대적인 의도를 지니고 있지 않았기 때문에 북대서양조약기구의 확대가 러시아에게 위협이 아니라고 생각하도록 러시아를 설득할 수 있다고 생각했다. 북미자유무역협정과 아시아태평양경제협력회의도 1980년대에 시작된 경제와 무역 자유화를 향한 전 세계적인 움직임을 지속시킬 장치로서 추진되었다. 1995년 세계무역기구의 창설은 자유주의적 국제질서의 제도적 토대를 한층 더 확대하고 강화하려는 시도였다. 관세와 무역에 관한 일반협정을 토대로 한 세계무역기구는 국제무역법을 공식화하는 큰 진전이었다. 이 기구는 독립적인 사무국, 분쟁 해결 장치, 무역협력 확대 체제 등으로 구성되었다.[18] 2006년 한 인터뷰에서 클린턴은 직접 이 점을 다음과 같이 짚었다. "나는 제2차세계대전 후 그리고 냉전시대 다자간 기구들의 성공에서 큰 영향을 받았다. …그 기구들이 제대로 작동하는 모습을 보았고, 냉전이 끝날 무렵 역사상 처음으로 동서분열을 예방하는 방식으로 이 기구들을 세계화할 기회를 포착했다."[19] 전후시대는 "일극체제의 시대"라기보다 "다극체제의 시대"였고 다극체제가 일시적인 힘의 우위를 견뎌내고 계속 유지되는 방향으로 세계를 구성할 기회였다.[20]

클린턴 행정부가 중국을 세계무역기구에 합류시키기로 한 결정은 아마 이러한 자유주의적 국제주의 전략의 백미였을지 모른다. 클린턴은 중국의 부상을 국제체제의 급속한 세계화의 일환으로 보았다. 미국은 이렇게 국제화되는 세계 속에서 이득을 얻게 되고, 중국은 변모하게 되며, 중국이 무역체제에 통합되면 상호이익이 된다고 생각했다. 중국이 무역체제에 합류하게 되면 중국 사회가 자유화하는 효과를 낳고, 개방과 정치적 개혁을 지지하는 세력들이 중국 내에 조성되리라고 보았다. 일단 중국이 세계무역기구의 자유주의적 규정과 관행에 엮이고 무역과 경제성장의 이익을 실현하기 시작하면 자국 내 경제와 제도를 자유화 하려는 유인책이 생기게 된다. 중국이 서구 유형의 민주주의국가로 바뀌리라는 순진한 기대는 아니었다. 경제 개방은 중국 사회를 자유화시키는 효과를 낳고 인민이 정치적 변화를 요구하는 결과로 이어지리라고 예상했다.[21] 2000년 5월, 미국 의회는 중국에게 영구적으로 정상적인 무역관계를 부여하기로 표결했고 사실상 중국의 세계무역기구 가입을 지지했다. 클린턴은 이러한 조치를 뒷받침하는 자유주의적 논리를 강조했다. "중국은 세계무역기구에 합류함으로써 단순히 우리 상품을 더 많이 수입하기로 합의하는 데 그치지 않고 민주주의에서 가장 소중히 여기는 가치들 가운데 하나인 경제적 자유까지도 수입하는 데 동의하게 된다."[22] 중국은 급속히 성장하고 있었고 중국이 세계경제에 미치는 영향은 불가피했다. 세계무역기구 회원 자격이 주어지면 서구의 규범과 관행을 받아들이는 방향으로 중국을 이끌게 된다. 이러한 전환기에 세계화는 자유화하는 힘으로 간주되었고, 한 행정부 관리의 말을 빌리자면, 클린턴은 "세계화에 자기 대통령직을 걸었다."[23]

중국을 관여시키는 미국의 전략은 조지 W. 부시 행정부에서도 계속 이어졌다. 중국은 경제적 군사적으로 성장하겠지만 상호의존성이라는 역동적인 과정을 통해서 성장하므로 국내적으로는 훨씬 민주적으로 바뀌고 대외적으로는 보다 협력적인 태도를 보이게 되리라고 기대했다. 조지 W. 부시 대통령은 2001년 5월 다음과 같이 주장했다. "개방적 무역은 중국에서 자유를 증진시키는 힘이다. …자유무역은 새로운 기술을 중국 사회에 소개해 중국인들이 검열하지 않은 정보와 민주적인 개념들에 접근하도록 해준다. 무역을 개방하면 마음도 열리게 된다."[24] 몇 년 후 국무부차관 로버트 졸릭(Robert Zoellick)은 중국이 미국 주도 국제질서의 주요 수혜자이고 미국은 중국이 책임 있게 행동하기를 기대한다고 했다. 중국은 기존의 국제질서와 서구 진영이 규정한 가치와 우선순위를 지지하는 대신 발언권과 지도력을 얻었다. 졸릭은 중국에게 "지난 세기에 걸쳐 개발된 규정들에 적응"하라고 촉구했다. 그렇게 하면 중국은 미국이 주도하는 질서 내에서 선도적인 국가가 되리라는 기대를 할 수 있다고 했다. "중국은 자국의 성공을 가능케 한 국제체제를 뒷받침하기 위해 우리와 협력할 것이다."[25] 중국이 서구 자유주의 질서에 합류할 기회는 열려있었다.

한편 경제적 정치적 자유는 전 세계적으로 확산되었다. 1980년대에 소비에트가 추구한 경제체제와 수출지향적인 자본주의국가들이 추구한 경제체제의 운명이 갈리는 모습을 지켜본 각국 정부는 1990년대에 서서히 시장 지향적인 경제개혁-대외 경제정책 자유화, 민영화, 규제완화-을 단행했다. 경제적 자유주의는 폭넓은 다양한 정책들을 통해서 구체화되었다. 베스 시먼스(Beth Simmons), 프랭크 도빈(Frank Dobbin), 제프리 개럿(Geoffrey Garrett)이 지적하듯이, 국유기업의 민영화는 "마거릿 대처(Margaret Thatcher)가 1979년 영국 선거에서 선언한 파격적인 정책 아이디어에서 출발해 20년에 걸쳐 선진국과 개발도상국들이 공히 추진한 경제정책의 주요 요소가 되었다."[26] 같은 기간 동안 국가들은 점점 자국의 경제를 개방해 자본과 무역이 국경을 넘나들도록 했다. 국제적으로 세계은행, 국제통화기금, 그 밖의 여러 금융기관은 워싱턴 합의를 수용하고 융자를 받는 국가들과 경제개혁을 단행하는 정부에게 시장 지향적인 정책을 권고했다. 국제통화기금의 융자와 세계무역은 급속히 성장했다. 21세기에 접어들 무렵 개발도상국가들은 세계 국민총생산의 47퍼센트, 세계무역의 3분의 1을 차지하게 되었다.[27] 도처에서 국가들이 세계경제에 통합되기 시작했고 규정과 제도들로 구성된 확장하는 체제 내에서 활동했다.

1980년대와 1990년대에는 민주화와 자유주의적 입헌주의라는 "제3의 물결"이 전 세계를 휩쓸면서 정치적 자유화가 이루어진 시기이기도 했다.[28] 시먼스, 도빈, 개럿은 민주국가의 비율이 1980년대 초 30퍼센트 이하에서 21세기 첫 10년에 거의 60퍼센트로 두 배 이상 증가한 현상을 "20세기 말 대표적인 통계수치"라는 표현으로 묘사했다. (세계 주권국가의 수도 이 기간에 두 배가 되었다.)[29] 민주주의로의 정치적 전환은 지역마다 다른 형태로 나타났다. 라틴아메리카 국가들은 1970년대에 민주화되기 시작했고 동아시아와 태평양 지역이 1980년대에 그 뒤를 따랐다. 베를린장벽이 무너지고 구소련 동구권에서 공산주의가 붕괴되면서 민주화 물결이 동유럽을 휩쓸었다.[30] 냉전의 양극체제가 끝나면서 과거에 두 강대국 가운데 한쪽의 지지를 받았던 수많은 일당독재와 군사독재 정권들이 취약해졌다. 그 결과 정권이 교체된 나라들이 모두 민주화라는 관문을 통과하지는 않았다. 일부 독재정권들은 권력을 유지하기 위한 방편으로 부분적인 자유화를 단행하기도 했다.[31] 보다 철저하게 민주화를 단행한 정권들은 그 이후로 다시 권위주의로 회귀하기도 했다. 그러나 1990년대가 막을 내리면서 민주화는 계속 진군하는 듯이 보였다.[32]

20세기 마지막 20여 년 동안 일어난 경제적 정치적 자유주의로 향한 폭넓은 추세들은 [그림 8.1.]에 포착되었는데, 이 그림은 1980년부터 2004년까지의 기간 동안 자유주의의 세 가지 지표들이 어떻게 변하는지를 추적하고 있다. 첫 번째 지표는 국유의 민영화에서 비롯되는 정부 재정수익의 비율을 보여주는데, 이는 국내 경제 자

[그림 8.1.] 경제적 정치적 자유주의의 확산

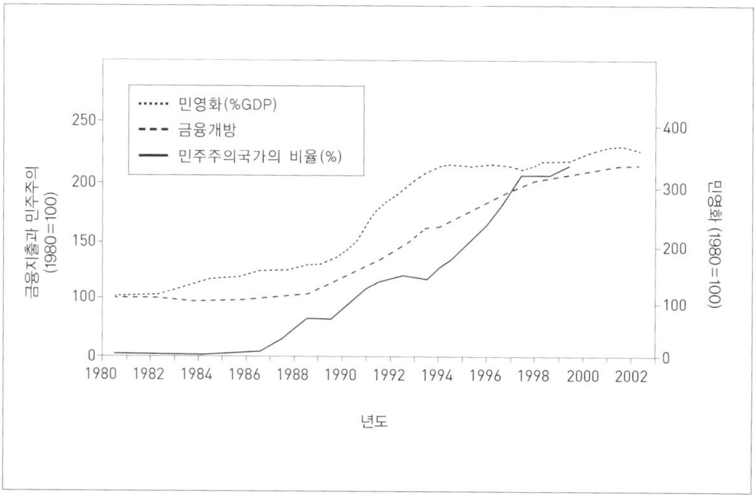

베스 시먼스, 프랭크 도빈, 제프리 개럿의 저서 《시장과 민주주의의 세계적 확산(The Global Diffusion of Markets and Democracy)》(뉴욕: 케임브리지 대학교 출판부, 2008)의 3쪽 "들어가는 말: 자유화의 확산(Introduction: The Diffusion of Liberalization)"에서 인용함.

유화를 보여주는 지표이다. 두 번째 지표는 금융개방-자본계정의 개방-의 세계 평균치로서 해외 경제 자유화 정도를 보여준다. 세 번째 지표는 세계에서 민주주의국가의 비율을 보여준다.

이 세 가지 추세들이 서로 수렴하는 모습을 보면 이 시기 동안 자유민주주의와 개방적 세계경제로의 전환이 동시에 발생하고 서로 강화한다는 점을 알 수 있다. 경제적 정치적 자유의 확산을 촉진하는 힘은 여러 가지인데 자본주의적 민주주의국가들이 구소련 동구권 국가들을 점점 더 앞서고 있다는 점이 중요하다. 이는 냉전이 종식되기 전에도 사실이었다. 소련의 붕괴와 함께 자유주의적 자본주의 민주주의에 대한 대안으로서의 공산주의는 사라졌다. 한편 미국을 비롯해 선진 자본주의국가들은 국내외 경제개혁의 매력적인 본보기를 세계에 보여주는 듯했다. 국제통화기금, 세계은행을 비롯해 국제기구들은 개발도상국들에게 정책적 조언과 재원을 제공해 이러한 자유주의 운동을 촉진했다. 유일한 강대국인 미국은 이 운동에 지정학적 이념적으로 무게를 실어주었고 자유 경제적 정치적 전환을 촉진하고 견고히 할 지역기구와 세계기구의 확대를 지지했다.[33] 냉전 양극체제의 세계 속에 구축된 서구 자유주의 하부체제는 외연을 확장하면서 단일한 세계질서를 구축하는 데 필요한 개념과 제도를 제공했다.

20세기가 막을 내리면서 미국은 확장하는 자유주의적 국제질서의 중심에 놓이게 되었다. 어떤 의미에서는 정치적 경제적 자유주의의 확산은 힘의 배분이 바뀌고 있다는 현실을 반영했다. 소련의 붕괴로 미국은 유일한 강대국이 되었다. 이 한 나라가 차지하는 물질적 역량은 어마어마해서 그 자체로서 나머지 다른 모든 나라들과는 차별화된다. 일극체제를 토대로 경제적 정치적 자유화의 확산을 설명하기는 쉽다. 국제질서의 특성은 그 질서의 가장 막강한 국가의 지향성을 반영한다. 미국은 자국의 우월적 지위를 이용해 자유주의의 외연을 확장했다. 미국을 대체할 힘의 중심지도 없었고 다른 이념도 없었다. 그러나 인과관계는 정반대 방향으로 흐르기도 한다. 여러 가지 중요한 측면에서 일극체제는 자유주의 질서의 원인이 아니라 결과였다. 일극체제는 독특한 물질적 역량의 분배로 조성되었지만 이를 견제할 또 다른 극이 되려고 시도하는 다른 나라들의 부재(不在)로 인해 조성되기도 했다.[34] 미국이 일극체제의 주인공이 된 이유는 군사, 기술, 경제적 자산에서 비교대상이 없는 압도적으로 막강한 권력을 소유했기 때문만은 아니다. 미국은 다른 나라들이 합류하려고 하는 자유주의 국제질서의 중심에 위치했기 때문이기도 하다.[35] 권력은 질서를 창출하지만, 질서 또한 권력을 창출한다. 일극체제가 탈냉전시대에 부상한 이유는 힘을 투사하는 주체로서 뿐만 아니라 다른 나라의 신의를 얻을 주체로서 대안이 될 만한 다른 극들이 몰락했기 때문이다.[36]

탈냉전시대 자유주의 질서의 몇 가지 특징들이 국가들로 하여금 이 질서에 저항하거나 견제하기보다 합류하기 쉽게 만들었다. 이 때문에 국가들은 정치적 경제적 전환을 하고 회원으로 합류하기가 비교적 쉬웠다. 브레턴우즈협정에서 탄생한 기구들을 시작으로 다자간 경제기구들은 확장 가능하도록 설계되었다. 지역기구와 세계기구에 회원으로 가입하기 위해 충족시켜야 하는 구체적인 기준들은 기구마다 다르다. 그러나 다자주의의 저변에 깔린 논리는 기준을 충족시키는 국가들은 합류할 수 있으며, 이는 탈냉전시대 전환기를 통합과 확대에 유리한 방향으로 기울게 만들었다. 이 외에도 자유주의 질서가 전환기에 놓인 국가들을 끌어들인 이유는 이 질서에 합류하면 이득을 얻고 보호를 받게 되기 때문이었다. 실제로 자유주의 질서는 이 질서에 합류한 국가들에게 "재화와 용역"을 제공했다. 가장 기본적인 서비스는 안보 보장이었다. 다른 재화와 용역에는 시장 접근, 해외 원조, 기술 지원 등이 있었다. 이 질서에 합류하면 무역과 투자의 개방적 체제에서 유리한 조건을 누릴 수 있었다. 국제통화기금과 세계은행 같은 기구들은 개발도상국가의 경제가 위기에 진입하면 대기자금으로 지원을 해주었다. 실제로 자유주의 질서는 회원이 회원으로서의 특권을 누리는 정부 간 클럽이었다.[37] 셋째, 자유주의 질서 체제에 속한 미국을 비롯한 강대국들이 이 질서 안에서 질서의 규정과 제도들을 존중하면서 활동하는 한, 약소국들은 이러한 강대국들이 자국에게 원하지 않는 것을 강요하거나 자국을 지배하지는 않으리라는 확신을 얻을 수 있었다. 분명히 미국은 때로는 강요하고 개입하고 거친 유형의 힘의 정치를 구사하기는 했지만, 자유주의로 전환하는 과정을 겪고 있는 국가들이 적어도 미국의 패권 행사에 내재된 복잡성과 제도적 제약들을 간파할 수는 있었다. 자유주의적 질서에 내재된 제도적 장치들은 미국이 누리는 물질적 지위가 다른 나라들에게 보다 지속적인 동시에 덜 위협적이게 만들었다. 자유주의 질서에 합류하는 나라는 의사를 표명할 기회를 얻고 세계에서 가장 막강한 나라에 제도적으로 접근할 수 있었다.[38] 이런 식으로 자유주의 질서는 국가들이 통합과 참여라는 전략적인 방향으로 향하게 만들었다.

냉전 이후 부상한 세계는 뜻밖인 동시에 경이로웠다. 냉전시대에 구축된 서구 자유주의 질서가 이러한 양극 투쟁 끝에 살아남았다는 점이 뜻밖이었다. 힘의 균형을 주장하는 현실주의자들은 특히 소련의 위협에 대응하기 위해 창설된 북대서양조약기구를 비롯한 서구의 기구들이 위협이 사라지면 확장되기는커녕 더 이상 존재하지 않게 되리라고 예측했다.[39] 이들이 간과한 점은 서구 자유민주주의국가들의 질서 구축 과제는 냉전 이전에 시작되었고 냉전의 그림자가 드리운 시기에도 계속 추구되었다는 사실이다. 이는 전후 유럽 국가 간의 관계 그리고 유럽과 미국을 비롯해 폭넓은 자유민주 진영 국가 간의 관계에서 일어난 혁명적인 변화에서 비롯된 산물이었다. 서구 진영의 질서 구축 과제는 1930년대에 일어난 참사와 서구 자유주의적 자본주의국가들에게 보다 안정적인 토대를 마련하려는 노력이 그 원동력이었다. 소비에트 공산주의가 붕괴된 후 폭넓은 세계체제를 뒷받침하는 질서는 1815년, 1919년, 1945년과는 달리 구축할 필요가 없었다. 이미 존재하고 있었기 때문이다.

자유주의 질서의 위기

냉전 동안 미국이 주도하는 자유주의 질서는 양극 세계체제의 서구 진영 쪽에 속해 있었고 그 토대도 양극체제 내에 마련되었다. 소련이 붕괴한 후 확장하는 세계체제의 핵심으로서의 이 자유주의 질서는 냉전의 토대에서 해방되었고 자유민주주의, 시장, 복잡한 상호의존성으로 이루어진 확장하는 세계체제의 발판이 되었다. 전 세계적으로 "자유화의 시대"가 도래했다. 그러나 바로 이 시기에 위기의 씨앗이 뿌려졌다. 자유주의 질서의 세계화는 당시에 많은 자유주의적 국제주의자들이 생각했던 것보다 훨씬 많은 문제를 안고 있었다. 냉전 동안 양극체제는 국가들이 해야 할 역할과 지켜야 할 약속과 공동체를 강화하는 데 기여했고 이는 미국이 주도하는 국제질서로 구체화되었다. 냉전시대 서구 진영의 질서는 단순히 동맹이나 교역상대국의 모임이 아니었다. 제도와 타협과 사회적 목적에 대한 공동의 이해를 갖춘 느슨하게 기능하는 정치적 질서였다. 자유주의적 국제주의의 위기는 이처럼 전후에 서구의 질서가 세계적으로 확장되면서 서서히 나타난 반응으로 볼 수 있다. 냉전 동안 자유주의 질서를 안정적이고 회복력이 강하게 만들고, 따라서 냉전이 끝난 후 전환기를 겪는 국가들에게 매력적으로 보이게 만든 특징들은 세계화되면서 잠식되었다.

특히 자유주의적 국제주의가 확장되면서 전후 자유주의 질서의 두 가지 측면들이 약화되고 훼손되었다. 하나는 이 질서의 지배구조 논리였다. 정치적 타협, 제도적 약속 이행, 권한 관계 등이다. 다른 하나는 사회적 목적과 질서에 내장된 자유주의적 보호였다. 이 두 가지 차원에서 전후 자유주의 질서의 토대가 약화되었다. 이 질서는 서로 생각이 같은 국가들이 상호보호와 발전을 위해 협력하는 단체인 "안보 공동체"로서의 공감대를 잃었다.[40] 그리고 이 질서는 약화되고 얄팍해지고 이 질서의 핵심을 구성하는 사회와 지지자들의 정치적 경제적 안녕과의 연관성도 떨어지게 되었다. 이 두 가지 측면을 차례로 살펴보겠다.

지배구조와 권위 관계

자유주의 질서가 세계화되면서 지배구조와 권위의 문제가 발생했다. 냉전 동안 서구 지향적인 자유주의 질서는 미국, 유럽, 일본이 주도했고 타협, 실무관계, 제도들이 복잡하게 얽히고설킨 구조를 중심으로 조직화되었다. 전후 초기에 무역, 금융, 통화 관계에 대한 핵심적인 협정들은 대부분 미국과 영국 사이에 타결되었다. 서독과 일본은 나중에 서구 지향적인 3각체제에서 "신참 동반자"가 되었다. 이 나라들이 모든 것에 대해 의견이 일치하지는 않았지만, 세계 나머지 지역들과 비교하면 동질적인 나라들이 모인 소규모 단체였다. 이 나라들의 경제체제들이 서로 수렴했고, 이익이 대체로 서로 맞물렸으며, 대체로 서로를 신뢰했다. 그들은 냉전에서 같은 편에 속했고 미국이 주도하는 동맹체제는 협력을 강화했다. 이러한 동맹체제 덕분에 미국과 그 동맹국들은 약속을 하고 부담을 지고 유럽과 아시아 국가들은 미국의 지도력을 받아들일 수 있었다. 이런 의미에서 냉전시대 자유주의 질서는 자유민주주의국가들이 공동의 정치적 과제에 관여한다는 믿음을 강화했다.

이 질서의 핵심에는 미국과 미국의 경제와 안보 동반자 관계인 국가들, 특히 미국과 서독과 일본 사이에 전략적인 타협이 있었다. 이 질서를 주도하는 국가로서 미국은 동반자 국가들에게 안보를 보장하고 비교적 개방적으로 미국 국내 시장을 유지해 그들의 수출품들을 흡수했다. 그 대신 이러한 동반자 관계인 국가들은 미국 달러화를 보유함으로써 미국이 다른 나라들로부터 환율을 조정하라고 요구받는 상황에 직면하지 않고 경상수지 적자를 보도록 허용했다.[41] 이러한 장치를 통해 미국은 안보를 보장해주고 시장에 대한 접근도 허용하는 인심 후한 국가가 되었다. 미국은 이 질서의 규정과 제도들을 뒷받침하는 동시에 자국 나름의 국익을 보호하기 위해서 일방적으로 행동할 권리를 유지했다. 동반자 관계인 국가들은 미국 시장과 원자재에 접근했고 미국 군사력의 보호를 받았다. 동맹을 토대로 한 안보 보장 덕분에 이러한 나라들은 자국의 재원을 보다 많이 국내 경제성장과 경쟁력 강화에 할당할 수 있었다.[42] 지배적인 지위를 누리는 미국은 동반자 관계인 국가들이 미국의 정책수립에 접근할 공식적인 경로들을 제공하는 복잡한 제도들을 만들었다.[43] 미국은 자유주의적 패권국가의 역할을 하면서 자유주의 질서 전반의 개방성과 안정성을 뒷받침했다. 그 대신 동반자 관계인 국가들은 냉전에서 미국을 지지했다.

그러나 냉전이 끝난 이후로 이 핵심적인 국가를 하나로 묶어주던 타협들은 서서히 약화되었다. 물론 이러한 나라들의 전체적인 지향성은 놀라울 정도로 안정적으로 유지되었다. 독일이 이끄는 서유럽과 일본은 1990년대를 거쳐 최근까지도 개방적인 무역관계와 미국과의 동맹관계를 계속 유지하고 있다. 미국은 여전히 자유주의적 질서를 주도하고 확장하는 데 매진하고 있었다. 그러나 마이클 마스탄두노가 주장하듯이, 미국이 냉전시대 패권국가로서 타협을 할 때 사용한 지렛대의 핵심적인 요소들인 동반자 관계인 국가들의 안보 의존, 달러의 독특한 지위, 미국 국내시장의 불가결한 필요성은 잠식되었다.[44] 냉전이 끝나면서 북대서양조약기구와 미-일 동맹을 필요하게 만든 공동의 위협이 제거되었다. 9/11 테러 공격이 발생하고 미국이 이라크를 침공한 이후로는 선도적인 자유민주주의국가들을 단결하게 해준, 안보 부문에서 극복해야 할 난관들이 예전만큼 일치하지 않게 되었다. 중국의 부상으로 세계경제가 확대되면서 미국 시장은 더 이상 세계경제에 반드시 필요한 성장 동력이 아니었다. 독일과 일본은 여전히 미국 시장과 연관되어 있지만, 두 나라 모두 점점 나름의 역내 무역과 생산체제들로 통합되었고 이 때문에 두 나라는 달러화를 보유함으로써 미국의 적자를 재정적으로 뒷받침하거나 신참 동반자 국가의 역할을 할 필요가 줄어들었다. 이처럼 다양한 방식으로 미국과 핵심적인 동반자 관계 국가 간에 이루어졌던 기존의 안보와 경제적 타협은 잠식되었다.

기존의 3자 동반자 관계가 지속된다고 해도 이 관계는 더 이상 모든 시장과 교환의 중심이 아니었다. 특히 중국의 부상으로 세계경제의 구심점이 바뀌었다. 2010년 중국은 시장교환의 측면에서 볼 때 일본을 제치고 세계에서 두 번째로 경제규모가 큰 나라가 되었고 미국에 근접하고 있었다. 중국이 시장개혁을 단행한 이후로 대외 무역은 1978년에 대략 200억 달러에서 2000년에 5000억 달러로 이는 다시 2016년에 3조 달러로 급속히 확대되었다. 지난 20년 만에 중국은 무역과 제조업 관계망으로 서로 연결된, 빠르게 성장하는 지역 경제국가들의 중심축이 되었다. 냉전이 끝나고 미국은 일본, 남한, 동남

아시아 나라들 대부분의 최대 교역상대국이었다. 30년이 지난 오늘날에는 중국이 이 지위를 차지하고 있다. 2015년 중국은 미국의 최대 교역상대국도 되었다.[45] 중국은 경제가 성장하면서 군사적 역량도 증강하고 동아시아와 세계에서 지정학적 야망을 확대했다. 중국은 이제 세계 주요 경제 국가이자 동아시아와 그 외의 지역에서 미국의 패권을 넘보는 경쟁자이다.

이러한 새로운 상황은 미국이 자유주의적 국제주의 질서를 관리하기가 복잡하게 만들었다. 미국이 세계경제를 관리하는 데 있어서 관여시켜야 할 나라는-독일과 일본이 아니라-중국이다. 그러나 냉전시대 자유주의 질서와 1990년대에 그 질서의 확장을 뒷받침한 3자간 경제와 안보 타협이 미중 관계에서는 쉽게 재창출되지 못한다. 앞서 지적한 바와 같이 미국은 중국에게 패권국가로서의 타협안을 제시했다. 조지 H. W. 부시부터 시작해 도널드 트럼프에 이르기까지 탈냉선시대에 취임한 미국 대통령들은 하나같이 중국을 "책임 있는 이해당사자" 역할에 엮으려고 애썼다. 1990년대에 중국은 이러한 타협안에 동의하는 듯이 보였다. 중국은 세계무역기구에 합류하고 개발도상국 회원 자격에 수반되는 시장개방 조건들을 받아들였다. 세계무역기구에 가입한 지 10년 만에 중국의 수출입은 급속히 확대되었다. 중국은 동아시아에서 미국의 안보 지위를 적극적으로 넘보지 않았고 미국 국채를 대량 보유하기로 합의했다. 중국은 "화평굴기"* 대전략을 표방하면서 세계무역과 금융체제에 통합되었고 급속한 경

* 和平崛起, 평화롭게 우뚝 선다는 뜻이다.(옮긴이)

제성장을 누렸다.[46] 미국이 보기에 중국은 급속히 성장하고 점점 막강해지고 있었지만 적어도 대체로 개방적이고 자유로운 방향으로 정치적 발전을 이끄는 서구 지향적인 규정과 제도들의 틀 내에서 그러한 변화가 이루어지고 있었다.

그러나 지난 10여 년에 걸쳐 이러한 자유주의적 패권국가의 타협은 무너지기 시작했다. 중국은 원하는 것-세계무역체제에 접근하고 급속한 경제성장을 달성하는 일-을 얻었지만 그 대가로 서구 진영 정부들이 기대했던 자유주의적 개혁은 단행하지 않았다. 시진핑 주석하에서 중국은 훨씬 비자유적이고 훨씬 국수주의적이고 훨씬 자신만만해졌다. 군사력을 증강하고 해양도서 영유권을 확대하고 경제외교에서 자기주장을 강하게 내세웠다. 이러한 모습을 미국은 점차 미국의 패권에 대한 중국의 직접적인 도전으로 간주하게 되었다. 마스탄두노가 주장하듯이, "시진핑의 중국은 규정을 준수하는 국가나 책임 있는 이해당사자라기보다, 규정을 만드는 새로운 주체처럼 행동했다."[47] 오바마 행정부를 시작으로 미국은 아시아와 세계경제에서 규정을 만드는 주체로 부상하는 중국을 견제할 방법을 모색했다. 오바마 대통령은 "아시아로의 선회(pivot to Asia)" 정책을 선언하고 아시아에서 미국이 한 경제와 안보 약속을 동맹국들에게 재확인해주었다. 이 선회 정책의 핵심은 범태평양동반자 관계(Trans-Pacific Partnership, 이하 TPP로 표기)로서, 미국과 동아시아 동반자 국가 간의 무역 관계를 보다 친밀하게 다지기 위한 틀이었다. TPP는 경제적인 이익을 창출하리라고 기대되었지만, 오바마는 이를 중국이 "세계경제의 규정을 만들지" 못하도록 하려는 구상이라고 주장했다.[48] TPP는 동맹국들과의 관계를 강화하고 다른 나라들과 새롭게 관계를 맺을 방법으로 간주되기도 했는데, 이는 점점 커지는 중국의 힘에 대항하기 위해 반드시 필요했다. 그 무렵 중국이 책임 있는 이해 당사국으로서 자유주의적 국제질서에 통합되리라는 자유주의자들의 기대는 사실상 무산되었다.[49]

탈냉전시대에 확장되는 자유주의 질서에 합류하라는 제안을 받은 중국은 급속하고 극적으로 경제적 성공을 달성했다. 그러나 바로 이러한 성공이 자유주의 질서를 유지하는 패권국가의 타협을 훼손했다. 중국이 미국에 맞먹는 경제대국으로 부상하면서 중국은 신참 동반자 국가로서의 지위나 이미 존재하는 규정을 받아들이기만 하는 역할에 점점 불만을 품게 되었다. 냉전시대와 1990년대 동안 자유주의적 국제질서는 미국, 서유럽, 일본 간의 타협을 중심으로 구축되었고, 이는 동맹체제에 내장되어 이 나라들이 이견을 해소하기 쉽게 만들었다. 그러나 중국은 이 동맹체제 바깥에서 힘을 키웠고, 국가 규모 자체만으로도 세계경제에서 독자적으로 움직일 운신의 폭이 생겼다. 따라서 중국은 탈냉전시대 자유주의적 국제질서의 안쪽과 바깥쪽에 동시에 존재하게 되었다. 중국은 이 질서가 안정적으로 기능하는 데 반드시 필요할 정도로 규모가 크고 세계경제에 통합되었다. 그러나 이 질서를 어떻게 관리할지에 대한 합의에 도달하기 어렵게 만들 정도로 이 질서의 바깥에-그리고 자유민주 진영의 바깥에-위치하고 있기도 하다.

미국의 지위가 변하는 현실도 자유주의적 질서를 위태롭게 했다. 냉전이 끝난 후 미국의 일극체제는 다른 강대국들이 이를 견제하려는 직접적인 노력을 촉발시키지 않았는데, 그 이유는 중국과 러시아가 아직 미국에 도전장을 내밀 입장이 아니었기 때문이다. 그러나 그 밖의 다른 나라들도 견제할 필요성을 그다지 느끼지 못했다. 미국이 주도하는 질서는 미국이 힘을 행사하는 방식을 제약하는 규정, 제도, 전략적 타협을 토대로 구축되었기 때문이다. 그럼에도 불구하고 미국도 필적할 대상이 없는 자국의 힘에 대한 반응에서 완전히 벗어나지는 못했다. 세계가 일극체제에 진입하면서 미국의 힘은 국제정치에서 점점 중요한 문제가 되었다. 냉전 동안 미국의 힘은 세계체제에서 기능적인 역할을 했다. 그런데 미국이 갑자기 일극체제의 주역으로 부상하면서 미국의 힘은 예전만큼 제약을 받지도 않았고 기능적이지도 않았다. 미국의 패권적인 힘에 대해 새롭게 갑론을박이 일었다. 무엇이 미국의 힘을 제한할까? 미국이 개방적이고 규정을 토대로 한 국제질서를 유지한다는 약속은 얼마나 믿을 만할까?[50] 미국의 이라크전쟁과 세계 대테러 전쟁은 이러한 우려를 악화시켰다. 2008년 미국에서 시작된 금융위기는 미국의 경제 모델과 개방적인 세계체제를 유지하겠다는 미국의 약속에 대한 의구심을 불러일으켰다. 트럼프 행정부가 등장하면서 미국의 힘에 대한 세계의 반응은 다시 극적으로 바뀌었다. 미국이 기존의 규정과 제도로 이루어진 체제를 벗어나 힘을 행사할지 여부는 더 이상 관건이 아니었다. 그 질서를 훼손하기 위해 얼마나 그 힘을 이용할지가 관건이었다. 트럼프 행정부가 들어서면서 자유주의 질서가 직면한 정치적 위기는 점점 커졌다.[51]

간단히 말해서 경제적 정치적 자유주의가 세계적으로 확산되면서 이 질서를 관장하는 논리를 훼손하는 힘들을 작동시켰다. 점점 다양한 나라들이 새로운 구상과 의제를 품은 채 이 질서에 합류하면서 민주 진영은 더 이상 영미권이 주도하거나 심지어 서구 진영이 주도하지도 않게 되었다. 자유민주 진영은 확장되고 있었지만 이러한 확장은 정치적 공동체의 일관성을 떨어뜨렸다. 탈냉전시대에는 기후변화, 테러리즘, 무기 확산, 점점 증가하는 상호의존성이 야기하는 난관들과 같이 복잡하고 새로운 세계적인 문제들이 등장했다. 특히 서로 다른 지역에 위치해 있고 정치적 지향성과 경제발전 수준도 서로 다른 나라들이 권위와 지배구조라는 근본적인 문제들을 두고 합의에 도달하기는 어려웠다. 누가 비용을 지불하고, 누가 조정하고, 누가 이끌 것인가? 확장하는 자유주의 질서 전반에 걸쳐 부상하는 비서구 진영 국가들 사이에 권위는 어떻게 재분배되어야 할까? 미국, 유럽, 일본이 주도하는 기존의 연합체는 타협, 제도, 실무적인 관계 등 여러 겹으로 구성된 토대 위에 구축되었다. 그러나 이처럼 3자가 핵심인 기존의 구도는 예전처럼 세계체제의 중심이 아니었다. 오늘날 자유주의적 질서의 위기는 부분적으로는 그 지배구조를 어떻게 재편할지의 문제다. 기존의 토대는 약화되었지만 새로운 타협안과 지배구조는 아직 타결되지 않고 있다.[52]

사회적 목적과 내장된 자유주의

자유주의적 질서가 직면한 위기는 사회적 목적과 내장된 자유주의(Embedded Liberalism)의 위기이기도 하다. 냉전 동안 서구 자유주의 질서를 구성한 핵심적인 국가들은 그들이-구성원들의 안보와 경제적 안녕이 창출되는 정치적 질서인-자유민주 진영 공동체 안에 존재한다는 공감대가 형성되어 있었다. 대부분의 사람들은 이 질서에 합류하면 이 질서 바깥에 존재하는 이들보다 나은 삶을 영위했다. 자유민주주의국가들은 다자간 협력이라는 조직화된 체제 내에서 경제적 개방성과 사회보장을 절충할 수 있었다. 서구 지향적인 자유주의 질서는 일종의 상호보호 집단인 안보 공동체라고 불릴만한 특징들을 지니고 있었다. 그러나 최근 몇십 년 사이 자유주의적 질서가 세계에 확산되면서 이러한 안보 공동체 기능이 잠식되었다. 자유주의적 질서가 추구하는 사회적 목적인 민주국가 공동체 내에서의 상호보호와 사회적 발전은 퇴색했다. 자유주의 질서는 안보 공동체라기보다 자본주의적 거래를 위한 규정과 제도들을 뒷받침하는 토대처럼 보였다.[53]

냉전 동안 이러한 안보 공동체의 경제적 토대는, 존 러기의 말을 빌리자면, "내장된 자유주의"를 중심으로 조직화되었다.[54] 6장에서 지적한 바와 같이, 이 개념에 따르면 선도적인 자유민주주의국가들은 시장의 개방성과 사회보장을 절충할 수 있도록 세계경제를 조직화할 방법을 모색한다. 1930년대에 세계시장의 붕괴는 서구 산업화 사회들에게 재앙이었다. 정책수립자들이 추구한 중요한 목표는 각국 정부에 경제적 안정을 증진시킬 수단을 부여하는 동시에 세계경제를 재편하고 다시 개방하는 일이었다. 러기의 주장에 따르면, "30년대의 경제적 민족주의와는 달리, 이 질서는 다자주의적 특성을 띠게 된다. 그러나 금본위제도와 자유무역의 자유주의와는 달리, 이 다자주의는 국내 개입주의를 전제로 한다."[55] 내장된 자유주의가 추구하는 절충안은 시장 개방이 야기하는 사회 혼란 효과를 억누르는 한편 개방적인 무역에서 비롯되는 효율성과 복지 이득을 훼손시키지는 않는 게 목표였다. 자유민주주의국가들은 시장이 야기하는 위기를 안정적으로 관리하도록 해줄 규정과 제도를 함께 만들었다. 라위 압델랄(Rawi Abdelal)과 존 러기에 따르면, "국가들은 유럽복지국가나 예외적인 미국의 뉴딜정책을 낳은 각종 안전장치와 보험 장치를 통해서 위기를 공유했다."[56] 바로 이 때문에 자유민주 진영의 사회를 구성하는 대다수가 전후 자유주의 질서의 지지자가 되었다.

자유주의 질서의 위기는 부분적으로는 이러한 절충안이 와해된 데서 비롯된다. 1980년대를 시작으로 자유주의 질서의 세계화로 선진산업화 진영과 개발도상 진영 모두에서 시장이 자유화되었다. 미국과 유럽에서 정책을 수립하는 엘리트계층은 시장 개방과 규제 철폐를 열렬히 옹호했다. 이른바 신자유주의 정책 의제였다.[57] 무역에서는 다자주의적 자유화가 서비스, 농업, 국제지적재산권, 규제통일 등과 같이 새로운 영역으로 확대되었다. 1990년대에 자유화 의제는 한층 더 확대되었다. 클린턴 행정부는 국제통화기금과 세계은행과 조율해 개발도상국들의 폐쇄적인 금융시장을 자유화시키려고 했다. 금융, 주식, 증권시장들이 개방되었고 라틴아메리카, 동아시아, 중부유럽 국가들은 국가 주도의 경제성장 전략에서 시장의 힘에 의지하는 정책으로 전환했다. 훗날 워싱턴 합의라고 불리게 된 이 조치에서 서구 엘리트계층은 시장의 확대를 세계 자유시장경제를 견고히 할 뿐만 아니라 정치적 자유화와 확산을 촉진할 열쇠로 보았고 따라서 성장과 사회발전의 새 시대가 열리게 되리라고 기대했다.[58] 정치적 경제적 자유주의는 서로 강화하면서 상승작용을 일으키는 것으로 간주되었다. 그러나 시장이 확대되면서 서구사회에서는 승자와 패자가 확연히 갈리는 새로운 현상이 나타나는 한편, 내장된 자유주의적 지지와 보호는 약화되었다. 제프 콜건(Jeff Colgan)과 로버트 코헤인이 주장하듯이, "신자유주의적 경제 의제는 과거에 자유주의적 질서에 대한 정치적 지지를 보장했던 사회계약을 훼손하는 효과를 낳았다."[59]

경제적 불안감과 불평등이 선진 산업화 진영 전체에서 증가하면서 자유주의 질서가 추구하는 사회적 목적은 훼손되었다. 2008년 금융위기가 발생하기 수십 년 전부터 이미 미국과 유럽의 근로자와 중산층의 소득은 정체되어왔다.[60] 제2차세계대전 종전부터 1970년대까지 미국에서 저소득층의 소득과 고소득층의 소득은 공히 급속히 성장했고 소득 격차는 크게 벌어지지 않았다. 그러나 이는 1970년대를 시작으로 바뀌었다. 미국에서는 1980년 이후로 증가한 부가 거의 모두 소득 상위 20퍼센트에게 돌아갔다. 숙련기술이 없거나 학력이 대졸 미만인 이들은 점점 뒤쳐졌다. 1974년부터 2015년까지의 기간 동안 대학 졸업장이 없는 미국인들의 가구당 실질소득 중앙값은 24퍼센트 하락한 반면 학사학위를 소지한 이들의 소득 중앙값은 꾸준히 상승했다. 1920년대 이후로는 본 적이 없는 수준으로 소득과 부가 사회의 최상층부에 집중되었다.

이와 비슷한 현상이 세계적 차원에서도 나타났다. 브랑코 밀라노비치(Branko Milanović)는 세계체제 전체에서 지난 20년간 나타난 소득격차 현상을 "코끼리 곡선(elephant curve)"이라고 일컬었다. 그는 1인당 실질 소득의 상승분 대부분이 서로 매우 다른 두 집단에게 돌아갔다는 사실을 발견했다. 하나는 중국과 인도 같은 나라의 근로자들로서 매우 낮은 수준의 임금을 받고 기초적인 제조업이나 서비스업에 종사하는 이들로서 이들의 소득은 극적으로 증가했다. 이들은 여전히 세계 소득 스펙트럼상에서 낮은 소득수준에 위치하고 있긴 하지만 말이다. 1990년 이후로 10억 명 이상이 극빈계층에서 벗어났다. 세계 인구에서 대단히 큰 비율 사람들의 인생이 완전히 역전된 경이로운 현상이었다.[61] 이는 완만한 상승세를 그리는 코끼리의 등이다. 다른 한 집단은 상위 1퍼센트-아니면 상위 0.01퍼센트라고 해도 무방하다.-로서 이들의 자산은 어마어마하게 증가했다. 이는 코끼리가 하늘을 향해 뻗은 긴 코이다.[62] 한편 선진 산업화 국가의 중산층과 근로자 계층의 소득 증가는 가장 적었다. 이처럼 중간 소득 계층의 경제 사정이 정체되는 현상은 기술이 발전하고 교역패턴이 바뀌고 노조가 조직화되고 제조업 시설이 이전하면서 악화되었다.[63] 최근 세계경제 성장에서 크게 이득을 본 승자들이 있다. 그러나 서구 자유주의 질서를 지지했던 세력은 그 승자가 아니다.[64]

자유주의 질서의 안보 공동체 측면도 이 질서를 구성하는 사람들과 사회가 다양해지고 그 범위가 확대된 것만으로도 약화되었다. 민주 진영에서는 이제 영미 색채와 서구 색채가 희석되었다. 민주 진영은 선진국과 개도국, 북반구와 남반구, 식민지와 탈식민지, 아시아인과 유럽인 등, 세계 대부분 지역을 아우른다. 이 또한 성공에서 비롯된 위기다. 그러나 이 질서의 구성원들이 세계에서 차지하는 입지와 그들이 역사적으로 물려받은 유산과 고충 불만에 대해 점점 다양한 시각들이 제기되었다. 자유주의 세계질서는 이제 과거의 사연과 미래의 구상을 공유하는 공동체의 특징을 덜 나타내게 되었다.[65] 자유주의 질서의 외연이 확장되면서 그 구성원인 사회들이 역사적 지리적 문화적으로 공유하는 정체성이 약화되었다.

이 모두를 종합해 볼 때, 자유주의 질서가 추구하는 사회적 목적은 과거에 한때 추구했던 그 목적이 아니었다. 서구 민주사회 국민들은 자유주의적 국제주의에서 얻는 게 무엇일까? 개방적이고 대체로 규정을 토대로 한 국제질서가 중산층에게 물리적 경제적 안보를 제공하려면 어떻게 해야 할까? 20세기 전 기간에 걸쳐 자유주의적 국제주의는 서구 자유민주사회 내에서 진보적이고 사회민주적인 의제들과 연관되어 있었다. 자유주의적 국제주의는 국민의 적으로 간주되지 않고 정부가 국내에서 경제적 안보와 발전을 추구하도록 해주는 수단으로 간주되었다. 그러나 최근 수십 년 동안 나라 안에서의 사회적 경제적 발전과 나라 밖에서의 자유주의적 국제주의 간의 이러한 관계는 끊겼다.

자유주의 질서의 한계와 내구성

자유주의 질서가 확장되면서 그 한계와 위기를 극복하고 회복하는 역량이 동시에 드러났다. 이 질서의 한계는 점점 골치 아픈 중국, 러시아와의 관계에서 가장 분명하게 나타난다. 이 질서 내에서 이 두 나라 중 어느 나라든 "책임 있는 이해당사자"가 되리라는 기대는 무너졌다. 러시아의 경우 냉전을 종식시킨 미국과 소련 간의 타협은 1990년대를 넘기지 못했다. 북대서양조약기구의 확대, 에너지 송유관을 둘러싼 분쟁, 러시아가 역내에서 품은 야망을 수용하기를 거부한 조치 등이 모두 관계를 파탄 내는 데 기여했다.[66] 냉전이 끝날 무렵 러시아는 경제가 붕괴되면서 국력이 쇠락하고 분노하게 되었다. 서구 진영은 러시아와 관계를 유지하려고 애썼지만 수 세기 동안 지속된 반민주적 반자유적 러시아 국내 정치의 무게에 짓눌려 헐떡거렸다. 러시아는 제국을 잃었고 서구 진영은 러시아의 전통적인 영향권을 침식하면서 러시아의 분노와 경쟁심을 부추겼다.[67] 미국은 북대서양조약기구의 확대를 포기하는 등과 같이 안보에서 러시아에게 보다 폭넓은 양보를 할 수도 있었다. 그러나 그렇게 하면 서구의 동맹과 유럽연합에 합류해 자유민주체제로 전환할 제도적 기반을 마련하려는 동유럽 국가들의 요구를 무시하는 셈이 되었다. 어쨌든, 탈냉전시대에 서구 진영이 러시아에 대해 좀 더 너그러운 태도를 보였다면 러시아가 서구 유형의 개혁과 통합의 길을 택했을지는 분명치 않다.[68] 그 길은 러시아가 1990년대에 민주주의로 전환하는 데 실패하면서 물 건너갔다.

중국은 보다 최근에 그동안 실행해온 경제적 정치적 개혁 실험을 번복하는 뜻밖의 태도를 보였다. 냉전 후 첫 20년 동안 미국 지도자들은 중국을 자유주의 질서에 통합시킬 방법을 모색했다. 중국은 경제자유화라는 야심찬 정책들을 추진했고, 세계 다자간 기구들에 합류했으며, 세계체제에 깊이 통합되었다. 중국은 대만이 보유하고 있던 유엔안전보장회의 상임이사국 자리를 차지했다. 중국은 세계무역기구에 합류했고 국제통화기금, 세계은행, G-20에서도 역할을 하고 있다.[69] 이념과 구상에 있어서 과거 수십 년 동안 "새로운 국제질서"를 요구해온 중국은 이제는 세계 규정과 제도들의 점진적인 개혁을 요구하기 시작했다. 중국은 세계질서를 조직화하는 데 있어서 공정성과 정의라는 담론을 내세우기 시작했다. 이는 근본적으로 기존의 세계기구들을 운영하는 데 있어서 중국에 더 큰 발언권을 달라는 뜻이었다. 중국은 이제 국제통화기금과 세계은행이 자국에게 더 큰 역할을 부여하고, G-20 같은 국제 지도자 포럼이 자국에게 더 큰 발언권을 부여하고, 장기간에 걸쳐서 인민폐를 세계가 결제에 사용하는 준비 통화로 만들게 함으로써 국제질서를 "보다 합리적으로" 만들 방법을 모색하고 있다. 이러한 개혁안들은 모두 중국이 국제 경제질서의 중심으로 이동하고 있음을 시사한다.

그러나 시진핑 주석의 통치하에서 중국은 개혁을 수용하는 데 한계를 드러냈다. 중국은 일당독재 정치체제를 한층 강화했고 일대일로(一帶一路) 전략과 같이 야심만만한 지역 경제 프로그램을 추진하기 시작했다. 탈냉전시대 자유주의적 국제질서에 완전히 합류하지도 않고 완전히 배제되지도 않은 어정쩡한 상태에서 중국은 대부분의 유수한 국제기구들 내에서 자국의 이익을 적극적으로 추구하는 한편 자유주의의 경제적 정치적 가치와 긴밀하게 연관되지 않은 탈 서구 질서로 세계를 이끌고 있다.[70] 중국은 미국이 유일한 강대국인 일극체제시대 동안 가장 성공적으로 경제성장을 이루고 생활수준이 향상되었고, 이제 짧은 기간 동안 일군 부와 힘을 이용해 기존의 질서에 도전장을 내밀고 방향을 재설정하고 있다.

이러한 상황의 변화를 통해 자유주의적 국제주의를 세계적으로 확산시키는 데 어떤 한계가 있는지 극명히 드러난다. 첫째, 패권국가인 미국의 대통령들이 연달아 중국에 제시한 타협안이 실패로 돌아가면서 중국은 미국이 주도하는 자유주의적 국제질서에 통합시키기에는 몸집이 너무 커졌다는 게 드러났다. 일본과 독일과는 달리 중국은 미국의 동맹체제 바깥에서 부상했다. (혹은 중국인들 말마따나 다시 부상했다.) 냉전시대 자유주의 질서의 토대가 된 안보와 경제적 타협안은 점점 미국에 맞먹는 강대국에 가까워지는 중국에는 적용하기가 불가능하다. 둘째, 자유주의적 국제주의자들은 중국이 경제를 자유화하고 세계경제에 통합되면 중국 안팎에서 정치제도를 자유화하라는 압력이 점점 거세지고 결국 자유화하게 되리라고 생각했다. 그러나 그런 일은 일어나지 않았다. 남한, 대만, 다른 동아시아 국가들과는 달리 중국은 국제 압력에 저항할 수 있을 만큼 덩치가 컸고, 민주주의로의 전환이 일어나지 않는 상태에서 독재국가 엘리트 계층은 자유민주주의의 규정과 규범에 저항할 동기가 부여된다. 마지막으로, 세계화로 인해 자유주의 질서는 분산되었다. 자유주의 질서가 관장하는 지정학적 공간과 구성원의 자격에 있어서 훨씬 제한적이었던 냉전시대 동안에도 이 질서에는 여러 가지 제도와 정책 영역들이 혼재되어 있었다. 그러나 서구 진영에만 적용되던 "내부" 질서가 외연이 확장되면서 "외부" 질서로 바뀌자 한때 느슨한 정치적 공동체였던 이 질서는 규정과 제도와 관계가 점점 확대되고 분산되는 체제로 바뀌었다. 질서의 특성이 변하면서 국가들-특히 자유주의 질서에 대해 모호한 입장인 중국 같은 나라들-은 자국이 이 질서에서 합류하고 싶은 부분만 취사선택하기가 훨씬 쉬워졌다. 중국은 국내 정치체제를 바꾸거나 주도적인 자유주의국가들과 전략적 동반자 관계를 맺지 않고도 개방적이고 대체로 규정을 토대로 한 질서에 참여해 이득을 취할 수 있다.

자유주의 질서가 확대되면서 이 질서의 내구성이 어디서 비롯되는지도 드러났다.[71] 규모와 형태가 각양각색인 나라들이 자유주의 질서에 합류할 방법을 찾았다. 독일과 일본은 초기에는 강제 점령을 통해 자국을 재정비하고 전후 안보와 경제체제에 통합된 최초의 주요 국가들이었다. 보호국으로서 혹은 냉전 동안 최전선에서 싸운 동맹국으로서 이 질서에 합류한 나라들도 있다. 냉전 후 구소련의 수많은 보호국과 일부 소비에트 구공화국도 유럽연합과 북대서양조약기구에 합류했다. 많은 나라가 정치적 경제적 개혁을 함으로써 이 질서에 통합되었다. 이는 선진 시장경제 국가들의 모임인 경제협력개발기구(OECD)가 지속적으로 확대된 점에서도 나타나는데, 이 기구의 회원국의 수는 1960년 창설 당시 20개에서 오늘날 34개로 늘어났다.[72] 서구 진영 바깥에 존재하는 다양한 나라가 이 질서가 주는 혜택을 누리기 위해 합류했다는 뜻이다. 자유주의 질서의 제도와 이념들인 패권적인 자유주의적 국제주의는 이러한 통합을 촉진하는 듯하다.

자유주의 질서의 내구성이 비롯되는 두 번째 원천은 위계적인 권위 관계다. 위계적인 질서들은 단일한 국가가 어느 정도나 지배력을 행사하는지에 따라 다르다. 주도국이 다른 국가들 위에 군림하면서 질서를 조직화하고 지배하는 질서도 있고, 주요 국가들이 연합해 협력적으로 지도력을 발휘하는 질서도 있다. 후자의 경우 질서는 강대국들, 동반자 관계인 국가들, 보호국, 그 밖의 이해당사자를 중심으로 조직화된다. 경제 영역에서는 권한과 의사결정을 공유한다. 공식적인 다자간 기구들인 국제통화기금, 세계은행, 세계무역기구는 이런 식으로 조직화되고 G-7과 G-20 같은 비공식적인 지도국 단체들도 마찬가지다. 이러한 기구들은 주도국들이 연합해 주관하는 위계질서가 있는 기구들이다. 미국과 서유럽은 이러한 기구들에 참여하는 비율이 다른 나라들보다 압도적으로 높지만, 회원국 자격은 고정불변이 아니다.[73] 문호는 개방되어 있고 타협도 가능하다. G-20이 중요한 지도국 모임으로서 G-7에 합류했다는 사실은 이러한 통치 장치가 서구 강대국들을 초월해 진화하고 확장하는 역량이 있음을 보여준다.[74]

내구성이 비롯되는 세 번째 원천은 경제적 이득이 국제질서 전체에 배분되는 방식이다. 질서가 경제를 비롯해 각종 물질적 보상을 분배하는 방식은 질서마다 다르다. 전통적인 제국주의 질서에서는 수익과 이득이 압도적으로 제국의 핵심부로 흘러들어 갔다. 식민제국과 비공식적인 제국에서 이익은 대부분 질서를 조직화하고 관장한

부유하고 막강한 나라, 계층, 사회 집단에게 돌아갔다. 그러나 미국이 주도하는 자유주의 질서에서는 개방적인 무역과 투자 체제를 통해 창출되는 경제적 이득이 보다 널리 골고루 배분되었다.[75] 체제 전체에 걸쳐 무역과 투자를 통해 멀고 가까운 여러 나라는 성장하고 발전하고 종종 미국과 미국의 서구 동반자 관계 국가들을 앞서기도 했다.[76] 국가들은 무역과 성장을 추구하기 위해 기존의 체제에 자국을 통합시켰다.

자유주의적 국제질서의 내구성이 비롯되는 네 번째 원천은 자본주의와 경제발전의 여러 가지 다양한 모델들을 수용하는 정도이다. 이념적으로는 아니지만 실제로는 전후 세계질서가 이러한 차이에 대해 비교적 문호가 개방되어 있었다.[77] 자본주의 모델은 크게 세 가지 유형이 있다. 우선 영미 신자유주의 혹은 시장 근본주의 모델이 있다. 냉전종식 후부터 2008년 금융위기 때까지 서구 진영에서 경제적 논쟁을 지배했던 모델이다. 제2차세계대전 후의 "내장된 자유주의" 모델은 사회복지국가를 강조하고 개방성을 "관리"했다. 마지막으로 국가주의 모델이 있는데 이는 동아시아와 개발도상국 전역에서 채택했다.[78] 이러한 모델들은 공존하는 경향이 있고 수십 년에 걸쳐 부침을 겪는다. 서구 진영 주요 국가들과 비서구 진영 국가들에 걸쳐 정치경제 모델들과 관련된 "정체성 분포"를 연구한 자료를 보면 경제적 자유주의와 사회민주주의의 조합을 선호하는 쪽으로 놀라울 정도로 이념적으로 수렴하고 있다. 조사 대상인 모든 나라들에서 신자유주의에 대한 강한 회의가 나타나지만 사회민주적 자유주의적 접근방식에 대해서는 폭넓은 지지가 나타난다.[79]

자유주의적 국제질서의 내구성을 강하게 만드는 요인은 많은 지지자의 이해관계가 이 질서에 엮여있다는 사실이다. 비교적 개방적이고 통합적인 특징들 덕분에 이해당사자들이 지속적으로 확대되었지만 또한 그 때문에 분산되기도 했다.[80] 사회적 목적과 내장된 자유주의적 보호가 잠식되면서 이 질서의 정치적 토대에 과부하가 걸렸고 서구 산업화 사회 내에서 정치적 지지를 잃었다. 이제 이 질서는 어느 정도 독자적인 국제기구들과의 협력적 관계들로 구성된 보다 복잡한 체제이다. 이러한 분산으로 질서의 일관성은 약화되었지만 이 질서에 전적으로 반대할 동기도 줄었다. 자유주의 질서는 장벽으로 둘러싸이고 도개교가 있는 성곽보다는 쇼핑몰과 더 유사하다. 국가들이 진입하기 쉽고 규정과 제도를 피하거나 저항하기는 더욱더 쉽다. 마찬가지로 이 질서는 참여 당사자에게 기회도 덜 주지만 전적으로 반대할 필요도 덜 느끼게 한다.

자유주의적 국제질서를 구성하는 수많은 제도와 체제들은 자유주의 특유의 것이 아니다. 이러한 제도와 체제들은 민주국가든 독재국가든 주권국가들의 문제를 해결하도록 설계된 베스트팔렌 체제의 특징들이다. 그리고 많은 핵심적 참여국은 자유주의적이지도 않고 민주적이지도 않다. 자유주의 질서가 주로 자유민주주의국가 간의 관계였던 냉전시대에 조차도 소련은 자유민주주의국가들과 협력해 국제기구들을 구축하는 데 도움을 주었다. 소련은 반자유주의적이었지만 미국과 협력해 무기통제협정에 조인하거나 세계보건기구와 협력해 전 세계적으로 천연두를 퇴치하는 운동에 앞장서기도 했다. 보다 최근에는 민주국가와 독재국가들이 합심해 환경파괴를 막기 위한 세계적인 규정들을 만들기도 했다. 파리기후협약에 조인한 나라들은 중국, 이란, 러시아 같은 독재국가들을 아우른다. 베스트팔렌 접근방식은 또한 해양, 대기권, 우주, 남극을 관장하는 협정으로 이어졌다. 예컨대 1987년 오존층의 파괴를 막기 위해 조인된 몬트리올 의정서는 민주국가 독재국가 가리지 않고 모두 지지했다. 베스트팔렌 국제주의는 국가의 주권을 침해하지 않고 국가가 독자적으로 해결할 수 없는 문제들을 해결할 집단적인 조치들을 구체화하는 협정들을 만들어낸다.[81]

자유주의 질서에 존재하는 대부분의 기구는 이를 지지하는 주체가 자유민주주의국가여야 한다고 요구하지 않는다. 그저 약속을 이행할 역량이 있는 현상유지 국가이기만 하면 된다. 이러한 기관들은 베스트팔렌 체제에 도전장을 내밀지 않고 베스트팔렌 체제를 명문화한다. 예컨대, 유엔은 국가주권의 원칙을 명문화하고, 안전보장이사회 상임이사국들을 통해서 강대국 의사결정의 개념을 제시한다. 이 모든 요인이 자유주의 질서의 내구성을 강화한다. 대부분의 국제협력은 자유주의와 민주주의와는 관련이 없으므로 자유민주주의에 적대적인 정권들도 여전히 자국이 추진하는 국제적 의제를 유지하고 이 질서를 구성하는 핵심적인 기구들을 지지할 수 있다. 베스트팔렌 제도들이 지속되면서 자유민주적 제도들을 구축하고 방어할 항구적인 토대가 마련된다.

마지막으로, 개방적이고 규정을 토대로 한 질서라는 느슨하게 조직화된 체제의 내구성은 점증하는 경제 안보 상호의존성에서 비롯되는 깊은 정치적 사명을 토대로 한다. 자유주의적 국제주의 개념과 과제들이 지난 2세기에 걸쳐 진화하면서 계속 생명력을 유지해온 까닭은 자유민주주의국가들-그리고 다른 나라들-이 상호의존성이 야기하는 복잡한 난관들을 헤쳐 나가려고 고군분투했기 때문이다. 상호의존성-경제, 안보, 환경 등-이 계속 증가함에 따라 모든 나라의 국민과 정부는 문제를 해결하기 위해 협력할 수밖에 없고 그렇게 하지 않으면 심각한 손해를 입게 된다. 상호의존성이 점증하면서 자유주의적 국제주의 과제의 핵심에서 정치적 협력을 촉진하는 유인책이 발생한다. 자유민주적 자본주의국가들이 번성하고 확대된 까닭은 그들이 주권과 상호의존성을 양립시킬 방법-근대성에서 비롯되는 이득을 활용하는 동시에 근대성이 야기하는 위험으로부터 자국을 보호할 방법-을 찾았기 때문이다.

끊임없이 변하고 상호의존성이 점증하는 이러한 역동성은 점점 가속화되고 있다. 세계자본주의는 더 많은 사람과 국가를 국경을 초월하는 교류의 그물망에 얽히고설키게 만들어 사실상 전 세계 인구가 국제금융과 무역의 적절한 관리에 의존하고 있다. 제대로 기능하는 자유주의적 국제질서의 대안들은 그다지 매력적이지 않다. 세계에서 가장 막강한 비자유주의적 국가인 중국조차도 이 질서의 대안이 될 만한 구상을 제시하지 못하고 있다. 경제와 안보에서의 상호의존성을 촉진하는 여건들을 파격적으로 줄이기가 불가능하다면, 자유주의적 국제질서의 대안은 그저 상호의존하는 가운데 더 혼돈스럽고 위험한 세계일뿐이다. 국제질서는 저절로 생기지 않고 자유주의적 질서는 자생적이지 않다. 그러나 시대에 맞게 변하고 개혁된 자유주의적 국제질서에 이해관계가 걸려있는 지지자들은 줄어들기는커녕 늘어나고 있다. 이게 자유주의적 국제질서의 내구성이 비롯되는 궁극적인 원천이다. 이 질서가 와해되면 얻는 것보다 잃을 게 더 많은 사람들이 늘어나고 있다는 사실이다.

한마디로, 세계 대부분의 지역을 서구 자유주의 질서에 합류하게 만든 세계화의 힘이 이 질서를 회원제 클럽보다는 공익 기관처럼 만들었다. 국가들이 취사선택해서 가입할 수 있는 기능적 기구들과 제도의 집합인 체제 말이다. 이와 동시에 서구 산업화 국가에서 소득이 정체되고 불평등이 심화되면서 경제적 사회적 보호라는 기존의 사회적 목표들을 달성하는 역량이 잠식되었다. 바로 이 때문에 질서 "바깥"에 위치했던 중국 같은 주요 국가가 이 질서에 완전히 합류하지는 않은 채 어정쩡하게 한 발만 걸치게 되었다. 한때 그랬던 것처럼 이 질서 전체를 받아들일 필요도 없고 전체를 받아들일 만큼 이 질서가 매력적이지도 않다.

이처럼 전후 자유주의 질서의 토대에 과부하가 걸리고, 외연이 확장되고, 사회적 목적들이 훼손되었지만, 개방적이고 규정을 토대로 한 협력이라는 깊은 논리는 여전히 건재하다. 자유주의 질서가 직면한 위기가 이를 보여준다. 자유민주주의국가들은 여전히 존재한다. 늘 그랬듯이. 경제와 안보에서 국가 간의 상호의존성이 점점 증가하는 보다 넓은 세계 속에. 이러한 세계적인 현실에 대해 정치적 역풍이 부는 상황은 불가피하지만 동시에 그런 역풍은 실패하게 되어있다. 벗어날 방법이 없기 때문이다. 자유민주주의국가들은 과거에 위기가 발생할 때마다 늘 대처했던 방식 그대로 대처하게 된다. 즉, 자유주의적 자본주의 민주주의의 정치적 토대를 재건하고 강화할 방법을 모색하게 된다.

9.

근대성 터득하기

도널드 트럼프 지지자들은 제46대 미국 대통령 선거 결과 인증을 저지 및 번복하기 위해 국회의사당에 난입했다. 2021 storming of the United States Capitol © wikimedia

—

자유주의적 국제주의는 위기를 맞기도 하고 황금시대를 구가하기도 한 2세기를 거쳐 오늘날 곤경에 처했다. 이 질서에 담긴 개념들과 과제들은 수많은 다양한 겉모습을 하고 등장했다. 자유주의적 국제질서의 기치하에서 정치사상가, 사회운동가, 지도자들이 사회민주주의와 복지국가뿐만 아니라 자유무역과 불간섭 경제체제를 주창했고, 또 어떤 이들은 제국과 군사개입주의를 정당화했으며, 세계 통치체제와 법치라는 구상을 추진한 이들도 있다. 자유주의적 국제주의는 인종과 문명의 위계질서를 옹호하는 데도 이용되었고 자결권과 보편적 인권을 추구하는 운동에 영향을 주기도 했다. 자유주의적 국제질서는 서구 진영 국가들로 구성된 지역적 집합체이자 세계 자유주의 질서의 틀로서 탄생했다. 이 질서의 개념과 과제들은 자유민주 진영이 전쟁, 경제공황, 분열, 성장, 재생의 시기를 거치면서 그 면모를 일신하고 또 일신했다.

자유주의적 국제주의는 자유주의국가들이 부상하고 확산하면서 등장한 질서 구축의 전통으로 이해할 수 있고, 그 개념과 의제들은 이러한 나라들이 근대성이라는 거대한 힘과 씨름하면서 계속 그 면모가 변했다. 그러나 자유주의 질서 구축을 통해 추진하는 본질적인 목표들은 변하지 않았다. 자유민주주의국가들에게 경제와 안보 부문에서의 상호의존성을 관리하고, 종종 상충하는 가치와 원칙들을 조화시키고, 자국의 권리와 보호를 확보할 수단과 역량을 제공함으로써 이 국가들이 활동할 수 있는 환경-일종의 협력적인 생태계-을 조성하는 게 목표다. 자유주의적 국제주의는 자유민주주의의 안보와 복지와 진보를 보장하고 촉진하는 방식으로 국제질서를 조성한다. 이는 자유민주주의가 안전한 세계를 만드는 지속적인 과제로 이해하는 게 가장 타당하다.

자유주의적 국제질서를 구성하는 개방적이고 대체로 규정을 토대로 한 체제는 몇 가지 핵심적인 특징이 있다. 개방성, 다자주의, 민주 진영의 연대의식, 협력적 안보, 진보주의적 사회적 목적 추구 등이다. 이러한 특징들을 뒷받침하는 여러 가지 신념들이 있다. 무역과 교류는 상호이득을 창출한다. 규정과 제도는 협력을 촉진한다. 공유하는 가치는 신뢰와 연대의식을 강화한다. 경제와 안보에서의 상호의존성이 점증하면 기회가 창출되는 동시에 위험도 야기된다. 따라서 상호의존성에서 비롯되는 이득을 누리되 위험으로부터 보호하기 위해서 국제협력이 필요하다. 자유주의적 국제주의 구상에서는 자유민주주의국가들이 가장 발전한 사회이지만, 이런 나라들은 취약하기도 하다. 개방된 국제체제에서 활동하는 비교적 개방적인 사회이기 때문이다. 따라서 자유민주주의국가들은 홀로는 안전할 수 없고 오로지 함께해야만 안전할 수 있다. 이게 바로 자유주의적 국제주의의 원동력이 되는 기본적인 인식이다.

근대 국제주의가 역사에 남긴 궤적은 자유주의의 부상을 좇았다. 자유민주주의국가들은 18세기 말 허약하고 미천한 처지에서 벗어나 세계에서 가장 막강하고 부유한 나라들이 되면서 서구 진영과 자유주의적 자본주의의 정치경제 체제를 세계에서 으뜸가도록 만들었다. 이는 세계대전, 경제적 격변, 자유민주주의의 범위와 특성이 변하는 가운데 일어났다. 서구 자유주의국가들이 국제질서를 구축할 기회를 맞았던 결정적인 순간들에 자유주의적 국제주의 개념과 과제들은 외교와 질서 구축 의제에 스며들었다.

오늘날, 자유주의적 국제주의는 난국에 처했다. 국제질서, 특히 미국과 그 동맹국들이 전후 수십 년 동안 구축한 부분들이 잠식되고 있다. 이 질서를 수호해온 미국과 영국이 주도권을 내려놓고 한발 물러나고 있다. 트럼프 행정부하에서 미국은 국제질서의 제도와 관계들을 훼손하기까지 했다. 자유민주주의 자체가 위협을 받고 있는 바로 그때에 말이다. 권위주의와 포퓰리스트 민족주의가 확산되고 선진 산업화 사회들에서 이루어졌던 전후 정치적 타협, 계층 간 타협, 성장 연대 세력들이 약화되거나 해체되어왔다. 다른 종류의 수정주의적 국가로서 중국의 부상과 러시아의 부활로 자유주의에 대적할 비자유주의적 이념을 추구하는 정치 과제들이 등장할 여지가 생겼다. 중국이 자유주의나 민주주의를 도입하지 않고 자본주의만 구축하는 "근대화 과제" 달성에 성공해 서구 경쟁자들을 능가한다면, 자유주의에 심각한 타격을 주게 된다. 한편 일극체제와 "자유주의의 이상"을 중심으로 한 세계적 합의라는 특징을 보였던 1990년대 탈냉전 시대는 지나갔다. 자유주의 과제의 토대가 된 든든한 반석은 부서지고 있는 듯하다.

이 책에서 나는 민주혁명에서부터 오늘날에 이르기까지 자유주의적 국제주의가 걸어온 여정을 추적해보았다. 이 여정은 1991년이나 1945년에 시작되지 않았다. 2세기에 걸친 관점에서 보면, 이 과제는 승리의 사연 못지않게 투쟁과 갈등의 사연이기도 하다. 돌파구가 마련되고, 아슬아슬하게 위기를 모면하기도 하고 실패도 겪은 드라마이다. 자유주의적 국제주의자들은 한 번도 아니고 여러 번 실패의 잔해들을 추스르고 그들이 추구하는 과제를 재고해야 했다. 자유주의적 국제주의는 정치운동과 이에 맞불을 놓는 운동, 강대국들의 흥망성쇠, 이념들의 대격돌이 이루어지는 세계 속에서 존재해왔다. 자유주의적 국제질서는 어떤 식으로 구현되든 다른 정치적 과제와 힘의 구조들을 중심으로 구축되었다. 결코 완결되는 법이 없는 현재진행형인 과제다. 근대사회들을 전진시키기도 하고 후퇴시키기도 하는 변화의 힘이 저변에 깔려있고 이러한 변화의 힘은 완전히 퇴치할 수도, 길들일 수도 없다. 사실 이러한 저변에 깔린 힘들-뭉뚱그려서 "근대성"이라고 일컫는다.-을 완벽하게 터득하기가 불가능하다는 바로 그 사실 때문에 자유주의적 국제주의가 필요하다. 자유주의적 국제주의는 근대성이 야기하는 결과에 대처할 개념과 과제들을 제시해준다. 자유주의적 국제질서는 이러한 결과들을 제거하지도 않고 근대성이 야기하는 문제들을 해결하지도 않는다. 이 질서에 끊임없이 닥치는 일련의 기회와 위협에 대처할 제도와 관계들을 조성해줄 뿐이다.

9장에서는 우선 계속 진행되는 정치적 과제로서의 자유주의적 국제주의의 논리와 특성을 살펴보겠다. 자유주의적 국제주의를 진전시키고 업적을 이루어내고 실패를 야기하는 힘은 무엇인가? 앞에서 주장했듯이, 자유주의적 국제주의는 그 논리와 특성이 오랜 시간에 걸쳐 형성된 과제이다. 이 질서를 구축한 힘들을 보면 그 장점과 단점의 대차대조표를 작성할 수 있다. 자유주의적 국제주의는 모순적이다. 이 이념은 국제질서를 조직화하는 방법에 대한 다양한 개념들을 제시하고 보편적 원칙을 명문화하고 근대 세계의 진보에 대한 포괄적인 주장을 한다. 자유주의적 국제주의는 공동의 이익, 정치 공동체, 국제질서의 도덕적 토대 등에 대한 생각을 표명할 풍부한 어휘를 제공한다. 그러나 이 이념은 또한 정치운동으로서 피상적이고 제한적이기도 하다. 자유주의적 국제주의는 20세기에 접어들면서 다른 운동들-민족주의, 제국주의, 자본주의, 강대국 정치, 영국의 패권과 미국의 패권-과 손을 잡았다. 자유주의적 국제주의는 팔색조처럼 변신하는 특성 덕분에 다른 거대한 힘들과 연대하면서 그 영향력이 증폭되었다. 그러나 이는 자유주의적 국제주의 과제를 다른 행위자들과 운동들의 계산과 의제에 의존하게 하기도 했다. 자유주의적 국제주의는 늘 동반자가 필요했고, 이는 장점인 동시에 약점이 되어왔다.

둘째, 자유주의적 국제주의가 이룬 성과와 제약과 실패로 미루어 볼 때 어떤 근거로 자유주의적 국제주의를 옹호할 수 있을까? 여기서 나는 21세기에 자유주의적 국제주의는 지금까지 보다 훨씬 더 실용적이고 온건할 필요가 있다고 주장한다. 정치적 경제적 자유주의가 탈냉전시대에 겪은 세계화의 실패에서 교훈을 얻고 진보주의적 유형의 민족주의와 재결합하고 공유하는 사회적 목적을 중심으로 국내 연합세력을 다시 구축해야 한다. 무엇보다도 세계적으로 경제와 안보에서의 상호의존성이 점증하는 변화무쌍한 환경에서 지적 정치적 기반을 구축할 필요가 있다. 21세기 근대성이 직면한 벅찬 난관들을 타개하려면 세계는 자유주의적 국제주의가 덜 필요하기는커녕 더 필요하다.

자유주의적 국제주의가 그려온 궤적

자유주의적 국제주의는 국제관계학에서 중요한 하나의 전통으로서 개념, 이론, 담론, 과제들을 중심으로 구축되었다. 그 개념과 주장들은 이 이념을 창립한 사상가들이 포착하고 고전적인 문헌에 등장하면서 수세대를 거쳐 갑론을박되어 왔다. 이 이념은 학술적인 전통인 동시에 이념적 신념의 묶음으로서 현실 세계의 정치에도 스며들었다. 자유주의적 국제주의는 "세계적"이라는 서사를 동반하며, 자유민주주의의 부상과 근대 세계를 탄생시킨 중요한 투쟁들에 대한 사연들로 가득하다. 자유주의적 국제주의는 서로 다른 역사적 시대들에 걸쳐 반복해서 발생하는 문제들을 규명한다. 자유주의적 국제주의자들은 하나의 계보를 공유한다. 그들이 보다 폭넓은 지적 정치적 과업의 일부라는 정서다. 때로는 이러한 연대감은 미약하다. 자유주의적 국제주의 개념을 내세우는 정치 행위자들 모두가 이런 생각을 하지는 않기 때문이다. 그러나 한발 물러서서 지난 2세기를 둘러보면 자유주의적 국제주의라는 정치적 과제의 계보와 운동들이 분명히 시야에 들어온다.

이 정치적 과제는 다섯 가지 결정적인 특징이 있다. 첫째, 자유주의적 국제주의가 스스로 제기한 중요한 문제는 근대성이 야기하는 문제들을 어떻게 이해하고 헤쳐 나갈지이다. 근대성은 과학, 기술, 산업혁명이 원동력인 국제관계와 사회들의 지속적인 변화로서, 전 세계를 끊임없이 변모시키고 모든 사회를 보다 복잡하고 상호의존적으로 만든다. 자유주의적 국제주의자들이 반복해서 깨닫게 되듯이, 근대성은 두 얼굴을 지녔다. 인류의 발전이라는 면은 기술의 변화, 경제성장, 생활수준의 향상, 이익과 운명을 공유한다는 끊임없는 깨달음 등이다. 그러나 근대성의 또 다른 면은 경제공황, 전쟁, 전체주의, 반동적인 역풍, 뜻밖의 취약성에 대한 자각 등이다. 자유주의적 국제주의는 자유민주주의국가들이 근대성이 야기하는 위험에 대응하고 기회를 활용하는 방법으로서의 개념과 과제들로 이해할 수 있다. 이 이념은 상호의존성에서 비롯되는 혜택을 포착하는 한편 위험에 처하지 않도록 국가 간의 협력을 추구한다. 자유주의적 국제주의 과제에는 근대성의 특성과 결과에 대한 끊임없는 논쟁이 그림자를 드리우고 있다. 중요한 전환점-1918년, 1945년, 1991년, 오늘날-에 자유주의적 국제주의자들은 근대성에 대한 자신들의 해석을 재고하고 자신들이 추구하는 야망과 목표를 수정해왔다.

특히, 나는 두 차례 세계대전 시기에 우드로 윌슨과 프랭클린 D. 루스벨트를 원조로 하는 정치적 과제로서의 자유주의적 국제주의 두 가지를 대조해보았다. 윌슨과 그의 동시대인들은 근대성이 지닌 진보적인 잠재력을 믿었고 세계를 자유주의적 국제체제에 엮어서 그러한 잠재력을 보다 지속적으로 배양하려고 했다. 국제정치에서 평화를 위협하는 주체는 아직 충분히 근대화되지 않은 국가들이라고 보았다. 루스벨트와 그의 동시대인들은 근대성을 진보주의적 목적과 퇴행적인 목적을 공히 견인할 수 있는 모호한 추세로 보았으므로, 그들은 갈수록 자유민주주의에 대해 적대적으로 변하는 세계 속에서 자유주의적 국제주의를 자유민주주의의 마지막 남은 불씨를 수호하고 되살릴 방안으로 삼았다. 우드로 윌슨의 자유주의적 국제주의는 국제법, 여론, 도덕적 권고에 대한 19세기 개념들을 전제로 한 반면, 루스벨트의 자유주의적 국제주의는 정치적 권리와 사회적 보호라는 새로운 개념들을 수용했다. 자유민주주의가 살아남으려면 회원제의 클럽과 같은 보다 정교한 국제질서 안에 장착시켜 국가 간의 관계를 조율하고 경제와 안보에서의 상호의존성으로써 점점 복잡하고 취약해지는 환경에 대처해야 한다고 생각했다. 윌슨은 자유민주주의의 확산이 국제질서를 유지해주는 접착제라고 생각했다. 루스벨트와 그의 동시대인들은 자유민주주의국가들을 하나로 결속시키려면 새로운 형태의 국제질서가 필요하다고 생각했다.

둘째, 지난 2세기 동안 일어난 또 다른 중요한 변화는 제국들로 구성된 세계에서 국민국가들로 구성된 세계로의 전환이다. 자유주의적 국제주의는 제국이 세계질서를 조직화하는 논리를 제공한 시대인 19세기 초에 부상했고 20세기 들어서도 제국은 한동안 그 위상을 유지했다. 그러나 20세기 말 무렵 제국은 거의 사라졌고 베스트팔렌 국가체제가 세계 곳곳으로 확산되었다. 자유주의적 국제주의는 이러한 세계적인 변화를 헤쳐 나가기 위해서 변신하고 또 변신했다. 자유주의적 국제주의는 자유주의적 제국주의 욕구를 충족시켜줄 다양한 명분들을 제공함으로써 제국주의에 적응했다. 19세기 동안과 우드로 윌슨시대, 제국주의와 자유주의적 국제주의는 구분하기가 힘든 경우가 빈번했다. 그러나 궁극적으로 자유주의적 국제주의는 자결권과 베스트팔렌 주권국가 체제와 손을 잡았다. 중요한 측면에서 20세기의 국제정치는 세계가 제국을 토대로 한 질서에서 뭔가 새로운 질서로 전환해야 할지 여부와 전환한다면 어떻게 전환할지를 두고 오랜 시간 동안 벌어진 국제적인 투쟁이었다. 수많은 지정학적, 기술적, 이념적 힘들이 결과에 영향을 미쳤다. 자유주의적 국제주의는 처음에는 이 대결에서 양쪽 진영 모두에 가담했지만, 제2차세계대전이 끝날 무렵, 세계질서의 구상은 베스트팔렌 국가체제를 전제로 한다는 입장을 명확히 정했다.

셋째, 19세기에 자유주의적 국제주의는 여러 가지 서로 다른 국제주의들의 묶음이었다. 명실상부한 정치적 과제가 아니라 여러 가지 운동과 활동들로 분산되어 있었다. 19세기 초와 중엽, 영국에서 곡물법을 둘러싸고 일어난 갈등은 자유무역 운동을 탄생시켰다. 평화운동도 이 시기에 부상했다. 훗날 법률가들을 비롯해 사회운동가들은 국제법을 내세웠고 중재운동에 착수했다. 다른 국제주의자들은 회의와 의회를 소집하는 노력을 기울였다. 리처드 코브던 같은 19세기의 뛰어난 인물들은 자유무역과 평화운동을 결합한 운동을 이끌었다. 19세기가 끝날 무렵 이러한 다양한 지류의 국제주의들은 통합되기 시작했다. 두 차례 헤이그평화회의를 비롯해 그 밖의 다른 포럼들도 여러 단체와 운동 세력들이 한자리에 모일 기회를 제공했다. 이들 모두가 명백히 손을 잡은 동반자 관계는 아니었고, 19세기에 펼쳐진 국제주의라는 드라마의 일부는 이러한 단체들을 응집시키기도 하고 분열시키기도 한 정치적 갈등이었다. 우드로 윌슨이 기여한 바는 독창성 있는 개념들을 제시한 점이 아니라 다양한 지류의 국제주의들을 비교적 일관성 있는 정치적 과제로 통합했다는 점이다. 윌슨 이후의 20세기 동안에는 이러한 지류들이 계속 합쳐지고 분리되고 재결합했다. 자유주의적 국제주의가 무엇을 아우르고 무엇을 아우르지 않는지에 대한 갑론을박은 여전히 계속되고 있다. 오늘날 자유주의적 국제주의가 직면한 위기는 부분적으로는 전후에 구축된 기존의 연합 구조가 붕괴된 데서 비롯된다.

넷째, 자유주의적 국제주의는 정치적 결과를 창출하기 위해서 항상 다른 세력과 연대하거나 다른 세력에게 의지해왔다. 자유주의적 국제주의는 다른 운동과 다른 과제를 거부하거나 압도할 정도로 일관성이 있고 포괄적이었던 적이 없다. 이는 부분적으로는 자유주의적 국제주의가 통일된 프로그램을 추구하는 의제라기보다 여러 가지 명분과 운동들의 연합체였기 때문이다. 자유주의적 국제주의가 내세우는 개념과 과제들도 다른 의제들에 적용될 수 있을 정도로 개방적이고 융통성이 있었다. 지난 2세기에 걸쳐 이러한 의제들에는 민족주의, 자본주의, 제국주의, 강대국 정치, 영국의 패권과 미국의 패권이 포함되었다. 자유주의적 국제주의는 이러한 이념들과 과제들에 엮였고 이들과 연대하거나 갈등을 겪으면서 변해왔다. 자유주의적 국제주의는 지적으로 정치적으로 서구의 제국주의뿐만 아니라 반제국주의와도 연계되어왔다. 자유주의적 국제주의는 자유민주주의가 부상하던 시기에 서구에서 등장했고 근대 국민국가의 건설과 정부의 설립과도 연관되었다. 민족주의와 국제주의는 근대화라는 동전의 앞뒷면이다. 일부 국제주의자들은 민족주의가 비자유주의와 전쟁의 원인이라며 거부하지만 국민국가는 자유주의적 국제주의의 구심점이 되어왔고 여전히 그러하다. 이러한 수많은 연관관계들은 장점이자 단점이기도 했다. 자유주의적 국제주의 개념들이 다른 세력과 운동으로부터 단절되었다면 세계질서에 훨씬 보잘것없는 족적을 남졌을 게 틀림없다. 그러나 이러한 연관성들로 인해 딜레마와 모순과 타협과 위선이 끊이지 않았고 자유주의적 과제가 추구하는 원대한 열망을 실현하는 데 방해가 되기도 했다.

마지막으로, 자유주의적 국제주의는 자유민주주의국가가 국내에서 추구하는 사회적 경제적 의제와 밀접하게 연관되어왔다. 200년 동안 자유주의 질서 구축을 통해 추구한 핵심적인 목표는 자유주의 사회들을 보호하고 통치 역량을 창출하는 일이었다. 이 때문에 자유주의적 국제주의는 민족주의와 국민국가와 손을 잡았다. 자유주의적 국제주의가 추구하는 목표는 국민국가를 훼손하거나 전복시키는 게 아니라 진보주의적인 목표의 실현을 촉진하는 일이었다. 이 논리는 제2차세계대전 후 구축된 서구 진영의 체제에서 가장 분명히 드러난다. 브레턴우즈협정에서 창설된 기구들과 폭넓은 여러 제도와 동반자 관계들은 이 질서에 참여한 정부들이 자국 경제를 안정적으로 운영하고 사회적 보호를 제공할 수단이 되어주었다. 그러나 보다 일반적인 패턴이 있다. 각 시대마다 자유주의적 국제주의는 진보주의적 운동이 밀어붙였다. 19세기에 이는 서구 진영 전역에 걸쳐 무역과 자유로운 정당정치와 연계된 개혁과 운동들로 구성되었다. 윌슨시대의 자유주의적 국제주의는 미국의 진보주의 운동과 서유럽의 개혁 자유주의가 뒷받침했다. 전후 자유주의 질서는 미국의 뉴딜 연합세력과 영국, 프랑스, 서독, 그 밖의 여러 유럽 국가에서의 자유주의와 사회민주 운동세력들이 구축했다. 앞의 장에서 주장했듯이, 이 자유주의 질서가 최근 위기에 직면하게 된 이유는 바로 이러한 진보주의적 연합세력들이 잠식되었기 때문이다.

자유주의적 국제주의는 지난 2세기에 걸쳐 이러한 여러 세력과 여건들이 합류하면서 진화했다. 19세기에 자유주의자들은 자본주의, 제국, 국제사회의 확대로 세계가 변모하는 광경을 목격했고, 그들은 근대성을 산업화 사회의 진보와 연관시켰다. 제1차세계대전은 근대성에 감춰진 위험한 얼굴을 드러냈고 국제주의자들은 자신의 시각을 재고하고 새로운 방식으로 국제질서를 개혁할 방법을 천명했다. 1930년대와 제2차세계대전으로 고통을 겪으면서 또다시 기존의 신념을 재고해야 했고 미국의 패권하에서 자유주의적 국제주의 의제를 개정해야 했다. "상호의존성이 야기하는 문제들"이 변하면서 사회 보장과 국가안보 개념도 바뀌었다. 각 시대마다 자유주의적 국제질서의 원천과 특성과 관련해 생각이 바뀌었다. 자유주의적 국제주의의 개념과 원칙들은 인종과 제국과 엮이기보다 미국의 패권과 냉전과 더욱 얽히고설키게 되었다. 전후 세계 양극체제의 한 축인 서구진영 내에 자유주의 질서를 구축할 필요성은 미덕으로 바뀌었다. 이 질시에 속한 이들은 경제와 안보협력이라는 촘촘한 연결망에서 이득을 보았다. 탈냉전시대에 이 질서는 세계화되는 동시에 분산되었다. 그리고 이제 예전만큼 안보를 보장하지도 못하고 공동체로서의 결속력도 약화된 자유주의 질서는 기로에 섰다.

자유주의적 국제주의 깃발을 어디에 꽂아야 할까?

우리는 무엇을 근거로 자유주의적 국제주의를 옹호할 수 있을까? 이에 대한 해답은 자유주의적 국제주의자들이 그들이 추구하는 과제의 범위와 특성을 두고 벌였던 여섯 번의 주요 논쟁을 통해 찾을 수 있다. 이러한 논쟁에서 그들은 효율성과 사회적 안정, 주권존중과 개입주의, 세계적 개방성과 정치적 공동체의 결속력 간의 절충점을 찾기 위해 고군분투했다. 그들은 "세계화"-근대 세계를 만든 힘과 논리 그리고 자유민주주의의 안보와 안녕에 주는 의미-의 속성에 대해 갑론을박했다. 자유주의적 국제주의자들은 과거에 위기를 맞았을 때도 그러했듯이 이제 다시 그들이 추구하는 과제의 특성, 한계, 가능성에 대해 논의해야 한다.

효율성 vs. 사회적 안정

자유주의적 국제주의의 핵심적인 요소는 개방적인 무역이다. 무역과 개방적인 시장으로 서로 연결된 국가들은 경제적으로도 정치적으로도 이득을 누린다. 이상적으로 보자면, 무역에 참여하는 나라들은 효율성과 후생이득을 누리고, 따라서 성장과 발전이 촉진된다. 이러한 상호이득과 상호의존성은 분쟁을 평화적으로 해결하려는 동기를 강화시키는 정치적 효과를 낳는다. 영국의 곡물법 폐지에서부터 1945년 이후 다자간 무역체제의 구축에 이르기까지 자유민주주의국가들은 무역의 이득을 실현할 방법을 끊임없이 모색해왔다. 승자가 얻는 게 패자가 잃는 것보다 많다. 따라서 이익을 패자들에게 보상해주는 방식으로 분배하면 모두가 이득을 보게 된다. 그러나 개방적인 무역은 근로자와 공동체의 삶을 위협하고, 경제적 터전을 상실하는 데 따른 효과를 완화하기 위한 사회적 타협은 완벽하지 않다. 각국 정부에게 경제적 안정과 발전을 추구할 공간과 정책적 수단을 제공하는 데 있어서 전후 서구 진영의 재건 정책을 뒷받침한 "내장된 자유주의"는 개방적인 무역과 자유시장자본주의를 사회적 보호와 경제 안보와 양립시키려고 애썼다.

8장에서 살펴보았듯이, 이러한 타협은 붕괴되었다. 탈냉전시대에 경제적 정치적 자유주의의 확산에 수반된 신자유주의 정책과 규제철폐와 자본시장의 세계적 통합이 원동력이었다. 서구 진영 정부들이 사회민주 기조를 유지할 역량과 의지는 약화되었다. 최상의 여건하에서조차 경제적 자유주의의 핵심인 국제무역 모델은 현실을 과도하게 단순화한다. 스탠리 호프먼(Stanley Hoffmann)은 다음과 같이 말한다. 국제무역 모델은 "경제 이외의 모든 고려사항을 소홀히 하고 정부가 무역의 사회적 문화적 부작용에 대한 처방을 외면하게 만들고 공공재 제공, 집단적 역량 강화와 교육을 소홀히 하게 만든다. 무엇보다도 불평등의 요인들을 무시한다. 자유무역의 이익은 확산된다고 해도 서서히 확산되고 사회 내에서의 특권, 계층, 지위 같은 위압적인 장벽에 부딪혀 불균등하게 확산되며(소집단이 종종 보상을 독점), 세계적으로는 발전의 수준과 부존자원의 차이라는 장애물이 존재한다."[1] 불평등의 심화와 경제 사회적 보호 장치의 와해가 전적으로 무역과 자본의 흐름을 자유화했기 때문은 아니다. 기술적 변화와 제조업에서 서비스업으로의 전환도 한몫을 했다.[2] 그러나 경제적 통합이 깊어지면서 생기는 효율성에서 비롯되는 이득은 경제 불안과 불평등의 상승과 비교해볼 때 둔화되고 있는 듯하다. 대니 로드릭(Dani Rodrik)은 선진 산업화 국가들에서는 무역의 확대가 효율성과 성장을 촉진하기보다 부를 재분배하는 효과를 더 많이 낳은 지점을 이미 넘어섰다고 주장한다. 경제적 세계화는 승자와 패자 간의 격차를 한층 더 벌려놓고 있지만 패자에게 보상하기에 충분한 경제적 이득을 창출하지 못하고 있다.[3]

경제 개방성을 주장하려면 자유주의적 국제주의자들은 내장된 자유주의의 토대를 다시 구축해야 한다. 즉, 무역과 시장을 사회보장과 이익 공유와 다시 연결시켜 개방성을 관리해야 한다. 산업화 진영은 브레턴우즈 체제의 초기로 되돌아갈 수는 없지만, 개방성과 사회적 보호를 절충할 새로운 방법을 모색할 수는 있다. 국제규정과 제도들을 개혁해 각국 정부가 사회민주적 약속들을 이행할 수 있도록 해야 한다. 로드릭은 다음과 같이 주장한다. "민주주의국가는 자국의 사회적 장치들을 보호할 권리가 있고, 이 권리가 세계경제가 요구하는 사항들과 충돌할 때 양보해야 하는 주체는 후자 쪽이다."[4] 경제 개방이 자유민주주의국가에서 지속되려면 반드시 공정성과 이익 공유라는 사회적 윤리와 연결되어야 한다. 자유민주주의국가들은 보호주의가 득세하는 새 시대를 열지 않고도 다자주의, 호혜주의, 비차별과 같은 자유주의 규범을 지침으로 삼아 국가가 개방성을 관리하도록 해주는 규정과 제도들로 구성된 다자간 체제를 다시 구축해야 한다. 자유주의적 국제주의자들은 나라 안으로는 사회계약을 재건하고 나라 밖으로는 개방성과 사회 안정을 절충할 국제규정과 규범들을 일신해야 한다.

주권존중 vs. 개입주의

주권평등과 국민자결권이라는 규범들은 근대 자유주의적 국제주의 구상의 핵심적인 요소들이다. 지금까지 살펴본 바와 같이, 20세기 후반 무렵 자유주의적 국제주의 과제는 베스트팔렌 국가체제 토대 위에 확고히 뿌리를 내렸다. 물론 미국을 비롯한 자유주의국가들은 끊임없이 힘의 정치를 토대로 온갖 악행을 일삼았다. 냉전시대와 탈냉전시대 수십 년 내내 그들은 군사적 개입, 비밀작전, 강제적인 정권교체 등을 통해 주권존중이라는 규범을 위반했다. 그러나 국가주권의 규범과 원칙들은 제2차세계대전 후 자유주의적 국제주의 질서를 정당화하는 논리와 제도들에 확고히 내장되어 있다.

냉전 동안 미국의 군사적 개입은 소련과의 지정학적 이념적 투쟁의 일환으로 실행되었다. 한국전쟁과 베트남전쟁은 냉전시대에 주변부에서 미국이 실행한 수십 차례 군사개입 가운데 가장 비극적이고 값비싼 대가를 치른 군사개입이다. 소련이 몰락한 이후 군사적 개입의 명분은 점점 확대되어 인도주의적 재난 구호, 인권유린, 국가가 아닌 테러리스트 위협 등을 망라했다. 인도주의, 경제정책, 민주주의 증진 등의 부문에서 서구 자유주의국가들은 날이 갈수록 그들 자신의 가치와 이익을 약소국에게 강요하려는 듯이 보였다.[5] 이러한 점에서 자유주의적 국제주의를 두 부류로 구분할 필요가 있다. 방어적인 부류와 공격적인 부류이다.[6] 방어적 자유주의는 자결권의 규범과 국가가 자국 나름의 제도와 독트린을 유지할 권리를 근간으로 하는 자유주의적 경향이다. 공격적 자유주의는 다른 사회들의 질서를 재정비하는 조치를 포함하는 보다 최근에 등장한 보편화 의제다.[7] 중국, 인도, 브라질같이 새로이 부상하는 나라들은 방어적 자유주의를 수용하고 공격적 자유주의의 간섭에 저항하는 경향이 있다. 이처럼 새로이 부상하는 나라들을 수용하려면 자유주의적 국제주의는 공격적 자유주의 충동을 재고할 필요가 있다. 질서의 보다 폭넓은 원칙들-국가들이 상호의존성을 관리하도록 해주는 주권존중과 다자주의적 규정과 제도들-에 대한 동의를 확보하려는 노력이 개발이나 통치의 세부사항들을 강제로 수용하게 만들려는 노력보다 우선해야 한다.

인권과 범국가적인 테러리즘 부문에서 직면하는 딜레마는 자유주의적 가치를 받아들일 의향이 없는 국가에 그 가치를 강요하는 문제라기보다 어떤 상황하에서 국제공동체가 행동할 필요가 있는지를 결정하는 문제다.[8] 국가가 대량학살이나 인종청소 같은 대규모 폭력을 국내에서 자행하면 바깥 세계는 못 본 척할 수가 없다. 국가가 붕괴되거나 범국가적인 테러집단이 자국 영토에서 활동하지 못하게 할 역량이 국가에게 없다면, 이런 상황 또한 국제공동체가 개입해야 한다. 이러한 경우에 어떻게 대응해야 할지 제안된 내용이 있다. 바로 "보호할 책임(Responsibility to protect, 이하 R2P로 표기)"이라는 규범인데, 유엔이 2005년에 채택한 이 제안은 여전히 논란이 되고 있다.[9] R2P는 강대국이 일방적으로 약소국에게 개입할 수 있도록 해주는 면허증이 아니다. 국제공동체의 주체들이 만행을 예방하거나 중지시킬 도덕적 의무가 있는 상황이 어떤 상황인지에 대해 국제적인 합의를 촉진한다는 뜻이다. 이 규범은 그 의미에 있어서 베스트팔렌 국가체제에 부합한다. 이 규범이 추구하는 목표는 국민국가 정부가 주권국가로서 이행해야 하는 의무를 다해야 하고 국제질서는 그들이 그렇게 하도록 도와주어야 한다는 전제를 강조하는 일이다. 베스트팔렌 체제에 부합하는 국가로서의 역량이 없을 경우에만 그리고 국제공동체가 규정한 극단적인 상황하에서 외부 세력이 개입한다는 뜻이다. 자유주의적 국제주의자들이 추구하는 목표는 개입의 법적인 근거에 대해 가능한 폭넓은 합의를 모색하는 일이다.[10]

회원제 클럽 vs. 개방적 체제

전후 자유주의적 국제질서는 유엔처럼 보다 개방적인 회원제를 토대로 한 다자주의 기구들뿐만 아니라 북대서양조약기구와 유럽연합처럼 배타적인 국가집합체를 중심으로도 구축되었다. 냉전으로 세계가 두 진영으로 쪼개지자, 미국과 그 동반자 관계인 나라들은 서구 진영에 경제 안보 질서를 구축하는 노력을 기울였다. 서구 진영의 정치적 집합체는 클럽과 비슷했다. 체제의 특성과 지리적 여건과 역사적 경험을 토대로 정체성을 공유하고 생각이 비슷한 나라들로 구성된 배타적인 집단으로 명확히 규정되었다. 이 질서에 누가 속하고 누가 속하지 않는지에 대해 의심할 여지가 없었다.[11] 6장에서 주장한 바와 같이, 전후 자유주의 질서가 지닌 회원제 클럽과 같은 특징은 이 질서가 제대로 기능하기 위해서 갖춰야 할 중요한 요소였다. 이 클럽의 회원이 되면 회원으로서의 권리를 누리는 동시에 책임도 다해야 했다. 이 클럽은 협력과 문제해결을 촉진할 제도와 역량을 회원국 정부들에게 제공하고 보호해주었다. 내장된 자유주의의 타협은 이 클럽 안에서 조직화되었다. 진입장벽이 있다는 사실이 오히려 약속의 이행과 협력을 강화했다. 8장에서 나는 이러한 클럽과 같은 속성이 잠식되었다는 점이 현재 이 질서가 직면한 위기의 결정적인 특징이라고 주장했다.

다자간 협력이라는 개방적 체제는 세계질서에 내장된 주권평등과 비차별이라는 베스트팔렌 규범을 반영할 뿐만 아니라 또한 자유주의적 국제주의 구상에 필수적인 요소이기도 하다. 이러한 기구들의 회원 자격은 체제의 특성에 따라 주어지는 게 아니라 국가의 주권 지위를 인정하고 그 국가가 회원으로서의 책임을 이행할 역량이 있기만 하면 되었다. 자유민주주의국가들로 구성된 클럽의 정당성이 공유하는 사회적 목적에 있다면, 이 질서가 지닌 개방적 체제의 정당성은 베스트팔렌 주권 원칙에 내재된 보편주의에서 비롯된다. 개방적 체제의 장점은 포용성이다. 무기통제, 전염병 예방, 환경규제, 세계 공유지 관리 등 국제관계의 수많은 영역에서 한 국가의 체제가 그 국가와의 협력 여부를 결정하지 않는다. 이러한 문제들을 타개하려면 가능한 한 많은 나라들이 참여해야 한다. 개방적 체제의 단점은 실행에 있다. 어떤 나라든 마음대로 가입하고 탈퇴할 수 있는 체제라면, 회원으로서 이득을 누리기 위해서는 회원으로서의 가치와 책임을 수용해야 한다는 전제조건이 성립되지 않는다.

우드로 윌슨을 포함해 자유주의적 국제주의자들은 두 유형의 질서를 모두 주장했다. 초기에 윌슨은 전후 국제기구 창설을 미국이 지지한다면서 개방적이고 보편적 회원제를 옹호했다. 1916년 5월 평화실행연맹 연설에서 윌슨은 미국이 "전쟁 중인 국가들 못지않게 평화를 항구적으로 정착시키는 데 관심을 지녀야 한다."라고 말했다. 이 때문에 "조약의 규약에 반하거나 경고 없이, 전쟁을 일으키는 명분을 세계 여론을 대상으로 충분히 설득시키지 않고 시작하는 그 어떤 전쟁도 예방하기 위해 국가들의 보편적 연합체에 참여하는 게 국가의 이익에 부합했다. 사실상 영토보전과 정치적 독립을 보장한 셈이다." 미국이 부당한 현상유지에 매진한다는 인상을 주지 않으려고 윌슨은 "어떤 국민"이든 "그들을 통치할 주체를 선택할 권리"가 있다는 유명한 발언을 비롯해 전후 처리의 지침이 될 일반적인 원칙들을 제시했고, "강대국들이 자국의 주권과 영토를 존중받기를 기대하고 주장하는 바와 마찬가지로 약소국들도 그들의 주권과 영토를 존중받을 권리가 있다."[12]라고 했다. 미국이 중립을 고수하던 시기 동안 윌슨은 국가들이 내부적으로 통치하는 방식이나 정권의 특성과 평화정착이 연계된다는 발언을 단 한 차례도 하지 않았다.[13] 1917년 1월 윌슨은 "승리 없는 평화"라는 연설에서 기존의 국가들과 정권들 간의 화해를 촉구했다. 윌슨은 미국이 참전하기로 결정한 후에야 비로소 태도를 바꿔 자유와 민주주의를 평화의 선결조건으로 내세웠다. 1917년 4월 전쟁에 관한 연설에서 윌슨은 이제 다음과 같이 주장했다. "민주적 정부들이 협력하지 않고서는 평화협정은 절대로 확고부동하게 유지되지 못한다. 독재국가 정부는 평화협정에 대한 믿음을 지니거나 그 규약을 준수한다고 믿기가 어렵다."[14] 윌슨은 이제 민주적 평화 구축을 지향하고 이념적으로 결속 가능한 민주주의국가들만으로 구성된 보다 배타적인 집합체를 구상하고 있었다. 전쟁이 끝난 후 윌슨은 사실상 개방적이고 보편적인 본래 구상으로 되돌아갔다. 윌슨에게는 결국 국제연맹의 창설이 회원국 자격을 결정하는 구체적인 논리보다 훨씬 중요했다.

오늘날 자유주의적 국제주의가 직면한 의문은 다음과 같다. 자유주의 질서가 지닌 클럽의 특성은 어느 정도나 재건되어야 하고 재건될 수 있을까? 보다 폭넓은 세계적 협력의 조건들을 세시한 베스트팔렌 원칙들을 훼손하거나 무시하는 게 그 목적은 아니다. 자유민주주의국가 간의 보다 심층적이고 배타적인 협력은 앞으로 어떻게 될까? 안보관계, 인권, 산업화 사회의 정치경제 등에서 자유민주주의 국가들은 비자유주의적 국가들이 지니지 않은 구체적인 이익과 가치를 지니고 있다. 보다 폭넓은 국제질서 안에 존재하는 배타적인 집합체는 여전히 이러한 가치들을 증진시키는 중요한 수단이다. 이 클럽 내에서 조건부 회원가입의 장치들과 규범과 원칙을 이행하는 장치들을 강화하는 일도 중요하다. 유럽연합은 회원국들이 공동으로 준수해야 할 기준을 위반하는 회원국들에 대응하느라 고군분투하고 있다. 북대서양조약기구도 민주주의의 특성을 상실하는 동맹국들을 상대하느라고 애를 먹고 있다.[15] 공교롭게도 중국과 러시아가 서구 자유민주주의에 노골적으로 대항하는 도전자로 부상하면서 정치적 집합체로서의 자유민주 진영의 정체성과 기능이 강화될지도 모른다. 비록 중국과 러시아가 비자유주의적 국가들이 합류할 또 다른 클럽을 대안으로 제시하기는 해도 말이다.

비자유주의적 진영과의 관계

비자유주의적 강대국을 상대하는 일은 자유주의적 국제질서의 가장 고질적인 문제로 손꼽힌다. 그들에게 이 질서에 합류하라고 제안하면 그들이 사회화되어서 자유민주주의로 나아가리라고 기대해도 될까? 아니면 그들을 제외해야 할까? 그들의 수정주의적 의제들을 정면으로 반박하면서 적극적으로 대응해야 할까, 아니면 평화로운 공존을 모색해야 할까? 지난 2세기에 걸쳐 서로 다른 시기에 자유주의적 국가들은 이 모든 전략을 추진해보았다. 자유주의적 국제질서-개방적이고 규정을 토대로 하며 자유민주주의국가들을 핵심으로 조직화된 질서-는 비자유주의적 국가들에게 위협이라는 사실이 저변에 깔려있다. 그들의 관점에서 보면 미국과 자유주의적 자본주의 질서가 수정주의적이다.

냉전이 끝날 무렵 미국의 대전략은 비자유주의적 국가들을 자유주의 질서에 합류하도록 권유하는 조치였다. 일단 중국과 러시아가 무역과 교류에서 비롯되는 이익을 누리게 되면 "책임 있는 이해당사자"가 되는 게 그들의 이익에 부합한다는 점을 깨닫게 되리라는 논리였다. 이 논리에는 이러한 나라들이 자발적으로 체제 변화를 주도하게 되리라는 암묵적인 기대가 담겨있었다. 그들은 서서히 독재적이고 권위주의적인 제도들을 버리고 서구 자유민주체제 모델에 더 가까워지리라고 생각했다. 그러나 그런 일은 일어나지 않았고, 자유주의적 국제주의자들은 이제 그들이 지닌 가정을 재평가하고 새로운 접근방법을 모색해야 한다.

한 가지 선택지는 자유주의적 국제질서에서 수정주의적 색채를 덜어냄으로써 비자유주의적 국가들을 수용하는 방법이다. 이를 위해서는 "공격적" 자유주의를 촉진하려는 노력-즉, 이러한 나라들을 자유민주체제 모델 쪽으로 밀고 당기는 노력-을 자제해야 할지 모른다. 실제로 이 전략을 실행하려면 단일한 세계 자유주의 질서라는 구상에서 한발 물러남으로써 중국과 러시아에 친화적인 자유주의적 국제주의 질서를 만들어야 한다. 자결권, 관용, 이념적 다원주의라는 "방어적" 자유주의의 원칙들을 토대로 공존을 강조해야 한다. 자유주의적 국제주의를 훨씬 보수적으로 만들어야 한다는 뜻이다.[16]

또 다른 선택지는 보다 공격적으로 비자유주의적 국가들에게 맞서는 방법이다. 중국과 러시아는 자유주의적 국제질서를 보다 폭넓게 장기적으로 위협하는 선봉에 선 존재들이라는 전제가 깔린 전략이다. 이러한 나라들이 품은 야심을 봉쇄하지 못하면 자유주의 질서 자체가 위협을 받는다. 이러한 시각은 중국에 대한 핵심적인 주장을 토대로 한다. 중국이 자유민주체제의 장기적인 성장 역량과 경쟁할 심지어 추월할 수 있는 권위주의적 모델의 산업화 사회를 완성하려고 한다는 주장이다. 이에 대한 결론은 아직 내려지지 않았다.[17] 그러나 중국이 정말로 근대성에 도달하는 비자유주의적 경로를 세계에 제시하는 데 성공한다면, 자유민주 진영에 가해지는 위협은 강화되고 양 진영의 경쟁은 냉전 유형의 매우 적대적인 이념적 정치적 과제들 간의 갈등이 되기 십상이다.

마지막으로, 자유주의적 국제주의자들은 베스트팔렌 국제주의를 기반으로 중국과 러시아와 협력할 기회를 모색하면서 무기통제, 환경, 세계 공유지와 같이 공통으로 직면한 기능적인 문제에 집중하는 한편, 자유민주 진영의 협력을 공고히 하고 강화할 방법을 적극적으로 모색하는 혼합형 전략을 추구할 수도 있다. 여기서는 자유민주주의국가들이 특히 그들이 세계적으로 조직화된다면 장기적으로는 유리한 입지에 있으므로 결국 그들에게 유리한 쪽으로 대투쟁이 기울게 되리라는 전제가 깔려있다. 관건은 생각이 비슷한 나라들 내에서 자유민주주의를 일신하고 방어하는 동시에 자유주의적 국제질서의 제도와 기능과 정당성을 강화하는 일이다.[18]

패권과 권력에 가하는 제약

지난 20세기에 걸쳐 자유주의적 국제주의 과제는 미국의 힘의 행사와 점점 깊이 엮이게 되었다. 우드로 윌슨은 자유주의적 국제주의 개념들을 파리평화회의에서 제시했다. 제2차세계대전이 끝난 후 미국은 개방적이고 규정을 토대로 한 관계와 서구 자유민주주의 진영 핵심국가들을 중심으로 조직화된 자유주의적 패권 질서를 구축했다. 6장에서 주장한 바와 같이 이러한 자유주의적 패권 질서는 미국의 힘을 구체화하고 제약했을 뿐만 아니라 증폭시키고 정당화하기도 했다. 미국은 자국을 다른 주요 자유주의국가들과 연계시키고 경제, 정치, 안보 기구들을 통해서 힘을 행사했다. 전후시대에 미국이 얼마나 힘의 행사를 자제했는지는 여전히 논쟁의 대상이다. 제도적 제약이 있다고 해서 그 제약이 철저하게 지켜졌다고 볼 수는 없으며, 미국은 원한다면 일방적으로 행동할 권리를 지니고 있었다. 힘의 정치는 민주 진영에서 제거되지 않았다. 그럼에도 이러한 자유주의적 패권 질서는 합의의 중요한 특징들을 구현했다. 미국을 비롯한 서구 자유민주주의국가들은 제도들을 이용해 제약과 약속 이행의 장치를 구축했고 그렇게 하는 과정에서 힘의 균형과 제국주의적 논리로부터 어느 정도 독립된 질서를 구축했다. 자유주의적 기구들이 존재했기 때문에 이러한 나라들은 국제질서를 구체화하는 전형적인 두 가지 힘인 무질서와 제국을 제어할 수 있었다. 물론 이러한 힘들은 결코 완전히 사라지지는 않았지만, 서구 진영의 질서를 자유주의적 특성들을 지닌 위계질서로 규정하기에 충분할 만큼 이 힘들이 후퇴했다.[19]

자유주의적 국제주의는 미국의 패권하에서 이익도 보고 손해도 보았다. 19세기 영국과 마찬가지로 20세기의 미국도 자유주의적 국제주의 개념과 과제들을 패권적 질서 구축에 통합시키는 한편 강대국 전략들을 추구했다. 영국은 제국을 고수했고, 미국은 제국처럼 거친 행동을 하기도 하고 비자유주의적 국가들과 친밀한 관계를 맺기도 했다. 그러나 특히 1945년 이후로 진보주의적 사회적 목적을 추구하는 개방적이고 규정을 토대로 한 질서로 정의되는 자유주의적 국제주의가 전후 국제질서를 조직화하고 지배하려는 미국의 노력과 밀접하게 연관되지 않았으면 훨씬 나았으리라고 보기는 어렵다. 6장에서 주장한 바와 같이 전후 미국 지도자들은 자국을 다른 자유민주주의국가들과 연계시키고 다자간 기구들로 구성된 전후 체제 내에서 활동하는 전략의 가치를 인식했다. 이 전략을 통해 미국의 힘은 보다 정당하고 지속가능해졌다. 자유주의적 강대국이 계몽된 국익을 추구하는 게 자유주의적 개념과 과제들의 부상과 확산에도 반드시 필요했다. 그러나 미국은 또한 자유주의적 국제주의에 충실하지 않은 조타수가 될 수도 있음을 끊임없이 보여주었다. 트럼프 행정부하에서 미국은 기존의 세계질서가 지닌 자유주의적 특성들을 적극적으로 훼손할 방법을 모색하고 있다.

자유주의적 국제주의자들은 패권과 자유주의적 질서의 관계를 회복하는 시도를 해야 하는 난관에 처해있다. 막강한 자유주의국가들이 개방적이고 규정을 토대로 한 관계들로 구성된 체제를 구축하고 그 체제 안에서 활동하고자 할 이유는 분명하다. 8장에서 주장했듯이, 기존의 자유주의 질서에서 안보 공동체 특성이 사라졌다는 점이 현재 위기에 처하게 된 하나의 이유다. 오늘날 지도자들은 미국의 국익을 추구하는 데 있어서 자유주의 질서가 아닌 다른 대안을 제시하기가 훨씬 쉽다. 트럼프 행정부는 자유주의 질서가 미국에게 이득을 가져다주기보다 손해를 더 많이 보게 한다고 주장하는데 이는 일부 유권자들에게 잘 먹혀 들어간다. 그러나 미국이 자유주의적 국제주의 질서의 규정과 규범 바깥에서 활동하려다가 치르게 될 비용도 만만치 않다. 그리고 장기적으로 볼 때 그 비용이 훨씬 크다. 영향력과 신뢰를 상실하고 친구와 동맹의 협력을 잃게 된다는 점도 비용에 포함된다. 미국의 민주 진영 동맹국들은 분명히 미국이 이 질서 안에 남아있기를 바란다. 미국의 일극체제가 절정에 달했을 때 미국의 관료들은 자유주의 규정과 제도들이 지닌 가치를 덜 느꼈을 가능성이 있다. 그러나 미국의 힘이 쇠락하고 있는 시대에, 미국이 다른 자유민주주의국가들과 협력하는 데서 비롯되는 가치는 더 커진다. 역할, 책임, 기대, 타협-이러한 전후 자유주의 질서의 측면들이 우리의 관심을 끈 이유는 바로 트럼프 행정부가 이러한 가치들을 무시하고 훼손하기 때문이다. 그러나 이러한 새로운 위험에는 자유주의적 국제주의의 패권적 특성을 다시 타협할 기회도 숨어있고, 거기에 미치지는 못하더라도 개혁된 자유주의 질서를 집단적으로 뒷받침할, 생각이 같은 나라들로 구성된 탈패권시대 컨소시엄을 구축하는 방법도 있다.

근대성의 담론들

자유주의적 국제주의자들은 근대성과 자유민주주의에 근대성이 주는 의미에 대해 많은 거대 담론을 제시해왔다. 2장에서 주장한 바와 같이 그들은 근대화의 심오한 힘은 우리의 의지와 상관없이 세계를 앞으로 나아가게 만든다는 가정을 중심으로 과제를 구축했다. 이러한 가정을 토대로 자유주의적 국제주의자들은 축적된 지식과 발견과 혁신, 상호의존성과 상호이득, 진화하는 사회적 제도 등의 산물로서의 장기적인 정치적 변화라는 구상을 세웠다. 발전의 원동력은 딱히 운동의 법칙도 아니고 발선이 늘 진보주의적이거나 계몽된 방향으로 나아가지는 않지만 근대성의 특성과 논리는 파악할 수 있는 대상이었다. 앤서니 기든스가 주장하듯이, 근대성은 "거대 담론"이다.[20] 그러나 지난 2세기에 걸쳐 자유주의적 국제주의자들은 이 거대 담론을 여러 가지 방식으로 해석했다. 예컨대, 파리 세계박람회 개막식이 열린 1900년 4월 14일 대부분의 유럽인이 해석한 근대성은 스탈린의 군대가 베를린에 마지막 치명타를 날리기 시작한 1945년 4월 16일에 유럽인들이 해석한 근대성과 매우 달랐다. 마찬가지로 베를린장벽이 무너진 1989년 11월 9일의 근대성은 오늘날의 근대성과 다르게 보인다. 그렇다면 오늘날 자유주의적 국제주의자들은 근대성을 어떻게 보고 있을까?

세 가지 시각이 제시되었다. 하나는 근대성이 지닌 심오한 힘이 틀림없이 사회들을 자유민주주의 쪽으로 이동시킨다는 계몽주의적 거대담론이다. 인간사에는 운동성과 방향이 존재한다. 신, 이성, 도덕적 명령-사상가들은 사회들을 보다 계몽된 미래로 향하게 만드는 다양한 종류의 "보이지 않는 손"을 상기시켰다.-이 사회들을 변화시키고 이들 모두를 부, 지식, 인도주의적 도덕적 가치를 증진하는 방향으로 인도한다. 토머스 페인과 미국 건국의 아버지들이 그런 생각을 지니고 있었다. 냉전시대 근대화 이론가들은 이러한 보편주의적 구상을 정치경제적으로 해석한 구상을 제시했고 프랜시스 후쿠야마(Frnacis Fukuyama)도 그의 유명한 저서《역사의 종언》에서 정치경제적 해석을 제시했다.[21] 정치적 경제적 상황이 자유민주 진영에 유리한 쪽으로 형성되었다. 자유민주 진영이 추구하는 원칙과 제도와 도덕적 토대가 그 대안으로 제시되는 다른 이념과 과제들보다 유리한 위치를 점하게 해준다. 자유민주주의 자체는 어떤 의미에서 진보를 일으키는 자기충족적인 행위자이다. 정치적 행위자라는 개념이 이러한 종류의 자유주의적 근대성 구상에서 완전히 배제되지는 않고 있다. 그러나 근대성이 지닌 거대한 힘은 자유민주주의가 근대 세계질서를 구축할 때 뒤에서 힘을 실어준다.

또 다른 시각은 보다 온건하고 차분한 전망을 제시한다. 자유민주주의국가들은 역사가 그리는 "궤적을 자기들 쪽으로 구부릴 수" 있지만, 그러려면 우발적 사태와 타협과 비극적인 선택들로 점철된 투쟁을 해야 한다. 이 담론은 라인홀드 니부어(Reinhold Niebuhr)의 자유주의에 반영되어 있다. 인간의 본성에는 자유주의가 추구하는 이상주의적 열망을 무산시키는 어두운 면이 있지만, 보다 고결한 세상을 추구하게 만드는 도덕적 이성과 각성된 자기반성이라는 역량도 지니고 있다.[22] 존 F. 케네디 대통령은 1963년에 아메리칸 유니버시티에서 한 연설에서 이러한 시각을 표명했다. 그는 세계평화가 처한 여건들을 설명하면서 역사가 자유주의를 향해 전진한다는 이상적인 구상을 거부했다. 그는 평화는 "인간의 본성에서 갑자기 혁명이 일어난다는 구상이 아니라 인간이 만든 제도들이 점진적으로 진화한다는 구상을 토대로 해야 한다."고 말했다.[23] 버락 오바마 대통령도 이러한 시각을 되풀이했다. 일본 히로시마에서 한 연설에서 그는 "기술적 진보는 인간의 제도에서 이에 상응하는 진보가 일어나지 않는다면 우리를 파멸시킬 수 있다."라고 주장했다.[24] 근대국가들, 특히 자유민주주의국가들에게 주어진 과업은 국제규범과 제도들을 강화하는 어려운 임무를 맡는 일이다. 근대성은 끊임없이 기술과 폭력을 행사할 역량을 개선시키지만, "인간의 제도들이 진보"하는지는 확실치 않다. 이성과 도덕적 원칙은 앞으로 나아갈 길을 규성할 수 있지만, 비이성과 반동적 운동이 결코 완전히 사라지지 않는 세계 속에서 그러한 규정을 해야 한다. 이러한 담론은 고도로 계몽주의적 구상보다 미래에 대한 보편성과 낙관성은 떨어진다. 과거에 자행된 폭력과 재앙이 무겁게 그 구상을 짓누르고 있기 때문이다. 자유민주주의가 보다 나은 세계를 창조할 역량은 현실적으로 파악하고 끊임없이 배양하고 현명하게 사용해야 한다.

세 번째 담론은 철학자 이사야 벌린이 주장했다고 잘 알려져 있는데, 이 담론은 더욱 암울하다. 비극과 갈등은 결코 사라지지 않으며 인류의 역사는 본질적으로 진보적이지 않다는 담론이다. 인간의 보편적 특성들은 인간을 공동의 정치적 이상과 제도들로 이끌지 않는다고 본다. 이러한 유형의 자유주의는 서로 다른 사회들과 사람들이 저마다 다른 가치를 추구한다는 "가치 다원주의"를 시인하고 공동으로 향하는 길이나 목적지는 없다고 주장한다. 벌린은 "인류의 행렬이 택하는 진정한 경로"란 없다고 주장한다.[25] 그의 자유주의는 차이에 대한 존중과 사람들이 신의성실로써 서로의 차이들을 관리하도록 해주는 규정과 규범을 모색하는 노력을 중심으로 구축되었다. 존 그레이는 이러한 시각을 "논쟁적(agonistic)"이라고 설명한다. 그리스어로 "아곤(agon)"은 갈등과 투쟁을 뜻한다.[26] 자유주의는, 그 연장선상에서 자유주의적 국제주의도, 서로 다른 사람들과 사회들이 그들 나름의 정체성과 가치를 규정하도록 해주는 안정적인 정치질서를 조성할 방법을 모색한다. 또 다른 미니멀리스트 유형은 주디스 슈클러(Judith Shklar)의 "공포의 자유주의"다. 그녀의 자유주의는 보편주의나 진보주의적 열망이 결여되어 있고 인간사회의 진보를 주장하지 않는다. 그녀의 주장에 따르면, 자유주의는 "오직 한 가지 최우선의 목표를 추구한다. 바로 정치적 자유를 행사하는 데 필요한 정치적 여건들을 확보하는 일이다."[27] 자유주의는 사회를 재창조하거나, 인간의 본성을 완벽하게 다듬거나, 그 어떤 거창한 체계적인 의미에서 억압, 폭정, 폭력을 극복할 수 없다. 자유주의 사회는 그저 개인의 권리와 자유를 보호하기 위해 투쟁해야 한다. 사람들이 지닌 공통점이라고는 그들을 파괴시키려는 힘에 취약하다는 사실뿐이다. 벌린과 슈클라의 구상들은 자유주의 과제의 조건들을 파격적으로 바꾼다. 더 이상 자유주의는 보다 나은 미래를 향한 대장정이 아니다. 오로지 자율, 안정, 생존을 모색하는 방법일 뿐이다.

자유주의적 국제주의자들은 세대마다 이러한 거대 담론들을 제시하고 갑론을박해왔다. 오늘날 벌린의 논쟁적인 자유주의가 호소력이 있다면 그 이유는 오로지 자유주의가 거창한 고담준론으로 흐르는 경향을 바로잡아주기 때문이다. 그 어떤 것도 미래에 민주사회들이 진보주의적 행진을 한다는 보장을 하지 못한다. 벌린은 자신의 친구에게 보낸 마지막 서신에 다음과 같이 적었다. "역사는 각본이 없다."[28] 자유주의적 과제는 자유민주주의의 필연성이 아니라 취약함-대단한 불확실성-을 토대로 해야 한다. 근대성은 자유주의를 특별히 우대하지 않는다. 자유주의는 근대성이 야기하는 난관들을 타개하는 접근방식이다. 그러나 이러한 논쟁적인 시각이 역사의 "궤적이 (자유주의 쪽으로) 굽는다는" 자유주의와 반드시 양립 불가능한 것은 아니다. 비극, 의도치 않은 결과, 정치적 부패, 재앙과 붕괴 등으로 점철된 역사는 자유주의의 편을 들지 않는다. 그러나 인간은 그들의 제도를 점진적으로 실용적으로 개혁함으로써 "상황을 개선"할 정치적 도덕적 역량을 지니고 있다. 이런 시각은 1989년 서베를린의 자유주의라기보다 1789년 필라델피아의 자유주의다. 이러한 시각은 "국민"을 국민 자신들로부터, 그들의 지도자들로부터, 근대성이 야기하는 격변으로부터 보호할-국가의 헌법부터 시작해서-정치적 제도들이 필요하다는 시각이다. 근대성은 끊임없이 필연적으로 새로운 문제들을 야기한다. 자유민주주의는-그 연장선상에서 자유주의적 국제질서도-이러한 문제들을 타개하는 데 필요한 제도들과 실무 관계를 만들어낸다.

앞으로 나아갈 길

자유주의적 국제주의가 21세기에도 여전히 타당하려면 그 뿌리로 돌아가야 한다. 자유주의적 국제주의는 세계가 이상적인 사회를 향해 행진한다는 거창한 구상보다는 자유민주주의국가들을 안전하게 만든다는 보다 실용적이고 개혁지향적인 접근방식으로 규정되어야 한다. 이러한 개혁적 시각은 자유주의적 국제주의를 다른 국제주의 전통들과 구분한다. 우드로 윌슨이 국가 간의 관계가 "교정 가능"하다고 주장했을 때 염두에 둔 시각이다. 존 메이너드 케인스가 뉴딜정책 초기에 루스벨트에게 보낸 공개서한에서 이러한 지향성을 다음과 같이 지적했다. "기존의 사회체제 틀 안에서 합리적인 실험을 통해 우리가 처한 해악한 여건을 개선할 방법을 모색하는 모든 나라 사람들에게 당신은 수탁자가 되었소."[29] 루스벨트와 그의 보좌관들은 미국이나 세계가 처한 위기의 속성이나 범위를 충분히 파악하지 못한 채 1930년대에 취임했다. 그들은 다양한 조치를 시도했다. 제대로 작동한 조치도 있고 실패한 조치도 있었다. 시간이 흐르면서 그들의 실용적이고 실증적인 문제해결 접근방식은 효과를 발휘했고 그들이 시행한 개혁으로 미국체제와 보다 폭넓은 민주 진영이 더 안정적인 토대에 놓이게 되었다. 자유주의적 국제주의는 이러한 방향성을 되찾으면 된다.

자유민주주의국가들이 안전하게 하려면 합리적인 실험은 국제주의적 전망을 지녀야 한다. 이는 난초와 마찬가지로, 자유민주주의국가들이 번성하기에 적합한 환경이 따로 있기 때문이다. 이들이 번성하려면 안정적이고 협력적인 국제질서가 필요하다. 자유주의 원칙들은 대중선동가들과 외국의 위협과 전시 비상사태가 촉발하는 국가권력의 남용에 취약하다. 자유민주주의국가들은 당구대 위에 굴러다니는 당구공이 아니다. 그들은 그보다 훨씬 복잡하고 취약한 정치체로서 그들을 보호해줄 국제적 환경이 필요하다. 본질적으로 그들은 달걀처럼 서로 부딪혀 깨지지 않도록 보호해줄 상자가 필요하다. 마찬가지로 자유민주주의국가들은 서로 깊은 갈등관계인 원칙과 가치들인 자유와 평등, 개인주의와 공동체, 주권과 상호의존성을 중심으로 조직화된다. 자유주의 질서 구축은 부분적으로는 국가들이 이러한 갈등을 관리하고 타협점을 찾도록 도와주는 제도와 역량들로 구성된 틀을 조성하는 과제다. 이처럼 여러 가지 면에서 자유주의적 국제주의는 국가들로부터 주권을 강탈하려는 "글로벌리즘"이 아니다. 자유민주주의국가들이 생존하고 번영할 역량을 강화시켜주는 실용적이고 개혁지향적인 노력이다.

2세기에 걸쳐 자유주의적 국제주의는 한 묶음의 다양한 국제주의 형태들로서 구현되어왔다. 이는 개념과 의제들의 묶음이지, 하나의 거창한 이념적 독트린이 아니다. 자유주의적 국제주의가 처한 위기는 부분적으로는 냉전시대가 서로 엮어놓았던 국제주의들의 묶음이 해체되고 있기 때문이다. 자유주의적 국제주의는 자유무역, 사회민주체제, 국가안보, 다자주의, 민주 진영의 연대의식, 패권적 지도력 등이 융합된 연합세력이다. 1990년대에 경제적 정치적 자유주의가 전 세계에 확산되면서 이 연합세력은 해체되었다. 자유주의적 국제주의는 시장자본주의를 확대하고 통합하는 목표를 추구하는 신자유주의 과제가 되었다. 자유주의 질서에 내장된 특성이 잠식되었다. 21세기에 헤쳐 나가야 할 난관은 국제질서와 자유민주주의 국민들의 삶의 기회 간 관계를 재정립한다는 목표를 중심으로 연합세력을 재건하는 일이다. 자유주의적 국제주의의 이 핵심적인 요소는 노먼 에인절이 암시했다. 그는 1918년 "민주적 국제주의(democratic internationalism)"라는 용어를 만들어 서구 국가들이 협력하는 새로운 시대를 희망했다.[30] 자유주의적 국제주의는 폭넓은 자유민주사회 국민들의 안보와 안녕을 증진시킬 방법을 모색하는 과제로 규정되어야 한다.

자유주의적 국제주의는 또한 경제와 안보에서의 상호의존성을 관리할 개념과 프로그램들의 묶음으로서의 과거 유산을 되찾을 필요가 있다. 그 목적은 세계체제를 개방하고 통합하는 게 아니라 개방성의 조건들을 협력을 통해 정하는 일이다. 이는 시장과 교류 관계를 효율성과 사회적 보호 간의 절충점을 모색하는 규정과 제도들에 집어넣어야 한다는 뜻이다. 이러한 균형점에 도달하려면 무역 개방성과 통합을 줄여야 할지도 모른다. 국경을 만들거나 제거하기보다 국경을 협력적으로 관리할 원칙과 제도에 합의한다는 목표를 추구해야 한다. 자유민주주의국가들이 1930년대와 1940년대에 붕괴된 세계경제에서 빠져나오려고 했을 때, 개방의 정도는 다자간 장치와 호혜성과 비차별의 원칙들을 중심으로 한 경제 관계를 재건하는 노력보다 덜 중요했다. 오늘날 추구해야 할 과업은 "세계화"가 아니라 세계화를 관리하는 방법에 대한 합의 도출이다.

이 책은 윌슨과 루스벨트를 대조함으로써 자유주의적 국제주의의 대안적 접근방식을 제시한다. 윌슨이 자유주의적 국제주의에 기여한 바는 국제주의 사상의 다양한 지류들을 통합했다는, 다양한 장치들을 한데 모아 하나의 거대한 구조물로 만들었다는 점이라면, 루스벨트가 기여한 바는 윌슨이 통합한 거대한 구조물을 실용적으로 다듬고 시대에 적합하게 만들었다는 점이다. 여기서 자연스럽게 의문이 제기된다. 이 두 접근방식 가운데 어느 쪽이 오늘날에 더 적합한 처방일까? 얼핏 보면 루스벨트의 접근방식이 더 적합해 보인다. 윌슨은 본질적으로 자기 시대를 잘못 진단했다. 반면 루스벨트는 자유민주사회 내에서 권리와 보호에 대한 사상에서 일어난 혁명을 관장하고 자유주의국가들의 안보 공동체라는 보다 실용적이고 작동 가능한 구상을 제시했다. 그의 천재성은 질서 구축에 실험 정신을 도입했다는 점이다. 그러나 나는 둘 다 옳고 필요하다고 주장하고 싶다. 방법은 다르지만 말이다. 미래에 우리가 필요한 것은 우리 나름대로, 21세기에 적합하게 윌슨처럼 새 기법과 장치들을 대통합하는 일이다. 기후변화, 초음속 핵무기, 약품저항성이 강한 박테리아, 세계 생산시설의 급속한 자동화가 선진사회의 계층구조에 미치는 효과, 인공지능 등과 같이 윌슨도 루스벨트도 겪어보지 못한 문제들을 다루기 위해 개발된 기법과 장치들 말이다. 그 연후에는 루스벨트의 실용적 실험정신과 제도적 혁신으로부터 영감을 얻어 새로운 세대가 자유민주주의국가들이 안전한 세계를 만드는 목표를 염두에 두고 자유주의질서를 구축해야 한다.

지난 2세기에 걸쳐 고비마다 자유민주주의국가들은 어떤 종류의 국제질서를 구축할지 생각해내야 했다. 이제 그들은 또다시 그런 난관에 직면하고 있다. 자유주의적 국제주의자들은 그들이 선호하는 질서의 특성에 대해 늘 모호하고 일관성 없는 태도를 보여왔다. 자유민주주의국가들만으로 배타적인 영역을 구축하는 한편 나머지 세계는 주변부로 남겨둘 방법을 모색한 이들이 있는가 하면, 통합과 수렴이라는 야심찬 구상을 중심으로 세계 자유주의 질서를 구상한 이들도 있다. "규모가 작지만 두터운" 질서의 장점은 생각이 비슷한 나라들로 구성된 배타적인 집합체이므로 어떤 사회적 목표들을 추구할지 합의하기가 훨씬 쉽다는 점이다. 회원제 클럽처럼 설계된 자유주의 질서는 질서가 제 기능을 하도록 촉진하는 역할과 책임들을 만들어낸다. 1945년 이후 자유주의 질서가 바로 이러한 장점을 꿰뚫어 보았다. 회원 자격은 조건부였기 때문에 국가들은 집단의 이익에 부합하는 행동을 하도록 동기가 부여되었다. 반면 "규모가 크고 얄팍한" 질서의 장점은 자유민주주의국가들이 직면하는 대부분의 문제가 자유민주주의국가들만 직면하는 문제가 아님을 염두에 둔다는 점이다. 지구온난화, 전염병의 확산, 핵확산, 사이버전쟁, 테러리즘에 취약하지 않은 나라는 없다. 이는 베스트팔렌 국제주의가 꿰뚫어본 본질적인 문제다.

여기서 제기되는 문제는-루스벨트시대에 "대권역"에 대한 논쟁에서 예견되었던 문제-자유주의적 국제주의가 세계의 하부 영역에 머무는, 순전히 베스트팔렌 체제인 세계에서 자유민주주의국가들의 사회적 경제적 정치적 안보와 복지가 유지될 수 있는지 여부다. 양대 세계대전 사이의 기간을 연상케 하는 마뜩치 않은 점은 역설적으로 일단 베스트팔렌 질서를 자유주의국가가 아니라 비자유주의적 국가들이 지배하게 되면 자유민주주의국가들의 생존 자체가 위협받을지도 모른다는 점이다. 다시 말해서, 비자유주의가 임계점을 넘어서면 자유주의적 국제주의는 베스트팔렌 질서 내에서 생존하지 못하게 될지도 모른다는 뜻이다. 결국 바로 이러한 우려 때문에 루스벨트와 그의 보좌관들은 자유민주주의국가들이 지배하는 통일된 세계에서만이 미국이 민주주의로서 생존하고 번영할 수 있다는 결론에 도달했다.

결국, 바로 이러한 우려를 염두에 두고 자유민주주의국가들은 두 가지 유형의 질서를 모두 구축하도록 노력해야 한다. 자유민주주의국가들은 그들을 하나로 묶어주는 독특한 이익과 가치를 공유한다. 그들은 국제정치에서 그들이 임계질량에 도달하는 방식으로 함께 행동하기 위해서 서로가 필요하다. 그러나 21세기에 부는 근대성의 폭풍은 세계 전체에 영향을 미친다. 자유주의적 국제주의자들은 200년 동안 축적된 개념과 과제들을 모아 이상을 추구하되 실용주의에 근거를 둔 하나의 거대한 담론으로 융합해야 한다. 단순히 민주주의의 미래를 위해서가 아니라 지구의 생존을 보장하기 위해서 말이다.

감사의 말

이 책은 2016년 11월 버지니아 대학교에서 "역사의 구부러진 화살: 국제주의의 기원, 개가, 그리고 위기"라는 제목의 일련의 강의로 시작되었다. 나를 초청해준 버지니아 대학교 문화고등연구소와 존 오웬, 제임스 데이비슨 헌터에게 감사드린다. 데일 코플런드, 잭슨 리어스, 멜빈, 레플러, 필립 젤리코우를 비롯해 많은 참여자의 제안과 평가에도 감사드린다.

이 책의 결함이 무엇이든 간에 수많은 친구와 동료들의 도움이 아니었다면 훨씬 큰 결함이 되었으리라 확신한다. 앨런 알렉산드로프, 로버트 쿠퍼, 마이클 도일, 개러스 에반스, 마사 핀모어, 오페오피오리토스, 수잰 프라이, 키이치 후지와라, 요이치 푸나바시, 제임스 골드가이어, 데이비드 고든, 윌리엄 G. 그레이, 조지프 그리코, 존 A. 홀, 타카시 이노구치, 애쉬 제인, 로버트 저비스, 로버트 조핸슨, 브루스 존스, 마일스 콜러, 피터 카첸스타인, 폴 케네디, 조너선 커쉬너, 토머스 노크, 찰스 쿱챈, 데이비드 레이크, 필립 립시, 마이클 마스탠두노, 한스 몰, 케이트 맥나마라, 존 미어샤이머, 누노 몬테이로, 조너선 몬튼, 대니얼 넥슨, 비토리오 파시, 스튜어트 패트릭, 루이스 폴리, 패트릭 포터, 배리 포즌, 캐롤라인 포스텔-비네이, 크리스 류-스미트, 기드온 로즈, 셰릴 숀하트-베일리, 랜디 슈웰러, 토니 스미스, 더그 스톡스, 제이크 설리번, 히데미 수가나미, 트릭베 스론바이트, 스티브 월트, 스티븐 워타임, 제임스 린들리 윌슨, 윌리엄 월포스, 토머스 라이트가 도움을 준 친구와 동료들이다. 나는 프린스턴 대학교 소속 동료 및 친구들과 수년에 걸쳐 끊임없이 대화를 주고받으면서 어마어마하게 혜택을 받았다. 그 가운데는 제러미 에델먼, 게리 베이스, 미겔 센테노, 로버트 커헤인, 아툴 콜리, 스티브 콧킨, 헬렌 밀너, 앤디 모라비치크, 얀-워너 멀러, 필립 프티트, 크리스 램지, 앤-마리 슬로터, 데보라 야샤 등이 있다. 나는 운 좋게도 프린스턴에서 재능 있는 수많은 박사과정 학생과 함께 연구하고 그들로부터 배웠다. 그 가운데 애덤 리프, 대런 림, 오드라이 웡이 있다. 멋진 아이디어와 영감의 원천이 되어준 톨리야 레브신에게도 감사한다. 대니얼 듀드니에게는 특히 큰 빚을 졌다. 수년에 걸친 그와의 협력과 대화가 이 책에 담긴 핵심적인 주장에 기여했다.

옥스퍼드 대학교 올 소울스 칼리지 학장 존 비커스와 2018-2019년 안식년 한 해를 멋지게 보낸 올 소울스에서 만난 동료연구원들에게도 감사드린다. 안식년 동안 이 책의 초안이 완성되었다. 올 소울스는 연구하기에 더할 나위 없이 호의적이고 지적인 자극을 주는 여건을 조성해주었고 세실 파브르, 데이비드 겔너, 세실리아 헤이즈, 로저 후드, 스타티스 칼리바스, 노엘 맬컴, 에드워드 모타이머, 애브너 오퍼, 케빈 오루크, 니컬러스 로저 등 수많은 교수진과 뜻깊은 교류를 했다.

그 밖에도 옥스퍼드 대학교에서 많은 친구 및 동료들과 유익한 대화를 나누었다. 그 가운데 티모시 가튼 애쉬, 로즈마리 푸트, 제프리 홀츠그레프, 앤드루 허렐, 에드워드 킨, 엘리자베스 키스, 마거릿 맥밀런, 닐 매클린과 퓨자 매클린, 라나 미터, 칼립소 니콜레이디스, 저스틴, 팟츠, 애덤 로버츠, 데이비드 바인스가 있다. 런던에 있는 채텀하우스에서는 로빈 니블렛, 레슬리 빈자무리와 서로 의견을 교환했다. 런던정경대학에서는 메리 콜더, 코리 셰이크, 린다 위에 등 많은 인사들과 지적인 자극이 되는 대화를 나누었다. 킹스칼리지런던에서는 존 뷰, 앤드루 이어하트, 닉 케이더베이와의 교류에서, 웨일스 대학교에서는 리처드 비어즈워스, 켄 부스, 얀 루지카와의 대화에서 혜택을 받았다.

2019년 10월 런던정경대학에서 온종일 원고 워크숍을 주관해준 믹 콕스, 조지 로슨, 피터 트루보위츠에게 빚을 졌다. 그들의 조언과 던컨 벨, 배리 부잔, 저니나 딜, 비트 잔, 에마 매키넌, 쟌 모어필드, 인더지트 파마, 존 톰슨 등 다른 참가자들의 조언에서도 많은 혜택을 입었다. 나의 오랜 친구 조 반즈도 내 원고를 꼼꼼히 읽고 조언을 해준 덕에 한결 나은 책이 되었다. 수년에 걸쳐 나의 연구를 지원해준 경희대학교 조인원 이사장에게도 특별히 감사드린다. 이 책을 집필하는 동안 세상을 떠난 소중한 동료 두 사람에게도 감사드린다. 존 피터슨은 이 책을 쓰겠다는 나의 구상에 관심을 보이고 에든버러 대학교에 두 차례 나를 초청해주었고 나의 오랜 동지 제임스 헌틀리는 진정한 의미에서 자유주의적 국제주의자임을 몸소 실천한 인물이다.

예일 대학교 출판부 소속으로 내 책의 편집을 책임진 윌리엄 프루트는 편집과 관련해서도, 지적으로도, 지속적으로 통찰력을 보여주었다. 이 책의 원고가 강의 자료에서 학술적인 저서로 변신하는 대담한 여정을 거치는 동안 그가 보여준 끝없는 인내심과 유머 감각에 감사한다. 캐런 올슨도 이 원고의 출간 과정에서 큰 도움이 되었다. 이 책에 수록된 그림과 표들을 만들어준 빌 넬슨의 공도 인정하고 싶다. 언론에 진지한 서평을 기고한 익명의 두 인물에게도 감사하고 싶다. 프린스턴 대학교가 추진하는 다자주의의 미래에 관한 프로젝트 관계자들도 이 책을 쓰기 위해 사료조사를 하고 집필하는 작업을 지원해주었다. 린지 우드릭은 격려와 지원을 아끼지 않았다.

내가 가장 큰 빚을 진 이들은 내 가족, 리디아와 잭슨이다. 그들의 사랑과 응원은 내게 든든한 반석이 되어주었다. 가족에게 진 빚이 가장 크다.

이는 셰익스피어가 〈십이야(Twelfth Night)〉에서 다음과 같이 가장 적확하게 표현했다. "더 말해 무엇하리오, 그저 감사, 감사, 감사할 따름이라오."

미주

1. 자유주의적 국제질서의 균열

1 이를 잘 보여주는 사건이 트럼프 신임 행정부 초기에 트럼프 대통령과 국방장관, 국무장관의 회동에서 일어났다. 제임스 매티스 국방장관이 대통령에게 "전후 규정을 토대로 한 국제질서는 가장 위대한 세대가 남긴 최고의 선물."이라고 말했다고 이 회동에 참석한 두 인사가 전했다. 매티스 국방장관은 제2차세계대전 이후 승전국들이 구축한 세계체제를 구성하는 무역협정, 군사협정, 국제동맹의 얽히고설킨 복잡한 관계를 대통령에게 차근차근 설명했는데 이 회동에 참석한 한 인사는 이를 대통령과 나머지 참석자들 간의 난투극으로 묘사했다. 트럼프는 회의가 진행되는 동안 몇 차례 국방장관과 국무장관에게 큰소리로 "나는 동의하지 않소!"라고 말했다. 〈폴리티코(Politico)〉, 2018. 03. 03.

2 G. John Ikenberry, "The Plot against American Foreign Policy: Can the Liberal Order Survive?," *Foreign Affairs*, Vol. 96, No. 3(May/June 2017), pp. 2-9.

3 〈뉴욕타임스〉 2018년 6월 8일자 "트럼프, G-7에 참석해 러시아를 다시 합류시키자고 제안하다"라는 제목의 기사에서 마이클 쉬어가 인용한 도날트 투스크의 발언이다. 투스크는 2018년 6월 캐나다 토론토에서 열린 7개 주요 선진국 지도자들의 연례 회동인 G-7 정상회담이 끝난 후 이러한 발언을 했다. 40년 넘게 이러한 G-7 정상회담은 서구 자유주의 질서를 규정하는 특징으로서 미국과 미국의 최측근 민주주의 동맹국들이 만나 경제와 안보 문제를 논의하고 그들의 역사적 유대와 공통의 가치와 이익을 추구하겠다고 재확인하는 자리이다. 그러나 2018년 정상회담은 색달랐다. 미국 대통령 도널드 트럼프는 늦게 도착해 일찍 떠나면서 이 행사에 대한 불쾌감을 표시했고 불공정 무역관행과 안보비용 기여도가 낮다는 이유로 동맹국들을 공격하는 한편 파리기후협약과 이란핵무기협정을 탈퇴하겠다는 의지를 재확인했다. 공동성명서 내용을 두고 협상을 하는 과정에서 트럼프 수행단은 공동의 약속이라는 유서 깊은 문구를 비롯해 "기존의 규정을 토대로 한 질서" 수호의 약속에 이의를 제기했다. 대표단은 결국 뜻을 굽히고 "특정한" 규정을 토대로 한 질서가 아니라 "일반적인 의미에서" 규정을 토대로 한 질서에 대한 지지를 표명하는 타협안에 동의했다. 그러나 결국 트럼프는 회의를 마치고 떠난 후 공동성명서에 대한 지지를 철회했다.

4 Ivan Krastev and Stephen Holmes, *The Light That Failed*: A Reckoning (New York: Pegasus Books, 2020). Edward Luce, *The Retreat of Western Liberalism* (New York: Atlantic Monthly Press, 2017).

5 Timothy Snyder, *The Road to Unfreedom:Russia, Europe, America* (New York: Penguin, 2018).

6 Ross Douthat, "Cracks in the Liberal Order," *New York Times*, Sunday Review, 26 December 2015.

7 많은 관찰자는 미국이 주도하는 자유주의적 국제주의 질서가 직면한 문제들이 점점 늘어나는 점을 주목하고 미국의 패권, 서구 정치질서, 자유주의와 자유주의적 국제주의, 자유주의적 근대성 자체의 심오한 토대가 직면한 위기를 강조했다. 다음 사례들을 참조하라. Gideon Rose, "The Fourth Founding: The United States and the Liberal Order," *Foreign Affairs*, Vol. 98, No. 1(January/February 2019), pp. 10-21. Hanns W. Maull, "The

Once and Future Liberal Order," *Survival*, Vol. 61, No. 2(April/May 2019), pp. 7-32. Kori Schake, "The Trump Doctrine Is Winning and the World Is Losing," *New York Times*, 15 June 2018. Richard Haass, "Liberal World Order, R.I.P.," *Project Syndicate*, 21 March 2018. Francis Fukuyama, "US against the World? Trump's Amer i ca and the New World Order," *Financial Times*, 11 November 2016. Ian Buruma, "The End of the Anglo-American Order," *New York Times Magazine*, 29 November 2016. Ulrich Speck, "The Crisis of Liberal Order," *The American Interest*, 12 September 2016. Michael J. Boyle, "The Coming Illiberal Era," *Survival*, Vol. 58, No. 2 (2016), pp. 35-66. Charles A. Kupchan and Peter L. Trubowitz, "Dead Center: The Demise of Liberal Internationalism in the United States," *International Security*, Vol. 32, No. 2 (Fall 2007), pp. 7-44. Georg Sørensen, *A Liberal World Order in Crisis: Choosing between Imposition and Restraint* (Ithaca, NY: Cornell University Press, 2011). Rebekka Friedman, Kevork Oskanian, and Ramon Pacheco Pardo, eds., *After Liberalism? The Future of Liberalism in International Relations* (New York: Palgrave Macmillan, 2013). Amitav Acharya, *The End of American World Order* (London: Polity Press, 2014). Stanley Hoffmann, "The Crisis of Liberal Internationalism," *Foreign Policy*, No. 98 (Spring 1995), pp. 159-77. John Gray, *False Dawn: The Delusions of Global Capitalism* (New York: New Press, 2000). 대안적인 관점에 대해서는 다음을 살펴보라. G. John Ikenberry, Inderjeet Parmar, and Doug Stokes, eds., "Ordering the World? Liberal Internationalism in Theory and Practice," special issue, *International Affairs*, Vol. 94, No 1 (January 2018).

8 Miles Kahler, "Who Is Liberal Now? Rising Powers and Global Norms," in Amitav Acharya, ed., *Why Govern: Rethinking Demand, Purpose, and Progress in Global Governance* (Cambridge: Cambridge University Press, 2016), pp. 55-73.

9 1970년대에 자유민주주의의 미래를 둘러싸고 서구 진영에서 벌어진 논쟁을 개관하는 자료는 다음과 같다. Jan-Werner Müller, *Contesting Democracy: Political Though in Twentieth-Century Europe* (New Haven, CT: Yale University Press, 2011), chap. 6. Niall Ferguson, Charles S. Maier, Erez Manela, and Daniel J. Sargent, eds, *The Shock of the Global: The 1970s in Perspective* (Cambridge, MA: Harvard University Press, 2010). 삼극위원회는 1970년대 자유민주주의에 대한 가장 유명한 연구들을 출간했다. Miehel Crozier, Samuel P. Huntington, and Joji Watanuki, *The Crisis of Democracy: On the Governability of Democracies* (New York: New York University Press, 1975).

10 서구 자유질서에서 권위가 처한 위기에 관해서 다음 자료를 참조하라. G. John Ikenberry, *Liberal Leviathan: The Origins, Transformation, and Crisis of the American World Order* (Princeton, NJ:Princeton University Press, 2011).

11 Robert Kagan, *The Jungle Grows Back: America and Our Imperiled World* (New York: Alfred A. Knopf, 2018).

12 Martin Jacques, *When China Rules the World: The End of the Western Worl and the Birth of a New Global Order* (New York: Penguin, 2009).

13 Charles A. Kupchan, *No One's World: The West, The Rising Rest, and the Coming Global Turn* (Oxford: Oxford University Press, 2012).

14 Pankaj Mishra, *Age of Anger: A History of the Present* (New York: Farra, Straus and Giroux, 2017), p. 25. Patrick J. Deneen, *Why Liberalism Failed* (New Haven, CT: Yale University Press, 2018). 유발 하라리는 자유주의적인 밀레니엄이 인간의 정신을 재설계하는 인공지능과 기술에 힘입어 탈인본주의석 미래에 자리를 내준다고 주장한다. Yuval Noah Harari, *Homo Deus: A Brief History of Tomorrow* (New York: Random House, 2016). Adam Gopnik, "The Illiberal Imagination: Are Liberals on the Wrong side of History?," *New Yorker*, 20 March 2017, pp.

88-93. Michael Ignatieff, "Which Way Are We Going?," *New York Review of Books*, Vol. 64, No. 6 (6 April 2017), pp. 4-6.

15 Ira Katznelson, *Desolation and Enlightenment: Political Knowledge after Total War, Totalitarianism, and the Holocaust* (New York: Columbia University Press, 2003).

16 Wilson cited in Lloyd Gardner, *The Anglo-American Response to Revolution, 1913-1923* (Oxford: Oxford University Press, 1984), p. 1.

17 에릭 홉스봄이 주장한 바와 같이, 전통은 사회적 행위자들이 자신이 현재 처한 여건들을 과거의 개념과 사건과 연관시킬 방법을 모색하는 과정에서 구축되며-혹은 발명되며-이를 통해 그들이 추구하는 바에 의미와 방향을 부여하는 연속성과 계보를 만들어내게 된다. Eric Hobsbawm, "Introduction: Inventing Traditions," In Hobsbawm and Terence Ranger, eds., *The Invention of Tradition* (Cambridge: Cambridge University Press, 1983), pp. 1-14.

18 이념은 정치적 행동을 위해 사회적 힘이나 조직화된 의제로 전환 가능한 개념들로 간주할 수 있다. 행위자의 이익을 신념과 이상과 융합하는 설계적인 세계관이다. George Lichtheim, "The Concept of Ideology," *History and Theory*, Vol. 4(1964), pp. 164-95.

19 자유주의적 국제주의가 추구하는 정치적 과제는 사상가, 개념, 운동가, 지도자, 운동, 돌파구, 개가, 실패에 관한 사연을 중심으로 구축된다. 이러한 의미에서 자유주의적 국제주의는 조지 에거튼이 말한 대로 "정치적 신화"로 묘사할 수 있다. 즉, "극적이고 교훈적인 논조나 사건들의 투사, 사회적 여건, 인간의 행동, 가공된 역사적 표현, 사회 집단이나 계층에게 강렬한 의미를 지닌 운명"을 의미한다. George W. Egerton, "Collective Security as Political Myth: Liberal Internationalism and the League of Nations in Politics and History," *International History Review*, Vol. 4(1983), p. 498.

20 자유주의적 국제주의라는 용어는 1930년대와 1940년대에 학술 문헌에서 등장하기 시작해 1970년대부터 널리 사용되었다. 다음 자료를 참조하라. Tim Dunne and Matt MacDonald, "The Politics of Liberal Internationalism," *International Politics*, Vol. 50, No. 1 (January 2013), pp. 1-17. Beate Jahn, *Liberal Internationalism: Theory, History, Practice* (New York: Palgrave, 2013). 이 용어의 전조가 된 "민주적 국제주의"라는 개념을 노먼 에인절이 1918년 서구 진영의 전후 협력에 관한 저서에서 소개했다. *Angell, The Political Conditions of Allied Success: A Plea for a Protective Union of the Democracies* (New York: G. P. Putnam's Sons, 1918). 자유주의적 국제질서라는 용어는 보다 최근에 사용되기 시작했다. 이 용어가 최초로 학술적으로 사용된 자료는 1999년 내가 대니얼 듀드니와 공동으로 쓴 글이다. Daniel Deudney and G. John Ikenberry, "The Nature and Sources of Liberal International Order," *Review of International Studies*, Vol. 25, No. 2(April 1999), pp. 179-96. 극동문제 전문가인 해럴드 퀴글리가 1943년에 일본의 패배 이후 극동지역에서 전후 질서를 추진하기 위한 전략을 제시하면서 이 용어를 사용했다. Harold Quigley, "The Far East and the Future," *Virginia Quarterly Review*, Vol. 19, No. 1(Winter 1943). 이 참고문헌을 소개해준 마이클 도일에게 감사한다. 이 용어는 2012년에 가서야 〈뉴욕타임스〉에 등장했다. Thomas Wright, "The Return of Great-Power Rivalry Was Inevitable," *Atlantic Monthly*, 12 September 2018.
https://www.theatlantic.com/international/archive/2018/09/liberal-international-order-free-world-trump-authoritarianism/569881/
자유주의적 국제질서 혹은 자유주의 질서는 이제 미국이 주도하는 국제질서의 약칭으로 흔히 쓰이는데 이는 일반적으로 제2차세계대전 후 미국을 비롯한 여러 국가가 구축하고 준수한 동맹, 제도, 규정들로써 정의된다. 이 책에서 나는 보다 총칭적인 의미에서 일반적인 유형의 국제질서로서 이 용어를 사용하며 미국이 주도하는 자유주의적 패권 질서는 그러한 질서가 발현된 하나의 구체적인 사례일 뿐이다.

21 Daniel Deudney, Bounding Power: Republican Security Theory from the Polis to the Global

Village (Princeton, NJ: Princeton University Press, 2007), p. 2.

22 역사적으로 주제별로 다양한 측면들을 탐색하는 자유주의적 국제주의에 대한 설명이 필요하다면 다음 자료들을 참조하라. Hans Kundnani, "What Is the Liberal International Order?," Policy Essay, No. 17 (Washington, DC: The German Marshall Fund, 2017). Casper Sylvest, *British Liberal Internationalism*, 1880-1930 (Manchester: Manchester University Press, 2009). Sondra R. Herman, *Eleven against War: Studies in American Internationalist Thought*, 1898-1921 (Stanford, CA: Stanford University Press, 1969). Michael W. Doyle, *Liberal Peace: Selected Essays* (New York: Routledge, 2012). Michael Howard, *War and the Liberal Conscience* (London: Temple Smith, 1978). Tony Smith, *America's Mission: The United States and the Worldwide Struggle for Democracy* (Princeton, NJ: Princeton University Press, 1994). Tony Smith, *Why Wilson Matters: The Origins of American Liberal Internationalism and Its Crisis Today* (Princeton, NJ: Princeton University Press, 2017). Michael Mandelbaum, *The Ideas that Conquered the World: Peace, Democracy, and Free Markets in the Twenty-First Century* (New York: PublicAffairs, 2004). Timothy Garton Ash, *Free World: America, Europe, and the Surprising Future of the West* (New York: Random House, 2004). Elizabeth Borgwardt, *A New Deal for the World: America's Vision for Human Rights* (Cambridge, MA: Harvard University Press, 2005). Stewart Patrick, *The Best Laid Plans: The Origins of American Multilateralism and the Dawn of the Cold War* (New York: Rowman and Littlefield, 2008). Frank Ninkovich, *Modernity and Power: A History of the Domino in the Twentieth Century* (Chicago: University of Chicago Press, 1994). Tim Dunne and Trine Flockhart, eds., *Liberal World Orders* (Oxford: Oxford University Press, 2013). Ikenberry, *Liberal Leviathan*. 국제관계에 대한 방대한 고전 이론 가운데 자유주의의 영향력이 미친 설명을 확인하려면, 다음을 참조하라. Michael Doyle, *Ways of War and Peace: Realism, Liberalism, and Socialism* (New York: Norton, 1997).

23 이 점을 명확히 하는 데 도움을 준 에드워드 킨에게 감사한다.

24 무질서 상태의 문제라는 측면에서 규정된 현실주의의 전형적인 주장은 다음 자료를 참조하라. Kenneth Waltz, *Theory of International Politics* (New York: Random House, 1979).

25 두 종류의 현실주의가 제시하는 주요 발언들은 각각 다음 자료를 참조하라. Waltz, *Theory of International Politics. Robert Gilpin, War and Change in World Politics* (New York: Cambridge University Press, 1981). 현실주의 이론의 양대 지류와 1980년대 이후 학술적으로 서로 다른 길을 택하게 된 과정은 다음 자료를 참조하라. William Wohlforth, "Gilpinian Realism and International Relations," *International Relations*, Vol. 25, No. 4 (2011), pp. 499-511.

26 국제관계이론에서 주기적이고 발전적인 논리들에 관한 논의는 다음 자료를 참조하라. Robert Jervis, "The Future of World Politics: Will It Resemble the Past?," *International Security*, Vol. 16, No. 3 (Winter 1991/92), pp. 39-73.

27 Ernest Gellner, *Nations and Nationalism* (Ithaca, NY: Cornell University Press, 1983), p. 112.

28 근대사회의 부상과 국제관계에 대한 중요한 역사적 해석은 다음 자료를 참조하라. Barry Buzan and George Lawson, *The Global Transformation: History, Modernity and the Making of International Relations* (Cambridge: Cambridge University Press, 2015). C. A. Bayly, *The Birth of the Modern World, 1780-1914* (Oxford: Blackwell, 2004). Jürgen Osterhammel, *The Transformation of the World: A Global History of the Nineteenth Century*, trans. Patrick Camiller (Princeton, NJ: Princeton University Press, 2014).

29 근대산업사회의 논리와 역동성, 국제관계에 대해 지니는 의의는 다음 자료를 참조하라. Daniel Deudney, "Liberal Historical Materialism," in Deudney, *Bounding Power*, chap. 7.

30 Hans Morgenthau, *Politics among Nations: The Struggle for Power and Peace*, 5th ed. (New York: Alfred A. Knopf, 1973). E. H. Carr, *The Conditions of Peace* (London: Macmillan, 1942). Carr,

Nationalism and After (London: Macmillan, 1945).

31 G. Lowes Dickinson, *The International Anarchy*, 1904-1914 (New York: The Century Co., 1926), p. 47. 이 참고문헌을 소개해준 믹 콕스에게 감사한다.

32 스탠리 호프먼은 다음과 같이 말한다. "최소한의 질서를 보장하는 힘이 있다. 이러한 힘은 공통의 사회성(로크의 주장)이나 상호이익(흄의 주장)에서 비롯된다. 그리고 이러한 힘은 공동의 규범을 낳는다." Stanley Hoffmann, *Primacy or World Order: American Foreign Policy since the Cold War* (New York: McGraw-Hill, 1978), p. 108.

33 무질서와 국가 사이의 협력을 증진시키는 데 있어서 제도가 하는 역할을 두고 현실주의자와 자유주의적 국제주의자 사이에 최근에 벌어진 논쟁의 핵심은 국제질서가 창발적인지 계약의 성격을 띠는지 여부였다. 다음 자료를 참조하라. Waltz, *Theory of International Politics*. Robert O. Keohane, *After Hegemony: Cooperation and Discord in the World Political Economy* (Princeton, NJ: Princeton University Press, 1984). David Baldwin, ed., *Neorealism and Neoliberalism: The Contemporary Debate* (New York: Columbia University Press, 1993).

34 Ikenberry, *Liberal Leviathan*, chap. 2.

35 국제질서에서 서로 다른 유형의 "제도적 형태"에 대해 존 러기의 자료를 참조하라. John Ruggie, *Multilateralism Matters: The Theory and Praxis of an Institutional Form* (New York: Columbia University Press, 1993). 국제질서의 유형은 다음을 참조하라. Stephen A. Kocs, *International Order: A Political History* (Boulder, CO: Lynne Rienner, 2019). Matthew D. Stephen and Michael Zurn, eds., *Contested World Orders: Rising Powers, Non-Governmental Organizations, and the Politics of Authority beyond the Nation-State* (Oxford: Oxford University Press, 2019), chap. 1. Ikenberry, *Liberal Leviathan*, chap. 2.

36 이사야 벌린이 자유의 수동적 개념과 능동적 개념을 구분하면서 이 점을 잘 포착했다. 수동적 자유는 생명과 재산을 타인의 침해로부터 보호한다. 이를 실현하려면 타인이 자신의 자유를 침해하거나 강제하는 데 저항해야 한다. 능동적 자유는 아직 누리지 못하는 삶의 질을 실현함으로써 얻어진다. 그러려면 타인과의 적극적인 협력이 필요하다. 다음 자료를 참조하라. Isaiah Berlin, "Two Concepts of Liberty," in Berlin, *Four Essays on Liberty* (Oxford: Oxford University Press, 1969), pp. 118-72.

37 Helena Rosenblatt, *The Lost History of Liberalism: From Ancient Rome to the Twenty-First Century* (Princeton, NJ: Princeton University Press, 2018). 근대자유주의의 지적인 기원과 토대에 대한 통렬한 설명으로서 사회적 도덕적 제1원칙을 강조한 다음 글을 참조하라. Adam Gopnik, "The Rhinoceros Manifesto: What Is Liberalism?," in Gopnik, *A Thousand Small Sanities: The Moral Adventure of Liberalism* (New York: Basic Books, 2019), pp. 23-82. 자유주의 전통에 대한 최근의 역사에 대해서는 다음 자료를 참조하라. Edward Fawcett, *Liberalism: The Life of an Idea* (Princeton, NJ: Princeton University Press, 2014). James Traub, *What Was Liberalism? The Past, Present, and Promise of a Noble Idea* (New York: Basic Books, 2019).

38 Rosenblatt, *The Lost History of Liberalism*, p. 40.

39 Sylvest, *British Liberal Internationalism*, 1880-1930.

40 E. H. Carr, *The Twenty-Years Crisis, 1919-1939: An Introduction to the Study of International Relations* (London: Macmillan, 1951), p. 103. 카에 대한 진보적인 비평은 다음을 참조하라. Robert O. Keohane, "Twenty Years of *Institutional Liberalism*," International Relations, Vol. 26, No. 2 (June 2012), pp. 125-38.

41 Graham Allison, "The Myth of the Liberal Order: From Historical Accident to Conventional Wisdom," *Foreign Affairs*, Vol. 97, No. 4 (July/August 2018), pp. 124-33. Patrick Porter, "A World Imagined: Nostalgia and Liberal Order," *Policy Analysis*, no. 843 (Washington, DC: CATO Institute, 2018). 이에 대한 비판은 다음을 참조하라. Rebecca Friedman Lissner and

Mira Rapp-Hooper, "The Liberal Order Is More than a Myth: But It Must Adapt to the New Balance of Power," *Foreign Affairs*, 31 July 2018. https://www.foreignaffairs.com/articles/world/2018-07-31/liberal-order-more-myth.

42 John Mearsheimer, *The Great Delusion: Liberal Dreams and International Realities* (New Haven, CT: Yale University Press, 2018), p. 219.

43 이러한 관점에서 본 자유주의와 자유주의적 패권에 대한 그 밖의 비판들은 다음 자료를 참조하라. Stephen M. Walt, *The Hell of Good Intentions: America's Foreign Policy Elite and the Decline of U.S. Primacy* (New York: Farrar, Straus and Giroux, 2018). Barry Posen, *Restraint: A New Foundation for U.S. Grand Strategy* (Ithaca, NY: Cornell University Press, 2015). Patrick Porter, *The False Promise of Liberal Order: Nostalgia, Delusion, and the Rise of Trump* (Cambridge: Polity Press, 2020). Michael Desch, "America's Liberal Illiberalism: The Ideological Origins of Overreaction in U.S. Foreign Policy," *International Security*, Vol. 32, No. 3 (Winter 2007/8), pp. 7-43.

44 이러한 논조의 자유주의적 국제주의에 대한 비판은 다음 자료를 참조하라. Samuel Moyn, "Beyond Liberal Internationalism," *Dissent*, Winter 2017, pp. 108-14. Perry Anderson, *The H-Word: The Peripeteia of Hegemony* (London: Verso, 2017).

45 Samuel Moyn, "Soft Sells: On Liberal Internationalism," *The Nation*, 3 October 2011, p. 43.

46 Mark Mazower, *No Enchanted Palace: The End of Empire and the Ideological Origins of the United Nations* (Princeton, NJ: Princeton University Press, 2009), p. 17. Jeanne Morefield, *Covenants without Swords: Idealist Liberalism and the Spirit of Empire* (Princeton, NJ: Princeton University Press, 2005).

47 Samuel Moyn, *Not Enough: Human Rights in an Unequal World* (Cambridge, MA: Harvard University Press, 2018). Richard A. Falk, *Achieving Human Rights* (New York: Routledge, 2009). Falk, *Human Rights Horizons* (New York: Routledge, 2000). 수십 년 동안, 포크는 세계질서와 사회정의, 지속 가능한 개발, 핵 군축 투쟁 등의 토론 과정에서 주도적으로 발언했다. 관련해서는 다음을 참조하라. Falk, *A Study of Future Worlds* (New York: Free Press, 1975).

48 자유주의적 국제주의의 경제적 정치적 패착에 대한 사려 깊은 반성에 대해서는 다음 자료를 참조하라. Jeff Colgen and Robert Keohane, "The Liberal Order Is Rigged: Fix It Now or Watch It Wither," *Foreign Affairs*, Vol. 96, No. 3 (May/ June 2017), pp. 36-44. Eric Posner, "Liberal Internationalism and the Populist Backlash," University of Chicago working paper no. 606 (11 January 2017). Stephan Haggard, "Liberal Pessimism: International Relations Theory and the Emerging Powers," *Asia & Pacific Policy Studies*, Vol. 1, No. 1 (January 2014), pp. 1-17.

49 예컨대, 다음 두 자료를 비교해보라. Andrew J. Bacevich, *American Empire: The Realities and Consequences* (Cambridge, MA: Harvard University Press, 2002). Perry Anderson, *American Foreign Policy and Its Thinkers* (London: Verso, 2015).

50 Mark Mazower, *Governing the World: The History of an Idea* (London: Penguin, 2012), p. xv.

2. 자유민주주의와 국제관계

1 Arthur Schlesinger Jr., "Has Democracy a Future?," *Foreign Affairs*, September/ October 1997, p. 11.

2 Montesquieu, *Considerations on the Causes of the Grandeur and Decadence of the Romans*, trans. Jehu Baker (New York: D. Appleton and Co., 1882), p. 378.

3 Björn Wittrock, "Modernity: One, None, or Many? European Origins and Modernity as a Global Condition," *Dadealus*, Winter 2000, pp. 55-56.

4 Anthony Giddens, *The Consequences of Modernity* (Stanford, CA: Stanford University Press, 1990), p. 2.

5 Immanuel Kant, "The Idea of a Universal History with a Cosmopolitan Intent" [1784], in Kant, *Perpetual Peace and Other Essays*, trans. Ted Humphrey (Cambridge, MA: Hackett, 1983). 이 부분에 대한 논의는 다음을 참조하라. Andrew Hurrell, "Kant and the Kantian Paradigm in International Relations," *Review of Interna-tional Studies*, Vol. 16, No. 3 (July 1990), pp. 183-205.

6 Adam Smith, *An Inquiry into the Nature and Causes of the Wealth of Nations* [1776] (Oxford: Clarendon Press, 1976).

7 스미스는 상대적으로 덜 알려진 초기 저서《도덕감정론(The Theory of Moral Sentiments)》에서 이러한 개념들을 발전시켰다. 스미스의 철학적 견해들은 데이비드 흄의 영향을 크게 받았다. Dennis C. Rasmussen, *The Infidel and the Professor: David Hume, Adam Smith, and the Friendship That Shaped Modern Thought* (Princeton, NJ: Princeton University Press, 2017). 국제관계와 관련해서 스미스의 도덕이론을 살펴보고 싶다면 다음 자료를 참조하라. Andrew Wyatt-Walter, "Adam Smith and the Liberal Tradition in International Relations," *Review of International Studies*, Vol. 22, No. 1 (January 1996), pp. 5-28.

8 Jeremy Bentham, *A Fragment on Government and An Introduction to the Principles of Morals and Legislation* [1776], ed. with an introduction by Wilfrid Harrison (Oxford: Basil Blackwell, 1948), p. 3. David Armitage, "Globalizing Jeremy Bentham," *History of Political Thought*, Vol. 32, No. 1 (2011), pp. 63-82.

9 이러한 국제주의 사상가들은 국가들이 국제법에 직면했을 때 자국의 행동을 자제할지 우려했다. 그러나 F. H. 힌슬리가 주장하듯이, 그들이 지닌 낙관론의 토대는 국가들이 국제법을 준수하는 까닭이 그들의 이익에 대한 계몽된 이해와 여론의 압박 때문이라는 믿음이었고, 이는 "문명화된 국가의 내부에서와 마찬가지로 국제사회에서도 국가들이 적절히 자제하도록 하는 역할을 한다." F. H. Hinsley, *Power and the Pursuit of Peace* (Cambridge: Cambridge University Press, 1963), p. 87.

10 이러한 시각의 계보들은 훨씬 이전의 세기로 거슬러 올라간다. 특히 영향을 미친 발언은 1705년에 출간된 버나드 드 맨더빌의《꿀벌의 우화(The Fable of the Bees)》로서, 이는 평론과 시로 구성되어 있고 다음과 같은 유명한 구절이 수록되어 있다. "개체는 하나같이 악이 충만하나/ 한 덩어리로는 낙원이다./ 평화에 기뻐하고 전쟁을 두려워한다./ 그들은 이방인들의 부러움을 샀고,/ 부와 활력이 충만해/ 다른 모든 벌집들과 비교되었다." Bernard de Mandeville, *The Fable of the Bees: Or Private Vices, Publick Benefits*, with an introduction by Phillip Harth (London: Penguin, 1989). 데이비드 흄도 〈의회의 독립에 관하여〉에서 비슷한 결론에 도달한다. "정치 저술가들은 다음과 같은 사항을 금과옥조로 삼았다. 어떤 정부체제를 구상하든 그리고 헌정체제의 여러 가지 견제와 균형 장치를 마련하는 데 있어서 인간은 하나같이 어떤 행동을 하든 다른 목적은 없고 오로지 사사로운 이익을 추구하는 악당임을 전제해야 한다. 이러한 사사로운 이익을 바탕으로 인간을 통치해야 하고 사사로운 이익을 수단으로 삼아 인간의 충족될 수 없는 탐욕과 야심에도 불구하고 그를 공공선을 위해 협력하게 만들어야 한다." David Hume, *Essays: Moral, Political and Literary* [1777] (Indianapolis: Liberty Fund, 1987). p. 42. 마찬가지로 루소도《사회계약설》의 서두에서 "인간을 있는 그대로 받아들이되 법은 인간의 가능성을 토대로 한다."라고 주장한다. 이러한 주장을 이론적으로 가장 탁월하게 전개한 발언은 다음 자료에 수록되어 있다. Albert Hirschman, *The Passions and the Interests: Political Arguments for Capitalism before Its Triumph*

(Princeton, NJ: Princeton University Press, 1977).

11 John Robertson, *The Case for the Enlightenment: Scotland and Naples*, 1680-1760 (Cambridge: Cambridge University Press, 2005), p. 28.

12 계몽주의 사상이 모두 자유주의적 방향을 추구하거나 미래에 대한 낙관적인 선언으로 이어지지는 않았다. 다음 자료를 참고하라. Isaiah Berlin, "The Bent Twig," in Berlin, *The Crooked Timber of Humanity: Chapters in the History of Ideas* (London: John Murray, 1990), and Berlin, "The Counter-Enlightenment," in Berlin, *Against the Current: Essays in the History of Ideas* (Harmondsworth, UK: Penguin, 1982), pp. 1-24.

13 Dennis C. Rasmussen, *The Pragmatic Enlightenment: Recovering the Liberalism of Hume, Smith, Montesquieu, and Voltaire* (Cambridge: Cambridge University Press, 2014).

14 Peter Gay, *The Enlightenment: An Interpretation* (New York: Alfred A. Knopf, 1966), p. 179. 마거릿 C. 제이콥은 유럽과 미국 식민주의자들이 18세기 후반부터 계몽주의 사상의 영향을 받고 "공화국이나 민주주의와 같은 순전히 인간이 만들어낸 창작물을 상상하게 된" 일상적인 방식을 일괄적으로 묘사하고 있다. Margaret C. Jacob, *The Secular Enlightenment* (Princeton, NJ: Princeton University Press, 2019), p. 3.

15 Nils Gilman, *Mandarins of the Future: Modernization Theory in Cold War America* (Baltimore: Johns Hopkins University Press, 2003). Clark Kerr, *The Future of Industrial Societies: Convergence or Continued Diversity?* (Cambridge, MA: Harvard University Press, 1983). Shmuel N. Eisenstadt, ed., *Multiple Modernities* (New Brunswick, NJ: Transaction Publishers, 2012).

16 자유주의적 국제질서는 이러한 다양한 다른 질서들과 공존 가능하고 공존해왔다. 서구 진영 혹은 자유민주 진영 내에서 조직화된 자유주의적 국제질서가 다른 지역에서의 제국주의와 제국으로 이어지고 제국주의와 제국에 의존하는지 여부에 대해 활발한 논쟁이 진행되고 있다. 이와 관련해 중요한 발언들은 다음 자료를 참조하라. Atul Kohli, *Imperialism and the Developing World: How Britain and the United States Shaped the Global Periphery* (Oxford: Oxford University Press, 2020).

17 스미스는 이 점이 자유무역과 상업사회의 가장 중요한 (그러나 "가장 간과되는") 효과라고 주장했고, 이를《국부론》제3부에 가장 중요한 논점으로 제시했다.

18 이 주장에는 많은 단서조항과 복잡한 설명이 따른다. 수입대체이론은 개발도상국들이 핵심적인 부문에서 국내산업을 육상하기 위해 보호주의를 선택적으로 사용하면 장기적으로 볼 때 나라를 더욱 부유하게 만들 수 있다고 주장한다. 19세기의 미국과 21세기의 중국이 그러한 사례다. 이러한 주장을 공식화한 이론이 스톨퍼-새뮤얼슨 정리(Stolper-Samuelson Theorum)와 보다 넓은 의미에서 헥셔-올린 무역이론이다. 이를 개관한 다음 자료를 참조하라. Robert Gilpin, *The Political Economy of International Relations* (Princeton, NJ: Princeton University Press, 1987), chap. 5.

19 Hirschman, *The Passions and the Interests*.

20 Jeremy Bentham, *An Introduction to the Principles of Morals and Legislation* [1780] (Oxford: Clarendon Press, 1907).

21 세계정부에 대한 구상이 아니라 협력을 촉진하는 규정과 제도에 대한 구상이다. 이는 몽테스키외가 한 다음과 같은 발언에서 잘 포착했다. 국제법은 "그 속성상 다음과 같은 원칙을 토대로 한다. 평화로운 시기에 국가들은 서로에게 최선을 행하고 전쟁의 시기에는 서로에게 가하는 해를 최소화해서 자국의 진정한 이익을 훼손하지 말아야 한다." Charles de Secondat, Baron de Montesquieu, *The Spirit of the Laws* [1748], trans. Anne M. Cohler, Basia C. Miller, and Harold S. Stone (Cambridge: Cambridge University Press, 1989), book 1, p. 3.

22 John Gerard Ruggie, "Multilateralism: The Anatomy of an Institution," in Ruggie, ed.,

Multilateralism Matters: The Theory and Praxis of an Institutional Form (New York: Columbia University Press, 1993), p. 11.

23 현실적으로 완전히 분리하기는 어렵지만 이러한 구분은 법치와 법을 이용해 군림하는 행위 간의 차이를 보여준다. 자유주의적 국제주의자들이 국제규정과 제도의 기능과 효율성을 설명하는 구체적인 이론들은 시대와 학파에 따라 다양하다.

24 Robert O. Keohane, *After Hegemony: Cooperation and Discord in the World Political Economy* (Princeton, NJ: Princeton University Press, 1984).

25 John Rawls, *The Law of Peoples* (Cambridge, MA: Harvard University Press, 1999), p. 35. 국내 법치와 국제법 체제 사이의 연관성에 대해서는 다음을 참조하라. Ian Hurd, *How to Do Things with International Law* (Princeton, NJ: Princeton University Press, 2017).

26 G. John Ikenberry, *After Victory: Institutions, Strategic Restraint, and the Rebuilding of Order after Major War* (Princeton, NJ: Princeton University Press, 2001).

27 *Foreign Relations of the United States: Lansing Papers*, Vol. 2 (Washington, DC: US Department of State, 1939-1940), p. 118. 이 참고문헌을 소개해준 톨리야 레브신에게 감사한다.

28 자유민주주의국가들은 그들 간에 평화를 유지하는 경향이 있다는 실증적인 현상을 처음으로 지적한 근대 저자는 1938년 클레런스 스트레이트인 듯하다. Clarence Streit, *Union Now: A Proposal for a Federal Union of the Leading Democracies* (New York: Harper, 1938), pp. 90-92. 이것은 마이클 도일이 기록했다. Michael W. Doyle, "The Voice of the People: Political Theorists on the International Implications of Democracy," *Liberal Peace: Selected Essays* (New York: Routledge, 2012), p. 123. 던컨 벨이 주장하듯이, 19세기에 이미 민주주의국가들이 평화를 유지하는 성향이 있다는 믿음이 존재했다. Duncan Bell, "Before the Democratic Peace: Racial Utopianism, Empire and the Abolition of War," *European Journal of International Relations*, Vol. 20, No. 3 (2014), pp. 647-70.

29 Charles Lipson, *Reliable Partners: How Democracies Have Made a Separate Peace* (Princeton, NJ: Princeton University Press, 2005).

30 독재국가의 정권은 정기적으로 선거를 통해 지도자가 교체되는 자유민주주의국가의 정권보다 훨씬 안정적이고 이러한 안정성은 국제합의를 확보하는 데 유용할 수 있다. 최근 학자들은 독재국가들이 협력하는 역량이 천차만별인 현상을 탐구하기 시작했는데 이를 통해 민주주의국가 간의 협력을 촉진하는 일부 제도적 특징들(지도자에게 훨씬 강한 책임소재가 있는 점, 정책적 유연성의 한계, 한층 높은 투명성)이 일부 독재국가에서도 발견된다는 사실을 파악했다. Michaela Mattes and Mariana Rodríguez, "Autocracies and International Cooperation," *International Studies Quarterly*, Vol. 58, No. 3 (September 2014), pp. 527-38. 최근에 나온 주장은 권위주의적 국가들이 국내에서 민족주의 시위에 취약한 점을 지도자들이 이용해 민주주의국가들을 비롯해 다른 나라들과의 국제 갈등에서 협상의 우위를 확보하는 데 사용할 수 있다는 사실에 초점을 맞춘다. Jessica L. Weeks, "Autocratic Audience Costs: Regime Type and Signaling Resolve," *International Organization*, Vol. 62, No. 1 (2008), pp. 35-64. Weeks, "Strongmen and Straw Men: Authoritarian Regimes and the Initiation of International Conflict," *American Political Science Review*, Vol. 106, No. 2 (2012), pp. 326-47. Jessica Chen Weiss, *Powerful Patriots: Nationalist Protest in China's Foreign Relations* (Oxford: Oxford University Press, 2014).

31 Lipson, *Reliable Partners*.

32 David Lake, "Power Pacifists: Democratic States and War," *American Political Science Review*, Vol. 46, No. 1 (March 1992), pp. 24-37.

33 다음 자료를 참조하라. Michael W. Doyle, "Liberalism and World Politics," *American Political Science Review*, Vol. 80, No. 4 (December 1986), pp. 1151-69. 민주주의국가들은 서로에 대

해서는 "우호적인 관계라는 가정"하에 행동하고 권위주의적인 국가들을 대할 때는 "적대적인 관계라는 가정"하에 행동한다.

34 19세기 서구 자유민주주의국가들의 "사교성"에 대해서는 다음 자료들을 참조하라. Frank Thistlethwaite, *America and the Atlantic Community: Anglo-American Aspects, 1790-1850* (New York: Harper Torchbooks, 1963). Robert Kelley, *The Transatlantic Persuasion: The Liberal-Democratic Mind in the Age of Gladstone* (New York: Knopf, 1969). John M. Owen, Liberal Peace, *Liberal War: American Politics and International Security* (Princeton, NJ: Princeton University Press, 1997).

35 Michael W. Doyle, "Kant, Liberal Legacies, and Foreign Affairs, Part I," in Doyle, *Liberal Peace*, pp. 20-21.

36 Daniel Deudney and G. John Ikenberry, "The Nature and Sources of Liberal International Order," *Review of International Studies*, Vol. 25 (1999), pp. 179-96. Deudney, "The Philadelphian System: Sovereignty, Arms Control, and Balance of Power in the American States-Union, 1787-1861," *International Organization*, Vol. 49, No. 2 (Spring 1995), pp. 191-228. Deudney, "Binding Sovereigns: Authority, Structure, and Geopolitics in Philadelphian Systems," in *State Sovereignty as Social Construct*, ed. Thomas Biersteiker and Cynthia Weber (New York: Cambridge University Press, 1996), pp. 190-239. Deudney, *Bounding Power: Republican Security Theory from the Polis to the Global Village* (Princeton, NJ: Princeton University Press, 2007). Ikenberry, After Victory, chap. 1.

37 Paul W. Schroeder, "Alliances: 1815-1945: Weapons of Power and Tools of Management," in Klaus Knorr, ed., *Historical Dimensions of National Security Problems* (Lawrence: University Press of Kansas, 1975), p. 230.

38 자유주의국가들이 가장 정교한 상호구속 안보제도를 선도적으로 발전시키고 구축해왔지만, 보다 일반적으로 지정학적 경쟁국가들끼리 추구하는 전략이기도 하다. 경계대상인 경쟁국가의 힘을 약화시키기 위해 "제도라는 그물에 묶어둔다는" 이러한 개념은 핼리팩스의 에드워드 우드 백작이 동료인 로버트 세실에게 보낸 편지에서 1927년 러시아와 영국의 관계를 언급하면서 제기했다. "가능하다면 내각이 소련과의 관계를 단절하게 내버려두지 말게. 전혀 도움이 되지 않는다네. 러시아라는 문제에는 러시아와 모든 관계를 갑자기 단절하는 나라들에게 분명히 드러나지 않는 뭔가가 있다는 불안한 느낌을 떨칠 수가 없다네. 올바른 국제관계 이론을 들먹이면서 러시아를 개과천선시킬 수는 없을지 모르지만 러시아를 변모시키는 과정은 훨씬 서서히 진행되어야 하고 오직 러시아 스스로 더 이상 다른 나라들에 폐를 끼치고 싶지 않다는 깨달음을 얻어야 가능하며, 이는 다시 오로지 무역과 그 밖의 여러 가지 방법을 통해서 러시아를 고립상태에서 빠져나오게 해야 가능하다네. 한 마리 말로부터 충분히 거리를 두고 서 있어도 그 말은 그대에게 효과적으로 발길질을 할 수 있지만, 그대가 열차 안에 수십 마리 말 사이에 서있으면 그 말들은 그대를 해치지 못한다네." Halifax to Cecil, 6 April 1927, Add MS 51084, Cecil of Chelwood Papers, British Library (emphasis added). 이 참고문헌을 소개해준 톨리야 레브신에게 감사한다.

39 Karl Deutsch et al., *Political Community and the North Atlantic Area: International Organization in the Light of Historical Experience* (Princeton, NJ: Princeton University Press, 1957). Emanuel Adler and Michael Barnett, Security Communities (Cambridge: Cambridge University Press, 1998).

40 Hedley Bull, *The Anarchical Society: A Study of Order in World Politics* (London: Macmillan, 1977), p. 4.

41 John Gerard Ruggie, "International Regimes, Transactions and Change: Embedded Liberalism in the Postwar Economic Order," *International Organization*, Vol. 36, No. 2 (1982), pp. 379-

415.

42 오늘날 중국이 바로 이러한 처지에 놓여있을지 모른다. 자유주의적 국제질서에 부분적으로 참여할 방법을 모색하지만, 그러한 질서가 자국 내에서 권위주의적 통치를 잠식하는 효과를 보일까봐 우려한다. 그리고 이를 경계하고 막을 방법을 모색한다. Thomas Christensen, *The China Challenge: Shaping the Choices of a Rising Power* (New York: Norton, 2015).

43 E. H. Carr, *The Twenty Years' Crisis, 1919-1930: An Introduction to the Study of International Relations* (London: Macmillan, 1951), pp. 22-23, 27.

44 자유주의적 국제주의에 대한 이러한 개혁주의 정서는 마틴 와이트의 "합리주의"에 대한 묘사에서 포착된다. 그는 합리주의를 현실주의와 혁명주의로부터 구분한다. Martin Wight, *International Theory: The Three Traditions* (Leicester: Leicester University Press, 1991).

45 G. John Ikenberry, "Liberal Internationalism 3.0: America and the Dilemmas of Liberal World Order," *Perspectives on Politics*, Vol. 7, No. 1 (March 2009), pp. 71-87.

46 주권의 여러 가지 차원에 관해서는 다음 자료를 참조하라. Stephen Krasner, *Sovereignty: Organized Hypocrisy* (Princeton, NJ: Princeton University Press, 1999).

47 David Lake, *Hierarchy in International Relations* (Ithaca, NY: Cornell University Press, 2009). Ian Clark, *The Hierarchy of States: Reform and Resistance in the International Order* (Cambridge: Cambridge University Press, 2009).

48 Josiah Ober, "The Original Meaning of 'Democracy,'" *Constellations*, Vol. 15, No. 1 (2008), pp. 3-9. 제도의 형태를 묘사하는 용어로서의 민주주의는 16세기와 17세기에 프랑스의 장 보뎅과 영국의 토머스 홉스 같은 사상가들의 저술에 등장하는데 이 두 인물은 모두 절대군주제를 옹호했다.

49 자유주의자(liberal)의 어원은 라틴어 리베르(liber)인데, 이는 노예와는 상반되는 자유로운 인간을 뜻한다.

50 공화정 정치이론의 전통은 고대 폴리비우스에서부터 르네상스시대의 마키아벨리와 18세기 중엽 몽테스키외를 거쳐 미국 건국의 아버지인 제퍼슨, 매디슨, 애덤스까지 그 명맥이 이어진다. 다음 자료를 참조하라. Montesquieu, *The Spirit of the Laws*. 근대에 이 사상을 선도한 이론가의 주장은 다음 자료를 참조하라. Philip Pettit, *On the People's Terms: A Republican Theory and Model of Democracy* (Cambridge: Cambridge University Press, 2012).

51 자유민주주의는 일종의 혼합된 개념인데, 이를 구성하는 두 부분인 자유주의와 민주주의가 반드시 병행되지는 않는다. 사실 이 두 개념은 종종 상충한다. 자유주의는 개인의 권리와 국가권력의 법적 제약의 원칙을 일컫는 반면, 민주주의는 평민 주권과 다수의 통치 원칙에 의거한다. 국가 지도자가 국민투표를 통해 공직을 확보하면 민주주의이지만, 법치와 정부의 권력에 대한 입헌적인 견제가 부재한 경우도 있다. 이를 "비자유적 민주주의(illiberal democracy)"라고 일컫는다. 그리고 오늘날 이러한 형태의 정권은 러시아, 이집트, 터키 같은 나라들에서 발견된다. 역으로 국가가 자유주의적 특성인 법치와 입헌주의를 지녔지만 후보자들이 선거를 통해 서로 경쟁하는 민주주의가 부재한 경우도 있다. 싱가포르가 바로 이러한 유형으로 기울어있다. 그러나 근대시대에 자유주의와 민주주의는 적어도 최근까지는 병행하는 경향을 보여 왔다. "공화정"이라는 명칭이 붙든 아니면 "자유민주주의"라는 명칭이 붙든 상관없이 이러한 정치체들은 대의민주주의와 개인의 권리를 보호하고 국가의 힘을 제한하는 제도들 간의 균형을 모색한다. 다음 자료들을 참조하라. Yascha Mounk, *The People vs. Democracy: Why Our Freedom is in Danger and How to Save It* (Cambridge, MA: Harvard University Press, 2018). Fareed Zakaria, *The Future of Freedom: Illiberal Democracy at Home and Abroad* (New York: Norton, 2007).

52 영국은 공식적인 권력분립도 독립적인 사법부도 없지만 의회 제도와 규범들을 통해 국가

권력을 분산시키고 제한한다. 영국 정치체제에서 권력의 분산과 제한의 논리와 의의를 언급한 내용은 몽테스키외의《법의 정신(The Spirit of the Laws)》제11편에 수록되어 있다.

53 마이클 도일이 지적하듯이, 자유민주주의에서 재산권은 "개인이 (예컨대 노동의 대가로) 확보하거나 사회적 합의나 사회적 효용성으로 정당화될 수 있다." 국가사회주의와 국가자본주의는 이러한 정의에서 벗어나 있다. Michael Doyle, *Ways of War and Peace: Realism, Liberalism, and Socialism* (New York: Norton, 1997), p. 207.

54 Alexis de Tocqueville, *Democracy in America*, 2 vols. (New York: Vintage Books, 1945).

55 Thomas Paine, *The Rights of Man, Common Sense, and Other Political Writings*, ed. Mark Philip (Oxford: Oxford University Press, 1995).

56 1776년 미국독립선언문과 1787년 미국 헌법은 민주주의라는 단어를 언급하지 않는다. 이 시대에 대의제라는 용어는 통상적으로 대표성 있는 정부라는 의미로 쓰인 반면, 민주주의는 국민의 직접 통치와 연관된 명칭으로 사용되었다. 1819년까지만 해도 제임스 밀은 〈정부에 관한 에세이(Essay on Government)〉에서 "대의제"를 "근대의 위대한 발견"이라고 묘사했다. 그 이후 곧 대의제라는 용어는 민주주의와 동의어가 되었다. 밀의 에세이는 다음 책으로 재출간되었다. James Mill, *Political Writings*, ed. Terence Ball (Cambridge: Cambridge University Press, 1992).

57 역사학자 허버트 피셔는 미국 혁명과 프랑스혁명에 뒤이은 다면적이고 지속적인 투쟁들을 다음과 같이 포착했다. "자유의 정신은 여러 가지 형태를 취했다. 미라보의 경우 입헌적인 형태를, 당통의 경우 혁명적인 형태를, 쉴러, 셸리, 라마르킨의 경우 낭만적인 형태를, 마치니의 경우 예언자적인 형태를, 콩도르세와 존 스튜어트 밀의 경우 지적인 형태를, 코브던과 카보의 경우 실용적인 형태를, 코크란과 가리발디의 경우 군사적이고 모험적인 형태를 취했다. 그러나 일단 투쟁이 발생하면 논쟁이 시작되었고 이는 여전히 미완성이다. 프랑스혁명과 나폴레옹 공포정치의 범죄에서 살아남은 투쟁은 19세기가 저물 무렵 러시아를 제외하고 유럽의 모든 주요 국가에서 의회 제도를 창설하는 데 성공했다." Herbert Fisher, *A History of Europe* (London: Edward Arnold, 1945), p. 791.

58 William McNeill, *A World History* (New York: Oxford University Press, 1967), p. 409.

59 David Armitage, *The Declaration of Independence: A Global History* (Cambridge, MA: Harvard University Press, 2008).

60 Christopher Hobson, *The Rise of Democracy: Revolution, War and Transformations in International Politics since 1776* (Edinburgh: University of Edinburgh Press, 2015). Francis Fukuyama, *Political Order and Political Decay: From the Industrial Revolution to the Globalization of Democracy* (New York: Farrar, Straus and Giroux, 2014), chaps. 27 and 28. 국제사회 내에서 주권국가의 정체성과 추구하는 목적이 보다 심층적으로 장기간에 걸쳐 어떻게 진화했는지를 살펴보려면 다음 자료를 참조하라. Christian Reus-Smit, *The Moral Purpose of the State: Culture, Social Identity, and Institutional Rationality in International Relations* (Ithaca, NY: Cornell University Press, 1999).

61 James T. Kloppenberg, *Toward Democracy: The Struggle for Self-Rule in European and American Thought* (New York: Oxford University Press, 2016), p. 753.

62 Margaret MacMillan, *The War That Ended Peace: The Road to 1914* (New York: Norton, 2013), p. 33.

63 James Mayall, "Democracy and International Society," *International Affairs*, Vol. 64, No. 1 (2000), p. 64.

64 이러한 민주, 공화, 입헌적 관념들은 이탈리아 르네상스시대를 비롯해 이전 시대로 거슬러 올라간다. 통치는 상속이나 신의 명령이 아니라 시민의 안녕과 도시 영광의 증진을 토대로 정당화된다는 정치체에 대한 개념들이 받아들여진 시대 말이다. J. G. A. Pocock,

The Machiavellian Moment: Florentine Political Thought and the Atlantic Republican Tradition (Princeton, NJ: Princeton University Press, 1975). Quentin Skinner, *Liberty before Liberalism* (Cambridge: Cambridge University Press, 1998).

65 Seva Gunitsky, "Democracy's Future: Riding the Hegemonic Wave," *Washington Quarterly*, Vol. 41, No. 2 (Summer 2018), pp. 115-35; Gunitsky, *Aftershocks: Great Powers and Domestic Reforms in the Twentieth Century* (Princeton, NJ: Princeton University Press, 2017). Samuel Huntington, *The Third Wave: Democratization in the Late 20th Century* (Norman: University of Oklahoma Press, 1993).

66 프리덤하우스의 *Freedom in the World 2000*(https://freedomhouse.org)을 참조하라. 자유국가들은 높은 수준의 정치적 경제적 자유를 누리고 시민의 자유를 존중하는 경향을 보인다. 프리덤하우스는 2020년 연례 조사에서 전 세계적으로 정치적 권리와 시민의 자유 평균 측정치는 2005년을 정점으로 해마다 감소되어왔다고 보고한다. 이 평균수치가 가장 큰 폭으로 하락한 시기는 민주주의를 채택하는 "제3차 물결"이 일었을 때였다. 세계 평균수치는 하락하고 있지만 세계 총국가수의 44퍼센트를 차지하는 86개국이 여전히 2019년에 "자유"국가라는 판정을 받는다.

67 Carles Boix, "Democracy, Development, and the International System," *American Political Science Review*, Vol. 105, No. 4 (November 2011), pp. 809-28. 강대국 관계의 위계질서, 전후 처리, 정권의 특성, 민주적인 평화의 관계를 분석한 내용은 다음 자료를 참조하라. Patrick J. McDonald, "Great Powers, Hierarchy, and Endogenous Regimes: Rethinking the Domestic Causes of Peace," *International Organization*, Vol. 69, No. 3 (2015), pp. 557-88.

68 다음을 참조하라. Boix, "Democracy, Development, and the International System." 세바 거니츠키도 민주화와 권위주의 물결을 패권적 힘의 재분배와 연관 짓는다. 그리고 세계적으로 수많은 국가에게 영향을 준 개혁을 폭발시킨 경제침체와 세계대전 격변의 역할을 강조한다. Seva Gunitsky, "Democracy's Future," p. 117.

69 일부 학자들은 국가들이 국제질서를 조직화해온 방식을 "달걀 담는 종이상자"에 비유해왔다. 영국의 전통 학파에 속하는 두 학자, 히데미 수가나미와 작고한 존 빈센트가 국제사회를 달걀 담는 종이상자에 비유한 주인공들이다. "국가들 또는 한 사회의 내부는 달걀이다. 안에는 영양소가 가득하고 세계체제(혹은 국제사회)의 1차적인 역할은 껍질(국경)이 부딪혀 한 달걀이 다른 달걀을 깨뜨리지 않게 달걀들 사이를 안전하게 떨어뜨려놓는 일이다." 히데미 수가나미와 주고받은 이메일. 다음 존 빈센트의 자료도 참조하라. John Vincent, *Human Rights and International Relations* (Cambridge: Cambridge University Press, 1987), p. 123. Robert Jackson, "Martin Wight, International Theory and the Good Life," *Millennium*, Vol. 19 (1990), p. 267. 니컬러스 휠러가 지적한 바와 같이, 국제관계를 "당구공"에 비유하면서 국가들을 당구대 위에서 서로 부딪히는 껍질이 딱딱한 당구공에 비유하는 경우와는 달리, 국제사회를 "달걀 담는 상자"로 보는 시각에 따르면 "주권국가들은 달걀이고 상자는 국제사회이며 상자가 추구하는 목적은 달걀들을 서로 떨어뜨려놓고 완충역할을 하는 것이지 행동하는 게 아니다." Nicholas Wheeler, "Guardian Angel or Global Gangster: A Review of the Ethical Claims of International Society," *Political Studies*, Vol. 44 (1996), p. 126. 대니얼 듀드니도 "달걀 담는 용기" 비유를 이용해 공화적 안보이론과 핵보유국들을 서로 떨어뜨리고 핵 역량을 보호하는 역할을 할 국제체제를 구축하는 숙제를 설명한다. Deudney, *Bounding Powers: Republican Security Theory from the Polis to the Global Village* (Princeton, NJ: Princeton University Press, 2007).

70 자유민주주의가 전쟁과 국제협력에 미친 영향을 다룬 방대한 자료들이 있다. 주요 문헌들은 다음 자료를 참조하라. Doyle, *Ways of War and Peace*. John M. Owen, *Liberal Peace, Liberal War: American Politics and International Security* (Ithaca, NY: Cornell

University Press, 1997). Dan Reiter, "Is Democracy a Cause of Peace?," *Politics* (Oxford: Oxford Research Encyclopedia, 2017). https://oxfordre.com/politics/view/10.1093/acrefore/9780190228637.001.0001/acrefore-9780190228637-e-287

71 Barry Buzan, "From International System to International Society: Structural Realism and Regime Theory Meet the English School," *International Organization*, Vol. 47, No. 3 (Summer 1993), p. 351.

72 에른스트 B. 하스는 이처럼 진화하는 정치과정을 "자유주의적 민족주의(liberal nationalism)"라고 부른다. Ernt B. Haas, *Nationalism, Liberalism, and Progress: The Rise and Decline of Nationalism* (Ithaca, NY: Cornell University Press, 1997).

73 제프리 M. 츠위어로스와 앤드루 월터는 민주주의의 부상과 은행금융 부문에서의 국제 갈등과 협력 간의 관계가 계속 변하고 있고 위험이 도사리고 있음을 극명하게 보여준다. 19세기 이후로 발생한 은행위기를 살펴본 두 사람은 민주주의에 "부의 효과"가 있다는 사실을 발견했다. 민주주의국가에서 장기간에 걸쳐 늘어나는 경제적 자산을 보유한 중산층이 부상하면서 정부가 이 부를 보호하는 책임을 맡으리라는 "큰 기대감"이 조성되었고, 이에 따라 금융위기가 발생하면 정부는 비싼 값을 치르고 금융부문을 안정시키고 구제하려는 노력을 점점 확대했다. 그 결과 민주적인 정치적 압박이 불안정을 야기하면서 국제협력을 한층 어렵게 만드는 동시에 더 절실하게 만들었다. Jeffrey M. Chwieroth and Andrew Walter, *The Wealth Effect: How the Great Expectations of the Middle Class Have Changed the Politics of Banking Crises* (Cambridge: Cambridge University Press, 2019).

74 아미티지는 다음과 같이 지적한다. "적어도 19세기까지만 해도 그리고 수십 년 후에도 많은 지역에서, 세계 인구의 대부분은 제국이라 불리는, 영토 팽창적이고, 내부적으로 다양하고, 위계질서를 토대로 조직화된 정치공동체 내에서 살았다." 그러나 20세기 말 무렵, "인류가 동등하게 중요성을 띠는 수많은 국가들로 나누어져 더 이상 자칭 제국이 존재하지 않는다는 게 현재 정치 세계가 지닌 놀라운 특징이다." David Armitage, *Foundations of Modern International Thought* (Cambridge: Cambridge University Press, 2013), p. 191. Hendrik Spruyt, *The Sovereign State and Its Competitors* (Princeton, NJ: Princeton University Press, 1994).

75 Jennifer Welch, "Empire and Fragmentation," in Tim Dunne and Christian Reus-Smit, eds., *The Globalization of International Society* (Oxford: Oxford University Press, 2017), pp. 145-65. Daniel Gorman, *The Emergence of International Society in the 1920s* (Cambridge: Cambridge University Press, 2012).

76 Cemil Aydin, "Regions and Empires in the Political History of the Long Nineteenth Century," in Sebastian Conrad and Jurgen Osterhammel, eds., *An Emerging Modern World, 1750-1870* (Cambridge, MA: Harvard University Press, 2018), p. 85.

77 제국이 "세계화"를 구축한 방식에 대한 주장은 다음 자료를 참조하라. Tony Ballantyne and Antoinette Burton, *Empires and the Reach of the Global*, 1870-1945 (Cambridge, MA: Harvard University Press, 2012).

78 Jane Burbank and Frederick Cooper, *Empires in World History: Power and the Politics of Difference* (Princeton, NJ: Princeton University Press, 2010), pp. 3-4.

79 이러한 역사적 패턴은 다음 자료에 설명되어 있다. Daniel Deudney and G. John Ikenberry, "America's Impact: The End of Empire and the Globalization of the Westphalian System" (unpublished paper, 2016).

80 John A. Hall, *Powers and Liberties: The Causes and Consequences of the Rise of the West* (Berkeley: University of California Press, 1986). Walter Scheidel, *Escape from Rome: The Failure of Empire and the Road to Prosperity* (Princeton, NJ: Princeton University Press, 2019).

81 베스트팔렌 국가체제에 대한 설명은 다음 자료를 참조하라. F. H. Hinsley, *Power and the Pursuit of Peace* (Cambridge: Cambridge University Press, 1963). Hedley Bull, *The Anarchical Society: A Study of Order in World Politics* (London: Macmillian, 1977).

82 정착민 식민주의에 관해서는 다음 자료를 참조하라. Duncan Bell, *Reordering the World: Essays on Liberalism and Empire* (Princeton, NJ: Princeton University Press, 2016).

83 유럽에서 국민국가의 부상과 유럽제국의 세계적 부상은 깊이 연관되어 있다. 나폴레옹 전쟁이 끝난 후의 기간 동안 유럽 국가들은 점점 국민국가가 되었고 국민들은 제국을 적극적으로 지지했다. 제밀 아이딘에 따르면, "제국이 팽창하던 이 시기 동안 유럽에는 정치적으로 활동적인 대중들이 등장했고 그들은 다양한 방식으로 정치에 참여하는 과정에서 제국을 부분적으로는 민족주의와 애국심이라는 명목하에 자기 나라로 받아들였다." 유럽제국의 대도시 중심지에서 민족주의, 기독교, 인종차별주의는 유권자들의 호응을 얻었고 제국을 추구하려는 충동을 조성했다. Cemil Aydin, "Regions and Empires in the Political History of the Long Nineteenth Century," in Conrad and Osterhammel, *An Emerging Modern World, 1750-1870*, p. 112.

84 Edward Keene, *Beyond the Anarchical Society: Grotius, Colonialism and Order in World Politics* (Cambridge: Cambridge University Press, 2002), p. 6.

85 Andreas Wimmer and Yuval Feinstein, "The Rise of the Nation-State across the World, 1816 to 2001," *American Sociological Review*, Vol 75, No. 5 (2010), pp. 764-90.

86 이 주제는 다음 자료에서 다루고 있다. Neta Crawford, *Argument and Change in World Politics: Ethics, Decolonization, and Humanitarian Intervention* (Cambridge: Cambridge University Press, 2002). 20세기 탈식민지 투쟁에서 주권에 관한 베스트팔렌 규범들이 한 역할에 대해서는 다음 자료를 참조하라. Jan C. Jansen and Jürgen Osterhammel, *Decolonization: A Short History* (Princeton, NJ: Princeton University Press, 2019).

87 이 주제는 7장에서 다루겠다.

88 서구의 안보 상호의존성의 심화에 대해서는 다음 자료를 참조하라. Michael Howard, *War in European History* (Oxford: Oxford University Press, 2009). 안보 상호의존성과 경제 상호의존성 간의 상호작용에 대해서는 다음 자료를 참조하라. Frederick Hinsley, "The Rise and Fall of the Modern International System," *Review of International Studies*, Vol. 8, No. 1 (1982), pp. 1-8.

89 최근 산업혁명에 대한 평가는 영국의 활황보다 수 세기 앞서 유라시아 전역의 농업문명지역들이 시장, 기술, 생산활동에 있어서 혁명적인 변화를 겪은 방식을 강조하고 있다. 베일리는 이러한 세계적인 변화를 "근면 혁명"이라 부른다. C. A. Bayly, *The Birth of the Modern World, 1780-1914* (Oxford: Blackwell, 2004), chap. 2.

90 Peter Mathias, *The First Industrial Nation: An Economic History of Britain, 1700-1914* (London: Methuen, 1969). Eric J. Hobsbawm, *Industry and Empire* (London: Penguin 1990). Michael W. Flinn, *Origins of the Industrial Revolution* (London: Longman, 1966).

91 Barry Buzan and George Lawson, *The Global Transformation: History, Modernity and the Making of International Relations* (Cambridge: Cambridge University Press, 2015), p. 33.

92 산업혁명의 세계적 차원에 관해서는 다음 자료를 참조하라. Bayly, *The Birth of the Modern World, 1780-1914*, chap. 5.

93 Ian Morris, *Why the West Rules—For Now: The Patterns of History and What They Reveal about the Future* (New York: Farrar, Straus and Giroux, 2010), p. 503.

94 영국은 1881년 산업생산에 고용된 노동력이 전체 노동력 가운데 44퍼센트에 달했다. 미국 26퍼센트, 독일 36퍼센트와 비교해 훨씬 높았다.

95 Bayly, *The Birth of the Modern World, 1780-1914*, p. 238.

96 Jeffry Frieden, *Global Capitalism: Its Fall and Rise in the Twentieth Century* (New York: Norton, 2006), p. 395.

97 Steve Biddle, *Military Power: Explaining Victory and Defeat in Modern Battle* (Princeton, NJ: Princeton University Press, 2006).

98 Trevor N. Dupuy, *The Evolution of Weapons and Warfare* (Indianapolis: Bobbs-Merrill, 1981). Archer Jones, *The Art of War in the Western World* (Champaign-Urbana: University of Illinois Press, 2000).

99 Robert Keohane and Joseph Nye, *Power and Interdependence: World Politics in Transition* (Boston: Little, Brown, 1977). Barry Buzan and Richard Little, *International Systems in World History* (Oxford: Oxford University Press, 2000). Barry Buzan, Charles Jones, and Richard Little, *The Logic of Anarchy: Neorealism to Structural Realism* (New York: Columbia University Press, 1993). John Gerard Ruggie, "Continuity and Transformation in the World Polity: Toward a Neorealist Synthesis," *World Politics*, Vol. 35, No. 2 (1983), pp. 261-85.

100 Buzan and Lawson, *The Global Transformation*, p. 69.

101 초기의 주요 기능주의 학술자료는 다음을 참조하라. Leonard Woolf, *International Government* (New York: Brentano's, 1916). David Mitrany, *A Working Peace System: An Argument for the Functional Development of International Organization* (London: Royal Institute of International Affairs, 1943).

102 시간의 표준화는 분명히 근대 세계의 부상을 알리는 가장 중요한 지표로 손꼽힌다. 바네사 오글이 주장하듯이, "험난하고 기나긴 과정을 거쳐 지역시간이 폐지되고 시간대와 한 나라 전체에 적용되는 평균시간이 채택되었다. 그레고리력이 서구 진영 바깥 지역으로 확산되었다. 시간은 결국 자연과 농업 주기들과 분리되었고 보다 추상적인 특질을 띠게 되면서 자연의 주기에 접목되었다. 시간은 점점 직업과 연관된 개념들과 연계되었다. 작업시간, 여가시간, 오락시간, 유용한 지식을 습득할 시간 등처럼 말이다." Vanessa Ogle, *The Global Transformation of Time, 1870-1950* (Cambridge, MA: Harvard University Press, 2015), pp. 1-2.

103 존 다윈이 지적하듯이, "오랜 세월 서로 다른 문화와 대륙들이 유지해온 평형상태가 씻겨 내려갔고," 유럽 국가들은 "처음으로 유라시아 대륙의 나머지 지역을 굽어보는 위치를 확보했고 거대한 아시아 제국들의 심장부로 힘을 투사할 수단을 확보했다." John Darwin, *After Tamerlane: The Rise and Fall of Global Empires, 1400-2000* (New York: Bloomsbury, 2008), p. 160. Kenneth Pomeranz, *The Great Divergence: China, Europe, and the Making of the Modern World Economy* (Princeton, NJ: Princeton University Press, 2000).

104 David Cannadine, *Victorious Century: The United Kingdom, 1800-1906* (New York: Viking, 2017), p. 45.

105 John R. Ferris, "'The Greatest Power on Earth': Great Britain in the 1920s," *International History Review*, Vol. 13, No. 4 (November 1991), pp. 726-50.

106 새로운 역사적 해석은 다음 자료를 참조하라. A. G. Hopkins, *American Empire: A Global History* (Princeton, NJ: Princeton University Press, 2018).

107 Paul Kennedy, *The Rise and Fall of the Great Powers: Economic Change and Military Conflict from 1500 to 2000* (New York: Random House, 1987), p. 243.

108 영국의 패권과 미국의 패권의 계보와 유사점을 분석한 다음 자료들을 참조하라. Joseph Nye, *Bound to Lead: The Changing Nature of American Power* (New York: Basic Books, 1990). Patrick Karl O'Brien and Armand Cleese, eds., *Two Hegemonies: Britain 1846-1914 and the United States 1941-2001* (Aldershot: Ashgate, 2002). Julian Go, *Patterns of Empire: The British and American Empires, 1688 to the Present* (New York: Cambridge University Press, 2011).

Kori Schake, *Safe Passage: The Transition from British to American Hegemony* (Cambridge, MA: Harvard University Press, 2017).

109 이러한 전후 질서 구축의 패턴과 논리는 다음 자료에서 다루고 있다. G. John Ikenberry, *After Victory: Institutions, Strategic Restraint, and the Rebuilding of Order after Major War* (Princeton, NJ: Princeton University Press, 2001).

110 Carr, *The Twenty Years' Crisis, 1919-1930.* Robert Gilpin, *War and Change in World Politics* (Cambridge: Cambridge University Press, 1981). William Wohlforth, "The Stability of a Unipolar World," *International Security*, Vol. 24, No. 1 (1999), pp. 5-41. Stephen D. Brooks and Wohlforth, The World Out of Balance: International Relations and the Challenge of American Primacy (Princeton, NJ: Princeton University Press, 2008).

111 이러한 논쟁을 개관한 내용은 다음 자료를 참조하라. Charles S. Maier, *Among Empires: American Ascendancy and Its Predecessors* (Cambridge, MA: Harvard University Press, 2006).

112 존 갤러거와 로널드 로빈슨의 기념비적인 연구인 다음 자료를 참조하라. John Gallagher and Ronald Robinson, "The Imperialism of Free Trade," *Economic History Review*, Vol. 6, No. 1 (1953), pp. 1-15. Gallagher's Ford Lectures, *The Decline, Revival, and Fall of the British Empire* (Cambridge: Cambridge University Press, 1982). Ronald Hyam, "The Primacy of Geopolitics: The Dynamics of British Imperial Policy, 1763-1963," *Journal of Imperial and Commonwealth Studies*, Vol. 27, No. 2 (1999), pp. 27-52.

113 John Lewis Gaddis, *Strategies of Containment: A Critical Appraisal of Postwar American National Security Policy* (Oxford: Oxford University Press, 1982).

114 이 점에 대해 존 러기가 다음과 같이 독창적인 해석을 제시했다. "제2차세계대전 후 미국 패권이 결정적인 역할을 했다. 패권이 아니라 미국에 방점이 있다." John Ruggie, "Multilateralism at Century's End," in *Constructing the World Polity: Essays on International Institutionalisation* (New York: Routledge, 1998), p. 127.

3. 국제주의의 19세기 기원

1 Perry Anderson, "Internationalism: A Breviary," *New Left Review*, Vol. 14 (March/ April 2002), pp. 5-25.

2 Mark Mazower, *Governing the World: The History of an Idea* (London: Allen Lane, 2012), pp. 21-22. Martin H. Geyer and Johannes Paulmann, eds., *The Mechanics of Internationalism: Culture, Society, and Politics from the 1840s to the First World War* (Oxford: Oxford University Press, 2001). Akira Iriye, *Global Community: The Role of International Organizations in the Making of the Contemporary World* (Berkeley: University of California Press, 2004). Davide Rodogno, Bernhard Struck, and Jakob Vogel, eds., *Shaping the Transnational Sphere: Experts, Networks, and Issues from the 1840s to the 1930s* (New York: Berghahn Books, 2015). F. S. L. Lyons, *Internationalism in Europe, 1815-1914* (Leyden: A. W. Sythoff, 1963).

3 프랑스 지식인, 정책 결정자, 정치가가 국제주의 과제에 기여한 바에 관해서는 다음 자료를 참조하라. Sudhir Hazareesingh, *Intellectual Founders of the Republic: Five Studies in Nineteenth-Century French Republican Political Thought* (Oxford: Oxford University Press, 2001). Peter Jackson, *Beyond the Balance of Power: France and the Politics of National Security in the Era of the First World War* (Cambridge: Cambridge University Press, 2013).

4 국제주의의 "규제주의적" 모델과 "수정주의적" 모델의 구분, 특히 19세기 국제법과 중

재운동과 관련해 이러한 구분은 다음 자료에 제시되어 있다. Duncan Bell, *Dreamworlds of Race: Utopia, Empire, and the Destiny of Anglo-America* (Princeton, NJ: Princeton University Press, 2020), chap. 2.

5 Inis L. Claude Jr., *Swords into Plowshares: The Problems and Progress of International Organization*, 4th ed. (New York: Random House, 1971), p. 22.

6 Edward Keene, *Beyond the Anarchical Society: Grotius, Colonialism and Order in World Politics* (Cambridge: Cambridge University Press, 2002), p. 98.

7 Charles Maier, *Once within Borders: Territories of Power, Wealth, and Belonging since 1500* (Cambridge, MA: Harvard University Press, 2016).

8 제국에 대한 이러한 정의는 대양을 사이에 두고 식민제국을 구축한 유럽 해양 세력들의 모델로부터 비롯되었다. 도미닉 리벤이 지적하듯이, 이러한 제국들은 "내지의 번영과 힘을 추구한다는 명분하에 식민지 경제에 대한 무자비하고 지속적인 착취, 경제적 자급자족과 보호주의 같은 원칙들을 구현했다." Dominic Lieven, *Empire: The Russian Empire and Its Rivals* (New Haven, CT: Yale University Press, 2000), p. 17. 리벤은 이 점에 대한 논의를 다음 저술에서 확장한다. Lieven, *The End of Tsarist Russia: The March to World War I and Revolution* (New York: Viking, 2015). 제국의 핵심부와 식민지 주변부 간의 관계로서, 경제적 착취와 문화적 지배의 특징을 지닌 제국의 개념은 다음 자료를 참조하라. Michael Doyle, *Empires* (Ithaca, NY: Cornell University Press, 1986). 이러한 개념들은 이 책 7장에서 추가로 다루고 있다.

9 Jürgen Osterhammel, *The Transformation of the World: A Global History of the Nineteenth Century* (Princeton, NJ: Princeton University Press, 2014), p. 394.

10 제국과 패권에 관한 논의는 다음 자료를 참조하라. Charles Maier, *Among Empires: American Ascendancy and Its Predecessors* (Cambridge, MA: Harvard University Press, 2006). John Darwin, *The Empire Project: The Rise and Fall of the British World-System, 1830-1970* (Cambridge: Cambridge University Press, 2009). David Lake, *Entangling Relations: American Foreign Policy in Its Century* (Princeton, NJ: Princeton University Press, 1999). A. G. Hopkins's inaugural lecture as Smuts Professor at Cambridge, published as a pamphlet, Hopkins, The Future of the Imperial Past (Cambridge: Cambridge University Press, 1997).

11 Barry Buzan and Richard Little, *International Systems in World History: Remaking the Study of International Relations* (Oxford: Oxford University Press, 2000).

12 이러한 구분에 대한 논의는 다음 자료를 참조하라. G. John Ikenberry, *Liberal Leviathan: The Origins, Crisis, and Transformation of the American World Order* (Princeton, NJ: Princeton University Press, 2011).

13 이 용어는 톨리야 레브신이 제안했다. G. John Ikenberry and Tolya Levshin, "Liberal Internationalism and Empire" (unpublished paper, 2018). The term *preclusive* control comes from Glenn H. Snyder's study *Alliance Politics* (Ithaca, NY: Cornell University Press, 2007), p. 14. "어떤 동맹이든 제외하는 효과가 있다. 즉, 동맹국이 기존의 동맹과 서로 상충하는 다른 동맹을 제3자, 특히 적과 맺지 못하도록 한다." 로버트 길핀도 제외라는 용어를 사용한다. "영국은 자국의 힘이 상대적으로 쇠락하면서 더 이상 유럽대륙의 다른 경쟁국들이 지닌 제국주의 야심을 봉쇄하지 못하게 되자, 제국주의가 지닌 제외하는 역량을 대대적으로 행사했다. 다시 말해서, 식민주의의 목적이 잠재적인 이득을 극대화하기보다 잠재적 손실을 최소화하는 것으로 바뀌었다." Robert Gilpin, *War and Change in World Politics* (Cambridge: Cambridge University Press, 1981), pp. 140-41.

14 국제주의에 관한 합의된 정의는 없다. E. H. 카는 국제주의를 "여러 이익들 간의 조화를 추구하는 특별한 형태의 독트린"으로 보고 이를 이상향을 추구한다고 일축했다. E. H.

Carr, *The Twenty Years' Crisis, 1919-1939: An Introduction to International Relations* (London: Macmillan, 1951), p. 85. 프레드 할러데이가 제시한 정의가 널리 인용되는데, 그는 국제주의를 "우리 둘 다 국가나 국체의 일원이라기보다는 그보다 폭넓은 공동체의 일원이고 일원이어야 한다는 개념"이라고 정의했다. 그는 국제주의는 정치체들 간의 상호의존성이 점증한다는 인식을 동반하며, 결과적으로 정부, 조합, 운동가들과 같은 다양한 행위자들이 협력을 실행할 필요가 있으며, 이러한 형태의 협력은 "국가의 이익을 초월해 국제적인 이익-즉 하나의 국체나 국가가 제공하기는 불가능한 평화, 번영, 안정적인 질서와 같은 결과-을 생성하므로 바람직하다는 믿음이다." Fred Halliday, "Three Concepts of Internationalism," International Affairs, Vol. 64, No. 2 (1988), p. 187. 페리 앤더슨도 이러한 시각에 동의하면서 "역사적으로 이 용어는 국가를 초월해 보다 넓은 공동체를 지향하는 미래상, 관행에 적용되며, 국가는 이러한 공동체를 구성하는 1차적인 단위다."라고 주장한다. Anderson, "Internationalism," p. 6.

15 제밀 아이딘은 19세기 중엽을 "각종 제국, 왕국, 국가들의 자기강화의 시대"라고 묘사하고 "제국과 왕국의 이러한 자기강화는 왕실의 시찰, 양자협정, 훈장의 교환, 국제협회 참여와 같은 국제외교와 국제법의 새로운 관행들의 실행을 통해서 정당성을 확보하려는 시도였다."라고 한다. Cemil Aydin, "Regions and Empires in the Political History of the Long Nineteenth Century," in Sebastian Conrad and Jürgen Osterhammel, eds., *An Emerging Modern World, 1750-1870* (Cambridge, MA: Harvard University Press, 2018), p. 41.

16 대영제국의 쇠락에서 미국이 한 역할에 대한 중요한 연구는 다음 자료를 참조하라. Wm. Roger Louis, *Imperialism at Bay: The United States and the Decolonization of the British Empire, 1941-1945* (New York: Oxford University Press, 1978).

17 실제로 국제주의를 주도하는 세력들 가운데 하나가 유럽의 제국주의였는데, 이는 19세기 말 세계화의 여타 기간시설 측면들뿐만 아니라 세계 운송체계와 통신망도 구축하는 데 중요한 역할을 했다. 세계화의 주체, 질서 구축의 주체, 규정 창설의 주체로서의 제국에 대해서는 다음 자료를 참조하라. Osterhammel, *The Transformation of the World*, chap. 9; C. A. Bayly, *The Birth of the Modern World, 1780-1914* (Oxford: Blackwell, 2004). Barry Buzan and George Lawson, *The Global Transformation: History, Modernity and the Making of International Relations* (Cambridge: Cambridge University Press, 2015).

18 Jennifer Pitts, *Boundaries of the International: Law and Empire* (Cambridge, MA: Harvard University Press, 2018), p. 2.

19 Duncan Bell, *The Idea of Greater Britain: Empire and the Future of World Order, 1860-1900* (Princeton, NJ: Princeton University Press, 2007).

20 Stephen Legg, "An International Anomaly? Sovereignty, the League of Nations and India's Princely Geographies," *Journal of Historical Geography*, Vol. 43 (January 2014), pp. 96–110.

21 Mark Mazower, *No Enchanted Palace: The End of Empire and the Ideological Origins of the United Nations* (Princeton, NJ: Princeton University Press, 2009), p. 46.

22 Susan Pedersen, *The Guardians: The League of Nations and the Crisis of Empire* (Oxford: Oxford University Press, 2015), pp. 4–5.

23 이 주장은 7장에 제시되었다.

24 Leo Gross, "The Peace of Westphalia, 1648–1948," *American Journal of International Law*, Vol. 42 (1948), p. 28.

25 Osterhammel, *The Transformation of the World*, p. 394.

26 Daniel Philpott, *Revolutions in Sovereignty: How Ideas Shaped Modern International Relations* (Princeton, NJ: Princeton University Press, 2001).

27 Kalevi J. Holsti, *Peace and War: Armed Conflicts and International Order, 1648-1989* (Cambridge:

Cambridge University Press, 1991). Andreas Osiander, *The States System of Europe, 1640-1990* (Oxford: Oxford University Press, 1994). Ian Clark, *Legitimacy in International Society* (Oxford: Oxford University Press, 2005). Ian Clark, *International Legitimacy and World Society* (Oxford: Oxford University Press, 2007). G. John Ikenberry, *After Victory: Institutions, Strategic Restraint, and the Rebuilding of Order after Major War* (Princeton, NJ: Princeton University Press, 2001).

28 Jennifer Mitzen, *Power in Concert: The Nineteenth-Century Origins of Global Governance* (Chicago: University of Chicago Press, 2013), p. 28.

29 Paul Schroeder, "The Transformation of Political Thinking, 1787-1848," in Jack Snyder and Robert Jervis, eds., *Coping with Complexity in the International System* (Boulder, CO: Westview Press, 1993), p. 48. Schroeder, *The Transformation of European Politics, 1763-1848* (Oxford: Oxford University Press, 1994).

30 Claude, *Swords into Plowshares*, p. 26.

31 F. H. Hinsley, *Power and the Pursuit of Peace: Theory and Practice in the History of Relations between States* (Cambridge: Cambridge University Press, 1963), p. 255. 유럽협조체제에는 갈등의 집단적인 중재를 의무화하는 사례와 여건들을 규정한 합의사항이 없었다. 이러한 노력은 19세기 말에 정부들이 시도하게 된다. 이 사례가 지정학과 정치적 과제로서의 인권에 대해 지니는 의미는 다음 자료를 참조하라. Gary Bass, *Freedom's Battle: The Origins of Humanitarian Intervention* (New York: Vintage, 2009), part 4.

32 Madeleine Herren, "Governmental Internationalism and the Beginning of a New World Order in the Late Nineteenth Century," in Geyer and Paulmann, *The Mechanics of Internationalism*, pp. 121-44.

33 Daniel Deudney, "Hegemonic Disarray: American Internationalisms and World Disorder," in Hanns W. Maull, ed., *The Rise and Decline of the Post-Cold War International Order* (Oxford: Oxford University Press, 2018), pp. 199-216.

34 Robert Keohane, *Power and Governance in a Partially Globalized World* (New York: Routledge, 2002). Peter Haas, *Epistemic Communities, Constructivism, and International Environmental Politics* (New York: Routledge, 2015). John Gerard Ruggie, "The New Institutionalism in International Relations" and "Multilateralism at Century's End," in Ruggie, *Constructing the World Polity: Essays on International Institutionalization* (New York: Routledge, 1998), pp. 45-61 and 102-30. 헤들리 불은 베스트팔렌 국제주의가 원칙적으로 복잡한 상호의존성에서 비롯되는 기능적 난관들을 그 어떤 타당한 대안들보다도 잘 헤쳐 나갈 수 있다고 주장했다. 다음 자료의 마지막 장들을 참조하라. Hedley Bull, *The Anarchical Society: A Study of Order in World Politics* (London: Macmillan, 1977). 베스트팔렌 국제주의가 기후변화 등과 같은 기능적 난관들을 헤쳐 나가는 역량에 대한 회의적인 관점에 대해서는 다음 자료를 참조하라. Richard Falk's critique in "Ordering the World: Hedley Bull after Forty Years," in Hidemi Suganami, Madeline Carr, and Adam Humphreys, eds., *The Anarchical Society at 40: Contemporary Challenges and Prospects* (Oxford: Oxford University Press, 2017), pp. 41-55.

35 Anthony Howe, "Free Trade and Global Order: The Rise and Fall of a Victorian Vision," in Duncan Bell, ed., *Victorian Visions of Global Order: Empire and International Relations in Nineteenth-Century Political Thought* (Cambridge: Cambridge University Press, 2007), pp. 35-36.

36 19세기와 20세기에 걸쳐 진화한 민족주의, 자유주의, 국제질서의 관계에 대해서는 다음 자료를 참조하라. Ernst B. Haas, *Nationalism, Liberalism, and Progress: The Rise and Decline of Nationalism* (Ithaca, NY: Cornell University Press, 1997).

37 훗날, 1930년대에 파시스트 국제주의가 등장하게 된다. Jens Steffek, "Fascist

Internationalism," *Millennium: Journal of International Studies*, Vol. 44, No. 1 (2015), pp. 3-22. 19세기와 20세기의 극우 "민족주의적 국제주의"에 대한 개관은 다음 자료를 참조하라. David Motadel, "The Surprising History of Nationalist Internationalism," *New York Times*, 3 July 2019.

38 Glenda Sluga, *Internationalism in the Age of Nationalism* (Philadelphia: University of Pennsylvania Press, 2013), p. 7.

39 H. A. L. Fisher, *A History of Europe* (London: Edward Arnold, 1945), pp. 901-2.

40 "Richard Cobden," in Arnold Wolfers and Laurence Martin, eds., *The Anglo-American Tradition of Foreign Affair* (New Haven, CT: Yale University Press, 1956), pp. 193-95. Donald Read, *Cobden and Bright: A Victorian Partnership* (London: Edward Arnold, 1967).

41 Howe, "Free Trade and Global Order," p. 34.

42 Cheryl Schonhardt-Bailey, *From Corn Laws to Free Trade: Interests, Ideas, and Institutions in Historical Perspective* (Cambridge, MA: MIT Press, 2006).

43 이 시기에 등장한 반곡물법동맹은 19세기에 가장 성공적인 압력단체로 손꼽혔다. Norman McCord, *The Anti-Corn Law League, 1838-1846* (London: Allen and Unwin, 1968). Paul A. Pickering and Alex Tyrrekk, *The People's Bread: A History of the Anti-Corn Law League* (Leicester: Leicester University Press, 2000).

44 Howe, "Free Trade and Global Order," p. 27. 데이비드 캐너딘이 지적하듯이, "코브던과 브라이트 같이 평화를 사랑하는 국제주의자들은 자유무역 자체가 전 세계적으로 평등한 관계와 평화와 화합을 창출하리라고 믿었다." David Cannadine, *Victorious Century: The United Kingdom, 1800-1906* (New York: Viking, 2017), p. 267.

45 Cannadine, *Victorious Century*, p. 267. Anthony Howe, *Free Trade and Liberal England, 1846-1946* (Oxford: Clarendon Press, 1997).

46 Charles P. Kindleberger, "The Rise of Free Trade in Western Europe, 1820-1875," *Journal of Economic History*, Vol. 35, No. 1 (March 1975), p. 36.

47 19세기 유럽과 세계무역 관계에 대한 권위 있는 해석은 다음 자료를 참조하라. Ronald Findlay and Kevin H. O'Rourke, *Power and Plenty: Trade, War, and the World Economy in the Second Millennium* (Princeton, NJ: Princeton University Press, 2007), chap. 7.

48 Howe, "Free Trade and Global Order," pp. 38-39.

49 John A. Hobson, *Richard Cobden: The International Man* [1919] (London: Ernest Benn, 1968), p. 21.

50 19세기 평화운동과 이와 관련되어 바뀌는 여러 가지 다양한 신념들에 대한 생생한 묘사는 다음 자료를 참조하라. Michael Howard, *War and the Liberal Conscience* (London: Temple Smith, 1978), chap. 2. F. H. 힌슬리는 영미권에서의 평화운동 역사를 연대순으로 다음 자료에서 소개하고 있다. F. H. Hinsley, *Power and the Pursuit of Peace: Theory and Practice in the History of Relations between States* (Cambridge: Cambridge University Press, 1963), chaps. 6 and 7. 마틴 시델의 여러 권으로 구성된 방대한 해석은 다음 자료에 수록되어 있다. Martin Ceadel, *The Origins of War Prevention: The British Peace Movement and International Relations, 1730-1854* (Oxford: Oxford University Press, 1996), and *Semi-Detached Idealists: The British Peace Movement and International Relations, 1854-1945* (Oxford: Oxford University Press, 2001). 피터 브록의 다음 3부작도 참조하라. Peter Brock, *Pacifism in the United States: From the Colonial Era to the First World War* (Princeton, NJ: Princeton University Press, 1968); *Pioneers of a Peaceable Kingdom: The Quaker Peace Testimony from the Colonial Era to the First World War* (Princeton, NJ: Princeton University Press, 1971). *Pacifism in Europe to 1914* (Princeton, NJ: Princeton University Press, 1972). Jackson, *Beyond the Balance of Power*.

51 Arthur C. F. Beales, *The History of Peace* (London: Bell, 1931), p. 48.
52 Quoted in Beales, *The History of Peace*, p. 53.
53 Brock, *Pacifism in Europe to 1914*, pp. 396-97.
54 John Morley, *The Life of Richard Cobden*, Vol. 1 (London: Fisher Unwin, 1879), p. 230.
55 Hobson, *Richard Cobden*, pp. 399-400.
56 Cecelia Lynch, "Peace Movements, Civil Society, and the Development of International Law," in Bardo Fassbender and Anne Peters, eds., *The Oxford Handbook of the History of International Law* (Oxford: Oxford University Press, 2012), p. x.
57 파리회의는 유럽국가연방을 창설하자고 주장한 빅토르 위고의 개막연설로 가장 잘 알려져 있다. 위고는 이 연방을 전쟁이 "국가들의 보편적 투표권과 독립적인 의회의 현명한 중재로 대체되는 미래"라고 일컬었다.
58 Beales, *The History of Peace*, p. 79.
59 Beales, *The History of Peace*, p. 75.
60 Cooper, *Internationalism in Nineteenth Century Europe*, pp. 13-14. Claude, *Swords into Plowshares*, chaps. 1 and 2.
61 John Forrest Dillon, "Bentham's Influence in the Reforms of the Nineteenth Century," in Association of American Law Schools, ed., *Select Essays in Anglo-American Legal History*, Vol. 1 (Boston: Little, Brown, and Company, 1907), pp. 492-515.
62 Martti Koskenniemi, *The Gentle Civilizer of Nations: The Rise and Fall of International Law, 1870-1960* (Cambridge: Cambridge University Press, 2001).
63 Pitts, *Boundaries of the International*, p. 3.
64 Pitts, *Boundaries of the International*, p. 10.
65 Mazower, *Governing the World*, p. 66.
66 Cemil Aydin, "Regions and Empires in the Political History of the Long Nineteenth Century," in Conrad and Osterhammel, *An Emerging Modern World, 1750-1870*, p. 121.
67 Arnulf Becker Lorca, "Universal International Law: Nineteenth Century Histories of Imposition and Appropriation," *Harvard International Law Journal*, Vol. 51, No. 2 (2010), pp. 475-552.
68 R. P. Anand, "Family of 'Civilized' States and Japan: A Story of Humiliation, Assimilation, Defiance, and Confrontation," in Anand, ed., *Studies in International Law and History: An Asian Perspective* (New York: Springer, 2004).
69 Beales, *The History of Peace*, p. 150.
70 Irwin Abrams, "The Emergence of the International Law Societies," *Review of Politics*, Vol. 19 (1957), pp. 361-80. George Finch, "The American Society of International Law, 1906-1956," *American Journal of International Law*, 50 (1956), pp. 293-312.
71 Martha Finnemore, *The Purposes of Intervention: Changing Beliefs about the Use of Force* (Ithaca, NY: Cornell University Press, 2003), p. 25.
72 Finnemore, *The Purposes of Intervention*, p. 26
73 앨프리드 지먼이 국제주의 운동에서 일어난 법률적인 전환에 대한 자세한 개관과 그 결론에 대한 설득력 있는 이론적 비판을 제시하고 있다. Alfred Zimmern, *The League of Nations and the Rule of Law, 1918-1935* (London: Macmillan, 1936). Oona A. Hathaway and Scott J. Shapiro, *The Internationalists: How a Radical Plan to Outlaw War Remade the World* (New York: Simon and Schuster, 2017).
74 이니스 클로드는 다자간 외교라는 용어를 "헤이그 체제(Hague System)"라 일컬었다. 두 차례 헤이그회의에서 구축된, 법률지향적인 원칙과 형태를 지닌 협력유형이라는 점을 반영한 용어다. Claude, *Swords into Plowshares*, pp. 28-34.

75 Finnemore, *The Purposes of Intervention*, pp. 38-41.
76 Sondra R. Herman, *Eleven against War: Studies in American Internationalist Thought* (Stanford, CA: Hoover Institution Press, 1969). 역사적 배경에 대해서는 다음 자료를 참조하라. Stephen Wertheim, "The League of Nations: A Retreat from International Law," *Journal of Global History*, Vol. 7, No. 2 (July 2012), pp. 210-32.
77 Sluga, *Internationalism in the Age of Nationalism*, p. 19.
78 예컨대, 1862년 런던은 국제산업박람회를 개최했다. 국제여성위원회는 1888년에 창설되었다.
79 Henryk Katz, *The Emancipation of Labor: A History of the First International* (Westport, CT: Greenwood Press, 1992).
80 C. DeBenedetti, *Origins of the Modern American Peace Movement, 1915-1978* (Millwood, NY: KTO Press, 1978).
81 Iriye, *Global Community*, p. 14.
82 Iriye, *Global Community*, p. 13.
83 Geyer and Paulmann, *The Mechanics of Internationalism*.
84 Iriye, *Global Community*, p. 10.
85 Osterhammel, *The Transformation of the World*, p. 510
86 Claude, *Swords into Plowshares*, p. 34.
87 Craig Murphy, *International Organization and Industrial Change: Global Governance since 1850* (Cambridge: Polity Press, 1994).
88 Cornelia Navari, *Internationalism and the State in the Twentieth Century* (New York: Routledge, 2000), pp. 132-33.
89 Navari, *Internationalism and the State in the Twentieth Century*, p. 133.
90 Claude, *Swords into Plowshares*, pp. 35-36.
91 Bayly, *The Birth of the Modern World*, p. 243.
92 Beales, *The History of Peace*, p. 128.
93 Beales, *The History of Peace*, p. 238.
94 국제기구 구조에 대한 제안은 종종 국내 민주체제를 그대로 반영했다. 예컨대, 1905년 의회 간 회의는 국가 간의 상설 회의의 창설을 논의할 위원회를 구성했다. 이 위원회는 보고서에서 헤이그회의를 상원으로, 의회 간 연맹을 하원으로 하는 양원제 세계의회 창설을 제안했다. 이 제안은 위원회 보고서 차원에서 그쳤다.
95 Beales, *The History of Peace*, p. 110.

4. 윌슨주의적 국제주의

1 S. Link, *Wilson The Diplomatist: A Look at His Major Foreign Policies* (New York: New Viewpoints, 1974), p. 5.
2 Woodrow Wilson, "An Address to a Joint Session of Congress," 8 January 1918, in *The Papers of Woodrow Wilson* (hereafter PWW), 69 vols. (Princeton, NJ: Princeton University Press, 1984), Vol. 45, pp. 534-39.
3 Woodrow Wilson, "An Address in the Minneapolis Armory," 9 September 1919, in *PWW*, Vol. 63 (Princeton, NJ: Princeton University Press, 1990), p. 134.
4 Wilson, "An Address in the Minneapolis Armory," p. 133.

5 Thomas W. Zeiler, David K. Ekbladh, and Benjamin C. Montoya, eds., Beyond 1917: *The United States and the Global Legacies of the Great War* (Oxford: Oxford University Press, 2017). Jay Winter, Sites of Memory, *Sites of Mourning: The Great War in European Cultural History* (Cambridge: Cambridge University Press, 1995). David Reynolds, *The Long Shadow: The Great War and the Twentieth Century* (New York: Simon and Schuster, 2013).

6 Daniel Gorman, *The Emergence of International Society in the 1920s* (Cambridge: Cambridge University Press, 2012).

7 1916년 영국 재무성에 재직 중이던 존 메이너드 케인스는 다음과 같이 지적했다. "몇 달 만에 미국 행정부와 미국 국민은 그들보다 우리 영국인에게 더 큰 영향을 미치는 사안들에 대해 이 나라에 이래라저래라 하는 입장에 놓이게 된다고 말해도 과언이 아니다." 이 발언은 다음 자료에 인용되었다. James Joll, *Europe since 1870: An International History* (London: Weidenfeld and Nicolson, 1973), p. 422.

8 Adam Tooze, *The Deluge: The Great War, America, and the Remaking of the Global Order, 1916-1931* (New York: Viking, 2014), p. 12.

9 대영제국을 비롯해 제국들과 미국의 관계는 6장과 7장에서 다룬다.

10 이 주제는 다음 자료를 참조하라. Peter Clark, *The Last Thousand Days of the British Empire: Churchill, Roosevelt, and the Birth of the Pax Americana* (London: Bloomsbury, 2009).

11 G. John Ikenberry, *After Victory: Institutions, Strategic Restraint, and the Rebuilding of Order after Major War* (Princeton, NJ: Princeton University Press, 2001).

12 Woodrow Wilson, "An Address to a Joint Session of Congress," 2 April 1917, in *PWW*, Vol. 41 (Princeton, NJ: Princeton University Press, 1983), p. 523.

13 Arthur Herman, *1917: Lenin, Wilson, and the Birth of the New World Disorder* (New York: Harper, 2017). Arno J. Mayer, *Wilson vs. Lenin: Political Origins of the New Diplomacy, 1917-1918* (New York: Meridian Books, 1964).

14 "Lloyd George's Ministry Men". http://ww1centenary.oucs.ox.ac.uk/body-and-mind/lloyd-georges-ministry-men/ 1918년 11월 24일 데이비드 로이드 조지 총리가 울버햄튼에서 한 연설이다. 이와 똑같은 정서-세계대전으로 치른 비용과 희생으로 인해 정치지도자들은 보다 나은 세계를 모색할 도덕적 책무가 생겼다.-는 제2차세계대전 후에도 똑같이 나타났다. 노르망디에 상륙한 D-Day 20주년 기념행사가 열린 노르망디 미군 묘지에서 연설을 한 드와이트 아이젠하워 전 대통령은 언론인 월터 크롱카이트에게 다음과 같이 말했다. "이 사람들은 우리가 예전보다 더 잘 할 수 있도록 우리에게 기회를 주었고, 시간을 벌어주었다." "Eisenhower Recalls the Ordeal of D-Day Assault 20 Years Ago," *New York Times*, 6 June 1964. 이러한 정서를 가장 감동적으로 표현한 인물이 링컨이었다. 유럽에서 1848년 혁명이 실패로 돌아간 지 겨우 15년 지난 시점에서 한 게티즈버그연설에서였다.

15 Norman Angell, *The Great Illusion: A Study of the Relation of Military Power in Nations to Their Economic and Social Advantage* (London: William Heinemann, 1910). Michael Bentley, The Climax of Liberal Politics (London: Edward Arnold, 1987), p. 121.

16 See J. D. B. Miller, "Norman Angell and Rationality in International Relations," in David Long and Peter Wilson, eds., *Thinkers of the Twenty Years' Crisis: Inter-War Idealism Reassessed* (Oxford: Oxford University Press, 1995), pp. 100-121. 에인절의 주장이 완전히 혼자만의 생각은 아니다. 러시아계 폴란드인 은행가 이반 블로흐는 다음 출판물에서 이 점을 알렸다. Ivan Bloch, *Is War Now Impossible?* (London: Richards, 1899).

17 Frank Trentmann, *Free Trade Nation: Commerce, Consumption, and Civil Society in Modern Britain* (Oxford: Oxford University Press, 2008), pp. 148-50.

18 영국 정치가 코브던과 19세기 자유주의 유산에 대해서는 다음을 참조하라. Anthony Howe

and Simon Morgan, eds., *Rethinking Nineteenth Century Liberalism: Richard Cobden Bicentenary Essays* (New York: Routledge, 2006).

19 역사학자들은 문호개방정책에 대해 다양한 해석을 제시한다. 윌리엄 애플먼 윌리엄스는 이 정책을 "비공식적 제국 혹은 자유무역 제국주의라는 미국 식의 자유주의 정책"으로 간주한다. William Appleman Williams, *The Tragedy of American Diplomacy* (New York: Norton, 1959), p. 157. 프랭크 닌코비치는 그러한 정책을 추진한 동기로서 제국주의가 아니라 자유주의 이념을 강조한다. Frank Ninkovich, "Ideology, the Open Door, and Foreign Policy," *Diplomatic History*, Vol. 6, No. 2 (September 1982), pp. 185-208. 월터 라피버는 문호개방 정책이 중국의 영토와 행정권한을 보호할 방법이었다고 주장한다. 미국이 다른 주요 국가들과 교역하는 조건과 똑같은 조건으로 중국과 무역관계에서 "최혜국" 지위를 유지하는 게 선행되어야 했기 때문이다. Walter LaFeber, *The American Age: U.S Foreign Policy at Home and Abroad*, Vol. 1 (New York: Norton, 1994), p. 103. Michael H. Hunt, *The Making of a Special Relationship: The United States and China to 1914* (New York: Columbia University Press, 1983), pp. 143-68.

20 Tooze, *The Deluge*, pp. 15-16.

21 Benjamin F. Trueblood, "International Arbitration at the Opening of the Twentieth Century," *Advocate of Peace*, Vol. 67, No. 4 (April 1905), p. 80. 이 역사에 대한 개관은 다음 자료를 참조하라. Alfred Zimmern, *The League of Nations and the Rule of Law, 1918-1935* (London: Macmillan, 1936). Sir James Headlam-Morley, *Studies in Diplomatic History* (New York: Alfred King, 1930). 저자들은 전쟁과 평화회의 동안 영국외무부와 필리모어 위원회에서 했던 업무를 바탕으로 서술하고 있다. 보다 최근 사례들은 다음 자료를 참조하라. Martti Koskenniemi, *The Gentle Civilizer of Nations: The Rise and Fall of International Law, 1870-1960* (Cambridge: Cambridge University Press, 2001).

22 Nelson M. Blake, "The Olney-Pauncefote Treaty of 1897," *American Historical Review*, Vol. 50, No. 2 (January 1945), pp. 228-43.

23 Martha Finnemore, *The Purposes of Intervention: Changing Beliefs about the Use of Force* (Ithaca, NY: Cornell University Press, 2003), pp. 33-35.

24 F. H. Hinsley, *Power and the Pursuit of Peace* (Cambridge: Cambridge University Press, 1963). Paul Kennedy, *The Parliament of Man: The Past, Present, and Future of the United Nations* (New York: Random House, 2006).

25 A. C. F. Beales, *The History of Peace* (London: Bell, 1931), p. 238.

26 Inis L. Claude Jr., *Swords into Plowshares: The Problems and Progress of International Organization*, 4th ed. (New York: Random House, 1971), p. 30.

27 중재법원은 특정한 분쟁에 관해 중재법원을 이용하길 바라는 국가들에게 도움을 줄 수 있는 명망 있는 중재자들로 구성된 상설 패널이었다. 국제연맹 산하기관으로 훗날 상설국제법원으로 명칭이 바뀐 국제사법재판소는 명실상부한 최초의 국제법원이었다.

28 Calvin DeArmond Davis, *The United States and the First Hague Peace Conference* (Ithaca, NY: Cornell University Press, 1962). Davis, *The United States and the Second Hague Peace Conference: American Diplomacy and International Organization, 1899-1914* (Durham, NC: Duke University Press, 1975). Sandi Cooper, *Internationalism in Nineteenth Century Europe: The Crisis of Ideas and Purpose* (New York: Garland, 1976).

29 영국외무부는 파리평화회의를 준비하기 위해 역사학자 찰스 웹스터에게 빈회의에 대한 연구를 의뢰했다. 제도적 규범의 역사적 계보를 정책 결정자들이 인식하고 있었음을 보여주는 좋은 사례다. 이 연구는 훗날 다음과 같은 자료로 출간되었다. *The Congress of Vienna*, 1814-1815 (Oxford: Oxford University Press, 1919). 웹스터는 비공식석상에서 외

무부의 동료들이 자신이 작성한 연구 자료를 사용하지 않았다고 불만을 표했지만, 그는 훗날 제2차세계대전 동안 영국 측 인사로서 전후 질서 설계에 참여해 탁월한 역할을 하게 되었다. Ian Hall, "The Art and Practice of a Diplomatic Historian: Sir Charles Webster, 1886-1961," *International Politics*, Vol. 42, No. 4 (December 2005), pp. 470-90.

30 이 선언은 전시에 적용 가능한 해양 규정을 평시에 명문화한 최초의 다자간 시도이기도 했다. 이 합의에 대해 내게 알려준 애덤 로버츠에게 감사한다.

31 Martha Finnemore and Michelle Jurkovich, "Getting a Seat at the Table: The Origins of Universal Participation and Modern Multilateral Governance," *Global Governance*, Vol. 20 (2014), pp. 361-73. 헤이그평화회의에서 일본과 독일이 한 역할에 대해서는 다음 자료를 참조하라. Klaus Schlichtmann, "Japan, Germany, and the Idea of the Hague Peace Conferences," *Journal of Peace Research*, Vol. 40, No. 4 (2003), pp. 377-94.

32 Finnemore and Jurkovich, "Getting a Seat at the Table," p. 365.

33 Elihu Root, "Instructions to the American Delegates to the Hague Conference of 1907," Department of State, Washington, DC, 31 May 1907, in James Brown Scott, ed., *Instructions to the American Delegates to the Hague Peace Conferences and Their Official Reports* (New York: Oxford University Press, 1916), p. 72.

34 Claude, *Swords into Plowshares*, p. 31.

35 이러한 구상의 배경을 이루는 국제 개념의 오랜 전통은 전시위원회가 전후 질서에 대해 작성한 보고서-이른바 필리어 위원회 보고서-에 영국 측이 명시해놓았다. 이 보고서는 30년전쟁, 루이 14세의 전쟁, 혁명과 나폴레옹시대의 전쟁들에 따른 전후 처리를 돌이켜보면서 이러한 과정에서 나온 각종 구상과 계획에서 실용성 있는 내용을 규명했다. George W. Egerton, *Great Britain and the Creation of the League of Nations* (Chapel Hill: University of North Carolina Press, 1978).

36 한 연구보고서에 따르면, 전쟁이 발발하고 첫 여섯 달 동안 "미래에 유사한 참사가 되풀이되지 않도록 하고 항구적인 평화를 구축하는 문제"에 관해 영어로 출간된 책만 2,000권이 넘었다. John Mez, *Peace Literature of the War: Material for the Study of International Polity, International Conciliation, Special Bulletin* (New York, 1916), pp. 3-4. Elizabeth Cobbs Hoffman, *American Umpire* (Cambridge, MA: Harvard University Press, 2013), p. 197.

37 자유주의적 국제주의의 보수주의적 관점과 진보주의적 관점의 차이에 대해서는 다음 자료를 참조하라. *Thomas Knock, To End All Wars: Woodrow Wilson and the Quest for a New World Order* (Oxford: Oxford University Press, 1992), chap. 4. Charles DeBenedetti, *Origins of the Modern American Peace Movement*, 1915-1929 (Millwood, NY: KTO Press, 1978). Andrew Williams, *Failed Imagination? New World Orders of the Twentieth Century* (Manchester: Manchester University Press, 1998). George Egerton, "Conservative Internationalism: British Approaches to International Organization and the Creation of the League of Nations," *Diplomacy & Statecraft*, Vol. 5, No. 1 (1994), pp. 1-20. 필립 커를 보수주의적 관점으로 해석한 에거튼의 해석은 피터 J. 이어우드에 의해 반박되었다. Peter J. Yearwood, "'Real Security against New Wars': Official British Thinking and the Origins of the League of Nations, 1914-19," *Diplomacy & Statecraft*, Vol. 9, No. 3 (2007), pp. 83-109. 전쟁 동안과 종전 후 영국 관료사회에서 이 두 가지 국제주의가 어떻게 상호간에 영향을 미쳤는지에 대한 논의는 다음 자료를 참조하라. Yearwood, *Guarantee of Peace: The League of Nations in British Policy*, 1914-1925 (Oxford: Oxford University Press, 2009).

38 Martin David Dublin, "Toward the Concept of Collective Security: The Bryce Group's 'Proposals for the Avoidance of War,' 1914-1917," *International Organization*, Vol. 24, No. 2 (1970), pp. 288-318.

39 Henry R. Winkler, *The League of Nations Movement in Great Britain, 1914-1919* (Metuchen, NJ: Scarecrow Press, 1952), pp. 18-20.

40 브라이스 그룹은 그들이 일종의 기본 모델로서 제시한 제도적 설계를 나중에 등장한 그룹들이 후속 작업에서 채택했다는 점에서도 영향을 미쳤다. 이 점은 다음 자료에서 논의되었다. Winkler, *The League of Nations Movement in Great Britain*.

41 Donald Birn, *The League of Nations Union, 1918-1945* (Oxford: Clarendon Press, 1981).

42 이 점은 다음 자료에 강조되어 있다. Yearwood, *Guarantee of Peace*, especially in chaps. 2 and 3.

43 Williams, *Failed Imagination?*, p. 30.

44 외무장관 그레이가 작성한 각서에서 국제연맹에 대한 온건한 지지가 다시 언급되었다. 전쟁의 속성으로 인해 힘의 균형과 안보를 자율적으로 조절하는 체제가 더 이상 작동하지 않게 되었다. Williams, *Failed Imagination?*, p. 32.

45 LEP 창립 회의는 각계각층에서 120여 명의 보수주의자들이 모인 가운데 필라델피아에 있는 인디펜던스홀에서 1915년 6월 17일에 열렸다.

46 Ruhl J. Bartlett, *The League to Enforce the Peace* (Chapel Hill: University of North Carolina Press, 1944), pp. 40-41.

47 Sondra R. Herman, *Eleven against War: Studies in American Internationalist Thought, 1898-1921* (Stanford, CA: Hoover Institution Press, 1969).

48 Knock, *To End All Wars*, 56. 이러한 차이점들은 다음 자료에서도 다루어졌다. Stephen Wertheim, "The League That Wasn't: American Designs for a Legalist-Sanctionist League of Nations and the Intellectual Origins of International Organization, 1914-1920," Diplomatic History, Vol. 35, No. 5 (November 2011), pp. 797-836.

49 Knock, *To End All Wars*, pp. viii-ix.

50 Knock, *To End All Wars*, p. 51.

51 DeBenedetti, *Origins of the Modern American Peace Movement*, 1915-1929, pp. 8, 9.

52 듀이의 지적인 저서를 참조하라. Dewey, *The Public and Its Problem* (New York: Henry Holt, 1927). 다음 자료는 듀이의 지적인 면모를 한껏 드러내고 있다. Alan Ryan, *John Dewey and the High Tide of American Liberalism* (New York: Norton, 1995).

53 Bartlett, *The League to Enforce the Peace*, 221.

54 Woodrow Wilson, "An Address in Washington to the League to Enforce the Peace," 27 May 1916, in *PWW*, Vol. 37 (Princeton, NJ: Princeton University Press, 1981), pp. 113-16.

55 이 연설의 초안은 1918년 1월 백악관에서 윌슨과 하우스 대령이 작성했다. 하우스는 자신의 일기에 다음과 같이 기록한다. "우리는 10시반에 연설문 작성에 착수했고 12시반 무렵 세계지도를 다시 그리는 작업을 끝냈다." Knock, *To End All Wars*, p. 142.

56 Walter Lippmann, "A Clue," *New Republic*, 14 April 1917, p. 317.

57 Frank Ninkovich, *Power and Modernity: A History of the Domino Theory in the Twentieth Century* (Chicago: University of Chicago Press, 1994), pp. 39, 41.

58 Lloyd E. Ambrosius, *Woodrow Wilson and the American Diplomatic Tradition: The Treaty Fight in Perspective* (Cambridge: Cambridge University Press, 1987), p. 11.

59 Woodrow Wilson, "An Address at Bismarck," 10 September 1919, in *PWW*, Vol. 63 (Princeton, NJ: Princeton University Press, 1990), p. 155.

60 윌슨은 학술적인 저술에서 남북전쟁의 영향에 대해 비슷한 주장을 했다. 그는 남북전쟁이 미국이 국가로서 진일보한 결정적인 계기라고 보았다. 미국 국민에 대한 다섯 권짜리 역사서에서 윌슨은 이러한 주제를 거론했다. "절대로 잊혀서는 안 될, 장장 4년 동안 계속된 끔찍한 전쟁을 겪은 나라는 전쟁 이전의 삶이나 사고로 되돌아갈 수 없다. 구시대는 지나

갔고 어마어마한 폭풍이 휩쓸고 지나간 뒤 새 시대가 도래했다. 폭풍이 몰고 온 변화는 모든 것을 바꿔놓았다." Wilson, *A History of the American People*, 5 vols. (New York: Harper and Brothers, 1902), Vol. 4, p. 265. Ronald J. Pestritto, *Woodrow Wilson and the Roots of Modern Liberalism* (Lanham, MD: Rowman and Littlefield, 2005), chap. 3.

61 Ninkovich, *Modernity and Power*, p. 52.

62 E. M. Hugh-Jones, *Woodrow Wilson and American Liberalism* (New York: Collier Books, 1962), 201.

63 케네디의 주장에 따르면, 1918년은 "제도 이전의 시대와 제도의 시대를 가르는 분기점이다."(844쪽) 이를 존 러기는 "20세기의 단절"이라고 일컬으면서 "무엇보다도 완전히 새로운 형태가 1919년 국가들의 제도적인 선택지에 추가되었다. 처음에는 국제연맹이 그러고 나서 유엔이 구현한 다목적적이고 보편적인 회원제 기구 말이다. 그 이전의 국제기구들은 회원 자격이 제한되어 있었고 힘, 기능, 혹은 두 가지 모두에 의해 회원 자격이 결정되었으며, 구체적이고 제한된 업무만 주어졌다. 반면, 이러한 보편적인 기구들은 포괄적인 의제에 대한 공통적인 열망을 토대로 하고 있고 크고 작은 나라들이 헌법적으로 위임받은 목소리를 낼 수 있었다." John Ruggie, "Multilateralism: The Anatomy of an Institution," *International Organization*, Vol. 46, No. 3 (Summer 1992), p. 583.

64 국제기구에 대한 연구에서 이니스 클로드는 제1차세계대전과 국제연맹의 창설을 근대 국제기구 발달의 초석이 마련된 순간으로 지목한다. "19세기를 국제기구의 사전 정지 작업이 이루어진 시대로 간주하면 도움이 된다. 그리고 이를 위해 빈회의가 열린 1815년과 제1차세계대전이 발발한 1914년을 연대순으로 시작과 끝의 경계로 설정하면 된다. 이러한 시대 구분에서 시작해 1914년에 결정적인 사건들이 일어난 이후로 흐른 시간들을 국제기구 창설의 시대로 정의하고, 이러한 의미에서 국제기구의 창설은 20세기의 현상으로 간주하게 된다." Inis Claude, *Swords into Plowshares*, p. 41.

65 Tony Smith, *Why Wilson Matters: The Origins of American Liberal Internationalism and Its Crisis Today* (Princeton, NJ: Princeton University Press, 2017), p. 63.

66 Wilson, "An Address in Washington to the League to Enforce the Peace," pp. 113-16.

67 Daniel T. Rogers, *Atlantic Crossings: Social Politics in a Progressive Age* (Cambridge, MA: Harvard University Press, 1998). Rogers, "In Search of Progressivism," Reviews of American History, Vol. 10, No. 4 (December 1982), pp. 113-32.

68 윌슨의 진보주의적 뿌리에 대한 가장 체계적인 연구는 다음 자료를 참조하라. Trygve Throntveit, *Power without Victory: Woodrow Wilson and the American Internationalist Experience* (Chicago: University of Chicago Press, 2017). 구체적으로 윌슨은 진보주의 사상가들이 제시한 개념들을 취했다. "승리 없는 평화"라는 개념은 허버트 크롤리로부터, 14개 평화원칙의 문구는 월터 리프먼으로부터 취했다. 진보주의시대의 사상가들에 대한 개관은 다음 자료를 참조하라. James T. Kloppenberg, *Uncertain Victory: Social Democracy and Progressivism in European and American Thought, 1870-1920* (Oxford: Oxford University Press, 1986). 미국 진보주의와 20세기 초 영국에 등장한 "신자유주의"와 산업화 사회개혁을 주장한 유럽 대륙의 자유주의 이론가들의 관계에 대해서는 다음 자료를 참조하라. Helena Rosenblatt, *The Lost History of Liberalism: From Ancient Rome to the Twenty-First Century* (Princeton, NJ: Princeton University Press, 2018), chap. 7.

69 Herman, *Eleven against War*.

70 Knock, *To End All Wars*, p. 57.

71 "From the Diary of Raymond Blaine Fosdick," 11 December 1918, in *PWW*, Vol. 53 (Princeton, NJ: Princeton University Press, 1986), p. 366.

72 DeBenedetti, *Origins of the Modern American Peace Movement*, p. 14.

73 DeBenedetti, *Origins of the Modern American Peace Movement*, p. 14.

74 Throntveit, *Power without Victory*.

75 Throntveit, *Power without Victory*.

76 Woodrow Wilson, "An Address in the City Auditorium in Pueblo, Colorado," 25 September 1919, in *PWW*, Vol. 63 (Princeton, NJ: Princeton University Press, 1982), p. 504.

77 윌슨의 국제법 강연은 1894년 프린스턴 대학교에서 있었다. 이러한 강연들의 기록은 앤드루 클라크 임브리가 꼼꼼하게 기록한 강의 노트에 담겨 전해지고 있고, 이 노트는 프린스턴 대학교 머드 도서관이 소장하고 있다.

78 Woodrow Wilson, Imbrie notes from Lecture 2.

79 Knock, *To End All Wars*, p. 9.

80 Hugh-Jones, *Woodrow Wilson and American Liberalism*, pp. 137, 140.

81 세계여론은 평화를 실행하는 궁극적인 주체였다. 1915년 윌슨이 한 말을 빌리자면, "내 확신이 타당하다면, 여론이 결국은 세계를 지배한다." Woodrow Wilson, "Remarks to the Associated Press in New York," 20 April 1915, in *PWW*, Vol. 33 (Princeton, NJ: Princeton University Press, 1980), p. 37.

82 Elihu Root, "Towards Making Peace Permanent," Nobel Peace Prize Address, 1912. https://www.nobelprize.org/prizes/peace/1912/root/lecture/

83 Elihu Root, "The Pan American Caus…," Washington, DC, 18 May 1907.

84 Woodrow Wilson to Edward M. House, 22 March 1918, in *PWW*, Vol. 47 (Princeton, NJ: Princeton University Press, 1984), p. 105. 이 참고문헌을 소개해준 존 A. 톰프슨에게 감사한다.

85 Smith, *Why Wilson Matters*, p. 115.

86 진보는 유기적으로 발생한다는 이러한 신념은 윌슨과 얀 스뮈츠, 길버트 머리, 앨프리드 지먼과 같은 당대의 자유주의적 국제주의자들이 공유했다. 진 모어필드는 이러한 유기론의 기원을 T. H. 그린의 공동체적 자유주의에서 찾는다. T. H. Green. Morefield, *Covenants without Swords: Idealist Liberalism and the Spirit of Empire* (Princeton, NJ: Princeton University Press, 2005). 모어필드는 이 논쟁을 스뮈츠까지 확장한다. Jeanne Morefield, Empires without Imperialism: Anglo American Decline and the Politics of Deflection (Oxford: Oxford University Press, 2014).

87 Knock, *To End All Wars*, p. 39. See Smith, Why Wilson Matters, pp. 92-93.

88 Woodrow Wilson, "An Address to the Senate," 22 January 1917, in *PWW*, Vol. 40 (Princeton, NJ: Princeton University Press, 1982), pp. 533-39.

89 Claude, *Swords into Plowshares*, p. 246.

90 Taft note of meeting with Wilson, 29 March 1918, in *PWW*, Vol. 47 (Princeton, NJ: Princeton University Press, 1984), pp. 200-201.

91 Taft note of meeting with Wilson, 29 March 1918, p. 201.

92 John Milton Cooper Jr., Woodrow Wilson: A Biography (New York: Knopf, 2009), pp. 429-30.

93 "A Translation of a Memorandum by William Emmanuel Rappard," 1 November 1917, in *PWW*, Vol. 44 (Princeton, NJ: Princeton University Press, 1983), p. 488.

94 Woodrow Wilson, "An Address to the Senate," 10 July 1919, in *PWW*, Vol. 61 (Princeton, NJ: Princeton University Press, 1989), pp. 435-36.

95 Woodrow Wilson, "An Address in the City Auditorium in Pueblo, Colorado," 25 September 1919, in *PWW*, Vol. 63 (Princeton, NJ: Princeton University Press, 1990), p. 513.

96 Gary Gerstle, "Race and Nation in the Thought and Politics of Woodrow Wilson," in John Milton Cooper Jr., ed., *Reconsidering Woodrow Wilson: Progressivism, Internationalism, War, and Peace* (Baltimore: Johns Hopkins University Press, 2008), p. 93.

97 Kenneth M. Glazier, "W. E. B. Du Bois's Impression of Woodrow Wilson," *Journal of Negro History*, Vol. 58 (October 1973), p. 459.

98 Jonathan D. Spence, *The Search for Modern China*, 2nd ed. (New York: Norton, 1999). Rana Mitter, *A Bitter Revolution: China's Struggle with the Modern World* (Oxford: Oxford University Press, 2004).

99 Tooze, *The Deluge*, p. 16.

100 Naoko Shimazu, *Japan, Race and Equality: The Racial Equality Proposal of 1919* (New York: Routledge, 1998), p. 155.

101 Erez Manela, *The Wilsonian Moment: Self-Determination and the International Origins of Anticolonial Nationalism* (Oxford: Oxford University Press, 2007), p. 2.

102 Manela, *The Wilsonian Moment*, pp. 8-9.

103 Frederick R. Dickinson, "More Than a 'Moment': Woodrow Wilson and the Foundations of Twentieth Century Japan," *Japanese Journal of Political Science*, Vol. 19, No. 4 (December 2018), pp. 587-99. Dickinson, *World War I and the Triumph of a New Japan, 1919-1930* (Cambridge: Cambridge University Press, 2013). 자유주의적 국제주의와 관련해 장기적으로 볼 때 일본이 남긴 족적과 활동에 대한 연구는 다음 자료를 참조하라. Takashi Inoguchi, "The Wilsonian Moment: Japan 1912-1952," *Japanese Journal of Political Science*, Vol. 19, No. 1 (December 2018).

104 Knock, *To End All Wars*, p. 226.

105 Arno J. Mayer, *Politics and Diplomacy of Peacemaking: Containment and Counterrevolution at Versailles, 1918-1919* (New York: Vintage, 1969), p. 368.

106 Laurence W. Martin, *Peace without Victory* (New Haven, CT: Yale University Press, 1958), chap. 3.

107 Wilson "The Modern Democratic State," ca. 1-20 December 1885, in *PWW*, Vol. 5 (Princeton, NJ: Princeton University Press, 1969), p. 63.

108 John Maynard Keynes, *The Economic Consequences of the Peace* (New York: Harcourt Brace Jovanovich, 1920).

109 Ninkovich, *The Wilsonian Century*, chap. 3.

110 Glenda Sluga, "Remembering 1919: International Organizations and the Future of International Order," *International Affairs*, Vol. 95, No. 1 (January 2019), p. 25. Daniel Laqua, "Transnational Intellectual Cooperation, the League of Nations, and the Problem of Order," *Journal of Global History*, Vol. 6, No. 2 (2011), pp. 223-47.

111 이러한 해석을 제시해준 톨리야 레브신에게 감사한다.

112 Lloyd Ambrosius, *Wilsonianism: Woodrow Wilson and His Legacy in American Foreign Relations* (London: Palgrave: 2002), p. 52.

5. 루스벨트의 국제주의

1 John Maynard Keynes, *The Economic Consequences of the Peace* [1919], with a new introduction by Michael Cox (London: Palgrave, 2019), p. 216.

2 Eric Hobsbawm, *The Age of Extremes, 1914-1991* (London: Abacus, 1995), pp. 110-11.

3 Ira Katznelson, *Fear Itself: The New Deal and the Origins of Our Time* (New York: Liveright, 2013), p. 12.

4 1934-1935년 회원국의 수가 최대였을 때 국제연맹에는 58개국이 가입했는데, 대부분이 유럽 국가였고 아프리카 국가가 2개(라이베리아와 에티오피아)였다. 1919년에 구축된 평화체제를 100주년이 되는 해에 평가한 내용은 다음 자료를 참조하라. Margaret MacMillan, Anand Menon, and Patrick Quinton-Brown, eds., "World Politics 100 Years after the Paris Peace Conference," special issue of *International Affairs*, Vol. 95, No. 1 (January 2019). Alan Sharp, *Versailles 1919: A Centennial Perspective* (London: Haus, 2019). 베르사유조약 시대에 관한 최근의 학술적 분석은 다음 자료를 참조하라. John A. Thompson, "Review Article: American Power and Interwar Internationalism," *Historical Journal*, Vol. 61, No. 4 (2018), pp. 1137-48.

5 Daniel Gorman, *The Emergence of International Society in the 1920s* (New York: Cambridge University Press, 2012).

6 Herbert Hoover, "Inaugural Address," 4 March 1929.
https://avalon.law.yale.edu/20th_century/hoover.asp

7 Adam Tooze, *The Deluge: The Great War and the Remaking of Global Order* (New York: Viking, 2014), p. 511.

8 Hobsbawm, *The Age of Extremes*, 1914-1991.

9 1930년대 유럽의 정치, 파시즘과 권위주의의 부상에 대한 개관은 다음 자료를 참조하라. Zara Steiner, *The Light That Failed: European International History, 1919-1933* (Oxford: Oxford University Press, 2007). Mark Mazower, *The Dark Continent: Europe's Twentieth Century* (London: Allen Lane, 1998). Richard Overy, *The Inter-War Crisis* (New York: Routledge, 1994).

10 Ian Nish, *Japanese Foreign Policy in the Interwar Period* (Westport, CT: Praeger, 2002).

11 히틀러의 부상을 다룬 다음 자료들을 참조하라. Richard Evans, *The Coming of the Third Reich: How the Nazis Destroyed Democracy and Seized Power in Germany* (London: Penguin, 2004). Thomas Childers, *The Third Reich: A History of Nazi Germany* (New York: Simon and Schuster, 2017). Ian Kershaw's two-volume biography, *Hitler*, vol. 1, 1889-1936: *Hubris* (New York: Norton, 1999), and vol. 2, 1936-1945: *Nemesis* (New York: Norton, 2000).

12 Evans, *The Coming of the Third Reich*, p. 197.

13 이 조약을 조인하기 이전의 외교에 대한 연구는 다음 자료를 참조하라. Robert Ferrell, *Peace in Their Time: The Origins of the Kellogg-Briand Pact* (New Haven, CT: Yale University Press, 1952). 이 조약에 대한 이상주의적 해석과 국제법질서에 미친 영향은 다음 자료를 참조하라. Oona Hathaway and Scott Shapiro, *The Internationalists and Their Plan to Outlaw War* (London: Allen Lane, 2017).

14 제2차세계대전 발발 전 10년 동안 일어난 군비증강 경쟁은 다음 자료를 참조하라. Joseph Maiolo, *Cry Havoc: The Arms Race and the Second World War, 1931-1941* (London: John Murray, 2010).

15 Richard Overy, *The Twilight Years: The Paradox of Britain between the Wars* (New York: Viking, 2009), pp. 38, 43.

16 John Maynard Keynes, *The General Theory of Employment, Interest and Money* (London: Macmillan, 1936). 물론 케인스는 몇 년 전부터 베르사유조약을 비판하기 시작했고 이러한 반박은 1919년 작《평화의 경제적 결과》에 자세히 제시되어 있다. 이 저술에서 케인스는 베르사유 평화조약 당사국들이 정치적 경제적 질서의 안정적인 틀을 구축하는 데 실패했다고 주장했다. 전쟁이 "이 체제를 뒤흔들어 유럽의 생명이 위험에 빠졌다." 하지만 유럽 재건과 신생국가들의 안정을 도모할 조치들이 없고 프랑스와 이탈리아의 재정을 재건하려는 노력이 부진해 "유럽의 문명화된 삶 전체가 쇠하게 되는 계기가 마련

된다." 케인스의 예언에 대해서는 다음 자료를 참조하라. Jonathan Kirshner, "The Man Who Predicted Nazi Germany," *New York Times*, 7 December 2019. 케인스의 국제관계에 대한 발상의 진전에 대해서는 다음을 참조하라. Donald Markwell, *John Maynard Keynes and International Relations: Economic Paths of War and Peace* (Oxford: Oxford University Press, 2006).

17 Mary Nolan, *The Transatlantic Century: Europe and America, 1890-2010* (New York: Cambridge University Press, 2012), pp. 108-11.

18 케인스와 하이에크는 공개적으로 토론을 한 적이 없고, 에세이와 사설을 통해서 이견을 주고받았다. 그들은 이따금 직접 만나기도 했고 서로에 대해 조심스럽게 존경심을 갖게 되었다. 1933년에 쓴 서신에 케인스는 다음과 같이 적었다. "하이에크가 주말에 이곳(케임브리지)을 다녀갔다. 사석에서 우리는 잘 어울렸다. 하지만 그의 이론은 쓰레기도 그런 쓰레기가 없다. 오늘은 하이에크 본인조차도 자기 이론을 믿지 않기 시작했다는 느낌이 들었다." 하이에크도 여러 차례 케인스에 대해 이와 비슷한 발언을 했고 케인스의 이론이 지닌 영향력은 그의 이론이 논리정연해서라기보다 인간적인 매력과 학식에서 비롯된다고 주장했다. Alan O. Ebenstein, *Friedrich Hayek: A Biography* (New York: St. Martin's Press, 2001), p. 72.

19 Friedrich von Hayek, *The Road to Serfdom* (Chicago: University of Chicago Press, 1944).

20 Keynes, *The General Theory of Employment, Interest and Money*, p. 372.

21 Quinn Slobodian, *Globalists: The End of Empire and the Birth of Neoliberalism* (Cambridge, MA: Harvard University Press, 2018).

22 Karl Polanyi, *The Great Transformation: The Political and Economic Origins of Our Times* (New York: Farrar and Rinehart, 1944), p. 31.

23 Polanyi, *The Great Transformation*, p. 46.

24 E. H. Carr, *The Twenty Years' Crisis, 1919-1939* (London: Macmillan, 1940).

25 Carr, *The Twenty Years' Crisis*, 1919-1939, p. 29.

26 Carr, *The Twenty Years' Crisis*, 1919-1939, p. 224.

27 영국 패권의 쇠락과 국제질서의 와해에 대한 카의 주장은 전후 이론가들, 특히 찰스 P. 킨들버거에게 영향을 미쳤다. Charles P. Kindleberger, *The World in Depression, 1929-1939* (Berkeley: University of California Press, 1973). Robert Gilpin, *War and Change in World Politics* (Cambridge: Cambridge University Press, 1981).

28 1942년에 저술한 《평화의 조건(Conditions of Peace)》에서 카는 자유민주주의가 다시 효력을 발휘하려면 "19세기 전에 군사력이 민주국가들의 통제하에 있었던 것과 마찬가지로 경제력도 민주국가들의 통제하에 놓여야만 한다."고 주장했다. 카는 자유민주주의국가들은 파시스트와 공산주의 국가들의 기획 경험에서 교훈을 얻을 수 있다고 주장했다. E. H. Carr, *Conditions of Peace* (London: Macmillan, 1942), p. 33.

29 Vera Micheles Dean, *The Struggle for World Order* (New York: Foreign Policy Association, 1941), p. 22.

30 Dean, *The Struggle for World Order*, p. 25.

31 Dean, *The Struggle for World Order*, p. 94.

32 Carr, *Conditions of Peace*, p. 31.

33 지난 20년 동안 윌슨시대와 양대 세계대전 사이 기간의 국제주의자들이 지녔던 생각을 재평가하는 연구가 증가했다. 폭넓게 말해서, 이러한 수정주의 문헌들은 카가 이러한 사상가들이 이상향을 추구한다고 한 평가를 반박하고 이들이 이상주의, 실용주의, 개혁주의 등 다양한 시각을 지녔다는 연구결과를 내놓는다. Peter Wilson, "The Myth of the 'First Great Debate,'" *Review of International Studies*, Vol. 24, No. 5 (December 1998),

pp. 1-16. David Long and Peter Wilson, eds., *Thinkers of the Twenty Years' Crisis: Inter-War Idealism Reassessed* (Oxford: Oxford University Press, 1995). Lucian M. Ashworth, "Did the Realist-Idealist Great Debate Really Happen: A Revisionist History of International Relations," *International Politics*, Vol. 16, No. 1 (2002), pp. 33-51. 안드레아스 오시안더는 G. 로위스 디킨슨, 레너드 울프, 앨프리드 지먼, 노먼 에인절과 같은 소위 말하는 "이상주의자"들의 생각에서 "현실주의자"적인 사고를 찾으며, 이는 "국제 무질서(international anarchy)"라는 용어의 사용에서 드러난다. Osiander, "Rereading Early Twentieth-Century IR Theory: Idealism Revisited," *International Studies Quarterly*, Vol. 42, No. 3 (1998), pp. 409-32.

34 이러한 주장은 다음 자료를 참조하라. Michael Riemens, "The Scientific Study of International Affairs in the Inter-War Years: The International Studies Conference and the Netherlands Co-ordinating Committee for International Studies," in N. Nienke de Deugd, M. Drent, and P. Volten, eds., *Conference Proceedings: Towards an Autonomous European IR Approach—Relevance and Strategy: 20-Year Anniversary Conference of the Department of International Relations/International Organization of the University of Groningen, 4-5 October 2007* (Groningen: Groningen University Press, 2008), p. 3. 이 참고문헌에 대해서는 배리 부잔에게 감사한다.

35 국제관계가 전문직으로 부상하는 과정을 조명한 내용은 다음 자료를 참조하라. Jan Stöckmann, "The Formation of International Relations: Ideas, Practices, Institutions, 1914-1940" (PhD diss., Oxford University, 2017).

36 Daniel Laqua, ed., *Internationalism Reconfigured: Transnational Ideas and Movements between the World Wars* (New York: I. B. Tauris, 2011).

37 양대 세계대전 사이 기간 동안 발생한 국제질서의 위기에 대해 영미권에서 벌어진 논쟁에 대해서는 다음 자료를 참조하라. Overy, *The Twilight Years; Robert Boyce, The Great Interwar Crisis and the Collapse of Globalization* (London: Palgrave, 2009). Michael Pugh, *Liberal Internationalism: The Interwar Movement for Peace in Britain* (London: Palgrave, 2012).

38 Kiran Klaus Patel, *The New Deal: A Global History* (Princeton, NJ: Princeton University Press, 2016), pp. 3-4.

39 Philip Kerr, "Liberalism in the Modern World," lecture to the Liberal Summer School, published as a pamphlet (London, 1933), reprinted in John Pinder and Andrea Bosco, eds., *Pacifism Is Not Enough: Collected Lectures and Speeches of Lord Lothian* (London: Lothian Foundation Press, 1990), p. 148.

40 Or Rosenboim, *The Emergence of Globalism: Visions of World Order in Britain and the United States, 1939-1950* (Princeton, NJ: Princeton University Press, 2017), pp. 3, 4.

41 Rosenboim, The Emergence of Globalism, p. 8.

42 앞장 앙겔의 논의를 참조하라.

43 J. D. B. Miller, "Norman Angell and Rationality in International Relations," in Long and Wilson, *Thinkers of the Twenty Years' Crisis*, pp. 100-121. 에인절이 1918년 이후의 변한 상황에 대해 어떻게 대응했는지에 대한 내용은 다음 자료를 참조하라. Martin Ceadel, *Living the Great Illusion: Sir Norman Angell, 1872-1967* (Oxford: Oxford University Press, 2009), chaps. 7 and 8. Lucian M. Ashworth, *Creating International Studies: Angell, Mitrany, and the Liberal Tradition* (Aldershot: Ashgate, 1999).

44 Norman Angell, *The Great Illusion*, 1933 (London: Heinemann, 1933), pp. 369-70. Angell, "The International Anarchy," in Leonard Woolf, ed., *The Intelligent Man's Way to Prevent War* (London: Victor Gollancz, 1933), pp. 19-66. 일찍이 1918년 에인절은 자유민주주의국가들이 자체적으로 협력안보 체제를 조직해야 한다는 의견을 내비쳤다. "서구 민주주의국가들의 생존은, 그들의 힘을 효과적으로 이용하는 문제에 관한 한, 전쟁 중과 전쟁 후에 일

치단결해서 힘을 사용할 역량이 있는지에 달려있다. Angell, *The Political Conditions of Allied Success* (London: G. P. Putman's Sons, 1918), p. 4.

45 Paul Rich, "Alfred Zimmern's Cautious Idealism: The League of Nations, International Education, and the Commonwealth," in Long and Wilson, *Thinkers of the Twenty Years' Crisis*, pp. 79-99. D. J. Markwell, "Sir Alfred Zimmern Revisited: Fifty Years On," *Review of International Studies*, Vol. 12 (1986), pp. 279-92.

46 Rich, "Alfred Zimmern's Cautious Idealism," p. 82.

47 Alfred Zimmern, *The League of Nations and the Rule of Law, 1918-1935* (London: Macmillan, 1936), pp. 283-84.

48 Alfred Zimmern, *Quo Vadimus?* (Oxford: Oxford University Press, 1934).

49 지먼은 나치의 공격성에 강하게 저항해야 한다고 주장하면서 재무장과 동맹 정책을 촉구했다. 공교롭게도 E. H. 카는 유화적인 정책을 선호했다. 그의 관점이 어떻게 바뀌었는지는 다음 자료를 참조하라. Jeanne Morefield, *Covenants without Swords: Idealist Liberalism and the Spirit of Empire* (Princeton, NJ: Princeton University Press, 2005).

50 세실의 국제주의적 사상에 대해서는 다음 자료를 참조하라. Peter Raffo, "The League of Nations Philosophy of Lord Robert Cecil," *Australian Journal of Politics and History*, Vol. 20, No. 2 (August 1974), pp. 186-96. Gaynor Johnson, *Lord Robert Cecil: Politician and Internationalist* (London: Routledge, 2013).

51 1941년 세실이 주장한 바와 같이 "국제연맹의 비대결적인 자세로 이룬 성공에 뒤이어 유럽에서 전쟁이 재발했다는 사실은 국제연맹이 강제력 없이도 평화를 유지하는 장치로 제 역할을 하게 만들 수 있다고 주장한 이들이 저지른 실수를 보여주는 명명백백한 증거다." Robert Cecil, *A Great Experiment: An Autobiography by Lord Robert Cecil* (Oxford: Oxford University Press, 1941), p. 328.

52 Robert Cecil, "The Future of Civilization," Nobel Lecture, 1 June 1938. https://www.nobelprize.org/prizes/peace/1937/chelwood/lecture/

53 세실은 다음 책자에서 이러한 생각을 구체적으로 제시했다. *An Emergency Policy: An Urgent Proposal for the United Nations* (London: Hutchinson, 1948). 이 책자에서 세실은 의향이 있는 자유민주주의국가들이 안전보장이사회를 보완하거나 그들을 대신해 평화를 지킬 조직을 만들어야 한다고 주장했는데, 그는 안전보장이사회가 강대국들의 의견 차이로 온갖 중요한 문제들을 해결하지 못하고 마비되리라고 이미 예상하고 있었다.

54 Cecil, *A Great Experiment*, p. 351.

55 미국 고립주의자들과 국제주의자들 간의 갈등은 다음 자료를 참조하라. Christopher McKnight Nichols, *Promise and Peril: America at the Dawn of the Global Age* (Cambridge, MA: Harvard University Press, 2011). 양대 세계대전 사이의 기간 동안 벌어진 국제주의 운동을 다룬 글은 다음 자료를 참조하라. Warren F. Kuehl and Lynne K. Dunn, *Keeping the Covenant: American Internationalists and the League of Nations, 1920-1939* (Kent, OH: Kent State University Press, 1997). 윌슨의 국제주의와의 연속성을 강조한, 프랭클린 루스벨트의 국제주의에 대한 통상적인 설명은 다음 자료를 참조하라. Robert Divine, *Second Chance: The Triumph of Internationalism during World War II* (New York: Atheneum, 1967). 단절을 강조한 보다 최근의 역사에 대해서는 다음 자료를 참조하라. Andrew Johnstone, *Against Immediate Evil: American Internationalists and the Four Freedoms on the Eve of World War II* (Ithaca, NY: Cornell University Press, 2014). John A. Thompson, *A Sense of Power: The Roots of America's Global Role* (Ithaca, NY: Cornell University Press, 2015).

56 David Milne, "The Syndicated Oracle: Walter Lippmann," in *Worldmakers: The Art and Science of American Diplomacy* (New York: Farrar, Straus and Giroux, 2015), chap. 4.

57 Townsend Hoops and Douglas Brinkley, *FDR and the Creation of the U.N.* (New Haven, CT: Yale University Press, 2000), chap. 1.

58 Ronald Steel, *Walter Lippmann and the American Century* (Boston: Little, Brown, 1980), p. 327.

59 Steel, Walter Lippman and the American Century, pp. 335-36.

60 Lippmann, *U.S. Foreign Policy: Shield of the Republic* (Boston: Little, Brown and Co., 1943), p. 106.

61 Steel, *Walter Lippmann and the American Century*, p. 407.

62 Hathaway and Shapiro, *The Internationalists*.

63 James T. Shotwell, "Franklin Roosevelt, Cordell Hull, and the Birth of the United Nations," in *The Faith of an Historian and Other Essays* (New York: Walker, 1964), p. 280.

64 Harold Josephson, *James Shotwell and the Rise of Internationalism in America* (Madison, NJ: Fairleigh Dickinson University Press, 1975), pp. 207-11.

65 James T. Shotwell, *The Long Way to Freedom* (Indianapolis: Bobbs-Merrill, 1960), pp. 586-88.

66 Christopher D. O'Sullivan, *Sumner Welles, Postwar Planning, and the Quest for a New World Order, 1937-1943* (New York: Columbia University Press, 2009), p. xii.

67 O'Sullivan, *Sumner Welles, Postwar Planning and the Quest for a New World Order*, p. 12.

68 Sumner Welles, *Where Are We Heading?* (New York: Harper and Brothers, 1946), p. 27.

69 O'Sullivan, *Sumner Welles, Postwar Planning and the Quest for a New World Order*, pp. 43-44.

70 Josephson, *James T. Shotwell and the Rise of American Internationalism in America*, p. 179.

71 이러한 변화를 서술한 다음 자료를 참조하라. Alan Brinkley, *The End of Reform: New Deal Liberalism in Recession and War* (New York: Alfred A. Knopf, 1995). Mary Ann Glendon, *Rights Talk: The Impoverishment of Political Discourse* (New York: Free Press, 1993), Michael Kazin, *American Dreamers: How the Left Changed a Nation* (London: Vintage, 2011). 진보주의 시대의 뿌리에 관해서는 다음 자료를 참조하라. Daniel T. Rogers, *Atlantic Crossings: Social Politics in a Progressive Age* (Cambridge, MA: Harvard University Press, 1998), chap. 10.

72 헬레나 로젠블랫은 1930년대에 미국과 서구 진영 자유주의의 변모는 자유로운 사회를 도덕 공동체로 간주한 과거의 구상에서 개인주의, 정치적 권리, 사회적 보호라는 새로운 구상으로의 전환으로 가장 잘 설명된다고 주장한다. Rosenblatt, *The Lost History of Liberalism: From Ancient Rome to the Twenty-First Century* (Princeton, NJ: Princeton University Press, 2018).

73 이 시기 동안 루스벨트는 자유민주주의의 운명을 구원하고 자유민주주의 모델이 근대적인 면모를 갖추게 했다는 점에서 단연 가장 중요한 인물로서 버거울 정도로 대단한 역할을 했다. 루스벨트는 최악의 위기에 처한 시대에 가장 막강한 민주주의국가의 지도자였고, 사회운동과 실용주의적 특성이 담긴 그의 정책은 낙관주의와 복합적으로 작용해 수십 년 동안 대서양 양안에서 자유주의적 상상력을 펼치는 데 심오한 영향을 미쳤다. 루스벨트 서거 10주기에 철학자 이사야 벌린은 대공황시대에 유럽에서 사는 청년에게 루스벨트가 어떤 의미를 지녔는지에 대한 에세이에서 다음과 같이 기록한다. "어떤 이들이 누군가의 상상력을 수년 동안 점유한다고 할 때 루스벨트가 영국에 사는 내 또래 청년들에게 미친 영향이 말 그대로 그러했다. 아니 영국뿐만 아니라 유럽 수많은 지역에서, 그리고 사실상 전 세계 젊은이들에게 그런 영향을 미쳤다. 1930년대에 민주사회에 사는 청년이라면, 정치적 성향을 막론하고, 인간으로서 감정을 지니고 있다면, 나폴레옹이 패배한 후 왕정복고시대 동안 유럽대륙의 청년들이 느꼈음직한 감정을 느꼈을 게 틀림없다. 아니면 사회적 이상주의의 꺼질 듯한 불씨라도 지니고 있거나 생명에 대한 애착이 있다면 말이다. 철저히 암울하고 조용한 가운데 역외에서는 대대적인 반동 움직임이 벌어지고 있었지만 유럽에서는 미동도 일어나지 않고 아무런 저항도 일어나지 않았다…. 어둠 속의 유일한 빛

은 미국의 루스벨트 행정부와 뉴딜정책이었다. 민주 진영이 나약하고 절망이 깊어가던 시기에, 루스벨트는 자신감과 힘을 발산했다. 그는 민주 진영의 지도자였고 심지어 오늘날에조차도 30년대의 하고많은 정치가들 가운데 오로지 그에게만 구름이 전혀 드리우지 않았다. 그에게도 뉴딜에도 구름이 드리우지 않았고, 유럽인들의 눈에는 여전히 그와 뉴딜이 인류 역사에서 눈부신 챕터로 보인다. 이 글은 본래 1955년 7월《뉴 리퍼블릭》에 게재된 에세이로서 다음 자료에서 다시 게재되었다. Isaiah Berlin, "President Franklin Delano Roosevelt," in *Personal Impressions* (London: Hogarth Press, 1980), p. 23.

74 Franklin Roosevelt, "Acceptance of Renomination, June 27, 1936," in The *Public Papers and Addresses of Franklin D. Roosevelt*, Vol. 5, ed. Samuel I. Rosenman (New York: Random House, 1938), p. 236.

75 David Plotke, *Building a Democratic Political Order: Reshaping American Liberalism in the 1930s and 1940s* (New York: Cambridge University Press, 1996), p. 1.

76 Franklin Roosevelt, "Message to Congress on the Objectives and Accomplishments of the Administration," 8 June 1934, in *The Public Papers and Addresses of Franklin D. Roosevelt*, Vol. 3, ed. Samuel I. Rosenman (New York: Random House, 1938), p. 292.

77 James Joll, *Europe since 1870: An International History* (London: Weidenfeld and Nicolson, 1973), p. 442.

78 Sherri Berman, *The Social Democratic Moment: Ideas and Politics in the Making of Interwar Europe* (Cambridge, MA: Harvard University Press, 1998).

79 Hobsbawm, *The Age of Extremes*, p. 140.

80 이러한 용어들은, 국제기구라는 용어와 더불어, 이 시기에 학술적으로 대중적으로 통용되는 표현으로 자리 잡기 시작했다. Pitman B. Potter, "Origin of the Term International Organization," *American Journal of International Law*, Vol. 39, No. 4 (October 1945), pp. 803-6.

81 Patel, *The New Deal*, pp. 114-16.

82 Wolfgang Schivelbusch, *Three New Deals: Reflections on Roosevelt's America, Mussolini's Italy, and Hitler's Germany, 1933-1939* (New York: Metropolitan Books, 2006).

83 David Caute, *The Fellow Travelers: Intellectual Friends of Communism* (New Haven, CT: Yale University Press, 1988). 케인스의 견해에 대해서는 다음을 참조하라. Anthony Arblaster, The Rise and Decline of Western Liberalism (Oxford: Basil Blackwell, 1984), chap. 17.

84 루스벨트는 나치독일이 내세운 "새로운 질서"라는 선전에 맞서는 차원에서도 이러한 발언을 했다고 알려져 있다. 따라서 그의 이러한 발언은 러시아혁명에 대한 대응으로서 윌슨이 14개 평화원칙을 천명한 역사적 사건의 반복이다.

85 대서양헌장 회동에 대한 설명은 다음 자료를 참조하라. Douglas Brinkley and David R. Facey-Crowther, eds., *The Atlantic Charter* (New York: St. Martin Press, 1994). Theodore A. Wilson, *The First Summit: Roosevelt and Churchill at Placentia Bay 1941* (Boston: Houghton Mifflin, 1969).

86 Wilson, *The First Summit*, p. 205.

87 Forrest Davis, *The Atlantic System: Story of Anglo-American Control of the Sea* (New York: Reynal and Hitchcock, 1941), p. 307.

88 Winston Churchill, "Broadcast Regarding his Meeting With Roosevelt," 24 August 1941. https://www.jewishvirtuallibrary.org/churchill-broadcast-regarding-his-meeting-with-roosevelt-august-1941

89 신문 칼럼니스트 앤 오헤어 매코믹은 1942년 6월, "세계를 위한 뉴딜 개념"이 루스벨트 행정부의 전후 질서 구상의 중심 주제였다고 주장했다. O'Sullivan, *Sumner Welles, Postwar Planning, and the Quest for a New World Order*, p. 78. William Range, "A Global New Deal," in

Franklin D. Roosevelt's World Order (Athens: University of Georgia Press, 1959), chap. 10.

90 Elizabeth Borgwardt, *A New Deal for the World: America's Vision for Human Rights* (Cambridge, MA: Harvard University Press, 2005), pp. 280-81.

91 Arthur H. Vandenberg Jr., ed., *The Private Papers of Senator Vandenberg* (Boston: Houghton Mifflin, 1952), pp. 3-4.

92 Frank Ninkovich, *Modernity and Power: A History of the Domino Theory in the Twentieth Century* (Chicago: University of Chicago Press, 1994). Neil Smith, *American Empire: Roosevelt's Geographer and the Prelude to Globalization* (Berkeley: University of California Press, 2003). Alan K. Henrikson, "FDR and the 'World-Wide Arena,'" in David B. Woolner, Warren K. Kimball, and David Reynolds, eds., *FDR's World: War, Peace, and Legacies* (New York: Macmillan, 2008), pp. 35-62.

93 Franklin D. Roosevelt, "Quarantine Speech," 5 October 1937, The Miller Center, University of Virginia. https://millercenter.org/the-presidency/presidential-speeches/october-5-1937-quarantine-speech

94 Franklin D. Roosevelt, "Annual Message to Congress," 4 January 1939, The American Presidency Project. https://www.presidency.ucsb.edu/documents/annual-mes sage-congress

95 David Reynolds, *America, Empire of Liberty: A New History* (London: Allen Lane, 2009), p. 355.

96 FDR to Pope Pius XII, 23 December 1939, in *Roosevelt's Foreign Policy, 1933-1941: Franklin D. Roosevelt's Unedited Speeches and Messages* (New York: W. Funk, 1942), p. 29.

97 "President Roosevelt to Ambassador Grew, Letter of 21 January 1941," in US Department of State, *Foreign Relations of the United States*, Vol. 4 (Washington, DC: US Department of State, 1941), p. 8.

98 Franklin D. Roosevelt, "Statement by President Roosevelt to Members of the United Nations Monetary and Finance Conference," 29 June 1944, CVCE. EU.
https://www.cvce.eu/en/obj/statement_by_franklin_d_roosevelt_29_june_1944-en-051f8720-94b9-4aee-991b-901dd926a578.html

99 Jacob Viner, "Objectives of Post-War International Economic Reconstruction," in W. McKee and L. Wiesen, eds., *American Economic Objectives* (New Wilmington, PA: Economic and Business Foundation, 1942), p. 168.

100 President Roosevelt's Message to Congress on Bretton Woods Money and Banking Proposals, 12 February 1945, Richard H. Immerman, Temple University.
https://sites.temple.edu/immerman/president-roosevelts-message-to-congress-on-bretton-woods-money-and-banking-proposals/

101 Susan Pedersen, "Review Essay: Back to the League of Nations," *American Historical Review*, Vol. 112, no. 4 (October 2007), pp. 1091-117. Pedersen, The Guardians: *The League of Nations and the Crisis of Empire* (New York: Oxford University Press, 2015). Patricia Clavin, *Securing the World Economy: The Reinvention of the League of Nations, 1920-1946* (New York: Oxford University Press, 2013).

102 Ninkovich, *Modernity and Power*, p. 105.

103 Michael Howard, *War and the Liberal Conscience* (London: Temple Smith, 1978), p. 96.

104 Michael Fullilove, *Rendezvous with Destiny: How Franklin D. Roosevelt and Five Extraordinary Men Took America into the War and into the World* (New York: Penguin, 2013), p. 121. 루스벨트가 4대 자유에 대해 장황하게 열변을 토한 내용이 담긴 아홉 번째 연두교서 초안 작성에 대해서는 다음 자료를 참조하라. Samuel I. Rosenman, *Working with Roosevelt* (New York: Harper and Brothers, 1952), pp. 262-63.

105 Borgwardt, *A New Deal for the World*.

106 Andrew Shonfield, *Modern Capitalism* (New York: Oxford University Press, 1965).

107 제2차세계대전 이전과 전쟁 동안 미국 외교계와 국방기획 부문에서 어떻게 "국가안보"라는 용어가 등장했는지는 다음 자료를 참조하라. Dexter Fergie, "Geopolitics Turned Inwards: The Princeton Studies Group and the National Security Imagination," *Diplomatic History*, Vol. 43, No. 4 (September 2019), pp. 644-70. Emily S. Rosenberg, "Commentary: The Cold War and the Discourse of National Security," Diplomatic History, Vol. 17, No. 2 (Spring 1993), pp. 277-84.

108 Andrew Preston, "Monsters Everywhere: A Genealogy of National Security," *Diplomatic History*, Vol. 38, No. 3 (2014), pp. 477-500. 국가안보 독트린의 부상에 대해서는 다음 자료를 참조하라. Daniel Yergin, *Shattered Peace: The Origins of the Cold War and the National Security State* (New York: Houghton Mifflin, 1977). John Lewis Gaddis, *Strategies of Containment: A Critical Appraisal of American National Security Policy during the Cold War*, rev. ed. (New York: Oxford University Press, 2005). Melvyn P. Leffler, *A Preponderance of Power: National Security, the Truman Administration, and the Cold War* (Stanford, CA: Stanford University Press, 1992).

109 Preston, "Monsters Everywhere," p. 487.

110 Franklin D. Roosevelt, "On the Recession," Fireside Chat 12, 14 April 1938, The Miller Center, University of Virginia. https://millercenter.org/the-presidency/presidential-speeches/april-14-1938-fireside-chat-12-recession

111 Julian E. Zelizer, *Arsenal of Democracy: The Politics of National Security—From World War II to the War of Terrorism* (New York: Basic Books, 2010), p. 55.

112 Maurizio Vaudagna, "Social Protection and the Promise of a Secure Future in Wartime Europe and America," in Marco Mariano, ed., *Defining the Atlantic Community: Culture, Intellectuals and Policies in the Mid-Twentieth Century* (New York: Routledge, 2010).

113 Preston, "Monsters Everywhere," p. 492.

114 Anne-Marie Burley, "Regulating the World: Multilateralism, International Law, and the Project of the New Deal Regulatory State," in John G. Ruggie, ed., *Multilateralism Matters: The Theory and Praxis of an Institutional Form* (New York: Columbia University Press, 1993), pp. 125-56.

6. 자유주의적 패권의 부상

1 Edward Mortimer, *The World That FDR Built: Vision and Reality* (New York: Charles Scribner's Sons, 1988), p. 4. 1919년 평화회의를 지켜보던 이들도 비슷한 비유를 했다. "회의가 열린 파리는 더 이상 프랑스의 수도가 아니었다. 파리는 삶과 고투의 낯선 측면들이 북적거리는, 거상들이 묵어가는 거처였다. 신기한 여러 인종과 종족들과 4대륙에서 모여든 서로 다른 언어를 구사하는 이들이 신비에 싸인 미래를 지켜보려고 기대에 부풀어 모여들었다. 그들 모두 세계의 정치적 사회적 체제들이 도가니 속에 녹아 새로운 거푸집에 담겨 모양이 잡히는 현장에 가까이 있으려는 욕망으로 불타올랐다." E. J. Dillon, *The Inside Story of the Peace Conference* (New York: Harper and Brothers, 1920), pp. 4, 6.

2 Arthur Sweetser, Memorandum on Approaches to Postwar International Organization, 17 September 1941, War and Peace Studies of the Council on Foreign Relations, quoted in John A. Thompson, *A Sense of Power: The Roots of America's Global Role* (Ithaca, NY: Cornell University

Press, 2015), p. 183.

3 이번 6장은 다음 자료에 제시된 개념들을 토대로 한다. G. John Ikenberry, *Liberal Leviathan: The Origins, Rise, and Crisis of the American World Order* (Princeton, NJ: Princeton University Press, 2011), particularly "The Rise of the American System," pp. 159-219.

4 Timothy Garton Ash, *Free World: America, Europe, and the Surprising Future of the West* (New York: Random House, 2004). James Huntley, *Pax Democratica: A Strategy for the 21st Century* (London: Palgrave Macmillan, 1998). Daniel H. Deudney, "The Philadelphian System: Sovereignty, Arms Control, and Balance of Power in the American States-Union, circa 1787-1861," *International Organization*, Vol. 49, No. 2 (Spring 1995), pp. 191-228. Ikenberry, *Liberal Leviathan*.

5 전후 서구 진영의 질서를 냉전시대 힘의 균형의 장치로 설명한 현실주의 학자들이 최근 제시한 다음 자료들을 참조하라. John Mearsheimer, "Bound to Fail: The Rise and Fall of Liberal International Order," *International Security*, Vol. 43, No. 4 (Spring 2019), pp. 7-50. Graham Allison, "The Myth of the Liberal Order," *Foreign Affairs*, Vol. 97, No. 4 (July/August 2018), pp. 124-33. 전후 서구질서 내에서의 결속력과 협력의 원천에 대한 현실주의자, 자유주의자, 구성주의자들 간의 논쟁은 다음 자료를 참조하라. G. John Ikenberry, ed., *America Unrivaled: The Future of the Balance of Power* (Ithaca, NY: Cornell University Press, 2002).

6 초강대국(superpower)이라는 용어는 바로 이러한 새로운 힘의 현실을 포착하기 위해 이 시기에 정치 전문용어 목록에 올랐다. William T. R. Fox, *The Super-Powers: The United States, Britain, and the Soviet Union* (New York: Harcourt, 1944).

7 Margaret MacMillan, "Rebuilding the World after the Second World War," *Guardian*, 11 September 2009. 미국의 힘에 대한 이러한 현실을 세계는 간과하지 않았다. 이는 최근 몇 세기 동안 겪은 종류와는 전혀 다른 종류의 힘의 현실이었다. 단순히 영국에서 미국으로 힘의 이양이 아니었다. 힘의 격차는 이번에 훨씬 컸고 힘의 성격 또한 훨씬 다면적이었다. 마틴 라이트에 따르면, "미국은 그 동맹국들과의 관계에 있어서 '나폴레옹에게 맞서기 위해 동맹을 맺은 다른 강대국들을 조직화하고 관리한 영국의 캐슬레이 자작이라기보다 기원전 2세기 중엽 헬레니즘 문명의 왕조들에 맞선 로마공화국'으로서 우뚝 섰다." Alan James, ed., *The Bases of International Order: Essays in Honor of C.A.W. Manning* (New York: Oxford University Press, 1973), p. 115.

8 Paul Kennedy, *The Rise and Fall of Great Powers: Economic Change and Military Conflict from 1500 to 2000* (New York: Random House, 1987), p. 359.

9 이러한 논리는 다음 자료에서 다루고 있다. G. John Ikenberry, *After Victory: Institutions, Strategic Restraint, and the Rebuilding of Order after Major War* (Princeton, NJ: Princeton University Press, 2001).

10 전후 지도자들이 직면한 문제의 범위와 복잡성에 대해서는 다음 자료를 참조하라. Andrew Baker, *Constructing a Post-War Order: The Rise of U.S. Hegemony and the Origins of the Cold War* (New York: I. B. Tauris, 2011). Peter Clarke, *The Last Thousand Days of the British Empire: Churchill, Roosevelt, and the Birth of Pax Americana* (London: Bloomsbury, 2008). Robert Hilderbrand, *Dumbarton Oaks: The Origins of the United Nations and the Search for Postwar Security* (Chapel Hill: University of North Carolina Press, 1990).

11 Warren F. Kimball, *The Juggler: Franklin Delano Roosevelt as Wartime Statesman* (Princeton, NJ: Princeton University Press, 1994), p. 17. Robert Divine, *Second Chance: The Triumph of Internationalism in America during World War II* (New York: Atheneum, 1971). Robert Dallek, *Franklin Roosevelt and American Foreign Policy, 1932-1945* (Oxford: Oxford University Press,

1979).

12 루스벨트 행정부가 전후질서를 기획할 때 제시된 다양한 의견과 구상들에 대해서는 다음 자료를 참조하라. Kenneth Weisbrode, "The Master, the Maverick, and the Machine: Three Wartime Promoters of Peace," *Journal of Policy History*, Vol. 21, No. 1 (2009), pp. 366-91.

13 Harry S. Truman, "Address on Foreign Economic Policy, Delivered at Baylor University," 6 March 1947, Harry S. Truman Library and Museum. https://www.trumanlibrary.gov/library/public-papers/52/address-foreign-economic-policy-delivered-baylor-university

14 Harry S. Truman, "Message to Congress Recommending Assistance to Greece and Turkey," 12 March 1947, National Archives. https://www.archives.gov/historical-docs/todays-doc/index.html?dod-date=312

15 Odd Arne Westad, *The Global Cold War: Third World Interventions and the Making of Our Times* (Cambridge: Cambridge University Press, 2007).

16 냉전시대 정책들의 독트린과 전략을 둘러싼 논쟁은 다음 자료를 참조하라. John Lewis Gaddis, *Strategies of Containment: A Critical Appraisal of American National Security Policy during the Cold War* (Oxford: Oxford University Press, 2005).

17 냉전시대 자유주의에 대한 연구는 다음 자료를 참조하라. Jan-Werner Müller, "Fear and Freedom: On 'Cold War Liberalism,'" *European Journal of Political Theory*, Vol. 7, No. 1 (January 2008), pp. 45-64. Jason K. Duncan, *John F. Kennedy: The Spirit of Cold War Liberalism* (New York: Routledge, 2014). 냉전시대 자유주의자들과 반전 진보주의적 국제주의자들 간의 갈등에 대해서는 다음 자료를 참조하라. Randall Bennett Woods, "The Rhetoric of Dissent: J. William Fulbright, Vietnam, and the Crisis of International Liberalism," in Martin J. Medhurst and H. W. Brands, eds., *Critical Reflections on the Cold War: Linking Rhetoric and History* (College Station: Texas A&M University Press, 2000), pp. 187-208. 9/11 이후의 발언과 재고에 대해서는 다음 자료를 참조하라. Peter Beinart, *The Good Fight: Why Liberals—and Only Liberals—Can Win the War of Terror and Make American Great Again* (New York: HarperCollins, 2006). Beinart, *The Icarus Syndrome: A History of American Hubris* (New York: Harper, 2010).

18 이러한 타협적인 입장들은 보다 최근의 맥락에서 다음 자료에서 다루고 있다. Michael Ignatieff, *The Lesser Evil: Political Ethics in an Age of Terror* (Princeton, NJ: Princeton University Press, 2005).

19 다음 자료에 수록된 NSC-68을 참조했다. Ernest May, ed., *American Cold War Strategy: Interpreting NSC-68* (New York: St. Martin's Press, 1993), p. 40.

20 John Baylis, *Diplomacy of Pragmatism: Britain and the Formation of NATO, 1942-49* (Kent, OH: Kent State University Press, 1993). Marc Tractenberg, *A Constructed Peace: The Making of the European Settlement, 1945-1963* (Princeton, NJ: Princeton University Press, 1999). Wallace Thies, *Why NATO Endures* (Cambridge: Cambridge University Press, 2009), chaps. 3 and 4.

21 이 점이 다음 자료의 중심적인 주제다. Robert Gilpin, *Political Economy of International Relations* (Princeton, NJ: Princeton University Press, 1987).

22 이러한 힘의 이전 이론에 대한 전형적인 발언은 다음 자료를 참조하라. Robert Gilpin, *War and Change in World Politics* (New York: Cambridge University Press, 1981). A. F. K. Organski, World Politics (New York: Knopf, 1967). 강대국 힘의 이전을 역사적으로 살펴본 내용은 다음 자료를 참조하라. Kennedy, *The Rise and Fall of the Great Powers*. 강대국 흥망의 대전략은 다음 자료에서 개관하고 있다. Randall L. Schweller, "Managing the Rise of Great Powers: History and Theory," in Alastair Iain Johnston and Robert Ross, eds., *Engaging China: The Management of an Emerging Power* (New York: Routledge, 1999), pp. 1-31.

23 G. John Ikenberry, ed., *Power, Order, and Change in World Politics* (New York: Cambridge University Press, 2014).

24 환경 지향적인 전략들은 다음 자료를 참조하라. Arnold Wolfers, *Discord and Collaboration: Essays on International Politics* (Baltimore: Johns Hopkins University Press, 1965). 지배-지배와 지배-협력에 대한 자세한 내용은 다음을 참조하라. Ikenberry, *Liberal Leviathan*, chap. 3.

25 Harley Notter, *Postwar Foreign Policy Preparation* (Washington, DC: U.S. Department of State, 1950), p. 126.

26 Address at Yale University, 28 November 1939, in Dean Acheson, *Morning and Noon: A Memoir* (Boston: Houghton Mifflin, 1965), pp. 267-75.

27 George C. Marshall, "Commencement Speech at Princeton University," 22 February 1947, The George C. Marshall Foundation. https://www.marshall foundation.org/library/digital-archive/6-026-speech-princeton-university-february-22-1947/

28 Stewart Patrick, *The Best Laid Plans: The Origins of American Multilateralism and the Dawn of the Cold War* (New York: Roman and Littlefield, 2009), p. 53.

29 다음은 제25차 외국무역협의회의(National Foreign Trade Convention)에 앞서 행한 연설이다. Cordell Hull, "The Outlook for the Trade Program," New York City, 1 November 1938. Arthur W. Schatz, "The Anglo-American Trade Agreement and Cordell Hull's Search for Peace, 1936-1938," *Journal of American History*, Vol. 57, No. 1 (June 1970), pp. 85-103.

30 Patrick, *The Best Laid Plans*, chap. 4.

31 외교위원회가 실시한 "전쟁과 평화에 있어서 미국의 이익 연구"라는 제목의 이 연구과제에는 학자와 정책전문가들이 이끄는 일련의 연구 집단들이 참여했다. "경제와 금융 집단"에서 중심적인 인물은 제이컵 바이너와 앨빈 H. 핸슨이었는데, 둘 다 권위 있는 국제경제학자이자 미국경제협회의 회장을 지냈다.

32 Council on Foreign Relations, "Studies of American Interests in the War and the Peace," New York, "Methods of Economic Collaboration: The Role of the Grand Area in American Economic Policy," E-B34, 24 July 1941, p. 1.

33 Carlo Maria Santoro, *Diffidence and Ambition: The Intellectual Sources of U.S. Foreign Policy* (Boulder, CO: Westview Press, 1992), p. 94.

34 Nicolas J. Spykman, *America's Strategy in World Politics: The United States and the Balance of Power* (New York: Harcourt Brace, 1942). 스파이크먼의 논의는 다음을 참조하라. Rosenboim, *The Emergence of Globalism: Visions of World Order in Great Britain and the United States, 1939-1950* (Princeton, NJ: Princeton University Press, 2017).

35 Thompson, *A Sense of Power*, chap. 6. Neil Smith, *American Empire: Roosevelt's Geographer and the Prelude to Globalization* (Berkeley: University of California Press, 2004). Andrew Baker, Constructing a Post-War Order: The Rise of U.S. Hegemony and the Origins of the Cold War (New York: I. B. Tauris, 2011). Patrick J. Hearden, *Architects of Globalism: Building a New World during World War II* (Fayetteville: University of Arkansas Press, 2002).

36 Melvyn P. Leffler, "The American Conception of National Security and the Beginning of the Cold War," *American Historical Review*, Vol. 89, No. 2 (1984), p. 358.

37 Cordell Hull, "Our Foreign Policy in the Framework of Our National Interests," *Department of State Bulletin*, 18 September 1943, p. 178.

38 Patrick, *The Best Laid Plans*, p. 54.

39 냉전 중 이러한 기술관료적 국제주의 관점이 미국의 해외 원조, 지원 프로그램, 근대화와 국가건설의 이념을 뒷받침했다. Michael E. Latham, *Modernization as Ideology: American Social Science and "Nation Building" in the Kennedy Era* (Chapel Hill: University of North

Carolina Press, 2000).

40 역사학자 스티븐 워타임은 루스벨트와 그의 보좌진이 유엔을 미국의 군사적 우월성을 세계에 구축하는 과제를 정당화하기 위한 위장막이라는 협소한 도구적 관점에서 바라보았다고 주장하지만, 집단안보 촉진과 분쟁의 평화적인 해결 등을 포함해 보다 포괄적인 도구들을 설계했다는 사실이 입증하는 풍부한 자료들이 있다. Wertheim, "Instrumental Internationalism: The American Origins of the United Nations, 1940-1943," *Journal of Contemporary History*, Vol. 54, No. 2 (2019), pp. 265-83. 워타임은 1942년 1월 1일 조인된 "유엔 선언"에는 관심을 표하지 않는다. 26개 (훗날 47개국으로 늘어난다) 동맹국들이 경제, 사회, 안보 분야에 걸쳐 새로운 형태의 국제적 협력체제를 구축하기로 한 이 선언문은 대서양헌장에 제시된 "공동의 목적과 원칙들을 추구하는 프로그램"에서 비롯되었다.

41 Dan Flesch and Thomas G. Weiss, eds., *Wartime Origins of the Future United Nations* (New York: Routledge, 2015). 경제기획과 고용과 농업정책 부문에서 1930년대 국제연맹이 한 활동이 남긴 영향에 관해서는 다음 자료를 참조하라. Patricia R. Clavin, *Securing the World Economy: The Reinvention of the League of Nations, 1920-1946* (Oxford: Oxford University Press, 2013).

42 Thomas Risse-Kappen, *Cooperation among Democracies: The European Influence on U.S. Foreign Policy* (Princeton, NJ: Princeton University Press, 1995).

43 Diane Kunz, *Butter and Guns: America's Cold War Economic Diplomacy* (New York: Free Press, 1997), p. 12.

44 이러한 주장은 내가 다음 자료에서 개진하고 있다. G. John Ikenberry, "Reflections on After Victory," *British Journal of Politics and International Affairs*, Vol. 21, No. 1 (2019), pp. 5-19.

45 이 점을 가장 잘 설명한 자료는 다음과 같다. Inis Claude, "Collective Legitimation as a Political Function of the United Nations," *International Organization*, Vol. 20, No. 3 (1966), pp. 367-79. Thomas M. Franck, *The Power of Legitimacy among Nations* (Oxford: Oxford University Press, 1990). M. Patrick Cottrell, *The Evolution and Legitimacy of International Security Institutions* (Cambridge: Cambridge University Press, 2016).

46 이러한 딜레마를 잘 설명한 다음 자료를 참조하라. Karl Polanyi, *The Great Transformation: The Political and Economic Origins of Our Times* (Boston: Beacon Press, 1957).

47 John Gerard Ruggie, "International Regimes, Transactions, and Change: Embedded Liberalism in the Postwar Economic Order," in Stephen D. Krasner, ed., *International Regimes* (Ithaca, NY: Cornell University Press, 1983), pp. 195-232.

48 이 협상의 목적에 대해서는 다음을 참조하라. Benn Steil, *The Battle of Bretton Woods: John Maynard Keynes, Harry Dexter White, and the Making of a New World Order* (Princeton, NJ: Princeton University Press, 2013). Richard Gardner, *Sterling-Dollar Diplomacy in Current Perspective* (New York: Columbia University Press, 1980). Armand Van Dormael, *Bretton Woods: Birth of a Monetary System* (London: Macmillan, 1978). Alfred E. Eckes Jr., *A Search for Solvency: Bretton Woods and the International Monetary System, 1944-71* (Austin: University of Texas Press, 1975).

49 Jacob Viner, "Objectives of Post-War International Economic Reconstruction," in William McKee and Louis J. Wiesen, eds., *American Economic Objectives* (New Wilmington, PA: Economic and Business Foundation, 1942), p. 168.

50 G. John Ikenberry, "Creating Yesterday's New World Order: Keynesian 'New Thinking' and the Anglo-American Postwar Settlement," in Judith Goldstein and Robert O. Keohane, eds., *Ideas and Foreign Policy: Beliefs, Institutions, and Political Change* (Ithaca, NY: Cornell University Press, 1993), pp. 57-86.

51 안보 혹은 제도적 구속력에 대한 논의는 다음 자료를 참조하라. Ikenberry, *After Victory*, chap. 3. 안보의 공동구속력에 대한 주요 발언들은 다음 자료를 참조하라. Daniel Deudney, "The Philadelphia System"; and *Bounding Power: Republican Security Theory From the Polis to the Global Village* (Princeton, NJ: Princeton University Press, 2007).

52 안보조약 내에서 국가 간의 관계를 관리하는 수단으로서의 동맹에 대한 정보는 다음 자료를 참조하라. Paul W. Schroeder, "Alliances, 1815-1945: Weapons of Power and Tools of Management," in Klaus Knorr, ed., *Historical Dimensions of National Security Problems* (Lawrence: University Press of Kansas, 1975), pp. 227-62. 보다 최근에 이 주제를 다룬 다음 자료를 참조하라. Patricia A. Weitsman, *Dangerous Alliances: Proponents of Peace, Weapons of War* (Stanford, CA: Stanford University Press, 2004). Jeremy Pressman, *Warring Friends: Alliance Restraint in International Politics* (Ithaca, NY: Cornell University Press, 2008). 북대서양조약기구에 대한 역사와 관련해 티모시 앤드루스 세일은 다음과 같이 주장했다. 전후 유럽과 미국 정부 엘리트들은 북대서양조약기구를 평화공세에 쉽게 넘어가 냉전의 억지력과 힘의 균형을 훼손할지 모를 변덕스러운 민주국가 유권자들에 대한 일종의 보험 장치로 간주했다. Timothy Andrews Sayle, *Enduring Alliance: A History of NATO and the Postwar Global Order* (Ithaca, NY: Cornell University Press, 2019).

53 Lloyd Gardner, *A Covenant with Power: America and World Order from Wilson to Reagan* (New York: Oxford University Press, 1984), p. 81.

54 이러한 얽히고설킨 동맹 논리는 이스메이의 다음과 같은 일갈에 잘 포착되었다. 북대서양조약기구가 존재하는 까닭은 "러시아를 배척하고 미국을 끌어들이고 독일을 억누르기 위해서다." 이스메이가 이런 발언을 했다는 기록은 없지만, 오랜 세월에 걸쳐 축적된 북대서양조약기구 문서들은 이를 북대서양조약기구의 설립 목적으로 언급하고 있다. Sayle, *Enduring Alliance*, pp. 2-3.

55 Ash, *Free World*.

56 Secretary of State Dean G. Acheson, Department of State, press release of address to television networks, 18 March 1949.

57 Anne Deighton, "The Remaking of Europe," in Michael Howard and Wm. Roger Louis, eds., *The Oxford History of the Twentieth Century* (Oxford: Oxford University Press, 1998), p. 192.

58 Forrest Davis, *The Atlantic System*, p. 303.

59 Wm. Roger Louis, *Ends of British Imperialism: The Scramble for Empire, Suez and Decolonization* (New York: I. B. Tauris, 2006). Stanley Hoffmann, "Sisyphus and the Avalanche: The United Nations, Egypt and Hungary," *International Organization*, Vol. 11, No. 3 (Summer 1957), pp. 446-69.

60 John Lewis Gaddis, *Now We Know: Rethinking Cold War History*, rev. ed. (New York: Oxford University Press, 1998), pp. 201-2.

61 패권 질서를 뒷받침하는 내적 논리와 정치적 타협에 대한 문헌들을 개관한 다음 자료를 참조하라. G. John Ikenberry and Daniel Nexon, "Hegemony Studies 3.0: The Dynamics of Hegemonic Orders," *Security Studies*, Vol. 28, No. 3 (2019), pp. 395-421.

62 마이클 마스탄두노는 서구 주요 국가 간의 냉전과 탈냉전시대의 타협에 대한 연구를 선도해왔다. Michael Mastanduno, "System Maker and Privilege Taker: US Power and the International Political Economy," in G. John Ikenberry, Michael Mastanduno, and William C. Wohlforth, eds., *International Relations Theory and the Consequences of Unipolarity* (New York: Cambridge University Press, 2011), pp. 140-77. Mastanduno, "Partner Politics: Russia, China, and the Challenge of Extending U.S. Hegemony after the Cold War," *Security Studies*, Vol. 28, No. 3 (2019), pp. 479-504.

63 Carla Norrlof, *America's Global Advantage: U.S. Hegemony and International Cooperation* (New York: Cambridge University Press, 2010).

64 Benjamin Cohen, *Organizing the World's Money: The Political Economy of International Monetary Relations* (New York: Basic Books, 1977).

65 Michael Mastanduno, "Preserving the Unipolar Moment: Realist Theories and U.S. Grand Strategy after the Cold War," *International Security*, Vol. 21, No. 4 (Spring 1997), p. 61.

66 Charles de Gaulle, *The Complete War Memoirs of Charles de Gaulle*, Vol. 3: Salvation, 1944-1946, trans. Richard Howard [1959] (New York: Simon and Schuster, 1960), p. 906.

67 Jeffry Frieden, *Global Capitalism: Its Fall and Rise in the Twentieth Century* (New York: Norton, 2006), p. 279.

68 Andrew Rawnsley, "Brave New World: The Search for Peace after the Second World War," *Guardian*, 1 September 2019.

69 제2차세계대전이 서유럽과 미국에서 새로운 정치적 연대와 사회민주주의를 탄생시키는 데 미친 영향에 관해서는 다음 자료들을 참조하라. Arthur Marwick, *War and Social Change in the Twentieth Century: A Comparative Study of Britain, France, Germany, Russia, and the United States* (New York: St. Martin's Press, 1974). Isser Woloch, *The Postwar Moment: Progressive Forces in Britain, France, and the United States after World War II* (New Haven, CT: Yale University Press, 2019).

70 John Bew and Michael Cox, "A Man for All Seasons: The Life and Times of Clement Attlee," London School of Economics blog post, 14 March 2017. https:// blogs.lse.ac.uk/politicsandpolicy/the-life-and-times-of-clement-attlee/

71 애틀리의 국제주의를 개관한 다음 자료를 참조하라. Raymond Smith and John Zametica, "The Cold Warrior: Clement Attlee Reconsidered, 1945-47," *International Affairs*, Vol. 61, No. 2 (1985), pp. 237-52. Peter Weiler, "British Labour and the Cold War: The Foreign Policy of the Labour Governments, 1945-51," *Journal of British Studies*, Vol. 26, No. 1 (January 1987), pp. 54-82.

72 John Bew, Clement Attlee: The Man Who Made Modern Britain (Oxford: Oxford University Press, 2017).

73 서독이 전후 서구체제에 어떻게 관여했는지에 대한 권위 있는 설명은 다음 자료를 참조하라. Ludolf Herbst, Werner Bührer, and Hanna Sowade, eds., *Vom Marshallplan zur EWG: Die Eingliederung der Bundesrepublik Deutschland in die westliche Welt* (Munich: Oldenbourg, 1990).

74 Adam Tooze, "Democracy and Its Discontents," *New York Review of Books*, 6 June 2019. https://www.nybooks.com/articles/2019/06/06/democracy-and-its-discontents/

75 Mary L. Hampton, *The Wilsonian Impulse: U.S. Foreign Policy, the Alliance, and German Unification* (Westport, CT: Praeger, 1996), p. 24.

76 Hans-Jürgen Grabbe, "Konrad Adenauer, John Foster Dulles, and West German-American Relations," in Richard H. Immerman, ed., *John Foster Dulles and the Diplomacy of the Cold War* (Princeton, NJ: Princeton University Press, 1992), pp. 109-32.

77 Terry Edward MacDougall, "Yoshida Shigeru and the Japanese Transition to Liberal Democracy," *International Political Science Review*, Vol. 9, No. 1 (1988), pp. 55-69.

78 "문민" 강대국이라는 개념에 대해서는 다음 자료를 참조하라. Daniel Deudney and G. John Ikenberry, "The Nature and Sources of Liberal International Order," *Review of International Studies*, Vol. 25, No. 2 (April 1999), pp. 179-96. Hanns W. Maull, "Germany and Japan: The New Civilian Powers," Foreign Affairs, Vol. 69, No. 5 (Winter 1990/91), pp. 91-106.

79 Kenneth B. Pyle, *Japan in the American Century* (Cambridge, MA: Harvard University Press,

2018), p. 175.

80 Pyle, *Japan in the American Century*, p. 209.

81 Richard Samuels, *Securing Japan: Tokyo's Grand Strategy and the Future of East Asia* (Ithaca, NY: Cornell University Press, 2007), p. 35.

82 G. John Ikenberry, "The Stakeholder State: Ideology and Values in Japan's Search for a Post-Cold War Global Role," in Yoichi Funabashi and Barak Kushner, eds., *Examining Japan's Lost Decades* (New York: Routledge, 2015), pp. 296-313.

83 John W. Dower, *Embracing Defeat: Japan in the Wake of World War II* (New York: Norton, 2000).

84 James Joll, *Europe since 1870: An International History* (London: Weidenfeld and Nicolson, 1973), p. 474.

85 William I. Hitchcock, "The Marshall Plan and the Creation of the West," in Melvin P. Leffler and Odd Arne Westad, eds., *The Cambridge History of the Cold War* (London: Cambridge University Press, 2013), pp. 154-74.

86 Matthias Schmelzer, *The Hegemony of Growth: The OECD and the Making of the Economic Growth Paradigm* (New York: Cambridge University Press, 2016), pp. 254-58.

87 William Glenn Gray, "Making Hirschman Multilateral: The United States, the OECD, and Trans-Atlantic Relations, 1945-1975" (unpublished paper, 2018).

88 G. John Ikenberry, "Why the Liberal World Order Will Survive," *Ethics and International Affairs*, Vol. 32, No. 1 (Spring 2018), pp. 17-29.

7. 자유주의와 제국

1 미국과 제국에 대한 문헌이 매우 방대하고 급속히 증가하는 현실은 많은 이견이 존재함을 시사한다. 위스콘신 학파의 미국 관련 방대한 사료는 미국의 역사의 담론을 제국팽창의 연속으로 구성하는 데 있어서 윌리엄 애플먼 윌리엄스의 뒤를 따른다. Williams, *The Tragedy of American Diplomacy* (New York: World Publishing, 1959). Williams, *The Contours of American History* (Chicago: Quadrangle Books, 1966). 이 전통에 관련된 작업은 다음을 참조하라. Walter LaFeber, *The New Empire: An Interpretation of American Expansion, 1860-1898* (Ithaca, NY: Cornell University Press, 1963). Lloyd Gardner, *Imperial America: American Foreign Policy Since 1898* (New York: Harcourt Brace Jovanovich, 1976). Anders Stephanson, *Manifest Destiny: American Expansion and the Empire of Right* (New York: Hill and Wang, 1995). Richard H. Immerman, *Empire for Liberty: A History of American Imperialism from Benjamin Franklin to Paul Wolfowitz* (Princeton, NJ: Princeton University Press, 2010). A. G. Hopkins, *American Empire: A Global History* (Princeton, NJ: Princeton University Press, 2018).

2 국제연맹과 유엔을 비롯해 자유주의적 국제주의 과제들 이면의 제국주의적 특징들에 대한 연구는 다음 자료들을 참조하라. Jeanne Morefield, *Covenants without Swords: Idealist Liberalism and the Spirit of Empire* (Princeton, NJ: Princeton University Press, 2005). Morefield, *Empire without Imperialism: Anglo-American Decline and the Politics of Deflection* (Oxford: Oxford University Press, 2014). Mark Mazower, *No Enchanted Palace: The End of Empire and the Ideological Origins of the United Nations* (Princeton, NJ: Princeton University Press, 2009). 그람시의 관점에서 본 다음 자료들을 참조하라. Inderjeet Parmar, "The U.S.-Led Liberal Order: Imperialism by Another Name?," *International Affairs*, Vol. 94, No. 1 (January 2018), pp. 151-72. Parmar, *Foundations of the American Century: The Ford, Carnegie, and Rockefeller*

Foundations and the Rise of American Power (New York: Columbia University Press, 2012).

3 Perry Anderson, *American Foreign Policy and Its Thinkers* (London: Verso, 2014). Samuel Moyn: "Beyond Liberal Internationalism," *Dissent*, Winter 2017, pp. 10-14. "Soft Sells: On Liberal Internationalism," *The Nation*, 14 September 2011. https://www.thenation.com/article/archive/soft-sells-liberal-internationalism/

4 이러한 현실주의 시각을 보여주는 전형적인 발언은 다음 자료를 참조하라. George Kennan, *American Diplomacy*, 1900-1950 (Chicago: University of Chicago Press, 1951). Henry Kissinger, *Diplomacy* (New York: Simon and Schuster, 1994).

5 이러한 사상가들을 보통 "자제 현실주의자"라고 일컫는다. John Mearsheimer, *The Great Delusion: Liberal Dreams and International Realities* (New Haven, CT: Yale University Press, 2018). Stephen M. Walt, *The Hell of Good Intentions: America's Foreign Policy Elite and the Decline of U.S. Primacy* (New York: Farrar, Straus and Giroux, 2018). *Walt, Taming American Power: The Global Response to U.S. Primacy* (New York: Norton, 2005). Barry Posen, *Restraint: A New Foundation for U.S. Grand Strategy* (Ithaca, NY: Cornell University Press, 2015).

6 Stephen Kinzer, *The True Flag: Theodore Roosevelt, Mark Twain, and the Birth of American Empire* (New York: Henry Holt, 2017). Jackson Lears, "How the United States Began Its Empire," *New York Review of Books*, 23 February 2017.
https://www.nybooks.com/articles/2017/02/23/how-the-us-began-its-empire/

7 David C. Hendrickson, *Republic in Peril: American Empire and the Liberal Tradition* (New York: Oxford University Press, 2018). Christopher A. Preble, *The Power Problem: How American Military Dominance Makes Us Less Safe, Less Prosperous, and Less Free* (Ithaca, NY: Cornell University Press, 2009).

8 Michael Doyle, *Empires* (Ithaca, NY: Cornell University Press, 1991), p. 45.

9 John Darwin, *The Empire Project: The Rise and Fall of the British World-System, 1830-1970* (Cambridge: Cambridge University Press, 2009). Charles S. Maier, *Among Empires: American Ascendancy and Its Predecessors* (Cambridge, MA: Harvard University Press, 2006). 이러한 내용을 비교역사학적으로 살펴보려면 다음을 참조하라. Ronald Hyam, *Understanding the British Empire* (Cambridge: Cambridge University Press, 2010), chap. 3.

10 Duncan Bell, *Reordering the World: Essays on Liberalism and Empire* (Princeton, NJ: Princeton University Press, 2016), p. 20.

11 Jennifer Pitts, "Political Theory of Empire and Imperialism," *Annual Review of Political Science*, Vol. 13 (2010), pp. 211-35.

12 Uday Singh Mehta, *Liberalism and Empire: A Study in Nineteenth Century British Liberal Thought* (Chicago: University of Chicago Press, 1999), p. 20.

13 John Stuart Mill, "Considerations on Representative Government" [1861], in John Gray, ed., *Liberty and Other Essays* (Oxford: Oxford University Press, 1998). Eileen P. Sullivan, "Liberalism and Imperialism: J. S. Mill's Defense of the British Empire," *Journal of the History of Ideas*, Vol. 44, No. 4 (October/December 1983), pp. 599-617.

14 Bell, *Reordering the World*, pp. 104-5.

15 Sankar Muthu, *Enlightenment against Empire* (Princeton, NJ: Princeton University Press, 2003), p. 268.

16 Jennifer Pitts, *A Turn to Empire: The Rise of Imperial Liberalism in Britain and France* (Princeton, NJ: Princeton University Press, 2005), p. 1.

17 Frederick Cooper's response to Mehta in Cooper, *Colonialism in Question* (Berkeley: University of California Press, 2005), p. 235.

18 Casper Sylvest, *British Liberal Internationalism, 1880-1930* (Manchester: University of Manchester Press, 2009), p. 43.

19 David Gilmour, *The Ruling Caste: Imperial Lives in the Victorian Raj* (New York: Farrar, Straus and Giroux, 2006), p. 33.

20 던컨 벨이 논한 아프리카의 백인 정착민에 대한 논의는 영국의 방대한 역사학에서 생략되는 주제이다. Duncan Bell, *Reordering the World*, chap. 2.

21 Sylvest, *British Liberal Internationalism*, pp. 43-44.

22 이러한 변화는 다음 자료에 자세히 기록되어 있다. Daniel Gorman, *The Emergence of International Society in the 1920s* (Cambridge: Cambridge University Press, 2012). John Edward Kendle, *The Round Table Movement and Imperial Union* (Toronto: University of Toronto Press, 1975).

23 Philip Kerr, "From Empire to Commonwealth," *Foreign Affairs*, Vol. 1, No. 2 (15 December 1922), p. 94.

24 Jan Smuts, *Draft Statement of War Aims, British cabinet records*, CAB 24/37 GT 3180.

25 Jan Smuts, *The League of Nations: A Practical Suggestion* (London: Hodder and Stoughton, 1918), p. vi. 파리평화회의에서 스뮈츠가 어떤 일을 했고 이 책자가 윌슨에게 어떤 영향을 주었는지에 대해서는 다음 자료를 참조하라. Peter J. Yearwood, *Guarantee of Peace: The League of Nations in British Policy, 1914-1925* (Oxford: Oxford University Press, 2009), chaps. 2 and 3. Mazower, *No Enchanted Palace*, chap. 1.

26 Mazower, *No Enchanted Palace*, p. 64.

27 Alfred Zimmern, *The League of Nations and the Rule of Law, 1918-1935* (London: Macmillan, 1936).

28 Morefield, *Covenants without Swords*, p. 15.

29 마조워가 지적하듯이 "지먼은 군사력, 경찰력 보다 도덕적 힘이 제국을 지탱하고 '세계에서 가장 큰 단일한 정치공동체'인 제국을 '현시대 세계에서 전쟁을 막아줄 가장 튼튼한 보루'로 만들었다고 확신했다." Mazower, *No Enchanted Palace*, pp. 89-90. Zimmern is quoted from a 1926 lecture at Columbia University. Alfred Zimmern, *The Third British Empire: Being a Course of Lecture Delivered at Columbia University*, New York (London, 1926).

30 Robert Cecil, "The League of Nations and the Rehabilitation of Europe," in *Essays in Liberalism* [Being the Lectures and Papers which were delivered at the Liberal Summer School at Oxford, 1922] (London: W. Collins Sons & Co., 1922), p. 12.

31 Hugh Cecil, "The Development of Lord Robert Cecil's Views on the Securing of a Lasting Peace, 1915-19" (PhD diss., 1971, Oxford University, Bodleian Library).

32 Michael Pugh, *Liberal Internationalism: The Interwar Movement for Peace in Britain* (London: Palgrave Macmillan, 2012), p. 21.

33 Woodrow Wilson, "An Address in Washington to the League to Enforce Peace," 27 May 1916, in *The Papers of Woodrow Wilson, 69 vols*. (Princeton, NJ: Princeton University Press, 1981), Vol. 37, pp. 113-16.

34 Adam Tooze, *The Deluge: The Great War, America, and the Remaking of the Global Order, 1916-1931* (New York: Viking, 2014), p. 52.

35 Pugh, *Liberal Internationalism*.

36 이러한 논리는 세계, 제국, 사회역사를 종합한 논리로 전개된다. 다음 자료를 참조하라. Helen McCarthy, *The British People and the League of Nations: Democracy, Citizenship, and Internationalism, c. 1918-45* (Manchester: Manchester University Press, 2012). 특히 다음 부분을 참조하라. "Enlightened Patriots: League, Empire, and Nation," chap. 5.

37 Edward Keene, *Beyond the Anarchical Society: Grotius, Colonialism and Order in World Politics* (Cambridge: Cambridge University Press, 2002), p. xi.

38 Keene, *Beyond the Anarchical Society*, p. 7.

39 이런 식으로 이야기가 전개된다. 예는 다음을 참조하라. Walter Schiffer, *The Legal Community of Mankind: A Critical Analysis of the Modern Concept of World Organization* (Westport, CT: Greenwood Press, 1972).

40 Jennifer Pitts, *Boundaries of the International: Law and Empire* (Cambridge, MA: Harvard University Press, 2018). Richard Tuck, *The Rights of War and Peace: Political Thought and the International Order from Grotius to Kant* (Oxford: Oxford University Press, 1999).

41 Lauren Benton, "From International Law to Imperial Constitutions: The Problem of Quasi-Sovereignty, 1870-1900," *Law and History Review*, Vol. 26, No. 3 (Fall 2008), pp. 595-619.

42 Antony Anghie, *Imperialism, Sovereignty, and the Making of International Law* (Cambridge: Cambridge University Press, 2007), p. 81.

43 Lauren Benton and Lisa Ford, *Rage for Order: The British Empire and the Origins of International Law, 1800-1850* (Cambridge, MA: Harvard University Press, 2014). Lauren Benton, *A Search for Sovereignty: Law and Geography in European Empires, 1400-1900* (Cambridge: Cambridge University Press, 2010). Martti Koskenniemi, *The Gentle Civilizer of Nations: The Rise and Fall of International Law, 1870-1960* (Cambridge: Cambridge University Press, 2001).

44 Andrew Fitzmaurice, "Liberalism and Empire in Nineteenth-Century International Law," *American History Review*, Vol. 117, No. 1 (February 2012), p. 123. 이 관점의 가장 중요한 진술은 에드먼드 버크의 워런 헤이스팅스에 대한 비평으로, 다음처럼 기록되고 분석된다. David P. Fidler and Jennifer M. Welsh, *Empire and Community: Edmund Burke's Writings and Speeches on International Relations* (New York: Routledge, 2019).

45 자유주의 이념과 문명 이념 간의 관계에 대해서는 다음 자료를 참조하라. Barry Buzan and George Lawson, *The Great Transformation: History, Modernity and the Making of International Relations* (Cambridge: Cambridge University Press, 2015), chap. 4.

46 Frederick Cooper and Ann Laura Stoler, eds., *Tensions of Empire: Colonial Cultures in a Bourgeois World* (Berkeley: University of California Press, 1997).

47 Brett Bowden, *The Empire of Civilization: The Evolution of an Imperial Idea* (Chicago: University of Chicago Press, 2009).

48 The American Declaration of Independence. USHistory.org, https://www.ushistory.org/declaration/document/

49 Gerrit Gong, *The Standard of Civilization in International Society* (Oxford: Clarendon Press, 1984).

50 베를린회의 일반 의정서(General Act of the Conference at Berlin) (signed 26 February 1885), 165 CTS 485. https://loveman.sdsu.edu/docs/1885GeneralActBerlinConference.pdf
영국, 프랑스, 독일, 오스트리아-헝가리, 벨기에, 덴마크, 스페인, 미국, 이탈리아, 네덜란드, 포르투갈, 러시아, 스웨덴-노르웨이, 터키 대표가 서명했다. (Ottoman Empire).

51 Bowden, *The Empire of Civilization*, p. 58.

52 Jan Smuts, *Holism and Evolution* (New York: Macmillan, 1926). 더 확장된 논의는 다음을 참조하라. Morefield, *Empires without Imperialism*.

53 Frank Furedi, *The Silent War: Imperialism and the Change Perception of Race* (New Brunswick, NJ: Rutgers University Press, 1999). Elazar Barkan, *The Retreat of Scientific Racism: Changing Conceptions of Race in Britain and the United States between the Wars* (Cambridge: Cambridge University Press, 1993).

54 Stephen Skowronek, "The Reassociation of Ideas and Purposes: Racism, Liberalism, and the American Political Tradition," *American Political Science Review*, Vol. 100, No. 3 (August 2006), p. 398.

55 Skowronek, "The Reassociation of Ideas and Purposes," p. 394.

56 보다 일반적으로 인권에 대한 제도적 담론은 제2차세계대전이 발발하고 나서야 부상했다. 이에 관해서는 다음 자료를 참조하라. Samuel Moyn, *The Last Utopia: Human Rights in History* (Cambridge, MA: Belknap Press of Harvard University Press, 2010). 국제연맹은 자결원칙과 같은 집단적 권리만 구축했고 소수자와 위임 위원회 등과 같은 감시기구를 만들었다.

57 Naoko Shimazu, *Japan, Race and Equality: The Racial Equality Proposal of 1919* (New York: Routledge, 1998), p. 155. Lloyd Ambrosius, *Woodrow Wilson and the American Diplomatic Tradition: The Treaty Fight in Perspective* (New York: Cambridge University Press, 1987). Paul Lauren, "Human Rights in History: Diplomacy and Racial Equality at the Paris Peace Conference," *Diplomatic History*, Vol. 3 (Summer 1978), pp. 257-79.

58 시장자본주의의 개념과 그 개념이 근대사회에 대해 지니는 의미는 다음 자료를 참조하라. Albert Hirschman, "Rival Interpretations of Market Society: Civilizing, Destructive, or Feeble?," *Journal of Economic Literature*, Vol. 20 (1982), pp. 1463-84.

59 John A. Hobson, *Imperialism: A Study* (London: James Nisbet and Co., 1902). Hobson, *The Crisis of Liberalism: New Issues of Democracy* (London: P. S. King, 1909). Norman Angell, *The Great Illusion: A Study of the Relation of Military Power to Their Economic and Social Advantage* (New York: G. P. Putnam's Sons, 1910). Joseph A. Schumpeter, *Imperialism and Social Classes* (New York: Augustus M. Kelley, 1951).

60 Bell, *Reordering the World*, p. 24.

61 Dipesh Chakrabarty, *Provincializing Europe: Postcolonial Thought and Historical Difference* (Princeton, NJ: Princeton University Press, 2000), p. 8.

62 Edward Keene, *Beyond the Anarchical Society: Grotius, Colonialism, and Order in World Politics* (Cambridge: Cambridge University Press, 2002), p. 135.

63 Keene, *Beyond the Anarchical Society*, p. 136.

64 Robert Jackson, *The Global Covenant: Human Conduct in the a World of States* (Oxford: Oxford University Press, 2000), chaps. 7 and 13. Neta Crawford, *Argument and Change in World Politics: Ethics, Decolonization, and Humanitarian Intervention* (Cambridge: Cambridge University Press, 2002).

65 인종과 인종적 위계질서를 질서 구축의 개념으로 보는 서구의 시각이 바뀌는 전환점이 된 나치의 패배에 대해서는 다음 자료를 참조하라. Furedi, The Silent War.

66 Keene, *Beyond the Anarchical Society*, p. 123.

67 Leonard Woolf, *Barbarians at the Gate* (London: Victor Gollancz, 1939), p. 83.

68 미국의 정치문화와 영국의 정치문화는 여러모로 서로 달랐다. 그 가운데 하나가 제국을 보는 시각과 태도였다. 이러한 차이점들은 제1차세계대전이 발발하기 전 미국을 여행한 H. G. 웰스가 잘 포착했다. 웰스는 글 쓰는 직업에 입문한 초기에 대영제국과 자유주의적 제국주의를 뒷받침할 영미 연방을 꿈꾸었지만, 미국이 제국주의적 연방을 지지할 정치적 상상력이 있는지에 대해 의구심을 품게 되었다. Duncan Bell, "Founding the World State: H. G. Wells on Empire and the English-Speaking Peoples," *International Studies Quarterly*, Vol. 62, No. 4 (December 2018), pp. 867-79.

69 Wm. Roger Louis, *Imperialism at Bay: The United States and the Decolonization of the British Empire, 1941-1945* (New York: Oxford University Press, 1978). David Reynolds, Britannia

Overruled: British Policy and World Power in the Twentieth Century (New York: Longman, 1991).

70 "대권역"을 둘러싼 논쟁은 6장에서 다루었다.

71 G. John Ikenberry, *Liberal Leviathan: The Origins, Crisis, and Transformation of the American World Order* (Princeton, NJ: Princeton University Press, 2011).

72 Ian Chong, *External Intervention and the Politics of State Formation: China, Indonesia, and Thailand, 1893-1952* (Cambridge: Cambridge University Press, 2012).

73 Robert H. Jackson, *Quasi-States: Sovereignty, International Relations, and the Third World* (New York: Cambridge University Press, 1990).

74 Julian Go, *Patterns of Empire: The British and American Empires, 1688 to the Present* (Cambridge: Cambridge University Press, 2011).

75 북대서양조약기구가 창설된 후 일부 유럽 국가들은 이 동맹체제가 자국이 소유한 제국을 보호하는 데 도움이 되리라고 기대했다. 역사학자 티모시 세일은 이렇게 지적했다. 북유럽 국가들과 캐나다와 더불어 미국은 "북대서양조약기구를 식민지 보유국들에게 유리한 방향으로 이끌 의향이 없었다." 1958년 8월 아프리카 독립운동과 관련해 열린 국가안보위원회 회의에서 아이젠하워는 다음과 같이 이 점을 분명히 했다. "아이젠하워는 이번에는 원주민들 편을 들고 싶어했다." Timothy Andrews Sayle, *Enduring Alliance: A History of NATO and the Postwar Global Order* (Ithaca, NY: Cornell University Press, 2019), p. 25.

76 이 점은 "담론을 이용한 포획(discursive enmeshment)"이라는 개념과 함께 이론으로 발전한다. 다음 자료를 참조하라. Andrew Hurrell, "Norms and Ethics in International Relations," in Walter Carlsnaes, Thomas Risse, and Beth A. Simmons, eds., *Handbook of International Relations* (Thousand Oaks, CA: Sage, 2002). 니나 태넌왈드는 강대국들이 서로를 상대로 담론을 이용한 포획을 "규범적 지정학"에 전략적으로 이용할지도 모른다고 추측한다. Nina Tannenwald, "The Nuclear Taboo: The United States and the Normative Bases of Nonuse," *International Organization*, Vol. 53, No. 3 (Summer 1999), pp. 433-68.

77 Sumner Welles, speech at Panama Conference, 25 September 1930, reprinted in Welles, *The World of the Four Freedoms* (New York: Columbia University Press, 1943).

78 Sumner Welles, *Where Are We Heading?* (New York: Harper and Brothers, 1946).

79 Rupert Emerson, "The New Higher Law of Anti-Colonialism," reprinted in Karl Deutsch and Stanley Hoffmann, eds., *The Relevance of International Law* (Garden City, NY: Anchor Books, 1968), p. 209. 에레즈 마넬라는 탈식민지주의를 서구 개념과 규범들이 주변부에 확대 적용된 것으로 간주한다. Erez Manela, *The Wilsonian Moment: Self-Determination and the International Origins of Anticolonial Nationalism* (Oxford: Oxford University Press, 2007). 탈식민지운동이 자결주의 원칙을 권리로 전환하고 세계질서를 달리 구상한 보다 창의적인 행위라고 보는 이들도 있다. Adom Getachew, *Worldmaking after Empire: The Rise and Fall of Self-Determination* (Princeton, NJ: Princeton University Press, 2019).

80 C. A. Bayly, *The Birth of the Modern World, 1780-1914* (Oxford: Blackwell, 2004), p. 3.

81 Robin W. Winks, *World Civilization: A Brief History* (San Diego: Collegiate Press, 1993), p. 506.

82 Wm. Roger Louis, "The European Colonial Empires," in Michael Howard and Wm. Roger Louis, eds., *The Oxford History of the Twentieth Century* (Oxford: Oxford University Press, 1998), p. 93.

83 Lucian M. Ashworth, *A History of International Thought* (New York: Routlege, 2014), pp. 125-26.

84 제인 애덤스에 대해서는 다음을 참조하라. Sondra R. Herman, Eleven against War: Studies in American Internationalist Thought, 1898-1921 (Stanford, CA: Stanford University Press,

1969), chap. 5.

85 Beryl Haslam, *From Suffrage to Internationalism: The Political Evolution of Three British Feminists, 1908-1939* (New York: Peter Lang, 1999). Jo Vellacott, *Pacifists, Patriots, and the Vote: The Erosion of Democratic Suffragism in Britain during the First World War* (London: Palgrave Macmillan, 2007).

86 Penny M. Von Eschen, *Race against Empire: Black Americans and Anticoloniaism, 1937-1957* (Ithaca, NY: Cornell University Press, 1997). Paul Gordon Lauren, *Power and Prejudice: The Politics and Diplomacy of Racial Discrimination* (Boulder, CO: Westview Press, 1998).

87 Christopher D. O'Sullivan, *Sumner Welles, Postwar Planning, and the Quest for a New World Order, 1937-1943* (New York: Columbia University Press, 2009), p. 138.

88 〈세계에 호소함〉 전문은 다음 사이트에 게재되어 있다. https://www.blackpast.org/global-african-history/primary-documents-global-african-history/1947-w-e-b-dubois-appeal-world-statement-denial-human-rights-minorities-case-citizens-n/
David Levering Lewis, *W. E. B. Du Bois: A Biography* (New York: Henry Holt, 2009), pp. 672-77.

89 Mary L. Dudziak, *Cold War Civil Rights: Race and the Image of American Democracy* (Princeton, NJ: Princeton University Press, 2011), p. 12. Thomas Borstelmann, *The Cold War and the Color Line: American Race Relations in the Global Arena* (Cambridge, MA: Harvard University Press, 2003).

90 Von Eschen, *Race against Empire*.

91 Ashworth, *A History of International Thought*, p. 125.

92 Susan Pedersen, "Back to the League of Nations," *American Historical Review*, Vol. 112, No. 4 (October 2007), p. 1092.

93 Susan Pedersen, *The Guardians: The League of Nations and the Crisis of Empire* (New York: Oxford University Press, 2015), pp. 4-5.

94 한 가지 사례가 국제지적협력위원회(International Commission on Intellectual Cooperation, ICIC)이다. 1922년 국제연맹이 창설한 이 위원회는 과학과 문화의 교류를 추진한다. 대니얼 라콰는 국제지적협력위원회가 국제협력에 대해 생각하고 협력을 추구하는 방식에 대한 의견들을 전파하는 수단이 되었고 따라서 "국제질서를 바꾸는 수단"이 되었다고 주장한다. Daniel Laqua, "Transnational Intellectual Cooperation, the League of Nations, and the Problem of Order," *Journal of Global History*, Vol. 6, No. 2 (2011), p. 226.

95 인도를 대표해 전권을 위임받아 베르사유조약에 서명한 인물은 비카네르 주를 다스리던 군주이다.

96 R. P. Anand, "The Formation of International Organizations and India: A Historical Study," *Leiden Journal of International Law*, Vol. 23 (2010), p. 8. 인도는 영국군의 지휘하에 수많은 전투에 100만 명 이상의 군인을 참전시켰으므로, 베르사유 회의에서 대표성을 인정받을 자격이 있다는 주장이 설득력을 얻었다.

97 Anand, "The Formation of International Organizations and India," p. 12.

98 T. A. Keenleyside, "The Indian Nationalist Movement and the League of Nations: Prologue to the United Nations," *India Quarterly: A Journal of International Affairs*, Vol. 39, No. 3 (July 1983), pp. 281-98.

99 Adam Roberts, "Towards an International Community? The United Nations and International Law," in Howard and Louis, *The Oxford History of the Twentieth Century*, pp. 310-11.

100 David Armitage, *The Declaration of Independence: A Global History* (Cambridge, MA: Harvard University Press, 2007).

101 다음 자료들에서 이러한 결론을 내렸다. John Gallagher, *The Decline, Revival, and Fall of the British Empire* (Cambridge: Cambridge University Press, 1982). Wm. Roger Louis and Ronald Robinson, "The Imperialism of Decolonization," *Journal of Imperial and Commonwealth History*, Vol. 22, No. 3 (September 1994), pp. 462-511.

102 Christian Reus-Smit, *Individual Rights and the Making of the International System* (Cambridge: Cambridge University Press, 2013), pp. 22-23.

103 John Darwin, *Unfinished Empire: The Global Expansion of Britain* (London: Penguin, 2012), p. 384.

104 Daniel Deudney and G. John Ikenberry, "America's Impact: The Decline of Empire and the Spread of the Westphalian State System" (unpublished paper, 2016).

105 Chalmers Johnson, *The Sorrows of Empire: Militarism, Secrecy, and the End of the Republic* (New York: Metropolitan Books, 2007). 냉전 동안과 냉전종식 후 미국의 외교정책이 지닌 제국적인 특성들에 대한 방대한 문헌이 있다. 중요한 내용은 다음 자료를 참조하라. Michael Mann, *Incoherent Empire* (London: Verso, 2005). Andrew J. Bacevich, *American Empire: The Realities and Consequences of U.S. Diplomacy* (Cambridge, MA: Harvard University Press, 2002). 이러한 관점에 대해서는 다음 자료를 참조하라. Andrew Bacevich, *The Imperial Tense: Prospects and Problems of American Empire* (Chicago: Ivan R. Dee, 2003).

106 Mearsheimer, *The Great Delusion*.

107 Jan-Werner Müller, "What Cold War Liberalism Can Teach Us Today," *New York Review of Books*, 26 November 2018. https://www.nybooks.com/daily/2018/11/26/what-cold-war-liberalism-can-teach-us-today/

Müller, *Isaiah Berlin's Cold War Liberalism* (London: Palgrave Macmillan, 2019).

108 Arthur Schlesinger Jr., *The Vital Center: The Politics of Freedom* (Boston: Houghton Mifflin, 1949).

109 냉전시대 자유주의와 냉전시대 자유주의가 탈냉전시대 외교정책에 미친 영향에 대해서는 다음 자료를 참조하라. Tony Smith, "National Security Liberalism and American Foreign Policy," in Michael Cox, G. John Ikenberry, and Takashi Inoguchi, eds., *American Democracy Promotion: Impulses, Strategies, and Impacts* (Oxford: Oxford University Press, 2003), chap. 4.

110 Kissinger, *Diplomacy*, p. 33.

111 Walter McDougall, *Promised Land, Crusader State: The American Encounter with the World Since 1776* (New York: Houghton Mifflin, 1997).

112 Michael C. Desch, "America's Liberal Illiberalism: The Ideological Origins of Overreaction in U.S. Foreign Policy," *International Security*, Vol. 32, No. 3 (Winter 2007-8), pp. 7-43.

113 James Lindley Wilson and Jonathan Monten, "Does Kant Justify Liberal Intervention?," *Review of Politics*, Vol. 73 (2011), pp. 633-47. 게다가 칸트는 나중에 저술한《도덕의 형이상학(The Metaphysics of Morals)》에서 항구적 평화가 도달 가능하다는 기존의 신념을 철회했는데, 이 저서에서 그는 국가 간의 관계가 안정적으로 유지되는 데 있어서 항구적 평화는 현실적이지 않다는 전제하에 각국의 국내 정권이 동질적일 필요는 없다고 주장했다.

114 Michael Doyle, "Kant, Liberal Legacies, and Foreign Affairs, Part 2," *Philosophy and Public Affairs*, Vol. 12, No. 4 (1983), p. 330. Doyle, "A Few Words on Mill, Walzer, and Nonintervention," *Ethics and International Affairs*, No. 23, No. 4 (2009), pp. 349-69.

115 Michael Doyle, *Ways of War and Peace: Realism, Liberalism, Socialism* (New York: Norton, 1997), p. 395. 산카르 머투가 주장하듯이, 칸트는 제국주의에 대한 깊은 반감을 표명했는데 이는 그 저변에 깔린 그의 도덕적 신념에 뿌리를 두고 있다. Sankar Muthu, *Enlightenment against Empire*, pp. 122-209.

116 Georg Sørensen, *A Liberal World Order in Crisis: Choosing between Imposition and Restraint* (Ithaca, NY: Cornell University Press, 2011). 자유주의의 지류인 개입주의와 불개입주의 간의 분열에 대해서는 다음 자료를 참조하라. John Gray, *Two Faces of Liberalism* (Cambridge: Polity Press, 2000). Thomas Walker, "Two Faces of Liberalism: Kant, Paine, and the Question of Intervention," *International Studies Quarterly*, Vol. 52, No. 3 (September 2008), pp. 449-68. Michael Doyle and Stefano Recchia, "Liberalism in International Relations," in Bertrand Badie, Dirk Berg-Schlosser, and Leonardo A. Morlino, eds., *International Encyclopedia of Political Science* (Thousand Oaks, CA: Sage, 2011), pp. 1437-38.

117 Sørensen, *A Liberal World Order in Crisis*, p. 2.

118 Gerry Simpson, "Two Liberalisms," *European Journal of International Law*, Vol. 12, No. 3 (2006), pp. 385-401.

119 다양성은 막강한 나라가 다른 나라의 인권 유린에 대응하는 데 드는 비용 때문에 수용되기도 한다. 이는 무슬림에 대한 중국의 정책에 대해 자유주의자들이 미온적인 반응을 보이는 현상에서도 나타난다.

120 George W. Bush, "Second Inaugural Address," 20 January 2005, The Avalon Project at Yale Law School. https://avalon.law.yale.edu/21st_century/gbush2.asp

121 부시의 외교정책에 관한 자유주의적 국제주의자들의 논쟁은 다음 자료를 참조하라. G. John Ikenberry, Thomas J. Knock, Anne-Marie Slaughter, and Tony Smith, *The Crisis of American Foreign Policy: Wilsonianism in the Twenty-First Century* (Princeton, NJ: Princeton University Press, 2009).

122 Tony Smith, *A Pact with the Devil: Washington's Bid for World Supremacy and the Betrayal of the American Promise* (New York: Routledge, 2007).

123 G. John Ikenberry, "America's Imperial Ambition," *Foreign Affairs*, Vol. 81, No. 5 (September/October 2002), pp. 44-60.

124 Jonathan Monten, "The Roots of the Bush Doctrine: Power, Nationalism, and Democracy Promotion in U.S. Strategy," *International Security*, Vol. 29, No. 4 (Spring 2005), pp. 112-56.

125 이러한 주장은 다음 자료를 참조하라. Daniel Deudney and G. John Ikenberry, "Realism, Liberalism and the Iraq War," *Survival*, Vol. 59, No. 4 (August/September 2017), pp. 7-26.

126 이러한 전략적 지침의 배경이 된 개념들과 이를 추진한 관료들에 대해서는 다음 자료를 참조하라. James Mann, *Rise of the Vulcans: The History of Bush's War Cabinet* (New York: Viking, 2004), pp. 208-15.

127 현실주의를 지향하는 33명의 학자들이 이 전쟁에 반대하는 성명서를 발표했는데 이는 2002년 9월 22일자 〈뉴욕타임스〉에 실렸다.

128 Deudney and Ikenberry, "Realism, Liberalism and the Iraq War."

129 Bruce Jones, Carlos Pascual, and Stephen John Stedman, *Power and Responsibility: Building International Order in an Era of Transnational Threats* (Washington, DC: Brookings Institution Press, 2009). G. John Ikenberry and Anne-Marie Slaughter, *Forging a World of Liberty under Law* (Princeton, NJ: Woodrow Wilson School, 2016).

130 Barry Posen, "The Case for Restraint," *American Interest*, Vol. 3, No. 1 (Fall 2007), pp. 7-17. https://www.the-american-interest.com/2007/11/01/the-case-for-restraint/
G. John Ikenberry, "Debating the Strategy of Restraint," *American Interest*, Vol. 3, No. 1 (Fall 2007).

131 Peter Katzenstein and Robert Keohane, eds., *Anti-Americanism in World Politics* (Ithaca, NY: Cornell University Press, 2007).

8. 탈냉전시대 자유주의 질서의 위기

1 David A. Bell, "The Many Lives of Liberalism," *New York Review of Books*, 17 January 2019. https://www.nybooks.com/articles/2019/01/17/many-lives-of-liberalism/

2 Edward Luce, *The Retreat of Western Liberalism* (New York: Atlantic Monthly, 2017). Bill Emmott, *The Fate of the West: The Battle to Save the World's Most Successful Political Idea* (New York: PublicAffairs, 2017).

3 Karl Polanyi, *The Great Transformation: The Political and Economic Origins of Our Times* (New York: Farrar and Rinehart, 1944).

4 E. H. Carr, *The Twenty Years' Crisis, 1919-1939* (London: Macmillan, 1940).

5 Adam Roberts, "An 'Incredibly Swift Transition': Reflections on the End of the Cold War," in Melvyn P. Leffler and Odd Arne Westad, eds., *The Cambridge History of the Cold War*, Vol. 3 (Cambridge: Cambridge University Press, 2010), p. 513.

6 냉전종식에 관해서는 다음 자료들을 참조하라. Robert Service, *The End of the Cold War: 1985-1991* (New York: PublicAffairs, 2015). Mary Elise Sarotte, *The Collapse: The Accidental Opening of the Berlin Wall* (New York: Basic Books, 2005). Jacques Lévesque, *The Enigma of 1989: The USSR and the Liberation of Eastern Europe* (Berkeley: University of California Press, 1997). 냉전이 끝날 무렵 미국 외교의 면모에 대해서는 다음 자료들을 참조하라. Robert D. Zelikow and Condoleezza Rice, *Germany Unified and Europe Transformed: A Study in Statecraft* (Cambridge, MA: Harvard University Press, 1995). Robert L. Hutchings, *American Diplomacy and the End of the Cold War: An Insider's Account of U.S. Diplomacy in Europe, 1989-1992* (Baltimore: Johns Hopkins University Press, 1998).

7 Daniel Hamilton, "A More European Germany, a More German Europe," *Journal of International Affairs*, Vol. 45, No. 1 (Summer 1991), pp. 127-49.

8 Thomas Bagger, "The World According to Germany: Reassessing 1989," *Washington Quarterly*, Vol. 41, No. 4 (Winter 2019), p. 54.

9 George H. W. Bush, "Inaugural Address," 20 January 1989. https://millercenter.org/the-presidency/presidential-speeches/january-20-1989-inaugural-address

10 George H. W. Bush, "Address to the United Nations General Assembly," 25 September 1989. https://2009-2017.state.gov/p/io/potusunga/207266.htm

11 Tony Smith, *America's Mission: The United States and the Worldwide Struggle for Democracy* (Princeton, NJ: Princeton University Press, 1994), p. 315.

12 Wallace J. Thies, *Why NATO Endures* (Cambridge: Cambridge University Press, 2009).

13 James A. Baker, *The Politics of Diplomacy: Revolution, War, and Peace, 1989-1992* (New York: Putnam, 1995), pp. 605-6.

14 Anthony Lake, "From Containment to Enlargement," *Vital Speeches of the Day*, Vol. 60, No. 1 (15 October 1993), pp. 13-19. Douglas Brinkley, "Democratic Enlargement: The Clinton Doctrine," *Foreign Policy*, No. 106 (Spring 1997), p. 116.

15 White House, *A National Security Strategy of Engagement and Enlargement* (Washington, DC, July 1994).

16 시장경제 민주국가들로 구성된 공동체를 확대하기 위해 클린턴이 채택한 전략에 대해서는 다음 자료를 참조하라. Derek Chollet and James Goldgeier, *America between the Wars: From 11/9 to 9/11* (New York: PublicAffairs, 2008). Smith, America's Mission, chap. 11.

17 James Goldgeier, *Not Whether but When: The U.S. Decision to Enlarge NATO* (Washington, DC: Brookings Institution Press, 1999). 최신 자료(증거)는 다음을 참조하라. Mary Elise

Sarotte, "How to Enlarge NATO: The Debate within the Clinton Administration, 1993-95," *International Security*, Vol. 41, No. 1 (Summer 2019), pp. 7-41.

18 세계무역기구 창설과 이 기구와 중국과의 관계가 어떻게 변천했는지는 다음 자료를 참조하라. Paul Blustein, *Schism: China, America, and the Fracturing of the Global Trading System* (Waterloo, ON: CIGI Press, 2019).

19 Strobe Talbott, *The Great Experiment: The Story of Ancient Empires, Modern States, and the Quest for a Global Nation* (New York: Simon and Schuster, 2008), p. 329.

20 Talbott, *The Great Experiment*, pp. 329-30.

21 클린턴 행정부가 중국을 관여시키기로 한 정책의 저변에 깔린 가정과 기대에 대한 면밀한 분석은 다음 자료를 참조하라. Alastair Iain Johnston, "The Failures of the 'Failure of Engagement' with China," *Washington Quarterly*, Vol. 42, No. 2 (Summer 2019), pp. 99-114.

22 Bill Clinton, "Speech at the Paul H. Nitze School of Advanced International Studies," 8 March 2000, Michael Mandlebaum, *The Ideas That Conquered the World: Peace, Democracy, and Free Markets in the Twenty-First Century* (New York: PublicAffairs, 2002), p. 455.

23 Chollet and Goldgeier, *America between the Wars*, p. 153.

24 George W. Bush, "Remarks to the Los Angeles World Affairs Council," 29 May 2001.
https://www.govinfo.gov/content/pkg/PPP-2001-book1/pdf/PPP-2001-book1-doc-pg593.pdf

25 Robert Zoellick, "Whither China? From Membership to Responsibility," remarks to the National Committee on US-China Relations, New York, 21 September 2005.
https://2001-2009.state.gov/s/d/former/zoellick/rem/53682.htm

26 Beth Simmons, Frank Dobbin, and Geoffrey Garrett, "Introduction: The Diffusion of Liberalization," in Simmons, Dobbin, and Garrett, eds., The Global Diffusion of Markets and Democracy (New York: Cambridge University Press, 2008), p. 3.

27 Anne O. Krueger, "The World Economy at the Start of the 21st Century," remarks by the first deputy managing director, International Monetary Fund (Annual Gilbert Lecture, Rochester University, New York), 6 April 2006.
https://www.imf.org/en/News/Articles/2015/09/28/04/53/sp040606

28 Samuel P. Huntington, The Third Wave: Democratization in the Late Twentieth Century (Norman: University of Oklahoma Press, 1991).

29 Simmons, Dobbin, and Garrett, "Introduction," p. 3. Adam Przeworski, Michael E. Alvarez, José Antonio Cheibub, and Fernando Limongi, *Democracy and Development: Political Institutions and Material Well-Being in the World, 1950-1990* (Cambridge: Cambridge University Press, 2000).

30 민주주의로의 전환이 발생하고 성공할지를 결정하는 데 있어서 지역적 맥락이 주요하다. 특정 지역 내에 이미 존재하는 민주주의국가의 비율이 높을수록 그 지역에 남아있는 독재정권이 민주주의로 전환할 가능성이 더 높아진다. Kristian Skrede Gliditsch and Michael D. Ward, "Diffusion and the International Context of Democratization," *International Organization*, Vol. 60, No. 4 (2006), pp. 911-33.

31 Stephan Haggard and Robert R. Kaufman, "Democratization during the Third Wave," *Annual Review of Political Science*, Vol. 19 (2016), p. 127.

32 해거드와 카우프먼은 자유주의와 민주주의의 확산을 촉진시킨 국제적 맥락의 독특함을 강조한다. "강력한 확산에 대한 기대는 세계 역사에서 독특한 순간과 연관이 있었다. 독재 초강대국의 붕괴, 그 강대국이 거느린 제국의 해체, 미국이 어떤 나라의 도전도 받지 않고 유일한 초강대국의 지위를 누린 짧은 시기, 경제적 상호의존성과 국제기구들과 민주주

의가 복합적으로 생성하는 힘에 대한 강한 믿음." Haggard and Kaufman, "Democratization during the Third Wave," p. 137.

33 카를레스 보익에 따르면, 국제체제를 자유주의적 패권국가나 독재적인 패권국가가 지배하는 역사적인 시기에 강대국들은 패권국과 생각이 비슷한 정권을 장려할 가능성이 훨씬 높다. 이러한 국제적인 맥락이 가장 두드러지게 나타난 시기가 냉전이 끝난 후 20년이다. Boix, "Democracy, Development, and the International System," *American Political Science Review*, Vol. 105, No. 4 (2011), pp. 809-28.

34 극체제(polarity)의 정의는 다음 자료를 참조하라. G. John Ikenberry, Michael Mastanduno, and William C. Wohlforth, "Introduction: Unipolarity, State Behavior, and Systemic Consequences," in Ikenberry, Mastanduno, and Wohlforth, eds., *International Relations Theory and the Consequences of Unipolarity* (New York: Cambridge University Press, 2011), pp. 1-32.

35 앤-마리 슬로터는 권력과 영향력이 세계 연결망의 중심축 역할을 하는 나라들에 의해 조성된다고 주장한다. Slaughter, *The Chessboard and the Web: Strategies of Connection in a Networked World* (New Haven, CT: Yale University Press, 2017).

36 G. John Ikenberry, "The Liberal Sources of American Unipolarity," in Ikenberry, Mastanduno, and Wohlforth, *International Relations Theory and the Consequences of Unipolarity*, pp. 216-51.

37 자유주의 질서의 "클럽 회원이 누리는 특혜"에 대해서는 다음 자료를 참조하라. Ikenberry, "The Liberal Sources of American Unipolarity"; and Daniel Drezner, *All Politics Is Global: Explaining International Regulatory Regimes* (Princeton, NJ: Princeton University Press, 2007).

38 이러한 주장은 다음 자료를 참조하라. G. John Ikenberry, *After Victory: Institutions, Strategic Restraint, and the Rebuilding of Order after Major War* (Princeton, NJ: Princeton University Press, 2001).

39 John Mearsheimer, "Back to the Future: Instability in Europe after the Cold War," *International Security*, Vol. 15, No. 1 (Summer 1990), pp. 5-56. 이에 대한 반박은 다음을 참조하라. G. John Ikenberry, *After Victory*, chap. 7. 탈냉전시대 국제질서에 대한 현실주의자들의 이론과 예상에 대해서는 다음 자료를 참조하라. Michael Mastanduno, "A Realist View: Three Images of the Coming International Order," in T.V. Paul and John A. Hall, eds., *International Order and the Future of World Politics* (London: Cambridge University Press, 1999), pp. 19-40. G. John Ikenberry, ed., *America Unrivaled: The Future of the Balance of Power* (Ithaca, NY: Cornell University Press, 2002).

40 안보 공동체라는 용어는 생각이 매우 비슷한 국가들이 합의하에 만든 단체의 특성을 포착하기 위해 칼 도이치가 만든 말이다. 도이치에 따르면, 안보 공동체를 규정하는 특징은 이 공동체에 속한 국가들끼리는 서로를 안보의 위협으로 간주하는 인식이 전혀 없다는 점이다. Deutsch, *Political Community and the North Atlantic Area: International Organization in the Light of Historical Experience* (Princeton, NJ: Princeton University Press, 1957). 여기서 안보 공동체라는 용어는 약간 달리 사용되어, 구성원들이 위험을 공유하고 상호적으로 보호할 공동체를 창설하기 위해 제도와 합의를 적극적으로 구축하는 정치질서를 뜻한다. Emanuel Adler, "Seasons of Peace: Progress in Postwar International Security," in Emanuel Adler and Beverly Crawford, eds., *Progress in Postwar International Relations* (New York: Columbia University Press, 1991), pp. 128-73. 애들러는 이 글을 냉전이 끝날 무렵에 썼고 서구 안보 공동체가 결국 확장되어서 세계 다른 지역들, 특히 동유럽을 아우르는 쪽으로 진행되리라고 예측했다. 아마도 덜 안정적이고 덜 친밀한 관계가 되긴 하겠지만 말이다. (이를 그는 공동안보라고 일컫는다.) 애들러는 북대서양조약기구가 확장된다고 해도 약화되리라고 생각지 않았다는 점이 흥미롭다.

41 Francis Gavin, *Gold, Dollars, and Power: The Politics of International Monetary Relations, 1958-71*

(Chapel Hill: University of North Carolina Press, 2004).

42 Michael Mastanduno, "System Maker and Privilege Taker: US Power and the International Political Economy," in Ikenberry, Mastanduno, and Wohlforth, *International Relations Theory and the Consequences of Unipolarity*, pp. 142-47. David Lake, *Entangling Relations: American Foreign Policy in Its Century* (Princeton, NJ: Princeton University Press, 1999), chaps. 5 and 6. Lake, *Hierarchy in International Relations* (Ithaca, NY: Cornell University Press, 2011). 이책은 미국 패권의 경제와 안보 측면을 망라하고 있다.

43 G. John Ikenberry, *Liberal Leviathan: The Origins, Crisis, and Transformation of the American World Order* (Princeton, NJ: Princeton University Press, 2011), chap. 5.

44 Mastanduno, "System Maker and Privilege Taker," p. 171.

45 Nicholas Lardy, *The State Strikes Back: The End of Economic Reform in China?* (Washington, DC: Peterson Institute for International Economics, 2019).

46 Avery Goldstein, *Rising to the Challenge: China's Grand Strategy and International Security* (Stanford, CA: Stanford University Press, 2005). Thomas Christensen, *The China Challenge: Shaping the Choices of a Rising Power* (New York: Norton, 2016).

47 Michael Mastanduno, "Partner Politics: Russia, China, and the Challenge of Extending U.S. Hegemony after the Cold War," *Security Studies*, Vol. 28, No. 3 (Summer 2019), p. 501.

48 White House, "Statement by the President on the Trans-Pacific Partnership," 5 October 2015. https://obamawhitehouse.archives.gov/the-press-office/2015/10/05/statement-president-trans-pacific-partnership

49 워싱턴 외교정책에서 중국을 보는 시각이 바뀌게 된 계기가 된 발언은 다음 자료를 참조하라. Kurt M. Campbell and Ely Ratner, "The China Reckoning: How Beijing Defied American Expectations," *Foreign Affairs*, Vol. 97, No. 2 (March/April 2018), pp. 60-70.

50 Ikenberry, *Liberal Leviathan*. 미국의 일극체제 논쟁에 대해서는 다음을 참고하라. Stephen Walt, *Taming American Power: The Global Response to US Primacy* (New York: Norton, 2005). Stephen G. Brooks and William C. Wohlforth, *World Out of Balance: International Relations and the Challenge of American Primacy* (Princeton, NJ: Princeton University Press, 2008).

51 Kori Schake, *America vs the West: Can the Liberal World Order Be Preserved?* (Sydney: Penguin, 2018).

52 이러한 통치와 관련된 난관을 개관한 다음 자료를 참조하라. Amitav Acharya, *Why Govern? Rethinking Demand and Progress in Global Governance* (Cambridge: Cambridge University Press, 2016).

53 상호취약성에 대한 대응으로서의 안보 공동체라는 개념은 사회학자 울리히 벡과 앤서니 기든스가 제시한 "위험사회" 개념에 나타난다. 그들의 주장에 따르면, 근대성이 부상하면서-급속히 발전하는 선진화된 세계체제가 부상하면서-"위험"에 대한 인식과 반응이 점증했다. 근대화는 본질적으로 미래를 향해 가는 불안정한 진군이다. 벡의 정의에 따르면, 위험사회는 "근대화 자체가 야기한 해악과 불안에 체계적으로 대처하는 방안"이다. Ulrich Beck, *Risk Society: Towards a New Modernity* (London: Sage, 1992). Anthony Giddens and Christopher Pierson, *Making Sense of Modernity: Conversations with Anthony Giddens* (Palo Alto, CA: Stanford University Press, 1998).

54 John G. Ruggie, "International Regimes, Transactions, and Change: Embedded Liberalism in the Postwar Economic Order," *International Organization*, Vol. 36, No. 2 (Spring 1982), pp. 379-415.

55 Ruggie, "International Regimes, Transaction, and Change," p. 393.

56 Rawi Abdelal and John G. Ruggie, "The Principles of Embedded Liberalism: Social Legitimacy

and Global Capitalism," in David Moss and John Cisternino, eds., *New Perspectives on Regulation* (Cambridge, MA: Tobin Project, 2009), p. 153.

57 David Harvey, *A Brief History of Neoliberalism* (Oxford: Oxford University Press, 2005). 서구 산업화 사회에서 1970년대를 시작으로 폭넓게 정의한 신자유주의가 부상하게 된 변화를 역사적 맥락에서 총체적으로 살펴본 내용은 다음 자료를 참조하라. Simon Reid-Henry, *Empire of Democracy: The Remaking of the West since the Cold War*, 1971-2017 (New York: Simon and Schuster, 2019). 신자유주의 과제에 대한 초기의 신랄한 비판은 다음 자료를 참조하라. Susan Strange, *Casino Capitalism* (Oxford: Basil Blackwell, 1986).

58 워싱턴 합의에 대한 설명과 비판은 다음 자료를 참조하라. Narcis Serra and Joseph E. Stiglitz, eds., *The Washington Consensus Reconsidered: Towards a New Global Governance* (Oxford: Oxford University Press, 2008). John Williamson, "The Strange History of the Washington Consensus," *Journal of Post Keynesian Economics*, Vol. 27, No. 2 (Winter 2004/5), pp. 195-206.

59 Jeff D. Colgan and Robert O. Keohane, "The Liberal Order Is Rigged: Fix It Now or Watch It Wither," *Foreign Affairs*, Vol. 96, No. 3 (May/June 2017), p. 37.

60 미국과 유럽의 근로자와 중산층의 소득이 정체되고 하락해온 현상과 도널드 트럼프의 당선 및 브렉시트와의 관계를 보여주는 증거는 다음 자료를 참조하라. Ronald Inglehart and Pippa Norris, "Trump, Brexit, and the Rise of Populism: Economic Have-Nots and Cultural Backlash," Research Working Paper 16-026 (Cambridge, MA: Harvard Kennedy School, 19 July 2016).

61 "Decline of Global Extreme Poverty Continues but Has Slowed," World Bank, Washington, DC, 19 September 2018.
https://www.worldbank.org/en/news/press-release/2018/09/19/decline-of-global-extreme-poverty-continues-but-has-slowed-world-bank

62 Branko Milanović, *Global Inequality: A New Approach for the Age of Globalization* (Cambridge, MA: Harvard University Press, 2016), chap. 1.

63 전후 사회민주 연합세력의 와해에 대해서는 다음 자료를 참조하라. Paul Collier, *The Future of Capitalism: Facing the New Anxieties* (London: Allen Lane, 2019), chap. 3. Carles Boix, *Democratic Capitalism at the Crossroads: Technological Change and the Future of Politics* (Princeton, NJ: Princeton University Press, 2019).

64 Mark Blyth, *Austerity: A History of a Dangerous Idea* (Oxford: Oxford University Press, 2013). Blyth, "Capitalism in Crisis: What Went Wrong," *Foreign Affairs*, Vol. 95, No. 4 (July/August 2016), pp. 172-79. 신자유주의가 야기한 경제적 사회적 결과와 세계정치와 서구의 대전략에 미친 영향에 대한 총체적인 설명은 다음 자료를 참조하라. Adam Tooze, *Crashed: How a Decade of Financial Crises Changed the World* (New York: Viking, 2018).

65 Daniel Deudney and G. John Ikenberry, "Democratic Internationalism: An American Grand Strategy for a Post-Exceptionalist Era," working paper (New York: Council on Foreign Relations, November 2012).

66 탈냉전시대에 북대서양조약기구를 확대하기로 한 서구 진영의 정책, 민주주의 확산 촉진, 그 밖에 다른 압박과 잠식 조치 등으로 인해 러시아가 비자유적인 태도로 돌아서게 되었다는 주장에 대해서는 다음 자료를 참조하라. Stephen F. Cohen, *Failed Crusade: America and the Tragedy of Post-Communist Russia* (New York: Norton, 2002). Cohen, *Soviet Fates and the Lost Alternatives: From Stalinism to the New Cold War* (New York: Columbia University Press, 2009). Dimitri K. Simes, "Losing Russia: The Costs of Renewed Confrontation," *Foreign Affairs*, Vol. 86, No. 6 (November/December 2007), pp. 36-52. John Mearsheimer, "Why

the Ukraine Crisis Is the West's Fault: The Liberal Delusions That Provoked Putin," Foreign Affairs, Vol. 93, No. 5 (September/October 2014), pp. 77-89. 이는 미하일 고르바초프가 최근에 발간한 회고록에서도 제기하는 해석으로서 소비에트가 붕괴된 후 러시아의 역사를 1990년대 초 국제적 변화의 시각을 통해서 바라본다. Gorbachev, *The New Russia* (Cambridge: Polity Press, 2016).

67 Daniel Deudney and G. John Ikenberry, "The Unravelling of the Cold War Settlement," *Survival*, Vol. 51, No. 6 (December 2009/January 2010), pp. 39-62.

68 서구의 정책이 러시아가 독재체제로 회귀하는 데 한 역할에 대해 회의적인 시각은 다음 자료를 참조하라. Kathryn Stoner and Michael McFaul, "Who Lost Russia (This Time)? Vladimir Putin," *Washington Quarterly*, Vol. 38, No. 2 (2015), pp. 167-87.

69 Rosemary Foot and Andrew Walter, *China, the United States, and Global Order* (New York: Cambridge University Press, 2011).

70 Christopher A. McNally, "Sino-Capitalism: China's Reemergence and the International Political Economy," *World Politics*, Vol. 64, No. 4 (2012), pp. 741-76. Jessica Weiss, "A World Safe for Autocracy? China's Rise and the Future of Global Politics," *Foreign Affairs*, Vol. 98, No. 4 (July/August 2019), pp. 92-98. 중국의 제도적 전략들(institutional strategies)은 다음을 참조하라. Phillip Lipscy, *Renegotiating the World: Institutional Change in International Relations* (Cambridge: Cambridge University Press, 2017).

71 G. John Ikenberry, "Why the Liberal World Order Will Survive," *Ethics and International Affairs*, Vol. 32, No. 1 (Spring 2018), pp. 17-29.

72 Richard Woodward, *The Organization for Economic Cooperation and Development* (OECD) (New York: Palgrave, 2009).

73 국제기구들에서 비서구 국가들을 받아들일 때 직면하는 난관에 대해서는 다음 자료를 참조하라. Robert Wade, "Protecting Power: Western States in Global Organization," in David Held and Charles Roger, eds., *Global Governance at Risk* (Cambridge: Polity Press, 2013), pp. 77-110.

74 다자간 통치기구의 이러한 확장성에 대해서는 다음 자료를 참조하라. Fen Osler Hampson and Paul Heinbecker, "The 'New' Multilateralism of the Twenty-First Century," *Global Governance*, Vol. 17, No. 3 (July/September 2011), pp. 299-310. Dries Van Langenhove, "The Transformation of Multilateralism: Mode 1.0 to Mode 2.0," *Global Policy*, Vol. 1, No. 3 (October 2010), pp. 263-70. Richard Cooper, "The G-20 as an Improvised Crisis Committee and/or a Contested 'Steering Committee,'" *International Affairs*, Vol. 86, No. 3 (2010), pp. 741-57. Andrew Cooper and Vincent Pouliot, "How Much Is Global Governance Changing? The G20 as International Practice," *Cooperation and Conflict*, Vol. 50, No. 3 (2015), pp. 334-50.

75 제국에서 "누가 이득을 보는가"를 살펴본 문헌이 있다. 그러나 역사적으로 서로 다른 여러 시대에 세계질서와 지역 질서들에 걸쳐 경제적 이득이 어떻게 배분되었는지를 체계적으로 살펴본 문헌은 별로 없다. D. K. 필드하우스는 제국의 경제에 대해 가장 뛰어난 연구를 한 학자로 손꼽힌다. D. K. Fieldhouse, *Economics and Empire, 1830-1914* (London: Weidenfeld and Nicolson, 1973). Fieldhouse, *The West and the Third World: Trade, Colonialism and Development* (Oxford: Blackwell, 1999). 미국의 경우는 다음을 참조하라. William Woodruff, *America's Impact on the World: A Study of the Role of the United States in the World Economy, 1750-1970* (London: Macmillan, 1975).

76 아서 스타인은 패권국은 보다 폭넓은 질서가 제대로 기능하도록 뒷받침하기 위해 경제성장의 상대적 하락을 감내해야 한다고 주장한다. Arthur Stein, "The Hegemon's Dilemma: Great Britain, the United States, and the International Economic Order," *International*

Organization, Vol. 38, No. 2 (Spring 1984), pp. 355-86.

77 전후 자본주의의 다양한 형태들을 잘 설명한 다음 자료를 참조하라. Andrew Shonfield, *Modern Capitalism: The Changing Balance of Public and Private Power* (Oxford: Oxford University Press, 1965).

78 Alice H. Amsden, *The Rise of the "Rest": Challenges to the West from Late-Industrializing Economies* (Oxford: Oxford University Press, 2001). 경제와 개발정책들을 둘러싸고 미국과 개발도상국들 사이에서 벌어진 갈등에 대해서는 다음 자료를 참조하라. Amsden, Escape from Empire: The Developing World's Journey through Heaven and Hell (Cambridge, MA: MIT Press, 2007).

79 Bentley B. Allan, Srdjan Vucetic, and Ted Hopf, "The Distribution of Identity and the Future of International Order: China's Hegemonic Prospects," *International Organization*, Vol. 72, No. 4 (Fall 2018), pp. 839-69.

80 개방적인 다자간 지배구조 체제가 지속적으로 기능하기를 바라는 지지자들이 점점 다양해지고 늘어나고 있는 현상에 대해서는 다음 자료를 참조하라. Miles Kahler, "Global Governance: Three Futures," *International Studies Review*, Vol. 20 (2018), pp. 239-46.

81 이러한 주장은 다음 자료를 참조하라. Daniel Deudney and G. John Ikenberry, "Liberal World: The Resilient Order," *Foreign Affairs*, Vol. 97, No. 4 (July/August 2018), pp. 16-24.

9. 근대성 터득하기

1 Stanley Hoffmann, *Primacy or World Order: American Foreign Policy since the Cold War* (New York: McGraw-Hill, 1978), p. 166. Robert Gilpin, The Challenge of Global Capitalism: The World Economy in the 21st Century (Princeton, NJ:Princeton University Press, 2000). 이 문헌은 현재 제기되고 있는 불만들을 대부분 예견했다. 마르크스주의적인 비판에 대해서는 다음 자료를 참조하라. David Harvey, *A Brief History of Neoliberalism* (Oxford: Oxford University Press, 2007). Thomas Piketty, *Capital in the Twenty-First Century* (Cambridge, MA: Harvard University Press, 2017). 이 문헌은 규제받지 않는 자본주의가 역사적으로 분배 불평등을 증가시키고 강화하는 경향을 보여왔다는 점을 강조한다. 잘 알려진 정치철학 문헌들도 비슷한 결론에 도달한다. Patrick J. Deneen, *Why Liberalism Failed* (New Haven, CT: Yale University Press, 2019). Richard Sennett, *The Corrosion of Character: The Personal Consequences of Work in the New Capitalism* (New York: Norton, 2000). Michael Sandel, *Democracy's Discontent: America in Search of a Public Philosophy* (Cambridge, MA: Harvard University Press, 1998). 이 문헌은 고삐 풀린 신자유주의가 사회적 영적 정치적 터전을 파괴한다는 점을 길핀보다 훨씬 강하게 예견했다.

2 인간사회에 자동화가 폭넓게 어떤 의미를 지니는지에 대한 구체적인 논의는 다음 자료를 참조하라. Yuval Noah Harari, *21 Lessons for the 21st Century* (New York: Spiegel and Grau, 2018), esp. chaps. 2 and 4.

3 Dani Rodrik, *The Globalization Paradox: Democracy and the Future of the World Economy* (New York: Norton, 2012).

4 Rodrik, *The Globalization Paradox*, p. xix. Robert Skidelsky, *Money and the Government: The Past and Future of Economics* (New Haven, CT: Yale University Press, 2018).

5 John Gray, *The Two Faces of Liberalism* (Cambridge: Polity Press, 2000).

6 영국의 학술적 전통에서는 이와 비슷하게 국제사회에 대한 관점을 다원주의자와 연대주

의자로 구분한다. Andrew Linklater and Hidemi Suganami, *The English School of International Relations: A Contemporary Reassessment* (Cambridge: Cambridge University Press, 2006). John Vincent, *Human Rights and International Relations* (Cambridge: Cambridge University Press, 1986). 니컬러스 휠러는 사회연대주의라는 개념을 합리적으로 방어한다. Nicholas J. Wheeler, *Saving Strangers: Humanitarian Intervention in International Society* (Oxford: Oxford University Press, 2001). 자세한 내용은 다음을 참조하라. Andrew Linklater, *The Problem of Harm in World Politics: Theoretical Investigations* (Cambridge: Cambridge University Press, 2011).

7 마일스 콜러는 이 두 부류의 자유주의적 경향을 각각 "거시적 자유주의"와 "미시적 자유주의"라고 일컫는다. Miles Kahler, "What Is Liberal Now? Rising Powers and Global Norms," in Amitav Acharya, ed., *Why Govern? Rethinking Demand and Progress in Global Governance* (Cambridge: Cambridge University Press, 2016), p. 71. "강요" 자유주의와 "자제" 자유주의의 구분과 관련해서는 다음 자료를 참조하라. Georg Sørensen's distinction between the liberalism of "imposition" and the liberalism of "restraint": Sørensen, *A Liberal World Order in Crisis: Choosing between Imposition and Restraint* (Ithaca, NY: Cornell University Press, 2011).

8 Michael Walzer, *A Foreign Policy for the Left* (New Haven, CT: Yale University Press, 2018). Michael W. Doyle, *The Question of Intervention: John Stuart Mill and the Responsibility to Protect* (New Haven, CT: Yale University Press, 2015). Stewart Patrick, *The Sovereignty Wars: Reconciling America with the World* (Washington, DC: Brookings Institution Press, 2018).

9 보호책임 원칙(R2P)에 대해서는 다음을 참조하라. Gareth Evans, *The Responsibility to Protect: Ending Mass Atrocity Crimes Once and for All* (Washington, DC: Brookings Institution Press, 2008).

10 이러한 개혁주의 정서는 헤들리 불이 해지 강연(the Hagey Lectures)에서 도달한 결론과 매우 유사하다. 다음 문헌에서 강력히 옹호한 다원주의 입장이나 리처드 포크에 대한 비판과는 완전히 다르다. *The Anarchical Society: A Study of Order in World Politics* (London: Macmillan, 1977). 해지 강연은 다음을 참조하라. Hedley Bull, Justice in International Relations (Waterloo, ON: University of Waterloo Press, 1984).

11 Tristen Naylor, *Social Closure and International Society: Status Groups from the Family of Civilised Nations to the G20* (New York: Routledge, 2018).

12 Woodrow Wilson, "An Address in Washington to the League to Enforce Peace," 27 May 1916, in *The Papers of Woodrow Wilson*, 69 vols. (hereafter PWW), Vol. 37 (Princeton, NJ: Princeton University Press, 1981), pp. 113-16.

13 이러한 혜안을 보여준 존 A. 톰슨에게 감사한다.

14 Woodrow Wilson, "An Address to a Joint Session of Congress," 2 April 1917, in *PWW*, Vol. 41 (Princeton, NJ: Princeton University Press, 1983), pp. 519-27.

15 Alina Polyakova, *The Anatomy of Illiberal States: Assessing and Responding to Democratic Decline in Turkey and Central Europe*, special report (Washington, DC: Brookings Institution Press, 2019).

16 Jennifer Lind and William Wohlforth, "The Future of Liberal International Order Is Conservative: A Strategy to Save the System," *Foreign Affairs*, Vol. 98, No. 2 (March/April 2019), pp. 70-80.

17 Martin Wolf, "Xi Jinping's China Seeks to be Rich and Communist," *Financial Times*, 9 April 2019.

18 이 전략은 냉전시대에 소련주재 미국대사관 외교관으로 근무하던 조지 케넌이 대소련 전략과 관련해 본국으로 보낸 유명한 긴 전문의 마지막 단락에서 주장한 것과 비슷하다.

https://nsarchive2.gwu.edu//coldwar/documents/episode-1/kennan.htm
Daniel Deudney and G. John Ikenberry, "Liberal World: The Resilient Order," *Foreign Affairs*, Vol. 97, No. 4 (July/August 2018), pp. 16-24.

19 자유주의적 패권의 논리와 특성에 대한 논쟁은 다음 자료를 참조하라. G. John Ikenberry, *After Victory: Institutions, Strategic Restraint, and the Rebuilding of Order after Major War* (Princeton, NJ: Princeton University Press, 2019).

20 Anthony Giddens, *The Consequences of Modernity* (Stanford, CA: Stanford University Press, 1990), p. 2.

21 Francis Fukuyama, "The End of History," The National Interest, No. 16 (Summer 1989), pp. 3-18. Fukuyama, *The End of History and the Last Man* (New York: Free Press, 1992).

22 Reinhold Niebuhr, *Moral Man and Immoral Society: A Study of Ethics and Politics* (New York: Charles Scribner's Sons, 1932). 한스 모겐소도 다음 저서에서 니부어의 이론을 토대로 비슷한 주장을 제시한다. Hans Morgenthau, *Scientific Man versus Power Politics* (Chicago: University of Chicago Press, 1952).

23 John F. Kennedy, "Address at American University," Washington, DC, 10 June 1963.
https://www.npr.org/documents/2006/oct/american_speeches/kennedy.pdf
Jeffrey Sachs, *To Move the World: JFK's Quest for Peace* (New York: Random House, 2013).

24 "Text of President Obama's Speech in Hiroshima, Japan," *New York Times*, 27 May 2016.
https://www.nytimes.com/2016/05/28/world/asia/text-of-president-obamas-speech-in-hiroshima-japan.html

25 Isaiah Berlin, "The Pursuit of the Ideal," in Berlin, *The Crooked Timber of Humanity: Chapters in the History of Ideas* (London: Pimlico, 2013), pp. 1-19. 다른 글에서도 이아제이아 벌린은 이러한 논쟁적인 자유주의를 표방한다. 벌린의 권위 있는 다음 에세이를 참조하라. "John Stuart Mill and the Ends of Life," reprinted in Henry Hardy, ed., *Liberty: Incorporating the Four Essays on Liberty* (Oxford: Oxford University Press, 2002), pp. 173-206. 알렉산드르 게르첸에 대한 그의 독보적인 연구는 다음과 같다. "Herzen and Bakunin on Individual Liberty," and "Part 4: Alexander Herzen," in "A Remarkable Decade," reprinted in Henry Hardy, ed., *Russian Thinkers* (London: Penguin Classics, 2008), pp. 93-129 and 212-39. 실제로 존 그레이는 벌린이 가장 공감하는 인물이라고 한 알렉산드르 게르첸에 관한 에세이에서, 벌린이 자유주의에 대한 자기 나름의 시각을 가장 분명하고 설득력 있게 표명한다고 주장한다. John Gray, *Isaiah Berlin* (Princeton, NJ: Princeton University Press, 1996), pp. 30-33.

26 Gray, *Isaiah Berlin*.

27 Judith Shklar, "The Liberalism of Fear," in Nancy L. Rosenblum, ed., *Liberalism and the Moral Life* (Cambridge, MA: Harvard University Press, 1989), p. 21. 슈클러의 "환상 없는 자유주의"에 바탕을 둔 자유주의적 국제주의에 대한 설명은 다음을 참조하라. Stanley Hoffmann, "Liberalism and International Affairs," in Hoffmann, *Janus and Minerva: Essays in the Theory and Practice of International Politics* (Boulder, CO: Westview Press, 1987), pp. 394-417. 이러한 주제에 대한 호프만의 또 다른 명쾌한 에세이는 다음을 참조하라. Hoffmann, "Sisyphus and the Avalanche: The United Nations, Egypt and Hungary," *International Organization*, Vol. 11, No. 3 (Summer 1957), pp. 446-69.

28 이 구절은 본래 알렉산드르 게르첸이 한 말이다. 벌린은 게르첸의 회고록《나의 과거와 사상(My Past and Thoughts)》의 여러 대목을 인용하면서《러시아 사상가들(Russian Thinkers)》에서 이 구절을 여러 차례 사용한다. Herzen's memoirs, *My Past and Thoughts* (Berkeley: University of California Press, reissue, 1982).

29 "An Open Letter to the President," *New York Times*, 31 December 1933.

30 Norman Angell, *The Political Conditions of Allied Success: A Plea for a Protective Union of the Democracies* (New York: G. P. Putnam's Sons, 1918). 대니얼 듀드니와 존 아이켄베리는 다음에서 이 용어를 비슷한 의미로 사용한다. "Democratic Internationalism: An American Grand Strategy for a Post-Exceptionalist Era," International Institutions and Global Governance working paper (New York: Council on Foreign Relations, 2012).

색인

ㄱ

ㄴ

ㄷ

ㄹ

ㅁ

ㅂ

ㅅ

ㅇ

ㅈ

ㅊ

ㅋ

민주주의가 안전한 세상

세계질서의 위기와 자유주의적 국제주의

초판 1쇄 인쇄 2021년 11월 19일
초판 1쇄 발행 2021년 11월 29일

지은이 G. 존 아이켄베리
옮긴이 홍지수
펴낸이 한균태
책임 편집 윤민혜
디자인 김민경

펴낸곳 경희대학교 출판문화원
주소 서울시 동대문구 경희대로 26
전화 02-961-0106~8
팩스 02-961-0291
설립 1960년 9월 16일 제5-8호
등록 1977년 11월 8일 제6-5호
홈페이지 www.khupress.com
전자우편 press@khu.ac.kr

ISBN 978-89-8222-708-0 93340

* 이 책에 사용된 이미지는 모두 저작권자의 동의를 얻어 수록하였거나, 공공저작물로 무료 사용이 가능한 이미지입니다.